공기업 NCS

BASIC 통합기본서

대졸

직업기초능력 + 직무수행능력 + 면접

최종점검 모의고사 5회 + 무료NCS특강

SD에듀
(주)시대고시기획

Always with you
사람의 인연은 길에서 우연하게 만나거나 함께 살아가는 것만을 의미하지는 않습니다.
책을 펴내는 출판사와 그 책을 읽는 독자의 만남도 소중한 인연입니다.
SD에듀는 항상 독자의 마음을 헤아리기 위해 노력하고 있습니다.
늘 독자와 함께하겠습니다.
합격의 공식
SD에듀
잠깐!
자격증 • 공무원 • 금융/보험 • 면허증 • 언어/외국어 • 검정고시/독학사 • 기업체/취업
이 시대의 모든 합격! SD에듀에서 합격하세요!
www.youtube.com → SD에듀 → 구독

P R E F A C E

머리말

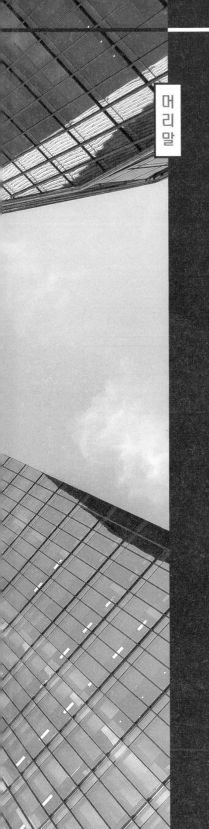

정부는 양질의 일자리를 창출하고자 다각도로 채용을 진행하고 있으며, 필기전형에 국가직무능력표준(NCS)을 도입하여 우리 사회에 직무 위주의 채용 문화를 정착시키는 데 기여하고 있다. 문제 유형은 대표적으로 모듈형, 피듈형, PSAT형 3가지로 구분할 수 있다. 이뿐만 아니라 전공의 신규 도입 및 출제 비중이 높아지고 있는 추세이다. 이에 따라 공기업 채용을 준비하는 수험생들은 지원하는 기업이 어떤 전공을 출제하는지 미리 파악해 두는 것이 중요하다. 따라서 공사·공단 채용을 준비하는 수험생들은 필기전형에서 고득점을 받기 위해 다양한 유형에 대한 폭넓은 학습과 문제풀이능력을 높이는 등 철저한 준비가 필요하다.

공사·공단 필기 합격을 위해 SD에듀에서는 NCS 도서 시리즈 판매량 1위의 출간 경험을 토대로 다음과 같은 특징을 가진 도서를 출간하였다.

도서의 특징

첫 째 | 기출복원문제를 통한 출제 유형 확인!

- 2022년 주요 공기업 NCS 기출문제를 복원하여 NCS 필기전형의 전반적인 유형을 파악할 수 있도록 하였다.
- 2022 ~ 2021년 주요 공기업 전공 기출문제를 복원하여 전공 필기전형의 전반적인 유형을 파악할 수 있도록 하였다.

둘 째 | 모든 NCS 유형(모듈형·피듈형·PSAT형) 맞춤 문제를 통한 실력 상승!

- 최신 NCS 직업기초능력평가 모듈이론을 수록하여 NCS에 대한 기본 지식을 쌓을 수 있도록 하였다.
- NCS 대표유형 적중문제 및 심화문제를 수록하여 필기전형에 단계별로 대비할 수 있도록 하였다.

셋 째 | 직렬별 직무수행능력평가까지 빈틈없는 학습!

- 사무직 및 기술직 전공 핵심이론을 수록하여 내용을 확인할 수 있도록 하였다.
- 직렬별 전공 적중예상문제를 수록하여 필기전형에 완벽히 대비할 수 있도록 하였다.

넷 째 | 최종점검 모의고사를 통한 완벽한 실전 대비!

- 철저한 분석을 통해 실제 유형과 유사한 최종점검 모의고사를 수록하여 자신의 실력을 최종 점검할 수 있도록 하였다.

끝으로 본 도서를 통해 공사·공단 채용을 준비하는 모든 수험생 여러분이 합격의 기쁨을 누리기를 진심으로 기원한다.

NCS직무능력연구소 씀

NCS(국가직무능력표준)란 무엇인가?

국가직무능력표준(NCS; National Competency Standards)

산업현장에서 직무 수행에 요구되는 능력(지식, 기술, 태도 등)을 국가가 산업 부문별, 수준별로 체계화한 설명서

직무능력

직무능력 = 직업기초능력 + 직무수행능력

- **직업기초능력** : 직업인으로서 기본적으로 갖추어야 할 공통 능력
- **직무수행능력** : 해당 직무를 수행하는 데 필요한 역량(지식, 기술, 태도)

NCS의 필요성

❶ 산업현장과 기업에서 인적자원관리 및 개발의 어려움과 비효율성이 발생하는 대표적 요인으로 산업 전반의 '기준' 부재에 주목함

❷ 직업교육훈련과 자격이 연계되지 않은 상태로 산업현장에서 요구하는 직무수행능력과 괴리되어 실시됨에 따라 인적자원개발과 개인의 경력개발에 비효율적이며 효과성이 부족하다는 비판을 받음

❸ NCS를 통해 인재육성의 핵심 인프라를 구축하고, 산업장면의 HR 전반에서 비효율성을 해소하여 경쟁력을 향상시키는 노력이 필요함

NCS = 직무능력 체계화 + 산업현장에서 HR 개발, 관리의 표준 적용

NCS 분류

- 일터 중심의 체계적인 NCS 개발과 산업현장 전문가의 직종구조 분석결과를 반영하기 위해 산업현장 직무를 한국고용직업분류(KECO)에 부합하게 분류함
- 2022년 기준 : 대분류(24개), 중분류(81개), 소분류(269개), 세분류(1,064개)

국가직무능력표준(NCS) 분류체계도(예시)

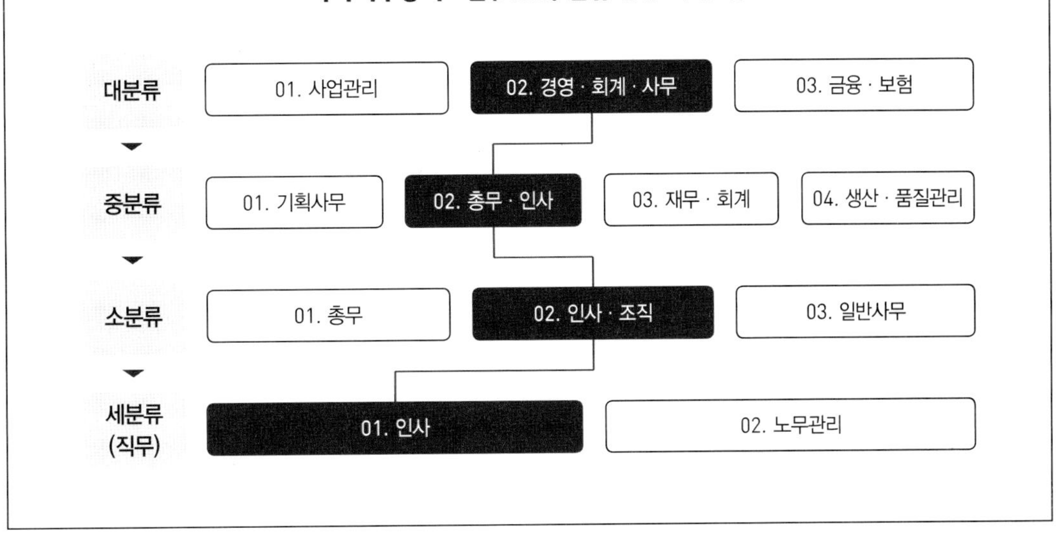

직업기초능력 영역

모든 직업인들에게 공통적으로 요구되는 기본적인 능력 10가지

❶ **의사소통능력** : 타인의 생각을 파악하고, 자신의 생각을 글과 말을 통해 정확하게 쓰거나 말하는 능력
❷ **수리능력** : 사칙연산, 통계, 확률의 의미를 정확하게 이해하는 능력
❸ **문제해결능력** : 문제 상황을 창조적이고 논리적인 사고를 통해 올바르게 인식하고 해결하는 능력
❹ **자기개발능력** : 스스로 관리하고 개발하는 능력
❺ **자원관리능력** : 자원이 얼마나 필요한지 파악하고 계획하여 업무 수행에 할당하는 능력
❻ **대인관계능력** : 사람들과 문제를 일으키지 않고 원만하게 지내는 능력
❼ **정보능력** : 정보를 수집, 분석, 조직, 관리하여 컴퓨터를 사용해 적절히 활용하는 능력
❽ **기술능력** : 도구, 장치를 포함하여 필요한 기술에 대해 이해하고 업무 수행에 적용하는 능력
❾ **조직이해능력** : 국제적인 추세를 포함하여 조직의 체제와 경영에 대해 이해하는 능력
❿ **직업윤리** : 원만한 직업생활을 위해 필요한 태도, 매너, 올바른 직업관

NCS 구성

능력단위

- 직무는 국가직무능력표준 분류의 세분류를 의미하고, 원칙상 세분류 단위에서 표준이 개발됨
- 능력단위는 국가직무능력표준 분류의 하위단위로, 국가직무능력 표준의 기본 구성요소에 해당되며 능력단위 요소(수행준거, 지식 · 기술 · 태도), 적용범위 및 작업상황, 평가지침, 직업기초능력으로 구성됨

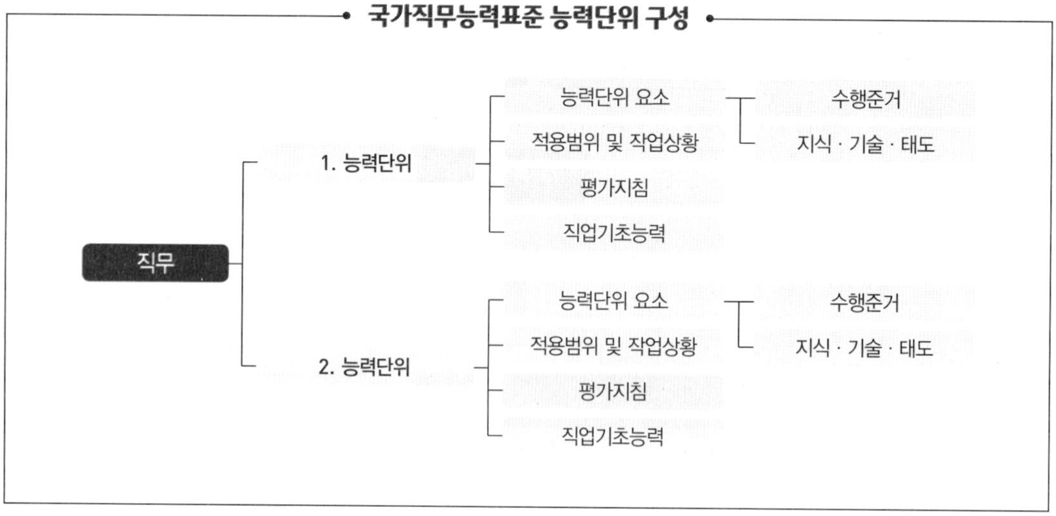

NCS의 활용

활동 유형	활용범위
채용 (블라인드 채용)	채용 단계에 NCS를 활용하여 NCS 매핑 및 직무분석을 통한 공정한 채용 프로세스 구축 및 직무 중심의 블라인드 채용 실현
재직자 훈련 (근로자 능력개발 지원)	NCS 활용 패키지의 '평생경력개발경로' 기반 사내 경력개발경로와 수준별 교육훈련 이수체계도 개발을 통한 현장직무 중심의 재직자 훈련 실시
배치 · 승진	현장직무 중심의 훈련체계와 배치 · 승진 · 체크리스트를 활용한 근로자 배치 · 승진으로 직급별 인재에 관한 회사의 기대와 역량 간 불일치 해소
임금 (직무급 도입)	NCS 기반 직무분석을 바탕으로 기존 관리직 · 연공급 중심의 임금체계를 직무급(직능급) 구조로 전환

시험 전 CHECK LIST

체크	리스트
☐	수험표를 출력하고 자신의 수험번호를 확인하였는가?
☐	수험표나 공지사항에 안내된 입실 시간 및 유의사항을 확인하였는가?
☐	신분증을 준비하였는가?
☐	컴퓨터용 사인펜 · 수정테이프 · 여분의 필기구를 준비하였는가?
☐	시험시간에 늦지 않도록 알람을 설정해 놓았는가?
☐	고사장 위치를 파악하고 교통편을 확인하였는가?
☐	고사장에서 볼 수 있는 자료집을 준비하였는가?
☐	인성검사에 대비하여 지원한 공사 · 공단의 인재상을 확인하였는가?
☐	확인 체크표의 × 표시한 문제를 한 번 더 확인하였는가?
☐	자신이 취약한 영역을 두 번 이상 학습하였는가?
☐	도서의 모의고사를 통해 자신의 실력을 확인하였는가?

D-DAY

시험 유의사항

체크	리스트
☐	시험 전 화장실을 미리 가야 한다.
☐	통신기기(휴대폰, 태플릿PC, 무선호출기, 스마트워치, 스마트밴드, 블루투스 이어폰 등)를 가방에 넣어야 한다.
☐	휴대폰의 전원을 꺼야 한다.
☐	시험 종료 후 시험지와 답안지는 제출해야 한다.

D+1

시험 후 CHECK LIST

체크	리스트
☐	시험 후기를 작성하였는가?
☐	상 · 하의와 구두를 포함한 면접복장이 준비되었는가?
☐	지원한 직무의 분석을 하였는가?
☐	단정한 헤어와 손톱 등 용모관리를 깔끔하게 하였는가?
☐	자신의 자기소개서를 다시 한 번 읽어보았는가?
☐	1분 자기소개를 준비하였는가?
☐	도서 내 면접 기출질문을 확인하였는가?
☐	자신이 지원한 직무의 최신 이슈를 정리하였는가?

NCS 문제 유형 소개

PSAT형

32 다음은 A～E리조트의 1박 기준 일반요금 및 회원할인율에 대한 자료이다. 이에 대한 〈보기〉 중 옳은 것을 모두 고르면?

〈비수기 및 성수기 일반요금(1박 기준)〉

(단위 : 천 원)

구분＼리조트	A	B	C	D	E
비수기	300	250	200	150	100
성수기	500	350	300	250	200

〈비수기 및 성수기 회원할인율(1박 기준)〉

(단위 : %)

구분＼회원유형＼리조트		A	B	C	D	E
비수기 회원할인율	기명	50	45	40	30	20
	무기명	35	40	25	20	15
성수기 회원할인율	기명	35	30	30	25	15
	무기명	30	25	20	15	10

※ $[\text{회원할인율(\%)}]=\frac{(\text{일반요금})-(\text{회원요금})}{(\text{일반요금})}\times 100$

〈보기〉

ㄱ. 리조트 1박 기준, 성수기 일반요금이 낮은 리조트일수록 성수기 무기명 회원요금이 낮다.
ㄴ. 리조트 1박 기준, B리조트의 회원요금 중 가장 비싼 값과 가장 싼 값의 차이는 125,000원이다.
ㄷ. 리조트 1박 기준, 각 리조트의 기명 회원요금은 성수기가 비수기의 2배를 넘지 않는다.
ㄹ. 리조트 1박 기준, 비수기 기명 회원요금과 비수기 무기명 회원요금 차이가 가장 작은 리조트는 성수기 기명 회원요금과 성수기 무기명 회원요금 차이도 가장 작다.

① ㄱ, ㄴ
② ㄱ, ㄷ
③ ㄷ, ㄹ
④ ㄱ, ㄴ, ㄹ
⑤ ㄴ, ㄷ, ㄹ

특징
- 대부분 의사소통능력, 수리능력, 문제해결능력을 중심으로 출제(일부 기업의 경우 자원관리능력, 조직이해능력을 출제)
- 자료에 대한 추론 및 해석 능력을 요구

출제 대행사
- 엑스퍼트컨설팅, 커리어넷, 태드솔루션, 한국행동과학연구소(행과연), 휴노 등

모듈형

04 다음 대화 과정에서 B사원의 문제점으로 가장 적절한 것은?

> A사원 : 배송 지연으로 인한 고객의 클레임을 해결하기 위해서는 일단 입고된 상품을 먼저 배송하고, 추가 배송료를 부담하더라도 나머지 상품은 입고되는 대로 다시 배송하는 방법이 나을 것 같습니다.
> B사원 : 글쎄요. A사원의 그간 업무 스타일로 보았을 때, 방금 제시한 그 처리 방법이 효율적일지 의문이 듭니다.

① 짐작하기
② 판단하기
③ 조언하기
④ 비위 맞추기
⑤ 대답할 말 준비하기

특징
- 이론 · 개념을 활용하여 푸는 유형
- 채용 기업 및 직무에 따라 NCS 직업기초능력평가 10개의 영역 중 선발하여 출제
- 기업의 특성을 고려한 직무 관련 문제를 출제
- 주어진 상황에 대한 판단 및 이론 적용을 요구

출제 대행사
- 인트로맨, 휴스테이션, ORP연구소 등

피듈형(PSAT형+모듈형)

29 다음은 연도별 근로자 수 변화 추이에 관한 자료이다. 이에 대한 설명으로 옳지 않은 것은?

〈연도별 근로자 수 변화 추이〉

(단위 : 천 명)

구분	전체	남성		여성	
			비중		비중
2017년	14,290	9,061	63.4%	5,229	36.6%
2018년	15,172	9,467	62.4%	5,705	37.6%
2019년	15,536	9,633	62.0%	5,902	38.0%
2020년	15,763	9,660	61.3%	6,103	38.7%
2021년	16,355	9,925	60.7%	6,430	39.3%

① 매년 남성 근로자 수가 여성 근로자 수보다 많다.

특징
- 기초 · 응용 모듈을 구분하여 푸는 유형
- 기초인지모듈과 응용업무모듈로 구분하여 출제
- PSAT형보다 난도가 낮은 편
- 유형이 정형화되어 있고, 유사한 유형의 문제를 세트로 출제

출제 대행사
- 사람인, 스카우트, 인크루트, 커리어케어, 트리피, 한국사회능력개발원 등

주요 공기업 사무직 전공 영역

기업명	경영학	경제학	행정학	법학
건강보험심사평가원	○	○	○	○
국가철도공단	○	○	○	○
국민연금공단	○	○	○	○
근로복지공단	○	○	○	○
금융감독원	○	○	–	○
기술보증기금	○	○	–	–
도로교통공단	○	–	○	○
부산항만공사	○	○	–	–
신용보증기금	○	○	–	○
예금보험공사	○	–	–	○
울산항만공사	○	○	–	–
인천교통공사	○	○	○	○
인천국제공항공사	○	○	○	–
인천항만공사	○	○	–	–
코레일 한국철도공사	○	○	○	○
한국가스안전공사	○	–	○	○
한국농어촌공사	○	○	○	○
한국도로공사	○	○	○	○

기업명	경영학	경제학	행정학	법학
한국동서발전	○	○	○	○
한국보훈복지의료공단	○	○	○	○
한국부동산원	○	○	-	-
한국서부발전	○	○	○	○
한국수력원자력	○	○	○	○
한국에너지공단	○	○	○	○
한국자산관리공사	○	○	-	○
한국전기안전공사	○	○	○	○
한국지역난방공사	○	○	-	-
한국환경공단	○	-	○	-
한전KDN	○	○	○	○
한전KPS	○	-	○	○
HUG 주택도시보증공사	○	○	-	○
KAC한국공항공사	○	-	-	○
K-water 한국수자원공사	○	○	○	○
LX 한국국토정보공사	○	○	○	-
SH 서울주택도시공사	○	○	○	○
SR 수서고속철도	○	-	-	-
TS한국교통안전공단	○	○	○	-

❖ 본 자료는 2022년 채용공고를 기준으로 작성하였으므로 세부내용은 반드시 각 기업의 확정된 채용공고를 확인하시기 바랍니다.

주요 공기업 기술직 전공 영역

기업명	토목	기계	전기
공무원연금공단	○	○	○
국가철도공단	○	–	○
국토안전관리원	○	–	–
근로복지공단	–	○	–
도로교통공단	○	–	○
부산교통공사	○	○	○
부산항만공사	○	–	–
울산항만공사	○	–	–
인천교통공사	○	○	○
인천국제공항공사	○	○	○
코레일 한국철도공사	○	○	○
한국가스공사	–	○	○
한국가스기술공사	○	○	○
한국가스안전공사	–	○	–
한국남동발전	–	○	○

기업명	토목	기계	전기
한국남부발전	○	○	○
한국농어촌공사	○	○	○
한국도로공사	○	○	○
한국동서발전	○	○	○
한국서부발전	○	○	○
한국수력원자력	○	○	○
한국에너지공단	○	○	○
한국전력공사	○	○	○
한국중부발전	–	○	○
한국환경공단	–	○	○
한전KDN	–	–	○
한전KPS	–	○	○
해양환경공단	○	–	–
K-water 한국수자원공사	○	○	○
SH 서울주택도시공사	○	○	○
SR 수서고속철도	–	○	○
TS한국교통안전공단	–	○	○

❖ 본 자료는 2022년 채용공고를 기준으로 작성하였으므로 세부내용은 반드시 각 기업의 확정된 채용공고를 확인하시기 바랍니다.

도서 200% 활용하기

01 기출복원문제로 출제 경향 파악

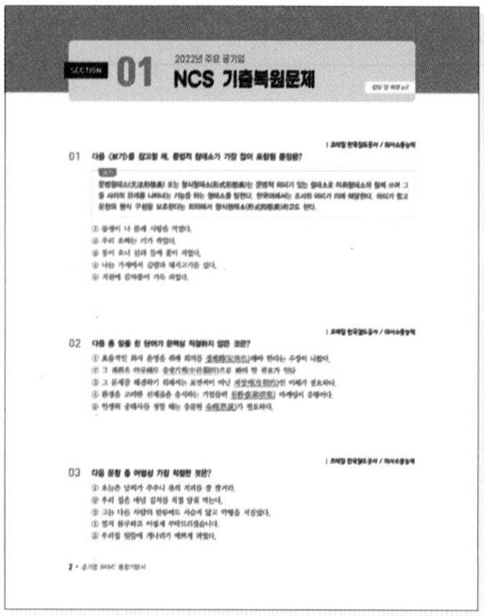

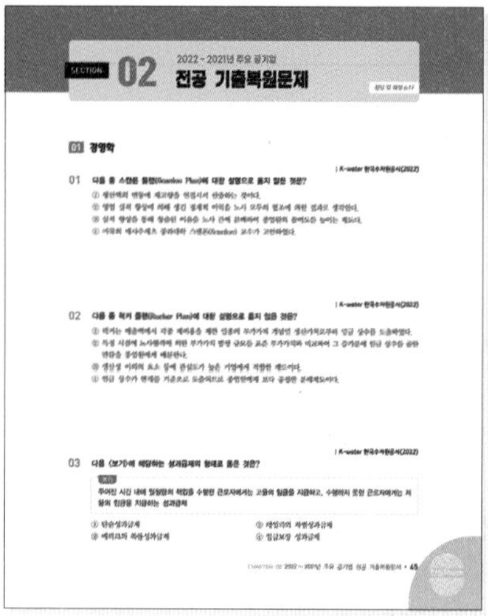

- ▶ 2022년 주요 공기업 NCS 기출문제를 복원하여 공기업별 NCS 필기 유형을 파악할 수 있도록 하였다.
- ▶ 2022 ~ 2021년 주요 공기업 전공 기출문제를 복원하여 공기업별 전공 필기 유형을 파악할 수 있도록 하였다.

02 모듈이론 + 대표유형 적중문제 + 심화문제로 영역별 단계적 학습

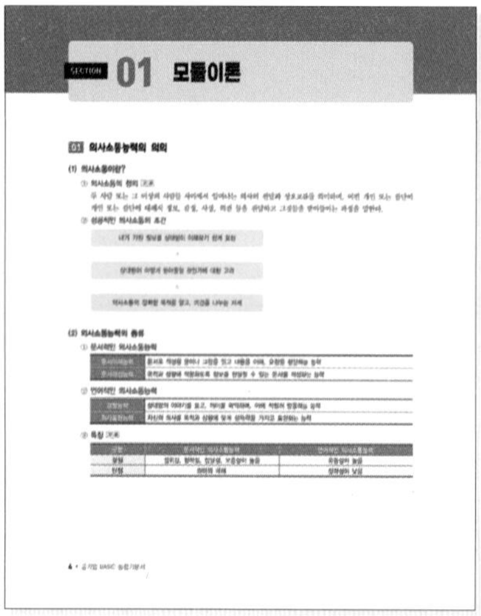

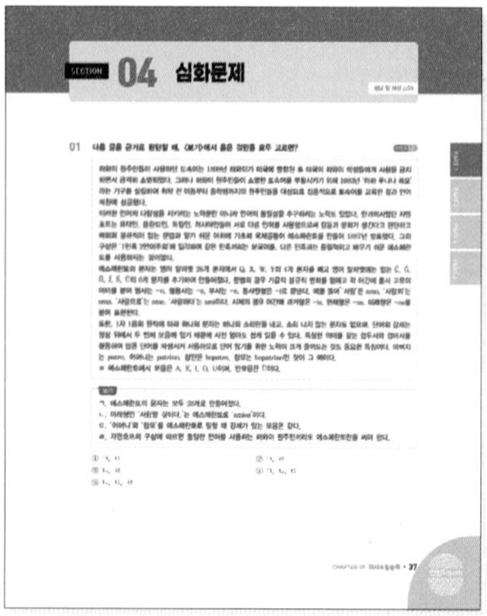

- ▶ NCS 출제 영역에 대한 모듈이론을 수록하여 NCS 문제에 대한 내용을 익히고 점검할 수 있도록 하였다.
- ▶ 모듈형 · 피듈형 · PSAT형 대표유형 적중문제 및 심화문제를 수록하여 NCS를 단계별로 학습할 수 있도록 하였다.

03 핵심이론 + 적중예상문제로 필기전형 완벽 대비

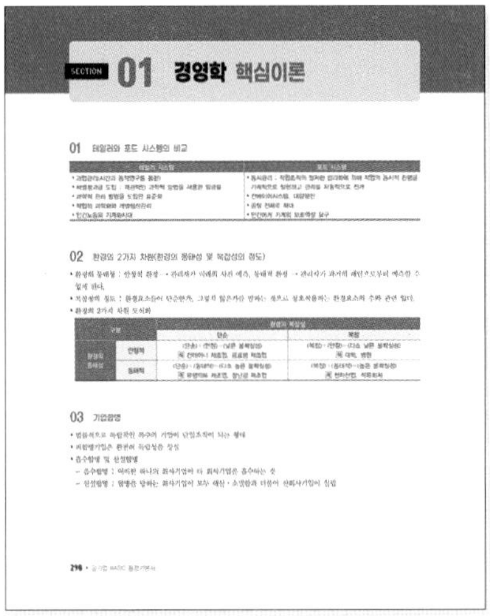

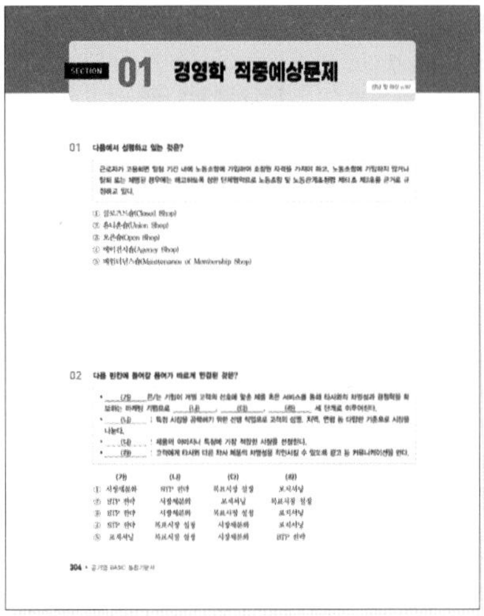

▶ 사무직(경영학 · 경제학 · 행정학 · 법학) 전공 및 기술직(토목일반 · 기계일반 · 전기일반) 전공 핵심이론을 수록하여 각 전공별 중요 내용을 빈틈없이 점검할 수 있도록 하였다.

▶ 직렬별 전공 적중예상문제를 수록하여 효과적으로 학습할 수 있도록 하였다.

04 최종점검 모의고사 + OMR을 활용한 실전 연습

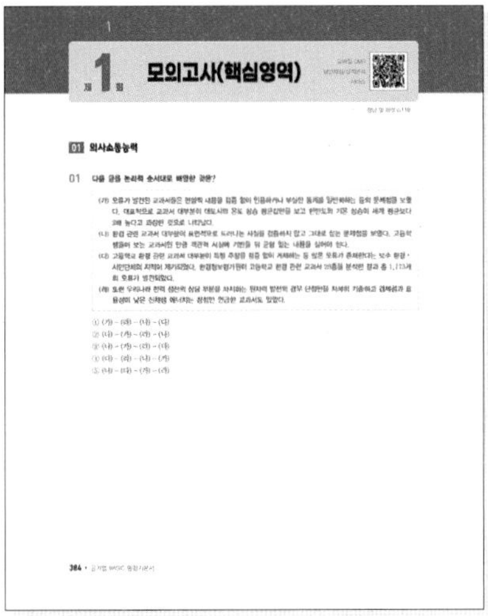

▶ 최종점검 모의고사와 OMR 답안카드를 수록하여 실제로 시험을 보는 것처럼 최종 마무리 연습을 할 수 있도록 하였다.

▶ 모바일 OMR 답안채점 / 성적분석 서비스를 통해 필기전형에 대비할 수 있도록 하였다.

이 책의 차례

Add+ 특별부록

PART 1 직업기초능력평가

PART 2 직무수행능력평가

PART 3 최종점검 모의고사

PART 4 채용 가이드

별책 정답 및 해설

특별부록

주요 공기업 기출복원문제

SECTION 01

2022년 주요 공기업

NCS 기출복원문제

정답 및 해설 p.2

| 코레일 한국철도공사 / 의사소통능력

01 다음 〈보기〉를 참고할 때, 문법적 형태소가 가장 많이 포함된 문장은?

> 보기
>
> 문법형태소(文法形態素) 또는 형식형태소(形式形態素)는 문법적 의미가 있는 형태소로 어휘형태소와 함께 쓰여 그들 사이의 관계를 나타내는 기능을 하는 형태소를 말한다. 한국어에서는 조사와 어미가 이에 해당한다. 의미가 없고 문장의 형식 구성을 보조한다는 의미에서 형식형태소(形式形態素)라고도 한다.

① 동생이 나 몰래 사탕을 먹었다.
② 우리 오빠는 키가 작았다.
③ 봄이 오니 산과 들에 꽃이 피었다.
④ 나는 가게에서 김밥과 돼지고기를 샀다.
⑤ 지천에 감자꽃이 가득 피었다.

| 코레일 한국철도공사 / 의사소통능력

02 다음 중 밑줄 친 단어가 문맥상 적절하지 않은 것은?

① 효율적인 회사 운영을 위해 회의를 <u>정례화(定例化)</u>해야 한다는 주장이 나왔다.
② 그 계획은 아무래도 <u>중장기적(中長期的)</u>으로 봐야 할 필요가 있다.
③ 그 문제를 해결하기 위해서는 표면적이 아닌 <u>피상적(皮相的)</u>인 이해가 필요하다.
④ 환경을 고려한 신제품을 출시하는 기업들의 <u>친환경(親環境)</u> 마케팅이 유행이다.
⑤ 인생의 중대사를 정할 때는 충분한 <u>숙려(熟慮)</u>가 필요하다.

| 코레일 한국철도공사 / 의사소통능력

03 다음 문장 중 어법상 가장 적절한 것은?

① 오늘은 날씨가 추우니 옷의 지퍼를 잘 잠거라.
② 우리 집은 매년 김치를 직접 담궈 먹는다.
③ 그는 다른 사람의 만류에도 서슴지 않고 악행을 저질렀다.
④ 염치 불구하고 이렇게 부탁드리겠습니다.
⑤ 우리집 뒷뜰에 개나리가 예쁘게 피었다.

04 다음 문단을 논리적 순서대로 바르게 나열한 것은?

(가) 천일염 안전성 증대 방안 5가지가 '2022 K－농산어촌 한마당'에서 소개됐다. 첫째, 함수(농축한 바닷물)의 청결도를 높이기 위해 필터링(여과)을 철저히 하고, 둘째, 천일염전에 생긴 이끼 제거를 위해 염전의 증발지를 목제 도구로 완전히 뒤집는 것이다. 그리고 셋째, 염전의 밀대·운반 도구 등을 식품 용기에 사용할 수 있는 소재로 만들고, 넷째, 염전 수로 재료로 녹 방지 기능이 있는 천연 목재를 사용하는 것이다. 마지막으로 다섯째, 염전 결정지의 바닥재로 장판 대신 타일(타일염)이나 친환경 바닥재를 쓰는 것이다.

(나) 한편, 천일염과 찰떡궁합인 김치도 주목을 받았다. 김치를 담글 때 천일염을 사용하면 김치의 싱싱한 맛이 오래 가고 식감이 아삭아삭해지는 등 음식궁합이 좋다. 세계김치연구소는 '발효과학의 중심, 김치'를 주제로 관람객을 맞았다. 세계김치연구소 이창현 박사는 "김치는 중국·일본 등 다른 나라의 채소 절임 식품과 채소를 절이는 단계 외엔 유사성이 전혀 없는 매우 독특한 식품이자 음식 문화"라고 설명했다.

(다) K－농산어촌 한마당은 헬스경향·한국농수산식품유통공사에서 공동 주최한 박람회이다. 해양수산부 소속 국립수산물품질관리원은 천일염 부스를 운영했다. 대회장을 맡은 국회 농림축산식품해양수산위원회 소속 서삼석 의원은 "갯벌 명품 천일염 생산지인 전남 신안을 비롯해 우리나라의 천일염 경쟁력은 세계 최고 수준"이라며 "이번 한마당을 통해 국산 천일염의 우수성이 더 많이 알려지기를 기대한다."라고 말했다.

① (가)－(나)－(다)
② (가)－(다)－(나)
③ (나)－(다)－(가)
④ (다)－(가)－(나)
⑤ (다)－(나)－(가)

05 K교수는 실험 수업을 진행하기 위해 화학과 학생들을 실험실에 배정하려고 한다. 실험실 한 곳에 20명씩 입실시키면 30명이 들어가지 못하고, 25명씩 입실시키면 실험실 2개가 남는다. 이를 만족하기 위한 최소한의 실험실은 몇 개인가?(단, 실험실의 개수는 홀수이다)

① 11개
② 13개
③ 15개
④ 17개
⑤ 19개

| 코레일 한국철도공사 / 수리능력

06 2022년 새해를 맞아 K공사에서는 직사각형의 사원증을 새롭게 제작하려고 한다. 기존의 사원증은 개당 제작비가 2,800원이고 가로와 세로의 비율이 1 : 2이다. 기존의 디자인에서 크기를 변경할 경우, 가로의 길이가 0.1cm 증감할 때마다 제작비용은 12원이 증감하고, 세로의 길이가 0.1cm 증감할 때마다 제작비용은 22원이 증감한다. 새로운 사원증의 길이가 가로 6cm, 세로 9cm이고, 제작비용은 2,420원일 때, 디자인을 변경하기 전인 기존 사원증의 둘레는 얼마인가?

① 30cm
② 31cm
③ 32cm
④ 33cm
⑤ 34cm

| 코레일 한국철도공사 / 수리능력

07 K사는 동일한 제품을 A공장과 B공장에서 생산한다. A공장에서는 시간당 1,000개의 제품을 생산하고, B공장에서는 시간당 1,500개의 제품을 생산하며, 이 중 불량품은 A공장과 B공장에서 매시간 45개씩 발생한다. 지난 한 주간 A공장에서는 45시간, B공장에서는 20시간 동안 이 제품을 생산하였을 때, 생산된 제품 중 불량품의 비율은 얼마인가?

① 3.7%
② 3.8%
③ 3.9%
④ 4.0%
⑤ 4.1%

| 코레일 한국철도공사 / 수리능력

08 K강사는 월요일부터 금요일까지 매일 4시간 동안 수업을 진행한다. 다음 〈조건〉에 따라 주간 NCS 강의 시간표를 짤 때, 가능한 경우의 수는 모두 몇 가지인가?(단, 4교시 수업과 다음날 1교시 수업은 연속된 수업으로 보지 않는다)

조건

- 문제해결능력 수업은 4시간 연속교육으로 진행해야 하며, 주간 총 교육시간은 4시간이다.
- 수리능력 수업은 3시간 연속교육으로 진행해야 하며, 주간 총 교육시간은 9시간이다.
- 자원관리능력 수업은 2시간 연속교육으로 진행해야 하며, 주간 총 교육시간은 4시간이다.
- 의사소통능력 수업은 1시간 교육으로 진행해야 하며, 주간 총 교육시간은 3시간이다.

① 40가지
② 80가지
③ 120가지
④ 160가지
⑤ 200가지

09 다음 기사의 내용으로 미루어 볼 때, 청년 고용시장에 대한 〈보기〉의 정부 관계자들의 태도로 가장 적절한 것은?

> 정부가 향후 3 ~ 4년을 청년실업 위기로 판단한 것은 에코세대(1991 ~ 1996년생 · 베이비부머의 자녀세대)의 노동시장 진입 때문이었다. 에코세대가 본격적으로 취업전선에 뛰어들면서 일시적으로 청년실업 상황이 더 악화될 것이라고 생각했다.
> 2021년을 기점으로 청년인구가 감소하기 시작하면 청년실업 문제가 일부 해소될 것이라는 정부의 전망도 이런 맥락에서 나왔다. 고용노동부 임서정 고용정책실장은 "2021년 이후 인구문제와 맞물리면 청년 고용시장 여건은 좀 더 나아질 것이라 생각한다."라고 말했다.
> 그러나 청년인구 감소가 청년실업 문제 완화로 이어질 것이란 생각은 지나치게 낙관적이라는 지적도 나오고 있다. 한국노동연구원 김유빈 부연구위원은 "지금의 대기업과 중소기업, 정규직과 비정규직 간 일자리 질의 격차를 해소하지 않는 한 청년실업 문제는 더 심각해질 수 있다."라고 우려했다. 일자리 격차가 메워지지 않는 한 질 좋은 직장을 구하기 위해 자발적 실업상황조차 감내하는 현 청년들의 상황이 개선되지 않을 것이기 때문이다.
> 한국보다 먼저 청년실업 사태를 경험한 일본을 비교대상으로 거론하는 것도 적절하지 않다는 지적이 나온다. 일본의 경우 청년인구가 줄면서 청년실업 문제는 상당 부분 해결됐다. 하지만 이는 '단카이 세대(1947 ~ 1949년에 태어난 일본의 베이비부머)'가 노동시장에서 빠져나오는 시점과 맞물렸기 때문에 가능했다. 베이비부머가 1 ~ 2차에 걸쳐 넓게 포진된 한국과는 상황이 다르다는 것이다.
> 김 부연구위원은 "일본에서도 (일자리) 질적 문제는 나타나고 있다."며 "일자리 격차가 큰 한국에선 문제가 더 심각하게 나타날 수 있어 중장기적 대책이 필요하다."고 말했다.

> **보기**
>
> • 기재부 1차관 : '구구팔팔(국내 사업체 중 중소기업 숫자가 99%, 중기 종사자가 88%란 뜻)'이란 말이 있다. 중소기업을 새로운 성장동력으로 만들어야 한다. 취업에서 중소기업 선호도는 높지 않다. 여러 가지 이유 중 임금 격차도 있다. 청년에게 중소기업에 취업하고자 하는 유인을 줄 수 있는 수단이 없다. 그 격차를 메워 의사 결정의 패턴을 바꾸자는 것이다. 앞으로 에코세대의 노동시장 진입하는 4년 정도가 중요한 시기이다.
> • 고용노동부 고용정책실장 : 올해부터 3 ~ 4년은 인구 문제가 크고, 그로 인한 수요 · 공급 문제가 있다. 개선되는 방향으로 가더라도 '에코세대' 대응까지 맞추기 쉽지 않다. 때문에 집중투자를 해야 한다. 3 ~ 4년 후에는 격차를 줄여가기 위한 대책도 병행하겠다. 이후부터는 청년의 공급이 줄어들기 때문에 인구 측면에서 노동시장에 유리한 조건이 된다.

① 올해를 가장 좋지 않은 시기로 평가하고 있다.
② 현재 회복국면에 있다고 판단하고 있다.
③ 실제 전망은 어둡지만, 밝은 면을 강조하여 말하고 있다.
④ 에코세대의 노동시장 진입을 통해 청년실업 위기가 해소될 것으로 기대하고 있다.
⑤ 한국의 상황이 일본보다 낫다고 평가하고 있다.

10 다음 중 제시된 보도자료의 내용으로 가장 적절한 것은?

이용자도 보행자도 안전하게, 전동킥보드 관련 규정 강화

개인형 이동장치 관련 강화된 도로교통법 시행

무면허 운전 10만 원, 안전모 미착용 2만 원, 2인 이상 탑승 4만 원 범칙금 부과

안전한 이용 문화 정착 위해 캠페인·교육 등 집중홍보 및 단속 실시

국무조정실, 국토부, 행안부, 교육부, 경찰청은 전동킥보드 등 개인형 이동장치 운전자의 안전을 강화한 도로교통법 개정안이 시행됨에 따라, 개인형 이동장치의 안전한 이용문화 정착을 위해 범정부적으로 안전단속 및 홍보활동 등을 강화해 나간다고 밝혔습니다.

정부는 개인형 이동장치(PM; Personal Mobility)가 최근 새로운 교통수단으로 이용자가 증가함에 따라 안전한 운행을 유도하기 위해 지난해부터 안전기준을 충족한 개인형 이동장치에 한해 자전거도로통행을 허용했고, 그에 맞춰 자전거와 동일한 통행방법과 운전자 주의의무 등을 적용해 왔습니다. 다만, 청소년들의 개인형 이동장치 이용 증가에 대한 우려와 운전자 주의의무 위반에 대한 제재가 없어 실효성이 없다는 문제 제기가 있었고, 지난해 강화된 도로교통법이 국회를 통과하였습니다.

이번에 시행되는 개인형 이동장치와 관련된 법률의 세부 내용은 다음과 같습니다.

- (운전 자격 강화) 원동기 면허 이상 소지한 운전자에 대해서만 개인형 이동장치를 운전할 수 있도록 하고, 무면허 운전 시 10만 원의 범칙금을 부과합니다.
- (처벌 규정 신설) 인명 보호 장구 미착용(범칙금 2만 원), 승차정원 초과 탑승(범칙금 4만 원) 및 어린이(13세 미만) 운전 시 보호자(과태료 10만 원)에게 범칙금·과태료를 부과함으로써 개인형 이동장치 운전자 주의의무에 대한 이행력을 강화하였습니다.

정부는 강화된 법률의 시행을 계기로 안전한 개인형 이동장치 이용문화가 정착될 수 있도록 단속 및 캠페인 등 대국민 홍보를 강화해 나갈 계획입니다. 관계부처 – 지자체 – 유관기관 등과 함께 개인형 이동장치 이용이 많은 지하철 주변, 대학교, 공원 등을 중심으로 안전 캠페인을 실시하고, 경찰청을 중심으로 보도 통행 금지, 인명 보호 장구 미착용, 승차정원 초과 등 주요 법규 위반 행위에 대해 단속과 계도를 병행함과 동시에 홍보 활동을 진행할 예정입니다. 그리고 초·중·고 학생을 대상으로 '찾아가는 맞춤형 교육'을 실시하고, 학부모 대상 안내문을 발송하는 등 학생들이 강화된 도로교통법을 준수할 수 있도록 학교·가정에서 교육을 강화해 나갈 계획입니다. 또한, 공유 개인형 이동장치 어플 내에 안전수칙 팝업 공지, 주·정차 안내 등 개인형 이동장치 민·관 협의체와의 협력을 강화해 나갈 예정입니다. 아울러, 개인형 이동장치 안전 공익광고 영상을 TV·라디오 등에 송출하고, 카드뉴스·웹툰 등 온라인 홍보물을 제작하여 유튜브·SNS 등을 통해 확산해 나가는 한편, KTX·SRT역, 전광판, 아파트 승강기 모니터 등 국민 생활 접점 매체를 활용한 홍보도 추진해 나갈 예정입니다.

정부 관계자는 새로운 교통수단으로 개인형 이동장치의 이용객이 증가함에 따라 관련 사고*도 지속적으로 증가하는 만큼 반드시 안전수칙을 준수할 것을 당부하였습니다. 특히, 개인형 이동장치는 친환경적이고 편리한 교통수단으로 앞으로도 지속해서 이용자가 증가할 것으로 전망되는 만큼 개인형 이동장치의 안전한 이용문화 확립이 무엇보다 중요하며, 올바른 문화가 정착할 수 있도록 국민들의 많은 관심과 참여를 강조하였습니다.

* 최근 3년 PM 관련 사고(사망) 건수 : 2018년 : 225건(4명) → 2019년 : 447건(8명) → 2020년 : 897건(10명)

① 산업부는 지난해부터 안전기준을 충족한 개인형 이동장치의 자전거도로 주행을 허용하였다.
② 개인형 이동장치 중 전동킥보드는 제약 없이 자전거도로를 자유롭게 이용할 수 있다.
③ 개인형 이동장치로 인한 사망사고는 점차 감소하고 있다.
④ 13세 이상인 사람은 모두 개인형 이동장치를 운전할 수 있다.
⑤ 일반인을 대상으로 한 전동킥보드 운행 규정 관련 홍보를 진행할 예정이다.

| 한국전력공사 / 의사소통능력

11 다음 글의 내용으로 적절하지 않은 것은?

> 전남 나주시가 강소연구개발특구 운영 활성화를 위해 한국전력, 특구기업과의 탄탄한 소통 네트워크 구축에 나섰다. 나주시는 혁신산업단지에 소재한 에너지신기술연구원에서 전남도, 한국전력공사, 강소특구 44개 기업과 전남 나주 강소연구개발특구 기업 커뮤니티 협약을 체결했다고 밝혔다.
> 이번 협약은 각 주체 간 정보 교류, 보유 역량 활용 등을 위해 특구기업의 자체 커뮤니티 구성에 목적을 뒀다. 협약 주체들은 강소특구 중장기 성장모델과 전략수립 시 공동으로 노력을 기울이고, 적극적인 연구개발(R&D) 참여를 통해 상호 협력의 밸류체인(Value Chain)을 강화하기로 했다.
> 커뮤니티 구성에는 총 44개 기업이 참여해 강소특구 주력사업인 지역특성화육성사업에 부합하는 에너지효율화, 특화사업, 지능형 전력그리드 등 3개 분과로 운영된다. 또한 ㈜한국항공조명, ㈜유진테크노, ㈜미래이앤아이가 분과 리더기업으로 각각 지정돼 커뮤니티 활성화를 이끌 예정이다.
> 나주시와 한국전력공사는 협약을 통해 기업 판로확보와 에너지산업 수요 · 공급 · 연계 지원 등 특구기업과의 동반 성장 플랫폼 구축에 힘쓸 계획이다.
> 한국전력공사 기술기획처장은 "특구사업의 선택과 집중을 통한 차별화된 지원을 추진하고, 기업 성장단계에 맞춘 효과적 지원을 통해 오는 2025년까지 스타기업 10개사를 육성하겠다."라는 계획을 밝혔다.
> 나주시장 권한대행은 "이번 협약을 통해 기업 수요 기반 통합정보 공유로 각 기업의 성장단계별 맞춤형 지원을 통한 기업 경쟁력 확보와 동반성장 인프라 구축에 힘쓰겠다."라고 말했다.

① 나주시와 한국전력공사는 협약을 통해 기업의 판로 확보와 에너지산업 연계 지원 등을 꾀하고 있다.
② 나주시의 에너지신기술연구원은 혁신산업단지에 위치해 있다.
③ 협약 주체들은 한국전력공사와 강소특구의 여러 기업들이다.
④ 협약의 커뮤니티 구성은 총 3개 분과로 이루어져 있고, 각 분과마다 2개의 리더 그룹이 분과를 이끌어갈 예정이다.
⑤ 협약에 참여한 기업들은 연구 개발 활동에 적극적으로 참여해야 한다.

12 다음 글을 읽고 추론할 수 있는 내용으로 적절하지 않은 것은?

현재 화성을 탐사 중인 미국의 탐사 로버 '퍼시비어런스'는 방사성 원소인 플루토늄이 붕괴하면서 내는 열을 전기로 바꿔 에너지를 얻는다. 하지만 열을 전기로 바꾸는 변환 효율은 4 ~ 5%에 머물고 있다. 전기를 생산하기 어려운 화성에서는 충분히 쓸만하지만 지구에서는 효율적인 에너지원이 아니다. 그러나 최근 국내 연구팀이 오랫동안 한계로 지적된 열전 발전의 효율을 20% 이상으로 끌어올린 소재를 개발했다. 지금까지 개발된 열전 소재 가운데 세계에서 가장 효율이 높다는 평가다.
서울대 화학생물공학부 교수팀은 메르쿠리 카나치디스 미국 노스웨스턴대 화학부 교수 연구팀과 공동으로 주석과 셀레늄을 이용한 다결정 소재를 이용해 세계 최초로 열전성능지수(zT) 3을 넘기는데 성공했다고 밝혔다.
전 세계적으로 생산된 에너지의 65% 이상은 사용되지 못하고 열로 사라진다. 온도차를 이용해 전기를 생산하는 열전 기술은 이러한 폐열을 전기에너지로 직접 변환할 수 있다. 하지만 지금까지 개발된 소재들은 유독한 납과 지구상에서 8번째로 희귀한 원소인 텔루늄을 활용하는 등 상용화에 어려움이 있었다. 발전 효율이 낮은 것도 문제였다. 때문에 퍼시비어런스를 비롯한 화성탐사 로버에 탑재된 열전소재도 낮은 효율을 활용할 수밖에 없었다.
카나치디스 교수팀은 이를 대체하기 위한 소재를 찾던 중 2014년 셀레늄화주석 단결정 소재로 zT 2.6을 달성해 국제학술지 '네이처'에 소개했다. 그러나 다이아몬드처럼 만들어지는 단결정 소재는 대량 생산이 어렵고 가공도 힘들어 상용화가 어렵다는 점이 문제로 꼽혔다. 이를 다결정으로 만들면 열이 결정 사이를 오가면서 방출돼 열전효율이 낮아지는 문제가 있었다. 또 결과가 재현되지 않아 네이처에 셀레늄화 주석 소재의 열전성능에 대해 반박하는 논문이 나오기도 했다.
연구팀은 셀레늄화주석의 구조를 분석해 원인을 찾았다. 주석을 활용하는 소재인 페로브스카이트 전고체 태양전지를 세계 처음으로 만든 교수팀은 순도 높은 주석이라도 표면이 산화물로 덮인다는 점을 주목했다. 열이 전도성 물질인 산화물을 따라 흐르면서 열전효율이 떨어진 것이다. 연구팀은 주석의 산화물을 제거한 후 셀레늄과 반응시키고 이후로도 추가로 순도를 높이는 공정을 개발해 문제를 해결했다.
연구팀이 개발한 주석셀레늄계(SnSe) 신소재는 기존 소재보다 월등한 성능을 보였다. 신소재는 섭씨 510도에서 zT가 3.1인 것으로 나타났고 소재 중 처음으로 3을 돌파했다. 납 텔루늄 소재 중 지금까지 최고 성능을 보인 소재의 zT가 2.6이었던 것을 감안하면 매우 높은 수치다. 에너지 변환효율 또한 기존 소재들이 기록한 5 ~ 12%보다 높은 20% 이상을 기록했다. 연구팀은 "지도교수였던 카나치디스 교수에게도 샘플을 보내고 열전도도를 측정하는 회사에도 소재를 보내 교차검증을 통해 정확한 수치를 얻었다."라고 말했다.

① 화성 탐사 로버 '퍼시비어런스'는 열을 전기로 바꿔 에너지원으로 삼지만, 그 효율은 5퍼센트 정도에 그쳤다.
② 현재까지 한국에서 개발한 열전소재가 가장 열전효율이 높다.
③ 주석셀레늄계 신소재는 어떤 환경에서든 열전발전의 효율 지수(zT)가 3.1을 넘는다.
④ 열전소재에 전기가 통하는 물질이 있다면 열전효율이 저하될 수 있다.
⑤ 주석셀레늄계 신소재는 열전발전의 효율이 기존보다 4배 이상 높다.

13 다음 글을 읽고 '넛지효과'의 예시로 적절하지 않은 것은?

> 우리 대다수는 이메일을 일상적으로 사용하면서 가끔 첨부 파일을 깜빡 잊는 실수를 종종 범한다. 만약 이메일 서비스 제공 업체가 제목이나 본문에 '파일 첨부'란 단어가 있음에도 사용자가 파일을 첨부하지 않을 경우 '혹시 첨부해야 할 파일은 없습니까?'라고 발송 전 미리 알려주면 어떨까? 예시로 안전벨트 미착용 문제를 해결하기 위해 지금처럼 경찰이 단속하고 과태료를 물리는 것보다 애초에 안전벨트를 착용하지 않으면 주행이 되지 않게 설계하는 것은 어떨까? 이처럼 우리 인간의 선택과 행동을 두고 규제, 단속, 처벌보다는 부드럽게 개입하는 방식은 어떨까?
> 넛지(Nudge)는 강압적이지 않은 방법으로 사람들의 행동을 바꾸는 현상을 의미한다. 넛지의 사전적 의미는 '팔꿈치로 슬쩍 찌르다.', '주위를 환기하다.'인데, 시카고대 교수인 행동경제학자 리처드 탈러(Richard H. Thaler)와 하버드대 로스쿨 교수 캐스 선스타인(Cass R. Sunstein)은 2008년 "Nudge: Improving Decisions about Health, Wealth, and Happiness"라는 책을 내놓으면서 넛지를 '사람들의 선택을 유도하는 부드러운 개입'이라고 정의하였다. 이 책은 세계 여러 나라에서 번역되었는데, 특히 한국에서는 2009년 봄 "넛지: 똑똑한 선택을 이끄는 힘"이라는 제목으로 출간된 이후 대통령이 여름휴가 때 읽고 청와대 직원들에게 이 책을 선물하면서 화제가 되었다.
> 부드러운 간섭을 통한 넛지효과를 활용해 변화를 이끌어낸 사례는 많다. 그중에서 기업마케팅 전략으로 '넛지마케팅'이 최근 각광받고 있다. 예를 들어, 제품을 효율적으로 재배치만 해도 특정 상품의 판매를 늘릴 수 있다는 연구결과가 속속 나오고 있다. 그렇다면 설탕을 줄인 제품을 잘 보이는 곳에 진열하면 어떨까? 최근 각국에서 비만의 사회적 비용을 줄이기 위한 설탕세(Soda Tax, Sugar Tax, Sugary Drinks Tax) 도입을 두고 찬반 논쟁이 치열한데 징벌적 성격의 세금부과보다 넛지효과를 이용해 설탕 소비 감소를 유도하는 것은 어떤가? 우리나라 미래를 이끌 20 ~ 30대 청년의 초고도비만이 가파르게 증가하는 현실에서 소아비만과 청년비만 대응책으로 진지하게 생각해 볼 문제이다.
> 이처럼 공익적 목적으로 넛지효과를 사용하는 현상을 '넛지 캠페인'이라 한다. 특히 개인에게 '넛지'를 가할 수 있는 "선택 설계자(Choice Architecture)"의 범위를 공공영역으로 확대하는 것은 공공선을 달성하기 위해 매우 중요하다.

① 계단을 이용하면 10원씩 기부금이 적립되어 계단 이용을 장려하는 '기부 계단'
② 쓰레기통에 쓰레기를 집어넣도록 유도하기 위해 농구 골대 형태로 만든 '농구대 쓰레기통'
③ 금연율을 높이기 위해 직접적이고 재미있는 'No담배' 문구를 창작한 캠페인
④ 계단을 오르내리면 피아노 소리가 나와 호기심으로 계단 이용을 장려하는 '피아노 계단'
⑤ 아이들의 손씻기를 장려하기 위해 비누 안에 장난감을 집어넣은 '희망 비누'

14 다음 글을 읽고 추론할 수 있는 내용으로 적절하지 않은 것은?

> 해외여행을 떠날 때, 필수품 중의 하나는 여행용 멀티 어댑터라고 볼 수 있다. 나라마다 사용 전압과 콘센트 모양이 다르기 때문에 여행자들은 어댑터를 이용해 다양한 종류의 표준전압에 대처하고 있다. 일본・미국・대만은 110V를 사용하고, 유럽은 220～240V를 사용하는 등 나라마다 이용 전압도 다르고, 주파수・플러그 모양・크기도 제각각으로 형성되어 있다.
> 그렇다면 세계 여러 나라는 전압을 통합해 사용하지 않고, 우리나라는 왜 220V를 사용할까?
> 한국도 처음 전기가 보급될 때는 11자 모양 콘센트의 110V를 표준전압으로 사용했다. 1973년부터 2005년까지 32년에 걸쳐 1조 4,000억 원을 들여 220V로 표준전압을 바꾸는 작업을 진행했다. 어렸을 때, 집에서 일명 '도란스(Trance)'라는 변압기를 사용했던 기억이 있다.
> 한국전력공사 승압 작업으로 인해 110V의 가전제품을 220V의 콘센트・전압에 이용했다. 220V 승압 작업을 진행했던 이유는 전력 손실을 줄이고 같은 굵기의 전선으로 많은 전력을 보내기 위함이었다. 전압이 높을수록 저항으로 인한 손실도 줄어들고 발전소에서 가정으로 보급하는 데까지의 전기 전달 효율이 높아진다. 쉽게 말해서 수도관에서 나오는 물이 수압이 높을수록 더욱더 강하게 나오는 것에 비유하면 되지 않을까 싶다.
> 한국전력공사에 따르면 110V에서 220V로 전압을 높임으로써 설비의 증설 없이 기존보다 2배 정도의 전기 사용이 가능해지고, 전기 손실도 줄어 세계 최저 수준의 전기 손실률을 기록하게 됐다고 한다. 물론 220V를 이용할 때 가정에서 전기에 노출될 경우 위험성은 더 높을 수 있다.
> 110V를 표준전압으로 사용하는 일본・미국은 비교적 넓은 대지와 긴 송전선로로 인해 220V로 전압을 높이려면 전력설비 교체 비용과 기존의 전자제품 이용으로 엄청난 비용과 시간이 소요되므로 승압이 어려운 상황이다. 또 지진이나 허리케인과 같은 천재지변으로 인한 위험성이 높고 유지 관리에 어려운 점, 다수의 민영 전력회사로 운영된다는 점도 승압이 어려운 이유라고 생각한다.
> 국가마다 표준전압이 달라서 조심해야 할 사항도 있다. 콘센트 모양만 맞추면 사용할 수 있겠다고 생각하겠지만 110V 가전제품을 우리나라로 가져와서 220V의 콘센트에 연결 후 사용하면 제품이 망가지고 화재나 폭발이 일어날 수도 있다. 반대로 220V 가전제품을 110V에 사용하면 낮은 전압으로 인해 정상적으로 작동되지 않는다. 해외에 나가서 가전제품을 이용하거나 해외 제품을 직접 구매해 가정에서 이용할 때는 꼭 주의하여 사용하기 바란다.

① 한국에 처음 전기가 보급될 때는 110V를 사용했었다.
② 일본과 미국에서는 전력을 공급하는 사기업들이 있을 것이다.
③ 1조 4,000억 원 가량의 예산을 들여 220V로 전환한 이유는 가정에서의 전기 안전성을 높이기 위함이다.
④ 220V로 전압을 높이면 전기 전달 과정에서 발생하는 손실을 줄여 효율적으로 가정에 전달할 수 있다.
⑤ 전압이 다른 가전제품을 변압기 없이 사용하면 위험하거나 제품의 고장을 초래할 수 있다.

15 다음 문단을 논리적 순서대로 바르게 나열한 것은?

(가) 이 플랫폼은 IoT와 클라우드 기반의 빅데이터 시스템을 통해 수소경제 전 주기의 데이터를 수집・활용해 안전 관련 디지털 트윈 정보와 인프라 감시, EMS, 수소・전력 예측 서비스 등을 제공하는 '통합 안전관리 시스템'과 수집된 정보를 한전KDN이 운영하는 마이크로그리드 전력관리시스템(MG – EMS)과 에너지 집중 원격감시 제어시스템(SCADA, Supervisory Control and Data Acquisition)으로부터 제공받아 실시간 인프라 감시정보를 관리자에게 제공하는 '에너지 통합감시 시스템'으로 구성된 솔루션이다.
특히, 수소도시의 주요 설비를 최상의 상태로 운영하고자 안전 포털 서비스, AI 예측 서비스, 에너지 SCADA, 디지털트윈, 수소설비 데이터 수집 및 표준화 기능을 제공하는 것이 특징이다.
한전KDN 관계자는 "한전KDN은 에너지 ICT 전문 공기업의 역할을 성실히 수행하며 올해 창립 30주년이 됐다."면서 "안정적 전력산업 운영 경험을 통한 최신 ICT 기술력을 국제원자력산업전 참가로 널리 알리고 사업 다각화를 통한 기회의 장으로 삼을 수 있도록 노력할 것"이라고 밝혔다.

(나) 국내 유일의 에너지 ICT 공기업인 한전KDN은 이번 전시회에 원전 전자파 감시시스템, 수소도시 통합관리 플랫폼 등 2종의 솔루션을 출품・전시했다.
원전 전자파 감시시스템'은 올해 새롭게 개발되고 있는 신규솔루션으로 국내 전자파 관련 규제 및 지침 법규에 따라 원자력발전소 내 무선통신 기반 서비스 운영설비의 전자파를 감시・분석해 안정성을 확보하고 이상 전자파로부터 원자력의 안전 운용을 지원하는 시스템이다.
특히, 이상 전자파 검증기준에 따라 지정된 배제구역(출입통제구역)에 설치된 민감기기의 경우 무단 출입자에 따른 안정을 확보하기 어렵다는 점을 극복하고자 현장 무선기기의 전자파 차단과 함께 실시간으로 민감기기 주변 전자파를 감시해 이상 전자파 감지 시 사용자 단말기에 경보 알람을 발생시키는 등 안정적인 발전소 관리에 기여할 것으로 기대된다.
한전KDN이 함께 전시하는 수소도시 통합관리 플랫폼은 정부가 추진하는 수소시범도시의 안전관리를 위한 것으로 수소 생산시설, 충전소, 파이프라인, 튜브 트레일러, 연료전지, 수소버스까지 다양한 수소도시의 설비운영과 안전관리를 위해 개발된 솔루션이다.

(다) 한전KDN이 4월 부산 벡스코(BEXCO)에서 열리는 2022 부산 국제원자력산업전에 참가했다. 올해 6회째를 맞는 국내 최대 원자력분야 전문 전시회인 부산 국제원자력산업전은 국내외 주요 원자력발전사업체들이 참가해 원전 건설, 원전 기자재, 원전 해체 등 원자력 산업 관련 전반과 함께 전기・전자통신 분야의 새로운 기술과 제품을 선보이며, 12개국 126개사 356부스 규모로 개최됐다.

① (가) – (나) – (다)
② (나) – (가) – (다)
③ (나) – (다) – (가)
④ (다) – (가) – (나)
⑤ (다) – (나) – (가)

16 G사는 직원들의 다면평가를 실시하고, 평가항목별 점수의 합으로 상대평가를 실시하여 성과급을 지급한다. 상위 25% 직원에게는 월급여의 200%, 상위 25 ~ 50% 이내의 직원에게는 월급여의 150%, 나머지는 월급여의 100%를 지급한다. 주어진 자료를 참고할 때, 수령하는 성과급의 차이가 A와 가장 적은 직원은?

〈경영지원팀 직원들의 평가 결과〉

(단위 : 점, 만 원)

직원	업무전문성	조직친화력	책임감	월급여
A	37	24	21	320
B	25	29	20	330
C	24	18	25	340
D	21	28	17	360
E	40	18	21	380
F	33	21	30	370

〈전체 직원의 평가 결과〉

구분	합산점수 기준
평균	70.4
중간값	75.5
제1사분위 수	50.7
제3사분위 수	79.8
표준편차	10.2

① B
② C
③ D
④ E
⑤ F

17 다음은 입사지원자 5명의 정보와 G사의 서류전형 평가기준이다. 5명의 지원자 중 서류전형 점수가 가장 높은 사람은 누구인가?

〈입사지원자 정보〉

지원자	전공	최종학력	제2외국어	관련 경력	자격증	특이사항
A	법학	석사	스페인어	2년	변호사	장애인
B	경영학	대졸	일본어	–	–	다문화가족
C	기계공학	대졸	–	3년	변리사	국가유공자
D	–	고졸	아랍어	7년	정보처리기사	–
E	물리학	박사	독일어	–	–	–

〈평가기준〉

1. 최종학력에 따라 대졸 10점, 석사 20점, 박사 30점을 부여한다.
2. 자연과학 및 공학 석사 이상 학위 취득자에게 가산점 10점을 부여한다.
3. 일본어 또는 독일어 가능자에게 20점을 부여한다. 기타 구사 가능한 제2외국어가 있는 지원자에게는 5점을 부여한다.
4. 관련업무 경력 3년 이상인 자에게 20점을 부여하고, 3년을 초과하는 추가 경력에 대해서는 1년마다 10점을 추가로 부여한다.
5. 변호사 면허 소지자에게 20점을 부여한다.
6. 장애인, 국가유공자, 보훈보상대상자에 대해 10점을 부여한다.

① A지원자
② B지원자
③ C지원자
④ D지원자
⑤ E지원자

18 G공사는 다음과 같은 기준으로 국내출장여비를 지급한다. 국내출장여비 지급 기준과 김차장의 국내출장 신청서를 참고할 때, 김차장이 받을 수 있는 여비는?

〈국내출장여비 지급 기준〉

- 직급은 사원 – 대리 – 과장 – 차장 – 부장 순이다.
- 사원을 기준으로 기본 교통비는 2만 원이 지급되며, 직급이 올라갈 때마다 기본 교통비에 10%씩 가산하여 지급한다. … ㉠
- 출장지까지의 거리가 50km 미만인 지역까지는 기본 교통비만 지급하며, 50km 이상인 지역은 50km를 지나는 순간부터 매 50km 구간마다 5천 원을 추가 지급한다. 예를 들어 출장지까지의 거리가 120km라면 기본 교통비에 1만 원을 추가로 지급받는다. … ㉡
- 출장지가 광주광역시, 전라남도인 경우에는 기본 교통비에 ㉠, ㉡이 적용된 금액을 그대로 지급받으며, 출장지가 서울특별시, 인천광역시, 경기도 남부인 경우 10%, 경기도 북부인 경우 15%, 강원도인 경우 20%, 제주특별자치도인 경우 25%의 가산율을 기본 교통비와 추가 여비의 합산 금액에 적용하여 교통비를 지급받는다. 기타 지역에 대해서는 일괄적으로 5%의 가산율을 기본 교통비와 추가 여비의 합산 금액에 적용한다.
- 지급금액은 백 원 단위에서 올림한다.

〈국내출장 신청서〉

- 성명 : 김건우
- 직급 : 차장
- 출장지 : 산업통상자원부(세종특별자치시 한누리대로 402)
- 출장지까지의 거리(자동계산) : 204km
- 출장목적 : 스마트그리드 추진 민관협의체 회의 참석

① 49,000원
② 50,000원
③ 51,000원
④ 52,000원
⑤ 53,000원

| 한국전력공사 / 문제해결능력

19 흰색, 빨강색, 노랑색, 초록색, 검정색의 5가지 물감이 주어졌다. 다음 물감 조합표를 참고할 때, 주어진 5가지 물감으로 만들어 낼 수 없는 색상은?

〈물감 조합표〉

연분홍색=흰색(97)+빨강색(3)	황토색=노(90)+검(2)+빨(8)	진보라색=보라색(90)+검정색(10)
분홍색=흰색(90)+빨강색(10)	살구색=흰색(90)+주황색(10)	고동색=검정색(20)+빨강색(80)
진분홍색=흰색(80)+빨강색(20)	옥색=흰색(97)+초록색(3)	카키색=초록색(90)+검정색(10)
진노랑색=흰색(98)+노랑색(2)	연두색=노랑색(95)+파랑색(5)	연하늘색=흰색(97)+파랑색(3)
주황색=노랑(80)+빨강색(20)	초록색=노랑색(70)+파랑색(30)	하늘색=흰색(90)+파랑색(10)
연회색=흰색(98)+검정색(2)	청록색=노랑색(50)+파랑색(50)	진하늘색=흰색(80)+파랑색(20)
회색=흰색(95)+검정색(5)	고동색=빨강색(80)+검정색(20)	소라색=흰(90)+파(7)+빨(3)
진회색=흰색(90)+검정색(10)	연보라색=흰색(90)+보라색(10)	–
밝은황토색=갈색(98)+노랑색(2)	보라색=빨강색(70)+파랑색(30)	–

※ 괄호 안의 숫자는 비율을 뜻한다.

① 고동색
② 연보라색
③ 살구색
④ 카키색
⑤ 옥색

| 한국전력공사 / 문제해결능력

20 G공사는 인사이동에 앞서 각 직원들의 근무 희망부서를 조사하였다. 각 직원의 기존 근무부서, 이동 희망부서, 배치부서가 다음과 같을 때, 본인이 희망한 부서에 배치된 사람은 몇 명인가?

구분	기존부서	희망부서	배치부서
A	회계팀	인사팀	?
B	국내영업팀	해외영업팀	?
C	해외영업팀	?	?
D	홍보팀	?	홍보팀
E	인사팀	?	해외영업팀

조건

- A ~ E 다섯 사람은 각각 회계팀, 국내영업팀, 해외영업팀, 홍보팀, 인사팀 중 한 곳을 희망하였다.
- A ~ E 다섯 사람은 인사이동 후 회계팀, 국내영업팀, 해외영업팀, 홍보팀, 인사팀에 각 1명씩 근무한다.
- 본인이 근무하던 부서를 희망부서로 제출한 사람은 없다.
- B는 다른 직원과 근무부서를 서로 맞바꾸게 되었다.

① 0명
② 1명
③ 2명
④ 3명
⑤ 4명

※ 다음은 청년내일저축계좌에 대한 기사이다. 이어지는 질문에 답하시오. [21~22]

보건복지부가 청년을 위해 내놓은 적립식 금융상품인 '청년내일저축계좌'가 하나은행을 통해 단독 판매된다. 이번 사업은 월 10만 원씩 3년 저축하면 정부가 지원금 월 10만 원씩 추가 적립하는 방식으로 진행된다. 3년 만기 시 본인 납입액 360만 원을 포함해 720만 원의 지원과 적금이자를 합쳐 최대 1440만 원까지 받을 수 있다.
보건복지부에 따르면 기존 자산형성지원사업은 당초 기초생활수급자・차상위 청년만을 대상으로 했으나 올해부터 가입 대상을 일정 기준을 충족하는 저소득 청년으로 확대됐다. 이에 따라 가입대상은 지난해 1만 8천 명에서 올해 10만 4천 명으로 대폭 늘어났다.
청년내일저축계좌의 가입・신청 대상은 신청 당시 만 19 ~ 34세의 근로・사업소득이 있는 수급자・차상위가구 및 가구중위소득 100% 이하의 청년이다.
이 상품은 청년 대상자가 매월 납입하는 금액 10만 원에 대해 정부가 동일 금액의 적립금을 추가 지원한다. 수급자・차상위가구 청년의 경우 30만 원의 적립금을 추가 지원한다. 청년내일저축계좌의 가입금액은 10만 원 이상 50만 원 이하(만 원 단위)까지 가능하며, 가입기간은 3년이다. 금리는 기본금리 연 2.0%에 최대 연 3.0%p의 우대금리를 더해 최대 연 5.0%까지 적용 가능하다. 우대금리 혜택은 급여 및 주거래 이체 연 1.2%, 주택청약종합저축 신규・보유 시 연 1.0%, 마케팅 동의 연 0.5%, '하나 합' 서비스 등록 연 0.3% 등 조건에 부합하면 받을 수 있다.
청년들은 오는 18일부터 8월 5일까지 보건복지부 복지포털 사이트인 '복지로'를 통해 청년내일저축계좌 가입 신청을 하고, 10월 중 대상자가 확정되면 G은행 영업점과 모바일 애플리케이션(앱) 'G원큐' 등을 통해 상품 가입을 할 수 있다. 12일 G은행은 자격 대상 여부를 빠르게 확인할 수 있도록 G원큐를 통해 '간편자격조회 서비스'를 시행한다고 밝혔다.
이어 "만약 가입 대상이 아니라도 자격 요건에 따라 G은행의 '급여G 월복리적금' 상품에 대한 금리우대 쿠폰을 받을 수 있다."고 덧붙였다.
__________ 유사한 사업에 앞서 신청한 경우, 중복 신청이 가능한지에 대한 여부도 관심이 높아지고 있다. 금융위원회에서 시행한 청년희망적금에 가입한 경우에는 중복 가입할 수 있다.
다만, 서울시 희망두배 청년통장과 고용노동부 청년내일채움공제 등에 가입한 이들은 중복 신청이 불가하다.

| 국민건강보험공단 / 의사소통능력

21 윗글의 빈칸에 들어갈 접속사로 가장 적절한 것은?

① 그러나
② 그러므로
③ 하지만
④ 한편

| 국민건강보험공단 / 의사소통능력

22 윗글의 내용으로 적절하지 않은 것은?

① 청년내일저축계좌의 신청 대상자는 신청 당시 만 19 ~ 34세의 근로・사업소득이 있는 수급자・차상위가구 및 가구중위소득 100% 이하의 청년들이다.
② 청년내일저축계좌의 가입금액은 10만 원 이상 최대 100만 원 이하(만 원 단위)까지 가능하다.
③ 청년들은 8월 5일까지 보건복지부 복지포털 사이트인 '복지로'를 통해 가입 신청을 할 수 있다.
④ 금융위원회에서 시행한 청년희망적금에 가입한 경우에는 청년내일저축계좌를 중복 가입할 수 있다.

23 다음 문단을 논리적 순서대로 바르게 나열한 것은?

(가) 국민건강보험공단 이사장은 "공단은 보건의료 데이터 관리기관으로서 소비자의 권익을 최우선으로 하는 안전한 보건의료 데이터 활용을 위해 최선을 다할 것"이라고 밝혔으며, "이번 협약을 계기로 데이터에 대한 소비자 주권이 더욱 강화되고, 소비자가 더욱 편리하고 안전하게 이용할 수 있도록 보건의료 마이데이터의 활용이 진전되길 바란다."고 기대감을 보였다.

(나) 이번 업무협약은 소비자 데이터 주권 인식을 강화하고 소비자 중심의 보건의료 마이데이터 활성화를 위하여 양 기관이 협력하고자 뜻을 모은 것으로, 협약서에는 보건의료 마이데이터에 대한 소비자 권익 보호 및 신뢰를 기반으로 한 보건의료 마이데이터 활용 확산을 위해 양 기관이 상호 소통하고, 공공기반 보건의료 마이데이터 활용 확산을 위한 협력방안을 모색하는 내용이 담겼다.

(다) 국민건강보험공단과 한국소비자연맹은 소비자 중심의 의료 마이데이터 활성화를 위해 업무협약을 체결하고, '의료데이터 수집과 활용, 소비자 관점에서의 도전과 과제'라는 주제로 국회 토론회를 공동으로 개최하였다.

(라) 이어서 공단과 한국소비자연맹이 공동으로 개최한 토론회에서는 소비자중심건강포럼의 대표를 맡고 있는 D대학교 S교수가 좌장을 맡아, 보건의료 및 빅데이터 분야 전문가들의 발제와 패널 토론을 통해 소비자 데이터 주권 개념을 중심으로 한 의료마이데이터 활성화 방향에 대하여 심도 있는 논의가 이어졌다. H대 의과대학 A교수의 '의료 마이데이터 현황과 소비자 혜택 강화를 위한 개선안'을 시작으로 공단 빅데이터 B전략본부장의 '소비자 권익보호를 위한 건강보험 마이데이터 전략'에 대한 발제가 이어졌고, 국립암센터 C교수의 '소비자 중심의 나의 건강기록 활용'에 대한 발제가 진행되었다.

① (다) – (나) – (가) – (라)
② (가) – (다) – (나) – (라)
③ (다) – (나) – (라) – (가)
④ (가) – (라) – (나) – (다)

24 다음은 국민건강보험공단 홈페이지에 게시된 민원요기요의 서비스 항목 중 일부이다. 〈보기〉 중 옳은 것을 모두 고르면?

대분류	세부업무	
증명서 발급 및 확인	• 자격확인서 • 자격득실확인서 • 보험료 완납증명서 • 보험료 납부확인서	• 건강보험증 발급 신청 • 증명서 진위확인 • 차상위본인부담경감증명서 • 기타징수금 납부확인서
보험료 조회	• 지역보험료조회 • 직장보험료조회 • 홈페이지 납부 보험료 • 사회보험료완납조회	• 4대보험료 계산 • 고지내역조회 • 연말정산내역
보험료 납부	• 보험료 납부 • 보험료 대납	• 자동이체신청
보험료 고지서	• 고지서 신청 • 고지서 송달지 변경신청	• 보험료 고지서 재발급 • 홈페이지 고지내역 조회

보기

ㄱ. 보험료 납부확인서 및 4대보험료 계산도 민원요기요에서 가능하다.
ㄴ. 보험료 고지서를 재발급 받기 위해서는 국민건강보험공단 홈페이지의 민원요기요가 아니라 지자체에서 발급받아야 한다.
ㄷ. 민원요기요 페이지를 통해 고지서 송달지 변경과 증명서의 진위확인도 가능하다.

① ㄱ
② ㄷ
③ ㄱ, ㄷ
④ ㄴ, ㄷ

25 다음은 국민건강보험공단에서 제공한 외국인 유학생 건강보험 관련 자료이다. 이에 대한 설명으로 옳지 않은 것은?

〈외국인 유학생 건강보험 안내〉

• 가입 대상
유학생, 외국인 및 재외국민

• 가입 시기

체류자격 구분	적용시기
유학, 초중고생	최초입국 시 → 외국인등록일
	외국인등록 후 재입국 시 → 재입국일
초중고생 외의 일반연수	입국일로부터 6개월 후 가입
재외국민 · 재외동포 유학생	입국 후 학교 입학일로 가입 (재학증명서 제출하는 경우)

※ 국내 체류 유학생 중 건강보험에 가입하지 않은 유학생은 2021.3.1.로 당연가입됨

• 가입 절차
유학생이 공단에 별도로 신고하지 않아도 자동 가입처리
국내 체류지(거소지)로 건강보험증과 가입안내증 발송
다만, 아래의 경우 반드시 가까운 지사에 방문하여 신고
1. 가족(배우자 및 미성년 자녀)과 함께 보험료를 납부하고자 하는 경우
2. 국내에서 유학 중인 재외국민 또는 재외동포가 가입하는 경우
3. 체류지(거소지), 여권번호, 체류자격 등에 변경사항이 있는 경우
※ 외국의 법령, 외국의 보험, 사용자와의 계약으로 건강보험 급여에 상당하는 의료보장을 받아 건강보험이 필요하지 않는 경우 건강보험 가입 제외 신청 가능

• 건강보험료 부과
전자고지 · 자동이체 및 환급사전계좌 신청 : 전화, 홈페이지, 외국인민원센터, 공단지사에서 신청
※ 우편 대신 이메일 고지서 또는 모바일 고지서 신청 가능
※ 자동이체 신청으로 편리한 납부 · 환급사전계좌 등록으로 빠른 지급

① 외국인이 건강보험료를 납부하는 경우, 우편, 이메일, 모바일을 통해 고지서를 받아 볼 수 있다.
② 유학생은 본인의 의사에 따라 건강보험 적용을 받지 않을 수 있다.
③ 학업이 끝나고 직장인이 되어 체류자격에 변동이 생긴 경우, 인근 건강보험공단 지사에 방문하여 신고하여야 한다.
④ 외국인이 건강보험에 가입하기 위해서는 거소지의 지방자치단체에 신고하여야 한다.

※ 다음은 G공단에서 시니어 인턴십에 참여하고 있는 인턴들에 대한 성과평가 결과이다. G공단은 이를 바탕으로 근로장려금을 차등 지급하려고 한다. 자료를 보고 이어지는 질문에 답하시오. [26~27]

〈장려금 지급 기준〉

- 직원들의 장려금은 성과점수에 따라 지급한다.
- 성과점수는 각 인턴들의 업무 평가 결과에 해당하는 기준점수의 합으로 계산한다.
- 평가결과는 탁월 – 우수 – 보통 3단계로 구분한다.

〈업무 평가 결과〉

인턴	업무량	업무 효율성	업무 협조성	업무 정확성	근무태도
A인턴	우수	탁월	보통	보통	우수
B인턴	보통	보통	우수	우수	보통
C인턴	탁월	보통	탁월	탁월	보통
D인턴	보통	우수	탁월	탁월	우수

〈기준 점수〉

평가	업무량	업무 효율성	업무 협조성	업무 정확성	근무태도
탁월	10	20	30	20	20
우수	8	16	20	16	10
보통	6	10	16	10	8

〈성과점수별 장려금〉

구분	50 ~ 60점	61 ~ 70점	71 ~ 80점	81 ~ 90점	91 ~ 100점
지급금액	10만 원	20만 원	30만 원	40만 원	50만 원

| 국민건강보험공단 / 문제해결능력

26 시니어 인턴십에 참여한 A ~ D인턴 중 장려금을 가장 많이 받는 사람은?

① A인턴 ② B인턴

③ C인턴 ④ D인턴

| 국민건강보험공단 / 문제해결능력

27 각 인턴들의 업무 평가 결과가 다음 〈조건〉과 같이 변경 되었을 때, 장려금을 가장 많이 받는 사람은?

조건

- A인턴의 업무정확성 평가 : 보통 → 우수
- B인턴의 근무태도 평가 : 보통 → 우수
- C인턴의 업무효율성 평가 : 보통 → 탁월
- D인턴의 업무협조성 평가 : 탁월 → 우수

① A인턴 ② B인턴

③ C인턴 ④ D인턴

28 다음 연도별 · 연령대별 흡연율 자료를 그래프로 나타낼 때, 옳지 않은 것은?

〈연도별 · 연령대별 흡연율〉

(단위 : %)

구분	연령대				
	20대	30대	40대	50대	60대 이상
2012년	28.4	24.8	27.4	20.0	16.2
2013년	21.5	31.4	29.9	18.7	18.4
2014년	18.9	27.0	27.2	19.4	17.6
2015년	28.0	30.1	27.9	15.6	2.7
2016년	30.0	27.5	22.4	16.3	9.1
2017년	24.2	25.2	19.3	14.9	18.4
2018년	13.1	25.4	22.5	15.6	16.5
2019년	22.2	16.1	18.2	13.2	15.8
2020년	11.6	25.4	13.4	13.9	13.9
2021년	14.0	22.2	18.8	11.6	9.4

① 40대, 50대 연도별 흡연율

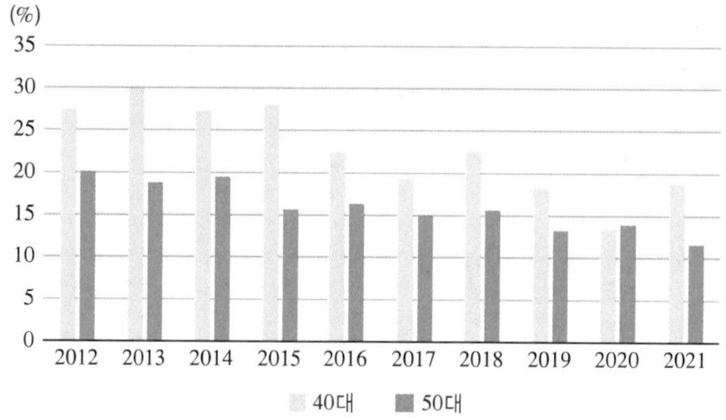

② 2018 ~ 2021년 연령대별 흡연율

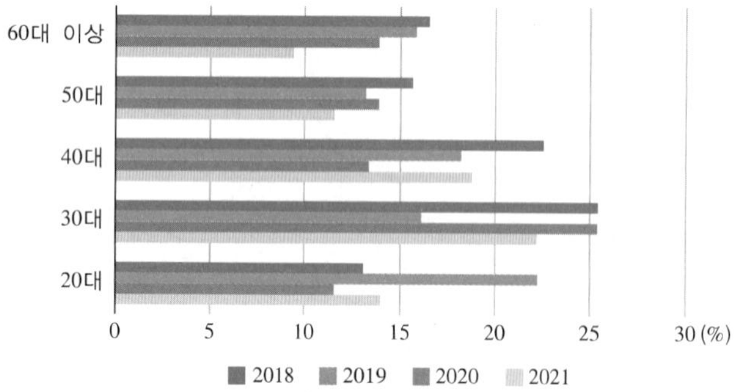

③ 2016～2021년 60대 이상 연도별 흡연율

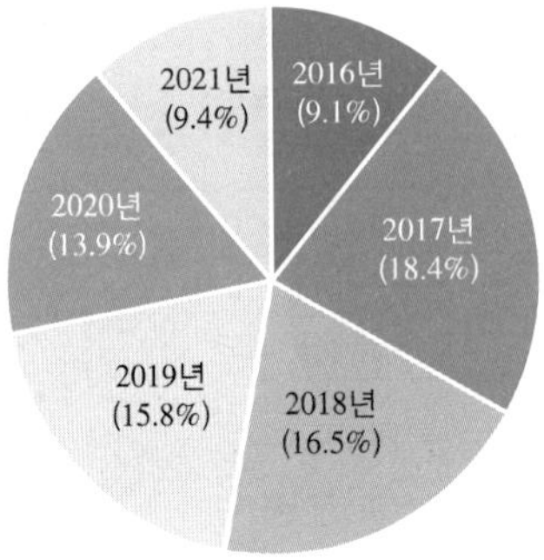

④ 20대, 30대 연도별 흡연율

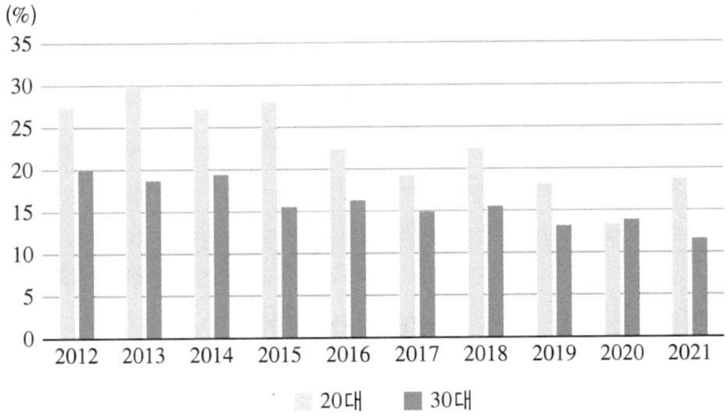

※ 다음은 G공사 직원 250명을 대상으로 조사한 자료이다. 이어지는 질문에 답하시오. **[29~30]**

〈2021년 독감 예방접종 여부〉

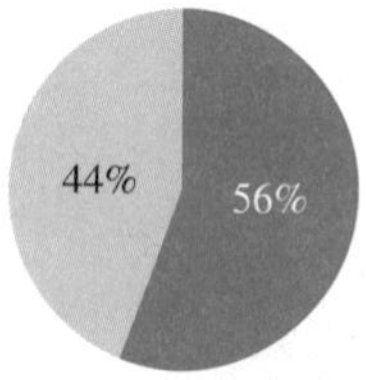

〈2020년 독감 예방접종 여부〉

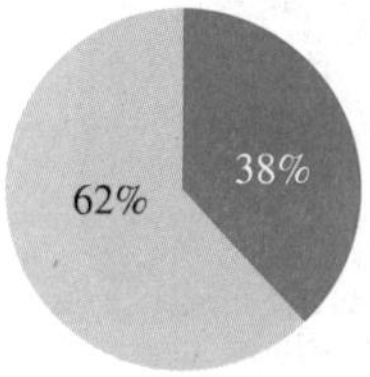

〈부서별 직원 현황〉

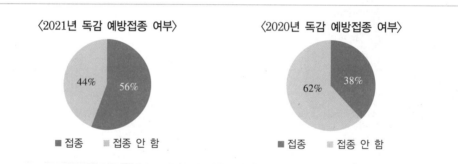

구분	총무부서	회계부서	영업부서	제조부서	합계
비율	16%	12%	28%	44%	100%

※ 제시된 것 외의 부서는 없다.

※ 2020년과 2021년 부서별 직원 현황은 변동이 없다.

| 국민건강보험공단 / 수리능력

29 다음 중 자료에 대한 설명으로 옳은 것은?(단, 소수점 첫째 자리에서 버림한다)

① 2020년의 독감 예방접종자가 2021년에도 예방접종을 했다면, 2020년에는 예방접종을 하지 않았지만 2021년에 예방접종을 한 직원은 총 54명이다.

② 2020년 대비 2021년에 예방접종을 한 직원의 수는 49% 이상 증가했다.

③ 2020년의 예방접종을 하지 않은 직원들을 대상으로 2021년의 독감 예방접종 여부를 조사한 자료라고 한다면, 2020년과 2021년 모두 예방접종을 하지 않은 직원은 총 65명이다.

④ 2020년과 2021년의 독감 예방접종 여부가 총무부서에 대한 자료라고 할 때, 총무부서 직원 중 예방접종을 한 직원은 2020년 대비 2021년에 약 7명 증가했다.

| 국민건강보험공단 / 수리능력

30 제조부서를 제외한 모든 부서 직원의 절반이 2020년 예방접종을 했다고 할 때, 제조부서 직원 중 2020년 예방접종을 한 직원의 비율은?(단, 소수점 첫째 자리에서 버림한다)

① 18% ② 20%

③ 22% ④ 24%

31 다음 중 토론의 정의에 대한 설명으로 가장 적절한 것은?

① 주어진 주제에 대하여 찬반을 나누어, 서로 논리적인 의견을 제시하면서 상대방의 의견이 이치에 맞지 않다는 것을 명확하게 하는 논의이다.

② 주어진 주제에 대하여 찬반을 나누어, 서로의 주장에 대한 논리적인 근거를 제시하면서, 상호 간의 타협점을 찾아가는 논의 방식이다.

③ 주어진 주제에 대한 자신의 의견을 밝히고 이에 대한 추론적인 근거를 들어가면서, 상대방과 청중을 설득하는 말하기이다.

④ 주어진 주제에 대하여 찬성하는 측과 반대하는 측이 다양한 의견을 제시하고, 제시된 의견에 대해 분석하면서 해결방안을 모색하는 말하기 방식이다.

⑤ 주어진 주제에 대하여 제시된 다양한 의견을 인정하고 존중하되, 자신의 의견에 대한 논리적인 근거를 제시하며 말하는 논의이다.

32 다음 중 개인차원에서의 인적자원관리에 대한 설명으로 가장 적절한 것은?

① 정치적, 경제적 또는 학문적으로 유대관계가 형성된 사람들과의 관계만을 국한적으로 관리하는 것을 의미한다.

② 자신과 직접적으로 관계가 형성된 사람들 또는 그런 사람들을 통해 관계가 형성된 사람들을 핵심 인맥, 그 밖의 우연한 계기로 관계가 형성된 사람들을 파생 인맥이라 지칭한다.

③ 개인은 핵심 인맥을 통하여 다양한 정보를 획득하고, 파생 인맥을 통하여 다양한 정보를 전파할 수 있다.

④ 개인의 인맥은 파생 인맥을 통해 끝없이 생겨날 수 있기 때문에, 한 개인의 인맥은 계속하여 확장될 수 있다.

⑤ 개인은 인적자원관리를 위해 핵심 인맥 및 파생 인맥의 능동성, 개발가능성, 전략적 자원을 고려하여 인맥 관리를 진행하여야 한다.

| 한전KPS / 자원관리능력

33 다음 〈보기〉 중 인적자원의 특성에 대한 설명으로 옳은 것을 모두 고르면?

보기

ㄱ. 인적자원은 가지고 있는 양과 질에 따라 공적에 기여하는 정도가 달라지는 수동적 성격의 자원에 해당한다.
ㄴ. 기업의 관리 여하에 따라 인적자원은 기업의 성과에 천차만별적으로 반응한다.
ㄷ. 인적자원은 자연적으로 성장하며, 짧은 기간 안에 개발될 수 있다.
ㄹ. 기업은 효율적인 인적자원의 활용을 위해 전략적으로 자원을 활용하여야 한다.

① ㄱ, ㄴ
② ㄱ, ㄹ
③ ㄴ, ㄷ
④ ㄴ, ㄹ
⑤ ㄷ, ㄹ

| 한전KPS / 기술능력

34 다음 중 기술관리자에게 요구되어지는 능력으로 적절하지 않은 것은?

① 기술을 운용하는 능력
② 기술직과 교류하는 능력
③ 기술 전문 인력을 운용하는 능력
④ 기술팀을 하나로 합칠 수 있는 능력
⑤ 기술이나 추세를 파악할 수 있는 능력

| 한전KPS / 기술능력

35 다음 중 지식재산권에 대한 설명으로 적절하지 않은 것은?

① 새로운 것을 만들어내는 활동 또는 경험 등을 통해 최초로 만들어내거나 발견한 것 중 재산상 가치가 있는 것에 대해 가지는 권리를 말한다.
② 금전적 가치를 창출해낼 수 있는 지식·정보·기술이나, 표현·표시 또는 그 밖에 유·무형적인 지적 창작물에 주어지는 권리를 말한다.
③ 실질적인 형체가 없는 기술 상품의 특성으로 인해 타국과의 수출입이 용이하다.
④ 개발된 기술에 대해 독점적인 권리를 부여해줌으로써, 기술개발이 활성화될 수 있도록 한다.
⑤ 기술을 통해 국가 간의 협력이 이루어지면서 세계화가 장려되고 있다.

36 다음 글을 읽고 추론할 수 있는 내용으로 적절하지 않은 것은?

혈액을 통해 운반된 노폐물이나 독소는 주로 콩팥의 사구체를 통해 일차적으로 여과된다. 사구체는 모세 혈관이 뭉쳐진 덩어리로, 보먼주머니에 담겨 있다. 사구체는 들세동맥에서 유입되는 혈액 중 혈구나 대부분의 단백질은 여과시키지 않고 날세동맥으로 흘려보내며, 물・요소・나트륨・포도당 등과 같이 작은 물질들은 사구체막을 통과시켜 보먼주머니를 통해 세뇨관으로 나가게 한다. 이 과정을 '사구체 여과'라고 한다.
사구체 여과가 발생하기 위해서는 사구체로 들어온 혈액을 사구체막 바깥쪽으로 밀어주는 힘이 필요한데, 이 힘은 주로 들세동맥과 날세동맥의 직경 차이에서 비롯된다. 사구체로 혈액이 들어가는 들세동맥의 직경보다 사구체로부터 혈액이 나오는 날세동맥의 직경이 작다. 이에 따라 사구체로 유입되는 혈류량보다 나가는 혈류량이 적기 때문에 자연히 사구체의 모세 혈관에는 다른 신체 기관의 모세 혈관보다 높은 혈압이 발생하고, 이 혈압으로 인해 사구체의 모세 혈관에서 사구체 여과가 이루어진다. 사구체의 혈압은 동맥의 혈압에 따라 변화가 일어날 수 있지만 생명 유지를 위해 일정하게 유지된다.
사구체막은 사구체 여과가 발생하기 위해 적절한 구조를 갖추고 있다. 사구체막은 모세 혈관 벽과 기저막, 보먼주머니 내층으로 구성되어 있다. 모세 혈관 벽은 편평한 내피세포 한 층으로 이루어져 있다. 이 내피세포들에는 구멍이 있으며 내피세포들 사이에도 구멍이 있다. 이 때문에 사구체의 모세 혈관은 다른 신체 기관의 모세 혈관에 비해 동일한 혈압으로도 100배 정도 높은 투과성을 보인다. 기저막은 내피세포와 보먼주머니 내층 사이의 비세포성 젤라틴 층으로, 콜라겐과 당단백질로 구성된다. 콜라겐은 구조적 강도를 높이고, 당단백질은 내피세포의 구멍을 통과할 수 있는 알부민과 같이 작은 단백질들의 여과를 억제한다. 이는 알부민을 비롯한 작은 단백질들이 음전하를 띠는데 당단백질 역시 음전하를 띠기 때문에 가능한 것이다. 보먼주머니 내층은 문어처럼 생긴 발세포로 이루어지는데, 각각의 발세포에서는 돌기가 나와 기저막을 감싸고 있다. 돌기 사이의 좁은 틈을 따라 여과액이 빠져나오면 보먼주머니 내강에 도달하게 된다.

① 내피세포에 나있는 구멍보다 입자가 작은 단백질은 전하의 성질을 이용하여 여과할 수 있다.
② 효율적인 여과를 위해서는 사구체의 혈압이 혈액 속 성분에 따라 유동적으로 변화하는 것이 필요하다.
③ 사구체를 통과하는 혈류는 신체의 다른 부분보다 높은 압력을 받게 될 것이다.
④ 콩팥의 사구체라는 기관이 우리 몸의 여과를 전적으로 담당하는 것은 아니다.

37 다음 글을 읽고 밑줄 친 물음에 대한 답변으로 가장 적절한 것은?

> 한 장의 종이를 반으로 계속해서 접어 나간다면 과연 몇 번이나 접을 수 있을까? 얼핏 생각하면 수없이 접을 수 있을 것 같지만, 실제로는 그럴 수 없다. <u>그 이유는 무엇일까?</u>
> 먼저, 종이를 접는 횟수에 따라 종이의 넓이와 두께의 관계가 어떻게 변하는지를 생각해 보자. 종이를 한 방향으로 접을 경우, 한 번, 두 번, 세 번 접어 나가면 종이의 넓이는 계속해서 반으로 줄어들게 되고, 두께는 각각 2겹, 4겹, 8겹으로 늘어나 두꺼워진다. 이런 식으로 두께 0.1mm의 종이를 10번 접으면 1,024겹이 되어 그 두께는 약 10cm나 되고, 42번을 접는다면 그 두께는 439,805km로 지구에서 달에 이를 수 있는 거리에 이르게 된다. 물론 이때 종이를 접으면서 생기는 종이의 두께는 종이의 길이를 초과할 수 없으므로 종이 접기의 횟수 역시 무한할 수 없다.
> 다음으로, 종이를 접는 횟수에 따라 종이의 길이와 종이가 접힌 모서리 부분에서 만들어지는 반원의 호 길이가 어떻게 변하는지 알아보자. 종이의 두께가 t이고 길이가 L인 종이를 한 번 접으면, 접힌 모서리 부분이 반원을 이루게 된다. 이때 이 반원의 반지름 길이가 t이면 반원의 호 길이는 πt가 된다. 결국 두께가 t인 종이를 한 번 접기 위해서는 종이의 길이가 최소한 πt보다는 길어야 한다. 예를 들어 두께가 1cm인 종이를 한 번 접으려면, 종이의 길이가 최소 3.14cm보다는 길어야 한다는 것이다.
> 그런데 종이를 한 방향으로 두 번 접는 경우에는 접힌 모서리 부분에 반원이 3개 나타난다. 그래서 모서리에 생기는 반원의 호 길이를 모두 합하면, 가장 큰 반원의 호 길이인 $2\pi t$와 그 반원 속의 작은 반원의 호 길이인 πt, 그리고 처음 접힌 반원의 호 길이인 πt의 합, 즉 $4\pi t$가 된다. 그러므로 종이를 한 방향으로 두 번 접으려면 종이는 최소한 $4\pi t$보다는 길어야 한다. 종이를 한 번 더 접었을 뿐이지만 모서리에 생기는 반원의 호 길이의 합은 이전보다 훨씬 커진다. 결국, 종이 접는 횟수는 산술적으로 늘어나는 데 비해 이로 인해 생기는 반원의 호 길이의 합은 기하급수적으로 커지기 때문에 종이의 길이가 한정되어 있다면 계속해서 종이를 접는 것은 불가능하다는 것을 알 수 있다.

① 종이의 면에 미세하게 존재하는 입자들이 종이를 접는 것을 방해하기 때문이다.
② 종이에도 미약하지만 탄성이 있어 원래 모양대로 돌아가려고 하기 때문이다.
③ 종이가 충분히 접힐 수 있도록 힘을 가하는 것이 힘들기 때문이다.
④ 접는 종이의 길이는 제한되어 있는데, 접은 부분에서 생기는 반원의 길이가 너무 빠르게 증가하기 때문이다.

38 다음 글을 읽고 추론할 수 있는 내용으로 적절하지 않은 것은?

다음은 부동산 경매 중에서 강제 경매 절차의 진행 과정에 대한 설명이다.

- 채권자가 경매 신청을 하면 법원은 경매개시결정을 하여 매각할 부동산을 압류하고 관할 등기소에 경매개시결정의 기입등기를 촉구하여 경매개시결정 사실을 등기 기록에 기입하도록 한다. 이 과정에서 법원은 경매개시결정 정본을 채무자에게 송달한다.
- 매각할 부동산이 압류되면, 집행 법원은 채권자들이 배당 요구를 할 수 있는 기간을 첫 매각 기일 이전으로 정한다. 법원은 경매개시결정에 따른 압류의 효력이 생긴 때부터 일주일 안에 경매개시결정을 한 취지와 배당 요구의 종기를 법원 경매정보 홈페이지의 법원 경매공고란 또는 법원 게시판에 게시하는 방법으로 공고한다.
- 법원은 집행관에게 매각할 부동산의 현상, 점유관계, 차임 또는 보증금의 액수, 기타 현황에 관하여 조사를 명하고, 감정인에게 매각할 부동산을 평가하게 한다. 법원은 감정인의 평가액을 참작하여 최저 매각 가격을 결정한다.
- 매각 방법으로는 크게 두 가지가 있는데, 매수 신청인이 매각 기일에 매각 장소에서 입찰표를 제출하는 기일입찰방법과 매수 신청인이 지정된 입찰 기간 안에 직접 또는 우편으로 입찰표를 제출하는 기간입찰방법이 있다. 법원은 두 방법 중 하나를 선택하여 매각 기일 등을 지정하여 통지, 공고한다.
- 기일 입찰의 경우, 집행관이 미리 지정된 매각 기일에 매각 장소에서 입찰을 실시하여 최고가 매수 신고인과 차순위 매수 신고인을 정한다. 기간 입찰의 경우, 집행관이 입찰 기간 동안 입찰 봉투를 접수하여 보관하다가 매각 기일에 입찰 봉투를 개봉하여 최고가 매수 신고인과 차순위 매수 신고인을 정한다. 기일 입찰과 달리 매각 기일에는 입찰을 실시하지 않는다.
- 매각 허가 결정이 확정되면 법원은 매각 대금의 지급기한을 정하여 매수인에게 매각 대금의 납부를 명령한다. 매수인은 지정된 지급 기한 안에는 언제든지 매각 대금을 납부할 수 있다. 매수인이 지정된 지급 기한까지 매각 대금을 모두 납부하지 않으면, 법원은 차순위 매수 신고인이 있는 때는 그에 대해 매각을 허가할 것인지 여부를 결정하고 차순위 매수 신고인이 없는 때에는 재매각을 명한다.
- 매수인이 대금을 모두 납부한 시점에서 부동산의 소유권을 취득할 수 있다. 법원은 매수인 명의의 소유권 이전 등기를 촉구할 수 있다. 매수인은 대금을 모두 납부하면 부동산의 인도명령을 신청할 수 있다.

① 강제 부동산 경매는 채권자의 신청과 채무자의 동의로 시작될 수 있다.
② 채무자에게 경매가 개시되었음을 알리는 과정이 없었다면, 경매 절차가 제대로 진행되고 있다고 보기 어렵다.
③ 법원이 기일입찰방법을 채택하였다면, 매수하고자 하는 신청인은 지정된 장소로 가서 경매에 참여해야 할 것이다.
④ 법원이 기간입찰방법을 채택하였다면, 매수 신청인이 매각 기일에 특정 장소로 이동할 필요는 없다.

| K-water 한국수자원공사 / 의사소통능력

39 다음 문단을 논리적 순서대로 바르게 나열한 것은?

(가) 한편 지난 1월에 개최된 '제1회 물벗 나눔장터'는 안동, 영주, 영천, 장수, 청송, 충주 등 6개 댐 주변 지역이 참여해 사과 및 사과 가공품을 판매했으며 약 5,000만 원 가량의 제품이 판매되는 등 성황리에 진행됐다. 수자원공사는 "코로나19 장기화로 어려움을 겪는 지역 농가를 돕고 지역사회 이웃들에게 온정을 전달하기 위해 임직원이 함께 나섰다."라며 "앞으로도 수자원공사는 다양한 지역사회와의 상생활동을 지속하고 K-ESG 경영을 실천해 공기업의 사회적 책임을 다하겠다."라고 말했다.

(나) 한국수자원공사는 7일 대전시 대덕구 본사에서 딸기 농가와 함께 '제2회 물벗 나눔 장터, 딸기 팝업 스토어' 행사를 진행했다. '물벗 나눔장터'는 한국수자원공사가 2022년 창립 55주년 맞이해 새롭게 추진 중인 지역상생형 K-ESG 경영 실천 프로젝트이다. 온·오프라인 장터 운영을 통해 사업장이 위치한 전국 각지의 농가에서 생산하는 주요 농산물 판로확보에 기여하고 일부는 직접 구매 후 취약계층에게 전달하는 적극적 나눔을 실천하는 연간 프로젝트이다.

(다) 이번 행사는 지난겨울 작황 부진과 재배면적 감소 등으로 어려움을 겪은 금강유역 대표 딸기 산지인 충남 논산시와 전북 완주군의 딸기 재배 농가를 돕기 위한 직거래 장터로 진행했다. 이번 장터에서 딸기 재배 농가는 대표적 국산 품종인 '설향' 뿐만 아니라 하이베리, 비타베리, 킹스베리 등 최근 개발된 우수한 국산 품종 딸기를 저렴한 가격으로 판매해 행사 참가자들의 호응을 얻었다. 수자원공사는 이번 행사와 연계해 총 400만 원 상당의 딸기를 추가로 구매해 논산시와 전북 사회복지공동모금회의 협조를 통해 지역사회 이웃들에게 전달돼 지역 상생 및 나눔을 이어갈 계획이다.

① (가) – (나) – (다)
② (나) – (가) – (다)
③ (나) – (다) – (가)
④ (다) – (가) – (나)

| K-water 한국수자원공사 / 수리능력

40 A사원은 연회장 좌석을 배치하려고 하는데, 연회장은 좌우 대칭으로 구성되어 있으며 총 테이블 수는 짝수이다. 한 테이블에 3명씩 앉게 할 경우, 15명의 자리가 모자라고 5명씩 앉게 할 경우 테이블이 2개가 남는다. 참석자 수는 총 몇 명인가?

① 54명
② 57명
③ 60명
④ 63명

| K-water 한국수자원공사 / 문제해결능력

41 K초등학교의 체육대회에서 학생 가~바 6명이 달리기 경주를 하여 결승선을 빠르게 통과한 순서대로 1등부터 6등을 결정하였다. 순위가 다음 〈조건〉을 모두 만족한다고 할 때, 학생들의 달리기 순위로 옳은 것은?

조건

- 동시에 결승선을 통과한 학생은 없다.
- 마는 1등 혹은 6등이다.
- 라는 다보다 먼저 결승선을 통과하였다.
- 다와 바의 등수는 2 이상 차이가 난다.
- 가는 나의 바로 다음에 결승선을 통과하였다.
- 가는 6등이 아니다.

① 가 – 나 – 바 – 마 – 라 – 다
② 바 – 나 – 다 – 가 – 라 – 마
③ 마 – 라 – 다 – 나 – 가 – 바
④ 마 – 다 – 바 – 나 – 라 – 가

| K-water 한국수자원공사 / 문제해결능력

42 K여행사에서 배에 승선할 승객 가~사 7명의 자리를 배정해주려고 한다. 다음 〈조건〉을 모두 만족하여 자리를 배정할 때, 옳은 배정은?

조건

- 배의 좌석 한 줄에는 세 개의 섹션이 있다.
- 한 줄에 2명, 3명, 2명씩 앉을 수 있고, 2명이 앉는 섹션에는 창문이 있다.
- 가와 라는 다른 섹션에 앉아야 한다.
- 사는 뱃멀미가 있어 창문이 있는 섹션에 앉아야 한다.
- 나와 라는 같은 섹션에 앉아야 한다.
- 바와 마는 같은 섹션에 앉아야 하지만, 나란히 앉지 않을 수도 있다.
- 다는 3명 있는 섹션에 배정받아야 한다.

① (가, 다) (나, 마, 사) (라, 바)
② (가, 사) (나, 마, 다) (라, 바)
③ (가, 사) (나, 다, 라) (바, 마)
④ (나, 마) (가, 바, 사) (다, 라)

43 한국수자원공사는 2주간 사업부문별로 직원들의 보안교육을 실시하고자 한다. 다음 공지문과 회신내용을 참고하여 6월 2일에 교육이 진행되는 사업부문으로 가장 적절한 것은?

〈보안교육 일자〉

일	월	화	수	목	금	토
5/29	5/30	5/31	6/1	6/2	6/3	6/4
6/5	6/6	6/7	6/8	6/9	6/10	6/11

〈전 직원 보안교육 실시에 대한 공지〉

우리 한국수자원공사는 최근 국내외적으로 빈번하게 벌어지고 있는 랜섬웨어 감염 등의 보안사고에 대한 대응역량 향상을 위해 전 직원 대상 보안교육을 실시할 예정입니다. 교육은 월요일부터 금요일까지의 기간 중 공휴일을 제외한 업무일을 활용하여 하루에 한 사업부문씩 교육을 진행할 예정입니다. 금번 교육은 기획부문, 경영부문, 수자원환경부문, 수도부문, 그린인프라부문의 5개 사업부문을 대상으로 이루어지며, 기획부문과 경영부문의 경우 최소한의 관리업무를 위해 이틀에 나누어 절반의 인원씩 교육을 진행합니다. 공휴일인 6월 1일 전국지방선거일과 6월 6일 현충일에는 교육을 진행하지 않습니다. 각 사업부문에서는 교육 선호 일정 및 교육 진행이 어려운 일정을 작성하여 회신해주시기 바랍니다.

〈부서별 회신내용〉

- 기획부문 : 매주 첫 업무일에는 환경부, 국토교통부와의 통화량이 많아 교육 진행이 어렵습니다. 두 차례의 교육은 각각 다른 주에 이루어져야 할 것 같습니다.
- 경영부문 : 5월 31일과 6월 2일은 회계업무가 많을 것으로 예상되므로 타부서 교육을 진행해주십시오. 아울러 6월 10일은 전 직원 걷기행사를 계획 중에 있으므로 모든 부서 교육 진행이 불가능할 것으로 예상됩니다.
- 수자원환경부문 : 팀 내 업무 특성상 매주 수요일만 교육이 가능합니다.
- 수도부문 : 6월 3일까지는 출장자가 많아 교육 진행이 어렵습니다.
- 그린인프라부문 : 6월 중 모든 날짜에 교육 진행이 가능합니다.

① 기획부문 ② 경영부문
③ 수자원환경부문 ④ 그린인프라부문

44 다음은 K공사의 2021년도 직급별 임금과 2022년 임금 수준을 결정하기 위해 대표이사와 근로자측이 2021년 말에 협상한 내용이다. 2022년 K공사가 매달 지출하게 되는 임직원 1인당 평균 인건비는?

〈2021년 K공사 직급별 임금표〉

직급	구분	1인당 인건비(월급)	인원
대표이사	임원	6,000,000원	1명
부장	직원	4,400,000원	1명
차장	직원	3,800,000원	2명
과장	직원	3,300,000원	3명
대리	직원	3,000,000원	3명
사원	직원	2,800,000원	1명
사원보	직원	2,600,000원	1명

〈대화 내용〉

대표이사 : 경기침체가 심각한 상황이라 인건비를 늘리기 어렵습니다. 이번만큼은 임금동결에 협조해주시면 좋겠습니다.

근로자 대표 : 직원들의 형편도 어렵습니다. 경기가 어렵다고는 하지만 작년에 물가는 5%가 올랐어요. 그만큼도 보상을 해주지 않으면 사실상의 임금 삭감이므로 받아들일 수 없습니다.

대표이사 : 물가상승률에 맞추어 5% 인상을 하기에는 유동성에 여유가 많지 않을 것으로 예상되는 상황입니다. 그 절반까지는 최대한 고려해보겠습니다.

근로자 대표 : 물가상승률의 절반은 받아들이기 어려운 조건입니다. 아무리 못해도 임금상승률이 물가상승률의 60%는 되어야 합니다.

대표이사 : 그러면 임원 급여는 동결하고, 직원들의 급여는 말씀하신 조건에 맞추어 보겠습니다.

① 3,525,000원 ② 3,615,750원
③ 3,630,750원 ④ 3,666,000원

45 다음 신입직원 정보와 〈조건〉을 참고할 때, 영업팀에 배속될 직원을 모두 고르면?

〈신입직원 정보〉

지원자	나이	전공
A	32	경영학
B	?	경영학
C	28	법학
D	?	법학
E	27	전자전기공학
F	31	경영학
G	34	전자전기공학

조건

1. 신입직원 A～G 중 2명이 영업팀으로 배속될 예정이다.
2. A～G는 모두 20대 또는 30대이며, 20대가 30대보다 많다.
3. B～F는 남자이다.
4. A～G 중 나이가 가장 많은 사람은 인사팀에 배속될 예정이다.
5. 영업팀으로 배속될 직원 두 사람의 전공은 같으며 남녀 각 1명이고, 남자는 30대이다.

① A, B
② C, D
③ A, F
④ B, F

46 다음 글을 읽고 용어와 그 설명이 바르게 연결되지 않은 것은?

완전경쟁시장은 다수의 수요자와 공급자가 존재하고 상품의 동질성을 전제로 하기 때문에 공급자와 수요자는 시장 전체의 수요와 공급에 의해 결정된 가격을 그대로 받아들이게 된다. 이와 달리 독점시장은 한 재화나 용역의 공급이 단일 기업에 의하여 이루어지는 시장을 말한다. 이 경우 독점기업은 시장 전체에서 유일한 공급자이기에 공급량 조절을 통해 가격 결정을 할 수 있어 시장 지배력이 크다. 독점기업이 동일한 조건에서 생산된 똑같은 상품을 서로 다른 소비자에게 서로 다른 가격으로 판매하는 것을 '가격차별'이라고 하는데, 이는 기업이 이익을 극대화하기 위하여 가격을 설정하는 방법이다.

1급 가격차별은 독점기업이 어떤 재화에 대하여 개별 소비자들이 지불할 수 있는 금액인 지불용의 금액을 알고 있어 소비자 각각에게 최대 가격을 받고 판매를 하는 것을 말한다. 이 경우 소비자잉여까지 모두 독점기업에게 귀속된다. 하지만 현실에서 독점기업이 개별 소비자의 지불용의금액에 대한 정확한 정보를 알기가 어렵기 때문에 1급 가격차별을 실시하는 독점기업을 발견하는 것은 불가능하다.

2급 가격차별은 독점기업이 소비자에게 몇 가지 대안을 제시하여 소비자 스스로 자신의 지불용의금액에 따라 하나를 선택하게 함으로써 가격차별을 하는 것이다. 예를 들어 구입량을 몇 개의 구간으로 나누고, 각 구간별로 다른 가격을 부과하여 소비자가 그중 하나를 선택하게 하는 경우이다. 또한 소비자가 상품을 소량 구매할 때보다 대량 구매할 때 단위당 가격을 깎아주는 방식이 2급 가격차별에 해당한다.

3급 가격차별은 소비자의 특징에 따라 소비자를 2개 이상의 그룹으로 구분하여 가격차별을 실시하는 것이다. 이 방법은 각 소비자 그룹의 수요곡선을 예측하여 가격차별을 하는 것이다. 소비자들을 특징에 따라 몇 개의 그룹으로 나눈다는 것은 곧 시장을 몇 개로 분할한다는 것을 의미하므로 이는 시장 분할에 의한 가격차별이라고 할 수 있다.

① 완전경쟁시장 : 동질성을 띠는 상품을 판매하는 공급자와 수요자가 다수 존재하는 시장이다.
② 1급 가격차별 : 소비자 개개인의 지불용의 금액을 기업에서 모두 파악하고 개개인의 지불용의 최대 금액으로 판매하는 것이다.
③ 2급 가격차별 : 소비자가 대량 구매할 때, 소량 구매할 때보다 가격을 낮춰서 판매하는 것이다.
④ 3급 가격차별 : 기업이 고객을 상대로 몇 가지 대안을 제시하는 것이다.
⑤ 독점기업 : 공급자인 기업이 공급량 조절을 스스로 할 수 있는, 유일한 공급자의 위치에 있는 것이다.

47 다음 글의 내용으로 적절하지 않은 것은?

> 국토교통부에서 부동산 관련 직무를 맡고 있는 공무원은 이달부터 토지, 건물 등 부동산 신규 취득이 제한된다. 주택정책 담당 공무원은 조정대상지역 내 집을 살 수 없고, 토지정책 담당 공무원은 토지거래허가구역과 택지개발지구 내 주택 구매가 금지된다.
> 5일 국토부에 따르면 이 같은 내용이 담긴 '국토부 공무원의 부동산 신규취득 제한에 대한 지침'이 지난달 25일 국토부 훈령으로 제정돼 이달 1일부터 시행됐다. 해당 지침에는 '국토부 소속 공무원은 직무상 알게 된 부동산에 대한 정보를 이용해 재물이나 재산상 이익을 취득하거나 그 이해관계자에게 재물이나 재산상 이익을 취득하게 해서는 안 된다.'라고 명시됐다.
> 따라서 제한대상 부서에 근무하는 국토부 소속 공무원과 그 업무를 지휘·감독하는 상급감독자, 배우자와 직계존비속 등 이해관계자들은 앞으로 직무 관련 부동산을 새로 취득할 수 없다. 다만 이해관계자 중 관련법에 따라 재산등록사항의 고지거부 허가를 받은 사람은 제외한다. 제한부서는 국토도시실 국토정책관 소속 지역정책과·산업입지정책과·복합도시정책과와 건축정책관 소속 건축정책과, 주택토지실 주택정책관 소속 주택정책과 등 총 29개다. 제한부동산의 범위는 소관법령에 따라 국토부 장관이 지정하는 지역·지구·구역 내의 건물, 토지 등 모든 부동산이다.
> 각 부서별로 제한받는 부동산은 다르다. 주택정책과는 분양가상한제적용지역, 투기과열지구, 조정대상지역 내 주택, 준주택 및 부속토지가 대상이다. 토지정책과는 토지거래허가구역 내, 부동산개발정책과는 택지개발지구 내 부동산 취득이 제한된다. 도로정책과는 도로구역 내 부동산, 철도정책과는 역세권 개발구역 내 부동산 취득이 금지된다. 감사담당관은 제한대상자의 직무 관련 부동산 취득 사실을 조사 과정에서 적발할 경우 6개월 이내 자진 매각권고, 직위변경 및 전보 등 조치 요구, 이해충돌 방지에 필요한 조치를 할 수 있다. 다만 증여나 담보권 행사 및 대물변제 수령, 근무 또는 결혼 등 일상생활에 필요한 부동산은 취득이 예외적으로 허용된다.

① 동일하게 국토교통부에서 부동산 업무를 맡은 공무원이더라도 근무 부서가 다르면 부동산 관련 다른 제재를 받을 수 있다.

② 결혼으로 인한 부동산 마련은 일상생활에 필요한 부동산 취득으로 인정을 하고 있다.

③ 국토교통부 소속 부동산 관련 업무를 담당하는 공무원 본인은 제재의 대상이지만, 공무원의 가족은 제재 대상에 해당되지 않는다.

④ 이 같은 훈령이 시행된 것은, 공무원이 업무 중 알게 된 사실을 통해 이익을 얻는 것이 부당하다는 판단이 전제된 것이다.

⑤ 감사담당관은 공무원의 부당한 부동산 이익 취득을 적발할 경우 적절한 조치를 취할 권한이 있다.

48 다음은 연도별 임대주택 입주자의 근로 형태를 나타낸 자료이다. 이에 대한 설명으로 옳지 않은 것은?(단, 소수점 첫째 자리에서 반올림한다)

〈연도별 임대주택 입주자의 근로 형태〉

구분	2017년	2018년	2019년	2020년	2021년
전업	68%	62%	58%	52%	46%
겸직	8%	11%	15%	21%	32%
휴직	6%	15%	18%	23%	20%
무직	18%	12%	9%	4%	2%
입주자 수(명)	300,000	350,000	420,000	480,000	550,000

① 전년 대비 전업자의 비율은 감소하는 반면, 겸직자의 비율은 증가하고 있다.
② 2021년 휴직자 수는 2020년 휴직자 수보다 많다.
③ 전업자 수가 가장 적은 연도는 2017년이다.
④ 2020년 겸직자 수는 2017년의 4.2배이다.
⑤ 2017년 휴직자 수는 2021년 휴직자 수의 약 16%이다.

49 다음은 연도별 한국토지주택공사 입사자의 최종학력 현황을 나타낸 자료이다. 이에 대한 설명으로 옳은 것은?(단, 소수점 첫째 자리에서 반올림한다)

〈연도별 입사자 최종학력 현황〉

구분	2017년		2018년		2019년		2020년		2021년	
	남성	여성	남성	여성	남성	여성	남성	여성	남성	여성
고등학교	10	28	2	32	35	10	45	5	60	2
전문대학	24	15	8	28	15	14	10	9	4	7
대학교	80	5	75	12	96	64	100	82	102	100
대학원	36	2	55	8	14	2	5	4	4	1
전체	150	50	140	80	160	90	160	100	170	110

① 남성 입사자 수와 여성 입사자 수는 매년 증가하고 있다.
② 전년 대비 전체 입사자 수가 가장 많이 증가한 연도는 2021년이다.
③ 전체 입사자 중 여성이 차지하는 비율이 가장 높은 연도는 2020년이다.
④ 남성 입사자 수와 여성 입사자 수 중 대학교 졸업자의 수는 매년 증가하고 있다.
⑤ 전체 입사자 중 고등학교 졸업자 수와 대학원 졸업자 수의 증감은 반비례하고 있다.

50 다음은 성별 및 연령대별 자차 보유현황을 나타낸 자료이다. 이에 대한 설명으로 옳지 않은 것은?(단, 소수점 둘째 자리에서 반올림한다)

〈성별 및 연령대별 자차 보유현황〉

(단위 : 천 명)

구분		2017년	2018년	2019년	2020년	2021년
20세 이상 30세 미만	남성	200	320	450	550	680
	여성	120	180	220	300	380
30세 이상 40세 미만	남성	280	300	480	420	640
	여성	150	200	350	330	300
40세 이상 50세 미만	남성	320	520	500	420	580
	여성	300	320	450	300	400
50세 이상 60세 미만	남성	350	680	560	620	550
	여성	380	330	300	280	200
60세 이상	남성	420	580	510	500	520
	여성	480	170	230	280	250
전체		3,000	3,600	4,050	4,000	4,500

① 20대 남성과 여성의 자차 보유자 수의 차이는 매년 증가하고 있다.

② 남성의 자차 보유자 수는 2017년에는 연령대가 증가할수록 높은 반면, 2021년에는 연령대가 증가할수록 낮아지고 있다.

③ 2020년 20·30대의 자차 보유자 수는 2018년의 1.5배이다.

④ 2018년 전체 자차 보유자 중 여성의 비율은 약 33.3%이다.

⑤ 전체 자차 보유자 중 40대 여성의 비율이 가장 높은 연도는 가장 낮은 연도보다 3.6%p 더 높다.

51 다음 글을 읽고 추론할 수 있는 내용으로 적절하지 않은 것은?

> 한국중부발전이 2025년까지 재생에너지 전력중개자원을 4GW까지 확보하겠다는 목표를 세웠다.
> 중부발전에 따르면, 재생에너지 발전사업자 수익향상과 전력계통 안정화를 위해 100MW 새만금세빛발전소(태양광)를 비롯해 모두 130개소 230MW규모 전력중개자원을 확보하는 등 에너지플랫폼 신시장을 개척하고 있다.
> 전력중개사업은 가상발전소(VPP; Virtual Power Plant)의 첫걸음으로 중개사업자가 전국에 분산돼 있는 태양광이나 풍력자원을 모아 전력을 중개거래하면서 발전량 예측제도에 참여하고 수익을 창출하는 에너지플랫폼 사업이다. 설비용량 20MW 이하 소규모 전력자원은 집합자원으로, 20MW초과 개별자원은 위탁을 통한 참여가 각각 가능하다.
> 앞서 지난해 중부발전은 전력중개사업 및 발전량 예측제도 시행에 맞춰 분산자원 통합관리시스템을 도입했고, 분산에너지 통합 관제를 위한 신재생모아센터를 운영하고 있다. 특히 날씨 변동이 심해 발전량 예측이 어려운 제주지역에서 발전사 최초로 중개자원을 모집해 발전량 예측제도에 참여하고 있으며, 향후 제주지역의 태양광자원 모집에 역량을 집중할 계획이다.
> 올해 1월부터는 전력중개 예측제도에 참여한 발전사업자 대상으로 첫 수익을 지급하였으며, 기대수익은 1MW 발전사업자 기준 연간 약 220만 원씩 20년간 약 4,400만 원이다.
> 중부발전은 2025년까지 소규모 태양광 자원 및 풍력 발전량 예측성 향상을 통해 약 4GW의 VPP자원을 모집하는 한편 빅데이터 플랫폼이나 신재생통합관제센터를 활용한 신사업 영역을 확대한다고 발표했다.
> 한국중부발전의 사장은 "전력중개사업은 VPP 사업의 기초모델로, 재생에너지 자원확보와 기술개발을 통해 에너지전환을 리드하고 새로운 비즈니스 모델이 창출될 수 있도록 최선을 다할 예정"이라고 말했다.

① 올해 전력중개 예측제도에 참여한 발전사업자들은 수익을 받을 수 있을 것이다.
② 올해에는 분산되어 있는 에너지를 통합하여 관리할 수 있는 센터를 신설할 예정이다.
③ 제주 지역은 날씨 변동이 심해 에너지 생산량을 예측하기가 쉽지 않다.
④ 전력중개를 통해 수익을 창출하는 사업은 기본적으로 에너지플랫폼에 기반하고 있다.

| 한국중부발전 / 수리능력

52 다음은 J사 총무팀에서 정리한 4월과 5월의 회사 지출 내역이다. 이를 참고할 때, J사의 4월 대비 5월 직접비용의 증감액은 얼마인가?

4월			5월		
번호	항목	금액(원)	번호	항목	금액(원)
1	원료비	680,000	1	원료비	720,000
2	재료비	2,550,000	2	재료비	2,120,000
3	사무비품비	220,000	3	사무비품비	175,000
4	장비 대여비	11,800,000	4	장비 대여비	21,500,000
5	건물 관리비	1,240,000	5	건물 관리비	1,150,000
6	통신비	720,000	6	통신비	820,000
7	가스・수도・전기세	1,800,000	7	가스・수도・전기세	1,650,000
8	사내 인건비	75,000,000	8	사내 인건비	55,000,000
9	광고비	33,000,000	9	외부 용역비	28,000,000
10	–	–	10	광고비	42,000,000

① 17,160,000원 증액
② 17,310,000원 증액
③ 29,110,000원 증액
④ 10,690,000원 감액

| 한국중부발전 / 정보능력

53 다음 중 C언어의 비트 단위 연산자에 대한 설명으로 옳지 않은 것은?

① & : 비트 단위로 AND 연산을 한다.
② | : 비트 단위로 OR 연산을 한다.
③ ^ : 비트 단위로 XOR 연산을 한다.
④ ~ : ~연산자가 0을 반환하는 경우는 피연산자가 0인 경우이다.

54 다음 시트에서 평균이 가장 큰 값을 구하려 할 때, [F8]에 들어갈 수식으로 옳은 것은?

	A	B	C	D	E	F
1	번호	이름	국어	수학	영어	평균
2	1	김지우	58	60	90	78
3	2	최준영	91	80	55	65
4	3	박민준	45	45	66	81
5	4	윤민지	62	23	61	79
6	5	이재영	77	97	87	66
7	6	김세아	60	95	91	88
8					최고점수	

① =MID(F2,F7)
② =MAX(F2:F7)
③ =AVERAGE(F2:F7)
④ =MAX(C2:C7)

55 다음 〈보기〉 중 공문서 작성 방법에 대한 설명으로 옳지 않은 것의 개수는?

보기

ㄱ. 회사 외부 기관에 송달되는 문서인 만큼 육하원칙에 따라 명확하게 작성하여야 한다.
ㄴ. 날짜의 연도와 월일을 함께 작성하며, 날짜 다음에 마침표를 반드시 찍는다.
ㄷ. 내용이 복잡하게 얽혀 있는 경우, '-다음-' 또는 '-아래-'와 같은 표기를 통해 항목을 나누어 서술하도록 한다.
ㄹ. 대외 문서인 공문서는 특성상 장기간 보관되므로 정확한 기술을 위해 여러 장을 사용하여 세부적인 내용까지 기술하도록 한다.
ㅁ. 공문서 작성 후 마지막에는 '내용 없음'이라는 문구를 표기하여 마무리하도록 한다.

① 1개
② 2개
③ 3개
④ 4개

| 경기도 공공기관 / 자원관리능력

56 다음 중 인사관리의 법칙에 대한 설명과 원칙이 바르게 연결되지 않은 것은?

① 적재적소 배치의 원리 : 해당 업무에 있어 가장 적격인 인재를 배치하여야 한다.
② 공정 보상의 원칙 : 모든 근로자에게 근로의 대가를 평등하게 보상하여야 한다.
③ 종업원 안정의 원칙 : 종업원이 근로를 계속할 수 있다는 신뢰를 줌으로써 근로자가 안정을 갖고 근로를 할 수 있도록 하여야 한다.
④ 창의력 계발의 원칙 : 근로자가 새로운 것을 생각해낼 수 있도록 다양한 기회를 제공함은 물론 이에 상응하는 보상을 제공하여야 한다.

| 경기도 공공기관 / 자원관리능력

57 시간낭비 요인은 외적 시간낭비 요인과 내적 시간낭비 요인으로 분류할 수 있다. 다음 중 그 성격이 다른 하나는?

① 타인의 요청을 거절하지 못하는 성격
② 업무를 한꺼번에 몰아서 하는 경향
③ 주변에서 발생하는 소음에 영향 받는 성격
④ 불성실한 동료 직원의 근무 태도

| HUG 주택도시보증공사 / 문제해결능력

58 H공사의 직원 A ~ E는 주요 시장인 미국, 일본, 중국, 독일에 직접 출장을 가서 시장조사업무를 수행하기로 결정하였다. 4곳의 출장지에는 각각 최소 1명의 직원이 방문해야 하며, 각 직원은 1곳만 방문한다. 다음 〈조건〉에 따라 출장지를 결정하였을 때, 항상 옳은 것은?

조건

ㄱ. A는 중국에 방문하지 않는다.
ㄴ. B는 다른 한 명과 함께 미국을 방문한다.
ㄷ. C는 일본, 중국 중 한 국가를 방문한다.
ㄹ. D는 미국, 중국 중 한 국가를 방문한다.
ㅁ. E는 미국 또는 독일을 방문하지 않는다.

① A가 B와 함께 미국을 방문한다.
② A는 일본을 방문한다.
③ C는 일본을 방문하고, D는 중국을 방문한다.
④ C와 E는 중국 또는 일본을 방문한다.
⑤ D는 중국을 방문하고, E는 일본을 방문한다.

59 H씨는 6개월 전 이사를 하면서 전세보증금 5억 원을 납입하기 위해 전세자금대출을 받았다. H씨는 최대한도로 대출을 신청하였으며, 당시 신청한 상품의 약관은 다음과 같다. 6개월간 H씨가 지불한 이자는 얼마인가?

- 개요
  - 최대 5억 원까지, 아파트 전세대출
- 특징
  - 영업점 방문 없이, 신청에서 실행까지
- 대출대상
  - 부동산중개업소를 통해 신규 주택임대차계약을 체결하고, 임차보증금의 5% 이상을 지급한 세대주 또는 세대원
  - 현재 직장에서 3개월 이상 근무 중인 직장인(재직기간은 건강보험 직장자격 취득일 기준으로 확인)
  - 무주택(기혼자인 경우 배우자 합산)으로 확인된 고객

    ※ 갱신계약이나 개인사업자는 가까운 W은행 영업점에서 상담 부탁드립니다.

    ※ 개인신용평점 및 심사기준에 따라 대출이 제한될 수 있습니다.
- 대출한도금액
  - 최대 5억 원(임대차계약서상 임차보증금의 80% 이내)
- 대출기간
  - 임대차계약 종료일 이내에서 1년 이상 2년 이내(단, 보험증권 기일이 연장된 경우 그 기일까지 연장가능)
- 기본금리
  - 기준금리 : 연 3.6%
- 우대금리
  - 부수거래 감면 우대금리 조건 없음
- 상환방법
  - 만기일시상환

    ㄱ. 매달 대출이자만 납부

    ㄴ. 대출기간이 종료되는 날까지 대출상환 필요

    ㄷ. 마이너스통장방식(한도대출) 불가

① 540만 원
② 630만 원
③ 720만 원
④ 810만 원
⑤ 900만 원

60 다음 글의 내용으로 적절하지 않은 것은?

> 습관의 힘은 아무리 강조해도 지나치지 않죠. 사소한 습관 하나가 미래를 달라지게 합니다. 그러니 많은 부모들이 어려서부터 자녀에게 좋은 습관을 들이게 하려고 노력하는 것이겠죠. 공부두뇌연구원장 박사는 '잘'하는 것보다 조금이라도 '매일'하는 게 중요하다고 강조합니다. 그러면 싫증을 잘 내는 사람도 습관 만들기를 통해 '스스로 끝까지 하는 힘'을 체득할 수 있다고 말이죠.
> '물건 관리'라는 말을 들었을 때, 어떤 의미부터 떠올리셨나요? 혹시 정리 정돈 아니었나요? 하지만 물건 관리란 단지 정리의 의미에 한정되어 있지 않습니다.
> 물건을 구매할 때는 '필요'와 '욕심'을 구분할 줄 알아야 한다는 의미입니다. 지금 사려는 그 물건은 꼭 필요한 물건인지, 그냥 갖고 싶은 욕심이 드는 물건인지 명확하게 구분해야 한다는 거죠. 물건을 구매하기 전 스스로에게 질문하는 것을 습관화하면 충동구매를 줄일 수 있습니다. 만약 저녁 늦게 쇼핑을 많이 한다면, 바로 결제하지 말고 장바구니에 담아두고, 그 다음날 아침에 한 번 더 생각해 보는 것도 좋은 방법입니다.
> 돈이 모이는 습관 두 번째는 '생활습관 관리'입니다. 아무리 돈을 모으고 있다고 해도 한쪽에서 돈이 줄줄 새는 습관을 바로잡지 못한다면 돈을 모으는 의미가 없어지니까요. 혹시 보상심리로 스스로에게 상을 주거나 스트레스를 해소하기 위해 돈을 썼던 경험이 있으신가요?
> 돈을 쓰면서 스트레스를 풀고 싶어지고, 음식을 먹으면서 스트레스를 푼다면 돈을 모으기 쉽지 않습니다. 사회생활은 스트레스의 연속이니까요. 야식이나 외식 빈도가 잦은 것도 좋지 않은 소비 습관입니다. 특히 요즘에는 배달음식을 많이 시켜 먹게 되죠.
> 필요하다면 스트레스 소비 금액이나, 외식 금액의 한도를 정해 놓아 보세요. 단, 실현 가능한 한도를 정하는 것이 중요합니다. 예를 들어, '다음 주부터 배달음식 안 먹을 거야'라고 하면, 오히려 역효과가 나게 됩니다. 이번 주에 4번 배달음식을 먹었다면, 3번으로 줄이는 등 실천할 수 있도록 조정해가는 것이 필요합니다.
> 돈을 모으는 것이 크게 어렵지 않을 수도 있습니다. 절약을 이기는 투자는 없다고 하죠. 소액 적금은 수입 규모와 상관없이 절약하는 것만으로도 성공시킬 수 있는 수 있는 작은 목표입니다.
> 확고한 목표와 끈기를 가지고 끝까지 저축을 하는 것이 중요합니다. 소액 적금이 성공적으로 진행된다면 규모를 조금씩 늘려 저축하는 습관을 기르면 됩니다. 이자가 크지는 않아도 일정 기간 동안 차곡차곡 납입해 계획한 금액이 모두 모이는 기쁨을 맛보는 것이 중요합니다.

① 돈을 모으는 습관을 만들기 위해서는 꾸준히 하는 것이 중요하다.
② 사고자 하는 물건을 바로 결제하지 않는 것만으로도 충동구매를 어느 정도 막을 수 있다.
③ 소액 적금이라도 돈을 저금하는 습관을 들이는 것이 중요하다.
④ 돈을 모으는 생활 습관을 만들기 위해서는 점진적으로 소비 습관을 개선하기보다는 행동을 완전히 바꾸는 것이 도움이 된다.
⑤ 스트레스를 해소하기 위해 소비를 하는 행동은 돈을 모으는 데는 좋지 않은 행동이다.

SECTION 02

2022 ~ 2021년 주요 공기업
전공 기출복원문제

정답 및 해설 p.17

01 경영학

| K-water 한국수자원공사(2022)

01 다음 중 스캔론 플랜(Scanlon Plan)에 대한 설명으로 옳지 않은 것은?

① 생산액의 변동에 재고량을 연결시켜 산출하는 것이다.
② 영업 실적 향상에 의해 생긴 경제적 이익을 노사 모두의 협조에 의한 결과로 생각한다.
③ 실적 향상을 통해 창출된 이윤을 노사 간에 분배하여 종업원의 참여도를 높이는 제도다.
④ 미국의 매사추세츠 공과대학 스캔론(Scanlon) 교수가 고안하였다.

| K-water 한국수자원공사(2022)

02 다음 중 럭커 플랜(Rucker Plan)에 대한 설명으로 옳지 않은 것은?

① 럭커는 매출액에서 각종 제비용을 제한 일종의 부가가치 개념인 생산가치로부터 임금 상수를 도출하였다.
② 특정 시점에 노사협력에 의한 부가가치 발생 규모를 표준 부가가치와 비교하여 그 증가분에 임금 상수를 곱한 만큼을 종업원에게 배분한다.
③ 생산성 이외의 요소 등에 관심도가 높은 기업에게 적합한 제도이다.
④ 임금 상수가 현재를 기준으로 도출되므로 종업원에게 보다 공정한 분배제도이다.

| K-water 한국수자원공사(2022)

03 다음 〈보기〉에 해당하는 성과급제의 형태로 옳은 것은?

> 보기
>
> 주어진 시간 내에 일정량의 적업을 수행한 근로자에게는 고율의 임금을 지급하고, 수행하지 못한 근로자에게는 저율의 임금을 지급하는 성과급제

① 단순성과급제
② 테일러의 차별성과급제
③ 메리크의 복률성과급제
④ 일급보장 성과급제

| K-water 한국수자원공사(2022)

04 다음 중 메리크(Merrick)식 복률성과급제도에 대한 설명으로 옳은 것은?

① 테일러의 제자인 메리크가 테일러식 단순성과급의 결함을 보완하여 고안하였다.
② 메리크식 복률성과급은 임률의 종류를 두 가지로 정하고 있다.
③ 표준생산량을 93% 이하, 93 ~ 100%, 100% 이상으로 구분하여 상이한 임금률을 적용한다.
④ 표준생산량을 3가지 등급으로 나누어 등급별로 상이한 임금률을 적용하는 방식이다.

| K-water 한국수자원공사(2022)

05 다음 중 BCG매트릭스에 대한 설명으로 옳지 않은 것은?

① 전략사업단위의 분류를 위해 개발되었다.
② 스타(Star) 사업은 고성장, 고점유율 사업으로 현금의 유입이 크기는 하나 경쟁자들의 방어를 위해 많은 노력이 필요한 사업이다.
③ 물음표(Question Mark) 사업은 저성장 고점유율 사업으로 현금유입이 큰 반면에 낮은 성장률로 인해 현금유출이 적어 순 현금유입이 크게 증가하는 사업이다.
④ 개(Dog) 사업은 저성장 저점유율 사업으로 투자비용이 크고 적음에 관계없이 수익성이 낮거나 손실가능성이 높은 사업이다.

| K-water 한국수자원공사(2022)

06 다음 중 톰슨(Tompson)의 기술모형에 대한 설명으로 옳지 않은 것은?

① 중개적 기술은 집단적 상호의존성을 나타낸다.
② 중개적 기술은 한 조직이 상호의존하기 원하는 고객들을 연결하는 기능을 한다.
③ 길게 연결된 기술은 순차적인 상호의존성을 나타낸다.
④ 길게 연결된 기술은 특정 대상물에 변화를 가져오기 위하여 다양한 기술이 적용될 때를 말한다.

| K-water 한국수자원공사(2022)

07 다음 중 자기주식처분이익에 대한 설명으로 옳지 않은 것은?

① 상법에서는 회사가 자기주식을 취득하거나 보유하는 것을 원칙적으로 금지하고 있다.
② 주식을 소각하기 위한 경우에 자기주식처분이 이루어진다.
③ 주주가 주식매수 청구권을 행사하는 경우 자기주식처분이 이루어진다.
④ 자기주식처분이익은 이익 잉여금으로 계상한다.

| HUG 주택도시보증공사(2022)

08 다음 중 개인형퇴직연금제도(IRP; Individual Retirement Pension)에 대한 설명으로 옳지 않은 것은?

① 근로자가 재직 중에 자율로 가입하거나, 퇴직 시 받은 퇴직급여를 계속해서 적립·운용할 수 있는 퇴직연금제도이다.
② 운용기간 중 발생한 수익에 대해서는 퇴직급여 수급 시까지 과세가 면제된다.
③ 연간 1,800만 원까지 납입할 수 있으며, 최대 700만 원까지 세액공제 대상이 된다.
④ IRP계좌는 MMA계좌와 같이 입출금이 자유롭다는 장점이 있다.
⑤ 계좌관리 수수료가 연평균 0.3~0.4%가 부과된다.

| HUG 주택도시보증공사(2022)

09 다음 중 테일러(Taylor)의 과학적 관리론에 대한 설명으로 옳지 않은 것은?

① 일에 소요되는 시간과 작동을 연구하여 최상의 효율을 올릴 수 있는 최선의 방법을 강구한다.
② 노동자에게 근무 동기가 생길 수 있도록 금전적 혜택을 마련한다.
③ 4명 내지 8명의 전문가(관리자)를 고용하여 일의 방법, 속도, 연장, 중요성, 규율, 품질의 조정 및 기계보수 등을 맡긴다.
④ 작업장 내의 근무와 작업속도는 관리자의 주관에 의해 결정된다.
⑤ 표준 생산율을 자의적으로 변경할 수 없다는 것을 원칙으로 한다.

| HUG 주택도시보증공사(2022)

10 다음 중 호손 실험의 4단계 실험에 해당하지 않는 것은?

① 조명 실험
② 계전기 조립 실험
③ 대조 실험
④ 면접 실험
⑤ 배전기권선 관찰 실험

| HUG 주택도시보증공사(2022)

11 다음 중 포드시스템(Ford's System)에 대한 설명으로 옳은 것은?

① 작업속도가 자율적이다.
② 개별적인 공정과정으로 인해 부분적인 공정과정의 흐름이 전체에 영향을 주지 않는다.
③ 설비투자비가 커질수록 조업도가 높아지며 제조원가는 낮아진다.
④ 시장 수요변동에 대한 적응력이 낮아 재고자산 운용이 어렵다.
⑤ 제품 및 생산설비의 변경이 탄력적이다.

| HUG 주택도시보증공사(2022)

12 다음 〈보기〉의 사례에 해당하는 리더십 이론으로 옳은 것은?

보기

서비스 마스터는 세계 최대 청소업체로 이 기업의 윌리엄 폴라드 전 회장이 1999년 부사장으로 부임하면서 처음으로 한 일은 고객사인 한 병원의 계단과 화장실의 변기를 부하직원과 함께 청소하라는 임무를 수행한 것이다. 폴라드는 직원들과 같이 청소하는 과정에 직원들이 서비스 일을 하면서 겪게 되는 어려움을 몸소 체험하고 고객을 섬기는 일이 어떠한 것인지 분명히 알게 되었다.

① 변혁적 리더십
② 거래적 리더십
③ 서번트 리더십
④ 셀프 리더십
⑤ 감성 리더십

| 한국중부발전(2022)

13 마이클 포터의 산업구조분석모델(Five-Force Model)에서는 신규 진입자의 위험에 대하여 시장 진출이 어려울수록 수익성이 높고 반대로 시장 진입이 낮을수록 수익성이 낮아진다고 주장하였다. 다음 중 신규 진입자들에게 진입장벽으로 작용하는 요소가 아닌 것은?

① 범위의 경제
② 소요 자본
③ 절대적 비용 우위
④ 유통 경로의 접근

| 한국중부발전(2022)

14 다음 중 포터의 산업구조분석모델에서 산업 내 경쟁자에 대한 설명으로 옳지 않은 것은?

① 내부 경쟁자들이 많다.
② 출구 장벽이 높다.
③ 성장 산업은 장기적 투자손실 위험이 있다.
④ 고객 충성도가 높다.

ㅣ한국중부발전(2022)

15 **다음 중 노나카(Nonaka)의 지식 창조 소용돌이 모델에 대한 설명으로 옳지 않은 것은?**

① 표출화를 통해 암묵지는 형식지로 변환한다.
② 표출화를 통해 형식지는 조합에 의한 정보활용과 지식의 체계화가 이루어진다.
③ 내면화를 통해 형식지는 암묵지로 변환한다.
④ 내면화를 통해 형식지는 구체화되고 새로운 암묵지를 체득한다.

ㅣ한국중부발전(2022)

16 **다음 중 회사의 종류와 그 특성의 연결로 옳지 않은 것은?**

① 합명회사 : 2인 이상의 유한책임사원으로 구성된다.
② 합자회사 : 1인 이상의 무한책임사원 그리고 1인 이상의 유한책임 사원으로 구성된다.
③ 주식회사 : 1인 이상의 주주로 구성된다.
④ 유한회사 : 유한회사의 조직형태는 주식회사와 유사하다.

ㅣ국민연금공단(2021)

17 **다음 중 마케팅의 푸시(Push)전략에 대한 설명으로 옳지 않은 것은?**

① 제조업체가 유통업체를 대상으로 판촉을 진행하는 전략이다.
② 고객에게 제품이나 브랜드에 대해 알릴 수 있다.
③ 영업 인력이나 무역 진흥, 영업비 등을 활용하여 수행한다.
④ 제조업체가 최종 소비자에게 직접 판촉을 진행하는 전략이다.
⑤ 브랜드 충성도가 낮은 경우에 적합한 전략이다.

| 국민연금공단(2021)

18 **다음 공정설비 배치 유형 중 제품별 배치에 대한 설명으로 옳지 않은 것은?**

① 높은 설비이용률을 가진다.
② 낮은 제품단위당 원가로 경쟁우위를 점할 수 있다.
③ 수요 변화에 적응하기 어렵다.
④ 설비 고장에 큰 영향을 받는다.
⑤ 다품종 생산이 가능하다.

| 한국가스공사(2021)

19 **다음 〈보기〉의 빈칸에 들어갈 용어로 가장 적절한 것은?**

보기

__________은 생산성 향상에 따른 성과 배분법이다. 판매 금액에 대한 인건비의 비율을 일정하게 정해 놓고, 생산성 향상 등으로 판매 금액이 예상보다 증가하거나 인건비가 절약된 경우, 기준 인건비와 실제 인건비의 차액을 생산 장려금 또는 상여금의 형태로 지급하는 방식이다.

① 스캔론 플랜
② 링컨 플랜
③ 임프로쉐어 플랜
④ 코닥 플랜
⑤ 카이저 플랜

| 한국가스공사(2021)

20 **다음 중 신제품을 출시할 잠재시장을 평가하는 분석기법으로 옳은 것은?**

① 설문조사
② 산업구조 분석
③ SWOT 분석
④ 컨조인트 분석
⑤ 히트맵

02 경제학

| K-water 한국수자원공사(2022)

01 A재화가 사치재이며 가격 탄력성은 완전 비탄력적일 때, 가격이 1,000만 원에서 1,400만 원으로 오른다면 수요량의 변화율은?

① 30%
② 20%
③ 10%
④ 0%

| K-water 한국수자원공사(2022)

02 다음 〈보기〉를 참고할 때 예상되는 결과로 옳은 것은?

> **보기**
> A매장에서 판매하는 샌드위치의 가격에 대한 우유 수요의 교차탄력성은 −1이며, 이 매장에서는 한 달 동안 샌드위치 가격을 10% 인하해서 판매하기로 하였다.

① 커피 판매량이 10% 감소할 것이다.
② 커피 판매량이 10% 증가할 것이다.
③ 도넛 판매량이 100% 감소할 것이다.
④ 도넛 판매량이 100% 증가할 것이다.

| K-water 한국수자원공사(2022)

03 다음 소득소비곡선을 바탕으로 할 때, X재의 소득탄력성 ε_M^X의 크기로 옳은 것은?

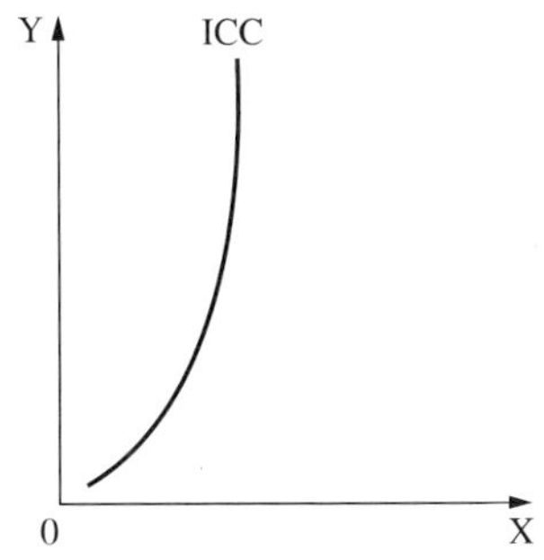

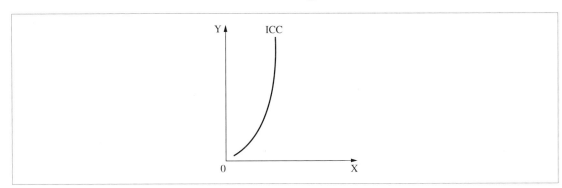

① $0 < \varepsilon_M^X < 1$
② $1 < \varepsilon_M^X$
③ $\varepsilon_M^X = 1$
④ $\varepsilon_M^X = 0$

04 다음 그래프를 근거로 할 때, 최고가격제에 대한 설명으로 옳지 않은 것은?

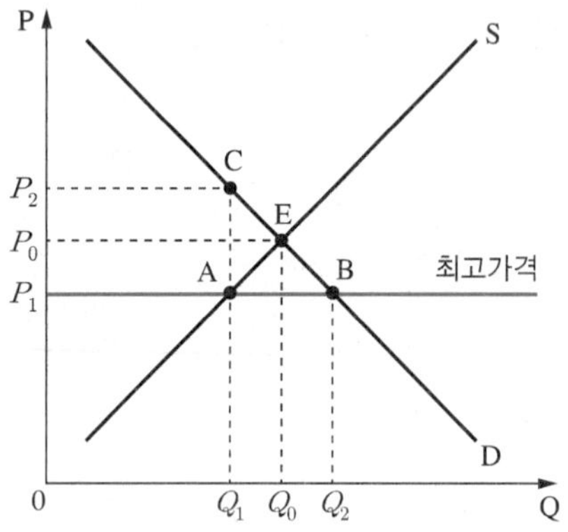

① 사회적 후생손실(Deadweight Loss)의 크기는 △ABC이다.
② 공급량이 Q_1으로 감소하면 암시장이 발생한다.
③ 최초가격이 P_1으로 결정되면 $Q_2 - Q_1$만큼의 초과수요가 발생한다.
④ 초과수요로 인해 암시장이 발생한다면 암시장 가격은 P_2로 형성된다.

05 다음 〈보기〉의 게임이론에 대한 설명으로 옳지 않은 것은?

> **보기**
> A사와 B사는 서로 전략적 제휴 의사를 가지고 있는데, 전략적 제휴를 할지 아니면 개별전략을 취할지 고민하고 있다. 전략적 제휴를 요청 하는데 30의 비용이 들며, 이 경우는 두 기업 모두 특정 사업에 점유율이 올라가 각각 100의 효용을 얻을 수 있다. 하지만 두 기업이 개별전략을 취한다면 기술유출 방지를 통해 각각 30의 효용만을 얻을 뿐이다.

① A기업이 전략적 제휴를 요청한다면 B기업은 현상 유지하는 것이 이익을 극대화하는 전략이다.
② 둘 중 한 기업이 제휴를 요청하고, 그 상황에 다른 기업이 현상을 유지하여 이익을 극대화하는 전략을 취한다면 이는 내쉬균형을 말한다.
③ A기업과 B기업이 서로 전략적 제휴를 요청하는 것이 우월전략이다.
④ 게임이론 측면으로 이 상황에서 내쉬균형은 파레토 최적 상태다.

| K-water 한국수자원공사(2022)

06 **다음 중 시장실패와 그 원인에 대한 설명으로 옳지 않은 것은?**

① 규모의 경제가 매우 크게 작동하는 기업이 존재한다.
② 시장에서 소수의 기업만이 생산에 참여한다.
③ 이해관계자들이 가지고 있는 정보의 양과 질에 차이가 있다.
④ 시장에서 경합성이 존재하며 동시에 배제가 가능한 재화가 거래되고 있다.

| K-water 한국수자원공사(2022)

07 **다음 〈보기〉 중 환율제도의 삼불원칙(Impossible Trinity, Trilemma)에 해당하는 정책목표를 모두 고르면?**

보기

㉠ 통화정책의 자율성
㉡ 소비자 물가 안정
㉢ 자유로운 자본 이동
㉣ 환율 안정
㉤ 재정지출 증가

① ㉠, ㉡, ㉢
② ㉠, ㉢, ㉣
③ ㉡, ㉢, ㉣
④ ㉡, ㉢, ㉤

| K-water 한국수자원공사(2022)

08 **다음 중 물가지수에 대한 설명으로 옳지 않은 것은?**

① GDP디플레이터는 가장 포괄적인 물가지수이다.
② 주택 임대료 상승은 GDP디플레이터에 포함된다.
③ GDP디플레이터에 수입품의 가격이 포함되지 않는다.
④ 주택시장 투기열풍의 과열로 인한 부동산가격 인플레이션은 GDP디플레이터에 포함된다.

| K-water 한국수자원공사(2022)

09 다음은 A국가의 2016년도부터 2021년도까지의 물가상승률과 명목이자율을 나타낸 지표이다. A국가의 실질이자율이 가장 높았던 연도와 그 시기의 이자율을 바르게 연결한 것은?

연도	물가상승률	명목이자율
2016	10%	6%
2017	7%	6%
2018	4%	9%
2019	11%	10%
2020	9%	8%
2021	8%	9%

① 2016년도, −4%
② 2016년도, −1%
③ 2018년도, −5%
④ 2018년도, 5%

| HUG 주택도시보증공사(2022)

10 다음 중 베버리지곡선(Beveridge-Curve)에 대한 설명으로 옳지 않은 것은?

① 통상적으로 베버리지곡선의 가로축은 실업률을 세로축은 일자리 공석률을 나타낸다.
② 일자리 공석률은 빈 일자리 수가 높을수록 노동력이 적을수록 값이 크다.
③ 베버리지곡선은 일반적으로 아래쪽으로 기울어지고 원점을 향해 구부러지는 하향 경사의 형태를 취한다.
④ 베버리지곡선이 오른쪽으로 이동하면 노동시장의 효율성이 증가한다.
⑤ 베버리지곡선이 왼쪽으로 이동하면 노동시장의 비효율성이 감소한다.

| HUG 주택도시보증공사(2022)

11 다음 중 독점적 경쟁시장이 지닌 속성 가운데 독점시장 또는 완전경쟁시장과 맥을 같이 하는 시장구조의 속성에 해당하지 않는 것은?

① 기업의 수
② 자유로운 시장 진입 및 퇴출
③ 장기 경제적 이윤
④ 판매 상품
⑤ 시장지배력

| HUG 주택도시보증공사(2022)

12 다음 표는 A국가의 연도별 명목GDP와 GDP디플레이터의 값을 나타낸 자료이다. 이를 바탕으로 전년도 동기 대비 당해 연도의 실질경제성장률을 계산하였을 때, 그 값은 얼마인가?

A국가	2020년	2021년
명목GDP	200억 원	220억 원
GDP디플레이터	80%	88%

① 5%
② 10%
③ 15%
④ 20%
⑤ 전년도 동기 대비 동일

| HUG 주택도시보증공사(2022)

13 명목GDP가 2020년 300억 원에서 2021년에는 360억 원으로 증가했고, 동년 동기에 GDP디플레이터는 100에서 120으로 상승했다. 이때, 2020년도 대비 2021년도의 실질 경제성장률은?

① 5%
② 10%
③ 15%
④ 20%
⑤ 변화 없음

| HUG 주택도시보증공사(2022)

14 다음 중 소비함수이론과 투자함수이론에 대한 설명으로 옳지 않은 것은?

① 케인스(Keynes)의 절대소득가설에서 소비는 그 당시 소득의 절대적인 크기에 따라 결정된다.
② 상대소득가설에서 소비는 이중적 성격에 따라 장기소비성향과 단기소비성향이 다르다.
③ 국민소득계정상의 투자는 그 나라가 만든 재화 중 기업이 구입한 재화의 가치이다.
④ 케인스(Keynes)의 내부수익률법에서 기대 투자수익률은 순현재가치를 0으로 만들어주는 이자율을 뜻한다.
⑤ 딕싯(Dixit)의 투자옵션이론은 미래에 대한 불확실성이 커질수록 기업의 투자는 늘어난다고 주장한다.

| HUG 주택도시보증공사(2022)

15 **한국과 미국의 2022년 물가상승률이 각각 3%와 5%라고 가정하였을 때, 2021년도 말 환율이 1달러당 1,200원인 경우 구매력평가설을 적용하면 2022년도 말 환율은 얼마로 예측 가능한가?(단, 문제의 물가상승률과 환율은 실제와 다르며 구매력평가설을 적용한다는 전제하에 있고, 소수점 첫째 자리에서 반올림한다)**

① 1,124원/달러
② 1,224원/달러
③ 1,300원/달러
④ 1,080원/달러
⑤ 1,176원/달러

| HUG 주택도시보증공사(2022)

16 **다음 〈보기〉의 빈칸에 들어갈 용어로 가장 적절한 것은?**

보기

헥셔 – 올린 모형에서 모든 국가는 토지, 노동, 자본에 있어서 그 ________의 양이 서로 다르다고 가정하였다.

① 부존자원
② 요소집약도
③ 기술수준
④ 국민소득수준
⑤ 노동생산성

| 한국중부발전(2022)

17 **다음 중 완전경쟁시장에서 기업의 장기적 시장공급곡선에 대한 설명으로 옳지 않은 것은?**

① 완전경쟁시장의 장기적 시장공급곡선의 도출은 단기공급곡선과 달리 진입과 퇴출을 고려한다.
② 장기 시장공급곡선은 비용 증가 산업, 비용 불변 산업, 비용 감소 산업으로 분류한다.
③ 시장의 총생산량과 장기 균형 가격의 궤적을 이은 곡선이 장기공급곡선이다.
④ 비용 증가 산업은 산업 전체의 총생산량이 증가함에 따라 비용곡선이 하향 이동한다.

| 한국중부발전(2022)

18 A시장에는 두 재화 X와 Y만이 존재하며 두 재화의 시장가격이 각각 X재화는 6원이고 Y재화는 3원이라 한다. A시장의 한 소비자가 효용을 극대화하고 있는 상태에서 Y재의 한계효용이 4이면 X재의 한계효용은 얼마인가?(단, 무차별 곡선은 원점에 대해 볼록한 형태를 가정한다)

① 1
② 3
③ 6
④ 8

| 한국중부발전(2022)

19 다음 중 소비함수이론에 해당하지 않는 이론은?

① 케인스(Keynes) 절대소득가설
② 쿠즈네츠(Kuznets)의 실증분석
③ 상대소득가설
④ 현재가치법

| 한국중부발전(2022)

20 완전경쟁시장(총생산량=C)에서 꾸르노 균형 상태를 이루는 A와 B기업이 있다. A기업과 B기업의 총 생산량은 $\frac{2}{3}$C이며, 완전경쟁시장의 가격은 P=−3Q+45라고 했을 때, 꾸르노 시장 전체 생산량은?(단, MC=0, P=MC이다)

① 0
② 1
③ 5
④ 10

03 행정학

| K-water 한국수자원공사(2022)

01 다음 중 특수경력직 공무원에 대한 설명으로 옳지 않은 것은?

① 특수경력직 공무원은 경력직 공무원과는 달리 실적주의와 직업공무원제의 획일적 적용을 받지 않는다.
② 특수경력직 공무원도 경력직 공무원과 마찬가지로 국가공무원법에 규정된 보수와 복무규율을 적용받는다.
③ 교육·소방·경찰공무원 및 법관, 검사, 군인 등 특수 분야의 업무를 담당하는 공무원은 특수경력직 중 특정직 공무원에 해당한다.
④ 국회수석 전문위원은 특수경력직 중 별정직 공무원에 해당한다.

| K-water 한국수자원공사(2022)

02 다음 〈보기〉 중 국가공무원법 및 지방공무원법상 특수경력직 공무원에 해당하는 사람을 모두 고르면?

보기

ㄱ. 파출소에 근무 중인 순경 甲
ㄴ. 국회의원 의원실에 근무 중인 비서관 乙
ㄷ. 국토교통부에서 차관으로 근무 중인 丙
ㄹ. 병무청에서 근무 중인 군무원 丁
ㅁ. 청와대에서 대통령비서실 민정수석비서관으로 근무하는 戊

① ㄱ, ㄴ, ㄷ
② ㄱ, ㄷ, ㄹ
③ ㄱ, ㄹ, ㅁ
④ ㄴ, ㄷ, ㅁ

| K-water 한국수자원공사(2022)

03 다음 중 정책네트워크에 대한 설명으로 옳은 것은?

① 정책문제망은 정책공동체보다 폐쇄적이다.
② 정책문제망의 권력개입은 대체로 포지티브섬 게임이다.
③ 정부와 민간의 파트너십이 증가할수록 정책네트워크에 대한 관심은 감소한다.
④ 이익집단의 증가와 경쟁의 격화는 하위정부모형의 영향력과 구성을 약화시킨다.

| K-water 한국수자원공사(2022)

04 다음 중 로위(Lowi)의 정책분류와 그 특징을 연결한 내용으로 옳지 않은 것은?

① 배분정책 : 재화와 서비스를 사회의 특정 부분에 배분하는 정책으로, 수혜자와 비용부담자 간 갈등이 발생한다.
② 규제정책 : 특정 개인이나 집단에 대한 선택의 자유를 제한하는 유형의 정책으로, 정책불응자에게는 강제력을 행사한다.
③ 재분배정책 : 고소득층으로부터 저소득층으로의 소득 이전을 목적으로 하기 때문에 계급대립적 성격을 지닌다.
④ 구성정책 : 정부기관의 신설과 선거구 조정 등과 같이 정부기구의 구성 및 조정과 관련된 정책이다.

| K-water 한국수자원공사(2022)

05 다음 중 정책결정과 관련된 이론에 대한 설명으로 옳지 않은 것은?

① 쿠바 미사일 사태에 대한 사례 분석인 앨리슨(Allison) 모형은 정부의 정책결정 과정은 합리모형보다는 조직과정모형과 정치모형으로 설명하는 것이 더 바람직하다고 주장한다.
② 드로(Dror)가 주장한 최적모형은 기존의 합리적 결정 방식이 지나치게 수리적 완벽성을 추구해 현실성을 잃었다는 점을 지적하고 합리적 분석뿐만 아니라 결정자의 직관적 판단도 중요한 요소로 간주한다.
③ 쓰레기통모형은 문제, 해결책, 선택 기회, 참여자의 네 요소가 독자적으로 흘러다니다가 어떤 계기로 만나게 될 때 결정이 이루어진다고 설명한다.
④ 에치오니(Etzioni)의 혼합탐사모형에 의하면 결정은 근본적 결정과 세부적 결정으로 나누어질 수 있으며, 합리적 의사결정모형과 점진적 의사결정모형을 보완적으로 사용할 수 있다.

| K-water 한국수자원공사(2022)

06 다음 중 직위분류제에 대한 설명으로 옳지 않은 것은?

① 계급제가 사람의 자격과 능력을 기준으로 한 계급구조라면 직위분류제는 사람이 맡아서 수행하는 직무와 그 직무 수행에 수반되는 책임을 기준으로 분류한 직위구조이다.
② 직위분류제는 책임명료화·갈등예방·합리적 절차수립을 돕는다는 장점이 있다.
③ 직무 수행의 책임도와 자격요건이 다르지만, 직무의 종류가 유사해 동일한 보수를 지급할 수 있는 직위의 횡적 군을 등급이라고 한다.
④ 직위분류제는 인적자원 활용에 주는 제약이 크다는 비판을 받는다.

| 근로복지공단(2022)

07 다음 〈보기〉 중 옳은 것을 모두 고르면?

보기

ㄱ. 인간관계론에서 조직 참여자의 생산성은 육체적 능력보다 사회적 규범에 의해 좌우된다.
ㄴ. 과학적 관리론은 과학적 분석을 통해 업무수행에 적용할 유일 최선의 방법을 발견할 수 있다고 전제한다.
ㄷ. 체제론은 비계서적 관점을 중시한다.
ㄹ. 발전행정론은 정치, 사회, 경제의 균형성장에 크게 기여하였다.

① ㄱ, ㄴ
② ㄱ, ㄹ
③ ㄴ, ㄷ
④ ㄴ, ㄹ
⑤ ㄷ, ㄹ

| 부산교통공사(2022)

08 다음 중 정책평가의 내적타당성을 저해하는 요인 중 외재적 요인은?

① 선발요인
② 역사요인
③ 측정요인
④ 도구요인

| 부산교통공사(2022)

09 다음 중 예산의 원칙에 대한 설명으로 옳지 않은 것은?

① 공개성의 원칙에는 예외가 있다.
② 사전의결의 원칙에는 예외가 있다.
③ 통일성의 원칙은 회계장부가 하나여야 한다는 원칙이다.
④ 목적세는 예산원칙의 예외이다.

| 한국도로공사(2021)

10 다음 〈보기〉 중 옴부즈만 제도에 대한 설명으로 옳은 것을 모두 고르면?

> 보기
>
> ㄱ. 행정권 등을 남용하거나 부당 행위를 막기 위한 행정감찰 제도이다.
> ㄴ. 선거를 통해 옴부즈만을 선출한다.
> ㄷ. 옴부즈만은 독립적으로 조사권, 시찰권 등을 가지고 있다.
> ㄹ. 입법부 또는 행정부 산하의 조직으로 활동한다.

① ㄱ, ㄴ
② ㄴ, ㄷ
③ ㄷ, ㄹ
④ ㄱ, ㄷ

| 한국도로공사(2021)

11 다음 중 정부업무평가에 대한 설명으로 옳지 않은 것은?

① 특정평가는 국무총리가 국정을 전반적으로 관리하기 위해 정책 및 기관의 역량 등을 평가한다.
② 자체평가는 중앙행정기관이 주요정책, 재정사업, R&D사업, 행정관리 등에 대하여 자체적으로 평가하는 것을 말한다.
③ 평가 대상기관에는 중앙행정기관, 지방자치단체 등이 있다.
④ 정부업무평가 기본계획은 국무총리가 2년마다 그 계획의 타당성을 검토하여 수립한다.

| 한국도로공사(2021)

12 다음 중 우리나라 행정기관 소속 위원회에 대한 설명으로 옳지 않은 것은?

① 행정위원회와 자문위원회 등으로 크게 구분할 수 있다.
② 방송통신위원회, 금융위원회, 국민권익위원회는 대통령 소속 위원회에 해당된다.
③ 관련분야 전문지식이 있는 외부전문가와 내부 공무원들이 참여한다.
④ 자문위원회의 의사결정은 일반적으로 구속력을 갖지 않는다.

| 한국도로공사(2021)

13 다음 〈보기〉 중 공무원 헌장에 명시된 것을 모두 고르면?

> 보기
> ㄱ. 융통성　　ㄴ. 공익
> ㄷ. 창의성　　ㄹ. 합목적성

① ㄱ, ㄴ　　② ㄴ, ㄷ
③ ㄷ, ㄹ　　④ ㄱ, ㄷ

| 한국도로공사(2021)

14 다음 중 신뢰보호의 원칙에 대한 설명으로 옳지 않은 것은?

① 행정지도 등 비권력적 행위와 사실행위 등도 신뢰보호의 대상이 된다.
② 신뢰보호는 무효인 행정행위에도 적용이 된다.
③ 공익에 반하는 경우에는 신뢰보호의 제한을 받는다.
④ 선행조치에 대한 입증은 신뢰이익을 주장하는 개인이 책임을 진다.

| 도로교통공단(2021)

15 다음 중 대중에 대한 억압과 통제를 통해 엘리트들에게 유리한 이슈만 정책의제로 설정하는 것은?

① 무의사결정론　　② 체제이론
③ 다원주의론　　④ 사이먼(H. Simon)의 의사결정론

04 법학

| 국민건강보험공단(2022)

01 다음 중 국민건강보험법상 보험료 부담 및 납부의무에 대한 설명으로 옳지 않은 것은?

① 직장가입자의 보수월액보험료는 직장가입자가 보험료액의 100분의 50을 부담한다.
② 직장가입자의 소득월액보험료는 직장가입자가 부담한다.
③ 지역가입자의 보험료는 그 가입자가 속한 세대의 지역가입자 전원이 연대하여 부담한다.
④ 공무원인 직장가입자의 보수월액보험료는 그 공무원이 소속되어 있는 국가 또는 지방자치단체가 보험료의 전액을 부담한다.

| 한국도로공사(2022)

02 다음 중 직업선택의 자유에 대한 설명으로 옳지 않은 것은?

① 경제적 자유로서의 성격이 강하다.
② 바이마르헌법에서 최초로 규정되었으며 법인에게도 인정된다.
③ 헌법상 근로의 의무가 있으므로 무직업의 자유는 인정되지 않는다.
④ 그 내용으로는 직업결정의 자유, 직업수행의 자유, 영업의 자유가 포함된다.

| 한국자산관리공사(2022)

03 다음 중 A가 B를 상대로 대여금반환청구의 소를 서울지방법원에 제기한 뒤 이 소송의 계속 중 동일한 소를 부산지방법원에 제기한 경우, 저촉되는 민사소송법상의 원리는?

① 변론주의
② 당사자주의
③ 재소의 금지
④ 중복제소의 금지
⑤ 처분권주의

| 한국자산관리공사(2022)

04 다음 중 상업사용인의 의무에 대한 설명으로 옳지 않은 것은?

① 상호의 양도는 등기하지 않으면 제3자에게 대항하지 못한다.
② 영업과 상호를 양수하였다고 하여 양도인의 채권·채무도 양수한 것으로 볼 수는 없다.
③ 영업과 함께 또는 영업을 폐지할 때 양도할 수 있다.
④ 상호의 양도는 재산적 가치가 인정되어 상속도 가능하다.
⑤ 상호의 양도는 상호의 양도인과 상호양수인과의 합의에 의해서 효력이 생긴다.

| 한국자산관리공사(2022)

05 다음 중 민법상 용익물권인 것은?

① 질권
② 지역권
③ 유치권
④ 저당권
⑤ 상사질권

| 한국자산관리공사(2022)

06 다음 중 정관에 특별한 규정이 없는 경우에 신주발행사항을 결정하는 기관에 해당하는 것은?

① 이사회
② 주주총회
③ 대표이사
④ 감사위원회
⑤ 사원총회

| 근로복지공단(2021)

07 다음 중 헌법재판소에 대한 설명으로 옳은 것은?

① 헌법재판소 재판관의 임기는 5년으로 하며, 연임할 수 없다.
② 헌법재판소 재판관은 정당에 가입은 가능하나 정치에는 관여할 수 없다.
③ 헌법재판소는 법관의 자격을 가진 6인의 재판관으로 구성하며, 재판관은 대통령이 임명한다.
④ 헌법재판소 재판관은 탄핵 또는 금고 이상의 형의 선고에 의하지 아니하고는 파면되지 아니한다.
⑤ 헌법재판소에서 법률의 위헌결정, 탄핵의 결정, 정당해산의 결정 또는 헌법소원에 관한 인용결정을 할 때에는 재판관 4인 이상의 찬성이 있어야 한다.

| 근로복지공단(2021)

08 다음 중 즉결심판에 대한 절차로 옳은 것은?

① 지방법원 또는 그 지원의 판사는 소속 지방법원장의 명령을 받아 소속 법원의 관할사무와 관계가 있는 경우에만 즉결심판청구사건을 심판할 수 있다.
② 판사는 사건이 즉결심판을 할 수 없거나 즉결심판절차에 의하여 심판함이 적당하지 아니하다고 인정할 때에는 결정으로 즉결심판의 청구를 인용하여야 한다.
③ 즉결심판은 관할경찰서장 또는 관할해양경찰서장이 관할법원에 이를 청구한다.
④ 즉결심판을 청구할 때에는 사전에 피고인에게 즉결심판의 절차를 이해하는 데 필요한 사항을 서면으로만 알려주어야 한다.
⑤ 지방법원, 지원 또는 시·군법원의 판사는 즉결심판절차에 의하여 피고인에게 100만 원 미만의 벌금, 구류 또는 과료에 처할 수 있다.

| 근로복지공단(2021)

09 다음 〈보기〉에서 설명하는 죄형법정주의 파생원칙으로 옳은 것은?

> **보기**
> 법률의 해석은 규정에 따라 엄격하게 해야 하며 유사한 사항을 확대 적용하는 것은 금지한다.

① 관습법 금지의 원칙
② 소급효 금지의 원칙
③ 명확성의 원칙
④ 유추해석 금지의 원칙
⑤ 적정성의 원칙

| 근로복지공단(2021)

10 다음 〈보기〉 중 민법상 옳은 것을 모두 고르면?

> 보기
>
> ㄱ. 선량한 풍속 기타 사회질서에 위반한 사항을 내용으로 하는 법률행위는 취소할 수 있다.
> ㄴ. 의사표시는 법률행위의 내용의 중요부분에 착오가 있는 때에는 취소할 수 있다.
> ㄷ. 의사표시는 표의자가 진의 아님을 알고 한 것이라도 그 효력이 있다. 그러나 상대방이 표의자의 진의 아님을 알았거나 이를 알 수 있었을 경우에는 무효로 한다.
> ㄹ. 당사자의 궁박, 경솔 또는 무경험으로 인하여 현저하게 공정을 잃은 법률행위는 취소할 수 있다.
> ㅁ. 사기나 강박에 의한 의사표시는 무효로 한다.

① ㄱ, ㄴ
② ㄱ, ㄷ
③ ㄴ, ㄷ
④ ㄴ, ㄹ
⑤ ㄷ, ㄹ

| 국민연금공단(2021)

11 다음 〈보기〉 중 국회에 대한 설명으로 옳은 것은?

> 보기
>
> ㄱ. 국회의원은 겸직과 관련해 특별한 법 조항이 없다.
> ㄴ. 국회의원은 국회에서 직무상 행한 발언과 표결에 관하여 국회 외에서 책임을 진다.
> ㄷ. 국회의 임시회는 대통령 또는 국회재적의원 4분의 1 이상의 요구에 의하여 집회된다.
> ㄹ. 정기회의 회기는 100일을, 임시회의 회기는 60일을 초과할 수 없다.
> ㅁ. 국회는 의장 1인과 부의장 3인을 선출한다.

① ㄱ
② ㄴ
③ ㄷ
④ ㄹ
⑤ ㅁ

| 국민연금공단(2021)

12 다음 중 형법상 절도죄와 관련된 내용으로 옳은 것은?

① 타인의 재물을 절취한 자는 3년 이하의 징역 또는 500만 원 이하의 벌금에 처한다.
② 흉기를 휴대하거나 2명 이상이 합동하여 타인의 재물을 절취한 자도 1년 이상 10년 이하의 징역에 처한다.
③ 권리자의 동의 없이 타인의 자동차, 선박, 항공기 또는 원동기장치자전거를 상시 사용한 자는 3년 이하의 징역, 500만 원 이하의 벌금, 구류 또는 과료에 처한다.
④ 야간에 사람의 주거, 관리하는 건조물에 침입하여 타인의 재물을 절취(竊取)한 자는 5년 이하의 징역에 처한다.
⑤ 상습으로 타인의 재물을 절취한 자는 그 죄에 정한 형의 3분의 1까지 가중한다.

| 한국서부발전(2021)

13 다음 〈보기〉에서 설명하고 있는 행정법의 기본원칙에 해당하는 것은?

> 보기
> 행정주체가 구체적인 행정목적을 실현함에 있어 목적과 수단 간에는 합리적인 비례관계가 유지되어야 한다는 원칙

① 자기구속의 원칙
② 신뢰보호의 원칙
③ 부당결부금지의 원칙
④ 비례의 원칙

| K-water 한국수자원공사(2021)

14 다음 〈보기〉 중 사인의 공법행위에 해당하는 것은 모두 몇 개인가?

> 보기
> ㄱ. 행정심판의 청구
> ㄴ. 영업허가의 출원
> ㄷ. 선거권의 행사
> ㄹ. 공무원 공개채용시험의 응시행위
> ㅁ. 혼인신고

① 1개
② 2개
③ 4개
④ 5개

| K-water 한국수자원공사(2021)

15 **다음 중 공법관계와 사법관계에 대한 설명으로 옳지 않은 것은?(단, 다툼이 있는 경우 판례에 의한다)**

① 행정절차법은 사법관계에 대해서는 적용되지 않는다.
② 공법관계는 행정소송 중 항고소송과 당사자 소송의 대상이 된다.
③ 법률관계의 한쪽 당사자가 행정주체인 경우에는 사법적 효과를 발생하게 하는 행위는 공법관계로 본다는 것이 판례의 입장이다.
④ 사인 간의 법적 분쟁에 관한 사법관계는 민사소송의 대상이 된다.

| K-water 한국수자원공사(2021)

16 **다음 〈보기〉 중 법률관계가 공법관계인 것을 모두 고르면?(단, 다툼이 있는 경우 판례에 의한다)**

보기

ㄱ. 사립학교의 학위수여
ㄴ. 국공립 도서관 이용관계
ㄷ. 철도·지하철 이용관계
ㄹ. 한국조폐공사 직원의 근무관계
ㅁ. 텔레비전 수신료의 부과징수

① ㄱ, ㄴ, ㄷ
② ㄱ, ㄴ, ㅁ
③ ㄴ, ㄷ, ㅁ
④ ㄴ, ㄹ, ㅁ

| 한국중부발전(2021)

17 **다음 중 국회에 대한 설명으로 옳은 것은?**

① 국회의 임시회는 대통령 또는 국회재적의원 5분의 1 이상의 요구에 의하여 집회된다.
② 국회의원은 현행범인인 경우를 포함하여 회기 중 국회의 동의 없이도 체포 또는 구금이 가능하다.
③ 정부는 회계연도마다 예산안을 편성하여 회계연도 개시 60일 전까지 국회에 제출하고, 국회는 회계연도 개시 30일 전까지 이를 의결하여야 한다.
④ 국채를 모집하거나 예산 외에 국가의 부담이 될 계약을 체결하려 할 때에는 정부는 미리 국회의 의결을 얻어야 한다.

| 한국중부발전(2021)

18 다음 〈보기〉 중 소송의 종류와 내용이 바르게 연결된 것을 모두 고르면?

보기

ㄱ. 항고소송 : 국가 또는 공공단체의 기관이 법률에 위반되는 행위를 한 때에 직접 자기의 법률상 이익과 관계없이 그 시정을 구하기 위하여 제기하는 소송이다.
ㄴ. 취소소송 : 행정청의 위법한 처분 등을 취소 또는 변경하는 소송이다.
ㄷ. 무효 등 확인소송 : 행정청의 처분 등의 효력 유무 또는 존재여부를 확인하는 소송이다.
ㄹ. 기관소송 : 행정청의 처분 등을 원인으로 하는 법률관계에 관한 소송 그 밖에 공법상의 법률관계에 관한 소송으로서 그 법률관계의 한쪽 당사자를 피고로 하는 소송이다.

① ㄱ, ㄴ
② ㄱ, ㄷ
③ ㄴ, ㄷ
④ ㄴ, ㄹ

| HUG 주택도시보증공사(2021)

19 다음 중 주물·종물에 대한 사항으로 옳지 않은 것은?

① 종물은 주물의 상용에 공하여야 한다.
② 주물과 종물은 장소적인 인접관계에 있어야 한다.
③ 주유소의 주유기는 주유소의 종물에 해당된다.
④ 주물위에 저당권이 설정된 경우 그 저당권의 효력은 종물에 미친다.
⑤ 민법은 소유자가 다른 물건 사이에도 주물·종물관계를 인정한다.

| HUG 주택도시보증공사(2021)

20 다음 중 상법과 민법에 대한 설명으로 옳지 않은 것은?

① 상법은 민법에 대하여 특별법이다.
② 당사자 간에 채권의 이자율을 약정하지 않았을 때, 민법의 경우 연 6%의 이율이 적용되지만 상법의 경우 연 5%의 이율을 적용한다.
③ 채권의 소멸시효의 경우 민법의 경우 10년간 행사하지 않으면 소멸시효가 완성된다.
④ 금전거래의 원인이 상행위로 인한 경우에 채권의 소멸시효는 상법의 경우 5년간 행사하지 않으면 소멸시효가 완성된다.
⑤ 상인과 비상인 간의 상거래에 있어서 상인인 당사자와 비상인인 당사자에게 모두 상법이 적용된다.

LH 한국토지주택공사(2022)

01 길이 20m인 단순보 위를 하나의 집중 하중 8t이 통과할 때, 최대 전단력 S와 최대 휨 모멘트 M의 값은?

① $S=4$t, $M=40$t·m
② $S=4$t, $M=80$t·m
③ $S=8$t, $M=40$t·m
④ $S=8$t, $M=80$t·m
⑤ $S=8$t, $M=120$t·m

LH 한국토지주택공사(2022)

02 다음 그림과 같이 연행 하중이 지날 때, L부재의 최대 부재력은?

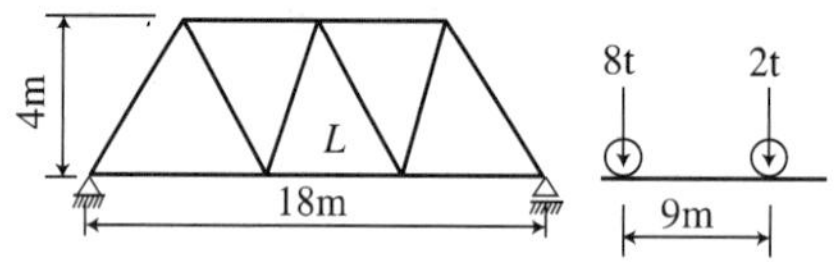

① 6.75t
② 5.76t
③ 4.42t
④ 3.62t
⑤ 2.74t

LH 한국토지주택공사(2022)

03 다음 중 다각측량에 대한 설명으로 옳지 않은 것은?

① 각과 거리를 측정하여 점의 위치를 결정한다.
② 근거리이고 조건식이 많아 삼각측량에서 구한 위치보다 정확도가 높다.
③ 선로와 같이 좁고 긴 지역의 측량에 편리하다.
④ 삼각측량에 비해 시가지 또는 복잡한 장애물이 있는 곳의 측량에 적합하다.
⑤ 계획 – 답사 – 선점 – 조표 – 관측 – 계산 순서로 진행된다.

| LH 한국토지주택공사(2022)

04 수평으로 관 A와 B가 연결되어 있다. 관 A에서 유속은 2m/s, 관 B에서의 유속은 3m/s이며, 관 B에서의 유체압력이 $9.8kN/m^2$이라 하면 관 A에서의 유체압력은?(단, 에너지 손실은 무시한다)

① 약 $2.5kN/m^2$
② 약 $12.3kN/m^2$
③ 약 $22.6kN/m^2$
④ 약 $29.4kN/m^2$
⑤ 약 $37.6kN/m^2$

| LH 한국토지주택공사(2022)

05 한 등변 L형 강($100\times100\times10$)의 단면적 $A=19.0cm^2$, 1축과 2축의 단면 2차 모멘트 $I_1=I_2=175cm^4$이고, 1축과 45°를 이루는 U축의 $I_U=278cm^4$이면 V축의 단면 2차 모멘트 I_V는?(단, 여기서 C는 도심을 나타내는 거리이다)

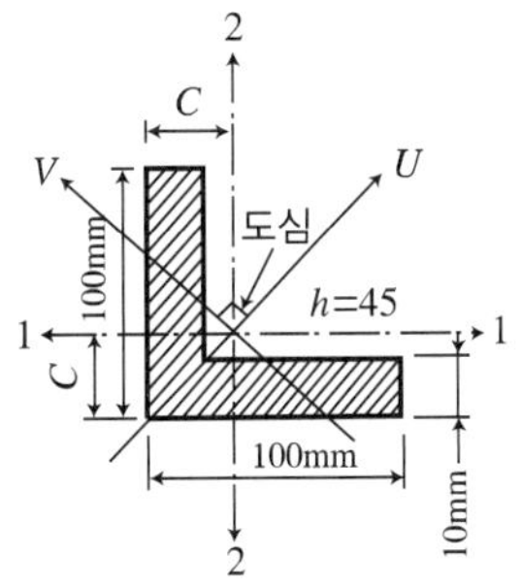

① $72cm^4$
② $175cm^4$
③ $139cm^4$
④ $253cm^4$
⑤ $350cm^4$

| LH 한국토지주택공사(2022)

06 다음 중 토질조사에 대한 설명으로 옳지 않은 것은?

① 사운딩(Sounding)이란 지중에 저항체를 삽입하여 토층의 성상을 파악하는 현장 시험이다.
② 불교란시료를 얻기 위해서 Foil Sampler, Thin Wall Tube Sampler 등이 사용된다.
③ 표준관입시험은 로드(Rod)의 길이가 길어질수록 N치가 작게 나온다.
④ 베인 시험은 정적인 사운딩이다.
⑤ 지층의 상태, 흙의 성질, 내력, 지하수의 상황을 살펴서 설계·시공의 자료로 하는 조사이다.

| 코레일 한국철도공사(2021)

07 250mm×400mm 직사각형 단면을 가진 길이가 8m인 양단힌지 기둥이 있다. 이 기둥의 세장비(λ)는?

① 약 54.98
② 약 69.28
③ 약 75.18
④ 약 92.78
⑤ 약 115.58

| 코레일 한국철도공사(2021)

08 길이가 10m인 철근을 300MPa의 인장응력으로 인장하였더니 그 길이가 15mm만큼 늘어났다. 이 철근의 탄성계수는 어떻게 되는가?

① 2.0×10^5MPa
② 2.1×10^5MPa
③ 2.2×10^5MPa
④ 2.3×10^5MPa
⑤ 2.4×10^5MPa

| 코레일 한국철도공사(2021)

09 단면이 150mm×350mm인 장주의 길이가 5m일 때, 좌굴하중은?(단, 기둥의 지지상태는 일단고정 일단힌지이고, $E=20,000$MPa이다)

① 약 759.376kN
② 약 820.335kN
③ 약 842.155kN
④ 약 863.590kN
⑤ 약 885.905kN

| 코레일 한국철도공사(2021)

10 어떠한 지반의 포화단위중량이 1.88t/m^{3}인 흙에서의 한계동수경사 i_c는?

① 0.80
② 0.81
③ 0.86
④ 0.88
⑤ 1.00

| 코레일 한국철도공사(2021)

11 다음 중 테르자기(Terzaghi)의 1차원 압밀 이론의 가정조건으로 옳지 않은 것은?

① 흙은 균질하고 완전하게 포화되어 있다.
② 토립자와 물은 비압축성이다.
③ Darcy의 법칙이 타당하게 사용된다.
④ 압밀 진행 중인 흙의 성질은 변할 수 있다.
⑤ 압력과 간극비 사이에는 직선적인 관계가 성립된다.

| 코레일 한국철도공사(2021)

12 옹벽의 뒷면과 흙의 마찰각이 0인 연직옹벽에서 지표면이 수평인 경우, Rankine 토압과 Coulomb 토압은 어떻게 되는가?

① Rankine의 토압은 Coulomb의 토압보다 크다.
② Rankine의 토압은 Coulomb의 토압보다 작다.
③ Rankine의 토압은 Coulomb의 토압보다 1만큼 크다.
④ Rankine의 토압은 Coulomb의 토압보다 1만큼 작다.
⑤ Rankine의 토압은 Coulomb의 토압과 같다.

| 국가철도공단(2021)

13 다음 중 철근의 겹침이음에서 A급 이음의 조건에 대한 설명으로 옳은 것은?

① 배근된 철근량이 이음부 전체 구간에서 해석결과 요구되는 소요철근량의 2배 이상이고 소요 겹침이음길이 내 겹침이음된 철근량이 전체 철근량의 1/2 이하인 경우
② 배근된 철근향이 이음부 전체구간에서 해석결과 요구되는 소요철근량의 1.5배 이상이고 소요 겹침이음길이 내 겹침이음된 철근량이 전체 철근량의 1/3 이상인 경우
③ 서로 다른 크기의 철근을 배근하는 경우, 이음길이는 크기가 큰 철근의 정착길이와 크기가 작은 철근의 겹침이음길이 중 큰 값 이상인 경우
④ 철근량이 이음부 전체 구간에서 해석결과 요구되는 소요철근량의 1.5배 이상이고, 소요 겹침이음길이 내 겹침이음된 철근량이 전체 철근량의 1/2 이상인 경우

| 국가철도공단(2021)

14 다음 그림과 같이 가운데가 비어있는 직사각형 단면 기둥의 길이가 L=20m일 때, 이 기둥의 세장비(λ)는?

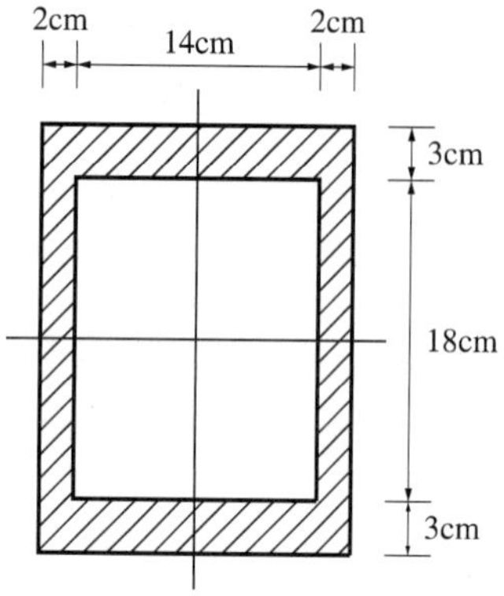

① 약 3.724
② 약 4.128
③ 약 2.273
④ 약 3.218

| 국가철도공단(2021)

15 다음 그림과 같이 부재에 분포하중이 가해졌을 때, M_{max}는?

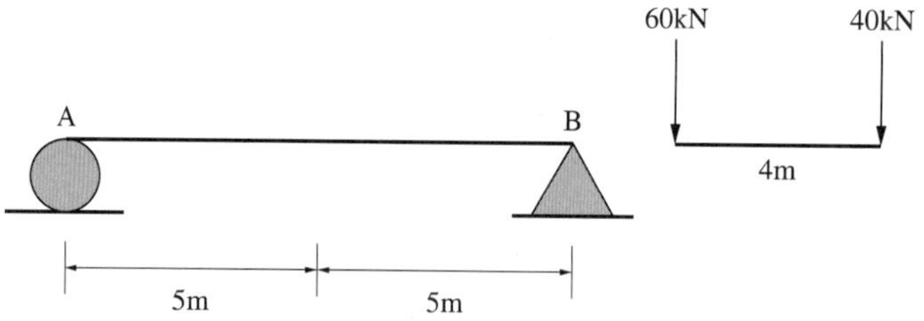

① 156.33kN
② 172.27kN
③ 189.61kN
④ 208.28kN

| 한국도로공사(2021)

16 반지름이 6m이고, $\theta'=20°$인 수문이 설치되었을 때, 수문에 작용하는 전수압(저항력)은?

① 148.225kN/m
② 158.473kN/m
③ 162.314kN/m
④ 173.302kN/m

| 한국도로공사(2021)

17 반지름이 200mm인 원형단면을 갖는 단주에서 핵의 면적은 대략 얼마인가?

① 7,259.225mm^2
② 7,853.982mm^2
③ 8,135.258mm^2
④ 8,823.592mm^2

| 한국도로공사(2021)

18 단면 150mm×300mm인 장주의 길이가 5m일 때의 좌굴하중은?(단, 기둥의 지지상태는 일단고정 타단자유, E=20,000MPa이다)

① 74.022N
② 81.492N
③ 95.283N
④ 102.145N

| 한국도로공사(2021)

19 다음 중 PSC에 대한 설명으로 옳지 않은 것은?

① 부분 프리스트레싱은 사용하중 작용 시 PSC부재 단면의 일부에 인장응력이 생기는 것을 허용하는 방법이다.
② PSC는 균등질 보의 개념, 내력 모멘트의 개념, 하중평형 개념 3가지 원리를 기본개념으로 한다.
③ PSC는 콘크리트 전 단면을 유효하게 이용할 수 있으며, RC부재 보다 긴 경간 제작이 가능하다.
④ 프리캐스트(Pre-Cast) 사용 시 거푸집 및 동바리를 사용하여 제작하고, 기본 제작기간보다 더 걸린다.

| 도로교통공단(2021)

20 다음 중 철근콘크리트구조에서 표준 갈고리에 대한 설명으로 옳지 않은 것은?

① 주철근의 경우 90° 표준 갈고리는 구부린 끝에서 $12d_b$ 이상 연장해야 한다.
② 스터럽 또는 띠철근의 경우, 135° 표준 갈고리에서 D25 이하의 철근은 구부린 끝에서 $6d_b$ 이상 연장해야 한다.
③ 표준 갈고리를 갖는 인장 이형철근의 정착길이 공식은 $l_{hb}=\dfrac{0.25\beta d_b f_y}{\lambda\sqrt{f_{ck}}}$ 이다.
④ 스터럽 또는 띠철근의 경우 90° 표준 갈고리에서 D16 이하의 철근은 구부린 끝부분에서 $6d_b$ 이상 연장해야 한다.

06 기계일반

ㅣ한국서부발전(2022)

01 1,560km/h로 비행하는 분사 추진 로켓의 공기 흡입량은 95kg/s이고, 연료인 연소 기체의 질량은 2.15kg/s이었다. 추진력이 4,500kg일 때 분사속도는 몇 m/s인가?

① 약 230m/s
② 약 470m/s
③ 약 520m/s
④ 약 730m/s

ㅣ한국서부발전(2022)

02 다음 중 Fe－C 평형 상태도에서 온도가 가장 높은 것은?

① 공석점
② 공정점
③ 포정점
④ 순철 자기변태점

ㅣ한국서부발전(2022)

03 스프링으로 지지되어 있는 어느 물체가 매분 80회를 반복하면서 상하운동을 할 때, 각속도와 진동수는 얼마인가?(단, 물체는 조화운동이다)

① 약 4.20rad/s, 약 2.66cps
② 약 8.38rad/s, 약 1.33cps
③ 약 42.0rad/s, 약 1.33cps
④ 약 83.8rad/s, 약 1.33cps

ㅣ한국중부발전(2022)

04 공기압축기에서 입구 공기의 온도와 압력은 각각 35℃, 140kPa이고, 체적유량은 $0.03m^3/s$이다. 출구에서 압력이 700kPa이고, 이 압축기의 등엔트로피 효율이 0.6일 때, 압축기의 소요동력은 약 몇 kW인가?(단, 공기의 정압비열과 기체상수는 각각 1kJ/kg·K, 0.287kJ/kg·K이고, 비열비는 1.4이다)

① 약 5.6kW
② 약 8.7kW
③ 약 11.4kW
④ 약 14.3kW

| 한국중부발전(2022)

05

압력 3.2MPa, 온도 550℃인 이상기체를 실린더 내에서 압력이 200kPa까지 가역 단열팽창시킬 때, 변화과정에서 가스 2kg이 하는 일은 얼마인가?(단, $k=1.25$, $R=287\text{J/kg}\cdot\text{K}$이다)

① 약 212kJ
② 약 402kJ
③ 약 736kJ
④ 약 804kJ

| 코레일 한국철도공사(2021)

06

두께 4.5mm, 폭 30mm 강재에 13.5kN의 인장력이 작용할 때, 폭의 수축량은 몇 mm인가?(단, 푸아송 비는 0.4이고, 탄성계수 $E=230\text{GPa}$이다)

① 0.783×10^{-3}mm
② 1.543×10^{-3}mm
③ 2.256×10^{-3}mm
④ 3.217×10^{-3}mm
⑤ 4.825×10^{-3}mm

| 코레일 한국철도공사(2021)

07

다음 그림과 같이 길이 2m의 사각 단면인 외팔보에서 집중 하중 P가 작용할 때, 자유단의 처짐량은 얼마인가?(단, 재료의 탄성계수 $E=300\text{GPa}$이며, 소수점 둘째 자리에서 반올림한다)

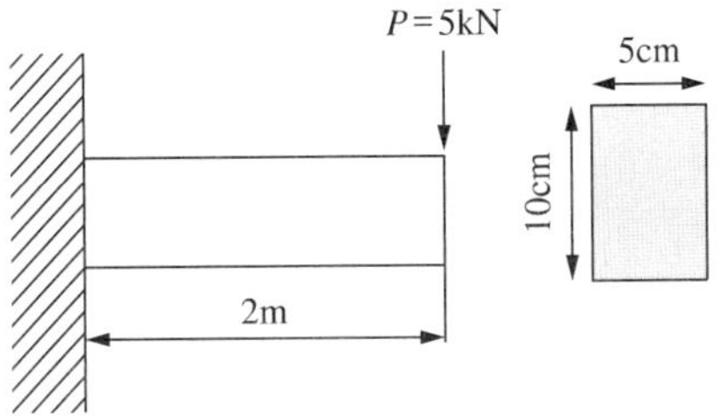

① 10.7mm
② 21.5mm
③ 38.9mm
④ 42.7mm
⑤ 52.1mm

| 코레일 한국철도공사(2021)

08 지름 3m, 두께 3cm의 얇은 원통에 860kPa의 내압이 작용할 때, 이 원통에 발생하는 최대 전단응력은 몇 MPa인가?

① −8.2MPa
② −10.75MPa
③ 10.75MPa
④ −15.85MPa
⑤ 15.85MPa

| 코레일 한국철도공사(2021)

09 다음 그림과 같은 외팔보에서 자유단으로부터 3m 떨어진 C점에 집중하중 $P=9\text{kN}$이 작용할 때, 자유단의 처짐각 θ_A와 처짐량 δ_A는 얼마인가?(단, $E=200\text{GPa}$, $I=250\text{cm}^4$이다)

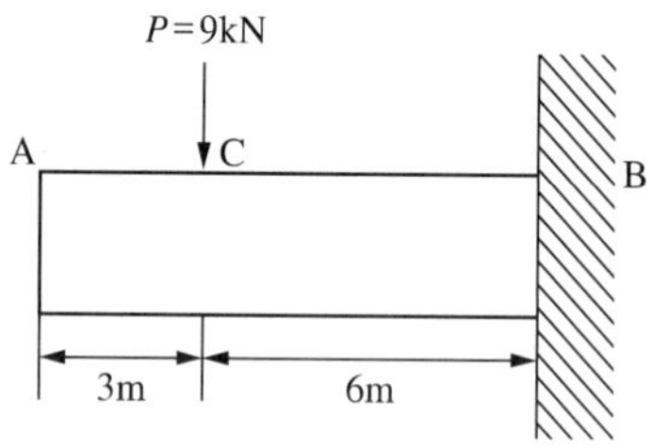

① 125.8cm
② 152.2cm
③ 187.5cm
④ 226.8cm
⑤ 235.4cm

| 코레일 한국철도공사(2021)

10 디젤 사이클 엔진이 초온 500K, 초압 200kPa, 최고 온도 7,000K, 최고 압력 5MPa로 작동할 때 열효율은 몇 %인가?(단, $k=1.50$이다)

① 약 34%
② 약 43%
③ 약 55%
④ 약 58%
⑤ 약 61%

| 코레일 한국철도공사(2021)

11 다음 중 800kPa, 110℃의 CO_2(이산화탄소)의 비중량은?(단, 소수점 셋째 자리에서 반올림한다)

① $11.05kg/m^3$
② $11.05N/m^3$
③ $110kg/m^3$
④ $110N/m^3$
⑤ $115N/m^3$

| 코레일 한국철도공사(2021)

12 다음 중 압축률의 차원을 절대단위계로 표시한 내용으로 옳은 것은?

① $M^{-2}LT^2$
② $M^{-1}LT^2$
③ MLT^2
④ $M^{-2}LT$
⑤ $M^{-2}L^2T$

| 코레일 한국철도공사(2021)

13 니켈 – 크롬강에서 강인성을 증가시키고 질량효과를 감소시키며, 뜨임메짐을 방지하기 위해 첨가하는 원소로 옳은 것은?

① Mn
② V
③ W
④ Mo
⑤ P

| 코레일 한국철도공사(2021)

14 **다음 (가) ~ (다)는 항온열처리의 종류이다. 〈보기〉에서 옳은 내용을 순서대로 바르게 나열한 것은?**

(가) M_s점과 M_f점 사이에서 항온처리하며, 마텐자이트와 베이나이트의 혼합 조직을 얻는다.
(나) 특정 온도로 유지 후 공기 중에서 냉각, 베이나이트 조직을 얻는다.
(다) 과랭 오스테나이트에서 소성 가공을 한 후 마텐자이트화한다.

보기

㉠ 오스템퍼링
㉡ 오스포밍
㉢ 마템퍼링

	(가)	(나)	(다)
①	㉠	㉡	㉢
②	㉡	㉠	㉢
③	㉡	㉢	㉠
④	㉢	㉠	㉡
⑤	㉢	㉡	㉠

| 코레일 한국철도공사(2021)

15 **다음 〈보기〉와 관련된 시험 방법으로 옳은 것은?**

보기

- 해머의 낙하 높이와 반발 높이
- 끝에 다이아몬드가 부착된 해머를 시편 표면에 낙하
- 반발 높이가 높을수록 시편의 경도가 높음

① 피로 시험
② 브리넬 경도 시험
③ 샤르피식 시험
④ 로크웰 경도 시험
⑤ 쇼어 경도 시험

| 코레일 한국철도공사(2021)

16 다음 중 조밀육방격자들로만 이루어진 금속을 바르게 묶은 것은?

① W, Ni, Mo, Cr
② Mg, Ce, Ti, Y
③ V, Li, Ce, Zn
④ Mg, Ti, Zn, Cr
⑤ Zn, Ag, Ni, Y

| 코레일 한국철도공사(2021)

17 다음 중 핀(Pin)의 종류에 대한 설명으로 옳지 않은 것은?

① 테이퍼 핀은 보통 $\frac{1}{50}$ 정도의 테이퍼를 가진다.
② 평행 핀은 분해·조립하는 부품 맞춤면의 관계 위치를 일정하게 할 때 주로 사용한다.
③ 분할 핀은 축에 끼워진 부품이 빠지는 것을 막는 데 사용된다.
④ 스프링 핀은 2개의 봉을 연결하여 2개의 봉이 상대각운동을 할 수 있도록 하는 데 사용한다.
⑤ 조인트 핀은 2개 부품을 연결할 때 사용된다.

| 코레일 한국철도공사(2021)

18 다음 〈보기〉 중 아크 용접의 종류로 옳은 것을 모두 고르면?

보기

가. 산소 – 아세틸렌
나. 불활성가스
다. 원자수소
라. 프로젝션
마. 서브머지드

① 가, 다
② 나, 라
③ 나, 다, 라
④ 나, 다, 마
⑤ 다, 라, 마

| 코레일 한국철도공사(2021)

19 정상 2차원 속도장 $\vec{V}=4x\vec{i}-4y\vec{j}$ 내의 한 점 (3, 5)에서 유선의 기울기 $\dfrac{dy}{dx}$는?

① $\dfrac{3}{5}$
② $-\dfrac{3}{5}$
③ $\dfrac{5}{3}$
④ $-\dfrac{5}{3}$
⑤ -1

| 코레일 한국철도공사(2021)

20 다음 〈보기〉 중 원통 커플링의 종류로 옳은 것을 모두 고르면?

보기

ㄱ. 슬리브 커플링
ㄴ. 플랜지 커플링
ㄷ. 셀러 커플링
ㄹ. 반중첩 커플링
ㅁ. 올덤 커플링

① ㄱ, ㄷ
② ㄴ, ㄹ
③ ㄱ, ㄷ, ㄹ
④ ㄴ, ㄷ, ㅁ
⑤ ㄷ, ㄹ, ㅁ

| 한국가스공사(2021)

21 다음 중 프로판 가스(Propane Gas)에 대한 설명으로 옳지 않은 것은?

① 공기보다 무겁다.
② 유독한 일산화탄소 성분이 있다.
③ 폭발할 위험이 있다.
④ 액화 수소 가스이다.
⑤ 가정용 연료로 많이 사용된다.

| 한국가스공사(2021)

22 표준성분이 Al – Cu – Ni – Mg으로 구성되어 있으며, 내열성 주물로서 내연기관의 실린더나 피스톤으로 많이 사용되는 합금은?

① 실루민
② 하이드로날륨
③ 두랄루민
④ Y합금
⑤ 코비탈륨

| 한국가스공사(2021)

23 피스톤 – 실린더 장치에 120kPa, 70℃의 공기 $0.5m^3$이 들어 있다. 이 공기가 온도를 일정하게 유지하면서 $0.1m^3$까지 압축될 때, 행해진 일은?

① 약 −55.5kJ
② 약 −65.6kJ
③ 약 −78.4kJ
④ 약 −96.6kJ
⑤ 약 −101.2kJ

| 한국가스공사(2021)

24 탄성한도 내 인장 하중을 받는 봉이 있다. 응력을 4배로 증가시키면 최대 탄성에너지는 몇 배가 되는가?

① 4배
② 8배
③ $\frac{1}{4}$배
④ $\frac{1}{8}$배
⑤ 16배

| 한국가스공사(2021)

25 다음 중 바깥지름 $d_1 = 5$cm이고, 안지름 $d_2 = 3$cm인 중공원 단면의 극관성모멘트 I_p는?

① 약 $25.2cm^4$
② 약 $34.8cm^4$
③ 약 $53.4cm^4$
④ 약 $62.5cm^4$
⑤ 약 $71.2cm^4$

07 전기일반

| 코레일 한국철도공사(2022)

01 다음 중 이상적인 연산증폭기의 특징으로 옳지 않은 것은?

① 전압이득이 무한대이다.
② 개방상태에서 입력 임피던스가 무한대이다.
③ 출력 임피던스가 0이다.
④ 두 입력 전압이 같을 때, 출력 전압이 무한대이다.
⑤ 대역폭이 무한대이다.

| 코레일 한국철도공사(2022)

02 A$=i-j+2k$, B$=i+xk$일 때, 벡터 A가 수직이 되기 위한 x의 값은 얼마인가?(단, i, j, k는 x, y, z이다)

① 0
② $-\frac{3}{2}$
③ $-\frac{1}{2}$
④ 1
⑤ $\frac{3}{2}$

| 코레일 한국철도공사(2022)

03 다음 중 $f(s)=\frac{2s+3}{s^2+3s+2}$의 시간 함수로 옳은 것은?

① e^t-e^{-2t}
② e^t+e^{-2t}
③ $e^{-2t}-e^{-2t}$
④ $e^{-t}-e^{-2t}$
⑤ $e^{-t}+e^{-2t}$

| 코레일 한국철도공사(2022)

04 어떤 전기설비로 역률 0.8, 용량 200kVA인 3상 평형유도부하가 사용되고 있다. 이 부하에 병렬로 전력용 콘덴서를 설치하여 합성역률을 0.95로 개선하고자 할 경우 필요한 전력용 콘덴서의 용량은 약 몇 kVA인가?

① 57kVA
② 62kVA
③ 67kVA
④ 72kVA
⑤ 77kVA

| 코레일 한국철도공사(2022)

05 구 내부의 전하량이 Q[C]일 때, 전속수는 몇 개인가?

① Q
② $\frac{Q}{\varepsilon_0}$
③ $\frac{Q}{\varepsilon}$
④ 0
⑤ 4π

| 코레일 한국철도공사(2022)

06 다음 중 역률 개선으로 얻을 수 있는 효과로 옳지 않은 것은?

① 전압변동률 감소
② 변압기 및 배전선의 부하 부담 증가
③ 설비 투자비 경감
④ 전압이 안정되어 생산성이 증가
⑤ 전기요금 경감

| 코레일 한국철도공사(2022)

07 다음 중 이상적인 변압기의 조건을 만족하는 상호유도회로에서 결합계수 k의 값은?(단, M은 상호인덕턴스, L_1과 L_2는 자기인덕턴스이다)

① $k=\sqrt{ML_1L_2}$
② $k=L_1L_2+M$
③ $k=M\sqrt{L_1L_2}$
④ $k=\frac{M}{\sqrt{L_1L_2}}$
⑤ $k=\frac{\sqrt{L_1L_2}}{M}$

| 코레일 한국철도공사(2022)

08 다음 중 누설자속이 없을 때, 이상적인 상호인덕턴스 M의 조건을 만족하는 결합계수 k의 조건으로 옳은 것은?

① $k<1$
② $k=1$
③ $0<k<1$
④ $k<0$
⑤ $k=0$

| 코레일 한국철도공사(2022)

09 다음 중 AWGN(Additive White Gaussian Noise)의 특징으로 옳지 않은 것은?

① 평균값이 무한대인 비주기 신호이다.
② 전 주파수 대역에 걸쳐 전력 스펙트럼 밀도가 일정하다.
③ 통계적 성질이 시간에 따라 변하지 않는다.
④ 가우시안 분포를 형성한다.
⑤ 백색잡음에 가장 근접한 잡음으로 열잡음이 있다.

| 코레일 한국철도공사(2022)

10 각변조된 신호 $s(t)=20\cos(800\pi t+10\pi\cos 7t)$가 있다. 다음 중 신호 $s(t)$의 순시 주파수(Hz)를 바르게 표시한 것은?[단, 신호 $s(t)$는 전압이고 단위는 V이며, t의 단위는 초이다]

① $800\pi t-35\sin 7t$
② $400+35\sin 7t$
③ $400-35\sin 7t$
④ $800\pi t-20\cos 7t$
⑤ $800\pi t+20\cos 7t$

| 코레일 한국철도공사(2022)

11 다음 중 위상의 불연속이 발생하지 않는 변조방식은?

① MSK
② PSK
③ FSKCF
④ QAM
⑤ ASK

| 코레일 한국철도공사(2022)

12 동일한 비트율을 가지는 BPSK와 QPSK방식의 디지털 통신에서, 두 방식의 심벌 전송률 관계로 옳은 것은?

① BPSK 심벌 전송률이 QPSK 심벌 전송률의 8배

② BPSK 심벌 전송률이 QPSK 심벌 전송률의 $\frac{1}{4}$배

③ BPSK 심벌 전송률이 QPSK 심벌 전송률의 4배

④ BPSK 심벌 전송률이 QPSK 심벌 전송률의 2배

⑤ BPSK 심벌 전송률이 QPSK 심벌 전송률의 $\frac{1}{2}$배

| 코레일 한국철도공사(2022)

13 전력이 100W인 신호가 어떤 회로를 통과하여 전력이 36dBm이 되었다고 할 때, 입력 신호와 출력 신호의 전력비는?(단, log2＝0.3, log3＝0.48로 한다)

① 1 : 1

② 4 : 1

③ 9 : 1

④ 16 : 1

⑤ 25 : 1

| 코레일 한국철도공사(2022)

14 전기 회로에서 전류를 25% 증가시키면 저항값은 어떻게 변하는가?

① $0.5R$

② $0.8R$

③ $1.2R$

④ $1.25R$

⑤ $1.5R$

| 코레일 한국철도공사(2022)

15 다음 중 기저대역 전송(Baseband Transmission)의 조건으로 옳지 않은 것은?

① 전송에 필요로 하는 전송 대역폭이 적어야 한다.

② 타이밍 정보가 충분히 포함되어야 한다.

③ 저주파 및 고주파 성분이 제한되어야 한다.

④ 전송로 상에서 발생한 에러 검출 및 정정이 가능해야 한다.

⑤ 전송 부호는 직류 성분이 포함되어야 한다.

| 한국전력공사(2022)

16 다음 중 반원구의 입체각으로 옳은 것은?

① π
② $\frac{1}{2\pi}$
③ 2π
④ 4π
⑤ $\frac{1}{4\pi}$

| 한국전력공사(2022)

17 전계와 자계의 요소를 서로 대칭되게 나타내었을 때, 전계에서 전기 2중층을 자계에서는 무엇이라 하는가?

① 판자석
② 소자석
③ 자기쌍극자
④ 자기력
⑤ 강자석

| 한국전력공사(2022)

18 직류전동기의 속도 제어법 중에 보조 전동기가 별도로 필요하며, 정부하 시 광범위한 속도 제어가 가능한 속도 제어법은?

① 일그너 제어방식
② 워드 레너드 제어방식
③ 직·병렬 제어방식
④ 2차 저항 제어법
⑤ 계자 제어법

| 한국전력공사(2022)

19 다음 중 변전소의 설치 위치 조건으로 옳지 않은 것은?

① 변전소 앞 절연구간에서 전기철도차량의 타행운행을 제한하는 곳
② 수전선로의 길이가 최소화 되도록 하며 전력수급이 용이한 곳
③ 기기와 시설 자재의 운반이 용이한 곳
④ 공해, 염해, 및 각종 재해의 영향이 적거나 없는 곳
⑤ 전기철도망 건설계획 등 연장급전을 고려한 곳

| 한국전력공사(2022)

20 다음 중 소호리엑터 접지 방식을 채택한 전선로의 공칭전압은 얼마인가?

① 765kV
② 345kV
③ 154kV
④ 66kV
⑤ 22.9kV

| 한국전력공사(2022)

21 다음 중 하천의 유량이 적을 때 사용하는 직접유량 측정방법은?

① 언측법
② 수위 관측법
③ 염분법
④ 부표법
⑤ 피토관법

| 한국전력공사(2022)

22 가로의 길이가 10m, 세로의 길이 30m, 높이가 3m인 사무실에 27W 형광등 1개의 광속이 3,800lm인 형광등 기구를 시설하여 300lx의 평균 조도를 얻고자 할 때, 필요한 형광등 기구 수는 약 몇 개인가?(단, 조명율이 0.5, 보수율은 0.8이며 기구 수는 소수점 첫째 자리에서 올림한다)

① 55개
② 60개
③ 65개
④ 70개
⑤ 75개

| 한국전력공사(2022)

23 다음 중 $f(t)=\sin t+2\cos t$를 라플라스 변환한 내용으로 옳은 것은?

① $\dfrac{2s-1}{(s+1)^2}$
② $\dfrac{2s+1}{(s+1)^2}$
③ $\dfrac{2s}{(s+1)^2}$
④ $\dfrac{2s}{s^2+1}$
⑤ $\dfrac{2s+1}{s^2+1}$

| 한국전력공사(2022)

24 출력 30kW, 6극 50Hz인 권선형 유도 전동기의 전부하 회전자가 950rpm이라고 한다. 같은 부하 토크로 2차 저항 r_2를 3배로 하면 회전속도는 몇 rpm인가?

① 780rpm
② 805rpm
③ 820rpm
④ 835rpm
⑤ 850rpm

| 한국전력공사(2022)

25 다음 중 고압 가공전선로의 지지물로서 사용하는 목주의 안전율과 말구 지름이 바르게 연결된 것은?

① 안전율 1.0 이상, 말구 지름 0.08m 이상일 것
② 안전율 1.2 이상, 말구 지름 0.10m 이상일 것
③ 안전율 1.3 이상, 말구 지름 0.12m 이상일 것
④ 안전율 1.5 이상, 말구 지름 0.15m 이상일 것
⑤ 안전율 2.0 이상, 말구 지름 0.18m 이상일 것

| 한국서부발전(2022)

26 점전하 $Q_1 = 1\text{C}$, $Q_2 = 10\text{C}$이고, 두 점전하 간 작용하는 힘의 크기가 9N일 때, 두 점전하 간의 거리는 몇 m인가?

① 10^2m
② 10^3m
③ 10^4m
④ 10^5m

| 한국서부발전(2022)

27 반지름이 a[m]이고, $N=2$회의 원형코일에 I[A]의 전류가 흐를 때 그 코일의 중심점에서의 자계의 세기[AT/m]는 얼마인가?

① $\frac{I}{a}$[AT/m]
② $\frac{I}{\pi a}$[AT/m]
③ $\frac{I}{2a}$[AT/m]
④ $\frac{I}{2\pi a}$[AT/m]

| 한국서부발전(2022)

28 반지름 25mm의 강심 알루미늄 연선으로 구성된 완전 연가 된 3상 1회선 송전선로가 있다. 각 상간의 등가 선간거리가 5,000mm라고 할 때, 이 선로의 작용인덕턴스는 약 몇 mH/km인가?

① 0.5mH/km
② 0.7mH/km
③ 0.9mH/km
④ 1.1mH/km

| 한국서부발전(2022)

29 세 변의 저항 $R_a = R_b = R_c = 30\,\Omega$ 인 평형 3상 △회로를 등가 Y결선으로 변환하면 각 상의 저항은 몇 Ω 이 되는가?

① $30\,\Omega$
② $15\,\Omega$
③ $10\,\Omega$
④ $6\,\Omega$

| 한국서부발전(2022)

30 $\epsilon_1 > \epsilon_2$의 두 유전체의 경계면에 전계가 수직으로 입사할 때, 경계면에 작용하는 힘은?

① $f = \frac{1}{2}\left(\frac{1}{\epsilon_1} - \frac{1}{\epsilon_2}\right)D^2$ 의 힘이 ϵ_1에서 ϵ_2로 작용한다.

② $f = \frac{1}{2}\left(\frac{1}{\epsilon_2} - \frac{1}{\epsilon_1}\right)D^2$ 의 힘이 ϵ_1에서 ϵ_2로 작용한다.

③ $f = \frac{1}{2}\left(\frac{1}{\epsilon_1} - \frac{1}{\epsilon_2}\right)E^2$ 의 힘이 ϵ_2에서 ϵ_1로 작용한다.

④ $f = \frac{1}{2}\left(\frac{1}{\epsilon_2} - \frac{1}{\epsilon_1}\right)E^2$ 의 힘이 ϵ_1에서 ϵ_2로 작용한다.

PART 1

직업기초능력평가

CHAPTER **01**

의사소통능력

출제유형 및 학습 전략

1 문제에서 요구하는 바를 먼저 파악하라!

의사소통능력에서 가장 중요한 것은 제한된 시간 안에 빠르고 정확하게 답을 찾아내는 것이다. 따라서 지문을 보기 전 문제를 먼저 파악해야 한다. 주제찾기 문제라면 첫 문장과 마지막 문장 또는 접속어를, 내용일치 문제라면 지문과 문항의 일치 /불일치 여부만 파악하자! 지문에 빠져드는 순간 우리의 시간은 속절없이 흘러 버린다!

2 잠재되어 있는 언어능력을 발휘하라!

실제 시험장에서는 어떤 내용의 지문이 나올지 아무도 예측할 수 없다. 따라서 평소에 신문, 소설, 보고서 등 여러 글을 접하는 것이 필요하다. 잠재되어 있는 글에 대한 안목이 시험장에서 빛을 발할 것이다.

3 상황을 가정하라!

업무 수행에 있어 상황에 따른 언어 표현은 중요하다. 같은 말이라도 상황에 따라 다르게 해석될 수 있기 때문이다. 그런 의미에서 자신의 의견을 효과적으로 전달할 수 있는 능력을 평가하는 것은 당연하다. 따라서 다양한 상황에서의 언어 표현 능력을 함양하기 위한 연습의 과정이 요구된다.

4 말하는 이의 입장에서 생각하라!

잘 듣는 것 또한 하나의 능력이다. 상대방의 이야기에 귀 기울이고 공감하는 태도는 업무를 수행하는 관계 속에서 필요한 요소이다. 그런 의미에서 다양한 상황에서의 듣는 능력을 평가하는 것이다. 말하는 이가 요구하는 듣는 이의 태도를 파악하고, 이에 따른 판단을 할 수 있도록 언제나 말하는 사람의 입장이 되어 보는 연습이 필요하다.

SECTION 01 모듈이론

01 의사소통능력의 의의

(1) 의사소통이란?

① 의사소통의 정의 기출

두 사람 또는 그 이상의 사람들 사이에서 일어나는 의사의 전달과 상호교류를 의미하며, 어떤 개인 또는 집단이 개인 또는 집단에 대해서 정보, 감정, 사상, 의견 등을 전달하고 그것들을 받아들이는 과정을 말한다.

② 성공적인 의사소통의 조건

내가 가진 정보를 상대방이 이해하기 쉽게 표현

+

상대방이 어떻게 받아들일 것인가에 대한 고려

||

의사소통의 정확한 목적을 알고, 의견을 나누는 자세

(2) 의사소통능력의 종류

① 문서적인 의사소통능력

문서이해능력	문서로 작성된 글이나 그림을 읽고 내용을 이해, 요점을 판단하는 능력
문서작성능력	목적과 상황에 적합하도록 정보를 전달할 수 있는 문서를 작성하는 능력

② 언어적인 의사소통능력

경청능력	상대방의 이야기를 듣고, 의미를 파악하며, 이에 적절히 반응하는 능력
의사표현능력	자신의 의사를 목적과 상황에 맞게 설득력을 가지고 표현하는 능력

③ 특징 기출

구분	문서적인 의사소통능력	언어적인 의사소통능력
장점	권위감, 정확성, 전달성, 보존성이 높음	유동성이 높음
단점	의미의 곡해	정확성이 낮음

④ 일상에서의 의사소통

- 고객사에서 보내온 수취 확인서 : 문서적인 의사소통
- 수취확인 문의전화 : 언어적인 의사소통
- 업무지시 메모 : 문서적인 의사소통
- 영문 운송장 작성 : 문서적인 의사소통
- 주간 업무보고서 작성 : 문서적인 의사소통

(3) 의사소통의 저해요인과 의사소통의 유형

① 의사소통의 저해요인 기출

㉠ 의사소통 기법의 미숙, 표현 능력의 부족, 이해 능력의 부족
'일방적으로 말하고', '일방적으로 듣는' 무책임한 태도

㉡ 판단적인 태도, 잠재적 의도
'전달했는데', '아는 줄 알았는데'라고 착각하는 태도

㉢ 과거의 경험, 선입견과 고정관념
'말하지 않아도 아는 문화'에 안주하는 태도

㉣ 기타 요인
정보의 과다, 메시지의 복잡성, 메시지의 경쟁, 상이한 직위와 과업지향성, 신뢰의 부족, 의사소통을 위한 구조상의 권한, 잘못된 의사소통 매체의 선택, 폐쇄적인 의사소통 분위기 등

② 키슬러의 대인관계 의사소통 유형

유형	특징	제안
지배형	자신감이 있고 지도력이 있으나, 논쟁적이고 독단이 강하여 대인 갈등을 겪을 수 있음	타인의 의견을 경청하고 수용하는 자세가 필요
실리형	이해관계에 예민하고 성취지향적으로 경쟁적이며 자기중심적임	타인의 입장을 배려하고 관심을 갖는 자세가 필요
냉담형	이성적인 의지력이 강하고 타인의 감정에 무관심하며 피상적인 대인관계를 유지함	타인의 감정상태에 관심을 가지고 긍정적 감정을 표현하는 것이 필요
고립형	혼자 있는 것을 선호하고 사회적 상황을 회피하며 지나치게 자신의 감정을 억제함	대인관계의 중요성을 인식하고 타인에 대한 비현실적인 두려움의 근원을 성찰하는 것이 필요
복종형	수동적이고 의존적이며 자신감이 없음	적극적인 자기표현과 주장이 필요
순박형	단순하고 솔직하며 자기주관이 부족함	자기주장을 적극적으로 표현하는 것이 필요
친화형	따뜻하고 인정이 많고 자기희생적이며 타인의 요구를 거절하지 못함	타인과의 정서적인 거리를 유지하는 노력이 필요
사교형	외향적이고 인정하는 욕구가 강하며 타인에 대한 관심이 많고 쉽게 흥분함	심리적인 안정을 취하고 지나친 인정욕구에 대한 성찰이 필요

(4) 의사소통능력의 개발방법과 의사소통전략

① 의사소통능력의 개발 기출

㉠ 사후검토와 피드백의 활용

직접 말로 물어보거나 얼굴표정, 기타 표시 등을 통해 정확한 반응을 살핀다.

㉡ 언어의 단순화

명확하고 쉽게 이해 가능한 단어를 선택하여 이해도를 높인다.

㉢ 적극적인 경청

감정을 이입하여 능동적으로 집중하며 경청한다.

㉣ 감정의 억제

감정에 치우쳐 메시지를 곡해하지 않도록 침착하게 의사소통한다.

② 입장에 따른 의사소통전략

화자의 입장	• 의사소통에 앞서 생각을 명확히 할 것 • 문서를 작성할 때는 주된 생각을 앞에 쓸 것 • 평범한 단어를 쓸 것 • 편견 없는 언어를 사용할 것 • 사실 밑에 깔린 감정을 의사소통할 것 • 어조·표정 등 비언어적인 행동이 미치는 결과를 이해할 것 • 행동을 하면서 말로 표현할 것 • 피드백을 받을 것
청자의 입장	• 세세한 어휘를 모두 들으려고 노력하기보다는 요점 파악에 집중할 것 • 말하고 있는 바에 관한 생각과 사전 정보를 동원하여 말하는 바에 몰입할 것 • 모든 이야기를 듣기 전에 결론에 이르지 말고 전체 생각을 청취할 것 • 말하는 사람의 관점에서 진술을 반복하여 피드백할 것 • 들은 내용을 요약할 것

OX 문제

01 의사소통은 내가 상대방에게 메시지를 전달하는 과정이다. [ ]

02 전문용어는 그 언어를 사용하는 집단 구성원들 사이에서 사용될 때에나 조직 밖에서 사용할 때나 동일하게 이해를 촉진시킨다. [ ]

03 '의사소통 과정에서의 상호작용 부족', '분명하지 않은 메시지', '말하지 않아도 아는 문화에 안주하는 마음' 등은 의사소통의 저해요인에 해당한다. [ ]

01 [×] 의사소통은 내가 상대방에게 메시지를 전달하는 과정이 아니라, 상대방과의 상호작용을 통해 메시지를 다루는 과정이다.

02 [×] 전문용어의 사용은 그 언어를 사용하는 집단 구성원들 사이에서 사용될 때에는 이해를 촉진시키지만, 조직 밖의 사람들에게 즉, 고객 등의 사람들에게 사용했을 때에는 의외의 문제를 야기할 수 있기 때문에 의사소통을 할 때에는 단어 선택에 반드시 주의를 기울여야 한다.

03 [○]

02 문서이해능력

(1) 문서이해능력의 의의와 문서이해의 절차

① 문서이해능력의 의의

㉠ 문서이해능력이란? 기출

직업현장에서 자신의 업무와 관련된 인쇄물이나 기호화된 정보 등 필요한 문서를 확인하여 문서를 읽고, 내용을 이해하고 요점을 파악하는 능력을 말한다.

㉡ 문서이해의 필요성

문서를 제대로 이해하지 못한다면 자신에게 주어진 업무가 무엇인지, 자신에게 요구된 행동이 무엇인지 파악하기 어렵다. 따라서 이를 이해하기 위해서는 문서이해능력이 필수적이다.

㉢ 문서이해의 중요성

- 같은 업무를 추진하더라도 요점을 파악하고 정리하는지의 여부가 업무 성과의 차이를 가져온다.
- 자신의 업무를 추진하는 데 있어서 문서이해를 통해 정보를 획득하고, 수집·종합하는 것이 중요하다.

② 문서이해의 절차 기출

문서의 목적을 이해하기

⬇

이러한 문서가 작성되게 된 배경과 주제를 파악하기

⬇

문서에 쓰여진 정보를 밝혀내고, 문서가 제시하고 있는 현안문제를 파악하기

⬇

문서를 통해 상대방의 욕구와 의도 및 내게 요구되는 행동에 관한 내용을 분석하기

⬇

문서에서 이해한 목적 달성을 위해 취해야 할 행동을 생각하고 결정하기

⬇

상대방의 의도를 도표나 그림 등으로 메모하여 요약·정리해보기

(2) 문서의 종류 기출

① 공문서

- 행정기관에서 공무를 집행하기 위해 작성하는 문서
- 정부기관이 일반회사나 단체로부터 접수하는 문서 및 일반회사에서 정부기관을 상대로 사업을 진행할 때 작성하는 문서 포함
- 엄격한 규격과 양식에 따라 정당한 권리를 가진 사람이 작성
- 최종 결재권자의 결재가 있어야 문서로서의 기능이 성립

② 보고서

특정 업무에 대한 현황이나 진행 상황 또는 연구·검토 결과 등을 보고할 때 작성하는 문서이다.

종류	내용
영업보고서	영업상황을 문장 형식으로 기재해 보고하는 문서
결산보고서	진행됐던 사안의 수입과 지출결과를 보고하는 문서
일일업무보고서	매일의 업무를 보고하는 문서
주간업무보고서	한 주간에 진행된 업무를 보고하는 문서
출장보고서	출장 후 외부 업무나 그 결과를 보고하는 문서
회의보고서	회의 결과를 정리해 보고하는 문서

③ 설명서

상품의 특성이나 사물의 성질과 가치, 작동 방법이나 과정을 소비자에게 설명하는 것을 목적으로 작성한 문서이다.

종류	내용
상품소개서	• 일반인들이 내용을 쉽게 이해하도록 하는 문서 • 소비자에게 상품의 특징을 잘 전달해 상품을 구입하도록 유도
제품설명서	• 제품의 특징·활용도를 세부적으로 언급하는 문서 • 제품의 사용법에 대해 알려주는 것이 주목적

④ 비즈니스 메모

업무상 필요한 중요한 일이나 앞으로 체크해야 할 일이 있을 때 필요한 내용을 메모 형식으로 작성하여 전달하는 글이다.

종류	내용
전화 메모	• 업무적인 내용부터 개인적인 전화의 전달사항들을 간단히 작성하여 당사자에게 전달하는 메모 • 스마트폰의 발달로 현저히 줄어듦
회의 메모	• 회의에 참석하지 못한 구성원에게 회의 내용을 적어 전달하거나 참고자료로 남기기 위해 작성하는 메모 • 업무 상황 파악 및 업무 추진에 대한 궁금증이 있을 때 핵심적인 자료
업무 메모	개인이 추진하는 업무나 상대의 업무 추진 상황을 기록하는 메모

⑤ 비즈니스 레터(E-Mail)

- 사업상의 이유로 고객이나 단체에 편지를 쓰는 것
- 직장업무나 개인 간의 연락, 직접 방문하기 어려운 고객관리 등을 위해 사용되는 비공식적 문서
- 제안서나 보고서 등 공식적인 문서를 전달하는 데도 사용됨

OX 문제

01 기획서란 회사의 업무에 대한 협조를 구하거나 의견을 전달할 때 작성하는 문서를 말한다. [ ]

02 설명서는 정확한 내용 전달을 위해 명령문으로 작성한다. [ ]

01 [×] 기획서가 아닌 기안서에 대한 설명이다. 기획서란 상대방에게 기획의 내용을 전달하여 기획을 시행하도록 설득하는 문서를 말한다.

02 [×] 설명서는 명령문이 아닌 평서문으로 작성해야 한다.

PART 1
PART 2
PART 3
PART 4

03 문서작성능력

(1) 문서작성능력의 의의

① 문서작성의 의의

㉠ 문서의 의미

제안서・보고서・기획서・편지・메모・공지사항 등 문자로 구성된 것을 지칭하며 일상생활 뿐만 아니라 직장생활에서도 다양한 문서를 자주 사용한다.

㉡ 문서작성의 목적

치열한 경쟁상황에서 상대를 설득하거나 조직의 의견을 전달하고자 한다.

㉢ 문서의 구성요소 기출

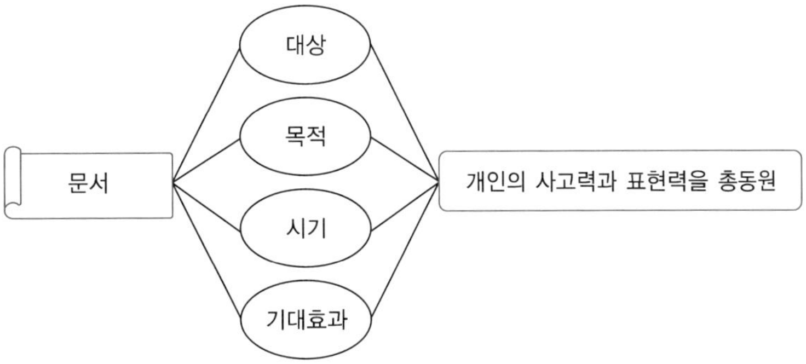

② 문서작성의 원칙

㉠ 문장구성 시 주의사항 기출

- 문장은 짧고, 간결하게
- 상대방이 이해하기 쉽게
- 중요하지 않은 경우, 한자의 사용은 자제
- 표현은 간결하게 작성
- 문장은 긍정문의 형식으로
- 간단한 표제를 붙일 것
- 결론을 먼저 작성

㉡ 문서작성 시 주의사항

- 육하원칙에 의해 작성
- 문서의 작성시기에 맞게 작성
- 한 사안을 한 장의 용지에 작성
- 제출 전 반드시 최종점검
- 반드시 필요한 자료만 첨부
- 금액, 수량, 일자는 정확하게 기재
- 경어나 단어 사용에 신중을 기할 것

(2) 문서작성의 실제

① 상황에 따른 문서의 작성 기출

상황	내용
요청이나 확인	• 공문서 형식 • 일정한 양식과 격식을 갖추어 작성
정보제공	• 홍보물, 보도자료, 설명서, 안내서 • 시각적인 정보의 활용 • 신속한 정보 제공
명령이나 지시	• 업무 지시서 • 명확한 지시사항이 필수적
제안이나 기획	• 제안서, 기획서 • 종합적인 판단과 예견적인 지식이 필요
약속이나 추천	• 제품의 이용에 대한 정보 • 입사지원, 이직 시 작성

② 문서의 종류에 따른 작성법 기출

㉠ 공문서

- 날짜는 연도와 월일을 반드시 함께 언급해야 한다.
- 내용이 복잡할 경우 '-다음-', '-아래-'와 같은 항목을 만들어 구분한다.
- 마지막에는 반드시 '끝'자로 마무리한다.

㉡ 설명서

- 이해하기 어려운 전문용어의 사용은 가급적 삼가야 한다.
- 복잡한 내용은 도표화한다.
- 명령문보다 평서형으로, 동일한 표현보다는 다양한 표현으로 작성한다.

㉢ 기획서

- 기획서의 목적과 핵심 메시지가 정확히 도출되었는지 확인한다.
- 표나 그래프를 활용하는 경우, 내용이 제대로 도출되었는지 확인한다.
- 인용한 자료의 출처가 정확한지 확인한다.

㉣ 보고서

- 핵심내용을 구체적으로 제시한다.
- 간결하고 핵심적인 내용의 도출이 우선이므로 내용의 중복을 피한다.
- 보고서의 독자가 궁금한 점을 질문할 것에 대비한다.

(3) 문서표현의 시각화

① 시각화의 구성요소

문서의 내용을 시각화하기 위해서는 전하고자 하는 내용의 개념이 명확해야 하고, 수치 등의 정보는 그래프 등을 사용하여 시각화하며, 특히 강조하여 표현하고 싶은 내용은 도형을 이용할 수 있다.

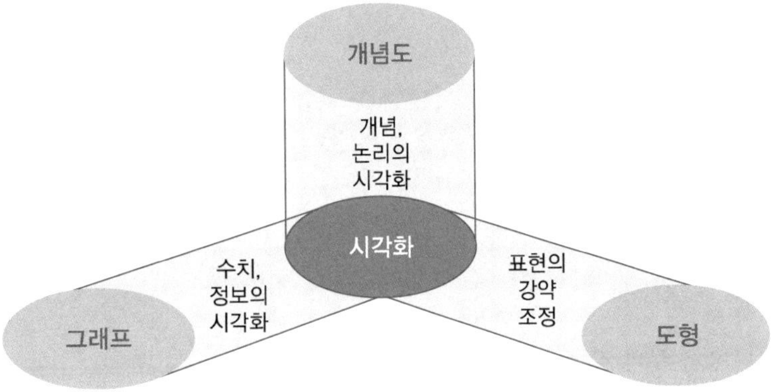

② 문서를 시각화하는 4가지 포인트

- 보기 쉬워야 한다.
- 이해하기 쉬워야 한다.
- 다채롭게 표현되어야 한다.
- 숫자는 그래프로 표시되어야 한다.

③ 시각화 방법

종류	내용
차트 시각화	데이터 정보를 쉽게 이해할 수 있도록 시각적으로 표현하며, 주로 통계 수치 등을 도표나 차트를 통해 명확하고 효과적으로 전달
다이어그램 시각화	개념이나 주제 등 중요한 정보를 도형, 선, 화살표 등 여러 상징을 사용하여 시각적으로 표현
이미지 시각화	전달하고자 하는 내용을 관련 그림이나 사진 등으로 표현

OX 문제

01 문서의 첨부자료는 반드시 필요한 자료 외에는 첨부하지 않도록 하여야 하며, 문서의 작성시기는 문서가 담고 있어야 하는 내용에 상당한 영향을 미친다. [ ]

02 문서에 기록되는 문장은 부정문 형식으로 작성해도 괜찮다. [ ]

03 다이어그램 시각화란 개념이나 주제 등 중요한 정보를 도형, 선, 화살표 등 여러 상징을 사용하여 시각적으로 표현하는 시각화 방식이다. [ ]

01 [○]
02 [×] 문장은 긍정문의 형식으로 작성해야 한다.
03 [○]

04 경청능력

(1) 경청능력의 의의

① 경청능력이란?

㉠ 경청의 의미

다른 사람의 말을 주의 깊게 들으며, 공감하는 능력을 말한다.

㉡ 경청의 효과

대화의 상대방이 안도감을 느끼게 되며, 이 효과로 인해 말과 메시지, 감정이 효과적으로 상대방에게 전달된다.

② 경청의 중요성 기출

경청을 통해	+	대화의 상대방을(의)	⇨	• 한 개인으로 존중하게 된다. • 성실한 마음으로 대하게 된다. • 입장에 공감하며 이해하게 된다.

③ 올바른 경청의 방해요인 기출

요인	내용
짐작하기	상대방의 말을 듣고 받아들이기보다 자신의 생각에 들어맞는 단서들을 찾아 자신의 생각을 확인하는 것
대답할 말 준비하기	자신이 다음에 할 말을 생각하기에 바빠서 상대방이 말하는 것을 잘 듣지 않는 것
걸러내기	상대의 말을 듣기는 하지만 상대방의 메시지를 온전하게 듣지 않는 것
판단하기	상대방에 대한 부정적인 판단 때문에, 또는 상대방을 비판하기 위해 상대방의 말을 듣지 않는 것
다른 생각하기	상대방이 말을 할 때 다른 생각을 하는 것으로 현실이 불만스럽지만 이러한 상황을 회피하고 있다는 신호임
조언하기	본인이 다른 사람의 문제를 지나치게 해결해 주고자 하는 것을 말하며, 말끝마다 조언하려고 끼어들면 상대방은 제대로 말을 끝맺을 수 없음
언쟁하기	단지 반대하고 논쟁하기 위해서만 상대방의 말에 귀를 기울이는 것
자존심 세우기	자존심이 강한 사람에게서 나타나는 태도로 자신의 부족한 점에 대한 상대방의 말을 듣지 않으려 함
슬쩍 넘어가기	문제를 회피하려 하거나 상대방의 부정적 감정을 회피하기 위해서 유머 등을 사용하는 것으로, 이로 인해 상대방의 진정한 고민을 놓치게 됨
비위 맞추기	상대방을 위로하기 위해서 너무 빨리 동의하는 것으로, 상대방에게 자신의 생각이나 감정을 충분히 표현할 시간을 주지 못하게 됨

(2) 효과적인 경청방법

① 적극적 경청과 소극적 경청

적극적 경청	상대의 말에 집중하고 있음을 행동을 통해 표현하며 듣는 것으로 질문, 확인, 공감 등으로 표현됨
소극적 경청	상대의 말에 특별한 반응 없이 수동적으로 듣는 것

② 적극적 경청을 위한 태도

- 비판적·충고적인 태도를 버린다.
- 상대방이 말하고 있는 의미 전체를 이해한다.
- 단어 이외의 표현에도 신경을 쓴다.
- 상대방이 말하고 있는 것에 반응한다.
- 감정을 흥분시키지 않아야 한다.

③ 경청의 올바른 자세 기출

- 상대를 정면으로 마주하는 자세는 그와 함께 의논할 준비가 되었음을 알리는 자세이다.
- 손이나 다리를 꼬지 않는 소위 개방적 자세를 취하는 것은 상대에게 마음을 열어 놓고 있다는 표시이다.
- 상대방을 향하여 상체를 기울여 다가앉은 자세는 자신이 열심히 듣고 있다는 사실을 강조하는 것이다.
- 우호적인 눈의 접촉을 통해 자신이 관심을 가지고 있다는 사실을 알리게 된다.

④ 효과적인 경청을 위한 트레이닝

종류	내용
준비	사전에 나누어준 계획서 등을 미리 읽어 강연 등에 등장하는 용어에 친숙해질 필요가 있음
집중	말하는 사람의 속도와 말을 이해하는 속도 사이에 발생하는 간격을 메우는 방법을 학습해야 함
예측	대화를 하는 동안 시간 간격이 있으면, 다음에 무엇을 말할 것인가를 추측하려고 노력해야 함
연관	상대방이 전달하려는 메시지가 무엇인가를 생각해보고 자신의 삶, 목적, 경험과 관련시켜 보는 습관이 필요함
질문	질문에 대한 답이 즉각적으로 이루어질 수 없다고 하더라도 질문을 하려고 하면 경청하는데 적극적이 되고 집중력이 높아지게 됨
요약	대화 도중에 주기적으로 대화의 내용을 요약하면 상대방이 전달하려는 메시지를 이해하고, 사상과 정보를 예측하는데 도움이 됨
반응	상대방에 대한 자신의 지각이 옳았는지 확인할 수 있으며, 상대방에게 자신이 정확하게 의사소통을 하였는가에 대한 정보를 제공함

(3) 경청훈련

① 대화법을 통한 경청훈련 기출

㉠ 주의 기울이기

바라보기, 듣기, 따라하기가 이에 해당하며, 산만한 행동은 중단하고 비언어적인 것, 즉 상대방의 얼굴과 몸의 움직임뿐만 아니라 호흡하는 자세까지도 주의하여 관찰해야 한다.

㉡ 상대방의 경험을 인정하고 더 많은 정보 요청하기

화자가 인도하는 방향으로 따라가고 있다는 것을 언어적·비언어적인 표현을 통하여 상대방에게 알려주는 것은 상대방이 더 많은 것을 말할 수 있는 수단이 된다.

㉢ 정확성을 위해 요약하기

상대방에 대한 자신의 이해의 정확성을 확인할 수 있게 하며, 자신과 상대방의 메시지를 공유할 수 있도록 한다.

㉣ 개방적인 질문하기

단답형의 대답이나 반응보다 상대방의 다양한 생각을 이해하고, 상대방으로부터 보다 많은 정보를 얻기 위한 방법이다.

㉤ '왜?'라는 질문 피하기

'왜?'라는 질문은 보통 진술을 가장한 부정적·추궁적·강압적인 표현이므로 사용하지 않는 것이 좋다.

② 공감적 태도와 공감적 반응 기출

공감적 태도	상대방이 하는 말을 상대방의 관점에서 이해하고 느끼는 것으로 성숙한 인간관계를 유지하기 위해 필요
공감적 반응	상대방의 이야기를 자신의 관점이 아닌 그의 관점에서 이해하며, 상대방의 말 속에 담겨 있는 감정과 생각에 민감하게 반응

OX 문제

01 상대방의 이야기를 들어주는 것과 경청의 의미는 같다. [ ]

02 경청은 상대방으로 하여금 개방적이고 솔직한 의사소통을 하도록 촉진하는 기능을 가진다. [ ]

03 효과적인 경청을 위해서는 상대방의 말을 적당히 걸러내며 듣는 것이 필요하다. [ ]

01 [×] 단순히 이야기를 듣는 것은 수동적인 데 반해 경청은 능동적인 의미의 탐색이므로, 이야기를 들어주는 것과 경청의 의미는 다르다.

02 [○]

03 [×] 상대방의 말을 듣기는 하지만 듣는 사람이 임의로 그 내용을 걸러내며 들으면, 상대방의 의견을 제대로 이해할 수 없다.

05 의사표현능력

(1) 의사표현능력이란?

① 의사표현의 의미

말하는 이가 자신의 생각과 감정을 듣는 이에게 음성언어나 신체언어로 표현하는 행위로서, 말하는 이의 목적을 달성하는데 효과가 있다고 생각하는 말하기를 말한다.

② 의사표현의 종류 기출

종류	내용
공식적 말하기	사전에 준비된 내용을 대중을 상대로 하여 말하는 것 예 연설, 토의, 토론 등
의례적 말하기	정치적·문화적 행사에서와 같이 의례 절차에 따라 말하는 것 예 식사, 주례, 회의 등
친교적 말하기	매우 친근한 사람들 사이에서 이루어지는 것으로, 자연스런 상황에서 떠오르는 대로 주고받는 말하기

(2) 의사표현의 중요성

언어에 의해 그려지는 이미지로 인해 자신의 이미지가 형상화될 수 있다. 즉, 자신이 자주 하는 말로써 자신의 이미지가 결정된다는 것이다.

(3) 효과적인 의사표현법 기출

종류	내용
지적	• 충고나 질책의 형태로 나타남 • '칭찬 – 질책 – 격려'의 샌드위치 화법을 사용할 것 • 충고는 최후의 수단으로 은유적으로 접근할 것
칭찬	• 대화 서두의 분위기 전환용으로 사용 • 상대에 어울리는 중요한 내용을 포함할 것

요구	• 부탁 : 구체적으로 부탁하며, 거절을 당해도 싫은 내색을 하지 않을 것 • 업무상 지시, 명령 : 강압적 표현보다는 청유식 표현을 활용할 것
거절	• 거절에 대한 사과와 함께 응할 수 없는 이유를 설명할 것 • 요구를 들어주는 것이 불가능할 경우 단호하게 거절하지만, 정색하는 태도는 지양할 것
설득	• 강요는 금물임 • 문 안에 한 발 들여놓기 기법 : 말하는 이가 요청하고 싶은 도움이 100이라면 처음에는 상대방이 'YES'라고 할 수 있도록 50, 60 정도로 부탁을 하고 점차 도움의 내용을 늘려서 상대방의 허락을 유도하는 방법 • 얼굴 부딪히기 기법 : 말하는 이가 원하는 도움의 크기가 50이라면 처음에 100을 상대방에게 요청하고 거절을 유도하는 것이다. 이후 이미 한 번 도움을 거절한 듣는 이는 말하는 이에게 미안한 마음을 가지게 되고, 좀 더 작은 도움을 요청받으면 미안한 마음을 보상하기 위해 100보다 작은 요청을 들어줄 수 있음

(4) 의사표현에 영향을 미치는 요소 기출

- 연단공포증
- 말의 장단과 발음, 말하는 속도, 쉼
- 몸의 방향, 자세, 몸짓
- 유머

OX 문제

01 개방적인 질문은 상대방의 다양한 생각을 이해하게 도와준다. [ ]

02 의사표현의 종류에는 공식적인 말하기와 의례적인 말하기가 있으며, 친구들끼리의 친교적 대화는 포함되지 않는다. [ ]

03 상대방의 잘못을 지적할 때는 샌드위치 화법으로 칭찬과 격려를 같이 사용한다. [ ]

04 상대방에게 부탁해야 할 때는 상대방의 사정은 고려하지 않고 일단 자신의 요구사항부터 제시해야 한다. [ ]

05 효과적인 의사표현을 위해서는 말하는 이가 자신이 전달하고 싶은 메시지가 무엇인지 분명하게 인식해야 한다. [ ]

01 [○]

02 [×] 의사표현의 종류는 상황이나 사태와 관련하여 공식적 말하기, 의례적 말하기, 친교적 말하기로 구분하며, 구체적으로 대화, 토론, 보고, 연설, 인터뷰, 낭독, 구연, 소개하기, 전화로 말하기, 안내하는 말하기 등이 있다. 따라서 친구들끼리의 친교적 대화도 포함된다.

03 [○]

04 [×] 상대방에게 부탁할 때는 먼저 상대방이 그 부탁을 들어줄 수 있는지 상황부터 확인해야 한다.

05 [○]

06 기초외국어능력

(1) 기초외국어능력이란?

우리만의 언어가 아닌 세계의 언어로 의사소통을 가능하게 하는 능력을 말하며, 필요한 문서이해나 문서작성, 의사표현, 경청 등 기초적인 의사소통을 기초적인 외국어로서 가능하게 하는 능력을 말한다.

(2) 기초외국어능력의 중요성

외국인들과의 업무가 잦은 특정 직무뿐만 아니라 컴퓨터 활용 및 공장의 기계 사용, 외국산 제품의 사용법을 확인하는 경우 등 기초외국어를 모르면 불편한 경우가 많다.

(3) 외국인과의 비언어적 의사소통

① 표정으로 알아채기

웃는 표정은 행복과 만족, 친절을 표현하는데 비해, 눈살을 찌푸리는 표정은 불만족과 불쾌를 나타낸다. 또한 눈을 마주 쳐다보는 것은 흥미와 관심이 있음을, 그리고 그렇게 하지 않음은 무관심을 말해준다.

② 음성으로 알아채기

어조가 높으면 적대감이나 대립감을 나타내고, 낮으면 만족이나 안심을 나타낸다. 또한 목소리가 커졌으면 내용을 강조하는 것이거나 흥분, 불만족 등의 감정 상태를 표현하는 것이다. 또한 말의 속도와 리듬이 매우 빠르거나 짧게 얘기하면 공포나 노여움을 나타내는 것이며, 너무 자주 말을 멈추면 결정적인 의견이 없음을 의미하거나 긴장 또는 저항을 의미한다.

OX 문제

01 외국인과의 의사소통 시 자주 말을 중지하는 것은 결정적인 의견이 없음을 의미하거나 긴장 또는 저항을 의미한다. [ ]

02 기초외국어능력은 외국인과의 유창한 의사소통능력을 말한다. [ ]

01 [O]

02 [×] 기초외국어능력은 일 경험 중에 필요한 공문서, 기계 설명서 등 문서이해나 문서작성, E-mail과 전화 응대 등 의사표현과 같은 기초적인 의사소통을 기초적인 외국어로 가능하게 하는 능력을 말한다.

SECTION **02**

의사소통능력 맛보기

01 김상수 부장은 박정수 부장의 조언에 따라 부하직원들에게 〈보기〉와 같이 말하였다. 이때, 김상수 부장이 박정수 부장의 조언을 제대로 활용하지 못한 대화는 무엇인가?

김상수 부장 : 요즘 우리 부서 직원들이 실수를 자주 하는데, 어떻게 꾸짖어야 하는지 잘 모르겠어. 혹시 내가 말을 잘못해서 상처받지 않을까 하고 그냥 참고 있는데, 좋은 방법이 없을까?
박정수 부장 : 아, 그럴 때는 상황에 맞는 의사표현법을 써야지. 상대방의 기분을 해치지 않으면서도 효과적으로 내 의사를 전달할 수 있게 말이야.
김상수 부장 : 그래? 몇 가지 방법 좀 알려줄 수 있어?
박정수 부장 : 부하 직원이 잘못을 저질렀을 때는, 본인이 알 수 있도록 확실하게 지적해야 해. 괜히 돌려 말한다고 모호한 말로 얘기하면 설득력이 떨어져. 그리고 이왕 꾸짖는 거니 그동안 잘못했던 일을 한꺼번에 얘기하면 서로 불편한 일 여러 번 하지 않아서 좋지.
김상수 부장 : 그렇군.
박정수 부장 : 그리고 질책만 하지 말고, 칭찬을 먼저하고 질책을 한 다음, 끝에 격려의 말을 한다면 더 좋을 거야.
김상수 부장 : 그래. 너무 질책만 하면 의기소침해 질 수 있으니까.
박정수 부장 : 또 충고해야 할 때는 속담이나 예화를 들어 비유법으로 깨우쳐주면 듣는 사람도 이해하기가 쉽겠지. 그리고 충고는 가급적이면 최후의 수단으로 하는 것이 좋아. 그나저나, 우리 부서 강 과장이 연단공포증이 있어서 큰일이야. 지난번에 실적 발표를 하면서 덜덜 떨던 거 자네도 기억하나? 앞으로 많은 사람 앞에서 발표할 일이 많을 텐데 어떻게 해줘야할지 모르겠어.

보기

ㄱ. '두 마리 토끼를 잡으려다 한 마리도 못 잡는다.'라는 말이 있지 않나. 너무 욕심 부리지 말고 지금 진행하고 있는 프로젝트부터 끝내도록 하게.
ㄴ. 보고서 21페이지의 표가 잘못되었어. 2019년이 아니라 2020년 수치로 넣도록 해.
ㄷ. 최근 고객으로부터 자네가 불친절하다는 항의를 들었어. 고객대응 매뉴얼을 다시 한 번 정독하고 앞으로는 이런 얘기가 나오지 않도록 하게.
ㄹ. 계약서를 이렇게 쓰면 어떻게 하나. 그래도 채 대리는 꼼꼼한 성격이니 다음부터는 이런 실수가 없을 거야. 기운 내도록 해.
ㅁ. 최 사원의 이번 기획안이 참 좋네. 세부 계획의 내용이 좀 부족한데 그 부분을 상세하게 수정하면 잘 될 걸세.

① ㄱ
② ㄴ
③ ㄹ
④ ㄴ, ㄷ
⑤ ㄷ, ㅁ

Key Point

실제 대화를 통해 올바른 의사소통방법에 대해 묻는 문제로, 거의 매번 출제되는 유형이다. 특히 상대방의 잘못을 지적할 때는 지금 당장 꾸짖고 있는 내용에만 한정해야 한다는 것에 주의할 필요가 있다. 이것저것 함께 꾸짖으면 효과가 없으며, '칭찬의 말', '질책의 말', '격려의 말' 순서대로 질책을 가운데 두고 칭찬을 먼저 한 다음 끝에 격려의 말을 하면 상대방이 부드럽게 받아들일 수 있다. 모호한 표현은 설득력을 약화시키므로 확실하게 지적하되 비유를 활용하기도 한다. 통상 오답으로 그동안 잘못했던 일을 한꺼번에 지적하는 사례가 등장하는 경우가 많다.

정답 ③

상대방을 질책해야 할 때는 질책을 가운데 두고 칭찬을 먼저 한 다음에 격려의 말을 해야 한다. ㄹ의 경우에는 질책 – 칭찬 – 격려 순으로 구성되어 잘못된 의사표현법에 해당한다.

오답분석

ㄱ. 충고를 하면서 비유법을 활용하고 있다.

ㄴ・ㄷ. 잘못된 부분을 돌려 얘기하지 않고 확실하게 지적하고 있다.

ㅁ. 질책을 가운데 두고 칭찬을 먼저 한 다음, 마지막으로 격려의 말을 하고 있다.

02 다음 글에서 알 수 있는 것은?

우리가 조선의 왕을 부를 때 흔히 이야기하는 태종, 세조 등의 호칭은 묘호(廟號)라고 한다. 왕은 묘호뿐 아니라 시호(諡號), 존호(尊號) 등도 받았으므로 정식 칭호는 매우 길었다. 예를 들어 선조의 정식 칭호는 '선조소경정륜입극성덕홍렬지성대의격천희운현문의무성예달효대왕(宣祖昭敬正倫立極盛德洪烈至誠大義格天熙運顯文毅武聖睿達孝大王)'이다. 이 중 '선조'는 묘호, '소경'은 명에서 내려준 시호, '정륜입극성덕홍렬'은 1590년에 올린 존호, '지성대의격천희운'은 1604년에 올린 존호, '현문의무성예달효대왕'은 신하들이 올린 시호이다.
묘호는 왕이 사망하여 삼년상을 마친 뒤 그 신주를 종묘에 모실 때 사용하는 칭호이다. 묘호에는 왕의 재위 당시의 행적에 대한 평가가 담겨 있다. 시호는 왕의 사후 생전의 업적을 평가하여 붙여졌는데, 중국 천자가 내린 시호와 조선의 신하들이 올리는 시호 두 가지가 있었다. 존호는 왕의 공덕을 찬양하기 위해 올리는 칭호이다. 기본적으로 왕의 생전에 올렸지만 경우에 따라서는 '추상존호(追上尊號)'라 하여 왕의 승하 후 생전의 공덕을 새롭게 평가하여 존호를 올리는 경우도 있었다.
왕실의 일원들을 부르는 호칭도 경우에 따라 달랐다. 왕비의 아들은 '대군'이라 부르고, 후궁의 아들은 '군'이라 불렀다. 또한 왕비의 딸은 '공주'라 하고, 후궁의 딸은 '옹주'라 했으며, 세자의 딸도 적실 소생은 '군주', 부실 소생은 '현주'라 불렀다. 왕실에 관련된 다른 호칭으로 '대원군'과 '부원군'도 있었다. 비슷한 듯 보이지만 크게 차이가 있었다. 대원군은 왕을 낳아준 아버지, 즉 생부를 가리키고, 부원군은 왕비의 아버지를 가리키는 말이었다. 조선시대에 선조, 인조, 철종, 고종은 모두 방계에서 왕위를 계승했기 때문에 그들의 생부가 모두 대원군의 칭호를 얻게 되었다. 그런데 이들 중 살아 있을 때 대원군의 칭호를 받은 이는 고종의 아버지 흥선대원군 한 사람뿐이었다. 왕비의 아버지를 부르는 호칭인 부원군은 경우에 따라 책봉된 공신(功臣)에게도 붙여졌다.

① 세자가 왕이 되면 적실의 딸은 옹주로 호칭이 바뀔 것이다.
② 조선시대 왕의 묘호에는 명나라 천자로부터 부여받은 것이 있다.
③ 왕비의 아버지가 아님에도 부원군이라는 칭호를 받은 신하가 있다.
④ 우리가 조선시대 왕을 지칭할 때 사용하는 일반적인 칭호는 존호이다.
⑤ 흥선대원군은 왕의 생부이지만 고종이 왕이 되었을 때 생존하지 않았더라면 대원군이라는 칭호를 부여받지 못했을 것이다.

Key Point

흔히 제시문의 첫 부분에 나오는 구체적인 내용들은 중요하지 않은 정보라고 판단하여 넘기곤 한다. 하지만 의외로 첫 부분에 등장하는 내용이 선택지로 구성되는 경우가 상당히 많은 편이며, 물론, 첫 부분의 내용으로 구성된 선택지가 답이 되는 경우는 드물지만 이것이 글 전체의 흐름을 알게 해주는 길잡이와 같은 역할을 하는 경우가 빈번하므로 지엽적인 정보라고 하더라도 꼼꼼하게 챙기도록 하자.

정답 ③

왕비의 아버지를 부르는 호칭인 '부원군'은 경우에 따라 책봉된 공신에게도 붙여졌다고 하였으므로 옳은 내용이다.

오답분석

① 세자의 딸 중 적실 소생은 '군주'라고 칭했으며, '옹주'는 후궁의 딸을 의미한다.

② 왕의 사후에 생전의 업적을 평가하여 붙이는 것을 '시호'라 하는데, 이 '시호'에는 중국 천자가 내린 시호와 조선의 신하들이 올리는 시호 두 가지가 있었다고 하였다. 묘호는 왕이 사망하여 삼년상을 마친 뒤 그 신주를 종묘에 모실 때 사용하는 칭호인데, 이를 중국의 천자가 내린 것인지는 알 수 없다.

④ 우리가 조선의 왕을 부를 때 흔히 이야기하는 태종, 세조 등의 호칭은 묘호라고 하며, 존호는 왕의 공덕을 찬양하기 위해 올리는 칭호이다.

⑤ 대원군이라는 칭호는 생존 여부와는 무관하게 왕을 낳아준 아버지를 모두 지칭하는 말이므로 옳지 않은 내용이다.

SECTION 03 대표유형 적중문제

정답 및 해설 p.50

01 모듈형

※ 다음 글을 읽고 물음에 답하시오. [1~2]

다음은 B기업의 야근문화 개선을 위한 회의 내용이다.

윤 대표 : 야근에 대한 설문조사결과 과반수 이상이 눈치를 보고, 자기 일이 끝나도 퇴근을 못한다고 응답했다고 하네요. 강제 야근이 발생하게 되면 업무의 효율성도 저하된다는 의견도 나왔습니다. 야근문화를 개선해야 할 필요가 있다고 생각하는데 다들 어떠신가요?

박 팀장 : 설문조사 내용 좀 볼 수 있을까요? 저는 저희 팀에서 야근에 대한 불평을 들어 본 적이 없어요.

윤 대표 : 아니, 그걸 누가 그렇게 대놓고 얘기를 합니까? 박 팀장, 우선 해결방안부터 생각해 보는 것은 어때요? 신 팀장은 어떠세요?

신 팀장 : 아, 죄송합니다. 지금 처리하고 있는 것이 있어서 못 들었는데요. 무슨 얘기를 하는 거죠?

윤 대표 : 아니, 회의에 집중하셔야죠. 여기 모두 바쁜데 참석한 것이잖아요. 정신 좀 차리세요. 회의 때마다 집중을 안 하시네요? 맨날 그러니까 안 좋은 얘기가 나오는 겁니다.

박 팀장 : 자기가 맡은 업무가 끝나면 퇴근하는 문화를 조성해야 된다고 생각해요. 그러기 위해선 업무 분담에 조금 더 신경 쓰고 모두가 업무를 효율적으로 처리하는 방향으로 환경을 만들어야 된다고 생각합니다.

윤 대표 : 아니, 박 팀장, 선임이 일이 안 끝났는데 먼저 끝낸다고 집에 가는 건 좀 아니지 않아요? 같이 도와줘도 모자랄 판에. 그런 소리 말고 다들 야근 문화를 개선할 수 있는 방안을 팀원들하고 상의해서 내일까지 제출해 주세요.

01 위의 내용을 읽고 윤 대표, 신 팀장, 박 팀장이 가져야 할 올바른 경청 방법을 모두 고르면? 난이도 하

㉠ 상대방의 말을 중간에 끊거나 가로채지 않고, 끝까지 듣는다.
㉡ 상대방의 말에 맞장구를 치며, 공감하고 긍정적으로 반응한다.
㉢ 남의 말을 잘 듣는 청중이 되어, 다른 이의 말에 세심히 귀 기울인다.
㉣ 임의로 화제를 바꾸지 않는다.

① ㉠, ㉡
② ㉠, ㉡, ㉢
③ ㉢, ㉣
④ ㉡, ㉢, ㉣
⑤ ㉡, ㉣

02 윗글에서 윤 대표는 경청 훈련의 필요성을 느끼게 된다. 이에 맞는 경청 훈련법으로 적절하지 않은 것은?

난이도 중

① 주의 기울이기(바라보기, 듣기, 따라하기)
② 상대방의 경험을 인정하고 더 많은 정보 요청하기
③ 개방적인 질문하기
④ '왜?'라는 질문을 통해 정확성 파악하기
⑤ 정확성을 위해 요약하기

PART 1 PART 2 PART 3 PART 4

※ 다음 글을 읽고 물음에 답하시오. [3~4]

C기업은 도자기를 판매하고 있다. C기업의 영업팀에 근무하는 김 대리는 도자기 원재료의 납기와 가격을 논의하기 위하여 공급업체 담당자와 회의를 진행하려고 한다. 공급업체 담당자는 가격 인상과 납기 조정을 계속적으로 요청하고 있지만, 현재 매출 부분에서 위기를 겪고 있는 상황이라 제안을 받아들일 수 없는 김 대리는 어떻게든 상황을 이해시키고자 한다.

03 위와 같은 상황에서 김 대리가 상대방을 이해시키고자 할 때 사용하는 의사표현법으로 적절한 것은?

난이도 중

① 구체적이고 공개적인 칭찬을 해서 상대방을 더욱 기쁘게 한다.
② 먼저 사과를 한 다음, 모호한 표현보다 단호하게 의사를 밝힌다.
③ 자신의 의견에 공감할 수 있도록 논리적으로 이야기한다.
④ 구체적인 기간과 순서를 명확하게 제시한다.
⑤ 먼저 칭찬을 하고, 잘못된 점을 질책한 후 격려를 한다.

04 김 대리가 우선적으로 취해야 하는 의사표현 방식으로 적절한 것은?

난이도 하

㉠ 가장 먼저 사과를 한 다음, 타당한 이유를 밝힌다.
㉡ 모호한 태도보다는 단호한 방식의 의사표현 테크닉이 필요하다.
㉢ 직설적인 화법보다 비유를 통해 상대방의 자존심을 지켜준다.
㉣ 하나를 얻기 위해 다른 하나를 양보하겠다는 자세가 필요하다.

① ㉠, ㉡
② ㉠, ㉣
③ ㉡, ㉢
④ ㉡, ㉣
⑤ ㉢, ㉣

※ 다음은 A기업의 황윤지 사원이 거래처 B일보 담당자에게 보낸 문서이다. 물음에 답하시오. **[5~7]**

> To : kija@bilbo.com
> From : yjhwang@acompany.com
>
> **제목** 계약 금액에 관한 문의
>
> 최성우 기자님, 안녕하세요. A기업의 황윤지입니다.
>
> 다름이 아니라, 이번 저희가 체결하는 계약에 대해서 문의 드리고자 메일 드립니다.
> 지금까지 협의되신 사항으로는 총 계약금액 15,000,000원인데, 이 금액이 부가세가 포함된 금액인지 확인이 필요할 것 같습니다. 저희는 부가세를 미포함하신 금액으로 생각했던지라, 부가세를 포함한 최종적인 금액은 15,000,000에 부가세를 더한 16,500,000이 될 것 같습니다. 우선 계약서 초안을 첨부파일로 보내드리니, 확인 부탁드립니다.
>
> 궁금하신 사항이 있으시면 언제든지 물어봐주세요.
>
> 감사합니다.
>
> 황윤지 드림.
>
> [첨부파일] 계약서 초안.hwp
>
> [1/1] page

05 윗글에서 황윤지 사원이 준수하지 못한 문서 작성 시 주의사항에 해당하는 것을 모두 고른 것은? 난이도 하

> ㉠ 문서 내용 중 금액, 수량, 일자, 단위 등의 기재에 정확성을 기해야 한다.
> ㉡ 문장표현은 작성자의 성의가 담기도록 경어나 단어 사용에 신경을 써야 한다.
> ㉢ 문서의 첨부자료는 반드시 필요한 자료 외에는 첨부하지 않도록 한다.
> ㉣ 문서는 한 사안을 한 장의 용지에 작성해야 한다.

① ㉠, ㉡
② ㉠, ㉢
③ ㉡, ㉢
④ ㉡, ㉣
⑤ ㉠, ㉣

06 다음 중 위에 제시된 문서에 대한 설명으로 가장 적절한 것은? 난이도 하

① 사업상의 이유로 고객이나 단체에 편지를 쓰는 문서이다.
② 개인이 추진하는 업무나 상대의 업무 추진 상황을 메모로 적는 형태의 문서이다.
③ 기업체가 언론을 상대로 자신의 정보가 기사로 보도되도록 하기 위해 보내는 자료이다.
④ 회사의 업무에 대한 협조를 구하기 위해 작성하는 문서로 흔히 사내 공문서라 불린다.
⑤ 특정한 일에 관한 현황이나 그 진행 상황을 보고하고자 할 때 작성한다.

07 메일을 주고받은 후, 황윤지 사원과 최성우 기자가 만나 아래와 같이 대화를 나누었다. 대화를 읽고 이해한 내용으로 잘못된 것은? 난이도 하

황윤지 사원 : 기자님, 안녕하세요. 오시느라 고생하셨어요.
최성우 기자 : 아닙니다. 바쁘신 것 같은데 얼른 끝내시죠.
황윤지 사원 : (최성우 기자의 맞은편에 앉아 정면으로 마주하며) 네. 지난번에 제가 보내드린 계약서 초안은 보셨나요? 다른 내용은 기존과 모두 똑같은데, 계약금액이 달라졌습니다.
최성우 기자 : 아, 네. 계약금액이 달라진게…. 영업비용 때문이었죠?
황윤지 사원 : 아뇨, 부가세요.
최성우 기자 : 아, 그랬네요. (다리를 꼬고 앉으며) 부가세면 어쩔 수 없죠.
황윤지 사원 : 네, 서로 소통하는데 약간의 오해가 있었던 모양이에요. 그럼 16,500,000원으로 진행하겠습니다.
최성우 기자 : 부가세를 포함한 최종적인 계약금액이 16,500,000원이요. 알겠습니다.

① 최성우 기자는 황윤지 사원이 보낸 메일을 제대로 읽지 않았군.
② 황윤지 사원은 상대를 정면으로 마주하는 경청의 올바른 자세를 보이고 있군.
③ 최성우 기자의 다리를 꼬고 앉는 태도는 비교적 편안한 자세를 위함으로써 개방적인 태도를 보이는 것이라고 할 수 있어.
④ 최성우 기자는 대화 중 대화의 주요 내용을 요약하는 '요약하기'의 경청방법을 활용하고 있어.
⑤ 최성우 기자는 '왜?'라는 질문은 삼가고 상대방의 말을 수용적인 자세로 듣고 있어.

08 **다음은 김 사원의 고민을 듣고 동료 사원인 A～E가 보인 반응이다. 사원 A～E의 경청의 문제점을 나타낸 것으로 옳지 않은 것은?** 난이도 하

김 사원 : 이 부장님이 새로 오시고부터 일하기가 너무 힘들어. 내가 하는 일 하나하나 지적하시고, 매일매일 체크하셔. 마치 초등학생 때 담임선생님께 숙제 검사 받는 것 같은 기분이야. 일을 맡기셨으면 믿고 기다려주셨음 좋겠어.

사원 A : 매일매일 체크하신다는 건 네가 일을 못한 부분이 많아서 아닐까하는 생각이 들어. 너의 행동도 뒤돌아보는 게 좋을 것 같아.

사원 B : 내가 생각하기엔 네가 평소에도 예민한 편이라 이 부장님의 행동을 너무 예민하게 받아들이는 것 같아. 부정적이게만 보지 말고 좋게 생각해봐.

사원 C : 너의 말을 들으니 이 부장님이 너를 너무 못 믿는 것 같네. 직접 대면해서 이 문제에 대해 따져보는 게 좋을 것 같아. 계속 듣고만 있을 수는 없잖아, 안 그래?

사원 D : 기분 풀고 우리 맛있는 거나 먹으러가자. 회사 근처에 새로 생긴 파스타 집 가봤어? 정말 맛있더라. 먹으면 기분이 풀릴 거야.

사원 E : 이 부장님은 왜 그러신다니, 마음 넓은 네가 참아.

① 사원 A – 짐작하기
② 사원 B – 판단하기
③ 사원 C – 언쟁하기
④ 사원 D – 슬쩍 넘어가기
⑤ 사원 E – 비위 맞추기

02 피둘형

※ 다음 글을 읽고 이어지는 질문에 답하시오. [1~2]

기업은 상품의 사회적 마모를 촉진시키는 주체이다. 생산과 소비가 지속되어야 이윤을 남길 수 있기 때문에, 하나의 상품을 생산해서 그 상품의 물리적 마모가 끝날 때까지를 기다렸다가는 기업이 망하기 십상이다. 이러한 상황에서 늘 수요에 비해서 과잉 생산을 하는 기업이 살아남을 수 있는 길은 상품의 사회적 마모를 짧게 해서 사람들로 하여금 계속 소비하게 만드는 것이다.

그래서 ㉠ 기업들은 더 많은 이익을 내기 위해서 상품의 성능을 향상시키기보다는 디자인을 변화시키는 것이 더 바람직하다고 생각한다. 산업이 발달하여 상품의 성능이나 기능, 내구성이 이전보다 더욱 향상되었는데도 불구하고 상품의 생명이 이전보다 더 짧아지는 것은 어떻게 생각하면 자본주의 상품이 지닌 모순이라고 할 수 있다. 섬유의 질은 점점 좋아지지만 그 옷을 입는 기간은 이에 비해서 점점 짧아지게 되는 것이 바로 자본주의 상품이 지니고 있는 모순이다. 산업이 계속 발달하여 상품의 성능이 향상되는데도 상품의 사회적인 마모 기간이 누군가에 의해서 엄청나게 짧아지고 있다. 상품의 질은 향상되고 내가 버는 돈은 늘어가는 것 같은데 늘 무엇인가 부족한 듯한 느낌이 드는 것도 이것과 관련이 있다.

PART 1 PART 2 PART 3 PART 4

01 윗글을 읽고 추론한 내용으로 적절하지 않은 것은? 난이도 하

① 기업은 물리적 마모가 짧을수록 유리하기 때문에 제품의 성능에 신경 쓰지 않는다.
② 사회적 마모 기간이 짧아지면 생산과 소비는 지속된다.
③ 기업은 이익을 위해 상품의 디자인 변화가 이윤추구에 더 바람직하다고 생각한다.
④ 자본주의 시대를 사는 사람들은 제품의 품질이 좋아져도 오래 사용하지 않는다.
⑤ 사회적 마모 기간이 짧아지는 것을 자본주의의 모순으로 볼 수도 있다.

02 다음 중 ㉠에 대해 제기할 수 있는 반론으로 가장 적절한 것은? 난이도 중

① 상품의 성능은 그대로 두어도 향상될 수 있는가?
② 디자인에 관한 소비자들의 취향이 바뀌는 것을 막을 방안은 있는가?
③ 상품의 성능 향상을 등한시하며 디자인만 바꾼다고 소비가 증가할 것인가?
④ 사회적 마모 기간이 점차 짧아지면 디자인을 개발하는 것이 기업에 도움이 되겠는가?
⑤ 소비 성향에 맞춰 디자인을 다양화할 수 있는가?

03 다음 글의 내용과 일치하지 않는 것은? 난이도 중

뇌 안에서 어떤 일이 일어나고 있는지를 어떻게 알 수 있을까? 뇌를 연구하는 과학자들조차 뇌 안에서 일어나고 있는 활동을 육안으로 볼 수는 없다. 성능 좋은 현미경으로도 볼 수 없는 살아있는 인간의 뇌 활동을 들여다보는 기술이 바로 뇌 영상 기술이다. 1970년대에 개발된 CT를 시초로 하여 PET, MRI, FMRI 등 다양한 뇌 영상 기술이 연달아 등장하였다.

CT(컴퓨터 단층 촬영)는 인체 내부 장기마다 X선을 투과하는 양이 다르다는 성질을 이용하여 인체 내부 단면을 촬영하는 장치이다. CT는 X선 발생 장치가 설치된 도넛형의 기계가 돌아가면서 X-ray를 여러 번 찍은 후 그 영상들을 조합하여 컴퓨터상에 인체의 횡단면에 해당하는 하나의 영상을 만들어 낸다. 15초 정도면 영상 자료를 얻을 수 있기 때문에 응급 환자의 진단을 위해 주로 활용한다. 또 X선을 통해 혈액 등을 구별할 수 있기 때문에 뇌출혈 등의 진단에도 활용할 수 있다. 하지만 뇌가 어떻게 작용하고 있는지는 볼 수 없다.

CT 이후 방사성 의약품을 이용해 인체의 생화학적 상태를 3차원 영상으로 나타낼 수 있는 PET(양전자 단층 촬영술)가 등장하였다. 방사성 포도당은 특수 카메라나 스캐너로 볼 수 있는 양전자를 방사하기 때문에 소량의 방사성 포도당을 환자의 몸에 주입한 후 뇌의 뉴런들이 포도당을 이용하는 상황을 PET로 찍는다. 이 기술은 우리 뇌가 포도당과 산소를 원료로 이용한다는 것을 고려한 것으로, 뇌 활동이 활발한 곳은 붉은 색으로, 별로 활발하지 않은 곳은 파란색으로 나타난다. PET는 신체의 생화학적 변화를 탐지할 수 있기 때문에 뇌종양, 뇌 신경계 질환 등의 조기 진단에 활용되고, 암세포가 정상 세포보다 포도당을 많이 흡수하는 성질을 이용하여 방사성 포도당이 많이 모인 곳을 찾음으로써 암의 위치를 발견하는 데도 쓰인다.

CT와 PET가 방사선을 이용한 기술이라는 점과 달리 MRI(자기공명 영상 장치)는 고주파에 의해 몸속의 특정 원소인 수소 원자핵을 공명시켜 각 조직에서 나오는 신호를 디지털 정보로 변환하여 영상을 구현하는 장치이다. MRI는 엄청난 자력을 이용하여 환자의 몸 주변에 자기장을 만들고, 전자파를 환자에게 발사한다. 작은 자석처럼 활동하는 몸의 원자들이 MRI 전자파에 부딪혀 자체의 파동을 생성하면 MRI는 그 파동을 측정하고 컴퓨터를 통해 이를 사진으로 변환한다. 이 장치는 좁은 터널에 들어가야 하므로 폐소공포증이 있는 환자에게는 사용할 수 없지만, 해상도가 뛰어나기 때문에 뇌 신경계 질환을 진단하기에 효율적이다.

MRI는 CT와 달리 횡단면, 종단면, 측면, 사면 등 3차원 영상을 제공한다. 하지만 자기장을 사용하는 기술이므로 심장 박동기나 치아 보철물 등 자기장을 형성할 수 있는 인공 장치가 몸에 있는 사람은 이용할 수가 없다.

기능성 MRI인 fMRI는 뇌가 활동이 많은 부위일수록 많은 산소가 필요하다는 것을 활용하여 뇌 혈류 속의 산소 수준을 반복 측정하여 뇌의 기능적 활성화 부위를 표시하는 방식으로 뇌 영상을 구현한다. 환자에게 어떤 이미지를 제시한 후 인지 과제를 수행할 때의 뇌 활성과 그렇지 않을 때의 뇌 활성을 비교함으로써 특정한 행위나 의식과 연관된 뇌 부위를 찾아 이를 뇌 단면의 해부 구조를 나타내는 영상 위에 색채로 표시해 주는 방식이다.

지난 20여 년 동안 급격히 발전해 온 뇌 영상 기술은 인간에게 뇌에 대한 풍부한 정보를 제공해주었을 뿐만 아니라 뇌출혈, 뇌경색, 뇌종양 등 그간 속수무책이었던 질병을 치료할 수 있게 해주었다. 또 인지과학이나 심리학의 영역에서는 최근의 뇌 영상 기술이 전통적인 방법보다 인간의 마음과 행동을 이해하는 좀 더 정확한 방법으로 인정되고 있다. 법학 분야에서는 뇌 영상 자료가 법정에서 증거 능력이 있는 것으로 여겨져야 한다는 주장이 활발하게 제기되고 있다. 기존의 거짓말 탐지기보다 훨씬 정확한 결과를 보증하기 때문이다.

① 뇌 영상 기술은 환자의 상태에 따라 선택적으로 활용한다.
② 뇌 영상 기술은 CT를 시초로 하여 여러 종류의 기술이 등장하였다.
③ 뇌 영상 기술의 급격한 발전으로 뇌에 대한 풍부한 정보를 얻게 되었다.
④ 뇌 영상 기술은 뇌 질환을 치료하기 위해 X선이나 전자파 등을 사용한다.
⑤ 뇌 영상 기술은 인지과학이나 심리학 영역의 발전에 영향을 미칠 수 있다.

04 다음은 K공사의 해외 공간정보 컨설팅에 관한 내용이다. 다음 글의 내용과 일치하는 것은? 난이도 하

> 한국은 일제강점기와 한국전쟁의 고통을 겪었지만, 1960년대부터 정부의 수출주도형 성장 정책과 국민의 근면성을 바탕으로 빠른 경제성장을 이루었다. 그 결과, 현재 많은 개발도상국이 한국의 빠른 경제성장 비결을 배우고 싶어 한다. 이러한 경제발전을 위해서는 반드시 토지개발이 뒷받침되어야 하며, 이로 인해 개발도상국이 한국에게서 전수받고자 하는 제도와 기술 가운데 토지제도와 관련된 기술의 우선순위가 매우 높은 편이다.
> 토지 개개인의 소유권 확립은 시장에서 토지가 거래될 수 있도록 하는 시장경제의 근간이다. K공사는 이러한 수요를 고려하여 아프리카 대륙에서의 모로코 토지등록방안 수립 및 시범사업을 통해 세계시장에서 토지제도 컨설팅과 토지등록 시범사업을 실시하였다. 모로코 토지제도의 가장 큰 문제점은 오랜 기간 토지등록제도를 시행하였음에도 불구하고 토지 등록률이 매우 낮다는 점이었다. 본격적으로 토지등록을 시작한 지 100년이 다 되었지만 영토 중 20%가 채 안 되는 토지만이 국가에 등록되어 있었다. 이 사업은 이러한 모로코 실정을 고려하여 모로코 전역의 토지를 등록하고 관리하는 방안과 절차를 마련하면서 매뉴얼화 하는 것이 주요 과업이었다. 이 과업을 수행하기 위해 K공사는 먼저 모로코 현지에서 자료조사를 실시하였으며, 모로코의 토지와 관련된 법령을 종합적으로 분석하고 모로코의 지적기능과 특성을 파악하는 등 다양한 분석 과정을 거치면서 사업을 완료하였다.
> 이러한 경험을 토대로 현재 K공사는 아프리카 소재 튀니지, 에티오피아, 탄자니아 등 여러 국가들을 대상으로 글로벌 사업을 수행하거나 추진 중에 있으며 토지 분야 컨설팅을 통해 대상국에 가장 적합한 토지관리시스템을 구축하는 것을 목표로 하고 있다. 2014년부터는 본격적으로 공간정보 분야로 영역을 확장하여 개발도상국을 대상으로 컨설팅을 진행하고, 개발도상국의 토지 행정 정보화와 토지정보관리시스템 구축을 지원하고 있다.
> 한 국가가 개발도상국에 도움을 주는 방법은 여러 가지가 있다. 자금을 지원할 수도 있고, 직접 건물이나 시설물을 건설해 줄 수도 있다. 그러나 컨설팅은 대상국에 결과물을 쥐여 주는 것이 아니라 해당 국가가 스스로 결과물을 얻을 수 있도록 힘을 키워주는 수단이다. K공사는 토지 및 공간정보 컨설팅 사업에 각종 원조자금을 활용하여 이들 자금이 본래의 의도대로 대상국의 자생력을 높이는 데에 쓰이도록 매개하는 역할을 수행하고 있다. 이러한 K공사의 컨설팅 사업은 대상국뿐만 아니라 국내 공간정보 기업의 해외진출에도 큰 도움을 주고 있다. 공간정보 정책은 정보 인프라 구축의 뼈대가 되므로 정책이 한번 결정되면 이를 변경하기 어렵다. 그러나 한국 공간정보 정책의 장점과 경험 그리고 기술을 바탕으로 제공된 컨설팅 결과물이 현지 정책에 반영되어 해당 국가에 뿌리내린다면, 한국 기업은 그 국가의 공간정보 정책 특성을 쉽게 파악할 수 있어 해외사업을 개척하거나 수행하는 데 있어 한결 수월해질 것이다.

① 시장경제에서는 토지가 거래될 수 있도록 모든 토지를 국유지로 이전하여 관리하는 것이 중요하다.
② 경제발전을 위해서는 토지개발이 뒷받침되어야 하므로 개발도상국은 한국의 토지제도 관련 기술을 우선적으로 전수받고자 한다.
③ 모로코 토지제도의 가장 큰 문제점은 토지등록제도가 없어 토지 등록률이 매우 낮다는 점이다.
④ 개발도상국에 도움을 주는 컨설팅은 자금을 지원하거나 건물이나 시설물을 설치해 보다 나은 환경을 제공해주는 것이다.
⑤ 공간정보 정책은 정보 인프라 구축의 뼈대가 되므로 변화되는 요구에 따라 계속적으로 변경되어야 한다.

05 다음은 노인장기요양보험법의 일부 내용이다. 다음 중 법령을 잘못 이해한 것은? 난이도 하

> **제4조(국가 및 지방자치단체의 책무 등)**
> ① 국가 및 지방자치단체는 노인이 일상생활을 혼자서 수행할 수 있는 온전한 심신상태를 유지하는 데 필요한 사업(이하 "노인성질환예방사업"이라 한다)을 실시하여야 한다.
> ② 국가는 노인성질환예방사업을 수행하는 지방자치단체 또는 국민건강보험법에 따른 국민건강보험공단(이하 "공단"이라 한다)에 대하여 이에 소요되는 비용을 지원할 수 있다.
> ③ 국가 및 지방자치단체는 노인인구 및 지역특성 등을 고려하여 장기요양급여가 원활하게 제공될 수 있도록 적정한 수의 장기요양기관을 확충하고 장기요양기관의 설립을 지원하여야 한다.
> ④ 국가 및 지방자치단체는 장기요양급여가 원활히 제공될 수 있도록 공단에 필요한 행정적 또는 재정적 지원을 할 수 있다.
> ⑤ 국가 및 지방자치단체는 장기요양요원의 처우를 개선하고 복지를 증진하며 지위를 향상시키기 위하여 적극적으로 노력하여야 한다.
> ⑥ 국가 및 지방자치단체는 지역의 특성에 맞는 장기요양사업의 표준을 개발・보급할 수 있다.
>
> **제5조(장기요양급여에 관한 국가정책방향)**
> 국가는 제6조의 장기요양기본계획을 수립・시행함에 있어서 노인뿐만 아니라 장애인 등 일상생활을 혼자서 수행하기 어려운 모든 국민이 장기요양급여, 신체활동지원서비스 등을 제공받을 수 있도록 노력하고 나아가 이들의 생활안정과 자립을 지원할 수 있는 시책을 강구하여야 한다.
>
> **제6조(장기요양기본계획)**
> ① 보건복지부장관은 노인 등에 대한 장기요양급여를 원활하게 제공하기 위하여 5년 단위로 다음 각 호의 사항이 포함된 장기요양기본계획을 수립・시행하여야 한다.
> 1. 연도별 장기요양급여 대상인원 및 재원조달 계획
> 2. 연도별 장기요양기관 및 장기요양전문인력 관리 방안
> 3. 장기요양요원의 처우에 관한 사항
> 4. 그 밖에 노인등의 장기요양에 관한 사항으로서 대통령령으로 정하는 사항
>
> ② 지방자치단체의 장은 제1항에 따른 장기요양기본계획에 따라 세부시행계획을 수립・시행하여야 한다.

① 보건복지부장관은 5년 단위로 장기요양기본계획을 수립한다.
② 노인성질환예방사업을 수행하는 데에 소요되는 비용은 지방자치단체가 지원한다.
③ 국가는 공단의 장기요양급여 제공에 있어 행정적 또는 재정적으로 지원한다.
④ 장기요양기본계획에 따른 세부시행계획은 지방자치단체의 장이 수립・시행한다.
⑤ 국가 및 지방자치단체는 장기요양사업의 표준을 지역의 특성에 맞게 개발한다.

06 행정기관의 기안문 작성방법이 다음과 같을 때, 다음 중 옳지 않은 것은?

난이도 하

〈기안문 작성방법〉

1. 행정기관명 : 그 문서를 기안한 부서가 속한 행정기관명을 기재한다. 행정기관명이 다른 행정기관명과 같은 경우에는 바로 위 상급 행정기관명을 함께 표시할 수 있다.
2. 수신 : 수신자명을 표시하고 그다음에 이어서 괄호 안에 업무를 처리할 보조·보좌 기관의 직위를 표시하되, 그 직위가 분명하지 않으면 ○○업무담당과장 등으로 쓸 수 있다. 다만, 수신자가 많은 경우에는 두문의 수신란에 '수신자 참조'라고 표시하고 결문의 발신명의 다음 줄의 왼쪽 기본선에 맞추어 수신자란을 따로 설치하여 수신자명을 표시한다.
3. (경유) : 경유문서인 경우에 '이 문서의 경유기관의 장은 ○○○(또는 제1차 경유기관의 장은 ○○○, 제2차 경유기관의 장은 ○○○)이고, 최종 수신기관의 장은 ○○○입니다.'라고 표시하고, 경유기관의 장은 제목란에 '경유문서의 이송'이라고 표시하여 순차적으로 이송하여야 한다.
4. 제목 : 그 문서의 내용을 쉽게 알 수 있도록 간단하고, 명확하게 기재한다.
5. 발신명의 : 합의제 또는 독임제 행정기관의 장의 명의를 기재하고, 보조기관 또는 보좌기관 상호 간에 발신하는 문서는 그 보조기관 또는 보좌기관의 명의를 기재한다. 시행할 필요가 없는 내부결재문서는 발신명의를 표시하지 않는다.
6. 기안자·검토자·협조자·결재권자의 직위 / 직급 : 직위가 있는 경우에는 직위를, 직위가 없는 경우에는 직급(각급 행정기관이 6급 이하 공무원의 직급을 대신하여 사용할 수 있도록 정한 대외직명을 포함한다. 이하 이 서식에서 같다)을 온전하게 쓴다. 다만, 기관장과 부기관장의 직위는 간략하게 쓴다.
7. 시행 처리과명 – 연도별 일련번호(시행일), 접수 처리과명 – 연도별 일련번호(접수일) : 처리과명(처리과가 없는 행정기관은 10자 이내의 행정기관명 약칭)을 기재하고, 시행일과 접수일란에는 연월일을 각각 마침표(.)를 찍어 숫자로 기재한다. 다만, 민원문서인 경우로서 필요한 경우에는 시행일과 접수일란에 시·분까지 기재한다.
8. 우 도로명주소 : 우편번호를 기재한 다음, 행정기관이 위치한 도로명 및 건물번호 등을 기재하고 괄호 안에 건물 명칭과 사무실이 위치한 층수와 호수를 기재한다.
9. 홈페이지 주소 : 행정기관의 홈페이지 주소를 기재한다.
10. 전화번호( ), 팩스번호( ) : 전화번호와 팩스번호를 각각 기재하되, ( )안에는 지역번호를 기재한다. 기관 내부문서의 경우는 구내 전화번호를 기재할 수 있다.
11. 공무원의 전자우편주소 : 행정기관에서 공무원에게 부여한 전자우편주소를 기재한다.
12. 공개구분 : 공개, 부분공개, 비공개로 구분하여 표시한다. 부분공개 또는 비공개인 경우에는 「공공기록물 관리에 관한 법률 시행규칙」 제18조에 따라 '부분공개( )' 또는 '비공개( )'로 표시하고, 「공공기관의 정보공개에 관한 법률」 제9조 제1항 각호의 번호 중 해당 번호를 괄호 안에 표시한다.
13. 관인생략 등 표시 : 발신명의의 오른쪽에 관인생략 또는 서명생략을 표시한다.

① 기안자 또는 협조자의 직위가 없는 경우 직급을 기재한다.
② 연월일 날짜 뒤에는 각각 마침표(.)를 찍는다.
③ 도로명주소를 먼저 기재한 후 우편번호를 기재한다.
④ 행정기관에서 부여한 전자우편주소를 기재해야 한다.
⑤ 전화번호를 적을 때 지역번호는 괄호 안에 기재해야 한다.

01 다음 글을 근거로 판단할 때, <보기>에서 옳은 것만을 모두 고르면? 난이도 중

경국대전은 조선의 기본 법전으로 여러 차례의 개정 작업을 거쳐 1485년(성종16년)에 최종본이 반포되었다. 경국대전은 6조(曹)의 직능에 맞추어 이(吏)·호(戶)·예(禮)·병(兵)·형(刑)·공(工)의 6전(典)으로 구성되어 있다. 경국대전에는 임금과 신하가 만나서 정사를 논의하는 조회제도의 기본 규정이 제시되어 있다. 조회에 대한 사항은 의례 관련 규정을 수록하고 있는 예전(禮典)의 조의(朝儀) 조항에 집약되어 있다. 조의는 '신하가 임금을 만나는 의식'을 의미한다. 다음은 경국대전 '조의'에 규정된 조회 의식의 분류와 관련 내용이다.

〈경국대전의 조회 의식〉

분류	종류	시행일	장소	참여대상
대조(大朝)	정실조하(正室朝賀)	정삭(正朔), 동지(冬至), 탄일(誕日)	근정전(勤政殿)	왕세자, 모든 관원, 제방객사(諸方客使)
	삭망조하(朔望朝賀)	매월 삭(朔)(1일)·망(望)(15일)	근정전(勤政殿)	
상조(常朝)	조참(朝參)	매월 5·11·21·25일	근정문(勤政門)	모든 관원, 제방객사(諸方客使)
	상참(常參)	매일	사정전(思政殿)	상참관(常參官)

※ '대조'는 특별한 시점에 시행되는 조회라는 의미이고, '상조'는 일상적인 조회라는 의미이다.
※ '제방객사'는 주변국 외교사절로서, '삭망조하'와 '조참'에는 경우에 따라 참석하였다.

대조(大朝)의 범주에 해당하는 조회는 경국대전에 조하(朝賀)로 규정되어 있다. 조하는 축하를 모임의 목적으로 하는 의식이다. 정월 초하루, 해의 길이가 가장 짧아지는 동지 및 국왕의 생일 행사는 대조 중에서도 특별히 구분하여 3대 조회라고 지칭하고 의식의 규모도 가장 크다. 조하는 달의 변화에 따라 시행되기도 하였는데, 달의 변화를 기준으로 작성된 달력에 따라 매월 1일에 해당되는 삭일(朔日)과 보름달이 뜨는 망일(望日)에 시행되는 삭망조하가 그것이다.

보기

ㄱ. 삭망조하는 달의 변화에 맞추어 시행되었다.
ㄴ. 정실조하의 참여대상 범위는 대체로 상참보다 넓다.
ㄷ. 한 해 동안 조회가 가장 많이 열리는 곳은 사정전이다.
ㄹ. 조선시대 조회에 관한 사항은 공전(工典)의 의례 관련 규정에 집약되어 있다.

① ㄱ, ㄷ
② ㄴ, ㄹ
③ ㄱ, ㄴ, ㄷ
④ ㄱ, ㄴ, ㄹ
⑤ ㄴ, ㄷ, ㄹ

02 다음 글의 (가) ~ (다)에 들어갈 진술을 〈보기〉에서 골라 짝지은 것으로 가장 적절한 것은? 난이도 중

> 비어즐리는 '제도론적 예술가'와 '낭만주의적 예술가'의 개념을 대비시킨다. 낭만주의적 예술가는 사회의 모든 행정과 교육의 제도로부터 독립하여 작업하는 사람이다. 그는 자기만의 상아탑에 칩거하며, 혼자 캔버스 위에서 일하고, 자신의 돌을 깎고, 자신의 소중한 서정시의 운율을 다듬는다.
>
> 그러나 사회와 동떨어져 혼자 작업하더라도 예술가는 작품을 만드는 동안 예술 제도로부터 단절될 수 없다. ______(가)______ 즉 예술가는 특정 예술 제도 속에서 예술의 사례들을 경험하고, 예술적 기술의 훈련이나 교육을 받음으로써 예술에 대한 배경지식을 얻게 된다. 그리고 이와 같은 배경지식이 예술가의 작품 활동에 반영된다.
>
> 낭만주의적 예술가 개념은 예술 창조의 주도권이 완전히 개인에게 있으며 예술가가 문화의 진공 상태 안에서 작품을 창조할 수 있다고 가정한다. 하지만 그런 낭만주의적 예술가는 사실상 존재하기 어렵다. 심지어 어린 아이들의 그림이나 놀이조차도 문화의 진공 상태에서 이루어지지 않는다. ______(나)______
>
> 어떤 사람이 예술작품을 전혀 본 적 없는 상태에서 진흙으로 어떤 형상을 만들어냈다고 가정해 보자. 이것이 지금까지 본 적이 없던 새로운 형상이라 하더라도, 그 사람은 예술작품을 창조한 것이라 볼 수 없다. ______(다)______
>
> 비어즐리의 주장과는 달리 예술가는 아무 맥락 없는 진공 상태에서 창작하지 않는다. 예술은 어떤 사람이 문화적 역할을 수행한 산물이며, 언제나 문화적 주형(鑄型) 안에 존재한다.

보기

ㄱ. 왜냐하면 어떤 사람이 예술작품을 창조하였다고 하기 위해서는 그는 예술작품이 무엇인가에 대한 개념을 가지고 있어야 하기 때문이다.

ㄴ. 왜냐하면 사람은 두세 살만 되어도 인지구조가 형성되고, 이 과정에서 문화의 영향을 받을 수밖에 없기 때문이다.

ㄷ. 왜냐하면 예술가들은 예술작품을 만들 때 의식적이든 무의식적이든 예술교육을 받으면서 수용한 가치 등을 고려하는데, 그러한 교육은 예술 제도 안에서 이루어지기 때문이다.

	(가)	(나)	(다)
①	ㄱ	ㄴ	ㄷ
②	ㄴ	ㄱ	ㄷ
③	ㄴ	ㄷ	ㄱ
④	ㄷ	ㄱ	ㄴ
⑤	ㄷ	ㄴ	ㄱ

03 다음 제시문을 근거로 할 때 사례의 빈칸에 들어갈 점수는?

난이도 중

1. 누진계급의 구분 및 진급
   ① 교도소장은 수형자에 대한 단계별 처우를 위하여 수형자의 행형(行刑)성적에 따라 누진계급을 제1급, 제2급, 제3급, 제4급으로 구분한다.
   ② 신입수형자는 제4급에 편입하고 행형성적에 따라 단계별로 상위계급으로 진급시킨다.
   ③ 계급의 진급은 각 계급의 책임점수를 매월 소득점수로 모두 공제한 때에 이루어진다. 만약 책임점수를 공제하고 소득점수가 남아있는 경우에는 이를 다음 계급의 소득점수로 인정한다.
2. 책임점수 및 소득점수
   ① 각 계급의 책임점수는 집행할 형기를 월 단위로 환산하여 이에 수형자의 개선급 유형 및 범수(犯數)별 점수를 곱하여 얻은 수로 한다(책임점수=집행할 형기의 개월 수×개선급 유형 및 범수별 점수).
   ② 책임점수는 계급이 바뀔 때마다 잔여형기를 기준으로 다시 부여한다.
   ③ 개선급은 범죄성향의 강화와 개선정도에 따라 책임점수의 산정기준이 되는 분류급을 의미한다. 개선급 유형 및 범수별 점수는 다음과 같다.

〈개선급 유형 및 범수별 점수〉

개선급 유형		범수별 점수	
구분	판단기준	초범	2범 이상
A급	범죄성향이 강화되지 아니한 자로서 개선이 가능한 자	2점	2.5점
B급	범죄성향이 강화된 자로서 개선이 가능한 자	3점	3.5점
C급	범죄성향이 강화된 자로서 개선이 곤란한 자	4점	4.5점

   ④ 매월의 소득점수 산정은 소행점수, 작업점수, 상훈점수의 합산에 의한다.

〈사례〉

초범인 갑은 법원에서 징역 5년 2개월 형을 선고받고 교도소에 수감되었다(잔여형기 5년). 그리고 교도소 심사에서 '범죄성향이 강화되지 아니한 자로서 개선이 가능한 자'라는 판정을 받았다. 갑이 12개월 만에 129점의 소득점수를 얻어 제3급으로 진급하였다면, 제2급으로 진급하기 위해서는 앞으로 최소한 _____을 더 획득하여야 한다.

① 81점
② 87점
③ 96점
④ 111점
⑤ 115점

04 다음 글에 대한 분석으로 적절하지 않은 것은? 난이도 상

공포영화에 자주 등장하는 좀비는 철학에서도 자주 논의된다. 철학적 논의에서 좀비는 '의식을 갖지는 않지만 겉으로 드러나는 행동에서는 인간과 구별되지 않는 존재'로 정의된다. 이를 '철학적 좀비'라고 하자. ㉠ 인간은 고통을 느끼지만, 철학적 좀비는 고통을 느끼지 못한다. 즉 고통에 대한 의식을 가질 수 없는 존재라는 것이다. 그러나 ㉡ 철학적 좀비도 압정을 밟으면 인간과 마찬가지로 비명을 지르며 상처 부위를 부여잡을 것이다. 즉 행동 성향에서는 인간과 차이가 없다. 그렇기 때문에 겉으로 드러나는 모습만으로는 철학적 좀비와 인간을 구별할 수 없다. 그러나 ㉢ 인간과 철학적 좀비는 동일한 존재가 아니다. ㉣ 인간이 철학적 좀비와 동일한 존재라면, 인간도 고통을 느끼지 못하는 존재여야 한다.

물론 철학적 좀비는 상상의 산물이다. 그러나 우리가 철학적 좀비를 모순 없이 상상할 수 있다는 사실은 마음에 관한 이론인 행동주의에 문제가 있다는 점을 보여준다. 행동주의는 마음을 행동 성향과 동일시하는 입장이다. 이에 따르면, ㉤ 마음은 특정 자극에 따라 이러저러한 행동을 하려는 성향이다. ㉥ 행동주의가 옳다면, 인간이 철학적 좀비와 동일한 존재라는 점을 인정할 수밖에 없다. 그러나 인간과 달리 철학적 좀비는 마음이 없어서 어떤 의식도 가질 수 없는 존재다. 따라서 ㉦ 행동주의는 옳지 않다.

① ㉠과 ㉡은 동시에 참일 수 있다.
② ㉠과 ㉣이 모두 참이면, ㉢도 반드시 참이다.
③ ㉡과 ㉥이 모두 참이면, ㉤도 반드시 참이다.
④ ㉢과 ㉥이 모두 참이면, ㉦도 반드시 참이다.
⑤ ㉤과 ㉦은 동시에 거짓일 수 없다.

05 다음 글의 '도덕적 딜레마 논증'에 대한 비판으로 적절한 것만을 〈보기〉에서 모두 고르면? 난이도 상

1890년대에 이르러 어린이를 의료 실험 대상에서 배제시켜야 한다는 주장이 대두되었다. 그 주장의 핵심적인 근거는 어린이가 의료 실험과 관련하여 제한적인 동의능력만을 가지고 있다는 것이었다. 여기서 동의능력이란, 충분히 자율적인 존재가 제안된 실험의 특성이나 위험성 등에 대한 적절한 정보를 인식하고 그것에 기초하여 그 실험을 자발적으로 받아들일 수 있는 능력을 일컫는다. 그렇기 때문에 어린이를 실험 대상으로 하는 연구는 항상 도덕적 논란을 불러일으켰고, 1962년 이후 미국에서는 어린이에 대한 실험이 거의 시행되지 않았다. 이러한 상황에서 1968년 미국의 소아 약물학자 셔키는 다음과 같은 '도덕적 딜레마 논증'을 제시하였다. 어린이를 실험 대상에서 배제시키면, 어린이 환자 집단에 대해 충분한 실험을 하지 않은 약품들로 어린이를 치료하게 되어 어린이를 더욱 커다란 위험에 몰아넣게 된다. 따라서 어린이를 실험 대상에서 배제시키는 것은 도덕적으로 올바르지 않다. 반면, 어린이를 실험 대상에서 배제시키지 않으면, 제한적인 동의능력만을 가진 존재를 실험 대상에 포함시키게 된다. 제한된 동의능력만을 가진 이를 실험 대상에 포함시키는 것은 도덕적으로 올바르지 않다. 따라서 어린이를 실험 대상에 포함시키는 것은 도덕적으로 올바르지 않다. 우리의 선택지는 어린이를 실험 대상에서 배제시키거나 배제시키지 않는 것뿐이다. 결국 어떠한 선택을 하든 도덕적인 잘못을 저지를 수밖에 없다.

보기

ㄱ. 어린이를 실험 대상으로 하는 연구는 그 위험성의 여부와는 상관없이 모두 거부되어야 한다. 왜냐하면 적합한 사전 동의 없이 행해지는 어떠한 실험도 도덕적 잘못이기 때문이다.

ㄴ. 동물실험이나 성인에 대한 임상 실험을 통해서도 어린이 환자를 위한 안전한 약물을 만들어낼 수 있다. 따라서 어린이를 실험 대상에 포함시키지 않더라도 어린이 환자가 안전하게 치료받지 못하는 위험에 빠지지 않을 수 있다.

ㄷ. 부모나 법정 대리인을 통해 어린이의 동의능력을 적합하게 보완할 수 있다. 어린이의 동의능력이 부모나 법정 대리인에 의해 적합하게 보완된다면 어린이를 실험 대상에 포함시켜도 도덕적 잘못이 아닐 수 있다. 따라서 이런 경우의 어린이를 실험 대상에 포함시켜도 도덕적 잘못이 아닐 수 있다.

① ㄱ
② ㄴ
③ ㄱ, ㄷ
④ ㄴ, ㄷ
⑤ ㄱ, ㄴ, ㄷ

SECTION 04 심화문제

정답 및 해설 p.53

01 다음 글을 근거로 판단할 때, 〈보기〉에서 옳은 것만을 모두 고르면? 난이도 상

하와이 원주민들이 사용하던 토속어는 1898년 하와이가 미국에 병합된 후 미국이 하와이 학생들에게 사용을 금지하면서 급격히 소멸되었다. 그러나 하와이 원주민들이 소멸한 토속어를 부활시키기 위해 1983년 '아하 푸나나 레오'라는 기구를 설립하여 취학 전 아동부터 중학생까지의 원주민들을 대상으로 집중적으로 토속어를 교육한 결과 언어 복원에 성공했다.
이러한 언어의 다양성을 지키려는 노력뿐만 아니라 언어의 통일성을 추구하려는 노력도 있었다. 안과의사였던 자멘호프는 유태인, 폴란드인, 독일인, 러시아인들이 서로 다른 언어를 사용함으로써 갈등과 불화가 생긴다고 판단하고 예외와 불규칙이 없는 문법과 알기 쉬운 어휘에 기초해 국제공통어 에스페란토를 만들어 1887년 발표했다. 그의 구상은 '1민족 2언어주의'에 입각하여 같은 민족끼리는 모국어를, 다른 민족과는 중립적이고 배우기 쉬운 에스페란토를 사용하자는 것이었다.
에스페란토의 문자는 영어 알파벳 26개 문자에서 Q, X, W, Y의 4개 문자를 빼고 영어 알파벳에는 없는 Ĉ, Ĝ, Ĥ, Ĵ, Ŝ, Û의 6개 문자를 추가하여 만들어졌다. 문법의 경우 가급적 불규칙 변화를 없애고 각 어간에 품사 고유의 어미를 붙여 명사는 –o, 형용사는 –a, 부사는 –e, 동사원형은 –i로 끝낸다. 예를 들어 '사랑'은 amo, '사랑의'는 ama, '사랑으로'는 ame, '사랑하다'는 ami이다. 시제의 경우 어간에 과거형은 –is, 현재형은 –as, 미래형은 –os를 붙여 표현한다.
또한, 1자 1음의 원칙에 따라 하나의 문자는 하나의 소리만을 내고, 소리 나지 않는 문자도 없으며, 단어의 강세는 항상 뒤에서 두 번째 모음에 있기 때문에 사전 없이도 쉽게 읽을 수 있다. 특정한 의미를 갖는 접두사와 접미사를 활용하여 많은 단어를 파생시켜 사용하므로 단어 암기를 위한 노력이 크게 줄어드는 것도 중요한 특징이다. 아버지는 patro, 어머니는 patrino, 장인은 bopatro, 장모는 bopatrino인 것이 그 예이다.
※ 에스페란토에서 모음은 A, E, I, O, U이며, 반모음은 Û이다.

보기

ㄱ. 에스페란토의 문자는 모두 28개로 만들어졌다.
ㄴ. 미래형인 '사랑할 것이다.'는 에스페란토로 'amios'이다.
ㄷ. '어머니'와 '장모'를 에스페란토로 말할 때 강세가 있는 모음은 같다.
ㄹ. 자멘호프의 구상에 따르면 동일한 언어를 사용하는 하와이 원주민끼리도 에스페란토만을 써야 한다.

① ㄱ, ㄷ
② ㄱ, ㄹ
③ ㄴ, ㄹ
④ ㄱ, ㄴ, ㄷ
⑤ ㄴ, ㄷ, ㄹ

02 다음 글에서 추론할 수 있는 것은?

난이도 상

> 미국 대통령 후보 선거제도 중 '코커스'는 정당 조직의 가장 하위 단위인 기초선거구의 당원들이 모여 상위의 전당대회에 참석할 대의원을 선출하는 당원회의이다. 대의원 후보들은 자신이 대통령 후보로 누구를 지지하는지 먼저 밝힌다. 상위 전당대회에 참석할 대의원들은 각 대통령 후보에 대한 당원들의 지지율에 비례해서 선출된다. 코커스에서 선출된 대의원들은 카운티 전당대회에서 투표권을 행사하여 다시 다음 수준인 의회선거구 전당대회에 보낼 대의원들을 선출한다. 여기서도 비슷한 과정을 거쳐 주(州) 전당대회 대의원들을 선출해내고, 거기서 다시 마지막 단계인 전국 전당대회 대의원들을 선출한다. 주에 따라 의회선거구 전당대회는 건너뛰기도 한다.
>
> 1971년까지는 선거법에 따라 민주당과 공화당 모두 5월 둘째 월요일까지 코커스를 개최해야 했다. 그런데 민주당 전국위원회가 1972년부터는 대선후보 선출을 위한 전국 전당대회를 7월 말에 개최하도록 결정하면서 1972년 아이오와주 민주당의 코커스는 그 해 1월에 열렸다. 아이오와주 민주당 규칙에 코커스, 카운티 전당대회, 의회선거구 전당대회, 주 전당대회, 전국 전당대회 순서로 진행되는 각급 선거 간에 최소 30일의 시간적 간격을 두어야 한다는 규정이 있었기 때문이다. 이후 아이오와주에서 공화당이 1976년부터 코커스 개최시기를 1월로 옮기면서, 아이오와주는 미국의 대선후보 선출 과정에서 민주당과 공화당 모두 가장 먼저 코커스를 실시하는 주가 되었다.
>
> 아이오와주의 선거 운영 방식은 민주당과 공화당 간에 차이가 있었다. 공화당의 경우 코커스를 포함한 하위 전당대회에서 특정 대선후보를 지지하여 당선된 대의원이 상위 전당대회에서 반드시 같은 후보를 지지해야 하는 것은 아니었다. 반면 민주당의 경우 그러한 구속력을 부여하였다. 그러나 2016년부터 공화당 역시 상위 전당대회에 참여하는 대의원에게 같은 구속력을 부여함으로써 기층 당원의 대통령 후보에 대한 지지도가 전국 전당대회에 참여할 주(州) 대의원 선출에 반영되도록 했다.

① 주 전당대회에 참석할 대의원은 모두 의회선거구 전당대회에서 선출되었다.
② 1971년까지 아이오와주보다 이른 시기에 코커스를 실시하는 주는 없었다.
③ 1972년 아이오와주 민주당의 주 전당대회 선거는 같은 해 2월 중에 실시되었다.
④ 1972년 아이오와주에서 민주당 코커스와 공화당 코커스는 같은 달에 실시되었다.
⑤ 1976년 아이오와주 공화당 코커스에서 특정 후보를 지지한 대의원은 카운티 전당대회에서 다른 후보를 지지할 수 있었다.

03 다음 글의 ㉠과 ㉡에 들어갈 문장을 〈보기〉에서 골라 적절하게 나열한 것은?

난이도 상

한편에서는 "C시에 건설될 도시철도는 무인운전 방식으로 운행된다."라고 주장하고, 다른 한편에서는 "C시에 건설될 도시철도는 무인운전 방식으로 운행되지 않는다."라고 주장한다고 하자. 이 두 주장은 서로 모순되는 것처럼 보인다. 하지만 양편이 팽팽히 대립한 회의가 "C시에 도시철도는 적합하지 않다고 판단되므로, 없던 일로 합시다."라는 결론으로 끝날 가능성도 있다는 사실을 우리는 고려해야 한다. C시에 도시철도가 건설되지 않을 경우에도 양편의 주장에 참이나 거짓이라는 값을 매겨야 한다면 어떻게 매겨야 옳을까?

한 가지 분석 방안에 따르면, "C시에 건설될 도시철도는 무인운전 방식으로 운행된다."라는 문장은 "_____ ㉠ _____"라는 것을 의미하는 것으로 해석한다. 이렇게 해석할 경우, C시에 도시철도를 건설하지 않기로 했으므로 원래의 문장은 거짓이 된다. 이런 분석은 "C시에 건설될 도시철도는 무인운전 방식으로 운행되지 않는다."에 대해서도 똑같이 적용되어 그것에도 거짓이라는 값을 부여한다.

원래 문장, "C시에 건설될 도시철도는 무인운전 방식으로 운행된다."를 분석하는 둘째 방안도 있다. 이 방안에서는 우선 원래 문장은 "_____ ㉡ _____"라는 것을 의미하는 것으로 해석한다. 그런 다음 이렇게 분석된 이 문장은 C시에 도시철도를 건설해 그것을 무인운전이 아닌 방식으로 운행하는 일은 없다는 주장과 같은 의미를 나타낸다고 이해한다. 이렇게 해석할 경우 원래의 문장은 참이 된다. 왜냐하면 C시에 도시철도를 건설하지 않기로 했으므로 C시에 도시철도를 건설해 그것을 무인운전이 아닌 방식으로 운행하는 일도 당연히 없을 것이기 때문이다. 이런 분석은 "C시에 건설될 도시철도는 무인운전 방식으로 운행되지 않는다."에 대해서도 똑같이 적용되어 그것에도 참이라는 값을 부여한다.

보기

(가) C시에 도시철도가 건설되고, 그 도시철도는 무인운전 방식으로 운행된다.
(나) C시에 무인운전 방식으로 운행되는 도시철도가 건설되거나, 아니면 아무 도시철도도 건설되지 않는다.
(다) C시에 도시철도가 건설되면, 그 도시철도는 무인운전 방식으로 운행된다.
(라) C시에 도시철도가 건설되는 경우에만, 그 도시철도는 무인운전 방식으로 운행된다.

	㉠	㉡
①	(가)	(다)
②	(가)	(라)
③	(나)	(다)
④	(나)	(라)
⑤	(라)	(다)

04 다음 중 글의 전체 흐름과 맞지 않는 한 곳을 찾아 수정하려고 할 때, 가장 적절한 것은? 난이도 상

> '단일환자방식'은 숫자가 아닌 문자를 암호화하는 가장 기본적인 방법이다. 이는 문장에 사용된 문자를 일정한 규칙에 따라 일대일 대응으로 재배열하여 문장을 암호화하는 방법이다. 예를 들어, 철수가 이 방법에 따라 영어 문장 'I LOVE YOU'를 암호화하여 암호문으로 만든다고 해보자. 철수는 먼저 알파벳을 일대일 대응으로 재배열하는 규칙을 정하고, 그 규칙에 따라 'I LOVE YOU'를 'Q RPDA LPX'와 같이 암호화하게 될 것이다. 이때 철수가 사용한 규칙에는 ㉠ 'I를 Q로 변경한다.', 'L을 R로 변경한다.' 등이 포함되어 있는 셈이다.
> 우리가 단일환자방식에 따라 암호화한 영어 문장을 접한다고 해보자. 그 암호문을 어떻게 해독할 수 있을까? ㉡ 우리가 그 암호문에 단일환자방식의 암호화 규칙이 적용되어 있다는 것을 알고 있다면 문제가 쉽게 해결될 수도 있다. 알파벳의 사용 빈도를 파악하여 일대일 대응의 암호화 규칙을 추론해낼 수 있기 때문이다. 이제 통계 자료를 통해 영어에서 사용되는 알파벳의 사용 빈도를 조사해 보니 E가 12.51%로 가장 많이 사용되었고 그 다음 빈도는 T, A, O, I, N, S, R, H의 순서라는 것이 밝혀졌다고 하자. ㉢ 물론 이러한 통계 자료를 확보했다고 해도 암호문이 한두 개 밖에 없다면 암호화 규칙을 추론하기는 힘들 것이다. 그러나 암호문을 많이 확보하면 할수록 암호문을 해독할 수 있는 가능성이 높아질 것이다.
> 이제 누군가가 어떤 영자 신문에 포함되어 있는 모든 문장을 단일환자방식의 암호화 규칙 α에 따라 암호문들로 만들었다고 해보자. 그 신문 전체에 사용된 알파벳 수는 충분히 많기 때문에 우리는 암호문들에 나타난 알파벳 빈도의 순서에 근거하여 규칙 α가 무엇인지 추론할 수 있다. ㉣ 만일 규칙 α가 앞서 예로 든 철수가 사용한 규칙과 동일하다면, 암호문들에 가장 많이 사용된 알파벳은 E일 가능성이 높을 것이다. 그런데 조사 결과 암호문들에는 영어 알파벳 26자가 모두 사용되었는데, 그중 W가 25,021자로 가장 많이 사용되었고, 이후의 빈도는 P, F, C, H, Q, T, N의 순서라는 것이 밝혀졌다. 따라서 우리는 철수가 정한 규칙은 규칙 α가 아니라고 추론할 수 있다. 또한 규칙 α에 대해 추론하면서 암호문들을 해독할 수 있다. 예를 들어, ㉤ 암호문 'H FPW HP'는 'I ATE IT'를 암호화한 것이라는 사실을 알 수 있게 될 것이다.

① ㉠을 'Q를 I로 변경한다.', 'R을 L로 변경한다.'로 수정한다.
② ㉡을 '우리가 그 암호문에 단일환자방식의 암호화 규칙이 적용되어 있지 않다고 생각한다 해도 문제는 쉽게 해결될 수 있다.'로 수정한다.
③ ㉢을 '이러한 통계 자료를 확보하게 되면 자동적으로 암호화 규칙을 추론할 수 있게 될 것이다.'로 수정한다.
④ ㉣을 '만일 규칙 α가 앞서 철수가 사용한 규칙과 동일하다면, 암호문들에 가장 많이 사용된 알파벳은 A일 가능성이 높을 것이다.'로 수정한다.
⑤ ㉤을 '암호문 'I ATE IT'는 'H FPW HP'를 암호화한 것이라는 사실을 알 수 있게 될 것이다.'로 수정한다.

05 다음 글의 ㉠으로 가장 적절한 것은?

난이도 상

갑 : 우리는 타인의 언어나 행동을 관찰함으로써 타인의 마음을 추론한다. 예를 들어, 우리는 철수의 고통을 직접적으로 관찰할 수 없다. 그러면 철수가 고통스러워한다는 것을 어떻게 아는가? 우리는 철수에게 신체적인 위해라는 특정 자극이 주어졌다는 것과 그가 신음 소리라는 특정 행동을 했다는 것을 관찰함으로써 철수가 고통이라는 심리 상태에 있다고 추론하는 것이다.

을 : 그러한 추론이 정당화되기 위해서는 내가 보기에 ㉠ A원리가 성립한다고 가정해야 한다. 그렇지 않다면, 특정 자극에 따른 철수의 행동으로부터 철수의 고통을 추론하는 것은 잘못이다. 그런데 A원리가 성립하는지는 아주 의심스럽다. 예를 들어, 로봇이 우리 인간과 유사하게 행동할 수 있다고 하더라도 로봇이 고통을 느낀다고 생각하는 것은 잘못일 것이다.

병 : 나도 A원리는 성립하지 않는다고 생각한다. 아무런 고통을 느끼지 못하는 사람이 있다고 해 보자. 그런데 그는 고통을 느끼는 척하는 방법을 배운다. 많은 연습 끝에 그는 신체적인 위해가 가해졌을 때 비명을 지르고 찡그리는 등 고통과 관련된 행동을 완벽하게 해낸다. 그렇지만 그가 고통을 느낀다고 생각하는 것은 잘못일 것이다.

정 : 나도 A원리는 성립하지 않는다고 생각한다. 위해가 가해져 고통을 느끼지만 비명을 지르는 등 고통과 관련된 행동은 전혀 하지 않는 사람도 있기 때문이다. 가령 고통을 느끼지만 그것을 표현하지 않고 잘 참는 사람도 많지 않은가? 그런 사람들을 예외적인 사람으로 치부할 수는 없다. 고통을 참는 것이 비정상적인 것은 아니다.

을 : 고통을 참는 사람들이 있고 그런 사람들이 비정상적인 것은 아니라는 데는 나도 동의한다. 하지만 그러한 사람의 존재가 내가 얘기한 A원리에 대한 반박 사례인 것은 아니다.

① 어떤 존재의 특정 심리상태 X가 관찰 가능할 경우, X는 항상 특정 자극에 따른 행동 Y와 동시에 발생한다.
② 어떤 존재의 특정 심리상태 X가 항상 특정 자극에 따른 행동 Y와 동시에 발생할 경우, X는 관찰 가능한 것이다.
③ 어떤 존재에게 특정 자극에 따른 행동 Y가 발생할 경우, 그 존재에게는 항상 특정 심리상태 X가 발생한다.
④ 어떤 존재에게 특정 심리상태 X가 발생할 경우, 그 존재에게는 항상 특정 자극에 따른 행동 Y가 발생한다.
⑤ 어떤 존재에게 특정 심리상태 X가 발생할 경우, 그 존재에게는 항상 특정 자극에 따른 행동 Y가 발생하고, 그 역도 성립한다.

CHAPTER 02
수리능력

출제유형 및 학습 전략

1 응용수리능력의 공식은 반드시 암기하라!

지문은 짧지만, 풀이 과정은 긴 문제도 자주 볼 수 있다. 그렇기 때문에 도서에 수록한 응용수리능력의 공식을 반드시 암기하여 문제의 상황에 맞는 공식을 적절하게 적용하여 답을 도출해야 한다. 따라서 문제에서 묻는 것을 정확하게 파악하여 그에 맞는 공식을 적절하게 적용하는 꾸준한 연습과 공식을 암기하는 연습이 필요하다.

2 통계에서의 사건이 동시에 발생하는지 혹은 개별적으로 발생하는지 구분하라!

통계에서는 사건이 개별적으로 발생했을 때, 경우의 수는 합의 법칙, 확률은 덧셈정리를 활용하여 계산하며, 사건이 동시에 발생했을 때, 경우의 수는 곱의 법칙, 확률은 곱셈정리를 활용하여 계산한다. 통계 문제에서의 사건 발생 여부만 잘 판단하여도 계산과 공식을 적용하기가 수월하므로 문제의 의도를 잘 파악하는 것이 중요하다.

3 자료의 해석은 자료에서 즉시 확인할 수 있는 지문부터 확인하라!

대부분의 공사·공단 취업준비생들이 어려워하는 영역이 수리영역 중 도표분석, 즉 자료해석능력이다. 자료는 표 또는 그래프로 제시되고, 쉬운 지문은 증가 혹은 감소 추이, 간단한 사칙연산으로 풀이가 가능한 지문 등이 있고, 어려운 지문은 자료의 조사기간 동안 전년 대비 증가율 혹은 감소율이 가장 높은 기간을 찾는 지문 등이 있다. 따라서 일단 증가·감소 추이와 같이 눈으로 확인이 가능한 지문을 먼저 확인한 후 복잡한 계산이 필요한 지문을 확인하는 방법으로 문제를 풀이한다면, 시간을 조금이라도 아낄 수 있다. 특히, 그래프와 같은 경우에는 그래프에 대한 특징을 알고 있다면, 그래프의 길이 혹은 높낮이 등으로 대강의 수치를 빠르게 확인이 가능하므로 이에 대한 숙지도 필요하다. 또한, ㄱ, ㄴ, ㄷ 등의 보기가 주어진 문제 역시 지문을 잘 확인하고 문제를 풀이한다면 불필요한 계산이 줄어들 수 있으므로 항상 지문부터 확인하는 습관을 들이기를 바란다.

4 도표작성능력에서 지문의 작성된 도표의 제목을 반드시 확인하라!

도표작성은 하나의 자료 혹은 보고서와 같은 수치가 표현된 자료를 도표로 작성하는 형식으로 출제되는데, 대체로 표보다는 그래프를 작성하는 형태로 많이 출제된다. 지문을 살펴보면 각 지문에서 주어진 도표에도 소제목이 있는 경우가 대부분이다. 이때, 자료의 수치와 도표의 제목이 일치하지 않는 경우의 함정이 존재하는 문제가 비중이 높으므로 도표의 제목을 반드시 확인하는 것이 중요하다.

SECTION 01 모듈이론

01 수리능력의 의의

(1) 수리능력의 기초

① 수리능력이란?

사칙연산과 기초적인 통계를 이해하고, 도표의 의미를 파악하거나 도표를 이용해서 결과를 효과적으로 제시하는 능력을 의미한다.

② 수리능력의 분류

분류	내용
기초연산능력	기초적인 사칙연산과 계산방법을 이해하고 활용하는 능력
기초통계능력	평균, 합계와 같은 기초적인 통계기법을 활용하여 자료의 특성과 경향성을 파악하는 능력
도표분석능력	도표의 의미를 파악하고, 필요한 정보를 해석하는 능력
도표작성능력	도표를 이용하여 결과를 효과적으로 제시하는 능력

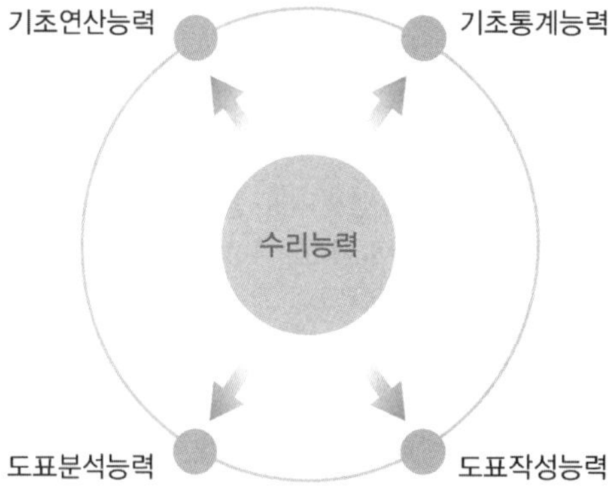

③ 수리능력의 중요성

㉠ 수학적 사고를 통한 문제해결

수학적 원리를 활용하면 업무 중 문제 해결이 더욱 쉽고 편해진다.

㉡ 직업세계의 변화에 적응

수리능력은 논리적이고 단계적인 학습을 통해서만 향상된다. 수십 년에 걸친 직업세계의 변화에 적응하기 위해 수리능력을 길러야 한다.

㉢ 실용적 가치의 구현

수리능력의 향상을 통해 일상생활과 업무수행에 필요한 수학적 지식을 습득하며, 생활수준의 발전에 따라 실용성도 늘어난다.

(2) 도표의 분석 및 해석

① 도표의 의의

내용을 선·그림·원 등으로 시각화하여 표현하는 것이며, 한 눈에 내용을 파악할 수 있다는 데에 그 특징이 있다.

② 도표작성의 목적

㉠ 타인에 대한 보고·설명 : 회의에서의 설명, 상급자에게 보고

㉡ 현재의 상황분석 : 상품별 매출액의 경향

㉢ 관리목적 : 진도표

③ 도표 작성시 주의사항

- 보기 쉽게 깨끗이 그린다.
- 하나의 도표에 여러 가지 내용을 넣지 않는다.
- 특별히 순서가 정해 있지 않는 것은 큰 것부터, 왼쪽에서 오른쪽으로, 또는 위에서 아래로 그린다.
- 눈금의 간격을 부적절하게 설정할 경우 수치가 왜곡될 수 있으므로 주의한다.
- 수치를 생략할 경우에는 잘못 이해하는 경우가 생기니 주의한다.
- 컴퓨터에 의한 전산 그래프를 최대한 이용한다.

④ 도표 해석시 주의사항

- 요구되는 지식의 수준
- 도표에 제시된 자료의 의미에 대한 정확한 숙지
- 도표로부터 알 수 있는 것과 없는 것의 구별
- 총량의 증가와 비율 증가의 구분
- 백분위수와 사분위수의 이해

⑤ 도표 해석 시 필요한 단위의 환산 기출

종류	단위 환산
길이	1cm=10mm, 1m=100cm, 1km=1,000m
넓이	$1cm^2=100mm^2$, $1m^2=10,000cm^2$, $1km^2=1,000,000m^2$
부피	$1cm^3=1,000mm^3$, $1m^3=1,000,000cm^3$, $1km^3=1,000,000,000m^3$
들이	$1m\ell=1cm^3$, $1d\ell=100cm^3=100m\ell$, $1\ell=1,000cm^3=10d\ell$
무게	1kg=1,000g, 1t=1,000kg=1,000,000g
시간	1분=60초, 1시간=60분=3,600초
할푼리	1푼=0.1할, 1리=0.01할

OX 문제

01 도표는 연산의 결과를 확인하기 위해 작성한다. [ ]

02 수리능력이 중요한 이유로는 수학적 사고를 통한 문제해결, 직업세계의 변화에 적응, 실용적 가치의 구현, 정확하고 간결한 의사소통 등을 들 수 있다. [ ]

01 [×] 도표는 '보고 · 설명을 하기 위해', '상황분석을 위해', '관리 목적으로' 사용되며, 연산의 결과를 확인하기 위해 작성하는 것은 아니다.

02 [O]

02 기초연산능력

(1) 사칙연산과 검산

① 사칙연산의 의의 기출

수에 관한 덧셈, 뺄셈, 곱셈, 나눗셈의 네 종류의 계산법으로, 사칙계산이라고도 한다. 특히 업무를 원활하게 수행하기 위해서는 기본적인 사칙연산뿐만 아니라 복잡한 사칙연산까지도 수행할 수 있어야 한다.

② 기초연산능력이 요구되는 상황

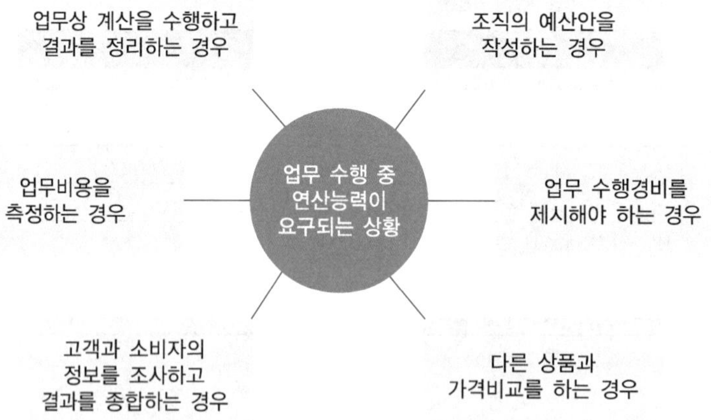

③ 검산

㉠ 검산의 의의

연산의 결과를 확인하는 과정을 의미하며, 업무를 수행하는데 있어서 연산의 결과를 확인하는 검산과정을 거치는 것은 필수적이다.

㉡ 검산방법의 종류 기출

역연산법	본래의 풀이와 반대로 연산을 해가면서 본래의 답이 맞는지를 확인해나가는 방법
구거법	원래의 수와 각자리 수의 합이 9로 나눈 나머지와 같다는 원리를 이용하는 것으로, 각각의 수를 9로 나눈 나머지가 같은지를 확인하는 방법

㉢ 구거법의 예

3,456+341=3,797에서 좌변의 3+4+5+6을 9로 나눈 나머지는 0, 3+4+1을 9로 나눈 나머지는 8이고, 우변의 3+7+9+7을 9로 나눈 나머지는 8인데, 구거법에 의하면 좌변의 나머지의 합(8)과 우변의 나머지(8)가 같으므로 이 계산은 옳은 것이 된다.

(2) 응용수리

① 방정식 · 부등식의 활용

㉠ 거리 · 속력 · 시간

$$(\text{거리})=(\text{속력})\times(\text{시간}),\ (\text{속력})=\frac{(\text{거리})}{(\text{시간})},\ (\text{시간})=\frac{(\text{거리})}{(\text{속력})}$$

㉡ 농도

$$[\text{소금물의 농도}(\%)]=\frac{(\text{소금의 양})}{(\text{소금물의 양})}\times 100,\ (\text{소금의 양})=\frac{[\text{소금물의 농도}(\%)]}{100}\times(\text{소금물의 양})$$

㉢ 비율

$$x\text{가 } a\%\text{ 증가 : } x\times\left(1+\frac{a}{100}\right),\ x\text{가 } a\%\text{ 감소 : } x\times\left(1-\frac{a}{100}\right)$$

㉣ 금액

i) (정가)=(원가)+(이익), (이익)=(원가)×(이율)

ii) a원에서 b% 할인한 가격$=a\times\left(1-\frac{b}{100}\right)$

iii) 단리법 · 복리법(원금 : a, 이율 : r, 기간 : n, 원리합계 : S)

단리법	복리법
• 정의 : 원금에 대해서만 약정된 이자율과 기간을 곱해 이자를 계산 • $S=a\times(1+r\times n)$	• 정의 : 원금에 대한 이자를 가산한 후 이 합계액을 새로운 원금으로 계산 • $S=a\times(1+r)^n$

㉤ 날짜 · 요일

i) 1일=24시간=1,440(=24×60)분=86,400(=1,440×60)초

ii) 월별 일수 : 1, 3, 5, 7, 8, 10, 12월은 31일, 4, 6, 9, 11월은 30일, 2월은 28일 또는 29일

iii) 윤년(2월 29일)은 4년에 1번

㉥ 시계

i) 시침이 1시간 동안 이동하는 각도 : $\frac{360°}{12}=30°$

ii) 시침이 1분 동안 이동하는 각도 : $\frac{30°}{60}=0.5°$

iii) 분침이 1분 동안 이동하는 각도 : $\frac{360°}{60}=6°$

㉦ 수

i) 연속한 두 자연수 : x, $x+1$

ii) 연속한 세 자연수 : $x-1$, x, $x+1$

iii) 연속한 두 짝수(홀수) : x, $x+2$

iv) 연속한 세 짝수(홀수) : $x-2$, x, $x+2$

v) 십의 자릿수가 x, 일의 자릿수가 y인 두 자리 자연수 : $10x+y$

vi) 백의 자릿수가 x, 십의 자릿수가 y, 일의 자릿수가 z인 세 자리 자연수 : $100x+10y+z$

② 경우의 수

㉠ 어떤 사건이 일어날 수 있는 모든 가짓수

㉡ 합의 법칙 : 두 사건 A와 B가 동시에 일어나지 않을 때, 사건 A가 일어나는 경우의 수를 m, 사건 B가 일어나는 경우의 수를 n이라 하면, 사건 A 또는 B가 일어나는 경우의 수는 $(m+n)$이다.

㉢ 곱의 법칙 : 사건 A가 일어나는 경우의 수를 m, 사건 B가 일어나는 경우의 수를 n이라 하면, 사건 A와 B가 동시에 일어나는 경우의 수는 $(m\times n)$이다.

③ 순열 · 조합

순열	조합
• 서로 다른 n개에서 r개를 순서대로 나열하는 경우의 수	• 서로 다른 n개에서 r개를 순서에 상관없이 나열하는 경우의 수
• ${}_{n}P_{r}=\frac{n!}{(n-r)!}$	• ${}_{n}C_{r}=\frac{n!}{(n-r)!\times r!}$
• ${}_{n}P_{n}=n!$, $0!=1$, ${}_{n}P_{0}=1$	• ${}_{n}C_{r}={}_{n}C_{n-r}$, ${}_{n}C_{0}={}_{n}C_{n}=1$

④ 확률

㉠ (사건 A가 일어날 확률)$=\frac{(\text{사건 A가 일어나는 경우의 수})}{(\text{모든 경우의 수})}$

㉡ 여사건의 확률 : 사건 A가 일어날 확률이 p일 때, 사건 A가 일어나지 않을 확률은 $(1-p)$이다.

㉢ 확률의 덧셈정리 : 두 사건 A, B가 동시에 일어나지 않을 때 A가 일어날 확률을 p, B가 일어날 확률을 q라고 하면, 사건 A 또는 B가 일어날 확률은 $(p+q)$이다.

㉣ 확률의 곱셈정리 : A가 일어날 확률을 p, B가 일어날 확률을 q라고 하면, 사건 A와 B가 동시에 일어날 확률은 $(p\times q)$이다.

03 기초통계능력

(1) 통계의 의의

① 통계란?

집단현상에 대한 구체적인 양적 기술을 반영하는 숫자를 의미하며, 특히 사회집단 또는 자연집단의 상황을 숫자로 나타낸 것을 말한다.

② 통계의 기능 기출

- 많은 수량적 자료를 처리가능하고 쉽게 이해할 수 있는 형태로 축소시킨다.
- 표본을 통해 연구대상 집단의 특성을 유추할 수 있게 한다.
- 의사결정의 보조수단으로 이용된다.
- 관찰가능한 자료를 통해 논리적으로 결론을 추출·검증할 수 있게 한다.

③ 통계의 속성

㉠ 단위와 표지

집단을 구성하는 각 개체를 단위라 하며, 단위가 가지고 있는 공통의 성질을 표지라고 한다.

㉡ 표지의 분류

속성통계	질적인 표지	남녀, 산업, 직업 등
변수통계	양적인 표지	연령, 소득금액 등

(2) 통계자료의 해석 기출

① 기본적인 통계치

종류	내용
빈도	어떤 사건이 일어나거나 증상이 나타나는 정도
빈도분포	빈도를 표나 그래프로 종합적이면서도 일목요연하게 표시하는 것
평균	모든 사례의 수치를 합한 후 총 사례 수로 나눈 값
백분율	백분비라고도 하며, 전체의 수량을 100으로 하여, 해당되는 수량이 그 중 몇이 되는가를 가리키는 수를 %로 나타낸 것
범위	분포의 흩어진 정도를 가장 간단히 알아보는 방법으로, 최고값에서 최저값을 뺀 값을 의미
분산	각 관찰값과 평균값과의 차이를 제곱한 값의 평균을 의미하며, 구체적으로는 각 관찰값과 평균값과의 차이를 제곱한 값을 모두 합하여 개체의 수로 나눈 값
표준편차	분산의 제곱근 값을 의미하며, 개념적으로는 평균으로부터 얼마나 떨어져 있는가를 나타내는 개념으로 분산과 개념적으로 동일함

② 다섯 숫자 요약

종류	내용
최솟값(m)	원자료 중 값의 크기가 가장 작은 값
최댓값(M)	원자료 중 값의 크기가 가장 큰 값
중앙값(Q_2)	최솟값부터 최댓값까지 크기에 의하여 배열하였을 때 중앙에 위치하는 값
하위 25%값(Q_1)	원자료를 크기순으로 배열하여 4등분한 값을 의미하며, 백분위 수의 관점에서 25백분위수, 제75백분위수로 표기
상위 25%값(Q_3)	

③ 평균값과 중앙값

㉠ 원자료에 대한 대푯값으로써 평균값과 중앙값은 엄연히 다른 개념이지만 모두 중요한 역할을 하게 되므로 통계값을 제시할 때에는 어느 수치를 이용했는지를 명확하게 제시해야 한다.

㉡ 평균값이 중앙값보다 높다는 의미는 자료 중에 매우 큰 값이 일부 있음을 의미하며, 이와 같은 경우는 평균값과 중앙값 모두를 제시해줄 필요가 있다.

OX 문제

01 통계란 선 · 그림 · 원 등으로 그림을 그려서 내용을 시각적으로 표현하여, 다른 사람이 한눈에 자신의 주장을 알아볼 수 있게 한 것이다. [ ]

02 통계는 관찰 가능한 자료를 통해 논리적으로 어떠한 결론을 추출 · 검증한다. [ ]

03 평균은 관찰값(자료값) 전부에 대한 정보를 담고 있으나, 극단적인 값이나 이질적인 값에 의해 쉽게 영향을 받아 전체를 바르게 대표하지 못할 가능성이 있다. [ ]

04 빈도란 어떤 사건이 일어나거나 증상이 나타나는 정도를 말한다. [ ]

05 통계란 어떤 현상의 상태를 양으로 나타낸 것이다. [ ]

01 [×] 통계가 아닌 도표에 대한 설명이다.

02 [○]

03 [○]

04 [○]

05 [○]

04 도표분석능력

(1) 도표의 활용 기출

종류	내용
선 그래프	시간적 추이(시계열 변화)를 표시할 때 적합 예 년도별 매출액 추이 변화
막대 그래프	수량간의 대소 관계를 비교하고자 할 때 적합 예 영업소별 매출액
원 그래프	내용의 구성비를 분할하여 나타내고자 할 때 적합 예 제품별 매출액 구성비
점 그래프	지역분포를 비롯한 기업 등의 평가나 위치, 성격을 표시할 때 적합 예 광고비율과 이익률의 관계
층별 그래프	합계와 각 부분의 크기를 백분율로 나타내고 시간적 변화를 보고자 할 때 적합 예 상품별 매출액 추이
거미줄 그래프	다양한 요소를 비교할 때 적합 예 매출액의 계절변동

(2) 도표의 형태별 특징 기출

① 선 그래프

시간의 경과에 따라 수량에 의한 변화의 상황을 선의 기울기로 나타내는 그래프로, 시간적 변화에 따른 수량의 변화를 표현하기에 적합하다.

〈중학교 장학금, 학비감면 수혜현황〉

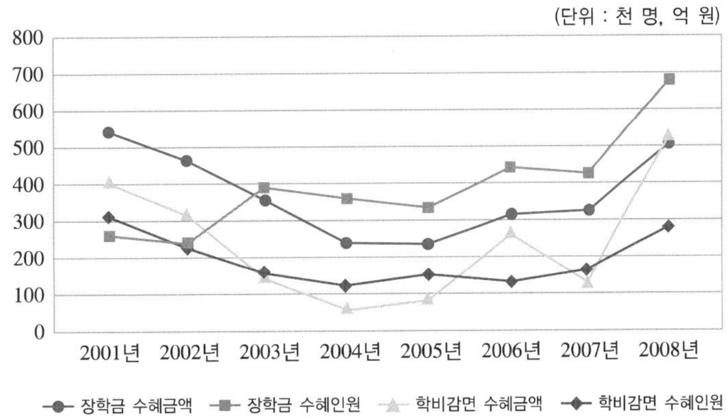

② 막대 그래프

비교하고자 하는 수량을 막대 길이로 표시하고 그 길이를 비교하여 각 수량간의 대소관계를 나타내는 그래프로, 전체에 대한 구성비를 표현할 때 다양하게 활용할 수 있다.

〈연도별 암 발생 추이〉

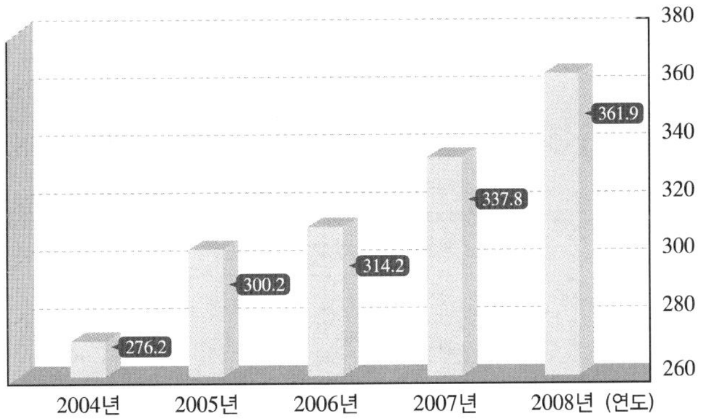

③ 원 그래프

내용의 구성비를 원을 분할하여 작성하는 그래프로, 전체에 대한 구성비를 표현할 때 다양하게 활용할 수 있다.

〈입후보자의 득표수〉

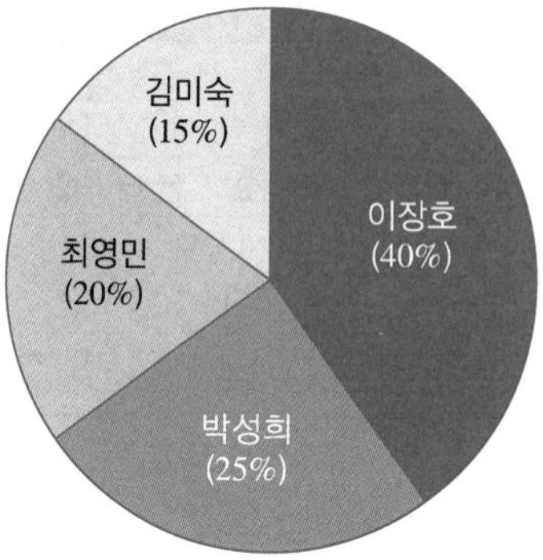

④ 층별 그래프

선의 움직임보다는 선과 선 사이의 크기로써 데이터 변화를 나타내는 그래프로, 시간적 변화에 따른 구성비의 변화를 표현하고자 할 때 활용할 수 있다.

〈우리나라 세계유산 현황〉

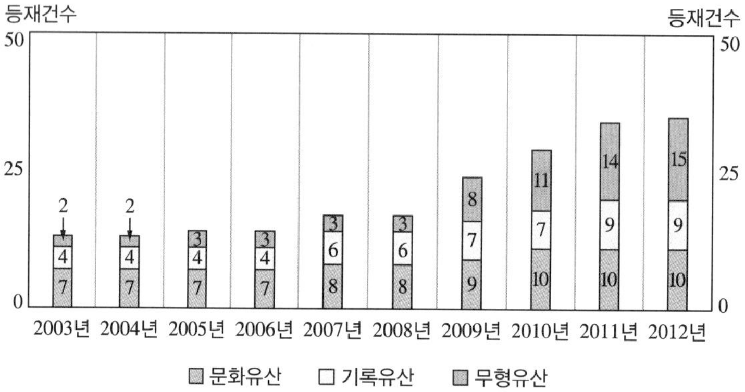

⑤ 점 그래프

종축과 횡축에 두 개의 요소를 두고, 각 항목이 어떤 위치에 있는가를 알고자 하는데 쓰인다.

〈OECD 국가의 대학졸업자 취업률 및 경제활동인구 비중〉

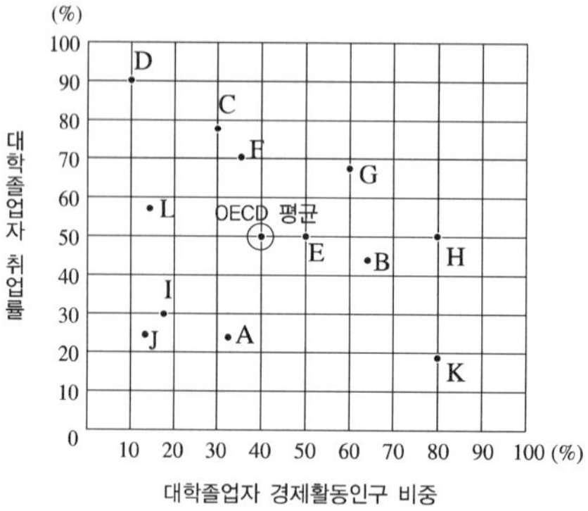

⑥ 거미줄 그래프(레이더 차트)

비교하는 수량을 직경으로 나누어 원의 중심에서의 거리에 따라 각각의 관계를 나타낸다.

〈외환위기 전후 한국의 경제상황〉

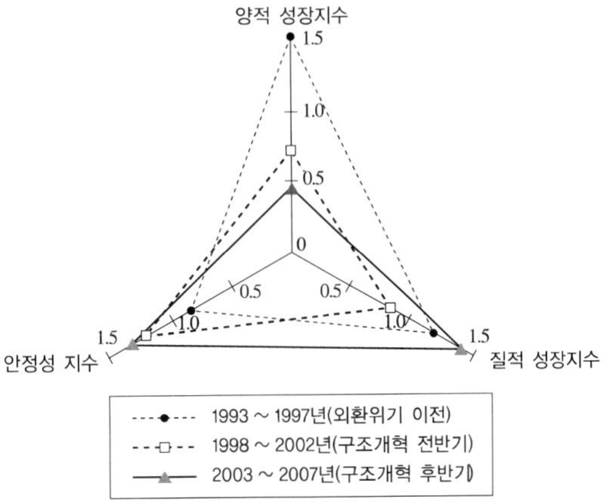

OX 문제

01 원 그래프는 내역이나 내용의 구성비를 분할하여 나타내고자 하는 경우에 작성하며, 선 그래프는 꺾은선으로 시간적 추이를 표시하고자 할 때 작성한다. [ ]

02 그래프 중에서 다양한 요소의 비교를 가장 잘 나타내는 것은 방사형 그래프이다. [ ]

03 그래프 중에서 자료의 분포상태를 가장 잘 나타내는 것은 점 그래프이다. [ ]

01 [○]

02 [○]

03 [○]

05 도표작성능력

(1) 도표의 작성절차 기출

작성하려는 도표의 종류 결정

⬇

가로축과 세로축에 나타낼 것을 결정

⬇

가로축과 세로축의 눈금의 크기 결정

⬇

자료를 가로축과 세로축이 만나는 곳에 표시

⬇

표시된 점에 따라 도표 작성

⬇

도표의 제목 및 단위 표기

(2) 도표 작성시 유의사항

① 선 그래프

- 세로축에 수량(금액, 매출액 등), 가로축에 명칭 구분(연, 월, 장소 등)을 표시하고 축의 모양은 L자형으로 하는 것이 일반적이다.
- 선의 높이에 따라 수치를 파악하는 경우가 많으므로 세로축의 눈금을 가로축의 눈금보다 크게 하는 것이 효과적이다.
- 선이 두 종류 이상인 경우는 각각에 대해 명칭을 기입해야 하며, 중요한 선을 다른 선보다 굵게 하는 등의 노력을 기울일 필요가 있다.

② 막대 그래프

- 세로형이 보다 일반적이나 가로형으로 작성할 경우 사방을 틀로 싸는 것이 좋다.
- 가로축은 명칭 구분(연, 월, 장소 등), 세로축은 수량(금액, 매출액)을 표시하는 것이 일반적이다.
- 막대의 수가 많은 경우에는 눈금선을 기입하는 것이 알아보기에 좋다.
- 막대의 폭은 모두 같게 하여야 한다.

③ 원 그래프

- 12시의 선을 시작선으로 하며, 이를 기점으로 하여 오른쪽으로 그리는 것이 일반적이다.
- 구성비율이 큰 순서로 그리되, '기타' 항목은 구성비율의 크기에 관계없이 가장 뒤에 그린다.
- 각 항목의 명칭은 같은 방향으로 기록하는 것이 일반적이나, 각도가 작아서 명칭을 기록하기 힘든 경우에는 지시선을 사용하여 기록한다.

④ 층별 그래프

- 가로로 할 것인지 세로로 할 것인지는 작성자의 기호나 공간에 따라 판단하나, 구성비율 그래프는 가로로 작성하는 것이 좋다.
- 눈금은 선 그래프나 막대 그래프보다 적게 하고 눈금선을 넣지 않아야 하며, 층별로 색이나 모양이 모두 완전히 다른 것이어야 한다.
- 세로 방향일 경우 위로부터 아래로, 가로 방향일 경우 왼쪽에서 오른쪽으로 나열하면 보기가 좋다.

(3) 도수분포표의 작성

① 도수분포표의 의의

자료의 범위가 넓은 연속적 변수인 경우에 사용하는 것으로, 각 계급을 중복되지 않는 일정한 구간으로 정하여 그 구간에 속하는 자료의 개수를 정리한 것을 말한다.

〈도수분포표의 예〉

계급구간(초임연봉)	도수	상대도수	누적도수	누적상대도수
1,500만 원 미만	15	0.15	15	0.15
1,500만 원 이상 2,000만 원 미만	45	0.45	60	0.60
2,000만 원 이상 2,500만 원 미만	25	0.25	85	0.85
2,500만 원 이상 3,000만 원 미만	10	0.10	95	0.95
3,000만 원 이상	5	0.05	100	1.00
계	100	1.00	–	–

② 도수분포표의 작성원칙

- 각 구간의 폭은 같은 것이 바람직하다.
- 계급의 수는 분포의 특성이 나타날 수 있게 6개 이상 15개 미만이 바람직하다.
- 계급에 속하는 도수가 없거나 너무 적지 않게 구간을 결정한다.
- 극한값을 반영하기 위하여 제일 아래 계급이나 위 계급을 개방할 수도 있다.

③ 도수분포표의 작성절차

- 1단계 : 자료의 최댓값과 최솟값을 찾아 범위(=최댓값−최솟값)를 구한다.
- 2단계 : 자료의 수와 범위를 고려하여 계급의 수를 잠정적으로 결정한다.
- 3단계 : 잠정적으로 계급의 폭(=범위/계급의 수)를 올림하여 소수를 정리한 후 계급의 폭을 조정한다.
- 4단계 : 첫 계급의 하한과 마지막 계급의 상한을 조정한다(계급의 시작은 0, 1, 5, 10으로, 상한은 0, 5, 9, 10으로 정하는 것이 바람직하다).
- 5단계 : 각 계급에 속하는 도수 등을 계산한다.

OX 문제

01 원 그래프를 작성할 때 '기타' 항목의 구성비율이 가장 큰 경우에는 가장 앞에 그리는 것이 좋다. [ ]

02 막대 그래프를 작성할 때에는 막대의 폭은 모두 같도록 하여야 한다. [ ]

03 엑셀 프로그램을 활용하여 그래프를 그릴 때는 풀다운 메뉴 중 삽입을 사용한다. [ ]

04 층별 그래프를 작성할 때에는 층별로 색이나 모양은 다르게 하고, 같은 항목끼리는 선으로 연결하여 보기 쉽도록 하는 것이 좋다. [ ]

05 엑셀 프로그램을 활용하여 그래프를 그리는 경우, 범례는 별도로 작성하여 붙여넣기를 해야 한다. [ ]

01 [×] 원 그래프를 작성할 때에는 '기타' 항목의 구성비율이 가장 크다고 할지라도 가장 마지막에 그리는 것이 좋다.

02 [○]

03 [○]

04 [○]

05 [×] 별도로 작성하는 것이 아니라 그래프를 작성할 때에 같이 입력한다.

SECTION 02 수리능력 맛보기

01 제시된 자료를 도표로 나타내고자 할 때 적절한 유형을 〈보기〉에서 고른 것은?

〈N타이어 전국 가맹점 연간 매출액〉

(단위 : 억 원)

가맹점	2017년	2018년	2019년	2020년
서울 1호점	120	150	180	280
부산 2호점	150	140	135	110
대구 3호점	30	70	100	160

보기

㉠ 원 그래프
㉡ 점 그래프
㉢ 띠 그래프
㉣ 선 그래프
㉤ 꺾은선 그래프

① ㉠
② ㉡
③ ㉢
④ ㉣
⑤ ㉤

Key Point

단순히 문제풀이를 위해서 뿐만 아니라 도표는 우리 삶의 여러 부분에서 다양하게 활용되며, 활용되는 국면에 따라 활용되는 도표의 종류를 달리할 필요가 있다. 따라서 업무 수행을 원활하게 하기 위해서는 각각의 도표가 어떤 경우에 활용되는지에 대해 숙지하고 있을 필요가 있다.

정답 ④

선 그래프는 시간의 경과에 따른 수량의 변화를 선의 기울기로 나타내는 그래프로서, 해당 자료를 표현하기에 적절하다.

오답분석

① 원 그래프 : 작성 시, 정각 12시의 선을 시작선으로 하며, 이를 기점으로 하여 오른쪽으로 그리는 것이 보통이다. 또한 분할선은 구성비율이 큰 순서로 그리되, '기타' 항목은 구성비율의 크기에 관계없이 가장 뒤에 그리는 것이 일반적이다.
② 점 그래프 : 지역분포를 비롯하여 도시, 지방, 기업, 상품 등의 평가나 위치, 성격 등을 표시하는 데 주로 이용된다.
③ 띠 그래프 : 전체에 대한 부분의 비율을 나타내는 데 많이 쓰인다.
⑤ 꺾은선 그래프 : 시간이 흐름에 따라 변해가는 모습을 나타내는 데 많이 쓰이며, 날씨 변화, 에너지 사용 증가율, 물가의 변화 등을 나타내기에는 막대 그래프보다 꺾은선 그래프가 유용하다. 그래서 꺾은선 그래프를 읽을 때는 변화의 추이를 염두에 두고 자료를 분석하는 것이 좋다.

02 다음은 2021년 극한기후 유형별 발생일수와 발생지수에 관한 자료이다. 자료에 따라 2021년 극한기후 유형별 발생지수를 산출할 때, 이에 대한 설명으로 옳은 것은?

〈2021년 극한기후 유형별 발생일수와 발생지수〉

유형	폭염	한파	호우	대설	강풍
발생일수(일)	16	5	3	0	1
발생지수	5.00	( )	( )	1.00	( )

※ 극한기후 유형은 폭염, 한파, 호우, 대설, 강풍만 존재함

〈산정식〉

(극한기후 발생지수)$=4\times\left(\frac{A-B}{C-B}\right)+1$

- A=당해년도 해당 극한기후 유형 발생일수
- B=당해년도 폭염, 한파, 호우, 대설, 강풍의 발생일수 중 최솟값
- C=당해년도 폭염, 한파, 호우, 대설, 강풍의 발생일수 중 최댓값

① 발생지수가 가장 높은 유형은 한파이다.
② 호우의 발생지수는 2.00 이상이다.
③ 대설과 강풍의 발생지수의 합은 호우의 발생지수보다 크다.
④ 극한기후 유형별 발생지수의 평균은 3.00 이상이다.
⑤ 폭염의 발생지수는 강풍의 발생지수의 5배이다.

Key Point

빈칸이 4개 이하이면서 덧셈, 뺄셈과 같이 간단한 사칙연산으로만 이루어진 경우에는 미리 채워놓고 시작하는 것이 현명하다. 표의 크기가 작고, 빈칸의 개수가 적을수록 그것이 선택지에 활용될 가능성은 높아지며, 빈칸이 4개 이하라면 확실하다고 봐도 무방하다. 하지만 반대로 빈칸의 수가 적더라도 항목의 수가 많은 경우라면 기계적으로 먼저 채워놓기보다는 일단 선택지를 보고 판단하는 것이 좋다. 자료의 크기가 커진다면 꼭 그 빈칸이 아니더라도 선택지로 활용될 수 있는 것들이 많아지기 때문이다.

정답 ③

먼저 산정식에서 B는 0이고, C는 16이므로 극한기후 발생지수 산정식은 $\frac{A}{4}+1$로 단순화시킬 수 있다. 이를 이용하여 빈칸을 채워 넣으면 다음과 같다.

유형	폭염	한파	호우	대설	강풍
발생일수(일)	16	5	3	0	1
발생지수	5.00	$\frac{9}{4}$	$\frac{7}{4}$	1.00	$\frac{5}{4}$

대설(1.00)과 강풍$\left(\frac{5}{4}\right)$의 발생지수의 합은 $\frac{9}{4}$이므로, 호우의 발생지수 $\frac{7}{4}$보다 크다. 따라서 옳은 내용이다.

오답분석

① 발생지수가 가장 높은 것은 폭염(5.00)이므로 옳지 않은 내용이다.

② 호우의 발생지수는 $\frac{7}{4}$이므로 2.00에 미치지 못한다. 따라서 옳지 않은 내용이다.

④ 제시된 극한기후 유형별 발생지수를 모두 더하면 $\frac{(20+9+7+4+5)}{4}=\frac{45}{4}$이므로, 이의 평균은 $\left(\frac{45}{20}=\frac{9}{4}\right)$임을 알 수 있다. 이는 3에 미치지 못하는 수치이므로 옳지 않은 내용이다.

⑤ 폭염의 발생지수는 $\frac{20}{4}$이고, 강풍의 발생지수는 $\frac{5}{4}$이므로 전자는 후자의 4배이다. 따라서 옳지 않은 내용이다.

SECTION 03 대표유형 적중문제

정답 및 해설 p.54

01 모듈형

※ 다음 글을 읽고 물음에 답하시오. [1~2]

A기업에서는 매년 인사평가로 팀 평가를 실시한다. 홍보팀의 박채은 팀장은 자신의 팀원 김진주, 박한열, 최성우, 정민우 사원에 대해 25점 만점 기준으로 평가 점수를 부여하였다. 네 사람의 평가 점수는 다음과 같다.

- 김진주는 22점이다.
- 최성우와 정민우의 점수의 합은 김진주의 점수와 같다.
- 박한열은 김진주보다 5점이 적다.
- 김진주와 박한열의 점수 차보다 최성우와 정민우의 점수 차가 1점 더 많다.
- 네 명의 점수 합은 61점이다.

01 윗글을 통해 유추했을 때, 김진주와 정민우의 점수의 합은? 난이도 하

① 30
② 33
③ 35
④ 37
⑤ 39

02 김진주, 박한열, 최성우, 정민우 사원의 점수를 도출한 뒤 값이 맞는지 확인하기 위해 아래와 같은 검산 과정을 거쳤다. 해당하는 검산법은 무엇인가? 난이도 하

"김진주 점수+박한열 점수+최성우 점수+정민우 점수=61"로 계산식을 만들었을 때, 좌변에 제시된 수들을 9로 나눈 나머지와 우변에 제시된 수들을 9로 나눈 나머지가 같은지 확인해 봐야겠군.

① 역연산
② 단위환산
③ 구거법
④ 사칙연산
⑤ 산술평균

※ 다음 글을 읽고 물음에 답하시오. [3~4]

B기업에는 2022년도 상반기 신입사원 50명을 대상으로 보고서 작성 관련 교육을 진행하였다. 교육이 모두 끝난 후, 교육을 이수한 신입사원을 대상으로 설문조사를 실시하였다. 설문 문항은 총 5문항이며, 전반적인 강의 만족도, 교육 강사의 전문성, 강의 장소 및 시간에 대한 만족도, 강의 내용의 도움 정도, 향후 타 강의 참여 의향에 대해 질문하였다. 각 문항은 '매우 그렇다', '그렇다', '보통이다', '그렇지 않다', '매우 그렇지 않다'로 답변할 수 있도록 설문지를 구성하였다.
다음 표는 각 문항에 대하여 '매우 그렇다'와 '그렇다'라고 답변한 빈도와 백분율을 나타낸 것이다.

〈2022년도 상반기 보고서 작성 세미나 만족도 조사 결과 – 긍정 답변〉

구분	빈도	백분율
1. 나는 전반적으로 교육에 대해 만족한다.	30	㉠
2. 교육 강사의 전문성에 대해 만족하였다.	25	㉡
3. 강의 공간과 강의 시간에 대해 만족하였다.	48	㉢
4. 강의 내용은 향후 업무 수행에 도움이 될 것이다.	41	㉣
5. 향후 비슷한 강의가 있다면 참여하고 싶다.	30	㉤

03 B기업 인사팀 A씨는 각 만족도 문항의 긍정 답변에 대해 백분율을 산출하려고 한다. 위 지문에 ㉠, ㉡, ㉢, ㉣, ㉤에 들어갈 내용으로 가장 올바르게 짝지어진 것은?(단, 소수점 둘째 자리에서 반올림한다) 난이도 하

	㉠	㉡	㉢	㉣	㉤
①	30%	25%	48%	41%	60%
②	15%	12.5%	24%	20.5%	15%
③	35%	30%	53%	46%	46%
④	60%	50%	96%	82%	60%
⑤	30%	35%	60%	41%	96%

04 B기업은 매년 신입사원 교육을 S교육 컨설팅에게 의뢰하여 진행하고 있는데, 매년 재계약 여부를 만족도 조사 점수를 통해 결정한다. B기업은 올해 만족도 조사 점수가 낮아 내년에도 S교육 컨설팅에게 교육을 맡겨야 하는지 고민 중이다. B기업이 만족도 점수 통계 결과를 활용한 내용에 대해 가장 적절한 것은? 난이도 하

① 관찰 가능한 자료를 통해 논리적으로 어떠한 결론을 추출 또는 검증한다.
② 의사결정의 보조적인 수단으로 활용하였다.
③ 표본을 통해 연구대상 집단의 특성을 유추한다.
④ 많은 수량적 자료를 처리가능하고 쉽게 이해할 수 있는 형태로 축소한다.
⑤ 불확실성을 제거해 일반화를 이루는데 도움이 된다.

※ 다음은 A기업의 구매팀에서 자재 구입을 위해 필요한 정보를 기록해 놓은 것이다. 물음에 답하시오. [5~6]

단위	단위환산		
길이	1cm=10mm	1m=100cm	1km=1,000m
㉠	$1cm^2=100mm^2$	$1m^2=10,000cm^2$	$1km^2=1,000,000m^2$
부피	$1cm^3=1,000mm^3$	$1m^3=1,000,000cm^3$	$1km^3=1,000,000,000m^3$

- A제품 1개를 제작하기 위해서는 ⓐ부품 1,480mm, ⓑ부품 0.0148km가 필요하다.
- ⓐ부품 보관을 위해 할당된 창고는 $410m^2$, ⓑ부품 보관을 위해 할당된 창고는 $100m^2$이다.

05 다음 중 빈칸 ㉠에 들어갈 말로 알맞은 것은? 난이도 하

① 들이
② 무게
③ 할푼리
④ 넓이
⑤ 속도

06 윗글을 읽고 이해한 내용으로 옳지 않은 것은? 난이도 하

① A제품 1개를 만드는데 ⓐ부품 1.48m, ⓑ부품 14.8m가 필요하다.
② ⓐ부품이 10m가 있다면, A제품 6개를 만들 수 있다(ⓑ부품은 고려하지 않는다).
③ A제품 1개를 만드는데 필요한 ⓐ부품과 ⓑ부품 길이의 합은 1,628cm이다.
④ ⓐ와 ⓑ부품의 보관을 위해 할당된 창고는 총 $0.51km^2$이다.
⑤ A부품 6개를 만드는 데에 ⓑ부품 88,800mm가 필요하다.

※ 다음은 K개발공사의 직원 평균보수 현황이다. 물음에 답하시오. **[7~8]**

〈K개발공사의 직원 평균보수 현황〉

(단위 : 천 원, 명, 월)

구분	2016년 결산	2017년 결산	2018년 결산	2019년 결산	2020년 결산	2021년 결산
월 급여 (A+B+C+D+E+F)	71,740	74,182	73,499	70,575	71,386	69,663
(A) 기본급	53,197	53,694	53,881	53,006	53,596	53,603
(B) 고정수당	859	824	760	696	776	789
(C) 실적수당	6,620	7,575	7,216	5,777	5,712	6,459
(D) 급여성 복리후생비	866	963	967	1,094	1,118	1,291
(E) 경영평과 성과급	1,508	1,828	1,638	1,462	1,566	0
(F) 기타 성과상여금	8,690	9,298	9,037	8,540	8,618	7,521
1인당 평균 보수액	70,232	72,354	71,861	69,113	69,821	69,665
(남성)	0	0	79,351	76,332	77,142	69,665
(여성)	0	0	56,802	55,671	57,250	69,665
상시 종업원 수	505.66	500.13	522.06	554.40	560.92	580.00
(남성)	0	0	348.66	360.67	354.49	367.00
(여성)	0	0	173.40	193.73	206.43	213.00
평균근속연수	205.32	202.68	196.08	191.76	189.95	188.80
(남성)	0	0	220.68	221.64	224.72	230.67
(여성)	0	0	135.72	139.32	132.55	143.32

※ 경영평가 성과급의 경우 당해 연도 예산은 경영평가 결과 미확정으로 0으로 기재

※ 현재 2022년 1월

07 다음 중 자료에 대한 설명으로 옳은 것은?

난이도 중

① 5천만 원이 넘는 기본급이 2016년 이후 지속적으로 증가하고 있다.

② 평균근속연수가 2016년 이후 지속적으로 감소하고 있으며, 남성 직원이 여성 직원보다 재직기간이 긴 편이다.

③ 1인당 평균 보수액은 2016년 이후 지속적으로 증가하고 있다.

④ 상시 종업원 수가 2016년 이후 지속적으로 늘고 있으며, 2021년 기준 여성 직원의 비율은 아직까지 32%대에 머물고 있다.

⑤ 1인당 평균 보수액은 남성 직원이 여성 직원보다 매년 높다.

08 월 급여에서 A ~ F 각 항목이 각각 차지하는 구성비를 나타내는 차트를 작성하려고 한다. 활용하기에 가장 적절한 그래프의 형태는 무엇인가?

난이도 하

① 점 그래프
② 방사형 그래프
③ 원 그래프
④ 막대 그래프
⑤ 선 그래프

09 슬기, 효진, 은경, 민지, 은빈 5명은 여름휴가를 떠나기 전 원피스를 사러 백화점에 갔다. 모두 마음에 드는 원피스 하나를 발견해 각자 원하는 색깔의 원피스를 고르기로 하였다. 원피스가 노란색 2벌, 파란색 2벌, 초록색 1벌이 있을 때, 5명이 각자 한 벌씩 고를 수 있는 경우의 수는 얼마인가? 난이도 하

① 28가지
② 30가지
③ 32가지
④ 34가지
⑤ 36가지

10 5%의 소금물 800g에서 물이 증발된 후 소금 30g을 더 넣었더니 14%의 소금물이 되었다. 증발된 물의 양은 몇 g인가? 난이도 하

① 230g
② 250g
③ 280g
④ 330g
⑤ 350g

11 진희는 자전거 뒷좌석에 동생을 태우고 10km/h의 속력으로 회사에 가는데, 회사 가는 도중 어린이집에 동생을 내려주고, 아까의 1.4배 속력으로 다시 회사에 간다. 진희의 집에서 회사까지의 거리는 12km이고, 진희가 8시에 집에서 나와 9시에 회사에 도착하였다면, 진희가 어린이집에서 출발한 시각은 언제인가? 난이도 하

① 8시 25분
② 8시 30분
③ 8시 35분
④ 8시 40분
⑤ 8시 45분

12 C회사는 사옥 옥상 정원에 있는 가로 644cm, 세로 476cm인 직사각형 모양의 뜰 가장자리에 조명을 설치하려고 한다. 네 모퉁이에는 반드시 조명을 설치하고, 일정한 간격으로 조명을 추가 배열하려고 할 때, 필요한 조명의 최소 개수는?(단, 조명의 크기는 고려하지 않는다) 난이도 하

① 68개
② 72개
③ 76개
④ 80개
⑤ 84개

13 둘레가 600m인 호수가 있다. 서희와 소정이가 각각 자전거를 타고 같은 지점에서 서로 반대 방향으로 동시에 출발하여 각각 초속 7m, 초속 5m의 속력으로 달렸을 때, 세 번째로 만나는 지점은 출발점에서 얼마나 떨어져 있는가?(단, 양쪽 중 더 짧은 거리를 기준으로 한다) 난이도 하

① 120m
② 150m
③ 200m
④ 220m
⑤ 245m

02 피듈형

01 다음은 A ~ E 5가지 커피에 대한 소비자 선호도 조사를 정리한 자료이다. 조사는 541명의 동일한 소비자를 대상으로 1차와 2차 구매를 통해 이루어졌다. 자료에 대한 설명으로 옳은 것을 모두 고르면? 난이도 중

〈커피에 대한 소비자 선호도 조사〉

(단위 : 명)

1차 구매	2차 구매					합계
	A	B	C	D	E	
A	93	17	44	7	10	171
B	9	46	11	0	9	75
C	17	11	155	9	12	204
D	6	4	9	15	2	36
E	10	4	12	2	27	55
합계	135	82	231	33	60	541

ㄱ. D, E를 제외하고 대부분의 소비자들이 취향에 맞는 커피를 꾸준히 선택하고 있다.
ㄴ. 1차에서 A를 구매한 소비자가 2차 구매에서 C를 구입하는 경우가 그 반대의 경우보다 더 적다.
ㄷ. 1차, 2차 모두 C를 구입하는 소비자가 제일 많다.

① ㄱ
② ㄱ, ㄷ
③ ㄴ
④ ㄴ, ㄷ
⑤ ㄴ, ㄷ, ㄹ

02 금연프로그램을 신청한 흡연자 A씨는 G보험공단에서 진료 및 상담 비용과 금연보조제 비용의 일정 부분을 지원받고 있다. A씨는 의사와 6번의 상담을 받았고, 금연보조제로 니코틴패치 3묶음을 구입했다고 할 때, 다음 지원 현황에 따라 흡연자 A씨가 지불하는 부담금은 얼마인가? 난이도 중

〈금연프로그램 지원 현황〉

구분	진료 및 상담	금연보조제(니코틴패치)
가격	30,000원/회	12,000원/묶음
지원금 비율	90%	75%

※ 진료 및 상담료 지원금은 6회까지 지원한다.

① 21,000원
② 23,000원
③ 25,000원
④ 27,000원
⑤ 30,000원

03 다음은 연도별 근로자 수 변화 추이에 관한 자료이다. 이에 대한 설명으로 옳지 않은 것은? 난이도 하

〈연도별 근로자 수 변화 추이〉

(단위 : 천 명)

구분	전체	남성		여성	
			비중		비중
2016년	14,290	9,061	63.4%	5,229	36.6%
2017년	15,172	9,467	62.4%	5,705	37.6%
2018년	15,536	9,633	62.0%	5,902	38.0%
2019년	15,763	9,660	61.3%	6,103	38.7%
2020년	16,355	9,925	60.7%	6,430	39.3%

① 매년 남성 근로자 수가 여성 근로자 수보다 많다.
② 2020년 근로자 수의 2016년 대비 증가율은 여성이 남성보다 높다.
③ 2016 ~ 2020년 동안 남성 근로자 수와 여성 근로자 수의 차이는 매년 증가한다.
④ 전체 근로자 중 여성 근로자 수의 비중이 가장 큰 해는 2020년이다.
⑤ 2020년 여성 근로자 수는 전년보다 약 5.4% 증가하였다.

04 다음은 주요 산업국 연도별 연구개발비에 대한 자료이다. 이에 대한 〈보기〉의 설명 중 옳은 것을 모두 고르면? 난이도 중

〈주요 산업국 연도별 연구개발비〉

(단위 : U.S 백만 달러)

구분	2016년	2017년	2018년	2019년	2020년	2021년
한국	23,587	28,641	33,684	31,304	29,703	37,935
중국	29,898	37,664	48,771	66,430	84,933	–
일본	151,270	148,526	150,791	168,125	169,047	–
독일	69,317	73,737	84,148	97,457	92,552	92,490
영국	39,421	42,693	50,016	47,138	40,291	39,924
미국	325,936	350,923	377,594	403,668	401,576	–

보기

ㄱ. 2020년에 연구개발비가 전년 대비 감소한 곳은 4개국이다.
ㄴ. 2020년 연구개발비의 2016년 대비 증가율이 가장 높은 곳은 중국이고, 가장 낮은 곳은 일본이다.
ㄷ. 2018년 한국 연구개발비의 전년 대비 증가율은 독일보다 높고, 중국보다 낮다.

① ㄱ
② ㄴ
③ ㄱ, ㄴ
④ ㄱ, ㄷ
⑤ ㄴ, ㄷ

01 다음은 '가'국의 PC와 스마트폰 기반 웹 브라우저 이용에 대한 설문조사를 바탕으로, 2020년 10월 ~ 2021년 1월 동안 매월 이용률 상위 5종 웹 브라우저의 이용률 현황을 정리한 자료이다. 이에 대한 설명으로 옳은 것은?

난이도 중

〈표 1〉 PC 기반 웹 브라우저

(단위 : %)

조사시기 / 웹 브라우저 종류	2020년			2021년
	10월	11월	12월	1월
인터넷 익스플로러	58.22	58.36	57.91	58.21
파이어폭스	17.70	17.54	17.22	17.35
크롬	16.42	16.44	17.35	17.02
사파리	5.84	5.90	5.82	5.78
오페라	1.42	1.39	1.33	1.28
상위 5종 전체	99.60	99.63	99.63	99.64

※ 무응답자는 없으며, 응답자는 1종의 웹 브라우저만을 이용한 것으로 응답함

〈표 2〉 스마트폰 기반 웹 브라우저

(단위 : %)

조사시기 / 웹 브라우저 종류	2020년			2021년
	10월	11월	12월	1월
사파리	55.88	55.61	54.82	54.97
안드로이드 기본 브라우저	23.45	25.22	25.43	23.49
크롬	6.85	8.33	9.70	10.87
오페라	6.91	4.81	4.15	4.51
인터넷 익스플로러	1.30	1.56	1.58	1.63
상위 5종 전체	94.39	95.53	95.68	95.47

※ 무응답자는 없으며, 응답자는 1종의 웹 브라우저만을 이용한 것으로 응답함

① 2020년 10월 전체 설문조사 대상 스마트폰 기반 웹 브라우저는 10종 이상이다.

② 2021년 1월 이용률 상위 5종 웹 브라우저 중 PC 기반 이용률 순위와 스마트폰 기반 이용률 순위가 일치하는 웹 브라우저는 없다.

③ PC 기반 이용률 상위 5종 웹 브라우저의 이용률 순위는 매월 동일하다.

④ 스마트폰 기반 이용률 상위 5종 웹 브라우저 중 2020년 10월과 2021년 1월 이용률의 차이가 2%p 이상인 것은 크롬뿐이다.

⑤ 스마트폰 기반 이용률 상위 3종 웹 브라우저 이용률의 합은 매월 90% 이상이다.

02 다음은 A～D음료의 8개 항목에 대한 소비자평가 결과를 나타낸 자료이다. 이에 대한 설명으로 옳은 것은?

난이도 중

〈A～D음료의 항목별 소비자평가 결과〉

(단위 : 점)

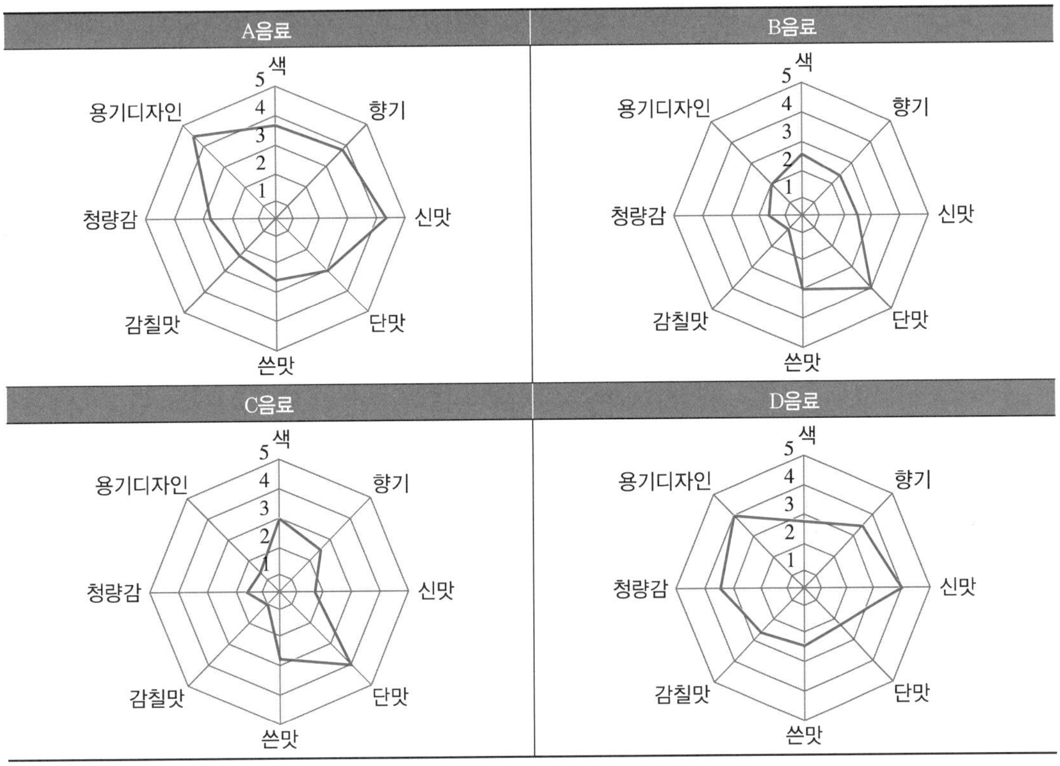

※ 1점이 가장 낮은 점수이고, 5점이 가장 높은 점수임

① C음료는 8개 항목 중 '쓴맛'의 점수가 가장 높다.

② '용기디자인'의 점수는 A음료가 가장 높고, C음료가 가장 낮다.

③ A음료는 B음료보다 7개 항목에서 각각 높은 점수를 받았다.

④ 소비자평가 결과의 항목별 점수의 합은 B음료가 D음료보다 크다.

⑤ A～D음료 간 '색'의 점수를 비교할 때 점수가 가장 높은 음료는 '단맛'의 점수를 비교할 때에도 점수가 가장 높다.

03 다음은 1930 ~ 1934년 동안 A지역의 곡물 재배면적 및 생산량을 정리한 자료이다. 이에 대한 설명으로 옳은 것은?

난이도 하

〈A지역의 곡물 재배면적 및 생산량〉

(단위 : 천 정보, 천 석)

곡물	구분 \ 연도	1930년	1931년	1932년	1933년	1934년
미곡	재배면적	1,148	1,100	998	1,118	1,164
	생산량	15,276	14,145	13,057	15,553	18,585
맥류	재배면적	1,146	773	829	963	1,034
	생산량	7,347	4,407	4,407	6,339	7,795
두류	재배면적	450	283	301	317	339
	생산량	1,940	1,140	1,143	1,215	1,362
잡곡	재배면적	334	224	264	215	208
	생산량	1,136	600	750	633	772
서류	재배면적	59	88	87	101	138
	생산량	821	1,093	1,228	1,436	2,612
전체	재배면적	3,137	2,468	2,479	2,714	2,883
	생산량	26,520	21,385	20,585	25,176	31,126

① 1931 ~ 1934년 동안 재배면적의 전년 대비 증감방향은 미곡과 두류가 동일하다.

② 생산량은 매년 두류가 서류보다 많다.

③ 재배면적은 매년 잡곡이 서류의 2배 이상이다.

④ 1934년 재배면적당 생산량이 가장 큰 곡물은 미곡이다.

⑤ 1933년 미곡과 맥류 재배면적의 합은 1933년 곡물 재배면적 전체의 70% 이상이다.

04 다음은 A지역 2021년 주요 버섯의 도・소매가와 주요 버섯 소매가의 전년 동분기 대비 등락액을 나타낸 자료이다. 이에 대한 〈보기〉의 설명 중 옳은 것만을 모두 고르면? 난이도 중

〈2021년 주요 버섯의 도・소매가〉

(단위 : 원/kg)

버섯종류	구분 \ 분기	1분기	2분기	3분기	4분기
느타리	도매	5,779	6,752	7,505	7,088
	소매	9,393	9,237	10,007	10,027
새송이	도매	4,235	4,201	4,231	4,423
	소매	5,233	5,267	5,357	5,363
팽이	도매	1,886	1,727	1,798	2,116
	소매	3,136	3,080	3,080	3,516

〈2021년 주요 버섯 소매가의 전년 동분기 대비 등락액〉

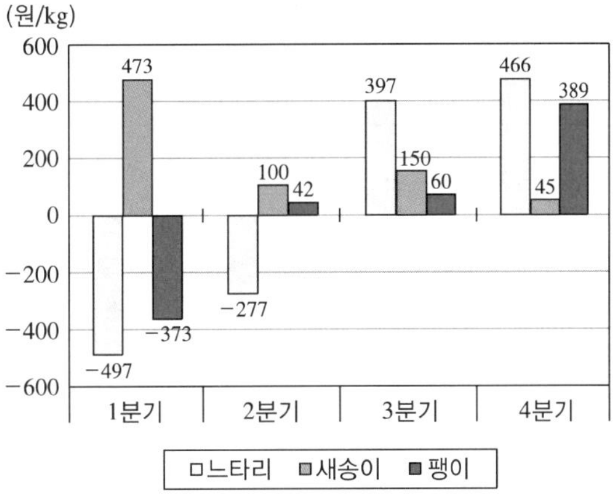

보기

ㄱ. 2021년 매분기 '느타리' 1kg의 도매가는 '팽이' 3kg의 도매가보다 높다.
ㄴ. 2020년 매분기 '팽이'의 소매가는 3,000원/kg 이상이다.
ㄷ. 2021년 1분기 '새송이'의 소매가는 2020년 4분기에 비해 상승했다.
ㄹ. 2021년 매분기 '느타리'의 소매가는 도매가의 1.5배 미만이다.

① ㄱ, ㄴ
② ㄱ, ㄷ
③ ㄴ, ㄷ
④ ㄴ, ㄹ
⑤ ㄷ, ㄹ

05 다음은 국가 A ~ D의 정부신뢰에 관한 자료이다. 자료에 근거하여 A ~ D에 해당하는 국가를 바르게 나열한 것은?

난이도 상

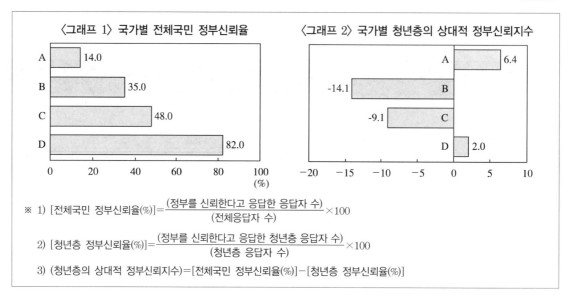

〈그래프 1〉 국가별 전체국민 정부신뢰율

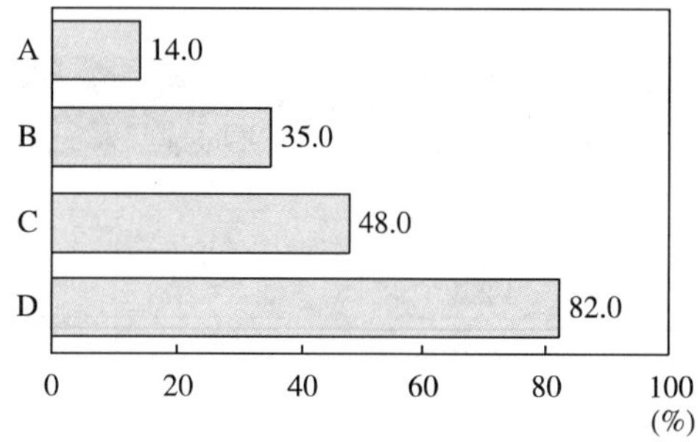

〈그래프 2〉 국가별 청년층의 상대적 정부신뢰지수

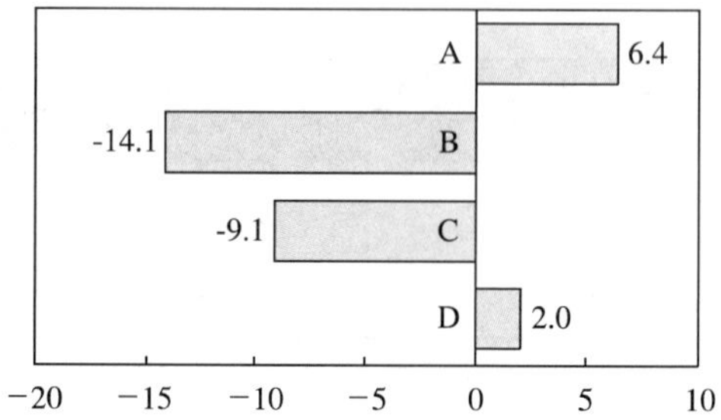

※ 1) [전체국민 정부신뢰율(%)] $= \frac{(\text{정부를 신뢰한다고 응답한 응답자 수})}{(\text{전체응답자 수})} \times 100$

2) [청년층 정부신뢰율(%)] $= \frac{(\text{정부를 신뢰한다고 응답한 청년층 응답자 수})}{(\text{청년층 응답자 수})} \times 100$

3) (청년층의 상대적 정부신뢰지수)=[전체국민 정부신뢰율(%)]−[청년층 정부신뢰율(%)]

조건

- 청년층 정부신뢰율은 스위스가 그리스의 10배 이상이다.
- 영국과 미국에서는 청년층 정부신뢰율이 전체국민 정부신뢰율보다 높다.
- 청년층 정부신뢰율은 미국이 스위스보다 30%p 이상 낮다.

	A	B	C	D
①	그리스	영국	미국	스위스
②	스위스	영국	미국	그리스
③	스위스	미국	영국	그리스
④	그리스	미국	영국	스위스
⑤	영국	그리스	미국	스위스

정답 및 해설 p.60

01 다음은 2020년 국가기록원의 비공개기록물 공개 재분류 사업 결과 및 현황이다. 이에 대한 설명으로 옳지 않은 것은? 난이도 상

〈표 1〉 비공개기록물 공개 재분류 사업 결과

(단위 : 건)

구분	합	재분류 결과			
		공개			비공개
		소계	전부공개	부분공개	
계	2,702,653	1,298,570	169,646	1,128,924	1,404,083
30년 경과 비공개기록물	1,199,421	1,079,690	33,012	1,046,678	119,731
30년 미경과 비공개기록물	1,503,232	218,880	136,634	82,246	1,284,352

〈표 2〉 30년 경과 비공개기록물 중 비공개로 재분류된 기록물의 비공개 사유별 현황

(단위 : 건)

합	비공개 사유						
	법령상 비밀	국방 등 국익침해	국민의 생명 등 공익침해	재판 관련 정보	공정한 업무수행 지장	개인 사생활 침해	특정인의 이익침해
119,731	619	313	54,329	18,091	24	46,298	57

① 2020년 비공개기록물 공개 재분류 사업 대상 전체 기록물 중 절반 이상이 다시 비공개로 재분류되었다.

② 30년 경과 비공개기록물 중 전부공개로 재분류된 기록물 건수가 30년 경과 비공개기록물 중 개인 사생활 침해 사유에 해당하여 비공개로 재분류된 기록물 건수보다 적다.

③ 30년 경과 비공개기록물 중 공개로 재분류된 기록물의 비율이 30년 미경과 비공개기록물 중 비공개로 재분류된 기록물의 비율보다 낮다.

④ 재분류 건수가 많은 것부터 순서대로 나열하면, 30년 경과 비공개기록물은 부분공개, 비공개, 전부공개 순서고 30년 미경과 비공개기록물은 비공개, 전부공개, 부분공개 순서다.

⑤ 30년 경과 비공개기록물 중 국민의 생명 등 공익침해와 개인 사생활 침해 사유에 해당하여 비공개로 재분류된 기록물 건수의 합은 2020년 비공개기록물 공개 재분류 사업 대상 전체 기록물의 5% 이하이다.

02 다음은 '갑'국 4대 유통업의 성별 · 연령대별 구매액 비중에 대한 자료이다. 이에 대한 <보기>의 설명 중 옳은 것만을 모두 고르면?

난이도 중

〈'갑'국 4대 유통업의 성별 · 연령대별 구매액 비중〉

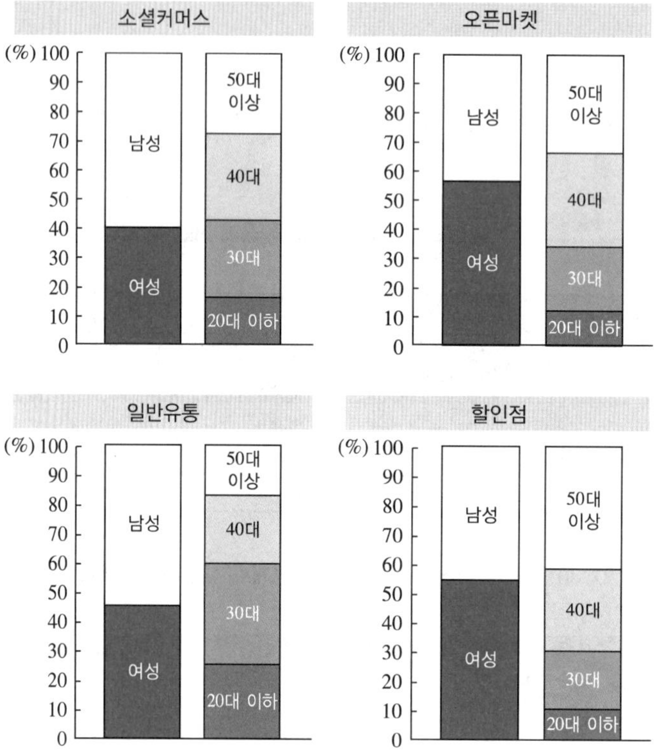

※ 유통업은 소셜커머스, 오픈마켓, 일반유통, 할인점으로만 구성됨

보기

ㄱ. 유통업별 전체 구매액 중 50대 이상 연령대의 구매액 비중이 가장 큰 유통업은 할인점이다.

ㄴ. 유통업별 전체 구매액 중 여성의 구매액 비중이 남성보다 큰 유통업 각각에서는 40세 이상의 구매액 비중이 60% 이상이다.

ㄷ. 4대 유통업 각각에서 50대 이상 연령대의 구매액 비중은 20대 이하보다 크다.

ㄹ. 유통업별 전체 구매액 중 40세 미만의 구매액 비중이 50% 미만인 유통업에서는 여성의 구매액 비중이 남성보다 크다.

① ㄱ, ㄴ
② ㄱ, ㄷ
③ ㄴ, ㄷ
④ ㄱ, ㄴ, ㄹ
⑤ ㄴ, ㄷ, ㄹ

03 다음은 임진왜란 전기·후기 전투 횟수에 관한 자료이다. 이에 대한 설명으로 옳지 않은 것은? 난이도 상

〈임진왜란 전기·후기 전투 횟수〉

(단위 : 회)

구분 \ 시기		전기		후기		합계
		1592년	1593년	1597년	1598년	
전체 전투		70	17	10	8	105
공격 주체	조선 측 공격	43	15	2	8	68
	일본 측 공격	27	2	8	0	37
전투 결과	조선 측 승리	40	14	5	6	65
	일본 측 승리	30	3	5	2	40
조선의 전투인력 구성	관군 단독전	19	8	5	6	38
	의병 단독전	9	1	0	0	10
	관군·의병 연합전	42	8	5	2	57

① 전체 전투 대비 일본 측 공격 비율은 임진왜란 전기에 비해 임진왜란 후기가 낮다.
② 조선 측 공격이 일본 측 공격보다 많았던 해에는 항상 조선 측 승리가 일본 측 승리보다 많았다.
③ 전체 전투 대비 관군 단독전 비율은 1598년이 1592년의 2배 이상이다.
④ 1592년 조선이 관군·의병 연합전으로 거둔 승리는 그 해 조선 측 승리의 30% 이상이다.
⑤ 1598년에는 관군 단독전 중 조선 측 승리인 경우가 있다.

04 다음은 '갑'회사의 생산직 근로자 133명과 사무직 근로자 87명이 직무스트레스 조사에 응답한 결과이다. 이에 대한 〈보기〉의 설명 중 옳은 것만을 모두 고르면? 난이도 상

〈표 1〉 생산직 근로자의 직무스트레스 수준 응답 구성비

(단위 : %)

스트레스 수준 / 항목	상위		하위	
	매우 높음	높음	낮음	매우 낮음
업무과다	9.77	67.67	22.56	0.00
직위불안	10.53	64.66	24.06	0.75
관계갈등	10.53	67.67	20.30	1.50
보상부적절	10.53	60.15	27.82	1.50

〈표 2〉 사무직 근로자의 직무스트레스 수준 응답 구성비

(단위 : %)

스트레스 수준 / 항목	상위		하위	
	매우 높음	높음	낮음	매우 낮음
업무과다	10.34	67.82	20.69	1.15
직위불안	12.64	58.62	27.59	1.15
관계갈등	10.34	64.37	24.14	1.15
보상부적절	10.34	64.37	20.69	4.60

보기

ㄱ. 항목별 직무스트레스 수준이 '상위'에 해당하는 근로자의 비율은 각 항목에서 사무직이 생산직보다 높다.
ㄴ. '직위불안' 항목에서 '낮음'으로 응답한 근로자는 생산직이 사무직보다 많다.
ㄷ. '관계갈등' 항목에서 '매우 높음'으로 응답한 생산직 근로자는 '매우 낮음'으로 응답한 생산직 근로자보다 11명 많다.
ㄹ. '보상부적절' 항목에서 '높음'으로 응답한 근로자는 사무직이 생산직보다 적다.

① ㄱ
② ㄹ
③ ㄱ, ㄷ
④ ㄴ, ㄷ
⑤ ㄴ, ㄹ

05 다음은 2019 ~ 2021년 동안 K편의점의 판매량 상위 10개 상품에 대한 자료이다. 〈조건〉을 이용하여 표의 B, C, D에 해당하는 상품을 바르게 나열한 것은?

난이도 중

〈2019 ~ 2021년 K편의점의 판매량 상위 10개 상품〉

순위 \ 연도	2019	2020	2021
1	바나나우유	바나나우유	바나나우유
2	(A)	(A)	딸기맛사탕
3	딸기맛사탕	딸기맛사탕	(A)
4	(B)	(B)	(D)
5	맥주	맥주	(B)
6	에너지음료	(D)	(E)
7	(C)	(E)	(C)
8	(D)	에너지음료	맥주
9	카라멜	(C)	에너지음료
10	(E)	초콜릿	딸기우유

※ 순위의 숫자가 클수록 순위가 낮음을 의미함

조건

- 캔커피와 주먹밥은 각각 2019년과 2020년 사이에 순위 변동이 없다가 모두 2021년에 순위가 하락하였다.
- 오렌지주스와 참치맛밥은 매년 순위가 상승하였다.
- 2020년에는 주먹밥이 오렌지주스보다 판매량이 더 많았지만, 2021년에는 오렌지주스가 주먹밥보다 판매량이 더 많았다.
- 생수는 캔커피보다 매년 순위가 낮았다.

	B	C	D
①	주먹밥	생수	오렌지주스
②	주먹밥	오렌지주스	생수
③	캔커피	생수	참치맛밥
④	생수	주먹밥	참치맛밥
⑤	캔커피	오렌지주스	생수

CHAPTER **03**

문제해결능력

출제유형 및 학습 전략

1 질문의 의도를 정확하게 파악하라!

문제해결능력은 문제에서 무엇을 묻고 있는지 정확하게 파악하여 풀이방향을 설정하는 것이 가장 효율적인 방법이다. 특히, 조건이 주어지고 답을 찾는 창의적, 분석적인 문제가 주로 출제되고 있기 때문에 처음에 정확한 풀이방향 설정이 되지 않는다면 시간만 허비하고 결국 문제도 풀지 못하게 되므로 첫 번째로 문제의 의도파악에 집중해야 한다.

2 중요한 정보는 반드시 표시하라!

위에 말한 정확한 문제의도 파악을 하기 위해서는 문제에서 중요한 정보는 반드시 표시나 메모를 하여 하나의 조건, 단서도 잊고 넘어가는 일이 없도록 해야 한다. 실제 시험에서는 시간의 압박과 긴장감으로 정보를 잘못 적용하거나 잊고 지나쳐 틀리는 실수가 많이 발생하므로 사전에 충분한 연습이 필요하다. 가령 명제문제의 경우 주어진 명제와 그 명제의 대우를 본인이 한 눈에 파악할 수 있도록 기호화, 도식화하여 메모하면 흐름을 이해하기가 더 수월하다. 이를 통해 자신만의 풀이순서와 방향, 기준 또한 생길 것이다.

3 반복풀이를 통해 취약유형을 파악하라!

길지 않은 한정된 시간 동안 모든 문제를 다 푸는 것은 조금은 어려울 수도 있다. 따라서 고득점을 얻을 수 있는 방법은 효율적인 문제풀이다. 풀 수 있는 문제부터 빠르게 풀고 취약한 유형은 나중에 푸는 효율적인 문제풀이를 통해 최대한의 고득점을 받는 것이 중요하며, 본인의 취약유형을 파악하기 위해서는 많은 문제를 풀어봐야 한다.

SECTION 01 모듈이론

01 문제해결능력의 의의

(1) 문제의 의의

① 문제와 문제점 기출

문제	업무를 수행함에 있어서 답을 요구하는 질문이나 의논하여 해결해야 하는 사항
문제점	문제의 원인이 되는 사항으로 문제해결을 위해서 조치가 필요한 대상

난폭운전으로 전복사고가 일어난 경우는 '사고의 발생'이 문제이며, '난폭운전'은 문제점이다.

② 문제의 유형

㉠ 기능에 따른 분류 : 제조 문제, 판매 문제, 자금 문제, 인사 문제, 경리 문제, 기술상 문제

㉡ 시간에 따른 분류 : 과거 문제, 현재 문제, 미래 문제

㉢ 해결방법에 따른 분류 : 논리적 문제, 창의적 문제

③ 문제의 분류 기출

발생형 문제 (보이는 문제)	• 눈앞에 발생되어 해결하기 위해 고민하는 문제를 말하며, 원인지향적인 문제라고도 함 • 이탈 문제 : 어떤 기준을 이탈함으로써 생기는 문제 • 미달 문제 : 기준에 미달하여 생기는 문제
탐색형 문제 (보이지 않는 문제)	• 현재의 상황을 개선하거나 효율을 높이기 위한 문제를 말하며, 문제를 방치하면 뒤에 큰 손실이 따르거나 해결할 수 없게 되는 것 • 잠재 문제 : 문제가 잠재되어 인식하지 못하다가 결국 확대되어 해결이 어려운 문제 • 예측 문제 : 현재는 문제가 아니지만 계속해서 현재 상태로 진행될 경우를 가정하고 앞으로 일어날 수 있는 문제 • 발견 문제 : 현재는 문제가 없으나 좋은 제도나 기법, 기술을 발견하여 개선·향상시킬 수 있는 문제
설정형 문제 (미래의 문제)	• 장래의 경영전략을 통해 앞으로 어떻게 할 것인가 하는 문제 • 새로운 목표를 설정함에 따라 일어나는 문제로, 목표 지향적 문제라고도 함 • 많은 창조적인 노력이 요구되므로 창조적 문제라고도 함

(2) 문제해결의 의의

① 문제해결이란?

목표와 현상을 분석하고, 이 분석 결과를 토대로 과제를 도출하여 최적의 해결책을 찾아 실행·평가해가는 활동을 말한다.

② 문제해결의 장애요소

- 문제를 철저하게 분석하지 않는 것
- 고정관념에 얽매이는 것
- 쉽게 떠오르는 단순한 정보에 의지하는 것
- 너무 많은 자료를 수집하려고 노력하는 것

③ 문제해결에 필요한 기본적 사고 기출

㉠ 전략적 사고

현재 당면하고 있는 문제와 해결방법에만 집착하지 말고, 그 문제와 해결방안이 상위 시스템과 어떻게 연결되어 있는지를 생각하는 것이 필요하다.

㉡ 분석적 사고

전체를 각각의 요소로 나누어 그 요소의 의미를 도출한 다음 우선순위를 부여하고, 구체적인 문제해결방법을 실행하는 것이 요구된다.

종류	요구되는 사고
성과 지향의 문제	기대하는 결과를 명시하고 효과적으로 달성하는 방법을 사전에 구상하고 실행에 옮길 것
가설 지향의 문제	현상 및 원인분석 전에 지식과 경험을 바탕으로 일의 과정이나 결과・결론을 가정한 다음 검증 후 사실일 경우 다음 단계의 일을 수행할 것
사실 지향의 문제	일상 업무에서 일어나는 상식・편견을 타파하여 객관적 사실로부터 사고와 행동을 시작할 것

㉢ 발상의 전환

기존에 가지고 있는 사물과 세상을 바라보는 인식의 틀을 전환하여 새로운 관점에서 바로 보는 사고를 지향하는 것이 필요하다.

㉣ 내・외부자원의 효과적 활용

기술, 재료, 방법, 사람 등 필요한 자원 확보 계획을 수립하고, 내・외부자원을 효과적으로 활용하도록 해야 한다.

(3) 제3자를 통한 문제해결 기출

종류	내용
소프트 어프로치	• 대부분의 기업에서 볼 수 있는 전형적인 스타일 • 조직 구성원들이 같은 문화적 토양을 가짐 • 직접적인 표현보다는 암시를 통한 의사전달 • 결론이 애매하게 산출되는 경우가 적지 않음 • 제3자 : 결론을 미리 그려 가면서 권위나 공감에 의지함
하드 어프로치	• 조직 구성원들이 상이한 문화적 토양을 가짐 • 직설적인 주장을 통한 논쟁과 협상 • 논리, 즉 사실과 원칙에 근거한 토론 • 이론적으로는 가장 합리적인 방법 • 제3자 : 지도와 설득을 통해 전원이 합의하는 일치점 추구 • 창조적인 아이디어나 높은 만족감을 이끌어내기 어려움
퍼실리테이션	• 그룹의 지향점을 알려주고, 공감을 이룰 수 있도록 도와주는 것 • 창조적인 해결방안 도출, 구성원의 동기와 팀워크 강화 • 퍼실리테이터의 줄거리대로 결론이 도출되어서는 안됨 • 제3자 : 깊이 있는 커뮤니케이션을 통해 창조적인 문제해결 도모

(4) 퍼실리테이션 기출

① 퍼실리테이션을 통해 배양되는 능력

- 객관적으로 사물을 보는 능력
- 다른 사람의 견해를 편견 없이 들을 수 있는 청취 능력
- 다양한 관점에서 사물을 볼 수 있는 관찰력
- 현상에 대한 분석력
- 인간관계 능력
- 논리적인 사고 능력

② 퍼실리테이션에 필요한 기본 역량

- 문제의 탐색과 발견
- 문제해결을 위한 구성원 간의 커뮤니케이션 조정
- 합의를 도출하기 위한 구성원들 사이의 갈등 관리

OX 문제

01 문제란 해결하기를 원하지만 실제로 해결해야 하는 방법을 모르고 있는 상태를 말한다. [ ]

02 발생형 문제란 현재의 상황을 개선하거나 효율을 높이기 위한 문제를 말한다. [ ]

03 앞으로 어떻게 할 것인가에 대한 문제는 설정형 문제라고 한다. [ ]

04 현상 및 원인분석 전에 일의 과정이나 결론을 가정한 후 일을 수행하는 것은 가설 지향의 문제에 해당한다. [ ]

05 객관적 사실로부터 사고와 행동을 시작하는 것은 성과 지향의 문제에 해당한다. [ ]

01 [○]

02 [×] 문제의 내용은 탐색형 문제에 대한 설명이며, 발생형 문제란 현재 직면하여 해결하기 위해 고민하는 문제를 말한다.

03 [○]

04 [○]

05 [×] 문제의 내용은 사실 지향의 문제에 대한 설명이며, 성과 지향의 문제는 기대하는 결과를 명시하고 효과적으로 달성하는 방법을 사전에 구상하는 것이 해당한다.

02 사고력

(1) 창의적 사고와 브레인스토밍

① 창의적 사고란? 기출

당면한 문제를 해결하기 위해 경험적 지식을 해체하여 새로운 아이디어를 다시 도출하는 것으로, 개인이 가지고 있는 경험과 지식을 통해 참신한 아이디어를 산출하는 힘이다.

② 창의적 사고의 특징 기출

- 발전적(확산적) 사고
- 새롭고 유용한 아이디어를 생산해 내는 정신적인 과정
- 기발하거나, 신기하며 독창적인 것
- 유용하고 적절하며, 가치가 있는 것
- 기존의 정보들을 새롭게 조합시킨 것

③ 브레인스토밍

미국의 알렉스 오즈번이 고안한 그룹발산기법으로, 창의적인 사고를 위한 발산방법 중 가장 흔히 사용되는 방법이다. 집단의 효과를 살려서 아이디어의 연쇄반응을 일으켜 자유분방한 아이디어를 내고자 하는 것이다.

④ 브레인스토밍 진행 방법

- 주제를 구체적이고 명확하게 정한다.
- 구성원의 얼굴을 볼 수 있는 좌석 배치와 큰 용지를 준비한다.
- 구성원들의 다양한 의견을 도출할 수 있는 사람을 리더로 선출한다.
- 구성원은 다양한 분야의 사람들로 5~8명 정도로 구성한다.
- 발언은 누구나 자유롭게 할 수 있도록 하며, 모든 발언 내용을 기록한다.
- 아이디어에 대해 비판해서는 안 된다.

(2) 창의적 사고의 개발 방법 기출

① 자유 연상법 – 생각나는 대로 자유롭게 발상 – 브레인스토밍

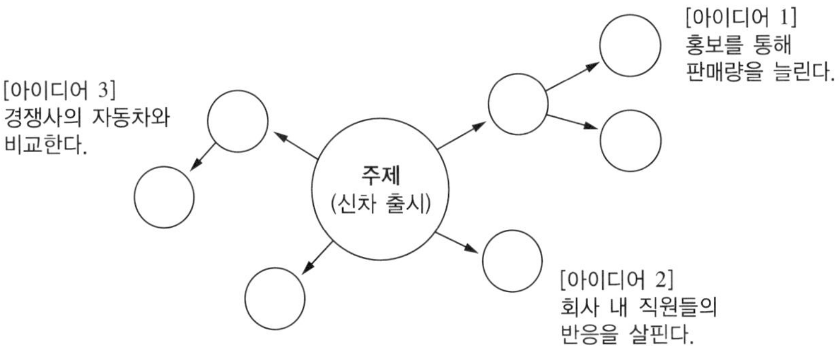

② 강제 연상법 – 각종 힌트와 강제적으로 연결지어서 발상 – 체크리스트

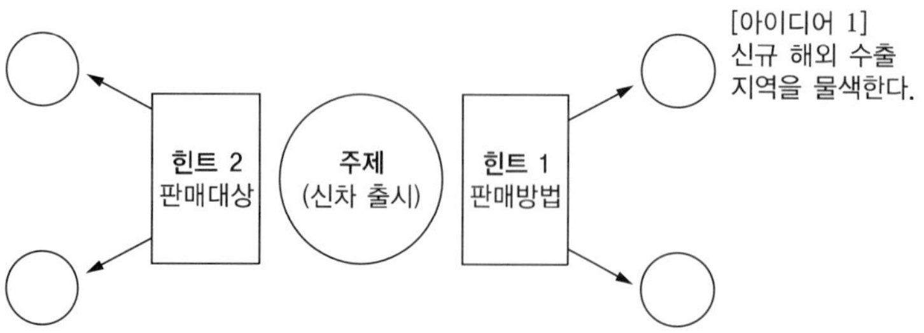

③ 비교 발상법 – 주제의 본질과 닮은 것을 힌트로 발상 – NM법, Synetics

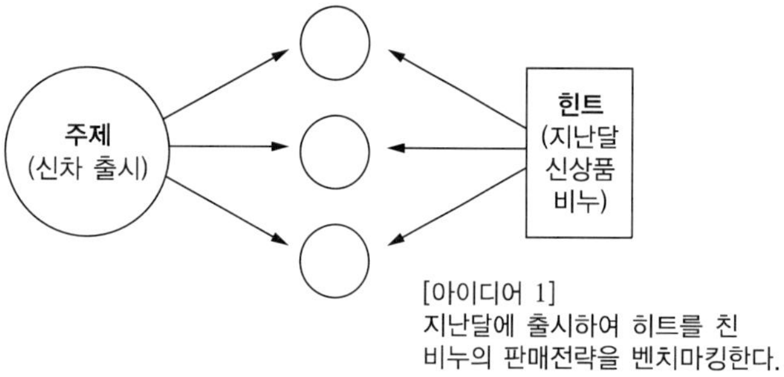

(3) 논리적 사고의 의의

① 논리적 사고란?

- 사고의 전개에 있어서 전후의 관계가 일치하고 있는가를 살피고, 아이디어를 평가하는 능력을 말한다.
- 업무 수행 중에 자신이 만든 계획이나 주장을 주위 사람에게 이해시켜 실현시키기 위해서는 체계적인 설득 과정을 거쳐야 하는데, 이때 필요로 하는 것이 논리적 사고이다.

② 논리적 사고의 5요소 기출

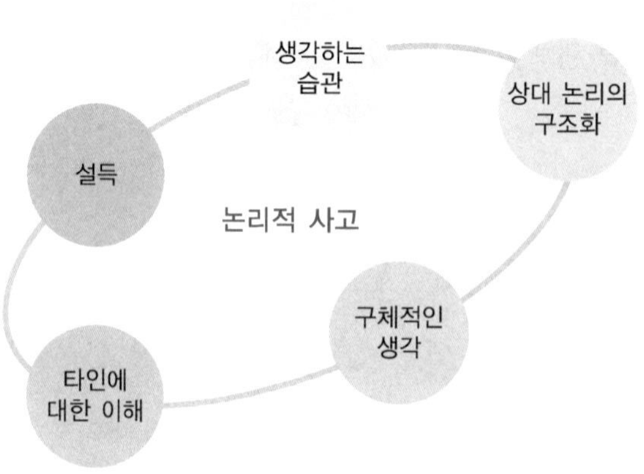

③ 논리적 사고를 개발하기 위한 방법 기출

㉠ 피라미드 기법

보조 메시지들을 통해 주요 메인 메시지를 얻고, 다시 메인 메시지를 종합한 최종적인 정보를 도출해 내는 방법이다.

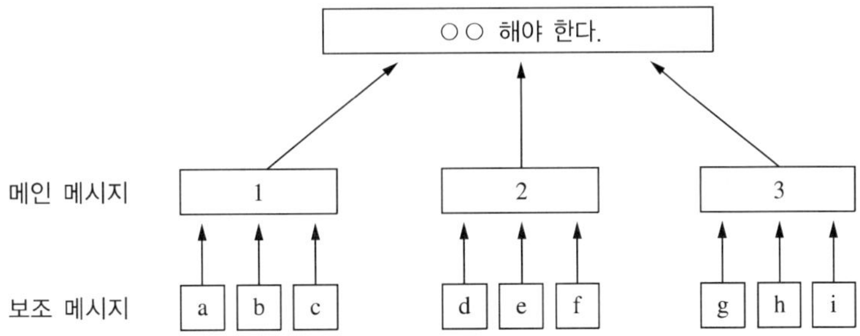

㉡ So What 기법

"그래서 무엇이지?" 하고 자문자답하는 의미로 눈앞에 있는 정보로부터 의미를 찾아내어 가치 있는 정보를 이끌어 내는 사고이다. "So what?"은 단어나 체언만으로 표현하는 것이 아니라 주어와 술어가 있는 글로 표현함으로써 "어떻게 될 것인가?", "어떻게 해야 한다."라는 내용이 포함되어야 한다.

[상황]

ㄱ. 우리 회사의 자동차 판매대수가 사상 처음으로 전년 대비 마이너스를 기록했다.
ㄴ. 우리나라의 자동차 업계 전체는 일제히 적자 결산을 발표했다.
ㄷ. 주식 시장은 몇 주간 조금씩 하락하는 상황에 있다.

[So What?을 사용한 논리적 사고의 예]

a. 자동차 판매의 부진
b. 자동차 산업의 미래
c. 자동차 산업과 주식시장의 상황
d. 자동차 관련 기업의 주식을 사서는 안 된다.
e. 지금이야말로 자동차 관련 기업의 주식을 사야 한다.

[해설]

a. 상황 ㄱ만 고려하고 있으므로 So What의 사고에 해당하지 않는다.
b. 상황 ㄷ을 고려하지 못하고 있으므로 So What의 사고에 해당하지 않는다.
c. 상황 ㄱ ~ ㄷ을 모두 고려하고는 있으나 자동차 산업과 주식시장이 어떻게 된다는 것을 알 수 없으므로 So What의 사고에 해당하지 않는다.
d · e. "주식을 사지 마라(사라)."는 메시지를 주고 있으므로 So What의 사고에 해당한다.

(4) 비판적 사고

① 비판적 사고

어떤 주제나 주장 등에 대해서 적극적으로 분석하고 종합하며 평가하는 능동적인 사고를 말한다. 이는 문제의 핵심을 중요한 대상으로 하며, 지식과 정보를 바탕으로 한 합당한 근거에 기초를 두고 현상을 분석하여 평가하는 사고이다.

② 비판적 사고에 필요한 요소 기출

종류	내용
문제의식	문제의식을 가지고 있다면 주변의 사소한 일에서도 정보를 수집할 수 있으며, 이러한 정보를 통해서 새로운 아이디어를 끊임없이 생산해 낼 수 있다.
고정관념의 타파	고정관념은 사물을 보는 시각에 영향을 주며, 일방적인 평가를 내리기 쉽게 한다. 따라서 지각의 폭을 넓히기 위해 고정관념을 타파해야 한다.

OX 문제

01 창의적 사고란 기존의 정보를 객관적으로 분석하는 것을 말한다. [ ]

02 자유 연상법은 생각나는 대로 자유롭게 발상하는 방법으로, 체크리스트가 대표적인 방법이다. [ ]

03 비교 발상법은 주제의 본질과 닮은 것을 힌트로 발상해 내는 것으로, NM법이나 Synetics가 대표적이다. [ ]

04 논리적인 사고의 구성요소에서 자신의 사상을 강요하지 않고 자신이 함께 일을 진행하는 상대와 의논해 나가는 가운데, 자신이 깨닫지 못했던 새로운 가치를 발견하고 생각해 낼 수 있는 과정은 설득에 해당한다. [ ]

05 비판적 사고를 방해하는 것으로서, 사물을 바라보는 편협적인 시각을 의미하는 것을 고정관념이라고 한다. [ ]

01 [×] 기존의 정보를 객관적으로 분석하는 일은 논리적 사고 혹은 비판적 사고의 개념이다.

02 [×] 자유 연상법의 대표적인 방법은 브레인스토밍이며, 체크리스트는 강제 연상법의 대표적인 방법이다.

03 [○]

04 [○]

05 [○]

03 문제처리능력

(1) 문제 인식의 절차 기출

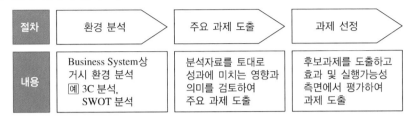

절차	환경 분석	주요 과제 도출	과제 선정
내용	Business System상 거시 환경 분석 예 3C 분석, SWOT 분석	분석자료를 토대로 성과에 미치는 영향과 의미를 검토하여 주요 과제 도출	후보과제를 도출하고 효과 및 실행가능성 측면에서 평가하여 과제 도출

① 환경 분석(3C 분석)

사업환경을 구성하고 있는 요소인 자사, 경쟁사, 고객을 3C라고 하며, 3C에 대한 체계적인 분석을 통해서 환경 분석을 수행할 수 있다.

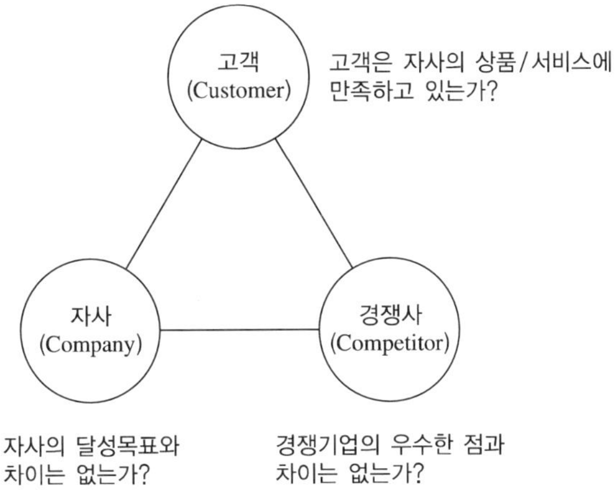

고객
(Customer)
고객은 자사의 상품/서비스에
만족하고 있는가?
자사
(Company)
경쟁사
(Competitor)
자사의 달성목표와
차이는 없는가?
경쟁기업의 우수한 점과
차이는 없는가?

② 주요 과제 도출

과제안을 작성할 때는 과제들 간의 수준은 동일한지, 표현은 구체적인지, 주어진 기간 내에 해결가능한 안인지를 확인해야 한다.

③ 과제 선정

과제안 중 효과 및 실행 가능성 측면을 평가하여 우선순위를 부여한 후 우선순위가 높은 안을 선정하며, 우선순위 평가시에는 과제의 목표, 자원현황 등을 종합적으로 고려하여 평가한다.

(2) SWOT 분석 기출

① SWOT 분석의 의의

기업내부의 강점, 약점과 외부환경의 기회, 위협요인을 분석 평가하며, 이들을 서로 연관지어 전략을 개발하고 문제 해결 방안을 개발하는 방법이다.

② SWOT 분석의 흐름

외부환경요인 \ 내부환경요인	강점 (Strengths)	약점 (Weaknesses)
기회 (Opportunities)	SO 내부강점과 외부기회 요인을 극대화	WO 외부기회를 이용하여 내부약점을 강점으로 전환
위협 (Threats)	ST 외부위협을 최소화하기 위해 내부강점을 극대화	WT 내부약점과 외부위협을 최소화

③ SWOT 전략 수립 방법

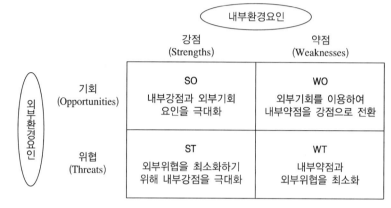

내부의 강점과 약점을, 외부의 기회와 위협을 대응시켜 기업 목표 달성을 위한 SWOT분석을 바탕으로 구축한 발전 전략의 특성은 다음과 같다.

종류	내용
SO전략	외부환경의 기회를 활용하기 위해 강점을 사용하는 전략 선택
ST전략	외부환경의 위협을 회피하기 위해 강점을 사용하는 전략 선택
WO전략	자신의 약점을 극복함으로써 외부환경의 기회를 활용하는 전략 선택
WT전략	외부환경의 위협을 회피하고 자신의 약점을 최소화하는 전략 선택

④ SWOT 분석의 구체적인 방법

종류	내용
외부환경 분석	• 좋은 쪽으로 작용하는 것은 기회, 나쁜 쪽은 위협으로 분류 • 언론매체, 개인 정보망 등을 통하여 입수한 상식적인 세상의 변화 내용을 시작으로 당사자에게 미치는 영향을 순서대로, 점차 구체화 • 인과관계가 있는 경우 화살표로 연결 • 동일한 데이터라도 자신에게 긍정적으로 전개되면 기회로, 부정적으로 전개되면 위협으로 구분 • 외부환경분석시에는 SCEPTIC 체크리스트를 활용 Social(사회), Competition(경쟁), Economic(경제), Politic(정치), Technology(기술), Information(정보), Client(고객)
내부환경 분석	• 경쟁자와 비교하여 나의 강점과 약점을 분석 • 강점과 약점의 내용 : 보유하거나 동원 가능하거나 활용 가능한 자원 • 내부환경 분석에는 MMMITI 체크리스트를 활용 Man(사람), Material(물자), Money(돈), Information(정보), Time(시간), Image(이미지)

(3) 표적집단면접(Focus Group Interview)

① 표적집단면접의 의미

6～8인으로 구성된 그룹에서 특정 주제에 대해 논의하는 과정으로, 숙련된 사회자의 컨트롤 기술에 의해 집단의 이점을 십분 활용하여 구성원들의 의견을 도출하는 방법이다.

② 표적집단면접 진행 절차

절차	조사 목적 수립	대상자 분석	그룹 수 결정	대상자 리쿠르트	가이드라인 작성
내용	확보해야 하는 정보는?	정보 획득 대상의 특징은?	정보를 획득하는 가장 적절한 그룹 수는?	대상자를 어떻게 선발할 것인가?	일반적인 주제에서 심층적인 주제로 작성

③ 표적집단면접 시 주의사항

- 인터뷰 종료 후 전체 내용에 대한 합의를 한다.
- 가이드라인에 따라 내용을 열거하고, 열거된 내용의 상호 관련을 생각하면서 결론을 얻어 나간다.
- 가능한 그룹으로 분석 작업을 진행한다.
- 동의 혹은 반대의 경우 합의 정도와 강도를 중시한다.
- 조사의 목적에 따라 결론을 이끌 수 있도록 한다.
- 앞뒤에 흩어져 있는 정보들을 주제에 대한 연관성을 고려하여 수집한다.
- 확실한 판정이 가능한 것은 판정을 하지만 그렇지 못한 경우는 판정을 내려서는 안 된다.

(4) 문제 도출

① 세부 절차

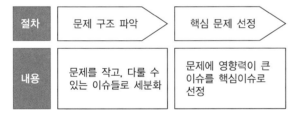

절차	문제 구조 파악	핵심 문제 선정
내용	문제를 작고, 다룰 수 있는 이슈들로 세분화	문제에 영향력이 큰 이슈를 핵심이슈로 선정

② 문제 구조 파악

㉠ 전체 문제를 개별화된 세부 문제로 쪼개는 과정으로 문제의 내용 및 미치고 있는 영향 등을 파악하여 문제의 구조를 도출해내는 것이다. 이를 위해서는 문제가 발생한 배경이나 문제를 일으키는 메커니즘을 분명히 해야 하며, 문제의 본질을 다면적으로 보아야 한다.

㉡ Logic Tree 방법

주요 과제를 나무모양으로 분해·정리하는 기술로서, 제한된 시간 동안 문제의 원인을 깊이 파고든다든지, 해결책을 구체화할 때 유용하게 사용된다. 이를 위해서는 전체 과제를 명확히 해야 하며, 분해해가는 가지의 수준을 맞춰야 하고, 원인이 중복되거나 누락되지 않고 각각의 합이 전체를 포함해야 한다.

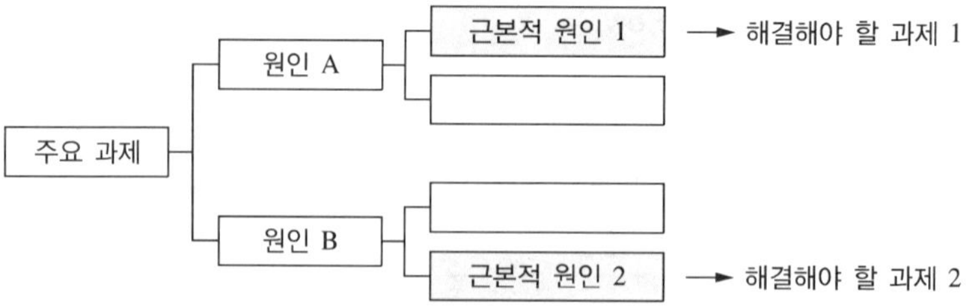

(5) 원인 분석

① 세부 절차

절차	Issue 분석	Data 분석	원인 파악
내용	• 핵심이슈설정 • 가설설정 • Output 이미지 결정	• Data 수집계획 수립 • Data 정리 / 가공 • Data 해석	근본원인을 파악하고 원인과 결과를 도출

② Issue 분석

절차	내용
핵심이슈설정	업무에 가장 크게 영향을 미치는 문제로 선정하며, 사내·외 고객 인터뷰 등을 활용한다.
가설설정	이슈에 대해 자신의 직관, 경험 등에 의존하여 일시적인 결론을 예측하는 것이며, 설정된 가설은 관련자료 등을 통해 검증할 수 있어야 하며, 논리적이며 객관적이어야 한다.
Output 이미지 결정	가설검증 계획에 의거하여 분석결과를 미리 이미지화하는 것이다.

③ Data 분석

절차	내용
Data 수집계획 수립	데이터 수집 시에는 목적에 따라 수집 범위를 정하고, 전체 자료의 일부인 표본을 추출하는 전통적인 통계학적 접근과 전체 데이터를 활용한 빅데이터 분석을 구분해야 한다. 이때, 객관적인 사실을 수집해야 하며 자료의 출처를 명확히 밝힐 수 있어야 한다.
Data 정리/가공	데이터 수집 후에는 목적에 따라 수집된 정보를 항목별로 분류·정리해야 한다.
Data 해석	정리된 데이터는 "What", "Why", "How" 측면에서 의미를 해석해야 한다.

④ 원인 파악

절차	내용
단순한 인과관계	원인과 결과를 분명하게 구분할 수 있는 경우로, 어떤 원인이 앞에 있어 여기에서 결과가 생기는 인과관계를 의미한다.
닭과 계란의 인과관계	원인과 결과를 구분하기가 어려운 경우로, 브랜드의 향상이 매출확대로 이어지고, 매출확대가 다시 브랜드의 인지도 향상으로 이어지는 경우가 이에 해당한다.
복잡한 인과관계	단순한 인과관계와 닭과 계란의 인과관계의 유형이 복잡하게 서로 얽혀 있는 경우로, 대부분의 경영상 과제가 이에 해당한다.

(6) 해결안 개발

① 세부 절차

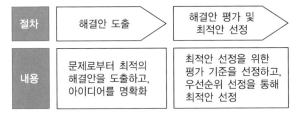

절차	해결안 도출	해결안 평가 및 최적안 선정
내용	문제로부터 최적의 해결안을 도출하고, 아이디어를 명확화	최적안 선정을 위한 평가 기준을 선정하고, 우선순위 선정을 통해 최적안 선정

② 해결안 도출 과정

- 근본원인으로 열거된 내용을 어떠한 방법으로 제거할 것인지를 명확히 한다.
- 독창적이고 혁신적인 방안을 도출한다.
- 전체적인 관점에서 보아 해결의 방향과 방법이 같은 것을 그룹으로 묶는다.
- 최종 해결안을 정리한다.

③ 해결안 평가 및 최적안 선정

문제(What), 원인(Why), 방법(How)을 고려해서 해결안을 평가하여 가장 효과적인 해결안을 선정해야 하며, 중요도와 실현가능성 등을 고려해서 종합적인 평가를 내리고, 채택 여부를 결정하는 과정이다.

④ 해결안 개발의 예시

해결안	중요도		실현가능성			종합평가	채택여부
	고객만족도	문제해결	개발기간	개발능력	적용가능성		
해결안 1							
해결안 2							
해결안 3							
해결안 4							

(7) 실행 및 후속조치

① 세부 절차

절차	실행계획 수립	실행	후속조치
내용	최종 해결안을 실행하기 위한 구체적인 계획 수립	실행계획에 따른 실행 및 모니터	실행 결과에 대한 평가

② 실행계획 수립

세부 실행내용의 난이도를 고려하여 가급적 구체적으로 세우는 것이 좋으며, 각 해결안별 실행계획서를 작성함으로써 실행의 목적과 과정별 진행내용을 일목요연하게 파악하도록 하는 것이 필요하다.

③ 실행 및 후속조치

㉠ 파일럿 테스트를 통해 문제점을 발견하고, 해결안을 보완한 후 대상 범위를 넓혀서 전면적으로 실시해야 한다. 그리고 실행상의 문제점 및 장애요인을 신속히 해결하기 위해서 모니터링 체제를 구축하는 것이 바람직하다.

㉡ 모니터링 시 고려 사항

- 바람직한 상태가 달성되었는가?
- 문제가 재발하지 않을 것을 확신할 수 있는가?
- 사전에 목표한 기간 및 비용은 계획대로 지켜졌는가?
- 혹시 또 다른 문제를 발생시키지 않았는가?
- 해결책이 주는 영향은 무엇인가?

OX 문제

01 전체 문제를 세부 문제로 쪼개는 과정을 통해 문제의 구조를 파악하는 방법을 Logic Tree 방법이라고 한다. [ ]

02 해결안을 평가하고 채택할 때 사용되는 실현 가능성의 평가 기준은 개발 기간, 고객 만족, 적용 가능성 등을 들 수 있다. [ ]

03 해결안 평가 및 최적안 선정은 문제(What), 원인(Why), 방법(How)을 고려해서 해결안을 평가하고, 가장 효과적인 해결안을 선정해야 한다. [ ]

04 실행계획을 수립할 때에는 실행상의 문제점을 해결하기 위한 모니터링 체제를 구축해야 한다. [ ]

05 문제해결 절차 중 선정된 문제를 분석하여 해결해야 할 것이 무엇인지를 명확히 하는 단계는 문제 도출 단계이다. [ ]

01 [○]

02 [×] 개발 기간, 개발 능력, 적용 가능성은 해결안이 실현 가능한지를 평가하는 기준인 반면, 고객 만족은 해결안의 평가 기준이지만 실현 가능성이 아니라 해결안이 적절한지에 대한 기준이다.

03 [○]

04 [×] 모니터링 체제의 구축은 실행 및 후속조치 단계에서 이루어지는 것이다.

05 [○]

SECTION **02**

문제해결능력 맛보기

01 다음 글의 내용이 참일 때, 최종 선정되는 단체는?

> ○○부는 우수 문화예술 단체 A, B, C, D, E 중 한 곳을 선정하여 지원하려 한다. ○○부의 금번 선정 방침은 다음 두 가지다. 첫째, 어떤 형태로든 지원을 받고 있는 단체는 최종 후보가 될 수 없다. 둘째, 최종 선정 시 올림픽 관련 단체를 엔터테인먼트 사업(드라마, 영화, K-pop) 단체보다 우선한다.
> A단체는 자유무역협정을 체결한 갑국에 드라마 컨텐츠를 수출하고 있지만 올림픽과 관련된 사업은 하지 않는다. B는 올림픽의 개막식 행사를, C는 폐막식 행사를 각각 주관하는 단체다. E는 오랫동안 한국 음식문화를 세계에 보급해 온 단체다. A와 C 중 적어도 한 단체가 최종 후보가 되지 못한다면, 대신 B와 E 중 적어도 한 단체는 최종 후보가 된다. 반면 게임 개발로 각광을 받은 단체인 D가 최종 후보가 된다면, 한국과 자유무역협정을 체결한 국가와 교역을 하는 단체는 모두 최종 후보가 될 수 없다. 후보 단체들 중 가장 적은 부가가치를 창출한 단체는 최종 후보가 될 수 없고, 최종 선정은 최종 후보가 된 단체 중에서만 이루어진다.
> ○○부의 조사 결과, 올림픽의 개막식 행사를 주관하는 모든 단체는 이미 □□부로부터 지원을 받고 있다. 그리고 위 문화예술 단체 가운데 한국 음식문화 보급과 관련된 단체의 부가가치 창출이 가장 저조하였다.

① A
② B
③ C
④ D
⑤ E

Key Point

거의 대부분의 논리문제는 대우명제를 결합하여 숨겨진 논리식을 찾는 수준을 벗어나지 않는다. 따라서 '~라면'이 포함된 조건식이 등장한다면 일단 대우명제로 바꾼 것을 같이 적어주는 것이 좋다. 조금 더 과감하게 정리한다면, 제시된 조건식은 그 자체로는 사용되지 않고 대우명제로만 사용되는 경우가 대부분이다.

정답 ③

i) 먼저 주어진 조건만으로 소거되는 단체를 찾아보면, 어떤 형태로든 지원을 받고 있는 단체는 최종 후보가 될 수 없다는 점에서 B를 제거할 수 있으며, 부가가치 창출이 가장 적었던 E 역시 최종 후보가 될 수 없다.

ii) 다음으로 제시된 조건을 정리해보면 [A(×) ∨ C(×)] → [B(○) ∨ E(○)]으로 나타낼 수 있으며, 이를 대우로 변환하면 [B(×) ∧ E(×)] → [A(○) ∧ C(○)]으로 표시할 수 있다. 이 조건식과 앞서 B와 E가 모두 최종 후보가 될 수 없다는 것을 결합하면, 결국 A와 C가 최종 후보에 올라간다는 것을 알 수 있다.

iii) 이제 D가 최종 후보가 될 경우 자유무역협정을 체결한 국가와 교역을 하는 단체는 모두 최종 후보가 될 수 없다는 두 번째 조건을 정리하면, [D(○) → A(×)] 으로 나타낼 수 있으며, 이를 대우로 변환하면 (A○ → D×)로 표시할 수 있다. 그런데 앞서 A는 최종 후보에 올라가는 것이 확정되어 있는 상태이기 때문에 D는 후보가 될 수 없다는 것을 알 수 있다.

결국 최종 후보는 A와 C만 남은 상황인데, 조건에서 올림픽 단체를 엔터테인먼트 사업단체보다 우선한다고 하였으므로 폐막식 행사를 주관하는 C가 최종 선정되게 된다.

02 다음 글에서 말하고 있는 문제해결방법인 퍼실리테이션에 대한 설명으로 적절한 것은?

> A협회에서는 지난 달 1일 대한민국 퍼실리테이션/퍼실리테이터 협의회를 개최하였다. 퍼실리테이션이란 리더가 전권을 행사하는 기존의 조직과는 달리 그룹 구성원들이 심도 높은 의사소통 등 효과적인 기법과 절차에 따라 문제해결 과정에 적극적으로 참여하고 상호 작용을 촉진해 문제를 해결하고 목적을 달성하는 활동을 의미한다. 퍼실리테이터란 이러한 퍼실리테이션 활동을 능숙하게 해내는 사람, 또는 퍼실리테이션을 수행하는 조직의 리더라고 정의할 수 있다. 이번 협의회에서는 4차 산업혁명의 기술을 활용한 디지털 혁신이 산업 생태계 및 공공 부분 등 사회 전반의 패러다임을 바꾸고 있는 상황에서, 퍼실리테이션의 중요성을 강조하는 자리를 마련하였다. 개최사를 맡은 한국대학교 최선아 교수는 지금까지의 조직변화와 사회변화를 위한 퍼실리테이션의 역할을 다시 한 번 생각하고, 시대변화에 따른 역할과 기능을 탐색하는 노력을 통해 퍼실리테이션의 방향성을 제시하는 것이 필요하다고 언급하였다. 또한 퍼실리테이션을 통한 성공적인 문제해결 사례로 K기업의 워크숍 사례를 소개하였다. 이 워크숍에서는 미래 조직관점에서 퍼실리테이터의 역할과 요구, 조직 내 갈등 해결, 협력적 의사결정, 변화 촉진 등의 다양한 문제해결을 위한 내용이 포함되어 있다고 밝혔다.

① 직접적인 표현이 바람직하지 않다고 여기며, 무언가를 시사하거나 암시를 통하여 의사를 전달하고 서로를 이해하게 함으로써 문제해결을 도모한다.

② 서로의 생각을 직설적으로 주장하고 논쟁이나 협상을 통해 서로의 의견을 조정해 가는 방법이다.

③ 깊이 있는 커뮤니케이션을 통해 서로의 문제점을 이해하고 공감함으로써 창조적인 문제해결을 도모하여, 초기에 생각하지 못했던 창조적인 해결 방법이 도출된다.

④ 문제해결방법의 종류인 소프트 어프로치와 하드 어프로치를 혼합한 방법이라 할 수 있다.

⑤ 주관적 관점에서 사물을 보는 관찰력과 추상적인 사고 능력으로 문제를 해결한다.

Key Point

퍼실리테이션에 관련된 문제가 자주 출제되고 있다. 특히 그 중에서도 중요한 것은 퍼실리테이터가 존재한다고 하더라도 구성원이 문제해결을 할 때는 자율적으로 실행하는 것이며, 제3자가 합의점이나 줄거리를 준비해 놓고 예정대로 결론이 도출되어 가도록 해서는 안된다는 것이다. 따라서 구성원의 역할이 유동적이라고 볼 수 있으며, 반대로 전통적인 조직에서의 구성원의 역할은 고정적이라고 볼 수 있다.

정답 ③

퍼실리테이션(Facilitation)이란 '촉진'을 의미하며, 어떤 그룹이나 집단이 의사결정을 잘 하도록 도와주는 일을 의미한다. 깊이 있는 커뮤니케이션을 통해 서로의 문제점을 이해하고 공감함으로써, 초기에는 미처 생각하지 못했던 창조적인 문제해결 방법이 도출된다.

오답분석

① 소프트 어프로치 : 조직 구성원들은 같은 문화적 토양을 가지고 이심전심으로 서로를 이해하는 상황을 가정한다.

② 하드 어프로치 : 상이한 문화적 토양을 가지고 있는 구성원을 가정하여 서로의 생각을 직설적으로 주장하고 논쟁이나 협상을 통해 의견을 조정해 가는 방법이다. 이때 중심적 역할을 하는 것이 논리, 즉 사실과 원칙에 근거한 토론이다.

⑤ 퍼실리테이션의 효과 : 객관적으로 사물을 보는 관찰력, 논리적 사고 능력, 편견 없이 듣는 청취력, 원만한 인간관계 능력, 문제를 탐색 및 발견하는 능력, 자신의 변혁 추구 능력, 문제해결을 위한 구성원 간의 커뮤니케이션 조정 능력, 합의 도출을 위한 구성원 간의 갈등 관리능력 등이 있다.

SECTION 03 대표유형 적중문제

정답 및 해설 p.62

01 모듈형

※ 다음 글을 읽고 물음에 답하시오. [1~2]

A기업 기획팀의 이현수 대리는 금일 오후 5시까지 전산시스템을 통해 제출해야 하는 사업계획서를 제출하지 못하였다. 이는 A기업이 정부로부터 지원금을 받을 수 있는 매우 중요한 사안으로, 이번 사건으로 A기업 전체에 비상이 걸렸다. 이현수 대리를 비롯하여 사업계획서와 관련된 담당자들은 금일 오후 4시 30분까지 제출 준비를 모두 마쳤으나, 회사 전산망 마비로 전산시스템 접속이 불가능해 사업계획서를 제출하지 못하였다. 이들은 정부 기관 측 담당자에게 사정을 설명하였으나, 담당자는 예외는 없다고 답변하였다. 이를 지켜본 강민호 부장은 '㉠ 이현수 대리는 기획팀을 대표하는 인재인데 이런 실수를 하다니 기획팀이 하는 업무는 모두 실수투성일 것이 분명할 것'이라고 말하였다.

01 윗글에서 나타난 문제와 문제점을 바르게 나열한 것은? 난이도 중

	문제	문제점
①	사업계획서 제출 실패	정부 담당자 설득 실패
②	정부 담당자 설득 실패	사업계획서 제출 실패
③	사업계획서 제출 실패	전산망 마비
④	전산망 마비	사업계획서 제출 실패
⑤	전산망 마비	정부 담당자 설득 실패

02 밑줄 친 ㉠에서 나타난 논리적 오류는? 난이도 중

① 권위나 인신공격에 의존한 논증
② 무지의 오류
③ 애매성의 오류
④ 연역법의 오류
⑤ 허수아비 공격의 오류

※ 다음 글을 읽고 물음에 답하시오. [3~4]

문제해결이란 목표와 현상을 분석하고, 이 분석 결과를 토대로 과제를 도출하여 최적의 해결책을 찾아 실행, 평가하는 활동을 의미한다. 이러한 문제해결은 ㉠ 조직 측면, ㉡ 고객 측면, ㉢ 자신의 세 가지 측면에서 도움을 줄 수 있다.
문제해결의 기본 요소는 총 다섯 가지가 있으며, 이를 도식화하면 아래와 같다.

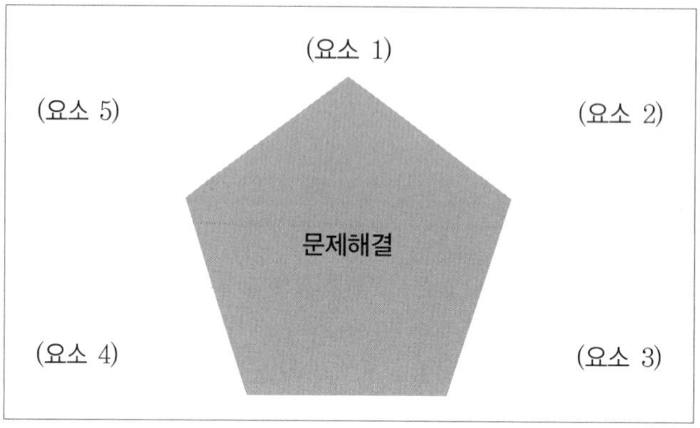

문제해결을 위한 사고 방법에는 ㉣ 전략적 사고와 ㉤ 분석적 사고가 있다. 전략적 사고는 현재 당면하고 있는 문제와 그 해결에만 그치는 것이 아니라 그 문제와 해결방안이 상위 시스템과 어떻게 연결되어 있는지를 생각하는 사고를 말한다. 또한 분석적 사고란 전체를 각각의 요소로 나누어 그 요소의 의미를 도출한 다음 우선순위를 부여하고 구체적인 문제해결방법을 실행하는 사고를 말한다.

03 윗글의 ㉠～㉢에 해당하는 것이라고 볼 수 없는 것은? 난이도 하

① 경쟁사 대비 우위를 확보
② 고객만족 제고
③ 업무를 효율적으로 처리
④ 산업 발전에 도움
⑤ 고객 불편사항 개선

04 윗글의 ㉣, ㉤을 적용한 예로 가장 적절하지 않은 것은? 난이도 하

① ㉣ : 본사의 규정을 바꿀 경우, 본사에 소속된 영업점들에게 어떤 영향을 미칠지 고려한다.
② ㉣ : 학업을 위해 대학원 진학을 고려 중인 직장인이 대학원에 진학하게 될 경우 직장, 가족, 학업, 개인생활에 어떤 영향을 미칠지 전체적으로 고려한다.
③ ㉤ : 최근 경영성과가 나빠진 기업이 재무, 영업, 고객관리, 생산 등 여러 측면에서 그 원인을 파악하고자 노력한다.
④ ㉤ : 최근 고객 불만 사항이 늘어나고 있자 고객만족을 상품 요소, 서비스 요소, 기업이미지 요소로 분류한 뒤 측정하여 이를 통해 개선사항을 도출하였다.
⑤ ㉤ : 제조공장에 생산성을 10% 이상 높이기 위해 공장 운영, 업무 방식, 제도, 기법 등의 측면에서 생산성 향상 방법을 도출하였다.

※ 다음 글을 읽고 물음에 답하시오. [5~6]

> 당면한 문제를 해결하기 위해 개인이 가지고 있는 경험과 지식을 가치 있는 새로운 아이디어로 결합함으로써 참신한 아이디어를 산출하는 능력을 창의적 사고라고 한다.
> 이때 창의적 사고를 기를 수 있는 방법으로 어떤 생각에서 다른 생각을 계속해서 떠올리는 작용을 통해 어떤 주제에서 생각나는 것을 계속해서 열거해 나가는 발산적 사고 방법을 (   )라고 한다.
> ※ 예 브레인스토밍

05 윗글의 빈칸에 들어갈 말로 적절한 것은? 난이도 하

① 강제연상법
② 비교발상법
③ 자유연상법
④ 강제결합법
⑤ 자유발상법

06 윗글에 예시로 제시된 브레인스토밍의 진행 순서로 맞게 짝지어진 것은? 난이도 중

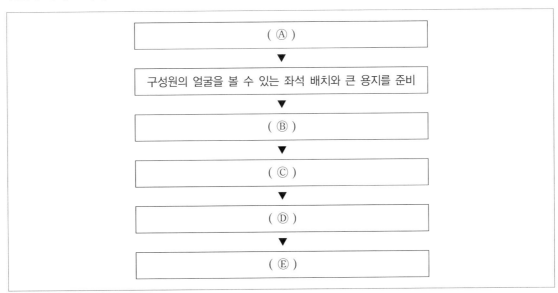

(Ⓐ)
▼
구성원의 얼굴을 볼 수 있는 좌석 배치와 큰 용지를 준비
▼
(Ⓑ)
▼
(Ⓒ)
▼
(Ⓓ)
▼
(Ⓔ)

① Ⓐ : 구성원들의 다양한 의견을 도출할 수 있는 리더 선출
② Ⓑ : 주제를 구체적이고 명확하게 선정
③ Ⓒ : 다양한 분야의 5 ~ 8명 정도의 사람으로 구성원 구성
④ Ⓓ : 제시된 아이디어 비판 및 실현가능한 아이디어 평가
⑤ Ⓔ : 구성원들의 자유로운 발언 및 발언 내용 기록 후 구조화

※ 다음은 A～E회사의 방향제에 대한 일반인 설문조사를 정리한 표이다. 제시된 표를 바탕으로 다음 물음에 답하시오. [7~9]

구분	가격	브랜드가치	향	분위기	지속성
A회사	2점	5점	2점	3점	3점
B회사	2점	2점	2점	2점	3점
C회사	4점	1점	3점	3점	4점
D회사	5점	4점	4점	4점	2점
E회사	1점	5점	4점	3점	4점

※ 5점 : 매우 좋음, 4점 : 좋음, 3점 : 보통, 2점 : 나쁨, 1점 : 매우 나쁨

07 향과 분위기가 좋은 방향제를 선호하는 소비자들은 어느 회사의 방향제를 구매하겠는가? 난이도 하

① A회사
② B회사
③ C회사
④ D회사
⑤ E회사

08 방향제를 구매할 때 가격과 지속성을 가장 중시하는 윤희는 현재 E회사의 제품을 사용하고 있다. E회사 제품보다 더 좋은 선택이 있다면 어느 회사 제품이 가장 적합한가? 난이도 하

① A회사
② B회사
③ C회사
④ D회사
⑤ 없다.

09 다음 중 본인의 취향에 맞게 최상의 선택을 하여 방향제를 구매한 소비자를 모두 고른 것은? 난이도 중

주연 : 나는 향, 분위기, 지속성을 모두 보고 방향제를 선택해. 같은 효능의 제품이라면 가격이 저렴한 게 아무래도 좋겠지? 난 E회사 제품을 사용하고 있어.
현주 : 아무래도 이름 있는 브랜드 제품이 더 좋은 성분을 사용했을 거라 생각해. 그 와중에 향이 좋다면 더욱 좋겠지. 그래서 난 A회사 제품을 구매했어.
가희 : 난 다섯 가지 평가 영역이 전반적으로 좋은 제품을 골랐어. 별점 합계가 가장 높은 제품인 E제품을 구매했어.
예진 : 요새 좀 우울해. 그래서 난 가격에 상관없이 분위기가 좋은 D회사 제품을 구매했어.

① 주연, 현주
② 주연, 예진
③ 현주, 가희
④ 현주, 예진
⑤ 가희, 예진

10 다음 중 SWOT 분석에 대한 설명으로 적절하지 않은 것은?

난이도 하

〈SWOT 분석〉

강점, 약점, 기회, 위협요인을 분석・평가하고, 이들을 서로 연관 지어 전략을 개발하고 문제해결 방안을 개발하는 방법이다.

	강점 (Strengths)	약점 (Weaknesses)
기회 (Opportunities)	SO	WO
위협 (Threats)	ST	WT

① 강점과 약점은 외부환경요인에 해당하며, 기회와 위협은 내부환경요인에 해당한다.
② SO전략은 강점을 살려 기회를 포착하는 전략을 의미한다.
③ ST전략은 강점을 살려 위협을 회피하는 전략을 의미한다.
④ WO전략은 약점을 보완하여 기회를 포착하는 전략을 의미한다.
⑤ WT전략은 약점을 보완하여 위협을 회피하는 전략을 의미한다.

11 **논리적 사고를 개발하는 방법 중 'So what? 기법'을 사용한 예로 옳은 것은?** 난이도 하

> • 우리 회사의 자동차 판매대수가 사상 처음으로 전년 대비 마이너스를 기록했다.
> • 우리나라의 자동차 업계 전체는 일제히 적자 결산을 발표했다.
> • 주식 시장은 몇 주간 조금씩 하락하는 상황에 있다.

① 자동차 판매가 부진하다.
② 자동차 산업의 미래가 좋지 않다.
③ 자동차 산업과 주식시장의 상황이 복잡하다.
④ 자동차 관련 기업의 주식을 사서는 안 된다.
⑤ 자동차 판매를 높이기 위해 가격을 낮춘다.

12 **다음 중 문제 유형이 다른 하나는 무엇인가?** 난이도 하

① 김한별 사원은 생산성을 향상시키기 위해서 업무 프로세스, 작업방법 등을 개선시킬 수 있는 방안을 마련하여 발표하였다.
② 이연미 대리는 HR 제도 개선을 위한 인력 재산정 프로젝트를 추진하기 위해 해당 직무 담당자들과 인터뷰를 진행하였다.
③ 임연준 과장은 구성원들의 성과를 향상시킬 수 있는 방안을 마련하기 위하여, 구성원들에게 제공할 수 있는 교육·훈련 프로그램을 구상하여 발표하였다.
④ 최수인 팀장은 2030 비전 달성을 위한 해외 사업 진출 프로젝트 방안을 마련하여 발표하였다.
⑤ 장은미 대리는 회사의 재고율을 줄이기 위해 타 기업의 업무방식 정보를 참고하여 새로운 제도를 발표하였다.

02 피둘형

01 K공단 신입사원인 A, B, C, D, E는 각각 영업팀, 기획팀, 홍보팀 중 한 곳에 속해 있다. 각 팀은 모두 같은 날, 같은 시간에 회의가 있고, K공단은 3층과 5층에 회의실이 두 개씩 있다. 따라서 세 팀이 모두 한 층에서 회의를 할 수는 없다. A～E사원의 진술 중 2명은 참을 말하고 3명은 거짓을 말할 때, 〈보기〉 중 항상 참인 것은?

난이도 중

A사원 : 기획팀은 3층에서 회의를 한다.
B사원 : 영업팀은 5층에서 회의를 한다.
C사원 : 홍보팀은 5층에서 회의를 한다.
D사원 : 나는 3층에서 회의를 한다.
E사원 : 나는 3층에서 회의를 하지 않는다.

보기

ㄱ. 영업팀과 홍보팀이 같은 층에서 회의를 한다면, E사원은 기획팀이다.
ㄴ. 기획팀이 3층에서 회의를 한다면, D사원과 E사원은 같은 팀일 수 있다.
ㄷ. 두 팀이 5층에서 회의를 하는 경우가 3층에서 회의를 하는 경우보다 많다.

① ㄱ
② ㄱ, ㄴ
③ ㄱ, ㄷ
④ ㄴ
⑤ ㄴ, ㄷ

02 다음은 독감의 변인 3가지에 대한 실험을 한 후 작성된 보고서이다. 다음과 같은 변인 3가지 외에 다른 변인은 없다고 했을 때, 이를 해석한 〈보기〉 중 옳은 것을 모두 고르면?

난이도 중

선택 1. 수분섭취를 잘하였고, 영양섭취와 예방접종은 하지 않았는데 독감에 걸리지 않았다.
선택 2. 수분섭취는 하지 않았고, 영양섭취와 예방접종은 하였는데 독감에 걸리지 않았다.
선택 3. 영양섭취와 예방접종, 수분섭취를 모두 하였는데 독감에 걸리지 않았다.
선택 4. 영양섭취는 하였고, 예방접종을 하지 않았으며, 수분섭취는 하였는데 독감에 걸렸다.

보기

ㄱ. 선택 1, 2를 비교해 보았을 때, 수분섭취를 하지 않아 독감에 걸렸을 것으로 추정된다.
ㄴ. 선택 1, 4를 비교해 보았을 때, 영양섭취를 하지 않아 독감에 걸리지 않았을 것으로 추정된다.
ㄷ. 선택 2, 4를 비교해 보았을 때, 예방접종을 하여 독감에 걸렸을 것으로 추정된다.
ㄹ. 선택 3, 4를 비교해 보았을 때, 예방접종을 하면 독감에 걸리지 않는 것으로 추정된다.

① ㄱ
② ㄴ, ㄷ
③ ㄷ, ㄹ
④ ㄴ, ㄹ
⑤ ㄱ, ㄴ, ㄹ

03 퇴직을 앞둔 회사원 L씨는 1년 뒤 샐러드 도시락 프랜차이즈 가게를 운영하고자 한다. 다음은 L씨가 회사 근처 샐러드 도시락 프랜차이즈 가게에 대해 SWOT 분석을 실시한 결과이다. 〈보기〉 중 분석에 따른 대응 전략으로 적절한 것을 모두 고른 것은?

난이도 하

강점(Strength)	약점(Weakness)
• 다양한 연령층을 고려한 메뉴 • 월별 새로운 메뉴 제공	• 부족한 할인 혜택 • 홍보 및 마케팅 전략의 부재
기회(Opportunity)	**위협(Threat)**
• 건강한 식단에 대한 관심 증가 • 회사원들의 간편식 점심 수요 증가	• 경기 침체로 인한 외식 소비 위축 • 주변 음식점과의 경쟁 심화

보기

ㄱ. 다양한 연령층이 이용할 수 있도록 새로운 한식 도시락을 출시한다.
ㄴ. 계절 채소를 이용한 샐러드 런치 메뉴를 출시한다.
ㄷ. 제품의 가격 상승을 유발하는 홍보 방안보다 먼저 품질 향상 방안을 마련해야 한다.
ㄹ. 주변 회사와 제휴하여 이용 고객에 대한 할인 서비스를 제공한다.

① ㄱ, ㄴ
② ㄱ, ㄷ
③ ㄴ, ㄷ
④ ㄴ, ㄹ
⑤ ㄷ, ㄹ

04 귀하는 자동차도로 고유번호 부여 규정을 근거로 하여 도로에 노선번호를 부여할 계획이다. 다음 그림에서 점선은 '영토'를, 실선은 '고속국도'를 표시한 것이며, (가), (나), (다), (라)는 '간선노선'을, (마), (바)는 '보조간선노선'을 나타낸 것이다. 다음 중 노선번호를 올바르게 부여한 것은? 난이도 상

〈자동차도로 고유번호 부여 규정〉

자동차도로는 관리상 고속국도, 일반국도, 특별광역시도, 지방도, 시도, 군도, 구도의 일곱 가지로 구분된다. 이들 각 도로에는 고유번호가 부여되어 있고, 이는 지형도 상의 특정 표지판 모양 안에 표시되어 있다. 그러나 군도와 구도는 구간이 짧고 노선 수가 많아 노선번호가 중복될 우려가 있어 표지 상에 번호를 표기하지 않는다.

고속국도 가운데 간선노선의 경우 두 자리 숫자를 사용하며, 남북을 연결하는 경우는 서에서 동으로 가면서 숫자가 증가하는데 끝자리에 5를 부여하고, 동서를 연결하는 경우는 남에서 북으로 가면서 숫자가 증가하는데 끝자리에 0을 부여한다.

보조간선노선은 간선노선 사이를 연결하는 고속국도로서 이 역시 두 자리 숫자로 표기한다. 그런데 보조간선노선이 남북을 연결하는 모양에 가까우면 첫자리는 남쪽 시작점의 간선노선 첫자리를 부여하고 끝자리에는 5를 제외한 홀수를 부여한다. 한편 동서를 연결하는 모양에 가까우면 첫자리는 동서를 연결하는 간선노선 가운데 해당 보조간선노선의 바로 아래쪽에 있는 간선노선의 첫자리를 부여하며, 이때 끝자리는 0을 제외한 짝수를 부여한다.

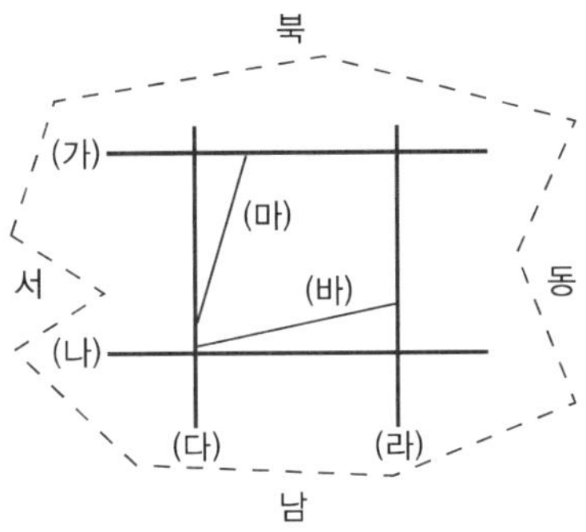

	(가)	(나)	(다)	(라)	(마)	(바)
①	25	15	10	20	19	12
②	20	10	15	25	18	14
③	25	15	20	10	17	12
④	20	10	15	25	17	12
⑤	20	15	15	25	17	14

05 **다음은 두 고생물학자 간에 벌어진 가상 대화이다. 두 사람의 보고와 주장이 모두 참이라고 가정할 경우, 〈보기〉 중 거짓으로만 짝지어진 것은?** 난이도 상

A : 지난해 일본 북해도에서는 다양한 암모나이트 화석이 많이 발견되었고, 그 때문에 북해도는 세계적으로 유명한 암모나이트 산지로 알려지게 되었습니다. 중생대 표준화석은 여러 가지가 있지만, 그중에서도 암모나이트는 세계적으로 대표적인 표준화석입니다. 표준화석은 지층의 지질 시대를 지시하는 화석으로, 특징 있는 형태와 넓은 분포, 다량의 산출 및 한정된 지질 시대에 생존했다는 조건을 갖춘 화석을 의미합니다.

B : 그렇습니다. 암모나이트는 중생대 바다를 지배한 동물이었고, 중생대 육지에서는 공룡이 군림하였습니다. 공룡 화석은 다양한 지역에서 산출되며, 중생대에만 한정되어 생존하였습니다. 그런데 우리나라에서는 경상도 지역을 중심으로 분포된 중생대 지층에서 암모나이트 화석은 발견되지 않았고, 공룡 화석만 발견된다고 들었습니다.

A : 말씀하신 것처럼, 경상도 지역에서 표준화석인 암모나이트가 산출되고 있지 않지만 공룡 화석들은 많이 산출되고 있습니다. 그리고 지금까지는 경상도 지역의 바다 환경에서 퇴적된 중생대 지층이 확인되었다는 보고가 없습니다.

B : 저는 가까운 일본에서 암모나이트가 발견되는 것을 보면 경상도 지역에서도 분명히 암모나이트가 나올 가능성이 있다고 생각합니다. 중생대에 우리나라 바다에서 퇴적된 해성층이 있었을 가능성이 있으므로 다시 조사해야 할 필요가 있습니다.

보기

ㄱ. 우리나라 경상도 지역은 옛날 중생대 때에는 모두 육지였다.
ㄴ. 공룡 화석은 암모나이트 화석과 같은 중생대 표준화석이 아니다.
ㄷ. 우리나라에서도 암모나이트 화석이 발견될 가능성이 있다.
ㄹ. 세계적으로 중생대에는 육지와 바다가 모두 존재하였다.
ㅁ. 일본 북해도 지역에는 바다에서 퇴적된 해성층이 분포되어 있다.
ㅂ. 경상도에서 암모나이트 화석이 산출되지 않는 것을 보면, 경상도 지역에는 중생대 지층이 없다.

① ㄱ, ㄹ, ㅂ
② ㄱ, ㄷ, ㅁ
③ ㄱ, ㄴ, ㅂ
④ ㄷ, ㅁ, ㅂ
⑤ ㄷ, ㄹ, ㅂ

03 PSAT형

01 다음 글을 근거로 판단할 때, 국제행사의 개최도시로 선정될 곳은? 난이도 중

K사무관은 대한민국에서 열리는 국제행사의 개최도시를 선정하기 위해 다음과 같은 후보도시 평가표를 만들었다. 후보도시 평가표에 따른 점수와 국제해양기구의 의견을 모두 반영하여, 합산점수가 가장 높은 도시를 개최도시로 선정하고자 한다.

〈후보도시 평가표〉

구분	서울	인천	대전	부산	제주
1) 회의 시설 1,500명 이상 수용가능한 대회의장 보유 등	A	A	C	B	C
2) 숙박 시설 도보거리에 특급 호텔 보유 등	A	B	A	A	C
3) 교통 공항접근성 등	B	A	C	B	B
4) 개최 역량 대규모 국제행사 개최 경험 등	A	C	C	A	B

※ A : 10점, B : 7점, C : 3점

〈국제해양기구의 의견〉

- 외국인 참석자의 편의를 위해 '교통'에서 A를 받은 도시의 경우, 추가로 5점을 부여해 줄 것
- 바다를 끼고 있는 도시의 경우, 추가로 5점을 부여해 줄 것
- 예상 참석자가 2,000명 이상이므로 '회의 시설'에서 C를 받은 도시는 제외할 것

① 서울
② 인천
③ 대전
④ 부산
⑤ 제주

02 다음은 A기업 4개팀 체육대회의 종목별 대진표 및 중간경기결과와 종목별 승점 배점표이다. 이에 근거하여 남은 경기결과에 따른 최종 대회성적에 대한 설명으로 옳지 않은 것은? 난이도 상

〈A기업 체육대회의 종목별 대진표 및 중간경기결과〉

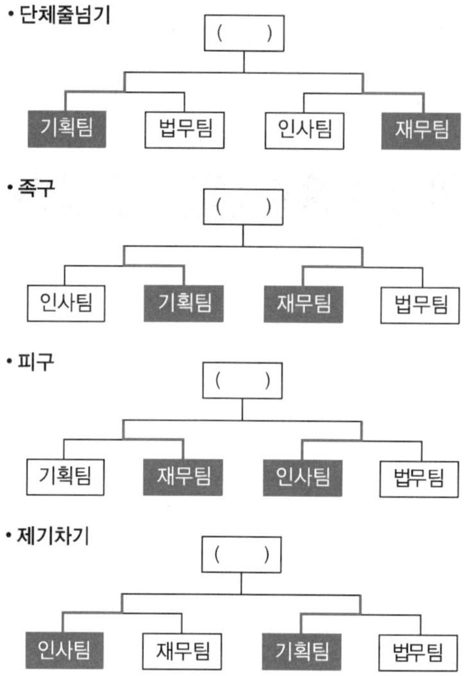

※ 굵은 선과 음영( )으로 표시된 팀은 이긴 팀을 의미하며, 결승전만을 남긴 상황임

〈종목별 승점 배점표〉

종목 / 순위	단체줄넘기	족구	피구	제기차기
1위	120	90	90	60
2위	80	60	60	40
3·4위	40	30	30	20

※ 1) 최종 대회성적은 종목별 승점합계가 가장 높은 팀이 종합 우승, 두 번째로 높은 팀이 종합 준우승임
2) 승점합계가 동일한 팀이 나올 경우, 단체줄넘기 종목의 순위가 높은 팀이 최종 순위가 높음
3) 모든 경기에 무승부는 없음

① 남은 경기결과와 상관없이 법무팀은 종합 우승을 할 수 없다.
② 재무팀이 남은 경기 중 2종목에서 이기더라도, 기획팀이 종합 우승을 할 수 있다.
③ 기획팀이 남은 경기에서 모두 지면, 재무팀이 종합 우승을 한다.
④ 재무팀이 남은 경기에서 모두 지더라도, 재무팀은 종합 준우승을 한다.
⑤ 인사팀이 남은 경기에서 모두 이기더라도, 인사팀은 종합 우승을 할 수 없다.

03 갑이 컴퓨터를 구입하려고 할 때, 컴퓨터별 정보와 조건에 근거하여 구입할 컴퓨터는? 난이도 중

〈컴퓨터 정보〉

항목 / 컴퓨터	램 메모리 용량(Giga Bytes)	하드 디스크 용량(Tera Bytes)	가격(천 원)
A	4	2	500
B	16	1	1,500
C	4	3	2,500
D	16	2	2,500
E	8	1	1,500

조건

- 컴퓨터를 구입할 때, 램 메모리 용량, 하드 디스크 용량, 가격을 모두 고려한다.
- 램 메모리와 하드 디스크 용량이 크면 클수록, 가격은 저렴하면 저렴할수록 선호한다.
- 각 항목별로 가장 선호하는 경우 100점, 가장 선호하지 않는 경우 0점, 그 외의 경우 50점을 각각 부여한다. 단, 가격은 다른 항목보다 중요하다고 생각하여 2배의 점수를 부여한다.
- 각 항목별 점수의 합이 가장 큰 컴퓨터를 구입한다.

① A ② B
③ C ④ D
⑤ E

04 어느 부처의 시설과에 A, B, C, D, E, F의 총 6명의 직원이 있다. 이들 가운데 반드시 4명의 직원으로만 팀을 구성하여 부처회의에 참석해 달라는 요청이 있었다. 만일 E가 불가피한 사정으로 그 회의에 참석할 수 없게 된 상황에서 다음 조건을 모두 충족시켜야만 한다면, 몇 개의 팀이 구성될 수 있는가? 난이도 중

조건

(조건 1) A 또는 B는 반드시 참석해야 한다. 하지만 A, B가 함께 참석할 수 없다.
(조건 2) D 또는 E는 반드시 참석해야 한다. 하지만 D, E가 함께 참석할 수 없다.
(조건 3) 만일 C가 참석하지 않게 된다면 D도 참석할 수 없다.
(조건 4) 만일 B가 참석하지 않게 된다면 F도 참석할 수 없다.

① 0개 ② 1개
③ 2개 ④ 3개
⑤ 4개

05 다음 〈보기〉를 보고 이들의 대화를 근거로 판단할 때, 다음 중 6월생은 누구인가? 난이도 중

보기

- 같은 해에 태어난 5명(지나, 정선, 혜명, 민경, 효인)은 각자 자신의 생일을 알고 있다.
- 5명은 자신을 제외한 나머지 4명의 생일이 언제인지는 모르지만, 3월생이 2명, 6월생이 1명, 9월생이 2명이라는 사실은 알고 있다.
- 아래 대화는 5명이 한 자리에 모여 나눈 대화를 순서대로 기록한 것이다.
- 5명은 대화의 진행에 따라 상황을 논리적으로 판단하고, 솔직하게 대답한다.

민경 : 지나야, 네 생일이 5명 중에서 제일 빠르니?
지나 : 그럴 수도 있지만 확실히는 모르겠어.
정선 : 혜명아, 네가 지나보다 생일이 빠르니?
혜명 : 그럴 수도 있지만 확실히는 모르겠어.
지나 : 민경아, 넌 정선이가 몇 월생인지 알겠니?
민경 : 아니, 모르겠어.
혜명 : 효인아, 넌 민경이보다 생일이 빠르니?
효인 : 그럴 수도 있지만 확실히는 모르겠어.

① 지나
② 정선
③ 혜명
④ 민경
⑤ 효인

SECTION **04**

심화문제

정답 및 해설 p.68

01 다음 글과 설립위치 선정 기준을 근거로 판단할 때, A사가 서비스센터를 설립하는 방식과 위치로 옳은 것은?

난이도 상

- 휴대폰 제조사 A는 B국에 고객서비스를 제공하기 위해 1개의 서비스센터 설립을 추진하려고 한다.
- 설립방식에는 (가) 방식과 (나) 방식이 있다.
- A사는 [(고객만족도 효과의 현재가치)−(비용의 현재가치)]의 값이 큰 방식을 선택한다.
- 비용에는 규제 비용과 로열티 비용이 있다.

구분		(가) 방식	(나) 방식
고객만족도 효과의 현재가치		5억 원	4.5억 원
비용의 현재가치	규제 비용	3억 원 (설립 당해년도만 발생)	없음
	로열티 비용	없음	– 3년간 로열티 비용을 지불함 – 로열티 비용의 현재가치 환산액 : 설립 당해년도는 2억 원, 그 다음 해부터는 직전년도 로열티 비용의 1/2씩 감액한 금액

※ 고객만족도 효과의 현재가치는 설립 당해년도를 기준으로 산정된 결과이다.

〈설립위치 선정 기준〉

- 설립위치로 B국의 갑, 을, 병 세 지역을 검토 중이며, 각 지역의 특성은 다음과 같다.

위치	유동인구(만 명)	20 ~ 30대 비율(%)	교통혼잡성
갑 지역	80	75	3
을 지역	100	50	1
병 지역	75	60	2

- A사는 [(유동인구)×(20 ~ 30대 비율)÷(교통혼잡성)] 값이 큰 곳을 선정한다. 다만 A사는 제품의 특성을 고려하여 20 ~ 30대 비율이 50% 이하인 지역은 선정대상에서 제외한다.

	설립방식	설립위치
①	(가)	갑 지역
②	(가)	병 지역
③	(나)	갑 지역
④	(나)	을 지역
⑤	(나)	병 지역

02 다음의 공공도서관 시설 및 도서관 자료 구비 기준과 상황을 근거로 판단할 때, 〈보기〉에서 옳은 설명을 모두 고른 것은?

난이도 상

〈공공도서관 시설 및 도서관 자료 구비 기준〉

봉사대상 인구(명)	시설		도서관 자료	
	건물면적(m^2)	열람석(석)	기본장서(권)	연간증서(권)
10만 이상 ~ 30만 미만	1,650 이상	350 이상	30,000 이상	3,000 이상
30만 이상 ~ 50만 미만	3,300 이상	800 이상	90,000 이상	9,000 이상
50만 이상	4,950 이상	1,200 이상	150,000 이상	15,000 이상

1. 봉사대상 인구란 도서관이 설치되는 해당 시의 인구를 말한다. 연간증서(年間增書)는 설립 다음 해부터 매년 추가로 늘려야 하는 장서로서 기본장서에 포함된다.
2. 전체 열람석의 10% 이상을 노인과 장애인 열람석으로 할당하여야 한다.
3. 공공도서관은 기본장서 외에 다음 각 목에서 정하는 자료를 갖추어야 한다.
   가. 봉사대상 인구 1천 명당 1종 이상의 연속간행물
   나. 봉사대상 인구 1천 명당 10종 이상의 시청각자료

〈상황〉

○○부는 신도시인 A시에 2024년 상반기 개관을 목표로 공공도서관 건설을 추진 중이다. A시의 예상 인구 추계는 다음과 같다.

구분	2022년	2025년	2030년	2040년
예상 인구(명)	13만	15만	30만	50만

※ A시 도서관은 예정대로 개관한다.
※ 2022년 인구는 실제 인구이며, 인구는 해마다 증가한다고 가정한다.

보기

ㄱ. A시 도서관 개관 시 확보해야 할 최소 기본장서는 30,000권이다.
ㄴ. A시의 예상 인구 추계자료와 같이 인구가 증가한다면, 2025년에는 노인 및 장애인 열람석을 2024년에 비해 35석 추가로 더 확보해야 한다.
ㄷ. A시의 예상 인구 추계자료와 같이 인구가 증가하고, 2025 ~ 2030년에 매년 같은 수로 인구가 늘어난다면, 2028년에는 최소 240종 이상의 연속간행물과 2,400종 이상의 시청각자료를 보유해야 한다.
ㄹ. 2030년 실제 인구가 예상 인구의 80% 수준에 불과하다면, 개관 이후 2030년 말까지 추가로 보유해야 하는 총 연간증서는 최소 18,000권이다.

① ㄱ, ㄴ
② ㄱ, ㄷ
③ ㄴ, ㄹ
④ ㄱ, ㄷ, ㄹ
⑤ ㄴ, ㄷ, ㄹ

03 다음 글을 근거로 판단할 때, A팀이 최종적으로 선택하게 될 이동수단의 종류와 그 비용으로 올바르게 짝지은 것은?

난이도 중

4명으로 구성된 A팀은 해외출장을 계획하고 있다. A팀은 출장지에서의 이동수단 한 가지를 결정하려 한다. 이때 A팀은 경제성, 용이성, 안전성의 총 3가지 요소를 고려하여 최종점수가 가장 높은 이동수단을 선택한다.

- 각 고려요소의 평가결과 '상' 등급을 받으면 3점을, '중' 등급을 받으면 2점을, '하' 등급을 받으면 1점을 부여한다. 단, 안전성을 중시하여 안전성 점수는 2배로 계산한다. (예 안전성 '하' 등급 : 2점)
- 경제성은 각 이동수단별 최소비용이 적은 것부터 상, 중, 하로 평가한다.
- 각 고려요소의 평가점수를 합하여 최종점수를 구한다.

〈이동수단별 평가표〉

이동수단	경제성	용이성	안전성
렌터카	?	상	하
택시	?	중	중
대중교통	?	하	중

〈이동수단별 비용계산식〉

이동수단	비용계산식
렌터카	(렌트비+유류비)×이용 일수 • 렌트비=$50/1일(4인승 차량) • 유류비=$10/1일(4인승 차량)
택시	거리 당 가격($1/1마일)×이동거리(마일) – 최대 4명까지 탑승가능
대중교통	대중교통패스 3일권($40/1인)×인원수

〈해외출장 일정〉

출장 일정	이동거리(마일)
11월 1일	100
11월 2일	50
11월 3일	50

	이동수단	비용
①	렌터카	$180
②	택시	$200
③	택시	$400
④	대중교통	$140
⑤	대중교통	$160

04 다음 그림과 같이 각 층에 1인 1실의 방이 4개 있는 3층 호텔에 A ~ I 총 9명이 투숙해 있다. 주어진 〈조건〉하에서 반드시 옳은 것은?

난이도 상

	301호	302호	303호	304호	
좌	201호	202호	203호	204호	우
	101호	102호	103호	104호	

조건

- 각 층에는 3명씩 투숙해 있다.
- A의 바로 위에는 C가 투숙해 있으며, A의 바로 오른쪽 방에는 아무도 투숙해 있지 않다.
- B의 바로 위의 방에는 아무도 투숙해 있지 않다.
- C의 바로 왼쪽에 있는 방에는 아무도 투숙해 있지 않으며, C는 D와 같은 층의 바로 옆에 인접해 있다.
- D는 E의 바로 아랫방에 투숙해 있다.
- E, F, G는 같은 층에 투숙해 있다.
- G의 옆방에는 아무도 투숙해 있지 않다.
- I는 H보다 위층에 투숙해 있다.

① B는 101호에 투숙해 있다.
② D는 204호에 투숙해 있다.
③ F는 304호에 투숙해 있다.
④ G는 301호에 투숙해 있다.
⑤ A, C, F는 같은 열에 투숙해 있다.

05 다음 규칙을 근거로 판단할 때, 〈보기〉에서 옳은 설명을 모두 고른 것은? 난이도 상

〈규칙〉

- 직원이 50명인 A회사는 야유회에서 경품 추첨 행사를 한다.
- 직원들은 1명당 3장의 응모용지를 받고, 1 ~ 100 중 원하는 수 하나씩을 응모용지별로 적어서 제출한다. 한 사람당 최대 3장까지 원하는 만큼 응모할 수 있고, 모든 응모용지에 동일한 수를 적을 수 있다.
- 1 ~ 100 중 가장 좋아하는 수 하나를 고르면 해당 수를 응모한 사람이 당첨자로 결정된다. 해당 수를 응모한 사람이 없으면 사장은 당첨자가 나올 때까지 다른 수를 고른다.
- 당첨 선물은 사과 총 100개이고, 당첨된 응모용지가 n장이면 당첨된 응모용지 1장당 사과를 $\frac{100}{n}$개씩 나누어 준다.
- 만약 한 사람이 2장의 응모용지에 똑같은 수를 써서 당첨된다면 2장 몫의 사과를 받고, 3장일 경우는 3장 몫의 사과를 받는다.

보기

ㄱ. 직원 갑과 을이 함께 당첨된다면, 갑은 최대 50개의 사과를 받는다.
ㄴ. 직원 중에 갑과 을 두 명만이 사과를 받는다면, 갑은 최소 25개의 사과를 받는다.
ㄷ. 당첨된 수를 응모한 직원이 갑밖에 없다면, 갑이 그 수를 1장 써서 응모하거나 3장 써서 응모하거나 같은 개수의 사과를 받는다.

① ㄱ
② ㄷ
③ ㄱ, ㄴ
④ ㄱ, ㄷ
⑤ ㄴ, ㄷ

CHAPTER 04

자원관리능력

출제유형 및 학습 전략

1 시차를 먼저 계산하자!

시간자원관리문제의 기출유형 중 시차를 계산하여 일정에 맞는 항공권을 구입하거나 회의 시간을 구하는 문제에서는 각각의 나라의 시간을 한국 시간으로 전부 바꾸어 계산하는 것이 편리하다. 조건에 맞는 나라들의 시간을 전부 한국 시간으로 바꾸고 한국 시간과의 시차만 더하거나 빼주면 시간을 단축하여 풀 수 있다.

2 보기를 활용하자!

예산자원관리문제의 기출유형에서는 계산을 해서 값을 요구하는 문제들이 있다. 이런 문제유형에서는 문제 보기를 먼저 본 후 자리 수가 몇 단위로 끝나는지 확인한다. 예를 들어 412,300원, 426,700원, 434,100원, 453,800원인 보기가 있을 경우, 100원 단위로 끝나기 때문에 제시된 조건에서 100원 단위로 나올 수 있는 항목을 찾아 그 항목만 계산하여 시간을 단축시키는 방법이 있다. 또한, 640,000원, 720,000원, 810,000원 등의 수를 이용해 푸는 문제의 경우, 만 원 단위를 절사하고 계산하여 64, 72, 81처럼 요약하여 적는 것도 시간을 단축하는 방법이다.

3 최적의 값을 구하는 문제인지 파악하자!

물적자원관리문제의 기출유형에서는 제한된 자원 내에서 최대의 만족 또는 이익을 얻을 수 있는 방법을 강구하는 문제가 출제된다. 이때, 구하고자 하는 값을 x, y로 정하고 연립방정식을 이용해 x, y값을 구한다. 최소 비용으로 목표생산량을 달성하기 위한 업무 및 인력 할당, 정해진 시간 내에 최대 이윤을 낼 수 있는 업체 선정, 정해진 인력으로 효율적 업무 배치 등을 구하는 문제에서 사용되는 방법이다.

4 각 평가항목을 비교해보자!

인적자원관리문제의 기출유형에서는 각 평가항목을 비교하여 기준에 적합한 인물을 고르거나, 저렴한 업체를 선정하거나, 총점이 높은 업체를 선정하는 문제가 출제된다. 이런 문제를 해결할 때는 평가항목에서 가격별, 등급별로 차이가 큰 항목을 찾는다. 가장 격차가 큰 항목을 찾아 삭제하고, 가격이나 점수 차이에 영향을 많이 미치는 항목을 찾아 지우면 1 ~ 2개의 보기를 삭제하고 3 ~ 4개의 보기만 계산하여 시간을 단축한다.

SECTION 01 모듈이론

01 자원관리능력의 의의

(1) 자원과 자원관리

① 자원이란?

사전적으로는 인간생활에 도움이 되는 자연계의 일부를 말하며, 물질적 자산(물적자원), 재정적 자산(예산), 인적 자산(인적자원)으로 나누기도 한다. 최근에는 여기에 시간도 중요한 자원 중 하나로 보고 있다.

② 자원의 유한성

주어진 시간은 제한되기 마련이어서 정해진 시간을 어떻게 활용하느냐가 중요하며, 돈과 물적자원 역시 제한적일 수밖에 없다. 또한 인적자원 역시 제한된 사람들을 알고 활용할 수 밖에 없다. 이러한 자원의 유한성으로 인해 자원을 효과적으로 확보・유지・활용하는 자원관리는 매우 중요하다고 할 수 있다.

③ 자원관리의 분류

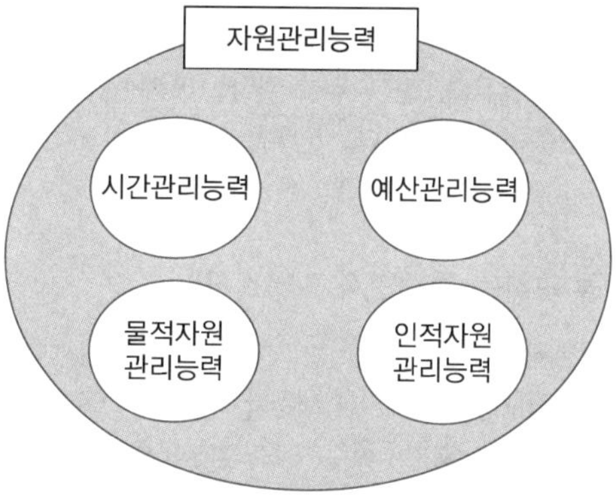

④ 자원낭비의 요인 기출

종류	내용
비계획적 행동	계획 없이 충동적이고 즉흥적으로 행동하여 자신이 활용할 수 있는 자원들을 낭비하게 되는 것
편리성 추구	자원을 활용하는데 있어서 너무 편한 방향으로만 활용하는 것
자원에 대한 인식 부재	자신이 가지고 있는 중요한 자원을 인식하지 못하는 것
노하우 부족	자원관리의 중요성을 인식하면서도 효과적인 방법을 활용할 줄 모르는 것

(2) 자원관리의 과정 기출

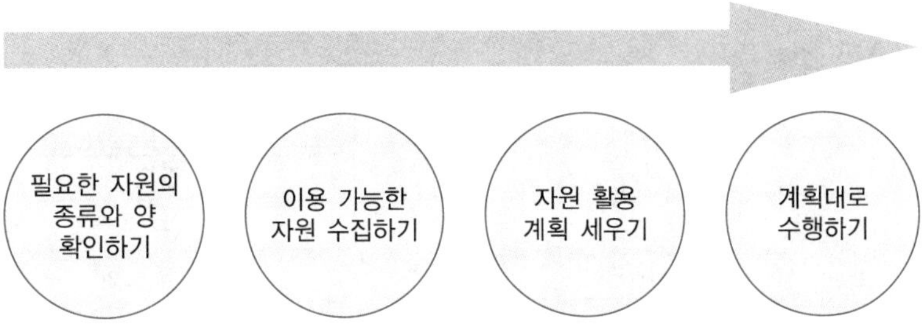

자원관리 기본 과정

① 필요한 자원의 종류와 양 확인하기
업무를 추진하는데 있어서 어떤 자원이 필요하며, 또 얼마만큼 필요한지를 파악하는 단계이다.

② 이용 가능한 자원 수집하기
실제 준비나 활동을 하는 데 있어서 계획과 차이를 보이는 경우가 빈번하기 때문에, 자원을 여유 있게 확보하는 것이 안전하다.

③ 자원 활용 계획 세우기
자원을 실제 필요한 업무에 할당하여 계획을 세워야 하며, 목적을 이루는 데 핵심이 되는 것에 우선순위를 두고 계획을 세울 필요가 있다.

④ 계획대로 수행하기
최대한 계획대로 수행하는 것이 바람직하며, 불가피하게 수정해야 하는 경우에는 전체 계획에 미칠 수 있는 영향을 고려해야 한다.

OX 문제

01 자원을 확보하는 데 있어 중요한 것은 실제 수행상에서의 차이 발생에 대비하여 여유 있게 확보하는 것이다. [ ]

02 주어진 과제나 활동의 우선순위를 고려하여 달성하고자 하는 최종 목적을 이루는 데 가장 핵심이 되는 것에 우선순위를 두고 자원을 활용하는 계획을 세우는 것은 자원 활용 계획 수립 단계이다. [ ]

03 자원은 기업 활동을 위해 사용되는 모든 시간, 예산, 물적·인적자원을 의미한다. [ ]

04 자원관리 과정은 자원 확인, 자원 수집, 자원 활용 계획 수립, 계획 수행의 과정으로 이루어진다. [ ]

01 [O]
02 [O]
03 [O]
04 [O]

02 시간자원관리능력

(1) 시간자원관리의 효과 기출

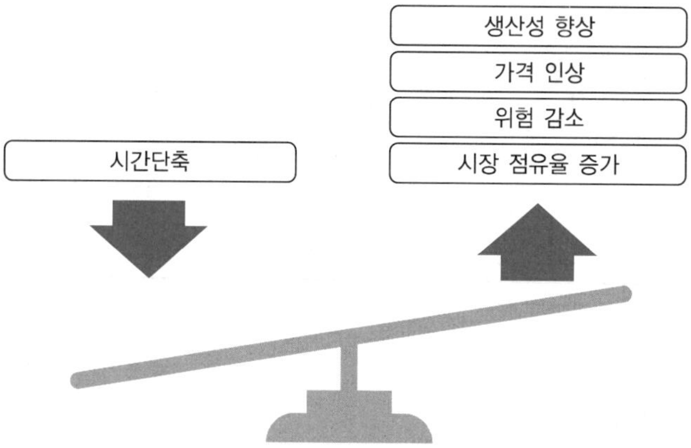

※ '가격 인상'은 기업의 입장에서 일을 수행할 때 소요되는 시간을 단축함으로써 비용이 절감되고, 상대적으로 이익이 늘어남으로써 사실상 '가격 인상' 효과가 있다는 의미이다.

(2) 시간낭비

① 시간낭비의 요인 기출

• 목적이 불명확하다.	• 우선순위가 없이 일을 한다.
• 여러 가지 일을 한 번에 많이 다룬다.	• 일에 도움이 되지 않는 일을 한다.
• 하루의 계획이 구체적이지 않다.	• 책상 위가 항상 번잡하다.
• 서류정리를 하다가 서류를 숙독한다.	• 파일링시스템이 부적당하다.
• 메모 등을 찾는 시간이 걸리는 편이다.	• 일에 대한 의욕이 없다.
• 팀워크가 부족하다.	• 전화를 너무 많이 한다.
• 예정외의 방문자가 많다.	• 'NO'라고 말하지 못한다.
• 불완전하거나 지연된 정보가 많다.	• 극기심이 결여되어 있다.
• 일을 끝내지 않고 남겨둔다.	• 주의가 산만하다.
• 회의 시간이 길다.	• 회의에 대한 준비가 불충분하다.
• 커뮤니케이션이 부족하디.	• 잡담이 많다.
• 통지문서가 많다.	• 메모 회람이 많다.
• 일을 느긋하게 처리하는 경향이 있다.	• 모든 것에 대해 사실을 알고 싶어 한다.
• 기다리는 시간이 많다.	• 초조하고 성질이 급하다.
• 권한위임을 충분히 하지 않는다.	• 권한위임한 업무의 관리가 부족하다.

② 시간관리에 대한 오해

시간관리에 대한 오해

시간관리는 상식에 불과하다. 나는 회사에서 일을 잘하고 있기 때문에 시간관리도 잘한다고 말할 수 있다.

나는 시간에 쫓기면 일을 더 잘하는데, 시간을 관리하면 오히려 나의 이런 강점이 없어질지도 모른다.

나는 약속을 표시해 둔 달력과 해야 할 일에 대한 목록만으로 충분하다.

시간관리 자체는 유용할지 모르나 창의적인 일을 하는 나에게는 잘 맞지 않는다. 나는 일상적인 업무에 얽매이는 것이 싫다.

(3) 시간계획

① 시간계획의 의의

시간이라고 하는 자원을 최대한 활용하기 위하여,

- 가장 많이 반복되는 일에 가장 많은 시간을 분배하고,
- 최단시간에 최선의 목표를 달성하는 것을 의미한다.

② SMART 법칙 기출

SMART 법칙은 목표를 어떻게 설정하고 그 목표를 성공적으로 달성하기 위해 꼭 필요한 필수요건들을 S.M.A.R.T.라는 5개 철자에 따라 제시한 것이다.

구분	의미	내용
S(Specific)	구체적으로	• 목표를 구체적으로 작성한다. 예 나는 토익점수 700점을 넘을 것이다.
M(Measurable)	측정가능하도록	• 수치화, 객관화 시켜 측정이 가능한 척도를 세운다. 예 나는 2시간 안에 10페이지 분량의 보고서를 작성한다.
A(Action-Oriented)	행동지향적으로	• 사고 및 생각에 그치는 것이 아닌 행동을 중심으로 목표를 세운다. 예 매일 부모님을 생각하기(×) 매일 아침 부모님에게 전화드리기(○)
R(Realistic)	현실성 있게	• 실현 가능한 목표를 세운다. 예 하루 만에 5개 국어 마스터하기(×) 1년 안에 토익 700점 넘기기(○)
T(Time limited)	시간적 제약이 있게	• 목표를 설정함에 있어 제한 시간을 둔다. 예 오늘 안에, 이번 주까지 등

③ 시간계획 작성의 순서 기출

㉠ 명확한 목표 설정

㉡ 일의 우선순위 판단(Stenphen R. Covey)

중요성	결과와 연관되는 사명과 가치관, 목표에 기여하는 정도
긴급성	즉각적인 처리가 요구되고 눈앞에 보이며, 심리적으로 압박감을 주는 정도

	긴급함	긴급하지 않음
중요함	Ⅰ 긴급하면서 중요한 일 • 위기상황 • 급박한 문제 • 기간이 정해진 프로젝트	Ⅱ 긴급하지 않지만 중요한 일 • 예방 생산 능력 활동 • 인간관계 구축 • 새로운 기회 발굴 • 중장기 계획, 오락
중요하지 않음	Ⅲ 긴급하지만 중요하지 않은 일 • 잠깐의 급한 질문 • 일부 보고서 및 회의 • 눈앞의 급박한 상황 • 인기 있는 활동	Ⅳ 긴급하지 않고 중요하지 않은 일 • 바쁜 일, 하찮은 일 • 우편물, 전화 • 시간낭비거리 • 즐거운 활동

㉢ 예상 소요시간 결정

모든 일마다 자세한 계산을 할 필요는 없으나, 규모가 크거나 힘든 일의 경우에는 정확한 소요 시간을 계산하여 결정하는 것이 효과적이다.

㉣ 시간 계획서 작성

해야 할 일의 우선순위와 소요 시간을 바탕으로 작성하며 간단한 서식, 일정관리 소프트웨어 등 다양한 도구를 활용할 수 있다.

④ 60 : 40의 법칙 기출

계획된 행동(60%)	계획 외의 행동(20%)	자발적 행동(20%)

← 총 시간 →

⑤ 시간계획 시 고려요소 기출

종류	내용
행동과 시간/저해요인의 분석	어디에서 어떻게 시간을 사용하고 있는가를 점검
일과 행동의 목록화	해당 기간에 예정된 행동을 모두 목록화
규칙성–일관성	시간계획을 정기적·체계적으로 체크하여 일관성 있게 일을 마칠 수 있게 해야 함
현실적인 계획	무리한 계획을 세우지 않도록 해야 하며, 실현가능한 것만을 계획화해야 함
유연성	머리를 유연하게 하여야 함. 시간계획은 그 자체가 중요한 것이 아니고, 목표달성을 위해 필요한 것
시간의 손실	발생된 시간 손실은 가능한 한 즉시 메워야 함. 밤을 세우더라도 미루지 않는 자세가 중요함
기록	체크리스트나 스케줄표를 활용하여 계획을 반드시 기록하여 전체상황을 파악할 수 있게 하여야 함
미완료된 일	꼭 해야만 할 일을 끝내지 못했을 경우, 차기 계획에 반영함
성과	예정 행동만을 계획하는 것이 아니라 기대되는 성과나 행동의 목표도 기록
시간 프레임	적절한 시간 프레임을 설정하고 특정의 일을 하는 데 소요되는 꼭 필요한 시간만을 계획에 삽입할 것

우선순위	여러 일 중에서 어느 일이 가장 우선적으로 처리해야 할 것인가를 결정하여야 함
권한위양	기업의 규모가 커질수록 그 업무활동은 점점 복잡해져서 관리자가 모든 것을 다스리기가 어려우므로, 사무를 위임하고 책임을 지움
시간의 낭비요인	예상 못한 방문객 접대, 전화 등의 사건으로 예정된 시간이 부족할 경우를 대비하여 여유 시간 확보
여유 시간	자유롭게 된 시간(이동시간 또는 기다리는 시간)도 계획에 삽입하여 활용할 것
정리 시간	중요한 일에는 좀 더 시간을 할애하고, 중요도가 낮은 일에는 시간을 단축시켜 전체적인 계획을 정리
시간 계획의 조정	자기 외 다른 사람(비서·부하·상사)의 시간 계획을 감안하여 계획 수립

OX 문제

01 시간계획이란 시간이라는 자원을 최대한 활용하기 위하여 가장 많이 반복되는 일에 가장 많은 시간을 분배하고, 최단시간에 최선의 목표를 달성하는 것을 의미한다. [ ]

02 시간계획 수립 시 계획 외의 행동이라 함은 예정 외의 행동에 대비한 시간을 의미한다. [ ]

01 [○]

02 [○]

03 예산자원관리능력

(1) 예산자원관리능력의 의의

① 예산이란? 기출

필요한 비용을 미리 헤아려 계산하는 것 또는 그 비용을 의미한다.

② 예산자원관리 기출

아무리 예산을 정확하게 수립하였다 하더라도 활동이나 사업을 진행하는 과정에서 계획에 따라 적절히 관리하지 않으면 아무런 효과가 없다. 따라서 활동이나 사업에 소요되는 비용을 산정하고, 예산을 편성하는 것뿐만 아니라 예산을 통제하는 과정이 필요하며, 이 과정을 예산자원관리라 한다.

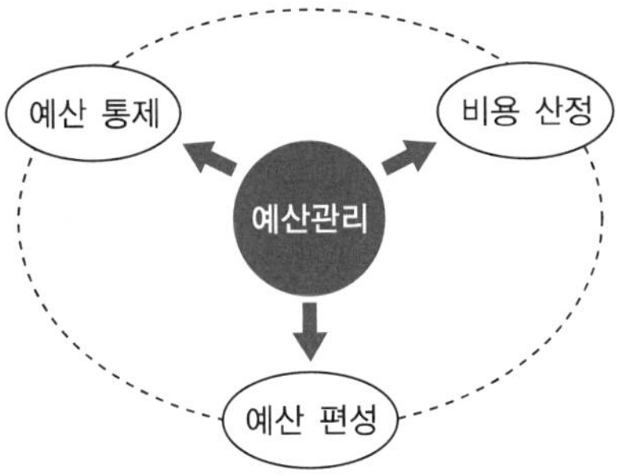

③ 예산자원관리의 필요성

예산자원관리란 이용 가능한 예산을 확인하고, 어떻게 사용할 것인지 계획하여 그 계획대로 사용하는 능력을 의미하며, 최소의 비용으로 최대의 효과를 얻기 위해 요구된다.

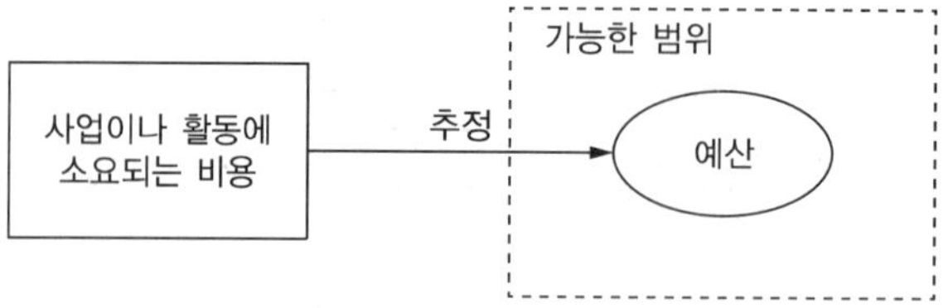

④ 예산책정의 원칙 기출

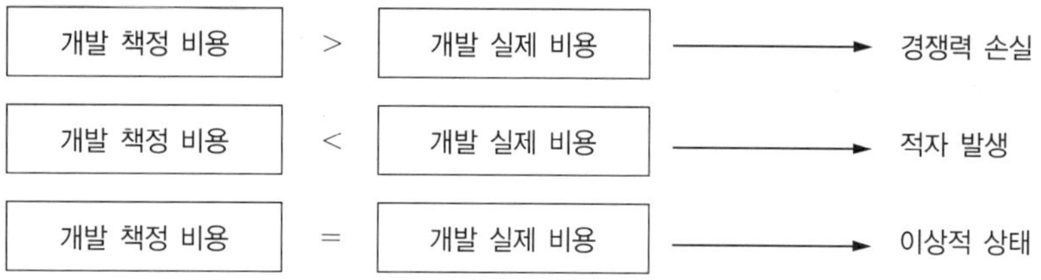

(2) 예산의 구성요소 기출

① 직접비용

간접비용에 상대되는 용어로서, 제품 생산 또는 서비스를 창출하기 위해 직접 소비된 것으로 여겨지는 비용을 말한다.

② 직접비용의 구성

종류	내용
재료비	제품의 제조를 위하여 구매된 재료에 지출된 비용
원료와 장비	제품을 제조하는 과정에서 소모된 원료나 과제를 수행하기 위해 필요한 장비에 지출된 비용. 이 비용에는 실제 구매·임대한 비용이 모두 포함
시설비	제품을 효과적으로 제조하기 위한 목적으로 건설되거나 구매된 시설에 지출한 비용
여행(출장)경비 및 잡비	제품 생산 또는 서비스를 창출하기 위해 출장이나 타 지역으로의 이동이 필요한 경우와 기타 과제 수행상에서 발생하는 다양한 비용을 포함
인건비	제품 생산 또는 서비스 창출을 위한 업무를 수행하는 사람들에게 지급되는 비용. 계약에 의해 고용된 외부 인력에 대한 비용도 인건비에 포함. 일반적으로 인건비는 전체 비용 중에서 가장 비중이 높은 항목

③ 간접비용

제품을 생산하거나 서비스를 창출하기 위해 소비된 비용 중에서 직접비용을 제외한 비용으로, 제품 생산에 직접 관련되지 않은 비용을 말한다.

예 보험료, 건물관리비, 광고비, 통신비, 사무비품비, 각종 공과금 등

(3) 예산수립과 예산집행

① 예산수립절차 기출

② 필요한 과업 및 활동 규명 : 과업세부도 기출

과제 및 활동의 계획을 수립하는데 있어서 가장 기본적인 수단으로 활용되는 그래프로, 필요한 모든 일들을 중요한 범주에 따라 체계화시켜 구분해 놓은 것을 말한다. 다음은 생일파티를 진행하기 위한 과업세부도의 예이다.

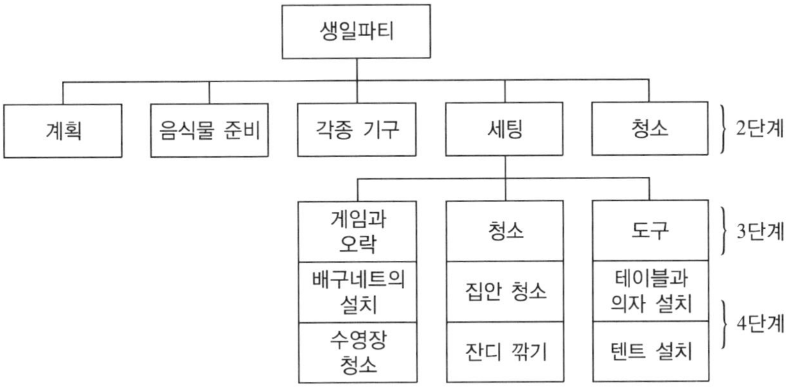

③ 우선순위 결정 기출

과제를 핵심적인 활동과 부수적인 활동으로 구분한 후, 핵심활동 위주로 예산을 편성한다.

④ 예산 배정 기출

- 과업세부도와 예산을 서로 연결하여 배정할 경우 어떤 항목에 얼마만큼의 비용이 소요되는지를 정확하게 파악할 수 있다.
- 이를 통해 과제 수행에 필요한 예산 항목을 빠뜨리지 않고 확인할 수 있으며, 전체 예산을 정확하게 분배할 수 있다.
- 큰 단위의 예산을 수립하고자 할 때에는 해당 기관의 규정을 잘 확인하여야 한다.

⑤ 예산 집행

효과적으로 예산을 관리하기 위해서는 예산 집행 과정에 대한 관리가 중요하다. 개인 차원에서는 가계부 등을 작성함으로 인해 관리할 수 있으며, 프로젝트나 과제와 같은 경우는 예산 집행 실적 워크시트를 작성함으로써 효과적인 예산관리를 할 수 있다.

OX 문제

01 예산은 '필요한 과업 및 활동 규명 → 예산 배정 → 우선순위 결정'의 과정을 거쳐 수립된다. [ ]

02 예산자원관리능력은 최소의 비용으로 최대의 효과를 얻기 위해 요구되는 능력이다. [ ]

03 예산관리에서 중요한 점은 무조건 적은 비용을 들여야 한다는 것이다. [ ]

04 인건비에는 계약에 의해 고용된 외부 인력에 대한 비용도 포함한다. [ ]

01 [×] 예산은 '필요한 과업 및 활동 규명 → 우선순위 결정 → 예산 배정'의 과정을 거쳐 수립된다.

02 [O]

03 [×] 예산관리에서 중요한 점은 무조건 적은 비용을 들이는 것이 아니라 개발 책정 비용과 실제 비용의 차이를 비슷한 상태로 만드는 것이며, 이것이 가장 이상적인 상태라고 할 수 있다.

04 [O]

04 물적자원관리능력

(1) 물적자원관리의 의의

① 물적자원의 종류

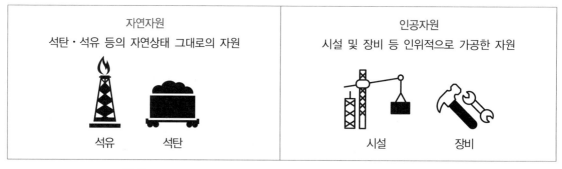

자연자원	인공자원
석탄·석유 등의 자연상태 그대로의 자원	시설 및 장비 등 인위적으로 가공한 자원
 	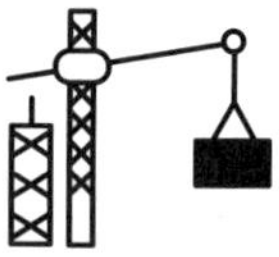 
석유 석탄	시설 장비

② 물적자원관리의 중요성 기출

물적자원을 효과적으로 관리하지 않으면 경제적 손실과 더불어 과제 및 사업의 실패를 낳을 수 있다.

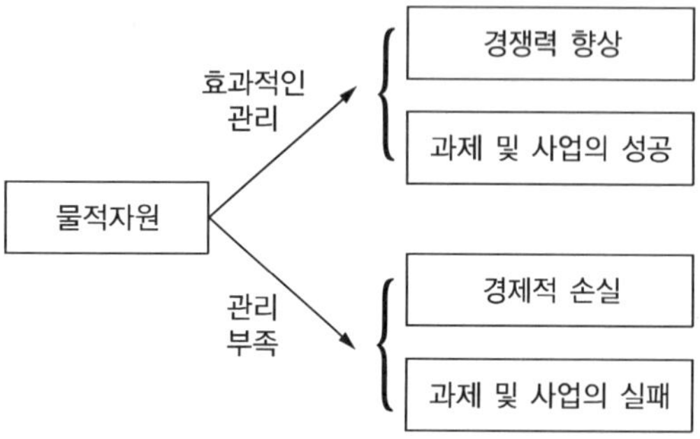

③ 물적자원 활용의 방해요인

- 보관 장소를 파악하지 못하는 경우
- 훼손된 경우
- 분실한 경우
- 분명한 목적 없이 물건을 구입한 경우

(2) 물적자원관리 과정과 기법

① 물적자원관리의 과정 기출

과정	내용
사용 물품과 보관 물품의 구분	• 물품활용의 편리성 • 반복 작업 방지
↓	
동일 및 유사 물품의 분류	• 동일성의 원칙 • 유사성의 원칙
↓	
물품 특성에 맞는 보관 장소 선정	• 물품의 형상 • 물품의 소재

② 바코드와 QR코드 기출

바코드	컴퓨터가 쉽게 판독하고 데이터를 빠르게 입력하기 위하여 굵기가 다른 검은 막대와 하얀 막대를 조합시켜 문자나 숫자를 코드화한 것
QR코드	• 격자무늬 패턴으로 정보를 나타내는 매트릭스 형식의 바코드 • 바코드가 용량 제한에 따라 가격과 상품명 등 한정된 정보만 담는 데 비해, QR코드는 넉넉한 용량을 강점으로 다양한 정보를 담을 수 있음

③ 전자태그(RFID) 물품관리 시스템

- 물품에 RFID 태그를 부착하여 취득 · 보관 · 사용 · 처분까지 물품의 수명기간 동안 실시간, 무선으로 물품을 추적 관리하는 시스템
- RFID 관리시스템 구축으로 인해 63～87%의 생산성이 향상될 것으로 기대되고, 장부에 의한 재물조사 방식에 비해 시간이 약 75% 절감됨

OX 문제

01 회전대응 보관의 원칙은 입·출하의 빈도가 높은 품목은 출입구 가까운 곳에 보관하는 것을 말한다. [ ]

02 QR코드란 문자나 숫자를 흑과 백의 막대 모양 기호로 조합한 것으로, 컴퓨터가 쉽게 판독하고 데이터를 빠르게 입력하기 위하여 쓰인다. [ ]

03 QR코드는 바코드에 비해 정보를 담을 수 있는 용량이 적은 단점이 있다. [ ]

04 효과적인 물적자원관리를 위해서는 '사용 물품과 보관 물품의 구분 → 동일 및 유사 물품의 분류 → 물품 특성에 맞는 보관 장소 선정'의 단계를 거쳐야 한다. [ ]

01 [○]

02 [×] 바코드에 대한 설명이다.

03 [×] 기존의 바코드는 기본적으로 가로 배열에 최대 20여 자의 숫자 정보만 넣을 수 있는 1차원적 구성이지만, QR코드는 가로·세로를 활용하여 숫자는 최대 7,089자, 문자는 최대 4,296자, 한자도 최대 1,817자 정도를 기록할 수 있는 2차원적 구성이다.

04 [○]

05 인적자원관리능력

(1) 인적자원의 의의

① 인적자원관리란?

- 기업이 필요한 인적자원을 조달·확보·유지·개발하여 경영조직 내에서 구성원들이 능력을 최고로 발휘하게 하는 것
- 근로자 스스로가 자기만족을 얻게 하는 동시에 경영 목적을 효율적으로 달성하게끔 관리하는 것

② 효율적이고 합리적인 인사관리 원칙 기출

종류	내용
적재적소 배치의 원칙	해당 직무 수행에 가장 적합한 인재를 배치해야 한다.
공정 보상의 원칙	근로자의 인권을 존중하고 공헌도에 따라 노동의 대가를 공정하게 지급해야 한다.
공정 인사의 원칙	직무 배당·승진·상벌·근무 성적의 평가·임금 등을 공정하게 처리해야 한다.
종업원 안정의 원칙	직장에서 신분이 보장되고 계속해서 근무할 수 있다는 믿음을 갖게 하여 근로자가 안정된 회사 생활을 할 수 있도록 해야 한다.
창의력 계발의 원칙	근로자가 창의력을 발휘할 수 있도록 새로운 제안·건의 등의 기회를 마련하고, 적절한 보상을 하여 인센티브를 제공해야 한다.
단결의 원칙	직장 내에서 구성원들이 소외감을 갖지 않도록 배려하고, 서로 유대감을 가지고 협동·단결하는 체제를 이루도록 해야 한다.

(2) 개인차원과 조직차원에서의 인적자원관리

① 개인차원에서의 인적자원관리 기출

㉠ 인맥의 분류

종류	내용
핵심인맥	자신과 직접적인 관계가 있는 사람들
파생인맥	핵심인맥으로부터 파생되어 자신과 연결된 사람들

㉡ 개인이 인맥을 활용할 경우 이를 통해 각종 정보와 정보의 소스를 획득하고, 참신한 아이디어와 해결책을 도출하며, 유사시 필요한 도움을 받을 수 있다는 장점이 있다.

② 조직차원에서의 인적자원관리 기출

㉠ 인적자원관리의 중요성

기업체의 경우 인적자원에 대한 관리가 조직의 성과에 큰 영향을 미치는데, 이는 기업의 인적자원이 가지는 특성에서 비롯된다.

㉡ 인적자원의 특성

종류	내용
능동성	물적자원으로부터의 성과는 자원 자체의 양과 질에 의해 지배되는 수동적인 특성을 지니고 있는 반면, 인적자원의 경우는 욕구와 동기, 태도와 행동 그리고 만족감 여하에 따라 성과가 결정됨
개발가능성	인적자원은 자연적인 성장과 성숙, 그리고 교육 등을 통해 개발될 수 있는 잠재능력과 자질을 보유하고 있다는 것
전략적 중요성	조직의 성과는 인적자원, 물적자원 등을 효과적이고 능률적으로 활용하는데 달려 있음

(3) 인맥관리방법

① 명함관리

㉠ 명함의 가치

- 자신의 신분을 증명한다.
- 자신을 PR하는 도구로 사용할 수 있다.
- 자신의 정보를 전달하고 상대방에 대한 정보를 얻을 수 있다.
- 대화의 실마리를 제공할 수 있다.
- 후속 교류를 위한 도구로 사용할 수 있다.

㉡ 명함에 메모해 두면 좋은 정보 기출

- 언제, 어디서, 무슨 일로 만났는지에 관한 내용
- 소개자의 이름
- 학력이나 경력
- 상대의 업무내용이나 취미, 기타 독특한 점
- 전근 · 전직 등의 변동 사항
- 가족사항
- 거주지와 기타 연락처
- 대화를 나누고 나서의 느낀 점이나 성향

② 소셜네트워크(SNS; Social Network Service)

㉠ 초연결사회

정보통신기술 발달하면서 사람·정보·사물 등을 네트워크로 촘촘하게 연결한 사회를 말하는데, 초연결사회에서는 직접 대면하지 않고 시간과 공간을 초월하여 네트워크상에서 인맥을 형성하고 관리한다.

㉡ 소셜네트워크 서비스(SNS)와 더불어 인맥 구축과 채용에 도움이 되는 비즈니스 특화 인맥관리서비스(BNS; Business social Network Service)로 관심이 증대되고 있다.

(4) 인력 배치의 원리

① 인력 배치의 3원칙 기출

㉠ 적재적소주의

팀의 효율성을 높이기 위해 팀원의 능력이나 성격을 바탕으로 적합한 위치에 배치하여 팀원 개개인의 능력을 최대로 발휘해 줄 것을 기대하는 것이다.

㉡ 능력주의

능력을 발휘할 수 있는 기회와 장소를 부여하고, 그 성과를 바르게 평가하고, 평가된 능력과 실적에 대해 그에 상응하는 보상을 주는 원칙을 말하며, 적재적소주의 원칙의 상위개념이다.

㉢ 균형주의

모든 팀원에 대한 평등한 적재적소, 즉 팀 전체의 적재적소를 고려할 필요가 있다는 것이다.

② 배치의 3가지 유형 기출

종류	내용
양적 배치	부분의 작업량과 조업도, 여유 또는 부족 인원을 감안하여 소요인원을 결정하여 배치하는 것
질적 배치	적재적소주의와 동일한 개념
적성 배치	팀원의 적성 및 흥미에 따라 배치하는 것

③ 과업세부도

할당된 과업에 따른 책임자와 참여자를 명시하여 관리함으로써 업무 추진에 차질이 생기는 것을 막기 위한 문서이다. 다음은 과업세부도의 예이다.

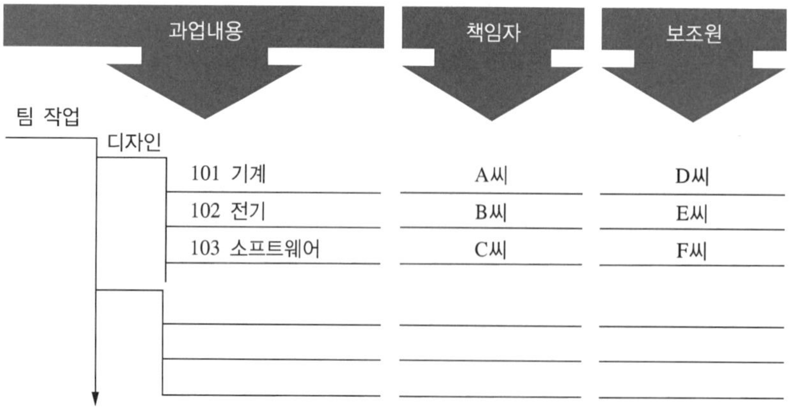

OX 문제

01 과업세부도란 과제 및 활동의 계획을 수립할 때 가장 기본적인 수단으로 활용되는 그래프로, 필요한 모든 일들을 중요한 범주에 따라 체계화하여 구분해 놓은 것이다. [ ]

02 명함은 자신의 신분을 증명하고, 대화의 실마리를 제공할 수 있다. [ ]

03 적재적소 배치의 원리란 해당 직무 수행에 가장 적합한 인재를 배치해야 한다는 것이다. [ ]

04 공정 인사의 원칙이란 직장 내에서 구성원들이 소외감을 갖지 않도록 배려하고, 서로 유대감을 가지고 협동・단결하는 체제를 이루게 하는 것이다. [ ]

01 [○]

02 [○]

03 [○]

04 [×] 공정 인사의 원칙이 아닌 단결의 원칙에 대한 설명이다. 공정 인사의 원칙이란 직무 배당・승진・상별・근무 평정・임금을 공평하게 처리해야 한다는 것을 의미한다.

PART 1 PART 2 PART 3 PART 4

SECTION

02 자원관리능력 맛보기

01 다음 대화를 토대로 오 팀장이 선호하는 인력 배치 유형의 특징으로 옳은 것은?

> 오 팀장 : 저는 주로 팀원들이 자신의 적성에 맞고 흥미를 가지고 있는 업무를 할 때 성과가 높아진다고 생각합니다.
> 이 팀장 : 제 의견으로는 인력 배치를 통해 팀원 개개인이 자신들의 역량을 발휘해 줄 것을 기대하고 있습니다. 그래서 저는 팀원의 능력이나 성격 등과 가장 적합한 위치에 배치하여 팀의 효율성을 높이고 싶습니다. 즉, 작업이나 직무가 요구하는 요건과 개인이 보유하고 있는 역량을 균형 있게 배치하는 것을 선호하는 편입니다.
> 김 팀장 : 저는 인력 배치를 할 때 작업량과 여유 또는 부족 인원을 감안하여 소요 인원을 결정하여 배치하는 것을 선호합니다.
> 박 부장 : 각 팀장님들의 의견 잘 들었습니다. 말씀해 주신 인력 배치 유형들을 적절하게 조화하여 팀을 운영한다면 더 좋은 성과를 낼 수 있겠네요.

① 자신의 업무에 흥미를 느낄 수 있는 곳으로 배치된다.
② 작업량과 조업도, 여유 또는 부족 인원을 감안하여 소요 인원을 결정 및 배치한다.
③ 능력이나 성격 등을 고려하여, 가장 적합한 위치에 배치한다.
④ 개인에게 능력을 발휘할 수 있는 기회와 장소를 부여한다.
⑤ 모든 팀원을 평등하게 고려해서 배치한다.

Key Point

인적자원관리와 관련된 문제 중 가장 중요한 것을 꼽으라면 단연 각 배치유형별 특징을 묻는 문제를 들 수 있다. 이에 대한 것은 다음 내용을 숙지하고 있지 않으면 풀이가 불가능한 경우가 많으므로 확실하게 정리해두록 하자.

인력 배치 유형	내용
적성 배치	인력 배치 시 팀원들이 적성에 맞고 흥미를 가질 때 성과가 높아진다는 가정 하에, 각 팀원들의 적성 및 흥미에 따라 배치하는 인력 배치 유형이다.
질적 배치	인력 배치 시 팀원들을 능력이나 성격 등과 가장 적합한 적재적소에 배치하여 팀원 개개인의 능력을 최대로 발휘해 줄 것을 기대하는 것으로서, 작업이나 직무가 요구하는 요건과 개인이 보유하고 있는 조건이 서로 균형 있고 적합하게 대응되어야 하는 인력 배치 유형이다.
양적 배치	인력 배치 시 작업량과 여유 또는 부족 인원을 감안해서 소요 인원을 결정하여 배치하는 인력 배치 유형이다.

정답 ①

오 팀장이 선호하는 인력 배치 유형은 적성 배치로, 팀원들이 각자의 적성에 맞고 흥미를 가지고 있는 업무를 할 때 성과가 높아진다고 가정하여 배치한다.

오답분석

② 양적 배치 : 작업량과 조업도, 여유 또는 부족 인원을 감안하여 소요 인원을 결정 및 배치하는 것에 해당한다.
③ 질적 배치 : 능력이나 성격 등과 가장 적합한 위치에 배치하는 것에 해당한다.
④ 능력주의 : 개인에게 능력을 발휘할 수 있는 기회와 장소를 부여하는 것으로, 효과적인 인력배치를 위한 3가지 원칙 중 하나에 해당한다.
⑤ 균형주의 : 효과적인 인력배치를 위한 3가지 원칙 중 하나로, 모든 팀원에 대한 평등한 적재적소, 즉 팀 전체의 적재적소를 고려할 필요가 있다는 것이다.

02 다음은 갑 회사의 공채 지원자에 대한 평가 자료와 평가 점수 및 평가 등급의 결정방식에 대한 자료이다. 이에 근거한 설명으로 옳지 않은 것은?

〈갑 회사의 공채 지원자 평가 자료〉

(단위 : 점)

구분 지원자	창의성 점수	성실성 점수	체력 점수	최종 학위	평가 점수
가	80	90	95	박사	(　)
나	90	60	80	학사	310
다	70	60	75	석사	300
라	85	(　)	50	학사	255
마	95	80	60	학사	295
바	55	95	65	학사	280
사	60	95	90	석사	355
아	80	(　)	85	박사	375
자	75	90	95	석사	(　)
차	60	70	(　)	학사	290

〈평가 점수 및 평가 등급의 결정방식〉

- 최종 학위 점수는 학사 0점, 석사 1점, 박사 2점임.
- 지원자 평가 점수=(창의성 점수)+(성실성 점수)+(체력 점수)×2+(최종 학위 점수)×20
- 평가 등급 및 평가 점수

평가 등급	평가 점수
S	350점 이상
A	300점 이상 350점 미만
B	300점 미만

① ‘가’의 평가 점수는 400점으로, 지원자 중 가장 높다.
② ‘라’의 성실성 점수는 ‘다’보다 높지만 ‘마’보다는 낮다.
③ ‘아’의 성실성 점수는 ‘라’와 같다.
④ S등급인 지원자는 4명이다.
⑤ ‘차’는 체력 점수를 원래 점수보다 5점 더 받는다면 A등급이 된다.

Key Point

산식이 주어지고 무엇인가를 계산해야 하는 문제는 많을 경우에는 거의 절반 이상의 비중을 차지한다. 이 문제들은 사칙연산에 약한 취준생에게는 시간을 잡아먹는 문제가 될 수 있고, 평소에 조건이나 단서를 놓치는 등의 실수가 잦은 취준생에게는 오답을 체크할 확률이 높은 문제이다. 따라서 평소 문제를 많이 풀면서 자신의 강점과 약점을 파악한 후, 풀 수 없는 문제는 패스하고 풀 수 있는 문제에 집중하여 정답률을 높이는 것이 핵심 전략이라고 할 수 있다. 한 가지 확실한 것은 아무리 계산 문제에 자신이 없다고 하여도, 이 문제들을 모두 스킵해서는 절대로 합격할 수 없다는 사실이다.

정답 ③

제시된 평가 점수와 평가 등급의 결정방식에 따라 갑 회사의 공채 지원자 평가 자료의 빈칸을 채우면 다음과 같다.

구분 / 지원자	창의성 점수	성실성 점수	체력 점수	최종 학위	평가 점수
가	80	90	95	박사	(400)
나	90	60	80	학사	310
다	70	60	75	석사	300
라	85	(70)	50	학사	255
마	95	80	60	학사	295
바	55	95	65	학사	280
사	60	95	90	석사	355
아	80	(85)	85	박사	375
자	75	90	95	석사	(375)
차	60	70	(80)	학사	290

'아'의 성실성 점수(85점)는 '라'의 성실성 점수(70점)와 같지 않으므로 옳지 않다.

오답분석

① 위 표에 따르면 '가'의 평가 점수는 400점이고, 전체 지원자 중 가장 높으므로 옳은 내용이다.
② 위 표에 따르면 '라'의 성실성 점수(70점)는 '다'(60점)보다 높지만 '마'(80점)보다 낮으므로 옳은 내용이다.
④ 평가 점수가 350점 이상인 지원자에게 S등급이 부여되므로, 이를 충족하는 지원자는 '가, 사, 아, 자' 4명이다.
⑤ '차'가 체력 점수에서 5점을 더 얻는다면 2배 가중한 값인 10점만큼 전체 평가 점수가 상승하게 되어 300점을 얻게 된다. 제시된 기준에 따르면 300점 이상 350점 미만인 경우 A등급이 부여된다고 하였으므로 옳은 내용이다.

SECTION 03 # 대표유형 적중문제

정답 및 해설 p.70

01 모듈형

※ 다음 상황문을 읽고 물음에 답하시오. [1~2]

> K회사를 퇴직한 직원들은 다음 주 금요일에 오랜만에 모여 즐거운 저녁 시간을 보내기로 약속하였다. 모두 같은 본부에서 근무하던 5명의 멤버들은 각자 그간 지내 온 세월에 대해 이야기를 나눌 기대감에 부풀어 정해진 날짜가 다가오기만을 기다리고 있었다. 그러던 중 같은 날 다른 약속과 이중약속이 되어있는 것을 깨달은 A대리는 개인적인 사정이 있다는 변명과 함께 불참 의사를 통보하였고, 연이어 B사원과 C사원은 개인 사정으로 인해 참석이 어렵게 되었다는 통보를 하였다. 결국 2명만 남게 된 약속은 자연스레 취소가 되었고, 끝까지 다른 일정을 취소하며 시간을 확보해 두었던 마지막 두 사람은 약속했던 금요일 시간을 적절히 활용하지 못한 채 허비할 수밖에 없었다.

01 위와 같은 상황에서 시간자원 낭비의 원인으로 지적할 수 있는 것은? 난이도 하

① 약속 불이행이라는 편리성 추구 때문에 시간자원이 낭비되었다.
② 비계획적인 행동 때문에 시간자원이 낭비되었다.
③ 자원의 효과적인 활용을 할 줄 몰라 시간자원이 낭비되었다.
④ 금요일 약속의 중요성을 인식하지 못해 시간자원이 낭비되었다.
⑤ 우선순위를 결정하지 못하고 즉흥적인 행동으로 인해 시간자원이 낭비되었다.

02 다음 중 A대리에게 할 조언으로 옳은 것은? 난이도 하

① "목표치를 세워 계획적으로 행동해야 합니다."
② "물적 자원 외 다른 자원들도 중요하게 인식해야 합니다."
③ "자원을 활용하는데 있어서 오로지 편한 방향으로만 활용하지 말아야 합니다."
④ "경험을 통해 노하우를 축적해야 합니다."
⑤ "우선순위를 결정해서 행동해야 합니다."

※ 다음 글을 읽고 물음에 답하시오. [3~4]

우리는 하루가 24시간이며, 한 주가 168시간이라는 것을 알고 있다. 또한 그 시간이 아무런 경고 없이 흘러가는 것처럼 보이기도 하고, 실제로 주어진 시간보다 훨씬 짧은 것처럼 느껴지기도 한다는 것을 알고 있다. 굳이 '시간은 상대적인 것이다.'라는 것을 이해하기 위해 의도적으로 물리학 이론을 공부할 필요는 없다. 마감 시간에 직면했을 때의 시간은 지루한 강의 시간보다 빠른 속도로 시계바늘이 재깍거리는 것처럼 보인다. 하루하루가 빠르게 진행되는 현대사회에서 1시간이라는 개념은 60분보다 더 짧은 것처럼 느껴진다. 따라서 우리는 시간을 효율적으로 사용하기 위해 그리고 예상치 못한 일에 대비하기 위해 시간 관리가 필요한 것이다. 하루의 시간을 어떻게 관리하느냐에 따라서 삶의 성취 정도는 판이하게 달라진다. 1분, 2분이라도 효과적으로 사용할 수 있다. 이 짧은 시간을 그대로 흘려보내는 것이 아니라 간단한 운동, 스트레칭, 단어 암기, 일정 파악 등 간단한 행동을 통해 나의 시간을 확장할 수 있게 된다. 하지만 간혹 예상치 못한 상황으로 인해 시간을 써야 할 순간이 올 수도 있다. 사고로 인해 정차된 도로, 갑작스럽게 사무실로 방문한 고객, 준비된 일정이 미뤄지면서 생긴 공백 등 갑작스런 경우에도 시간은 흘러간다. 이런 상황을 그냥 흘려보내면 시간은 낭비된다. 오늘의 시간을 내일로 나누어 사용할 수는 없다. 그렇기 때문에 시간 계획을 세울 때에 의외의 사건에 대한 대비를 염두에 두어야 한다. 우리가 쓰는 시간 속에서 헛되이 낭비되고 있는 순간은 없는지 살펴보자. 그 헛되게 사용된 시간을 자세히 살펴보라. 그러면 그 시간을 효과적으로 배열하여 생산적이고 창조적인 일에 투입할 수 있을 것이다.

03 윗글을 읽고 시간의 특성에 대해 잘못 설명한 것은? 난이도 하

① 누구에게나 시간은 매일 똑같이 주어진다.
② 모두에게 주어지는 시간의 가치는 똑같다고 할 수 있다.
③ 시간은 누구에게나 빌리거나 저축하여 나중에 쓸 수 있는 것이 아니다.
④ 일을 하든 개인 시간을 보내든지 상관없이 시간은 똑같은 속도로 흐른다.
⑤ 시간 관리를 잘하여 생산적이고 창조적인 일에 투입할 수 있다.

04 윗글을 읽고 난 뒤 A과장이 신입사원에게 해줄 수 있는 말로 적절한 것은? 난이도 중

① 항상 계획된 일정에 따라 행동하더라도, 계획에 벗어나는 일이 생길 수 있기 때문에 계획 외의 행동에 대해서도 염두에 두어야 한다.
② 일을 할 때는 결과의 질이 더 중요하므로 주어진 시간보다 충분히 여유를 두고 진행해야 한다.
③ 업무를 할 때 계획을 잘 활용하면 무한한 시간을 가져올 수 있으므로 시간 관리는 매우 중요하다.
④ 시간은 누구에게나 매일 24시간이 주어지므로 시간 계획은 상식에 불과하다.
⑤ 오늘 안 되면 내일 하면 된다.

※ 다음은 B기업의 프로젝트 예산 수립 사례이다. 이를 읽고 물음에 답하시오. [5~6]

> 기업의 기획팀에 근무하는 천인지 과장은 근로자들의 업무 향상 방안을 위한 프로젝트를 수행하게 되었다. 천인지 과장은 프로젝트 팀장으로서 프로젝트 수행에 필요한 예산을 수립하기 위해 프로젝트 수행 과정을 계획하여 과정별로 소요되는 비용을 산출하였다. 이렇게 예산을 수립한 후 프로젝트를 본격적으로 시작하였고, 진행 역시 순조롭게 이루어지고 있었다. 프로젝트의 결과(안)가 나올 때쯤, 프로젝트 팀원 회의에서 결과에 대한 전문가의 타당성 검토를 받는 것이 좋겠다는 의견이 나왔다. 그리하여 전문가를 초빙하여 결과에 대한 타당성을 검토 받는 워크샵을 진행하였다. 워크샵은 성공적으로 마무리 되었고, 이번 프로젝트의 결과(안)에 대하여 기획팀은 큰 기대를 가지게 되었다. 그러나 전문가의 타당성 검토에 대한 사전 계획이 없었던 탓에 전문가 검토 수당 지급에 대한 문제가 발생하였다. 천인지 과장은 다른 항목에서 비용을 조정하려고 하였지만 이 역시 어려운 상황이었다. 전문가 수당을 지불하기 위해 천인지 과장은 계속 고민해 보았지만 적절한 방안을 찾기 어려웠다. 그리하여 천인지 과장은 결국 전문가들이 평소에 친분이 있던 사람이어서 사정을 설명하고 양해를 구하였다. 대신 개인적인 사례를 통해 그 일을 무마할 수 있었다.

05 다음 중 사례를 통해 알 수 있는 것으로 옳은 것은? 난이도 하

① 실제 생각하지도 못했던 예산이 필요한 경우가 발생할 경우에는 개인적인 사례를 통해 해결해야 한다.
② 프로젝트 진행 시 타당성 검토 단계를 위한 전문가 초빙은 예산수립 시 필수적인 사항이다.
③ 천인지 과장은 프로젝트에 필요한 비용을 미리 헤아려 계산하지 못하였다.
④ 예산에 대한 문제가 발생하였기 때문에 이번 프로젝트는 전면적으로 재검토해야 한다.
⑤ 전문가들은 평소에 친분이 있는 사람이 좋다.

06 다음은 효과적인 예산 수립 과정이다. 이를 보고 천인지 과장에 대해 바르게 설명한 것은? 난이도 중

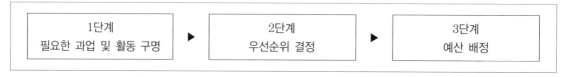

1단계 필요한 과업 및 활동 구명	▶	2단계 우선순위 결정	▶	3단계 예산 배정

① 천인지 과장은 업무를 추진하는 과정인 1단계에서 예산에 필요한 모든 활동을 도출하지 못했다.
② 천인지 과장은 2단계에서 활동별로 예산 지출 규모를 제대로 파악하고 결정하지 못했기 때문에 문제가 발생하였다.
③ 천인지 과장은 2단계에서 우선순위를 결정했지만 그대로 따르지 않았다.
④ 천인지 과장은 3단계에서 프로젝트에 소요되는 비용을 산정하였지만 제대로 통제하지 못하였다.
⑤ 천인지 과장은 3단계에서 필요한 과업과 활동에 대한 예산을 적절히 배정하지 못했다.

※ 다음은 D회사의 자원관리 실패 사례이다. 이를 읽고 물음에 답하시오. **[7~8]**

> D회사는 온라인 사업에 진출하기 위해 올해 1월에 관련 회사들이 모여 있는 곳으로 사무실을 확장 이전하였다. 사무실을 확장 이전하면서 온라인 사업에 필요한 장비와 함께 사무실 물품도 함께 구매하였다. 이때 확장 이전 이후 예상보다 많은 사무실 물품을 구매했다고 판단한 D회사는 물품 활용을 위해 기존 경력사원 채용 계획에서 10명을 더 추가로 늘리기로 하였다. 그러나 경력사원 모집 공고를 내기도 전에 D회사의 매출이 악화되면서 온라인 사업 진출이 무기한 연기되었을 뿐만 아니라, 경력사원 지원자가 예상보다 적어 목표했던 인원을 채용하지 못하게 되었다. 결국 D회사는 확장된 사무실 규모에 비하여 근무 인원이 적어 데스크와 사무용 비품이 방치되는 결과를 낳고 말았다. 또한 온라인 사업이 차일피일 미뤄지면서 카메라 장비와 스크린 등 2,000만 원대의 물품이 사용되지 않고 있는가 하면, 사무용으로 구매해 놓은 PC와 테블릿 등이 설치되었으나 사용되지 않고 방치되었다.

PART 1 PART 2 PART 3 PART 4

07 **다음 중 사례에 대한 설명으로 가장 옳지 않은 것은?** 난이도 하

① 물적 자원을 구매했지만 잘 활용하지 못한 사례에 해당한다.
② 사용 물품과 보관 물품을 제대로 구분하지 못하고 있다.
③ 명확한 목표나 계획이 없이 충동적으로 물품을 구매하여 자원이 효율적으로 관리되지 못하였다.
④ 보유하고 있는 물품이 방치되고 있으며, 경우에 따라서는 물품이 훼손되어 낭비될 수 있다.
⑤ 사업성에 대한 정확하고 철저한 계획 없이 무리하게 사업을 확장하였다.

08 **다음에서 설명하는 자원관리 단계 중 D회사의 자원관리가 실패한 원인에 해당하는 단계는?** 난이도 중

> 자원은 유한하기 때문에 기업 활동에 있어서 가장 중요한 요소로 꼽힙니다. 따라서 자원을 효과적으로 확보, 유지, 활용하는 자원관리는 매우 중요합니다. 자원의 관리는 크게 다음과 같이 구분할 수 있습니다. 첫 번째 단계는 업무에 대한 정확한 목표 설정과 업무를 추진하면서 어떤 자원이 얼마나 필요한지 파악해야 하는 ① '필요한 자원의 종류와 양 확인'입니다. 두 번째 단계는 필요한 자원의 종류와 양을 확인한 후 자원의 낭비가 발생하지 않도록 정확히 필요한 양만큼 확보하는 ② '이용 가능한 자원 수집하기'입니다. 세 번째 단계는 자원 활용의 우선순위를 설정하는 ③ '자원 활용 계획 세우기'입니다. 네 번째 단계는 최대한 계획에 맞춰 자원을 활용하는 ④ '계획대로 수행하기'입니다. 마지막으로 불가피하게 ⑤ '수정해야 할 경우 전체계획에 영향을 미치는지 확인'하는 것입니다. 이것만 잘 기억하고 있으면 자원을 효과적으로 관리하여 낭비를 줄이는데 도움이 될 것입니다.

※ 다음은 F회사의 대표이사 인터뷰 내용이다. 이를 읽고 물음에 답하시오. [9~10]

Q : 어떻게 이렇게 빠르게 제품을 개발하고 급성장할 수 있었나?

A : 아무래도 우리가 이렇게 급성장할 수 있었던 비결은 좋은 직원 덕분인 것 같다. 사람을 잘 뽑은 것. 그것이 첫 번째, 두 번째, 세 번째 이유다. 우리 회사는 큰 회사가 아니다. 직원 수는 8,000명에 불과하다. 이 사람들의 재능과 열정, 이것이 우리 속도의 비밀이자 성공의 이유다. 처음 시작할 때는 작은 소모임으로 시작했다. 서로 함께 부대끼며 사고를 공유하고 창의력을 키웠다. 재능 있는 사람들은 재능 있는 사람들과 일하고 싶어 한다. 이들은 자신이 전공한 분야에서 최고가 되어 세상을 바꾸고 싶어 하고, 세상에 변혁을 일으킬 수 있는 걸 만들고 싶어 한다. 우리는 그런 인재를 뽑아 능력을 뽐낼 수 있도록 적극적으로 지원해주었다. 직급에 상관없이 성과에 따라 인센티브를 제공하였으며, 틀에 얽매인 사고방식을 타파하기 위해 자유로운 분위기를 유지하고 있다. 직원 한 명을 뽑더라도 계약직으로 쓰지 않는다. F회사라는 가치 아래 모두가 자발적으로 모여 일을 하고 있는 것이다. 우리는 이제 우리 분야에서 가장 우수한 성적을 거두고 있으며, 최고의 전문가라고 자부하고 있다. 그래서 재능 있는 사람들이 우리 회사에 매력을 느껴 지원하게 된다. 우리는 우리 분야에서 더 확장하여 PC, 서버, 클라우드 등에 진출하고 있다. 한 분야에서 최고의 자리에 올랐으며 이제 영역을 넘어서 무한히 뻗어갈 준비가 되어 있다.

09 F회사의 대표이사가 강조하고 있는 자원관리능력으로 옳은 것은? 난이도 하

① 물적자원관리에 따른 자원의 확보
② 시간관리능력의 필요성
③ 예산관리 절차에 의한 효율성
④ 인적자원관리의 중요성
⑤ 인공자원의 중요성

10 G회사의 인사팀이 F회사를 벤치마킹하여 합리적인 인사관리원칙을 수립하려 할 때, 다음 중 가장 적절하지 않은 것은? 난이도 중

① 해당 직무 수행에 가장 적합한 인재를 뽑아 배치한다.
② 근로자가 창의력을 발휘할 수 있도록 새로운 제안의 기회를 주고, 적절한 보상을 위해 인센티브를 제공한다.
③ 가족, 친구, 선후배 등의 관계를 형성하고 있는 사람들을 선별하여 일할 수 있는 환경을 만든다.
④ 직장에서 신분이 보장되고 안정적으로 근무할 수 있다는 믿음을 갖게 한다.
⑤ 틀에 얽매인 사고방식을 타파하기 위해 자유로운 분위기를 유지하게 한다.

02 피둘형

01 Y공사 인사관리부에서 근무하는 W대리는 2박 3일간 실시하는 신입사원 연수에 관한 기획안과 예산안을 작성해 제출해야 한다. 그중 식사에 관한 예산을 측정하기 위해 연수원에서 다음과 같이 메뉴별 가격 및 안내문을 받았다. 연수를 가는 신입사원은 총 50명이지만 이 중 15명은 둘째 날 오전 7시에 후발대로 도착할 예정이고, 예산은 최대 금액으로 편성하려할 때 W대리가 식사비 예산으로 측정할 금액은? 난이도 중

〈메뉴〉

정식 ………… 9,000원
일품 ………… 8,000원
스파게티 ………… 7,000원
비빔밥 ………… 5,000원
낙지덮밥 ………… 6,000원

〈안내문〉

- 식사시간 : (조식) 08:00 ~ 09:00 / (중식) 12:00 ~ 13:00 / (석식) 18:00 ~ 19:00
- 편의를 위하여 도착 후 첫 식사인 중식은 정식, 셋째 날 마지막 식사인 조식은 일품으로 통일한다.
- 나머지 식사는 정식과 일품을 제외한 메뉴에서 자유롭게 선택한다.

① 1,820,000원
② 1,970,000원
③ 2,010,000원
④ 2,025,000원
⑤ 2,070,000원

02 K공단에서는 약 2개월 동안 근무할 인턴사원을 선발하고자 다음과 같은 공고를 게시하였다. 이에 지원한 A ~ E 중에서 K공단의 인턴사원으로 가장 적합한 지원자는? 난이도 하

〈인턴 모집 공고〉

- 근무기간 : 약 2개월(6 ~ 8월)
- 자격 요건
  - 1개월 이상 경력자
  - 포토샵 가능자
  - 근무 시간(9 ~ 18시) 이후에도 근무가 가능한 자
- 기타 사항
  - 경우에 따라서 인턴 기간이 연장될 수 있음

A지원자	• 경력 사항 : 출판사 3개월 근무 • 컴퓨터 활용 능력 中(포토샵, 워드 프로세서) • 대학 휴학 중(9월 복학 예정)
B지원자	• 경력 사항 : 없음 • 포토샵 능력 우수 • 전문대학 졸업
C지원자	• 경력 사항 : 마케팅 회사 1개월 근무 • 컴퓨터 활용 능력 上(포토샵, 워드 프로세서, 파워포인트) • 4년제 대학 졸업
D지원자	• 경력 사항 : 제약 회사 3개월 근무 • 포토샵 가능 • 저녁 근무 불가
E지원자	• 경력 사항 : 마케팅 회사 1개월 근무 • 컴퓨터 활용 능력 中(워드 프로세서, 파워포인트) • 대학 졸업

① A지원자
② B지원자
③ C지원자
④ D지원자
⑤ E지원자

03 다음은 부서별로 핵심역량가치 중요도를 정리한 표와 신입사원들의 핵심역량평가 결과표이다. 결과표를 바탕으로 C사원과 E사원의 부서배치로 올바른 것은?(단, '–'는 중요도가 상관없다는 표시이다) 난이도 중

〈핵심역량가치 중요도〉

구분	창의성	혁신성	친화력	책임감	윤리성
영업팀	–	중	상	중	–
개발팀	상	상	하	중	상
지원팀	–	중	–	상	하

〈핵심역량평가 결과표〉

구분	창의성	혁신성	친화력	책임감	윤리성
A사원	상	하	중	상	상
B사원	중	중	하	중	상
C사원	하	상	상	중	하
D사원	하	하	상	하	중
E사원	상	중	중	상	하

	C사원	E사원
①	개발팀	지원팀
②	영업팀	지원팀
③	개발팀	영업팀
④	지원팀	개발팀
⑤	지원팀	영업팀

04 Q물류회사에서 근무 중인 귀하에게 화물운송기사 두 명이 찾아와 운송시간에 대한 질문을 하였다. 주요 도시 간 이동시간 자료를 참고했을 때, 두 기사에게 안내해야 할 시간은?(단, 귀하와 두 기사는 A도시에 위치하고 있다)

난이도 중

K기사 : 저는 여기서 화물을 싣고 E도시로 운송한 후에 C도시로 가서 다시 화물을 싣고 여기로 돌아와야 하는데 시간이 얼마나 걸릴까요? 최대한 빨리 마무리지었으면 좋겠는데….

P기사 : 저는 여기서 출발해서 모든 도시를 한 번씩 거쳐 다시 여기로 돌아와야 해요. 만약에 가장 짧은 이동시간으로 다녀오면 얼마나 걸릴까요?

〈주요도시 간 이동시간〉

(단위 : 시간)

출발도시 \ 도착도시	A	B	C	D	E
A	–	1.0	0.5	–	–
B	–	–	–	1.0	0.5
C	0.5	2.0	–	–	–
D	1.5	–	–	–	0.5
E	–	–	2.5	0.5	–

※ 화물을 싣고 내리기 위해 각 도시에서 정차하는 시간은 고려하지 않음

※ '–' 표시가 있는 구간은 이동이 불가능함

	K기사	P기사
①	4시간	4시간
②	4.5시간	5시간
③	4.5시간	5.5시간
④	5시간	5.5시간
⑤	5.5시간	5.5시간

05 다음과 같은 〈조건〉에서 귀하가 판단할 수 있는 내용으로 옳지 않은 것은? 난이도 하

조건

- 프로젝트는 A부터 E까지의 작업으로 구성되며, 모든 작업은 동일 작업장 내에서 행해진다.
- 각 작업의 필요 인원과 기간은 다음과 같다.

프로젝트	A작업	B작업	C작업	D작업	E작업
필요 인원(명)	5	3	5	2	4
기간(일)	10	18	50	18	16

 – B작업은 A작업이 완료된 이후에 시작할 수 있다.
 – E작업은 D작업이 완료된 이후에 시작할 수 있다.

- 각 인력은 A부터 E까지 모든 작업에 동원될 수 있으며, 각 작업에 투입된 인력의 생산성은 동일하다.
- 프로젝트에 소요되는 비용은 1인당 1일 10만 원의 인건비와 1일 50만 원의 작업장 사용료로 구성된다.
- 각 작업의 필요 인원은 증원 또는 감원될 수 없다.

① 프로젝트를 완료하기 위해 필요한 최소인력은 5명이다.
② 프로젝트를 완료하기 위해 소요되는 최단기간은 50일이다.
③ 프로젝트를 완료하는 데 들어가는 최소비용은 6천만 원 이하이다.
④ 프로젝트를 최단기간에 완료하는 데 투입되는 최소인력은 10명이다.
⑤ 프로젝트를 최소인력으로 완료하는 데 소요되는 최단기간은 94일이다.

03 PSAT형

01 다음 글을 근거로 판단할 때, 〈보기〉에서 옳은 설명을 모두 고른 것은? 난이도 상

K국의 영유아보육법은 영유아가 안전하고 쾌적한 환경에서 건강하게 성장할 수 있도록 다음과 같이 어린이집의 보육교사 최소 배치 기준을 규정하고 있다.

연령	보육교사 대 영유아 비율
(1) 만 1세 미만	1 : 3
(2) 만 1세 이상 만 2세 미만	1 : 5
(3) 만 2세 이상 만 3세 미만	1 : 7

위와 같이 각 연령별로 반을 편성하고 각 반마다 보육교사를 배치하되, 다음 기준에 따라 혼합반을 운영할 수 있다.

혼합반 편성	보육교사 대 영유아 비율
(1)과 (2)	1 : 3
(2)와 (3)	1 : 5
(1)과 (3)	편성 불가능

보기

ㄱ. 만 1세 미만 영유아 4명, 만 1세 이상 만 2세 미만 영유아 5명을 보육하는 어린이집은 보육교사를 최소 3명 배치해야 한다.

ㄴ. 만 1세 이상 만 2세 미만 영유아 6명, 만 2세 이상 만 3세 미만 영유아 12명을 보육하는 어린이집은 보육교사를 최소 3명 배치해야 한다.

ㄷ. 만 1세 미만 영유아 1명, 만 2세 이상 만 3세 미만 영유아 2명을 보육하는 어린이집은 보육교사를 최소 1명 배치해야 한다.

① ㄱ
② ㄴ
③ ㄷ
④ ㄱ, ㄴ
⑤ ㄱ, ㄷ

02 K과장은 다음 제시된 기준과 현황에 근거하여 1억 원의 범죄예방 예산을 A, B시에 배분하려고 한다. 다음 중 옳지 않은 것은? 난이도 중

〈기준〉

- 평등성에 입각할 경우 A와 B시에 동등하게 배분한다.
- 인구수에 입각할 경우 A와 B시의 인구 비율에 따라 배분한다.
- 범죄발생 건수에 입각할 경우 A와 B시의 범죄발생 건수 비율에 따라 배분한다.
- 재정자립도에 입각할 경우 A와 B시의 재정자립도 비율에 따라 역으로 배분한다.
- 경찰관 수에 입각할 경우 A와 B시의 경찰관 수 비율에 따라 배분한다.

〈현황〉

- A시와 B시의 인구 비율 60 : 40
- A시와 B시의 범죄발생 건수 비율 25 : 75
- A시와 B시의 재정자립도 비율 30 : 70
- A시와 B시의 경찰관 수 비율 65 : 35

① A시의 경우만 볼 때, 어느 기준이 선정되는가에 따라 최고 4,000만 원까지 범죄예방 예산배분액의 차이가 날 수 있다.
② B시의 경우만 볼 때, 어느 기준이 선정되는가에 따라 최고 4,000만 원까지 범죄예방 예산배분액의 차이가 날 수 있다.
③ 평등기준을 제외하고, B시가 3번째로 선호하는 배분기준은 인구 수이다.
④ 평등기준을 제외하고, A시가 2번째로 선호하는 배분기준은 인구 수이다.
⑤ A시는 재정자립도를 기준으로 할 때, 가장 적은 예산을 배분받는다.

03 다음은 K국 A ~ E대학의 재학생 수 및 재직 교원 수와 법정 필요 교원 수 산정기준에 관한 자료이다. 이에 근거하여 법정 필요 교원 수를 충족시키기 위해 충원해야 할 교원 수가 많은 대학부터 순서대로 나열한 것은?

난이도 중

〈재학생 수 및 재직 교원 수〉

(단위 : 명)

구분 \ 대학	A	B	C	D	E
재학생 수	900	30,000	13,300	4,200	18,000
재직 교원 수	44	1,260	450	130	860

〈법정 필요 교원 수 산정기준〉

재학생 수	법정 필요 교원 수
1,000명 미만	재학생 22명당 교원 1명
1,000명 이상 10,000명 미만	재학생 21명당 교원 1명
10,000명 이상 20,000명 미만	재학생 20명당 교원 1명
20,000명 이상	재학생 19명당 교원 1명

※ 법정 필요 교원 수 계산 시 소수점 첫째 자리에서 올림

① B－C－D－A－E
② B－C－D－E－A
③ B－D－C－E－A
④ C－B－D－A－E
⑤ C－B－D－E－A

04 다음은 Y국의 2021년 지급유형별 · 아동월령별 양육수당 월 지급금액과 신청가구별 아동 현황에 대한 자료이다. 자료와 2021년 양육수당 지급조건에 근거하여 2021년 5월분의 양육수당이 많은 가구부터 순서대로 바르게 나열한 것은? 난이도 상

〈지급유형별 · 아동월령별 양육수당 월 지급금액〉

(단위 : 만 원)

지급유형 \ 아동월령	12개월 이하	12개월 초과 24개월 이하	24개월 초과 36개월 이하	36개월 초과 48개월 이하	48개월 초과 60개월 이하
일반	20.0	15.0	10.0	10.0	10.0
농어촌	20.0	17.7	15.6	12.9	10.0
장애아동	22.0	20.5	18.0	16.5	15.0

〈신청가구별 아동 현황(2021년 5월 15일 기준)〉

신청 가구	자녀		지급 유형	비고
	구분	아동월령(개월)		
가	A	22	일반	
나	B	16	농어촌	
	C	2	농어촌	
다	D	23	장애아동	
라	E	40	일반	
	F	26	일반	
마	G	58	일반	2020년 1월부터 해외 체류 중
	H	35	일반	
	I	5	일반	

〈2021년 양육수당 지급조건〉

- 만 5세 이하 아동을 양육하고 있는 가구를 대상으로 함.
- 양육수당 신청시점의 지급유형 및 아동월령에 따라 양육수당을 지급함.
- 양육수당 신청일 현재 90일 이상 해외에 체류하고 있는 아동은 지급대상에서 제외함.
- 가구별 양육수당은 수급가능한 모든 자녀의 양육수당을 합한 금액임.
- 양육수당은 매월 15일에 신청받아 해당 월 말일에 지급함.

① 나 – 마 – 다 – 라 – 가
② 나 – 마 – 라 – 다 – 가
③ 다 – 라 – 나 – 마 – 가
④ 마 – 나 – 라 – 가 – 다
⑤ 마 – 나 – 다 – 라 – 가

05 A국은 신재생에너지 보급 사업 활성화를 위하여 신재생에너지 설비에 대한 지원 내용을 공고하였다. 지원 기준과 지원 신청 현황이 다음과 같을 때, 갑～무 중 가장 많은 지원금을 받는 신청자는? 난이도 중

〈지원 기준〉

구분		용량(성능)	지원금 단가
태양광	단독주택	2kW 이하	kW당 80만 원
		2kW 초과 3kW 이하	kW당 60만 원
	공동주택	30kW 이하	kW당 80만 원
태양열	평판형・진공관형	$10m^2$ 이하	m^2당 50만 원
		$10m^2$ 초과 $20m^2$ 이하	m^2당 30만 원
지열	수직밀폐형	10kW 이하	kW당 60만 원
		10kW 초과	kW당 50만 원
연료전지	인산형 등	1kW 이하	kW당 2,100만 원

• 지원금은 [용량(성능)]×(지원금 단가)로 산정
• 국가 및 지방자치단체 소유 건물은 지원 대상에서 제외
• 전월 전력사용량이 450kWh 이상인 건물은 태양열 설비 지원 대상에서 제외
• 용량(성능)이 지원 기준의 범위를 벗어나는 신청은 지원 대상에서 제외

〈지원 신청 현황〉

신청자	설비 종류	용량(성능)	건물 소유자	전월 전력사용량	비고
갑	태양광	8kW	개인	350kWh	공동주택
을	태양열	$15m^2$	개인	550kWh	진공관형
병	태양열	$5m^2$	국가	400kWh	평판형
정	지열	15kW	개인	200kWh	수직밀폐형
무	연료전지	3kW	개인	500kWh	인산형

① 갑
② 을
③ 병
④ 정
⑤ 무

SECTION 04 심화문제

정답 및 해설 p.75

01 다음 글과 상황을 근거로 판단할 때, 출장을 함께 갈 수 있는 직원들의 조합으로 가능한 것은? 난이도 상

A은행 B지점에서는 3월 11일 회계감사 관련 서류 제출을 위해 본점으로 출장을 가야 한다. 오전 08시 정각 출발이 확정되어 있으며, 출발 후 B지점에 복귀하기까지 총 8시간이 소요된다. 단, 비가 오는 경우 1시간이 추가로 소요된다.

- 출장인원 중 한 명이 직접 운전하여야 하며, '운전면허 1종 보통' 소지자만 운전할 수 있다.
- 출장시간에 사내 업무가 겹치는 경우에는 출장을 갈 수 없다.
- 출장인원 중 부상자가 포함되어 있는 경우, 서류 박스 운반 지연으로 인해 30분이 추가로 소요된다.
- 차장은 책임자로서 출장인원에 적어도 한 명 이상 포함되어야 한다.
- 주어진 조건 외에는 고려하지 않는다.

〈상황〉

- 3월 11일은 하루 종일 비가 온다.
- 3월 11일 당직 근무는 17시 10분에 시작한다.

직원	직급	운전면허	건강상태	출장 당일 사내 업무
갑	차장	1종 보통	부상	없음
을	차장	2종 보통	건강	17시 15분 계약업체 면담
병	과장	없음	건강	17시 35분 고객 상담
정	과장	1종 보통	건강	당직 근무
무	대리	2종 보통	건강	없음

① 갑, 을, 병
② 갑, 병, 정
③ 을, 병, 무
④ 을, 정, 무
⑤ 병, 정, 무

02 다음을 근거로 때, 최우선 순위의 당첨 대상자는? 난이도 상

보금자리주택 특별공급 사전예약이 진행된다. 신청자격은 사전예약 입주자 모집 공고일 현재 미성년(만 20세 미만)인 자녀를 3명 이상 둔 서울, 인천, 경기도 등 수도권 지역에 거주하는 무주택 가구주에게 있다. 청약저축통장이 필요 없고, 당첨자는 배점 기준표에 의한 점수 순에 따라 선정된다. 특히 자녀가 만 6세 미만 영유아일 경우, 2명 이상은 10점, 1명은 5점을 추가로 받게 된다.
총점은 가산점을 포함하여 90점 만점이며, 배점기준은 다음 배점기준표와 같다.

〈배점기준표〉

배점요소	배점기준	점수
미성년 자녀수	4명 이상	40
	3명	35
가구주 연령·무주택 기간	가구주 연령이 만 40세 이상이고, 무주택 기간 5년 이상	20
	가구주 연령이 만 40세 미만이고, 무주택 기간 5년 이상	15
	무주택 기간 5년 미만	10
당해 시·도 거주기간	10년 이상	20
	5년 이상 ~ 10년 미만	15
	1년 이상 ~ 5년 미만	10
	1년 미만	5

※ 다만 동점자인 경우 ① 미성년 자녀수가 많은 자, ② 미성년 자녀수가 같을 경우 가구주의 연령이 많은 자 순으로 선정한다.

① 만 7세 이상 만 17세 미만인 자녀 4명을 두고, 인천에서 8년 거주하고 있으며, 14년 동안 무주택자인 만 45세의 가구주
② 만 19세와 만 15세의 자녀를 두고, 대전광역시에서 10년 이상 거주하고 있으며, 7년 동안 무주택자인 만 40세의 가구주
③ 각각 만 1세, 만 3세, 만 7세, 만 10세인 자녀를 두고, 서울에서 4년 거주하고 있으며, 15년 동안 무주택자인 만 37세의 가구주
④ 각각 만 6세, 만 8세, 만 12세, 만 21세인 자녀를 두고, 서울에서 9년 거주하고 있으며, 20년 동안 무주택자인 만 47세의 가구주
⑤ 만 7세 이상 만 11세 미만인 자녀 3명을 두고, 경기도 하남시에서 15년 거주하고 있으며, 10년 동안 무주택자인 만 45세의 가구주

03 다음은 A기업 직원의 직무역량시험 영역별 점수 상위 5명의 자료이다. 이에 대한 〈보기〉의 설명 중 옳은 설명을 모두 고른 것은? 난이도 상

〈A기업 직원의 직무역량시험 영역별 점수 상위 5명〉

(단위 : 점)

순위	논리		추리		윤리	
	이름	점수	이름	점수	이름	점수
1	하선행	94	신경은	91	양선아	97
2	성혜지	93	하선행	90	박기호	95
3	김성일	90	성혜지	88	황성필	90
4	양선아	88	황성필	82	신경은	88
5	황성필	85	양선아	76	하선행	84

※ 1) A기업 직원 중 같은 이름을 가진 직원은 없음
2) 전체 순위는 '총점(세 영역 점수의 합)'이 높은 순서대로 정함
3) A기업 직무역량시험 영역은 논리, 추리, 윤리로만 구성됨
4) A기업 직원 전체는 세 영역에 모두 응시함

보기

ㄱ. A기업 직원 중 총점이 가장 높은 직원은 하선행이다.
ㄴ. 양선아는 총점을 기준으로 A기업 전체 순위 2위이다.
ㄷ. 신경은의 총점은 260점을 초과하지 못한다.
ㄹ. A기업 직무역량시험의 시험 합격 최저점이 총점 기준 251점이라면 김성일은 불합격이다.

① ㄱ, ㄴ
② ㄱ, ㄹ
③ ㄴ, ㄷ
④ ㄱ, ㄷ, ㄹ
⑤ ㄴ, ㄷ, ㄹ

04 다음은 K국 갑～무 공무원의 국외 출장 현황과 출장국가별 여비 기준을 나타낸 자료이다. 자료와 〈조건〉을 근거로 출장 여비를 지급받을 때, 출장 여비를 가장 많이 지급받는 출장자부터 순서대로 바르게 나열한 것은?

난이도 상

〈K국 갑～무 공무원 국외 출장 현황〉

출장자	출장국가	출장 기간	숙박비 지급 유형	1박 실지출 비용($/박)	출장 시 개인 마일리지 사용 여부
갑	A	3박 4일	실비지급	145	미사용
을	A	3박 4일	정액지급	130	사용
병	B	3박 5일	실비지급	110	사용
정	C	4박 6일	정액지급	75	미사용
무	D	5박 6일	실비지급	75	사용

※ 각 출장자의 출장 기간 중 매박 실지출 비용은 변동 없음

〈출장국가별 1인당 여비 지급 기준액〉

구분 / 출장국가	1일 숙박비 상한액($/박)	1일 식비($/일)
A	170	72
B	140	60
C	100	45
D	85	35

조건

• 출장 여비($)=숙박비+식비
• 숙박비는 숙박 실지출 비용을 지급하는 실비지급 유형과 출장국가 숙박비 상한액의 80%를 지급하는 정액지급 유형으로 구분
 – 실비지급 숙박비($)=(1박 실지출 비용)×('박' 수)
 – 정액지급 숙박비($)=(출장국가 1일 숙박비 상한액)×('박' 수)×0.8
• 식비는 출장시 개인 마일리지 사용여부에 따라 출장 중 식비의 20% 추가지급
 – 개인 마일리지 미사용시 지급 식비($)=(출장국가 1일 식비)×('일' 수)
 – 개인 마일리지 사용시 지급 식비($)=(출장국가 1일 식비)×('일' 수)×1.2

① 갑－을－병－정－무
② 갑－을－병－무－정
③ 을－갑－정－병－무
④ 을－갑－병－무－정
⑤ 을－갑－무－병－정

05 다음을 근거로 판단할 때, A대리가 선택할 광고수단은? 난이도 상

- 주어진 예산은 월 3천만 원이며, A대리는 월별 광고효과가 가장 큰 광고수단 하나만을 선택한다.
- 광고비용이 예산을 초과하면 해당 광고수단은 선택하지 않는다.
- 광고효과는 아래와 같이 계산한다.

$$(\text{광고효과})=\frac{(\text{총 광고 횟수})\times(\text{회당 광고노출자 수})}{(\text{광고비용})}$$

- 광고수단은 한 달 단위로 선택된다.

광고수단	광고 횟수	회당 광고노출자 수	월 광고비용(천 원)
TV	월 3회	100만 명	30,000
버스	일 1회	10만 명	20,000
KTX	일 70회	1만 명	35,000
지하철	일 60회	2천 명	25,000
포털사이트	일 50회	5천 명	30,000

① TV
② 버스
③ KTX
④ 지하철
⑤ 포털사이트

CHAPTER 05
정보능력

출제유형 및 학습 전략

1 평소에 컴퓨터 활용 스킬을 틈틈이 익혀라!

윈도우(OS)에서 어떠한 설정을 할 수 있는지, 응용프로그램(엑셀 등)에서 어떠한 기능을 활용할 수 있는지를 평소에 직접 사용해 본다면 문제를 보다 수월하게 해결할 수 있다. 여건이 된다면 컴퓨터활용능력에 관련된 자격증 공부를 하는 것도 이론과 실무를 익히는데 도움이 될 것이다.

2 문제의 규칙을 찾는 연습을 하라!

일반적으로 코드체계나 시스템 논리체계를 제공하고 이를 분석하여 문제를 해결하는 유형이 출제된다. 이러한 문제는 문제해결능력과 같은 맥락으로 규칙을 파악하여 접근하는 방식으로 연습이 필요하다.

3 현재 보고 있는 그 문제에 집중하자!

정보능력의 모든 것을 공부하려고 한다면 양이 너무나 방대하다. 그렇기 때문에 수험서에서 본인이 현재 보고 있는 문제들을 집중적으로 공부하고 기억하려고 해야 한다. 그러나 엑셀의 함수 수식, 연산자 등 암기를 필요로 하는 부분들은 필수적으로 암기를 해서 출제가 되었을 때 오답률을 낮출 수 있도록 한다.

4 사진 · 그림을 기억하자!

컴퓨터의 활용 능력을 파악하는 영역이다 보니 컴퓨터 속 옵션, 기능, 설정 등의 사진 · 그림이 문제에 같이 나오는 경우들이 있다. 그런 부분들은 직접 컴퓨터를 통해서 하나하나 확인을 하면서 공부한다면 더 기억에 잘 남게 된다. 조금 귀찮더라도 한 번씩 클릭하면서 확인을 해보도록 한다.

SECTION 01 모듈이론

01 정보능력의 의의

(1) 정보의 의의

① 정보능력의 의미

컴퓨터를 활용하여 필요한 정보를 수집·분석·활용하는 능력이다.

② 자료(Data)·정보(Information)·지식(Knowledge) 기출

구분	일반적 정의	사례
자료	객관적 실체를 전달이 가능하게 기호화한 것	스마트폰 활용 횟수
정보	자료를 특정한 목적과 문제 해결에 도움이 되도록 가공한 것	20대의 스마트폰 활용 횟수
지식	정보를 체계화 하여 보편성을 갖도록 한 것	스마트폰 디자인에 대한 20대의 취향
일반적으로 '자료⊇지식⊇정보'의 포함관계로 나타낼 수 있다.		

③ 정보의 특성

㉠ 적시성 : 정보는 원하는 시간에 제공되어야 한다

㉡ 독점성 : 정보는 공개가 되고 나면 정보가치가 급감하나(경쟁성), 정보획득에 필요한 비용이 줄어드는 효과도 있다(경제성).

구분	공개 정보	반(半)공개 정보	비(非)공개 정보
경쟁성	낮음	⇨	높음
경제성	높음	⇨	낮음

(2) 정보화 사회

① 정보화 사회의 의의

정보가 사회의 중심이 되는 사회로, IT기술을 활용해 필요한 정보가 창출되는 사회이다.

② 정보화 사회의 특징

- 정보의 사회적 중요성이 요구되며, 정보 의존성이 강화된다.
- 전 세계를 하나의 공간으로 여기는 수평적 네트워크 커뮤니케이션이 가능해진다.
- 경제 활동의 중심이 유형화된 재화에서 정보·서비스·지식의 생산으로 옮겨간다.
- 정보의 가치 생산을 중심으로 사회 전체가 움직이게 된다.

③ 미래 사회의 특징

- 지식 및 정보 생산 요소에 의한 부가가치 창출
- 세계화의 진전
- 지식의 폭발적 증가

④ 정보화 사회의 필수 행위

정보 검색, 정보 관리, 정보 전파

⑤ 미래사회의 6T

정보기술(IT), 생명공학(BT), 나노기술(NT), 환경기술(ET), 문화산업(CT), 우주항공기술(ST)

(3) 컴퓨터의 활용 분야 기출

① 기업 경영 분야

경영정보시스템(MIS) 의사결정지원시스템(DSS)	기업 경영에 필요한 정보를 효과적으로 활용하도록 지원하여 경영자가 신속히 의사결정을 할 수 있게 함
전략정보시스템(SIS)	기업의 전략을 실현해 경쟁 우위를 확보하기 위한 목적으로 사용
사무자동화(OA)	문서 작성과 보관의 자동화, 전자 결재 시스템이 도입되어 업무 처리의 효율을 높여 줌
전자상거래(EC)	기업의 입장에서는 비용을 절감할 수 있으며, 소비자는 값싸고 질 좋은 제품을 구매할 수 있게 함

② 행정 분야

행정 데이터베이스	민원 처리, 행정 통계 등의 행정 관련 정보의 데이터베이스 구축
행정 사무자동화	민원 서류의 전산 발급

③ 산업 분야

공업	컴퓨터를 이용한 공정 자동화
산업	산업용 로봇의 활용
상업	POS 시스템

④ 전자상거래(EC)

- 컴퓨터나 정보통신망 등 전자화된 기술을 이용해 기업과 소비자가 상품과 서비스를 사고파는 것을 의미한다.
- 홈쇼핑, 홈뱅킹, 인터넷 서점 등이 이에 해당한다.
- 모든 기업과 모든 소비자를 대상으로 기업의 상품 및 서비스가 제공된다.
- 전자상거래가 활성화되면 기업은 물류 비용을 줄일 수 있으며, 소비자는 값싸고 질 좋은 제품을 집에서 구매할 수 있게 된다.

(4) 정보 처리 과정

기획 ➡ 수집 ➡ 관리 ➡ 활용

① 기획

정보 활동의 가장 첫 단계이며, 정보 관리의 가장 중요한 단계이다.

5W	What(무엇을)	정보의 입수대상을 명확히 한다.
	Where(어디에서)	정보의 소스를 파악한다.
	When(언제)	정보의 요구시점을 고려한다.
	Why(왜)	정보의 필요 목적을 염두에 둔다.
	Who(누가)	정보 활동의 주체를 확정한다.
2H	How(어떻게)	정보의 수집 방법을 검토한다
	How much(얼마나)	정보 수집의 효용성을 중시한다

② 수집

㉠ 다양한 정보원으로부터 목적에 적합한 정보를 입수하는 것이다.

㉡ 정보 수집의 최종적인 목적은 '예측'을 잘하기 위함이다.

③ 관리 기출

㉠ 수집된 다양한 형태의 정보를 사용하기 쉬운 형태로 바꾸는 것이다.

㉡ 정보관리의 3원칙

목적성	사용 목적을 명확히 설명해야 한다.
용이성	쉽게 작업할 수 있어야 한다.
유용성	즉시 사용할 수 있어야 한다.

④ 정보활용능력 기출

- 정보가 필요하다는 문제 상황을 인지할 수 있는 능력
- 문제해결에 적합한 정보를 찾고 선택할 수 있는 능력
- 찾은 정보를 문제해결에 적용할 수 있는 능력
- 윤리의식을 가지고 합법적으로 정보를 활용할 수 있는 능력

OX 문제

01 정보란 정보 작성을 위하여 필요한 데이터를 말하는 것으로, 이는 '아직 특정의 목적에 대하여 평가되지 않은 상태의 숫자나 문자들의 단순한 나열'을 뜻한다. [ ]

02 지식이란 자료를 가공하여 이용 가능한 정보로 만드는 과정이다. [ ]

03 정보관리의 3원칙이란 목적성, 용이성, 유용성을 말한다. [ ]

04 정보관리의 3원칙 중 용이성이란 해당 정보를 즉시 사용할 수 있어야 한다는 것을 의미한다. [ ]

01 [×] 정보가 아닌 자료에 대한 설명이다. 정보란 자료를 일정한 프로그램에 따라 컴퓨터가 처리·가공함으로써 '특정한 목적을 달성하는 데 필요하거나 특정한 의미를 가진 것으로 다시 생산된 것'을 뜻한다.

02 [×] 지식이 아닌 정보처리에 대한 설명이다. 지식이란 '어떤 특정의 목적을 달성하기 위해 과학적 또는 이론적으로 추상화되거나 정립되어 있는 일반화된 정보'를 뜻한다.

03 [○]

04 [×] 용이성이 아닌 유용성에 대한 설명이다. 용이성이란 쉽게 작업할 수 있어야 한다는 것을 의미한다.

02 컴퓨터 활용능력

(1) 인터넷 서비스의 종류 기출

① 전자우편

- 인터넷을 이용하여 다른 이용자들과 정보를 주고받는 통신 방법을 말한다.
- 포털・회사・학교 등에서 제공하는 전자우편 시스템에 계정을 만들어 이용 가능하다.

② 웹하드

웹서버에 대용량의 저장 기능을 갖추고 사용자가 개인의 하드디스크와 같은 기능을 인터넷을 통해 이용할 수 있게 하는 서비스를 말한다.

③ 메신저

컴퓨터를 통해 실시간으로 메시지와 데이터를 주고받을 수 있는 서비스이며, 응답이 즉시 이루어져 가장 보편적으로 사용되는 서비스이다.

④ 클라우드

- 사용자들이 별도의 데이터 센터를 구축하지 않고도, 인터넷 서버를 활용해 정보를 보관하고 있다가 필요할 때 꺼내 쓰는 기술을 말한다.
- 모바일 사회에서는 장소와 시간에 관계없이 다양한 단말기를 통해 사용 가능하다.

⑤ SNS

온라인 인맥 구축을 목적으로 개설된 커뮤니티형 웹사이트를 말하며, 트위터, 페이스북, 인스타그램과 같은 1인 미디어와 정보 공유 등을 포괄하는 개념이다.

⑥ 전자상거래

협의의 전자상거래	인터넷이라는 전자적인 매체를 통해 재화나 용역을 거래하는 것
광의의 전자상거래	소비자와의 거래뿐만 아니라 관련된 모든 기관과의 행위를 포함

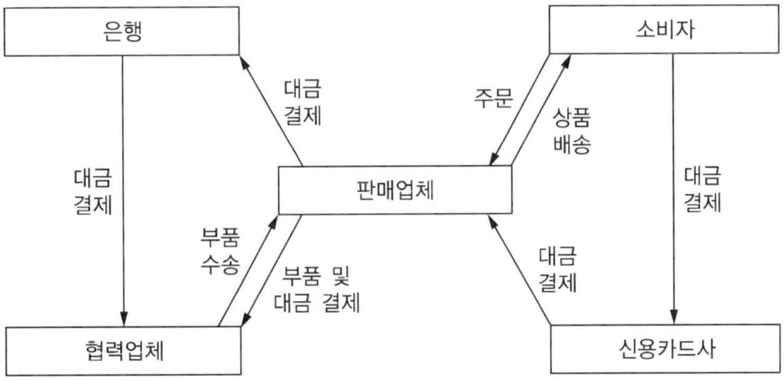

(2) 인터넷 정보 검색

① 정보 검색 단계

검색 주제에 대한 사전 지식을 확보하면 정보검색에 드는 시간을 절약할 수 있다.

첫째, 뉴스 정보인가?

둘째, 인터넷 정보원을 활용해야 하는가?

셋째, 논문자료에서 찾을 수 있는가?

넷째, 해당 주제와 관련 있는 학회나 관공서 사이트에서 찾을 수 있는가?

❶ 검색주제 선정 ➡ ❷ 정보원 선택 ➡ ❸ 검색식 작성 ➡ ❹ 결과 출력

② 검색 엔진의 유형 기출

종류	내용
키워드 검색 방식	• 정보와 관련된 키워드를 직접 입력하여 정보를 찾는 방식 • 방법이 간단하나 키워드를 불명확하게 입력하면 검색이 어려움
주제별 검색 방식	• 주제별, 계층별로 문서들을 정리해 DB를 구축한 후 이용하는 방식 • 원하는 정보를 찾을 때까지 분류된 내용을 차례로 선택해 검색
자연어 검색 방식	문장 형태의 질의어를 형태소 분석을 거쳐 각 질문에 답이 들어 있는 사이트를 연결해 주는 방식
통합형 검색 방식	• 검색 엔진 자신만의 DB를 구축하지 않음 • 검색어를 연계된 다른 검색 엔진에 보낸 후 검색 결과를 보여줌

③ 정보 검색 시 주의사항

• 논문 등 특정 데이터들은 특화된 검색 엔진을 이용하는 것이 효율적이다.
• 키워드는 구체적으로 입력하는 것이 좋으며, 결과 내 재검색 기능을 활용한다.
• 검색 연산자는 검색 엔진에 따라 다소 차이가 있을 수 있다.

(3) 업무용 소프트웨어 기출

① 워드프로세서

㉠ 문서를 작성·편집·저장·인쇄할 수 있는 프로그램을 말하며, 키보드 등으로 입력한 문서의 내용을 화면으로 확인하면서 쉽게 고칠 수 있어 편리하다.

㉡ 흔글과 MS-Word가 가장 대표적으로 활용되는 프로그램이다.

㉢ 워드프로세서의 주요 기능

종류	내용
입력	키보드나 마우스를 통해 문자·그림 등을 입력할 수 있는 기능
표시	입력한 내용을 표시 장치를 통해 나타내 주는 기능
저장	입력된 내용을 저장하여 필요할 때 사용할 수 있는 기능
편집	문서의 내용이나 형태 등을 변경해 새롭게 문서를 꾸미는 기능
인쇄	작성된 문서를 프린터로 출력하는 기능

② 스프레드시트

㉠ 수치나 공식을 입력하여 그 값을 계산해 내고, 결과를 차트로 표시할 수 있는 프로그램을 말하며, 다양한 함수를 이용해 복잡한 수식도 계산할 수 있다.

㉡ Excel이 가장 대표적으로 활용되는 프로그램이다.

㉢ 스프레드시트의 구성단위

스프레드시트는 셀, 열, 행, 영역의 4가지 요소로 구성된다. 그중에서 셀은 가로행과 세로열이 교차하면서 만들어지는 공간을 말하며, 이는 정보를 저장하는 기본단위이다.

③ 프레젠테이션

㉠ 컴퓨터 등을 이용하여 그 속에 담겨 있는 각종 정보를 전달하는 행위를 프레젠테이션이라고 하며, 이를 위해 사용되는 프로그램들을 프레젠테이션 프로그램이라고 한다.

㉡ 파워포인트와 키노트가 가장 대표적으로 활용되는 프로그램이다.

(4) 유틸리티 프로그램

① 파일 압축 유틸리티

파일의 크기를 압축하거나 줄여 준다. 파일을 압축하면 하드 디스크 또는 플로피 디스크의 저장 용량을 적게 차지하므로 디스크의 저장 공간을 넓혀 주고, 파일을 전송하거나 내려받을 때 걸리는 시간을 단축할 수 있다.

② 바이러스 백신 프로그램

바이러스 백신 프로그램이란 컴퓨터 바이러스를 찾아내고 기능을 정지시키거나 제거하여 손상된 파일을 치료하는 기능을 가진 소프트웨어를 뜻한다. 따라서 백신 프로그램은 일종의 치료제 역할을 하는 프로그램으로, 사전에 바이러스 프로그램의 감염을 막지는 못한다.

③ 화면 캡처 프로그램

모니터 화면에 나타나는 영상을 사용자가 원하는 크기·모양 등을 선택하여 이미지 파일로 만들어 주는 프로그램이다.

④ 이미지 뷰어 프로그램

이미지 뷰어 프로그램은 그림 파일이나 디지털 카메라로 찍은 이미지 파일들을 볼 수 있도록 도와주는 유틸리티 프로그램이다. 여러 장의 이미지를 편리하게 볼 수 있도록 화면 크기에 맞게 확대·축소·연속 보기·두 장 보기 등의 기능이 있다.

⑤ 동영상 재생 프로그램

동영상 재생 프로그램은 각종 영화나 애니메이션을 감상하거나 음악을 즐길 수 있는 유틸리티 프로그램이다. 느린 속도와 빠른 속도로 선택 재생이 가능하고, 재생 시점을 임의로 조정할 수 있다.

(5) 데이터베이스

① 데이터베이스의 의의

여러 개의 서로 연관된 파일을 데이터베이스라 하며, 이 연관성으로 인해 사용자는 여러 개의 파일에 있는 정보를 한 번에 검색할 수 있다.

데이터베이스 관리시스템	데이터와 파일의 관계를 생성·유지·검색할 수 있게 하는 소프트웨어
파일 관리시스템	한 번에 한 개의 파일만 생성·유지·검색할 수 있는 소프트웨어

② 데이터베이스의 필요성 기출

종류	내용
데이터 중복 감소	데이터를 한 곳에서만 갖고 있으므로 유지 비용이 절감된다.
데이터 무결성 증가	데이터가 변경될 경우 한 곳에서 수정하는 것만으로 해당 데이터를 이용하는 모든 프로그램에 반영된다.
검색의 용이	한 번에 여러 파일에서 데이터를 찾을 수 있다.
데이터 안정성 증가	사용자에 따라 보안등급의 차등을 둘 수 있다.

③ 데이터베이스의 기능

종류	내용
입력 기능	형식화된 폼을 사용해 내용을 편리하게 입력할 수 있다.
검색 기능	필터나 쿼리 기능을 이용해 데이터를 빠르게 검색하고 추출할 수 있다.
일괄 관리 기능	테이블을 사용해 데이터를 관리하기 쉽고, 많은 데이터를 종류별로 분류해 일괄적으로 관리할 수 있다.
보고서 기능	데이터를 이용해 청구서나 명세서 등의 문서를 쉽게 만들 수 있다.

④ 데이터베이스의 작업순서 기출

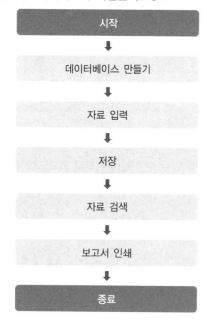

시작

↓

데이터베이스 만들기

↓

자료 입력

↓

저장

↓

자료 검색

↓

보고서 인쇄

↓

종료

OX 문제

01 정보 검색은 '검색주제 선정 → 정보원 선택 → 검색식 작성 → 결과 출력'의 과정을 거친다. [ ]

02 파일시스템은 데이터베이스 시스템에 비해서 여러 개의 파일이 서로 연관되어 있으므로, 사용자는 여러 개의 파일에 있는 정보를 한 번에 검색해서 볼 수 있는 이점이 있다. [ ]

03 데이터베이스는 데이터가 중복되지 않고 한 곳에만 기록되어 있으므로 데이터의 무결성, 즉 결함 없는 데이터를 유지하는 것이 훨씬 쉬워졌다. [ ]

04 검색 엔진 자신만의 DB를 구축하지 않으며, 검색어를 연계된 다른 검색 엔진에 보낸 후 검색 결과를 보여주는 것을 통합형 검색 방식이라고 한다. [ ]

01 [○]

02 [×] 데이터베이스 시스템은 파일시스템에 비해서 여러 개의 파일이 서로 연관되어 있으므로, 사용자는 여러 개의 파일에 있는 정보를 한 번에 검색해서 볼 수 있는 이점이 있다.

03 [○]

04 [○]

03 정보처리능력

(1) 정보의 수집

① 1차 자료와 2차 자료 기출

1차 자료	• 원래의 연구 성과가 기록된 자료 • 단행본, 학술지와 학술지 논문, 학술회의자료, 연구보고서, 학위논문, 특허정보, 표준 및 규격자료, 레터, 출판 전 배포자료, 신문, 잡지 등
2차 자료	• 1차 자료를 효과적으로 찾아보기 위한 자료 혹은 1차 자료에 포함되어 있는 정보를 압축 · 정리한 자료 • 사전, 백과사전, 편람, 연감, 서지데이터베이스 등

② 인포메이션과 인텔리전스

인포메이션	하나하나의 개별적인 정보
인텔리전스	인포메이션 중에 몇 가지를 선별해 그것을 연결시켜 판단하기 쉽게 도와주는 하나의 정보 덩어리

③ 정보 수집을 잘하기 위한 방법 기출

㉠ 신뢰관계 수립 : 중요한 정보는 신뢰관계가 좋은 사람에게만 전해지므로, 중요한 정보를 수집하려면 먼저 신뢰관계를 이루어야 한다.

㉡ 선수필승(先手必勝) : 변화가 심한 시대에는 질이나 내용보다 빠른 정보 획득이 중요하다.

㉢ 구조화 : 얻은 정보를 의식적으로 구조화하여 머릿속에 가상의 서랍을 만들어두어야 한다.

㉣ 도구의 활용 : 기억력에는 한계가 있으므로 박스 · 스크랩 등을 활용하여 정리하여야 한다.

(2) 정보 분석

① 정보 분석의 정의

여러 정보를 상호 관련지어 새로운 정보를 생성해내는 활동을 말한다.

② 정보 분석의 절차 기출

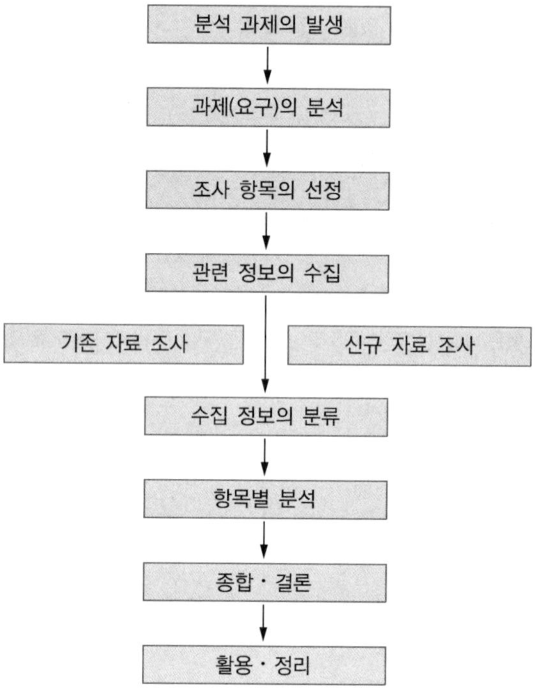

③ 정보 분석의 특징

- 좋은 자료가 있다고 해서 항상 훌륭한 분석이 되는 것은 아니다.
- 반드시 고도의 수학적 기법을 요구하는 것만은 아니다.
- 한 개의 정보만으로는 불분명한 사항일지라도 다른 정보를 통해 이를 명백히 할 수 있다.
- 서로 상반되는 정보들을 판단하여 새로운 해석을 가능하게 한다.

④ 정보의 서열화와 구조화 기출

(3) 효율적인 정보 관리 방법 기출

① 목록을 이용한 정보 관리

정보에서 중요 항목을 찾아 기술한 후 정리해 목록을 만드는 것이다.

② 색인을 이용한 정보 관리

㉠ 목록과 색인의 차이

목록	한 정보원에 하나의 목록이 대응된다.
색인	한 정보원에 여러 색인을 부여할 수 있다.

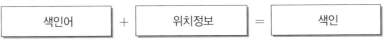

㉡ 색인의 구성요소

색인어 + 위치정보 = 색인

③ 분류를 이용한 정보 관리

㉠ 유사한 정보를 하나로 모아 분류하여 정리하는 것은 신속한 정보 검색을 가능하게 한다.

㉡ 분류 기준 예시

기준	내용	예
시간적 기준	정보의 발생 시간별로 분류	2021년 봄, 7월 등
주제적 기준	정보의 내용에 따라 분류	정보사회, ○○대학교 등
기능적/용도별 기준	정보의 용도나 기능에 따라 분류	참고자료용, 강의용, 보고서 작성용 등
유형적 기준	정보의 유형에 따라 분류	도서, 비디오, CD, 한글파일, 파워포인트 파일 등

④ 특징

- 디지털 파일에 색인을 저장하면 추가・삭제・변경이 쉽다.
- 목록은 한 정보원에 하나만 대응하지만, 색인은 여러 개를 부여할 수 있다.
- 정보 목록은 정보에서 중요 항목을 찾아 기술한 후 정리하면서 만들어진다.

(4) 정보의 활용 기출

① 정보활용의 형태

- 수집한 정보를 그대로 활용한다.
- 수집한 정보를 그대로 활용하되, 일정한 형태로 표현하여 활용한다.
- 수집한 정보를 정리・분석・가공하여 활용한다.
- 수집한 정보를 정리・가공하여 활용하되, 일정한 형태로 표현하여 활용한다.
- 생산된 정보를 일정한 형태로 재표현하여 활용한다.
- 일정한 형태로 표현한 정보, 한 번 이용한 정보를 보존・정리하여 장래에 활용한다.

② 동적정보와 정적정보

동적정보	• 시시각각으로 변하는 정보이다. • 정보를 입수한 그 자리에서 판단해 처리하면 미련 없이 버릴 수 있다. • 변화하는 정보이기 때문에 유통기한이 있다.
정적정보	• 보존되어 멈추어 있는 정보(저장정보)이다.

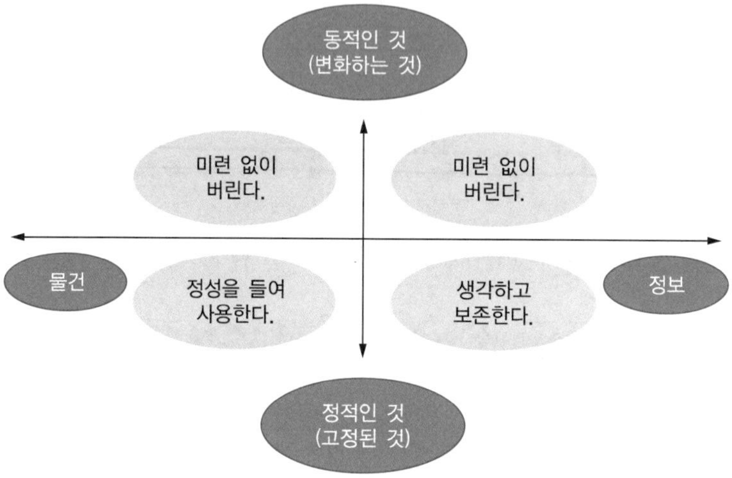

(5) 인터넷의 역기능과 네티켓

① 인터넷의 역기능 기출

- 불건전 정보의 유통
- 개인 정보 유출
- 사이버 성폭력
- 사이버 언어폭력
- 언어 훼손
- 인터넷 중독
- 불건전한 교제
- 저작권 침해

② 네티켓 기출

네트워크(Network) + 에티켓(Etiquette) = 네티켓(Netiquette)

③ 컴퓨터 바이러스 예방방법

- 출처가 불분명한 첨부파일은 바이러스 검사 후 사용
- 백신 프로그램의 실시간 감시 기능 활용, 정기적인 업데이트
- 정품 소프트웨어 사용
- 중요한 파일은 별도의 보조 매체에 백업
- 프로그램 복사 시 바이러스 감염 여부 확인

(6) 개인정보 보호

① 개인정보의 의미

생존하는 개인에 관한 정보로서, 정보에 포함된 성명 등에 의해 개인을 식별할 수 있는 정보를 의미하며, 단일 정보뿐만 아니라 다른 정보와 결합해 식별할 수 있는 것도 이에 해당한다.

② 개인정보의 유출 방지 기출

- 회원 가입 시 이용 약관 확인
- 이용 목적에 부합하는 정보를 요구하는지 확인
- 정기적인 비밀번호 교체
- 정체가 불분명한 사이트 접속 자제
- 가입 해지 시 정보 파기 여부 확인
- 생년월일, 전화번호 등 유추 가능한 비밀번호 사용 자제

OX 문제

01 정보원은 정보를 수집하는 사람의 입장에서 볼 때 공개된 것만 포함된다. [ ]

02 정적정보는 유효기간이 비교적 짧고, 보존이 불가능한 정보를 말한다. [ ]

03 정보분석을 위해서는 1차 정보가 포함하는 주요 개념을 대표하는 용어(Key Word)를 추출하며, 이를 간결하게 서열화 및 구조화하여야 한다. [ ]

04 색인은 한 정보원에 하나의 색인이 대응되는 반면, 목록은 한 정보원에 여러 목록을 부여할 수 있다는 점에서 차이가 있다. [ ]

05 현행 법령상 개인정보란 생존하는 개인에 관한 정보를 뜻한다. [ ]

01 [×] 정보원은 정보를 수집하는 사람의 입장에서 볼 때 공개된 것은 물론이고, 비공개된 것도 포함된다.

02 [×] 정적정보는 유효기간이 비교적 길고, 보존이 가능한 정보를 말하며 잡지, 책 등이 이에 해당한다.

03 [O]

04 [×] 목록은 한 정보원에 하나의 목록이 대응되는 반면, 색인은 한 정보원에 여러 색인을 부여할 수 있다는 점에서 차이가 있다.

05 [O]

SECTION 02 정보능력 맛보기

01 다음은 A기업의 자체 데이터베이스에 관한 내용이다.

A기업은 사회 이슈에 대해 보고서를 발간하며, 모든 자료는 사내 데이터베이스에 보관하고 있다. 데이터베이스를 구축한지 오랜 시간이 흐르고, 축적한 자료도 많아 원하는 자료를 일일이 찾기엔 어려워 A기업에서는 데이터베이스 이용시 검색 명령을 활용하라고 권장하고 있다. A기업의 데이터베이스에서 사용할 수 있는 검색 명령어는 아래와 같다.

*	두 단어가 모두 포함된 문서를 검색
OR	두 단어가 모두 포함되거나, 두 단어 중에서 하나만 포함된 문서를 검색
|	OR 대신 사용할 수 있는 명령어
!	! 기호 뒤에 오는 단어는 포함하지 않는 문서를 검색
~	앞/뒤에 단어가 가깝게 인접해 있는 문서를 검색

A기업의 최윤오 연구원은 기업의 성과관리에 대한 보고서를 작성하던 도중, 임금체계와 성과급에 대한 자료가 필요해 이를 데이터베이스에서 찾으려고 한다. 임금체계와 성과관리가 모두 언급된 자료를 검색하기 위한 검색 키워드로 '임금체계'와 '성과급'을 입력했을 때, 최윤오 연구원이 활용할 수 있는 검색 명령어를 모두 고르면?

㉠ * ㉡ OR ㉢ ! ㉣ ~

① ㉠
② ㉠, ㉡
③ ㉠, ㉡, ㉢
④ ㉠, ㉡, ㉣
⑤ ㉠, ㉢

Key Point

최근에는 자연어 검색방식이 매우 발달하였지만 정확한 검색결과를 얻기 위해서는 여전히 명령어를 사용한 검색방법이 활용되고 있다. 이러한 유형의 문제가 출제된다면 특정한 검색방법을 숙지하고 있는지를 묻는 것이 아닌, 검색방법이 제시된 글이 주어지고 그 방법에 따라 명령어를 입력하면 되게 끔 출제되고 있으니 큰 부담은 없는 유형이다. 따라서 이러한 유형의 문제가 출제된다면 반드시 맞춰야 한다는 것을 명심하자.

정답 ④

임금체계와 성과급이 모두 언급된 자료를 검색해야 하므로, 한 단어가 포함되지 않는 문서를 검색하는 명령어 '!'는 적절하지 않다.

㉠ 임금체계 * 성과급 : 임금체계와 성과급이 모두 포함된 문서를 검색한다.

㉡ 임금체계 OR 성과급 : 임금체계와 성과급이 모두 포함되거나, 두 단어 중에서 하나만 포함된 문서를 검색한다.

㉢ 임금체계 ! 성과급 : 성과급이 포함되지 않고 임금체계가 포함된 문서를 검색한다.

㉣ 임금체계 ~ 성과급 : 임금체계와 성과급이 가깝게 인접해 있는 문서를 검색한다.

02 현재 판매량을 제외한 판매 금액이 10,000원 이상인 것들만 모아서 따로 합계를 내고 싶을 때, 사용할 수 있는 올바른 함수식을 고르면?

	A	B	C	D	E	F	G
1							
2	표1					표2	
3	제품	판매량	단가	금액		물품	금액
4	샴푸	6	10,000	30,000		샴푸	
5	린스	7	10,000	30,000		린스	300,000
6	비누	3	2,000	5,000		비누	90,000
7	바디워시	9	10,000	20,000		바디워시	320,000
8	비누	5	5,000	15,000			
9	린스	9	5,000	10,000			
10	샴푸	30	2,000	5,000			
11	바디워시	14	5,000	10,000			
12	면도크림	4	10,000	20,000			
13	면도기	9	20,000	40,000			
14							

① =SUM(C4:D13, ">=10,000")
② =SUM(D4:D13, ">=10,000")
③ =SUMIF(D4:D13, ">=10,000")
④ =SUMIF(D4:D13, "=10,000")
⑤ =SUMIFS(D4:D13, "=10,000")

Key Point

Excel의 함수식을 활용하는 문제는 매번 등장하는 유형이지만 실제 출제되는 문제들의 난도는 그리 높지 않은 편이다. 하지만 Excel의 활용법 및 함수식을 숙지하고 있지 않으면 손을 댈 수 없는 유형이므로 시간적 여유가 있을 때 별도로 학습해둘 것을 추천한다. 컴퓨터 활용능력 2급 수준의 지식만 익혀놓고 있으면 충분하다.

정답 ③

SUMIF는 조건을 만족하는 경우의 합을 구하는 함수식으로, 판매 금액을 10,000원 이상만 모아서 따로 합계를 내고 싶을 때 사용할 수 있는 올바른 함수식은 '=SUMIF(D4:D13, ">=10,000")'이다.

오답분석

⑤ SUMIFS 함수식은 주어진 조건에 따라 지정되는 셀을 더한다.

SECTION 03 대표유형 적중문제

정답 및 해설 p.77

01 모듈형

※ 다음은 F기업이 비품에 대해 고유 코드를 부여하는 방식과 비품을 관리하는 책임자를 정리한 표이다. 물음에 답하시오. [1~3]

<table>
<tr><th>구입시기</th><th colspan="2">비품 분류</th><th>코드명</th><th>수량 코드</th></tr>
<tr><td rowspan="11">2020년 1월
→ 202001</td><td colspan="2">컴퓨터</td><td>CO</td><td rowspan="11">동일한 비품 분류에 대해 0001부터 시작하여 번호를 매김

212번째 구입한 노트북
→ 0212</td></tr>
<tr><td colspan="2">노트북</td><td>NO</td></tr>
<tr><td colspan="2">프로젝터</td><td>PR</td></tr>
<tr><td rowspan="4">책상</td><td>회의실용
(8인)</td><td>DE(08)</td></tr>
<tr><td>회의실용
(6인)</td><td>DE(06)</td></tr>
<tr><td>회의실용
(2인)</td><td>DE(02)</td></tr>
<tr><td>사무용
(1인)</td><td>DE</td></tr>
<tr><td colspan="2">의자</td><td>CH</td></tr>
<tr><td colspan="2">캐비넷</td><td>CA</td></tr>
<tr><td colspan="2">서랍</td><td>DR</td></tr>
<tr><td colspan="2">모니터</td><td>MO</td></tr>
</table>

관리부서	코드명
총무팀	GAT
인사팀	HRT
기획팀	PLT
영업팀	SAT
연구실	LAB
홍보팀	PRT

예 2020년 5월에 구입한 회의실용(2인) 책상이며 25번째 구입, 관리부서는 기획팀임 → 202005DE(02)0025PLT

코드명	책임자	코드명	책임자
201103MO0119GAT	이석환	201611NO0111HRT	윤경희
201504CO0089PRT	민채희	200901DE0055SAT	민채희
201607NO0101PLT	이석환	201909NO0136LAB	이석환
201607CA0087PLT	강민호	202001CH0209PLT	오성희

01 물품코드 201512MO0253PRT에 대한 설명으로 옳지 않은 것은? 난이도 하

① 2015년 12월에 구입하였다.
② 해당코드를 가진 물품은 모니터이다.
③ 이 물품을 구입하기 전 F기업은 모니터를 252개 구입하였다.
④ 구매부서는 홍보팀이다.
⑤ 관리부서는 홍보팀이다.

02 다음 중 같은 년도에 구입한 같은 종류의 비품을 관리하고 있는 책임자들로 짝지어진 것은? 난이도 하

① 이석환, 강민호
② 민채희, 오성희
③ 민채희, 이석환
④ 이석환, 윤경희
⑤ 민채희, 윤경희

03 연구실 소속 A사원은 2022년 2월 현재 출장 시 들고 다닐 노트북을 구입하려고 한다. 총무팀 담당자에게 물어보니 이전에 87대의 노트북을 구입했다고 한다. A사원이 구입한 노트북에 부여할 코드는 무엇인가? 난이도 하

① 202202NT88LAB
② 202202NO87LAB
③ 202202NO88LAB
④ 202202NT87LAB
⑤ 202202NO87PLT

PART 1 PART 2 PART 3 PART 4

※ 다음은 선풍기 제조 회사의 시리얼 넘버에 관한 자료이다. 이를 바탕으로 질문에 답하시오. **[4~5]**

보기

시리얼 넘버 생성 방법 : (상품명)-(제조업)-(생산 번호)

예 2019년 4월 13일에 생산 라인 B2에서 만들어진 15,542번째 탁상형 선풍기의 시리얼 넘버
→ TSH-190413-B2-15542

〈선풍기별 상품명 안내〉

상품분류	상품명	상품분류	상품명
좌식용 선풍기	JSO	공업용 선풍기	KOO
탁상형 선풍기	TSH	벽걸이 선풍기	BKO

04 다음 중 〈보기〉의 시리얼 넘버에 대해 추론한 것으로 옳지 않은 것은? 난이도 하

보기

KOO-190524-C3-18533

① 이 선풍기는 공업용 선풍기이다.
② 이 상품은 2019년에 만들어졌다.
③ 생산 라인 'C3'만 본다면 어느 공장에서 만들었는지 알 수 없다.
④ 이 제품의 총 생산 개수를 알 수 있다.
⑤ 해당 생산 라인에서 몇 번째 만들어진 제품인지 알 수 있다.

05 다음 중 2018년 11월 16일에 생산 라인 D3에서 14,365번째로 만들어진 좌식용 선풍기의 시리얼 넘버를 고르면? 난이도 중

① JSO-181116-D2-14365
② JSO-181116-D3-14365
③ BKO-181116-D3-14365
④ TSH-181116-D2-14365
⑤ TSH-181116-D3-14365

※ 다음 〈보기〉는 시리얼 넘버 생성표 예시를 나타낸 것이다. 이를 바탕으로 질문에 답하시오. **[6~7]**

> **보기**
>
> 2020년 3월 서울 2공장에서 만들어진 털바지 38cm/18인치 중 12,242번째로 만들어진 제품
> → 2003-A02-B2-BB2-12242
> (제조 연도)-(생산 공장 코드)-(바지 종류 코드)-(바지 사이즈 코드)-(제품 생산 번호)

제조 연도	생산 공장 코드			바지 종류 코드			바지 사이즈 코드			제품 생산 번호
	코드	지역	번호	용도	종류	코드	크기(cm)	인치	코드	
• 2020년 5월 : 2005 • 2020년 10월 : 2010 • 2021년 2월 : 2102 • 2021년 5월 : 2105	A	서울	01	여름	반바지(표준)	A1	25	10	AA1	생산 순서대로 0001부터 시작
			02		면바지	A2		13	AA2	
	B	대전	01	겨울	긴바지(표준)	B1	38	15	BB1	
			02		털바지	B2		18	BB2	
	C	대구	01				50	20	CC1	
			02					23	CC2	
	D	부산	01							
			02							

06 다음 중 2021년 8월 18일에 열리는 패션쇼를 위해 제작된 가장 최신의 여름용 반바지 중 서울 공장에서 가장 큰 크기로 만들어진 바지의 시리얼 넘버로 옳은 것은? 난이도 중

① 2007-A01-Al-CC2-16933
② 2007-B01-Al-CC2-16933
③ 2107-A01-Al-CC2-16933
④ 2107-B01-Al-CC2-16933
⑤ 2107-C01-A1-CC2-16933

07 2020년 하반기 대구 2공장에서 만든 16,254번째 겨울 털바지 38cm/15인치 바지의 시리얼 넘버는? 난이도 하

① 2005-C01-B1-BB1-16254
② 2005-C01-B2-BB1-16254
③ 2010-C02-B2-BB1-16254
④ 2010-C02-B2-BB2-16254
⑤ 2010-C02-B2-BB2-16254

※ 2021년 상반기 G회사에서 대학생 광고 공모전을 주최하였다. 공모전에 참가한 대학을 확인하고 물음에 답하시오. [8~9]

대학팀	참가번호
S대학	020201A05
K대학	020102D01
L대학	012903B09
H대학	012804A02
Q대학	020205B03
F대학	022806C08
G대학	020207A04
R대학	012908B06
T대학	013009A07

조건

1) [참가신청 일자] – [대학교 번호] – [학과 코드] – [신청 순서]

2) 예 050201A05

<table>
<tr><th>참가신청 일자</th><th colspan="2">대학교 번호</th><th colspan="2">학과 코드</th><th>신청순서</th></tr>
<tr><td rowspan="4">• 0502 : 5월 2일에 참가신청</td><td>S대학</td><td>01</td><td>A</td><td>경영</td><td rowspan="4">• 01부터 시작하여 순서대로 99까지 번호가 매겨짐
• 참가신청 일자에 따라 번호가 갱신됨</td></tr>
<tr><td>K대학</td><td>02</td><td>B</td><td>광고</td></tr>
<tr><td>L대학</td><td>03</td><td>C</td><td>디자인</td></tr>
<tr><td>H대학</td><td>04</td><td>D</td><td>신문 방송</td></tr>
</table>

08 다음 중 H대학에 관한 설명으로 옳지 않은 것은? 난이도 하

① 1월 28일에 참가신청을 하였다.

② 대학교 3에 소속되어 있는 학생들이 참가팀을 만들어 신청하였다.

③ 경영학과 부문에 참가신청을 하였다.

④ 참가신청을 한 1월 28일에 두 번째로 신청한 팀이다.

⑤ H대학의 참가번호는 '012804A02'이다.

09 다음 중 G대학팀과 같은 일자에 참가신청한 팀은 몇 팀인가? 난이도 하

① 1팀

② 2팀

③ 3팀

④ 4팀

⑤ 5팀

02 엑셀형

01 다음 시트에서 [A2:A4] 영역의 데이터를 이용하여 [C2:C4] 영역처럼 표시하려고 할 때, [C2] 셀에 입력할 수식으로 옳은 것은? 난이도 하

	A	B	C
1	주소	사원 수	출신지
2	서귀포시	10	서귀포
3	여의도동	90	여의도
4	김포시	50	김포

① =LEFT(A2,LEN(A2)−1)
② =RIGHT(A2,LENGTH(A2))−1
③ =MID(A2,1,VALUE(A2))
④ =LEFT(A2,TRIM(A2))−1
⑤ =MID(A2,LENGTH(A3))・2

02 다음 중 함수식에 대한 결괏값으로 옳지 않은 것은? 난이도 중

	함수식	결괏값
①	=TRIM("1/4분기 수익")	1/4분기 수익
②	=SEARCH("세","세금 명세서",3)	5
③	=PROPER("republic Of korea")	REPUBLIC OF KOREA
④	=LOWER("Republic Of Korea")	republic of korea
⑤	=MOD(18,−4)	−2

03 다음 중 엑셀의 기능 중 틀 고정에 관한 설명으로 옳지 않은 것은? 난이도 하

① 고정하고자 하는 행의 위 또는 열의 왼쪽에 셀 포인터를 위치시킨 후 [보기]−[틀 고정]을 선택한다.
② 틀을 고정하면 셀 포인터의 이동에 상관없이 고정된 행이나 열이 표시된다.
③ 문서의 내용이 많은 경우 셀 포인터를 이동하면 문서의 제목 등이 안보이므로 틀 고정을 사용한다.
④ 인쇄할 때는 틀 고정을 해놓은 것이 적용이 안되므로 인쇄를 하려면 설정을 바꿔줘야 한다.
⑤ 틀 고정을 취소할 때에는 셀 포인터의 위치는 상관없이 [보기]−[틀 고정 취소]를 클릭한다.

04 다음 시트에서 [E2:E7] 영역처럼 표시하려고 할 때, [E2] 셀에 입력할 수식으로 올바른 것은? 난이도 중

	A	B	C	D	E
1	순번	이름	주민등록번호	생년월일	백넘버
2	1	박민석 11	831121-1092823	831121	11
3	2	최성영 20	890213-1928432	890213	20
4	3	이형범 21	911219-1223457	911219	21
5	4	임정호 26	870211-1098432	870211	26
6	5	박준영 28	850923-1212121	850923	28
7	6	김민욱 44	880429-1984323	880429	44

① =MID(B2,5,2)
② =LEFT(B2,2)
③ =RIGHT(B2,5,2)
④ =MID(B2,5)
⑤ =LEFT(B2,5,2)

05 다음 시트에서 [찾기 및 바꾸기] 기능을 통해 찾을 내용에 '가?'를, 바꿀 내용에 'A'를 입력한 후, 모두 바꾸기를 실행하였을 경우 나타나는 결괏값으로 옳은 것은? 난이도 하

	A
1	가수 레이디 가가
2	가정평화
3	가지꽃
4	가족가정

①

	A
1	A
2	A
3	A
4	A

②

	A
1	A 레이디 가가
2	A평화
3	A꽃
4	A

③

	A
1	A 레이디 A
2	A평화
3	A꽃
4	AA

④

	A
1	A 레이디 A
2	A
3	A
4	AA

⑤

	A
1	A 레이디 가가
2	A평화
3	A꽃
4	AA

CHAPTER **06**

기술능력

출제유형 및 학습 전략

1 긴 지문이 출제될 때는 보기의 내용을 미리 보자!

기술능력에서 자주 출제되는 제품설명서나 상황별 매뉴얼을 제시하는 문제에서는 기술을 이해하고, 상황에 알맞은 원인 및 해결방안을 고르는 문제가 출제된다. 실제 시험장에서 문제를 풀 때, 시간적 여유가 없기때문에 보기를 먼저 읽고, 그 다음 지문을 보면서 동시에 보기와 일치하는 내용이 나오면 확인해가면서 푸는 것이 좋다.

2 전공이론도 익혀두자!

지원하는 직렬의 전공이론이 기술능력으로 출제되는 경우가 많기 때문에 전공이론을 익혀두는 것이 좋다. 깊이 있는 지식을 묻는 문제가 아니더라도 출제되는 문제의 소재가 전공과 관련된 내용일 가능성이 크기 때문에 최소한 지원하는 직렬의 전공 용어는 확실히 익혀두는 것이 좋다.

3 포기하지 말자!

직업기초능력에서 주요 영역이 아니면 소홀한 경우가 많다. 시험장에서 기술능력을 읽어보지도 않고 포기하는 경우가 많은데 차근차근 읽어보면 지문만 잘 읽어도 풀리는 문제들이 출제되는 경우가 있다. 따라서 그냥 지나치지 말고 이론을 모르더라도 풀 수 있는 문제인지 파악해보자.

SECTION 01 모듈이론

01 기술능력의 의의

(1) 기술의 의의

① 기술의 의미 기출

지적인 도구를 특정한 목적에 사용하는 지식 체계를 말하며, 제품이나 용역을 생산하는 원료·생산 공정 등에 관한 지식의 집합체를 의미한다.

② 노하우(Know-how)와 노와이(Know-why) 기출

원래 노하우의 개념이 강하였으나 시대가 지남에 따라 노하우와 노와이가 결합하는 모습을 보이고 있다.

노하우	• 특허권을 수반하지 않는 엔지니어 등이 가지고 있는 체화된 기술 • 경험적·반복적인 행위를 통해 얻게 됨
노와이	• 어떻게 기술이 성립하고 작용하는가에 관한 원리적 측면 • 이론적인 지식으로 과학적인 탐구를 통해 얻게 됨

③ 기술의 특징 기출

- 하드웨어나 인간에 의해 만들어진 비자연적인 대상 혹은 그 이상을 의미한다.
- 기술을 설계·생산·사용하기 위해서는 노하우가 필요하므로, 기술은 노하우를 포함한다.
- 하드웨어를 생산하는 과정이다.
- 인간의 능력을 확장시키기 위한 하드웨어와 그것의 활용이다.
- 정의 가능한 문제를 해결하기 위해 순서화되고, 이해 가능한 노력을 뜻한다.

④ 광의의 기술과 협의의 기술

광의의 기술	직업 세계에서 필요로 하는 기술적 요소
협의의 기술	구체적 직무 수행 능력

⑤ 지속가능한 발전과 기술 기출

지속가능한 발전	현재의 욕구를 충족시키지만, 동시에 후속 세대의 욕구 충족을 침해하지 않는 발전
지속가능한 기술	• 지속가능한 발전을 가능케 하는 기술 • 고갈되지 않는 자연 에너지를 활용 • 낭비적인 소비 행태를 지양 • 기술적 효용만이 아닌 환경효용을 추구하는 기술

(2) 기술능력의 의의

① 기술교양과 기술능력 기출

기술교양	기술의 특성 등에 대해 일정 수준의 지식을 갖추는 것
기술능력	일상적으로 요구되는 수단·도구·조작 등에 관한 기술적인 요소들을 이해하고, 적절한 기술을 선택·적용하는 능력. 기술교양의 개념을 구체화시킨 개념

② 기술능력을 향상시키는 방법 기출

전문 연수원	• 연수 분야의 노하우를 통한 체계적인 교육이 가능 • 최신 실습장비, 전산 시설 등을 활용할 수 있음 • 자체교육에 비해 교육비가 저렴하며, 고용보험 환급도 가능
E-Learning	• 원하는 시간과 장소에서 학습이 가능 • 새로운 내용을 커리큘럼에 반영하기가 수월 • 의사소통과 상호작용이 자유롭게 이루어질 수 있음
상급학교 진학	• 실무 중심의 교육이 가능하며, 인적 네트워크 형성이 가능 • 경쟁을 통해 학습 효과를 향상시킬 수 있음
OJT	• 시간 낭비가 적고 조직의 필요에 부합하는 교육이 가능 • 교육자와 피교육자 사이에 친밀감이 조성

(3) 산업재해

① 산업재해의 의미

산업 활동 중의 사고로 인해 사망·부상을 당하거나 유해 물질에 의한 중독 등으로 직업성 질환·신체적 장애를 가져오는 것

② 산업재해의 원인 기출

교육적 원인	안전지식의 불충분, 안전수칙의 오해, 훈련의 불충분 등
기술적 원인	기계 장치의 설계불량, 구조물의 불안정, 생산 공정의 부적당 등
작업 관리상 원인	안전관리 조직의 결함, 작업 준비 불충분, 인원 배치의 부적당 등

③ 산업재해 예방 대책 5단계 기출

안전관리 조직	• 경영자 : 사업장의 안전 목표 설정, 안전관리 책임자 선정 • 안전관리 책임자 : 안전계획 수립·시행·감독
사실의 발견	사고 조사, 현장 분석, 관찰 및 보고서 연구, 면담 등
원인 분석	발생 장소, 재해 형태, 재해 정도, 공구 및 장비의 상태 등
시정책의 선정	기술적 개선, 인사 조정 및 교체, 공학적 조치 등
시정책의 적용	안전에 대한 교육 및 훈련 실시, 결함 개선 등

④ 불안전한 행동과 상태의 제거 기출

불안전한 행동 제거	안전수칙 제정, 상호 간 불안전한 행동 지적, 쾌적한 작업 환경 등
불안전한 상태 제거	안전성이 보장된 설비 제작, 사고 요인의 사전 제거

OX 문제

01 기술교양은 모든 사람들이 광범위한 관점에서 기술의 특성, 기술적 행동, 기술의 힘, 기술의 결과에 대해 어느 정도의 지식을 가지는 것을 의미한다. [ ]

02 E-Learning이란 조직 안에서 피교육자인 종업원이 직무에 종사하면서 받게 되는 교육 훈련방법의 하나이다. [ ]

01 [○]

02 [×] E-Learning이 아닌 OJT에 대한 설명이다. E-Learning은 인터넷을 활용하여 개인 및 조직의 목적과 연결되는 학습경험과 네트워크 기술을 이용하여 상호작용하는 자기주도적인 학습활동이다.

02 기술이해능력과 기술선택능력

(1) 기술 시스템

① 기술 시스템의 의의

개별 기술들이 네트워크로 결합하여 새로운 기술이 만들어지는 것을 말한다.

② 기술 시스템의 발전 4단계 기출

1단계	• 발명·개발·혁신의 단계 • 기술 시스템이 탄생하고 성장 • 기술자의 역할이 중요
2단계	• 기술 이전의 단계 • 성공적인 기술이 다른 지역으로 이동 • 기술자의 역할이 중요
3단계	• 기술 경쟁의 단계 • 기술 시스템 사이의 경쟁이 이루어짐 • 기업가의 역할이 중요
4단계	• 기술 공고화 단계 • 경쟁에서 승리한 기술 시스템이 관성화 • 자문 엔지니어의 역할이 중요

(2) 기술혁신

① 기술혁신의 특성 기출

- 과정 자체가 매우 불확실하고, 장기간의 시간을 필요로 한다.
- 지식 집약적인 활동이며, 조직의 경계를 넘나드는 특성이 있다.
- 혁신과정의 불확실성·모호함은 기업 내에서 많은 논쟁과 갈등을 유발할 수 있다.
- 기술혁신은 조직의 경계를 넘나다는 특성을 갖고 있다.

② 기술혁신의 과정과 역할 기출

과정	혁신 활동	필요한 자질
아이디어 창안	• 아이디어를 창출하고 가능성을 검증 • 일을 수행하는 새로운 방법 고안	• 각 분야의 전문지식 • 추상화와 개념화 능력
챔피언	• 아이디어의 전파 • 혁신을 위한 자원 확보	• 정력적이고 위험을 감수 • 아이디어의 응용
프로젝트 관리	• 리더십 발휘 • 프로젝트의 기획 및 조직	• 의사결정능력 • 업무 수행 방법에 대한 지식
정보 수문장	• 조직외부의 정보를 내부에 전달 • 조직 내 정보원 기능	• 높은 수준의 기술적 역량 • 원만한 대인관계능력
후원	• 혁신에 대한 격려와 안내 • 불필요한 제약에서 프로젝트 보호	조직의 주요 의사결정에 대한 영향력

③ 기술혁신의 지식 집약성

- 지식과 경험은 인간의 개별적인 지능과 창의성, 상호 학습을 통해 축적되고 학습된다.
- 개발에 참가한 엔지니어의 지식은 문서화되기 어렵기 때문에 다른 사람들에게 쉽게 전파될 수 없다.

OX 문제

01 기술 이전의 단계는 성공적인 기술이 다른 지역으로 이동하는 단계로 기술자들의 역할이 중요하며, 기술 공고화 단계는 경쟁에서 승리한 기술 시스템이 관성화되는 단계이다. [ ]

02 기술혁신은 그 과정 자체가 매우 불확실하고, 장기간의 시간을 필요로 한다. [ ]

03 기술혁신은 노동 집약적인 활동이다. [ ]

04 기술혁신은 조직의 경계를 넘나드는 특성을 갖고 있다. [ ]

05 사전의 의도나 계획보다는 우연에 의해 이루어지는 경우도 기술혁신에 포함된다. [ ]

01 [O]
02 [O]
03 [×] 기술혁신은 지식 집약적인 활동이다.
04 [O]
05 [O]

03 기술선택능력

(1) 기술선택

① 기술선택의 의의 기출

기술을 외부로부터 도입할 것인지 자체 개발할 것인지를 결정하는 것이다.

② 기술선택 방법 기출

상향식 기술선택	• 연구자나 엔지니어들이 자율적으로 기술을 선택 • 고객의 니즈와 동떨어진 기술이 선택될 수 있음
하향식 기술선택	• 경영진과 기획담당자들에 의한 체계적인 분석이 이루어짐 • 내부역량과 외부환경 분석, 전략수립을 통해 우선순위를 결정

③ 기술선택 시 우선순위

- 제품의 성능이나 원가에 미치는 영향력이 큰 기술
- 매출과 이익 창출 잠재력이 큰 기술
- 기업 간에 모방이 어려운 기술
- 기업이 생산하는 제품에 보다 광범위하게 활용할 수 있는 기술
- 최신 기술로 인해 진부화될 가능성이 적은 기술

④ 기술선택 절차 기출

㉠ 외부 환경 분석 : 수요 변화 및 경쟁자 변화, 기술 변화 등 분석
㉡ 중장기 사업목표 설정 : 기업의 장기 비전, 중장기 매출목표 및 이익목표 설정
㉢ 내부 역량 분석 : 기술능력, 생산능력, 마케팅·영업능력, 재무능력 등 분석
㉣ 사업 전략 수립 : 사업 영역 결정, 경쟁우위 확보 방안 수립
㉤ 요구 기술 분석 : 제품 설계·디자인 기술, 제품 생산공정, 원재료·부품 제조 기술 분석
㉥ 기술 전략 수립 : 핵심기술의 선택, 기술 획득 방법 결정

(2) 벤치마킹

① 벤치마킹의 의의

특정 분야에서 뛰어난 기술 등을 배워 합법적으로 응용하는 것으로, 단순한 모방이 아니라 자사의 환경에 맞추어 재창조하는 것을 말한다.

② 벤치마킹의 종류 기출

비교대상에 따른 분류	내부 벤치마킹	• 대상 : 같은 기업 내의 유사한 활용 • 자료 수집이 용이하고 다각화된 우량기업의 경우 효과가 크나, 관점이 제한적일 수 있다.
	경쟁적 벤치마킹	• 대상 : 동일 업종에서 고객을 공유하는 경쟁기업 • 기술에 대한 비교가 가능하지만, 대상의 적대적인 태도로 인해 자료 수집이 어렵다.
	비경쟁적 벤치마킹	• 대상 : 우수한 성과를 거둔 비경쟁 기업 • 혁신적인 아이디어의 창출 가능성이 높으나, 환경이 상이하다는 것을 감안하지 않으면 효과가 없다.
	글로벌 벤치마킹	• 대상 : 최고로 우수한 동일 업종의 비경쟁적 기업 • 자료 수집이 용이하나, 문화·제도적인 차이로 인한 차이를 감안하지 않으면 효과가 없다.

수행방식에 따른 분류	직접적 벤치마킹	• 직접 접촉하여 자료를 입수하고 조사하기 때문에 정확도가 높으며 지속가능하다. • 벤치마킹 대상의 선정이 어렵고, 수행비용 및 시간이 과다하게 소요된다.
	간접적 벤치마킹	• 벤치마킹 대상의 수에 제한이 없고 다양하다. • 벤치마킹 대상을 직접적으로 방문하지 않고 문서 등을 이용해 수행한다. • 비용 또는 시간이 상대적으로 많이 절감된다. • 벤치마킹 결과가 피상적이며, 정확한 자료의 확보가 어렵다.

(3) 매뉴얼

① 매뉴얼의 의의

기술선택과 적용 • 활용에 있어 가장 종합적이고 기본적인 안내서를 말한다.

② 매뉴얼의 종류 기출

제품 매뉴얼	• 제품의 특징이나 기능 설명, 사용 방법, 유지보수, A/S, 폐기까지의 제품에 관련된 정보를 소비자에게 제공하는 것 • 사용능력 및 사용자의 오작동까지 고려해 만들어야 함
업무 매뉴얼	• 어떤 일의 진행방식, 규칙, 관리 상의 절차 등을 일관성 있게 표준화해 설명하는 지침서 • 프랜차이즈 점포의 경우 '편의점 운영 매뉴얼', '제품 진열 매뉴얼', 기업의 경우 '부서 운영 매뉴얼', '품질 경영 매뉴얼' 등이 대표적임

③ 매뉴얼 작성 방법 기출

• 내용이 정확해야 한다.
  추측성 기능 설명은 사용자에게 사고를 유발할 수 있으므로 절대 금물이다.
• 사용자가 이해하기 쉬운 문장으로 작성해야 한다.
  하나의 문장에는 하나의 명령 또는 밀접하게 관련된 소수의 명령만을 포함해야 하며, 수동태 보다는 능동태를, 추상적 명사보다는 행위 동사를 사용한다.
• 사용자를 위한 심리적 배려가 있어야 한다.
  사용자의 질문들을 예상하고 사용자에게 답을 제공한다.
• 사용자가 찾고자 하는 정보를 쉽게 찾을 수 있어야 한다.
  짧고 의미 있는 제목을 사용하여 원하는 정보의 위치를 파악하는 데 도움이 된다.
• 사용하기 쉬워야 한다.
  사용자가 보기 불편하게 크거나, 구조가 복잡해 찾아보기 힘들다면 아무 소용이 없다.

(4) 지식재산권 기출

① 지식재산권의 의의

인간의 창조적 활동 또는 경험 등을 통해 창출되거나 발견한 지식・정보・기술이나 표현・표시, 그 밖에 무형적인 것으로서, 재산적 가치가 실현될 수 있는 지적 창작물에 부여된 권리를 말한다.

② 지식재산권의 체계

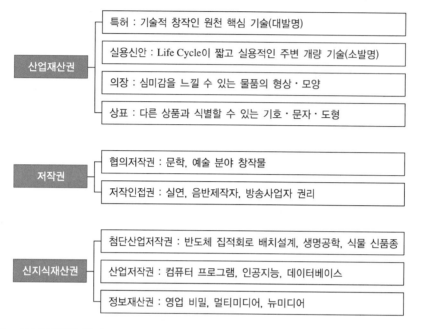

- **산업재산권**
  - 특허 : 기술적 창작인 원천 핵심 기술(대발명)
  - 실용신안 : Life Cycle이 짧고 실용적인 주변 개량 기술(소발명)
  - 의장 : 심미감을 느낄 수 있는 물품의 형상・모양
  - 상표 : 다른 상품과 식별할 수 있는 기호・문자・도형
- **저작권**
  - 협의저작권 : 문학, 예술 분야 창작물
  - 저작인접권 : 실연, 음반제작자, 방송사업자 권리
- **신지식재산권**
  - 첨단산업저작권 : 반도체 집적회로 배치설계, 생명공학, 식물 신품종
  - 산업저작권 : 컴퓨터 프로그램, 인공지능, 데이터베이스
  - 정보재산권 : 영업 비밀, 멀티미디어, 뉴미디어

③ 지식재산권의 특징

- 국가 산업 발전 및 경쟁력을 결정짓는 산업자본이다.
- 눈에 보이지 않는 무형의 재산이다.
- 지식재산권을 활용한 다국적 기업화가 이루어지고 있다.
- 연쇄적인 기술 개발을 촉진하는 계기를 마련하고 있다.
- 타인에게 사용권을 설정하거나 권리 자체를 양도해 판매 수입 등을 얻을 수 있다.

OX 문제

01 하향식 기술선택은 기술 개발 실무를 담당하는 기술자들의 흥미를 유발하고, 그들의 창의적인 아이디어를 활용할 수 있다는 장점이 있다. [ ]

02 인터넷 및 문서 형태의 자료를 통해서 수행하는 방법은 간접적 벤치마킹에 해당하는 방법이다. [ ]

03 매뉴얼은 작성자 위주의 쉬운 문장으로 쓰여야 한다. [ ]

04 특허란 기술적 창작 수준이 소발명 정도인 실용적인 창작(고안)을 보호하기 위한 것을 말한다. [ ]

05 지식재산권은 타인에게 사용권을 설정하거나 권리자체를 양도할 수 있다. [ ]

01 [×] 상향식 기술선택은 기술 개발 실무를 담당하는 기술자들의 흥미를 유발하고, 창의적인 아이디어를 활용할 수 있다는 장점이 있다. 하향식 기술선택은 경영진에 의한 체계적인 분석이 이루어지고, 내부역량 · 외부환경 분석 · 전략수립을 통해 우선순위를 결정한다는 특징이 있다.

02 [○]

03 [×] 매뉴얼은 작성자가 아닌 사용자가 알기 쉽도록 작성되어야 한다.

04 [×] 특허가 아닌 실용신안에 대한 설명이다. 특허란 자연법칙을 이용한 기술적 사상(Idea)의 창작으로, 기술 수준이 높은 것에 대한 독점적 권리를 뜻한다.

05 [○]

04 기술적용능력

(1) 기술적용능력

① 기술적용능력의 의의

직장생활에 필요한 기술을 실제로 적용하고 결과를 확인하는 능력을 말한다.

② 기술적용의 형태

기술을 그대로 적용	• 시간과 비용의 절감 • 기술이 적합하지 않을 경우 실패할 가능성 높음
기술을 그대로 적용하되, 불필요한 기술은 버리고 적용	• 시간과 비용의 절감, 프로세스의 효율성 • 버린 기술이 과연 불필요한가에 대한 문제 제기
기술을 분석하고 가공	• 시간과 비용의 소요 • 업무 환경에 맞는 프로세스를 구축할 수 있음

③ 기술적용 시 고려사항 기출

- 기술적용에 따른 비용이 많이 드는가?
- 기술의 수명주기는 어떻게 되는가?
- 기술의 전략적 중요도는 어떻게 되는가?
- 잠재적으로 응용 가능성이 있는가?

(2) 기술경영

① 기술경영자의 일반적 요건

- 기술 개발이 결과 지향적으로 수행되도록 유도하는 능력
- 기술 개발 과제의 세부 사항까지 파악하는 치밀함
- 기술 개발 과제의 전 과정을 전체적으로 조망하는 능력

② 기술경영자에게 요구되는 행정능력 기출

- 기술을 기업의 전반적인 전략 목표에 통합시키는 능력
- 새로운 기술을 습득하고 기존의 기술에서 탈피하는 능력
- 기술을 효과적으로 평가할 수 있는 능력
- 기술 이전을 효과적으로 할 수 있는 능력
- 새로운 제품 개발 시간을 단축할 수 있는 능력
- 서로 다른 분야에 걸쳐있는 프로젝트를 수행할 수 있는 능력
- 기술 전문 인력을 운용할 수 있는 능력

(3) 네트워크 혁명과 융합기술

① 네트워크 혁명의 의의

사람과 사람을 연결하는 방법, 정보를 교환하는 방법 등 대상 간의 연결 방법에 혁명적인 변화가 생기고 있는 현상을 말하며, 인터넷이 상용화된 1990년대 이후에 촉발되었다.

② 네트워크 혁명의 특징 기출

- 정보통신 네트워크의 전 지구성에 따라 네트워크 혁명도 진 지구적이다.
- 상호 영향이 보편화되면서 사회의 위험과 개인의 불안이 증가한다.
- '이타적 개인주의'라는 공동체 철학이 부각된다.

③ 네트워크 혁명의 3가지 법칙 기출

무어의 법칙	컴퓨터의 파워가 18개월마다 2배씩 증가
메트칼프의 법칙	네트워크의 가치는 사용자 수의 제곱에 비례
카오의 법칙	창조성은 네트워크가 가진 다양성에 비례

④ 네트워크 혁명의 역기능 기출

- 사례 : 디지털 격차(Digital Divide), 정보화에 따른 실업, 게임 중독, 반사회적 사이트 활성화, 정보기술을 이용한 감시
- 문제점 : 네트워크의 역기능과 순기능은 잘 분리되지 않아 해결책을 찾기 어려움
- 해결방안 : 법적-제도적 기반 구축, 사회 전반에 걸친 정보화 윤리의식 강화, 시스템 보안-관리 제품의 개발

⑤ 융합기술 기출

- 나노기술(NT), 생명공학기술(BT), 정보기술(IT), 인지과학(CS)의 4대 핵심기술(NBIC)이 상호 의존적으로 결합되는 것을 의미
- NT, BT, IT 등의 신기술 간 또는 이들과 기존 산업·학문 간의 상승적인 결합을 통해 새로운 창조적 가치를 창출함으로써 미래 경제와 사회·문화의 변화를 주도하는 기술

OX 문제

01 기술경영자는 새로운 제품개발 시간을 연장할 수 있는 능력을 가져야 한다. [ ]

02 무어의 법칙이란 네트워크의 가치는 사용자 수의 제곱에 비례한다는 법칙을 말한다. [ ]

01 [×] 기술경영자는 새로운 제품개발 시간을 연장하는 것이 아니라 단축할 수 있는 능력을 보유해야 한다.

02 [×] 무어의 법칙이 아닌 메트칼프의 법칙에 대한 설명이다. 무어의 법칙이란 컴퓨터의 파워가 18개월마다 2배씩 증가한다는 법칙을 말한다.

SECTION 02 기술능력 맛보기

01 B사원은 아래 제품 설명서의 내용을 기반으로 직원들을 위해 '사용 전 꼭 읽어야 할 사항'을 만들려고 한다. 작성된 내용으로 가장 적절하지 않은 것은?

> [사용 전 알아두어야 할 사항]
> 1. 물통 또는 제품 내부에 절대 의류 외에 다른 물건을 넣지 마십시오.
> 2. 제품을 작동시키기 전 문이 제대로 닫혔는지 확인하십시오.
> 3. 필터는 제품 사용 전후로 반드시 청소해주십시오.
> 4. 제품의 성능유지를 위해서 물통을 자주 비워주십시오.
> 5. 겨울철이거나 건조기가 설치된 곳의 기온이 낮을 경우 건조시간이 길어질 수 있습니다.
> 6. 과도한 건조물을 넣고 기계를 작동시키면 완벽하게 건조되지 않거나 의류에 구김이 생길 수 있습니다. 최대용량 5kg 이내로 의류를 넣어주십시오.
> 7. 가죽, 슬립, 전기담요, 마이크로 화이바 소재 의류, 이불, 동・식물성 충전재 사용 제품은 사용을 피해주십시오.
>
> [동결 시 조치방법]
> 1. 온도가 낮아지게 되면 물통이나 호스가 얼 수 있습니다.
> 2. 동결 시 작동 화면에 'ER' 표시가 나타납니다. 이 경우 일시정지 버튼을 눌러 작동을 멈춰주세요.
> 3. 물통이 얼었다면, 물통을 꺼내 따뜻한 물에 20분 이상 담가주세요.
> 4. 호스가 얼었다면, 호스 안의 이물질을 모두 꺼내고, 호스를 따뜻한 물 또는 따뜻한 수건으로 20분 이상 녹여주세요.

① 사용 전, 후로 필터는 꼭 청소해주세요.
② 건조기에 넣은 의류는 5kg 이내로 해주세요.
③ 사용이 불가한 의류 제품 목록을 꼭 확인해주세요.
④ 화면에 ER 표시가 떴을 때는 전원을 끄고 작동을 멈춰주세요.
⑤ 호스가 얼었다면, 호스를 따뜻한 물 또는 따뜻한 수건으로 20분 이상 녹여주세요.

Key Point

일상에서 흔히 접할 수 있는 가전제품 등의 설명서가 주어지고 실제 해당 제품을 사용하는 상황이 주어지는 유형이다. 결론적으로 매우 쉬운 유형이지만 제시되는 설명서의 분량이 방대하여 선택지의 내용이 설명서의 어느 부분에 해당하는지를 찾는 것에 상당한 시간이 소요된다. 이 유형은 문제를 푼다는 마음으로 깊이 있게 접근하기보다는, 자신이 가전제품을 구입했다고 생각하고 가볍게 접근하는 것이 좋다.

정답 ④

지문의 [동결 시 조치방법] 2에서는 화면에 'ER' 표시가 나타나면 전원 버튼이 아닌, 일시정지 버튼을 눌러 작동을 멈추라고 설명하고 있다.

오답분석

① [사용 전 알아두어야 할 사항] 3에서 필터는 제품 사용 전후로 반드시 청소해주라고 기술되어 있다.
② [사용 전 알아두어야 할 사항] 6에서 과도한 건조물을 넣고 기계를 작동시키면 완벽하게 건조되지 않거나 의류에 구김이 생길 수 있으니, 최대용량 5kg 이내로 의류를 넣어주라고 기술되어 있다.
③ [사용 전 알아두어야 할 사항] 7에서 건조기 사용이 불가한 제품 목록이 기술되어 있다.
⑤ [동결 시 조치방법] 4에서 호스가 얼었다면, 호스 안의 이물질을 모두 꺼내고, 호스를 따뜻한 물 또는 따뜻한 수건으로 20분 이상 녹여주라고 설명하고 있다.

※ 다음 지문을 읽고 물음에 답하시오. [2~3]

박 사원은 반도체 생산기업에 기술직으로 입사한 신입사원이다. 기술 시스템 관련 교육에 참석한 박 사원은 기술직뿐만 아니라 다양한 직무의 신입사원들이 함께 교육받는다는 것을 하고 의아해했다. 그러나 기술 시스템의 발전 단계를 보고 각 단계에서 중요한 역할을 하는 직무 및 사람이 다르다는 것을 알게 되어 의문이 풀렸다. 아래는 박 사원이 교육받은 내용이다.

- 기술 시스템의 의미
  개별기술이 네트워크와 결합하여 만들어진 것으로, 인공물의 집합체만이 아니라 회사, 투자회사, 법적 제도, 더 나아가 정치, 과학, 자연자원을 모두 포함하는 개념이다. 기술적인 것과 사회적인 것이 결합하여 공존하므로 사회기술 시스템이라고 불리기도 한다.
- 기술 시스템의 발전 단계
  1) 발명, 개발, 혁신의 단계 : 기술 시스템이 탄생하고 성장
  2) ㉠ : 성공적인 기술이 다른 지역으로 이동
  3) ㉡ : 기술 시스템 사이의 경쟁
  4) 기술 공고화 단계 : 경쟁에서 승리한 기술 시스템의 관성화

02 발전 단계 중 ㉠에 해당하는 것으로 옳은 것은?

① 기술 상세화 단계
② 기술 이전의 단계
③ 기술 이후의 단계
④ 기술 경쟁의 단계
⑤ 기술 공고화 단계

03 다음 중 ㉡ 단계에서 중요한 역할을 하는 사람은?

① 자문 엔지니어
② 기술자
③ 금융 전문가
④ 기업가
⑤ 정치인

Key Point

앞서 살펴본 영역들과 기술능력 부분은 사전적으로 알고 있어야 풀이가 가능한 문제들이 종종 출제되는 편이다. 특히 이 문제와 같이 특정한 단계에 대한 세부적인 내용을 묻는 경우가 많은데, 이를 위해서는 본 교재의 이론편에 수록된 이론들을 확실하게 숙지할 필요가 있다. 다른 영역에 비해 투입 대비 산출이 명확한 영역이 바로 기술능력이다.

02

정답 ②

기술 시스템의 발전 단계

발명(Invention)・개발(Development)・혁신(Innovation)의 단계 → 기술 이전(Transfer)의 단계 → 기술 경쟁(Competition)의 단계 → 기술 공고화(Consolidation) 단계

03

정답 ④

기술 시스템의 발전 단계

단계	중요 역할자
발명・개발・혁신의 단계	기술자
기술 이전의 단계	기술자
기술 경쟁의 단계	기업가
기술 공고화 단계	자문 엔지니어, 금융 전문가

SECTION 03 대표유형 적중문제

정답 및 해설 p.79

01 모듈형

※ 다음 글을 읽고 물음에 답하시오. [1~2]

> IT기술을 개발하는 회사의 글로벌 전략부 이 과장은 새로운 기술을 도입하기 위해 기술선택을 하려고 한다. 이 과장은 (a) 기술경영진과 기술기획담당자들에 의한 체계적인 분석을 통해 기업이 획득해야 하는 대상기술과 목표기술수준을 결정한다. 이 과장의 기술선택 과정에서 진행상황은 다음과 같다. 먼저 수요변화 및 경쟁자 변화, 기술 변화 등을 분석하고 기업의 장기 비전, 중장기 매출목표 및 이익 목표를 설정했다. 다음으로 기술능력, 생산능력, 마케팅 및 영업능력, 재무능력 등을 분석하였다. 그리고 최근에 사업영역을 결정하고 경쟁 우위 확보 방안을 수립했다.

01 제시된 지문에서 (a)가 설명하는 기술선택 방식에 대한 것으로 옳은 것은? 난이도 하

① 확장적 기술선택
② 상향식 기술선택
③ 하향식 기술선택
④ 복합적 기술선택
⑤ 통합적 기술선택

02 지문에 나열된 이 과장의 기술선택 과정에서 다음으로 진행할 절차들이 아닌 것은? 난이도 하

① 핵심기술 선택
② 기술전략 수립
③ 제품 생산공정 분석
④ 내부역량 분석
⑤ 기술 획득 방법 결정

※ 다음 글을 읽고 물음에 답하시오. [3~4]

- 인쇄기기 제조업체 A사는 타 업체에 시장점유율에서 밀리자 해당 업체의 프린터기를 구입하여 분해한 뒤 분석하여, 성공요인을 도출하였다. 이러한 성공요인을 신제품 개발에 활용하거나 기존 제품에 적용함으로써 자사의 제품 경쟁력을 향상시켰다.
- 대형 유통판매업체 B사는 해외 대형 할인점을 따라 다수의 패션브랜드를 매장 안에 입점시킴으로써 매장의 분위기를 전환하였다. B사의 관계자는 해외 대형 할인점을 참고한 것은 맞으나, 구체적인 방법은 국내 현실 및 소비자 성향에 맞게 조정하였다고 밝혔다.
- 국내 금융업체인 C금융사의 본사에는 대형 디스플레이가 설치되어 있다. 이 디스플레이에는 C금융사 고객이 남긴 불만사항이 실시간으로 업데이트되고 있다. 이러한 방식은 뉴욕의 한 신문사에서 본사에 설치된 모니터의 독자의 댓글들이 실시간으로 나타나는 것을 보게 된 경영진이 C금융사에도 도입하게 된 것이다. 그러나 디스플레이 도입 후, 직원들은 디스플레이가 부담스럽고 심리적 압박감을 유발한다고 불만사항을 제기하였다. 예상치 못한 결과에 C금융사의 경영진들은 직원들에게 불만을 잠재우면서도 디스플레이의 설치 목적은 그대로 유지할 수 있는 방안을 마련하고자 한다.

03 위의 사례에서 A, B, C사가 수행한 기술 선택의 방법에 대한 설명으로 옳지 않은 것은? 난이도 하

① 우수 기업이나 성공 사례의 장점을 자사에 그대로 적용하는 방법이다.
② 특정 분야에서 뛰어난 업체나 상품, 기술, 경영 방식 등을 배워 합법적으로 응용하는 것이다.
③ 계획 단계, 자료 수집 단계, 분석 단계, 개선 단계로 진행될 수 있다.
④ 비교대상에 따른 분류와 수행방식에 따른 분류로 그 종류를 나눌 수 있다.
⑤ 수행방식에 따른 분류에는 직·간접적 방법이 있다.

04 다음 중 C금융사가 수행한 기술선택의 방법에 해당하는 것을 모두 고른 것은? 난이도 하

㉠ 같은 기업 내의 다른 지역, 타 부서, 국가 간의 유사한 활용을 대상으로 하는 기술선택 방법이다.
㉡ 동일 업종에서 고객을 직접적으로 공유하는 경쟁기업을 대상으로 하는 기술선택 방법이다.
㉢ 제품, 서비스 및 프로세스의 단위 분야에 있어 가장 우수한 실무를 보이는 비경쟁적 기업 내의 유사 분야를 대상으로 하는 기술선택 방법이다.
㉣ 대상을 직접 방문하여 수행하는 기술선택 방법이다.
㉤ 인터넷 및 문서 형태의 자료를 통해서 수행하는 기술선택 방법이다.

① ㉠, ㉡
② ㉢, ㉣
③ ㉠, ㉤
④ ㉣, ㉤
⑤ ㉡, ㉤

※ 다음은 K사의 로봇청소기의 고장신고 전 확인사항을 나타낸 것이다. 이를 보고 물음에 답하시오. [5~7]

확인사항	조치방법
이동 고장	• 센서를 부드러운 천으로 깨끗이 닦기 • 걸레를 장착한 경우라면 장착 상태 살피기 • 주전원 스위치를 종료하고 다시 재부팅하기
흡입력 약화	• 흡입구에 이물질 확인하기 • 먼지통 비우기 • 필터 갈기
소음(심한 정도 : 강)	• 먼지통 장착여부 확인하기 • 먼지통 필터 장착여부 확인하기 • 회전솔에 이물질이 끼었는지 확인하기 • Wheel에 테이프, 껌, 끈적이는 이물질이 있는지 확인하기
리모컨 고장	• 배터리 교환하기 • 본체와의 거리가 4m 이하인지 확인하기 • 주전원 스위치가 켜져 있는지 확인하기
회전 고장	• 회전솔 청소하기 • 장착여부 확인하기
충전 문제	• 충전대 주변 장애물 치우기 • 충전대에 전원이 연결되어 있는지 확인하기 • 충전 단자를 닦아주기 • 충전대 뒷면 리셋 버튼을 3초간 눌러서 재부팅하기
자동으로 충전 탐색 및 전원 꺼짐	로봇청소기가 충전 중이지 않은 상태로 아무 동작 없이 10분이 경과되면 자동으로 충전대 탐색을 시작합니다. 충전대 탐색에 성공하면 충전을 시작하고, 충전대를 찾지 못하면 처음 위치로 복귀하여 10분 후에 자동으로 전원이 꺼집니다.

05 로봇청소기 서비스센터에서 근무하고 있는 박 대리는 고객으로부터 소음이 심해졌다는 문의전화를 받았다. 이에 대한 조치 방법으로 박 대리가 잘못 답변한 것은? 난이도 하

① 먼지통 필터가 제대로 장착되었는지 확인하세요.
② 회전솔에 이물질이 끼어 있는지 확인하세요.
③ Wheel에 끈적한 이물질이 있는지 확인하세요.
④ 흡입구에 이물질이 있는지 확인하세요.
⑤ 먼지통이 제대로 장착되었는지 확인하세요.

06 로봇청소기가 충전 중이지 않은 상태로 아무 동작 없이 10분이 경과했을 때의 상황으로 가장 옳지 않은 것은?

난이도 하

① 아무 동작 없이 그 자리에 멈춰 선다.
② 자동으로 충전대를 탐색한다.
③ 충전대에서 충전을 시작한다.
④ 충전대를 찾지 못하면 처음 위치로 복귀한다.
⑤ 처음 위치로 복귀한 뒤 10분 후에 자동으로 전원이 꺼진다.

07 고객이 로봇청소기를 이용하여 청소를 하는데, 지나가는 자리에 먼지들이 그대로 있었다고 한다. 고객센터에서 지시해 줄 내용으로 옳은 것은?

난이도 중

① 충전 단자를 마른걸레로 닦아주세요.
② 회전솔을 청소하세요.
③ 필터를 갈아주세요.
④ 센서를 부드러운 천으로 깨끗이 닦아주세요.
⑤ 주전원 스위치가 켜져 있는지 확인하세요.

※ 다음 글을 읽고 물음에 답하시오. [8~10]

컴퓨터를 제조 및 생산하는 회사의 생산기획부 김 팀장은 기존에 판매하던 제품에 새로운 기술을 도입하여 새로운 버전의 컴퓨터를 생산하려고 한다. 기존에 판매했던 제품은 출시했을 때 안정적인 매출을 보였으나, 다른 회사에서 유사한 제품들을 판매해 좋은 수익을 내지 못하였다. 그래서 김 팀장은 최초의 기술력을 기존 컴퓨터에 선보여 컴퓨터 회사 중 시장점유율 1위를 차지하려고 한다. 목표를 이루기 위해선 김 팀장은 몇 가지 사항들을 고려해 적절히 기술을 도입해야 한다. 기술 발표는 10월 중순을 목표로 하고, 성과를 위해 수많은 인력들이 투입될 예정이다. 많은 인력들을 운용하는 김 팀장은 기술경영자에게 필요한 능력을 갖추려고 노력해야 한다.

08 컴퓨터 생산 시 선택한 기술을 그대로 적용하되, 불필요한 기술은 과감히 버리고 적용할 때의 상황으로 옳지 않은 것은?

난이도 하

① 비용의 증가
② 시간 절약
③ 프로세스의 효율성 증가
④ 부적절한 기술 선택 시 실패할 수 있는 위험부담 존재
⑤ 과감히 버린 기술의 필요성에 대한 문제점 존재

09 김 팀장이 기존에 판매하던 컴퓨터에 최초의 기술을 적용할 시 고려해야 할 사항으로 옳지 않은 것은?

난이도 하

① 기술적용에 따른 비용
② 기술의 수명 주기
③ 기술의 전략적 중요도
④ 기술의 디자인
⑤ 기술의 잠재적 응용 가능성

10 김 팀장이 많은 인력들을 운용하기 위해 필요한 능력에 대한 설명으로 옳지 않은 것은?

난이도 중

① 기술 전문 인력을 운용할 수 있는 능력
② 빠르고 효과적으로 새로운 기술을 습득하고 기존의 기술에서 탈피하는 능력
③ 기업의 전반적인 전략 목표에 기술을 분리시키는 능력
④ 조직 내의 기술을 이용할 수 있는 능력
⑤ 복잡하고 서로 다른 분야에 걸쳐 있는 프로젝트를 수행할 수 있는 능력

11 다음을 참고할 때, 기술경영자의 역할이 아닌 것은?

난이도 중

> 기술경영자에게는 리더십, 기술적인 능력, 행정능력 외에도 다양한 도전을 해결하기 위한 여러 능력들이 요구된다. 기술개발이 결과 지향적으로 수행되도록 유도하는 능력, 기술개발 과제의 세부 사항까지도 파악할 수 있는 능력, 기술개발 과제의 전 과정을 전체적으로 조망할 수 있는 능력이 그것이다. 또한 기술개발은 기계적인 관리보다는 조직 및 인간 행동상의 요인들이 더 중요하게 작용되는 사람 중심의 진행이기 때문에 이 밖에도, 기술의 성격 및 이와 관련된 동향·사업 환경 등을 이해할 수 있는 능력과 기술적인 전문성을 갖춰 팀원들의 대화를 효과적으로 이끌어낼 수 있는 능력 등 다양한 능력을 필요로 하고 있다. 이와는 달리 중간급 매니저라 할 수 있는 기술관리자에게는 기술경영자와는 조금 다른 능력이 필요한데, 이에는 기술적 능력에 대한 것과 계획서 작성, 인력관리, 예산관리, 일정 관리 등 행정능력에 대한 것이다.

① 시스템적인 관점에서 인식하는 능력
② 기술을 효과적으로 평가할 수 있는 능력
③ 조직 내의 기술 이용을 수행할 수 있는 능력
④ 새로운 제품개발 시간을 단축할 수 있는 능력
⑤ 기술을 기업의 전반적인 전략 목표에 통합시키는 능력

PART 1 PART 2 PART 3 PART 4

※ 다음은 TV 제품설명서의 일부이다. 자료를 읽고 이어지는 질문에 답하시오. [1~3]

〈제품설명서〉

■ 설치 관련 주의사항

- 제품을 들어 운반할 때는 화면 표시부를 만지지 말고 2명 이상이 안전하게 운반하세요. 제품이 떨어지면 다치거나 고장이 날 수 있습니다.
- 전원코드는 다른 제품을 사용하지 말고 정품만 사용하세요. 감전 및 화재의 원인이 될 수 있습니다.
- 스탠드는 반드시 평평한 바닥 위에 설치하세요. 울퉁불퉁한 장소는 제품이 떨어져 고장이 나거나 상해를 입을 수 있습니다.
- 제품 설치 시 벽과 일정 거리를 두어 통풍이 잘되게 하세요. 내부 온도 상승으로 인한 화재의 원인이 될 수 있습니다.
- 고온 다습한 곳이나 제품의 무게를 견디지 못하는 벽에는 설치하지 마세요. 제품이 고장나거나 떨어질 수 있습니다.
- 벽걸이 부착 공사는 전문업체에 맡기세요. 비전문가의 공사로 상해를 입을 수 있습니다.
- 책장이나 벽장 등 통풍이 안 되는 좁은 공간에 설치하지 마세요. 내부 온도 상승으로 인한 화재의 원인이 될 수 있습니다.
- 불을 사용하거나 열이 발생하는 제품 및 장소와 가까운 곳에 설치하지 마세요. 화재의 위험이 있습니다.
- 장식장 또는 선반 위에 설치 시 제품 밑면이 밖으로 나오지 않게 하세요. 제품이 떨어져 고장이 나거나 상해를 입을 수 있습니다.
- 직사광선에 장기간 노출되지 않도록 주의해 주세요. 패널 표면에 변색이 발생할 수 있습니다.
- 테이블보나 커튼 등으로 통풍구가 막히지 않도록 하세요. 내부 온도 상승으로 인해 화재가 발생할 수 있습니다.

■ 문제해결

※ 다음과 같은 증상 및 원인 이외에 다른 문제가 있다면 즉시 서비스센터에 문의하여 주시길 바랍니다. 또한, 절대 임의로 수리하지 마시기 바랍니다.

증상	원인	조치사항
화면이 전혀 나오지 않아요.	전원 콘센트의 스위치가 꺼져 있음	TV 전면의 전원 램프에 불이 들어와 있는지 확인하고 꺼져 있다면 전원 스위치를 켜 주세요.
	전원코드가 빠져 있음	전원코드를 연결해 주세요.
	TV가 외부입력 모드로 선택되어 있음	[TV / 외부입력] 버튼을 누르고 TV를 선택하세요.
	안테나 케이블의 연결 상태가 불량함	안테나 케이블 커넥터가 TV의 안테나 입력 단자에 바르게 삽입되어 있는지 확인해 주세요.
외부기기와 연결하였는데 화면이 나오지 않아요.	TV가 외부입력 모드로 변환되지 않았거나 설정이 잘못됨	[TV / 외부입력] 버튼을 누르고 해당 외부기기가 연결된 단자를 선택하세요.
	TV와 해당 기기의 연결 상태가 불량함	TV와 해당 기기의 연결 상태를 확인해 주세요.
리모컨 작동이 안 돼요.	건전지의 수명이 다하여 작동이 안 됨	새 건전지로 교환해 보세요.
	리모컨 수신부를 향하지 않았거나 정상적인 수신 각도에서 벗어나 조작함	
제품에서 뚝뚝 소리가 나요.	TV 외관의 기구적 수축, 팽창 때문에 발생함	'뚝뚝' 소리는 열에 의해 기구물이 수축·팽창하면서 나타나는 증상으로 제품의 고장이 아니니 안심하고 사용하세요.
제품이 뜨거워요.	장시간 시청 시 패널에서 열이 발생함	장시간 사용 시 제품 상단이 뜨거워질 수 있습니다. 제품의 결함이나 작동 사용상의 문제가 되는 것이 아니므로 안심하고 사용하세요.
제품에서 계속 소리가 나요.	화면 밝기의 변화에 따라 소음의 변화가 있으며, 일정 수준의 소음이 발생함	일정 수준의 소음은 TV 자체의 특성이며 교환 및 환불의 대상이 아님을 양지하여 주시길 바랍니다.

01 귀하는 새롭게 구매한 TV로 호텔을 광고할 계획을 하고 있다. 그래서 많은 고객에게 노출될 수 있도록 적절한 장소를 찾다가 로비 중앙에 TV를 설치하는 것이 가장 좋다고 판단하였다. 다음과 같은 가구를 구매하여 TV를 설치했을 때의 문제점으로 올바른 것은? 난이도 중

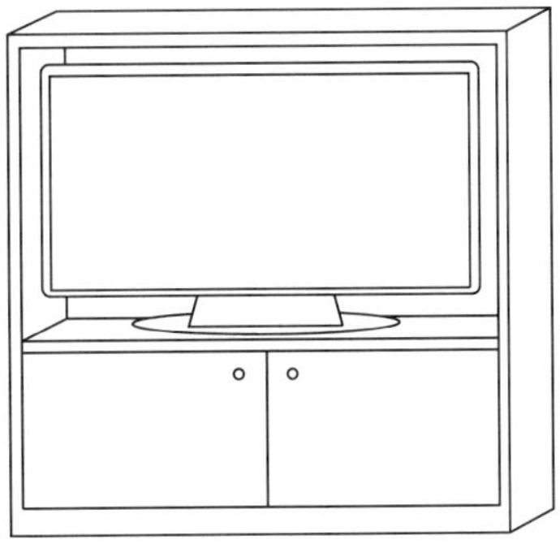

① 화재가 발생할 가능성이 있다.
② 패널 표면이 변색할 가능성이 있다.
③ 바닥이 울퉁불퉁하여 TV가 떨어져 고장이 날 위험이 있다.
④ 제품 밑면이 밖으로 나와 TV가 떨어질 위험이 있다.
⑤ 아무런 문제가 없다.

02 호텔은 많은 사람이 이용하는 장소인 만큼 화재 예방을 철저히 해야 한다. 귀하는 TV를 설치하기 전 화재와 관련된 주의사항을 점검하고자 한다. 다음 중 화재 위험과 관련성이 가장 먼 것은? 난이도 중

① 전원코드는 반드시 생산업체의 정품 제품만을 사용한다.
② TV를 벽면으로부터 일정 거리를 두어 통풍이 잘되도록 한다.
③ 햇빛에 장시간 노출되는 장소는 피하도록 한다.
④ 테이블보나 커튼 등으로 통풍구가 막히지 않도록 한다.
⑤ 난로나 화로와 같은 열이 발생하는 제품 주변에 TV를 설치하지 않는다.

03 귀하는 결국 TV에 문제가 있어 서비스센터에 문의하여 수리를 요청하였다. 다음 중 귀하가 문의한 증상으로 적절하지 않은 것은? 난이도 중

① 연기 또는 타는 냄새가 난다.
② 내부에 이물질이 들어가 전원이 안 켜진다.
③ 화면이 잘려서 나온다.
④ 지지직, 파박 등 이상한 소리가 주기적으로 난다.
⑤ 리모컨 작동이 원활하지 않다.

※ 기획전략팀에서는 사무실에서 간편히 사용할 수 있는 새로운 청소기를 구매하였다. 기획전략팀의 B대리는 새 청소기를 사용하기 전에 제품설명서를 참고하였다. 다음 설명서를 읽고 이어지는 질문에 답하시오. **[4~6]**

〈제품설명서〉

1. 충전
   - 충전 시 작동 스위치 2곳을 반드시 꺼주십시오.
   - 타 제품의 충전기를 사용할 경우 고장의 원인이 되오니 반드시 전용 충전기를 사용하십시오.
   - 충전 시 충전기에 열이 느껴지는 것은 고장이 아닙니다.
   - 본 제품에는 배터리 보호를 위하여 과충전 보호회로가 내장되어 있어 적정 충전시간을 초과하여도 배터리는 심한 손상이 없습니다.
   - 충전기의 줄을 잡고 뽑을 경우 감전, 쇼트, 발화 및 고장의 원인이 됩니다.
   - 충전하지 않을 때는 전원 콘센트에서 충전기를 뽑아 주십시오. 절연 열화에 따른 화재, 감전 및 고장의 원인이 됩니다.

2. 이상발생 시 점검 방법

증상	확인사항	해결 방법
스위치를 켜도 청소기가 작동하지 않는다면?	• 청소기가 충전잭에 꽂혀 있는지 확인하세요. • 충전이 되어 있는지 확인하세요. • 본체에 핸디 청소기가 정확히 결합되었는지 확인하세요. • 접점부(핸디, 본체)를 부드러운 면으로 깨끗이 닦아 주세요.	청소기에서 충전잭을 뽑아 주세요.
사용 중 갑자기 흡입력이 떨어진다면?	• 흡입구를 커다란 이물질이 막고 있는지 확인하세요. • 먼지 필터가 막혀 있는지 확인하세요. • 먼지통 내에 오물이 가득 차 있는지 확인하세요.	이물질을 없애고 다시 사용하세요.
청소기가 멈추지 않는다면?	• 스틱 손잡이 / 핸디 손잡이 스위치 2곳 모두 꺼져 있는지 확인하세요. • 청소기 본체에서 핸디 청소기를 분리하세요.	
사용시간이 짧다고 느껴진다면?	10시간 이상 충전하신 후 사용하세요.	
라이트 불이 켜지지 않는다면?	• 청소기 작동 스위치를 ON으로 하셨는지 확인하세요. • 라이트 스위치를 ON으로 하셨는지 확인하세요.	
파워브러시가 작동하지 않는다면?	머리카락이나 실 등 이물질이 감겨있는지 확인하세요.	청소기 전원을 끄고 이물질 제거 후 전원을 켜면 파워브러시가 재작동하며, 평상시에도 파워브러시가 멈추었을 때는 전원 스위치를 껐다 켜시면 브러시가 재작동합니다.

04 사용 중 충전으로 인한 고장이 발생한 경우, 그 원인에 해당하지 않는 것은? 난이도 중

① 충전 시 작동 스위치 2곳을 모두 끄지 않은 경우
② 충전기를 뽑을 때 줄을 잡고 뽑은 경우
③ 충전하지 않을 때 충전기를 계속 꽂아 둔 경우
④ 적정 충전시간을 초과하여 충전한 경우
⑤ 타 제품의 충전기를 사용한 경우

05 B대리는 청소기의 전원을 껐다 켬으로써 청소기의 작동 불량을 해결하였다. 어떤 작동 불량이 발생하였는가? 난이도 중

① 청소기가 멈추지 않았다.
② 사용시간이 짧게 느껴졌다.
③ 파워브러시가 작동하지 않았다.
④ 사용 중 흡입력이 떨어졌다.
⑤ 라이트 불이 켜지지 않았다.

06 청소기에 이물질이 많이 들어있을 때 나타날 수 있는 증상은? 난이도 중

① 사용시간이 짧아진다.
② 라이트 불이 켜지지 않는다.
③ 스위치를 켜도 청소기가 작동하지 않는다.
④ 충전 시 충전기에서 열이 난다.
⑤ 사용 중 갑자기 흡입력이 떨어진다.

※ 다음은 신입사원에게 전화기 사용법을 알려주기 위한 매뉴얼이다. 자료를 읽고 이어지는 질문에 답하시오. **[7~8]**

〈사내전화기 사용방법〉

■ **전화걸기**
- 수화기를 들고 전화번호를 입력한 후 2초간 기다리거나 [#] 버튼을 누른다.
- 이전 통화자와 다시 통화하기를 원하면 수화기를 들고 [재다이얼] 버튼을 누른다.
- 통화 중인 상태에서 다른 곳으로 전화를 걸기 원하면 [메뉴 / 보류] 버튼을 누른 뒤 새로운 번호를 입력한 후 2초간 기다리거나 [#] 버튼을 누른다. 다시 이전 통화자와 연결을 원하면 [메뉴 / 보류] 버튼을 누른다.

■ **전화받기**
- 벨이 울릴 때 수화기를 들어 올린다.
- 통화 중에 다른 전화를 받기를 원하면 [메뉴 / 보류] 버튼을 누른다. 다시 이전 통화자와 연결을 원하면 [메뉴 / 보류] 버튼을 누른다.

■ **통화내역 확인**
- [통화내역] 버튼을 누르면 LCD 창에 '발신', '수신', '부재중' 3가지 메뉴가 뜨며, [볼륨조절] 버튼으로 원하는 메뉴에 위치한 후 [통화내역] 버튼을 눌러 내용을 확인한다.

■ **당겨받기**
- 다른 전화가 울릴 때 자신의 전화로 받을 수 있는 기능이며, 동일 그룹 안에 있는 경우만 가능하다.
- 수화기를 들고 [당겨받기] 버튼을 누른다.

■ **돌려주기**
- 걸려온 전화를 다른 전화기로 돌려주는 기능이다.
- 통화 중일 때 [돌려주기] 버튼을 누른 뒤 돌려줄 번호를 입력하고 [#] 버튼을 누르면 새 통화가 연결되며, 그 후에 수화기를 내려놓는다.
- 즉시 돌려주기를 할 경우에는 위 통화 중일 때 [돌려주기] 버튼을 누른 후 돌려줄 번호를 입력하고 수화기를 내려놓는다.

■ **3자통화**
- 동시에 3인과 통화할 수 있는 기능이다.
- 통화 중일 때 [메뉴 / 보류] 버튼을 누르고 통화할 번호를 입력한 후, [#] 버튼을 눌러 새 통화가 연결되면 [3자통화] 버튼을 누른다.
- 통화 중일 때 다른 전화가 걸려 왔다면, [메뉴 / 보류] 버튼을 누른 후 새 통화가 연결되면 [3자통화] 버튼을 누른다.

■ **수신전환**
- 전화가 오면 다른 전화기로 받을 수 있도록 하는 기능으로, 무조건 · 통화중 · 무응답 세 가지 방법으로 설정할 수 있다.
- 전화기 내 [수신전환] 버튼을 누른 뒤 [볼륨조절] 버튼으로 전환방법을 선택한 후 [통화내역] 버튼을 누르고 다른 전화기 번호를 입력한 후 다시 [통화내역] 버튼을 누른다.
- 해제할 경우에는 [수신전환] 버튼을 누르고 [볼륨조절] 버튼으로 '사용 안 함' 메뉴에 위치한 후 [통화내역] 버튼을 누른다.

07 오늘 첫 출근한 귀하에게 선배 사원은 별다른 설명 없이 전화기 사용법 매뉴얼을 건네주었다. 마침 매뉴얼을 한 번 다 읽어본 후에 옆 테이블에 있는 전화기가 울렸다. 그러나 주변에는 아무도 없었다. 이런 상황에서 전화기의 어떤 기능을 활용하면 되는가? 난이도 중

① 전화걸기
② 3자통화
③ 돌려주기
④ 당겨받기
⑤ 수신전환

08 귀하가 근무한 지 벌써 두 달이 지나 새로운 인턴사원이 입사하게 되었다. 귀하가 새로운 인턴에게 전화기 사용법 매뉴얼을 전달하고자 한다. 그러나 글로만 되어 있던 매뉴얼이 불편했던 기억이 생각나 더욱 쉽게 이해할 수 있도록 그림을 추가하고자 한다. 다음 중 전화걸기 항목에 들어갈 그림으로 올바른 것은? 난이도 상

①
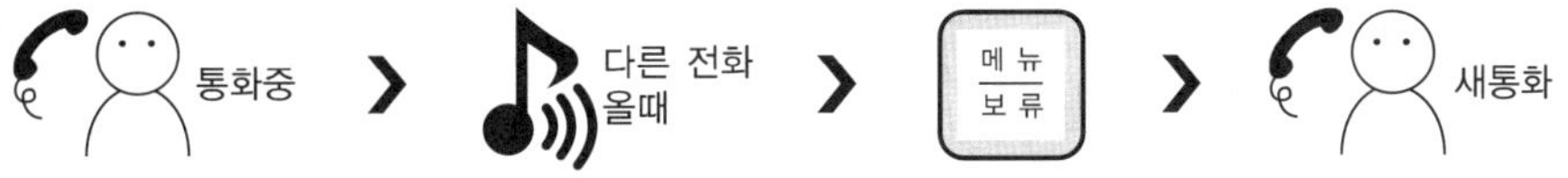

②

③
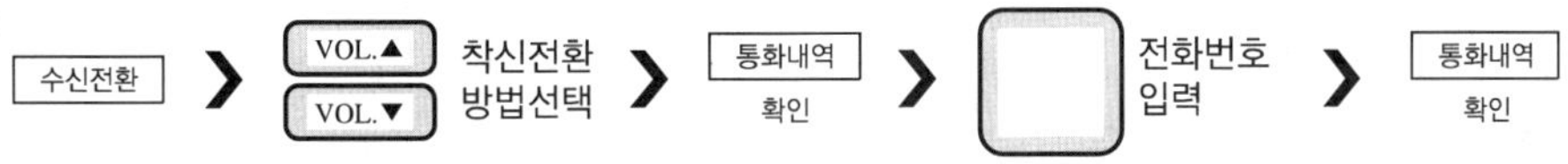

④
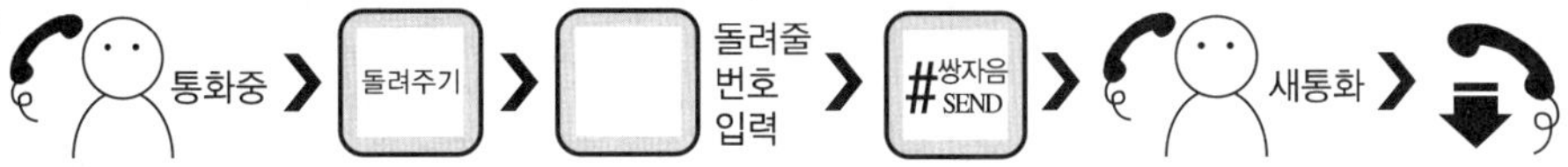

⑤

CHAPTER 07
조직이해능력

출제유형 및 학습 전략

1 문제 속에 정답이 있다!

경력이 없는 경우 조직에 대한 이해가 낮을 수밖에 없다. 그러나 문제 자체가 실무적인 내용을 담고 있어도 문제 안에는 해결의 단서가 주어진다. 부담을 갖지 않고 접근하는 것이 중요하다.

2 경영 · 경제학원론 정도의 수준은 갖추도록 하라!

지원한 직군마다 차이는 있을 수 있으나, 경영 · 경제이론을 접목시킨 문제가 꾸준히 출제되고 있다. 따라서 기본적인 경영 · 경제이론은 익혀 둘 필요가 있다.

3 지원하는 공사 · 공단의 조직도를 파악하자!

출제되는 문제는 각 공사 · 공단의 세부내용일 경우가 많기 때문에 지원하는 공사 · 공단의 조직도를 파악해 두어야 한다. 조직이 운영되는 방법과 전략을 이해하고, 조직을 구성하는 체제를 파악하고 간다면 조직이해능력영역에서 조직도가 나올 때 단기간에 문제를 풀 수 있을 것이다.

4 실제 업무에서도 요구되므로 이론을 익혀두자!

각 공사 · 공단의 직무 특성상 일부 영역에 중요도가 가중되는 경우가 있어서 많은 취업준비생들이 일부 영역에만 집중하지만, 실제 업무 능력에서 직업기초능력 10개 영역이 골고루 요구되는 경우가 많고, 현재는 필기시험에서도 조직이해능력을 출제하는 기관의 비중이 늘어나고 있기 때문에 미리 이론을 익혀 둔다면 모듈형 문제에서 고득점을 노릴 수 있다.

SECTION 01 모듈이론

01 조직이해능력의 의의

(1) 조직과 조직이해능력

① 조직의 의의

두 사람 이상이 공동의 목표를 달성하기 위해 의식적으로 구성되며, 상호작용과 조정을 행하는 행동의 집합체를 말한다.

② 조직의 기능

경제적 기능	재화나 서비스를 생산
사회적 기능	조직 구성원들에게 만족감을 주고 협동을 지속시킴

(2) 조직의 유형 기출

① 공식성에 따른 분류

비공식조직으로부터 공식화가 진행되어 공식조직으로 발전되지만, 공식조직 내에서 인간관계를 지향하면서 비공식조직이 새롭게 생성되기도 한다.

공식조직	조직의 구조・기능・규정 등이 조직화되어 있는 조직
비공식 조직	개인들의 협동과 상호작용에 따라 형성된 자발적인 집단 조직

② 영리성에 따른 분류

영리조직	기업과 같이 이윤을 목적으로 하는 조직
비영리조직	정부조직을 비롯해 공익을 추구하는 조직

③ 조직 규모에 따른 분류

소규모조직	가족 소유의 상점과 같이 규모가 작은 조직
대규모조직	대기업과 같이 규모가 큰 조직, 최근에는 동시에 둘 이상의 국가에서 법인을 설립하고 경영 활동을 벌인은 다국적 기업이 증가하고 있음

(3) 조직 체제의 구성 요소 기출

① 체제이해능력

조직은 하나의 체제(System)이며, 체제는 특정한 방식이나 양식으로 서로 결합된 부분들의 총체를 의미한다. 따라서 한 조직의 구성원은 자신이 속한 조직의 체제를 이해할 수 있어야 한다.

② 체제(System)의 구성

- 인풋(Input) : 시스템에 유입되는 것
- 업무 프로세스(Process) : 시스템의 연결망, 즉 조직의 구조를 통해서 인풋이 아웃풋으로 전환되는 과정
- 아웃풋(Output) : 업무 프로세스를 통해 창출된 시스템의 결과물

③ 조직의 목표

- 조직이 달성하려는 장래의 상태로, 조직이 존재하는 정당성·합법성을 제공
- 전체 조직의 성과·자원·시장·인력개발·혁신과 변화·생산성에 대한 목표를 포함

④ 조직의 구조

기계적 조직	구성원들의 업무나 권한이 분명하게 정의된 조직
유기적 조직	의사결정권이 하부에 위임되고 업무가 고정적이지 않은 조직

⑤ 조직도와 업무 프로세스

조직도	구성원들의 임무와 수행하는 과업, 일하는 장소 등을 알 수 있게 해줌
업무 프로세스	조직에 유입된 인풋 요소들이 최종 산출물로 만들어지기까지 구성원 간의 업무 흐름이 어떻게 연결되는지를 보여줌

⑥ 조직의 문화

- 조직 구성원들의 사고, 행동에 영향을 주며, 일체감·정체성을 부여하고 조직이 안정적으로 유지되게 함
- 조직문화를 긍정적인 방향으로 조성하기 위한 경영층의 노력이 강조

⑦ 조직의 규칙

- 조직의 목표나 전략에 따라 수립되어 조직 구성원들의 활동 범위를 제약, 일관성 부여
- 공식화 정도에 따라 조직의 구조가 결정되기도 함

(4) 조직의 변화

① 조직 변화의 의의

급변하는 환경에 맞춰 조직이 생존하려면 조직은 새로운 아이디어와 행동을 받아들이는 조직 변화에 적극적이어야 한다.

② 조직 변화의 과정

환경변화 인지 ▶ 조직 변화 방향 수립 ▶ 조직 변화 실행 ▶ 변화결과 평가

환경변화 인지	환경변화 중에 해당 조직에 영향을 미치는 변화를 인식하는 것
조직 변화 방향 수립	체계적으로 구체적인 추진 전략을 수립하고, 추진 전략별 우선순위를 마련함
조직 변화 실행	수립된 조직 변화 방향에 따라 조직을 변화시킴
변화결과 평가	조직 개혁의 진행 사항과 성과를 평가함

③ 조직 변화의 유형

제품·서비스의 변화	기존 제품, 서비스의 문제점을 인식하고 고객의 요구에 부응하기 위한 것
전략·구조의 변화	조직의 목적 달성과 효율성 제고를 위해 조직 구조·경영 방식·각종 시스템 등을 개선함
기술 변화	새로운 기술을 도입하는 것으로, 신기술이 발명되었을 때나 생산성을 높이기 위한 변화
문화의 변화	구성원들의 사고방식·가치체계를 변화시키는 것으로, 조직의 목적과 일치시키기 위해 문화를 유도함

OX 문제

01 조직이 발달해 온 역사를 보면 공식조직에서 자유로운 비공식조직으로 발전해 왔다. [ ]

02 체제이해능력이란 조직의 구조와 목적, 업무 프로세스, 조직문화, 규칙 및 규정 등 자신이 속한 조직의 체제를 이해하는 능력을 말한다. [ ]

03 조직 구조는 구성원들의 업무나 권한이 분명하게 정의된 유기적 조직과 의사결정권이 하부 구성원들에게 많이 위임되고 업무가 고정적이지 않은 기계적 조직으로 구분된다. [ ]

04 조직의 구조는 조직 내의 부문 사이에 형성된 관계로, 조직 구성원들의 공유된 생활양식이나 가치이다. [ ]

05 조직 변화는 기존의 조직 구조나 경영방식하에서 환경변화에 따라 제품이나 기술을 변화시키는 것이다. [ ]

01 [×] 조직이 발달해 온 역사를 보면 비공식조직으로부터 공식화가 진행되어 공식조직으로 발전해 왔다.

02 [○]

03 [×] 조직 구조는 구성원들의 업무나 권한이 분명하게 정의된 기계적 조직과 의사결정권이 하부 구성원들에게 많이 위임되고 업무가 고정적이지 않은 유기적 조직으로 구분된다.

04 [×] 조직의 구조가 아닌 조직 문화에 대한 설명이다.

05 [×] 조직 변화는 전략이나 구조의 변화를 통해 조직의 조직 구조나 경영방식을 개선하는 것을 의미한다.

02 경영이해능력

(1) 경영의 의의

① 경영이란?

조직의 목적을 달성하기 위한 전략·관리·운영 활동을 의미하며, 조직은 목적을 달성하기 위해 지속적인 관리와 운영이 요구된다.

② 경영의 4요소 기출

경영 목적	조직의 목적을 어떤 과정과 방법을 통해 수행할 것인가를 제시함
조직 구성원	조직에서 일하고 있는 임직원들로, 이들의 역량과 직무수행능력에 따라 경영 성과가 달라짐
자금	경영 활동에 사용할 수 있는 돈으로, 이윤 추구를 목적으로 하는 사기업에서 자금은 새로운 이윤을 창출하는 기초가 됨
경영 전략	기업 내 모든 인적·물적 자원을 경영 목적을 달성하기 위해 조직화하고, 이를 실행에 옮겨 경쟁우위를 달성하는 일련의 방침 및 활동

③ 경영의 과정

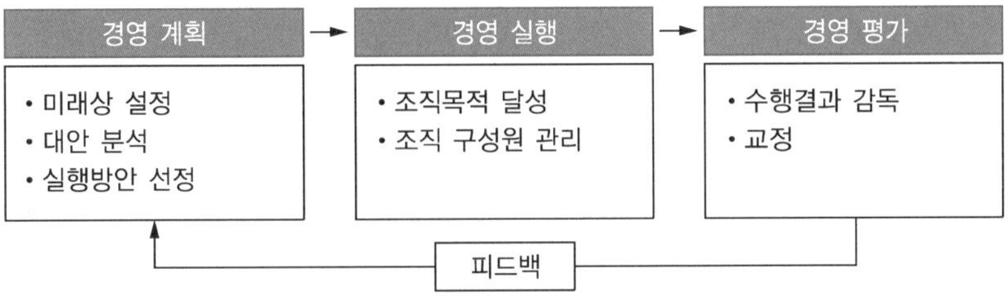

(2) 경영 활동

① 경영 활동의 유형

외부 경영 활동	조직 외부에서 조직의 효과성을 높이기 위해 이루어지는 활동으로 외적 이윤 추구 활동을 말하며, 마케팅 활동이 이에 해당함
내부 경영 활동	조직 내부에서 자원 및 기술을 관리하는 것을 말하며 인사·재무·생산 관리가 이에 해당함

② 경영참가제도 기출

의의	근로자 또는 노동조합을 경영의 파트너로 인정하는 협력적 노사관계가 중시됨에 따라 이들을 경영의사결정 과정에 참여시키는 것
목적	경영의 민주성 제고, 노사 간의 세력 균형 추구, 새로운 아이디어 제시 또는 현장에 적합한 개선방안 마련, 경영의 효율성 향상, 노사 간 상호 신뢰 증진
종류	공동의사결정제도, 노사협의회제도, 이윤분배제도, 종업원지주제도 등

(3) 의사결정과정

① 확인 단계

의사결정이 필요한 문제를 인식하는 단계이다.

- 문제의 중요도나 긴급도에 따라서 체계적으로 이루어지기도 하고, 비공식적으로 이루어지기도 함
- 문제를 신속히 해결할 필요가 있는 경우에는 진단시간을 줄이고 즉각 대응해야 함
- 일반적으로는 다양한 문제를 리스트한 후 주요 문제를 선별하거나, 문제의 증상을 리스트한 후 그러한 증상이 나타나는 근본원인을 찾아야 함

② 개발 단계

확인된 문제의 해결방안을 모색하는 단계이다.

탐색	• 조직 내의 기존 해결 방법 중에서 새로운 문제의 해결방법을 찾는 과정 • 조직 내 관련자와의 대화나 공식적인 문서 등을 참고
설계	• 이전에 없었던 새로운 문제의 경우 이에 대한 해결안을 설계 • 시행착오적 과정을 거치면서 적합한 해결방법 모색

③ 선택 단계

실행 가능한 해결안을 선택하는 단계이다.

판단	한 사람의 의사결정권자의 판단에 의한 선택
분석	경영과학기법과 같은 분석에 의한 선택
교섭	이해관계집단의 토의와 교섭에 의한 선택
승인	해결방안의 선택 후에 조직 내에서 공식적인 승인 절차를 거친 다음 실행

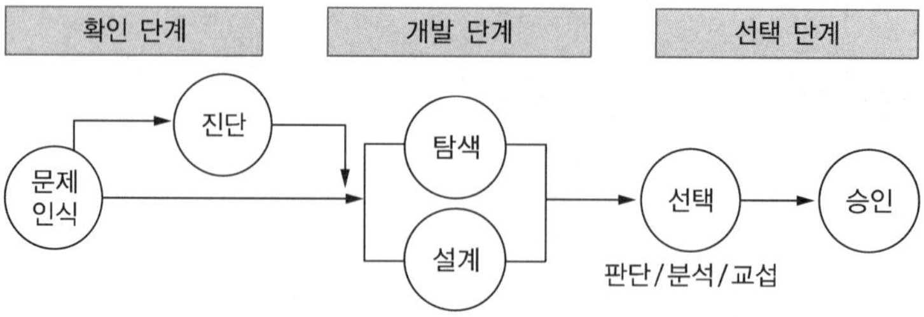

(4) 집단의사결정

① 집단의사결정의 특징 기출

- 한 사람보다 집단이 가지고 있는 지식과 정보가 더 많으므로 집단의 의사결정이 더 효과적이다.
- 다양한 집단 구성원이 각자 다른 시각에서 문제를 바라보므로 다양한 견해를 가지고 접근할 수 있다.
- 의견이 불일치하는 경우 의사결정을 내리는 데 시간이 많이 소요된다.
- 특정 구성원에 의해 의사결정이 독점될 가능성이 있다.

② 브레인스토밍의 의의

여러 명이 한 가지의 문제를 놓고 아이디어를 비판 없이 제시해 그 중에서 최선책을 찾아내는 방법을 말한다.

③ 브레인스토밍의 규칙 기출

- 다른 사람이 아이디어를 제시할 때에는 비판하지 않는다.
- 문제에 대한 제안은 자유롭게 이루어질 수 있다.
- 아이디어는 많이 나올수록 좋다.
- 모든 아이디어들이 제안되고 나면 이를 결합하여 해결책을 마련한다.

④ 브레인라이팅(Brain Writing)

구두로 의견을 교환하는 브레인스토밍과 달리 포스트잇 같은 메모지에 의견을 적은 다음 메모된 내용을 차례대로 공유하는 방법을 말한다.

⑤ 레드팀

조직 내부의 전략 수립에 개입되지 않은 독립적인 팀이 경쟁자들처럼 생각하고 시뮬레이션하여 기존에 세워진 가설을 검증하고, 취약점을 살피며, 나아가 대체방안을 분석하는 과정을 거쳐 복잡하게 얽힌 문제에 대해 새로운 시각으로 해결책을 제시하는 팀을 말한다.

(5) 경영 전략

① 경영 전략의 개념

조직이 환경에 적응해 목표를 달성할 수 있도록 경영 활동을 체계화하는 수단을 말한다.

② 경영 전략의 종류

조직 전략	조직의 사명을 정의함
사업 전략	사업 수준에서 각 사업의 경쟁적 우위를 점하기 위한 방향을 다룸
부문 전략	기능 부서별로 사업 전략을 구체화해 세부적인 수행 방법을 결정함

③ 본원적 경쟁 전략(Michael E. Porter) 기출

원가우위 전략	• 원가를 절감해 해당 산업에서 우위를 점하는 전략 • 대량생산을 통해 원가를 낮추거나 새로운 생산 기술을 개발해야 함
차별화 전략	• 생산품과 서비스를 차별화해 고객에게 가치있게 인식되도록 하는 전략 • 연구・개발・광고를 통해 기술・품질・서비스・브랜드 이미지를 개선해야 함
집중화 전략	• 특정 시장과 고객에게 한정된 전략 • 경쟁 조직들이 소홀히 하고 있는 시장을 집중적으로 공략함

OX 문제

01 경영실행 단계에서는 구체적인 실행방안을 선정하고 조직 구성원을 관리한다. [ ]

02 의사결정과정 중 선택 단계에서는 새로운 문제에 대한 해결안을 계획한다. [ ]

03 브레인스토밍을 이용하여 의사결정을 할 때는 다른 사람이 아이디어를 비판하지 않는 것이 중요하다. [ ]

01 [×] 경영의 과정은 계획・실행・평가로 구분되며, 실행 단계에서는 계획 단계에서 수립된 실행방안에 따라 조직목적 달성을 위한 활동과 조직 구성원의 관리가 이루어진다.

02 [×] 조직 내 의사결정과정 중 설계 단계에서는 새로운 문제에 대한 해결안을 설계한다.

03 [○]

03 체제이해능력

(1) 조직 목표

① 조직 목표의 개념

조직이 달성하려는 장래의 상태로, 미래지향적이지만 현재 조직 행동의 방향을 결정하는 역할을 한다.

② 조직 목표의 기능 기출

• 조직이 존재하는 정당성과 합법성 제공
• 조직 구성원 의사결정의 기준
• 수행평가의 기준
• 조직이 나아가야 할 방향 제시
• 조직 구성원 행동수행의 동기유발
• 조직설계의 기준

③ 조직 목표의 특징 기출

• 공식적 목표와 실제적 목표가 다를 수 있음
• 조직 목표간 위계적 상호관계가 있음
• 조직의 구성요소와 상호관계를 가짐
• 다수의 조직목표 추구 가능
• 가변적 속성

④ 목표에 영향을 미치는 요인

내적 요인	조직 리더의 결단이나 태도 변화, 조직 내 권력 구조의 변화 등
외적 요인	경쟁업체의 변화, 자원의 변화, 경제 정책의 변화 등

⑤ MBO(Management by Objectives)와 OKR(Objective Key Results)

기업의 성과관리 기법의 하나로 사업 전략·사업 계획에서 출발해 목표를 정하고 결과를 측정·평가하는 기법이다.

MBO	1년간 달성해야 하는 목표치를 제시하고, 이를 달성하기 위해 노력하는 과정에서 생산성이 향상될 것이라고 막연히 기대한다.
OKR	단기간에 구체적인 수준의 목표를 달성하라고 요구하고, 이를 확인하는 과정에서 생산성 향상을 도모하는 것이다. 구글의 '3-3-3 원칙'이 대표적으로, 이는 3개월간 3개 목표에 집중하고 목표당 3개의 핵심 결과를 도출해내도록 하는 것이다.

(2) 조직 구조

① 조직 구조의 이해

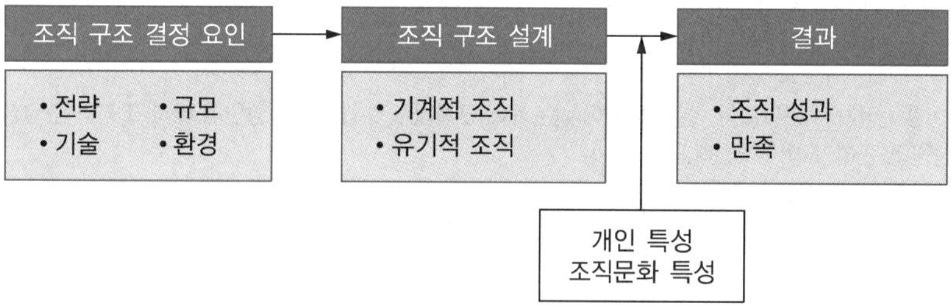

② 조직 구조의 결정 요인

전략	• 조직의 목적을 달성하기 위해 수립한 계획 • 조직이 자원을 배분하고 경쟁적 우위를 달성하기 위한 주요 방침
규모	대규모 조직은 소규모 조직에 비해 업무가 전문화·분화되어 있고, 많은 규칙과 규정이 존재함
기술	• 조직이 투입 요소를 산출물로 전환시키는 지식·절차 등을 의미 • 소량생산 기술은 유기적 조직, 대량생산 기술은 기계적 조직과 연결
환경	• 안정적이고 확실한 환경에서는 기계적 조직 • 급변하는 환경에서는 유기적 조직이 적합

③ 조직 구조의 유형 기출

기계적 조직	• 구성원들의 업무가 분명하게 정의됨 • 다수의 규칙과 규제가 존재하며, 위계질서가 엄격함 • 상하간 의사소통이 공식적인 경로를 통해 이루어짐
유기적 조직	• 의사결정권한이 하부 구성원들에게 많이 위임됨 • 업무가 고정되지 않고 공유 가능 • 비공식적인 의사소통이 원활함 • 규제나 통제의 정도가 낮음

(3) 조직 구조의 형태 기출

① 기능적 조직 구조

- 최상층에 최고경영자(CEO)가 위치하고, 구성원들이 단계적으로 배열되는 구조
- 환경이 안정되었거나 일상적인 기술을 사용하는 경우에 유리함
- 기업의 규모가 작을 때 업무의 내용이 유사한 것들을 결합

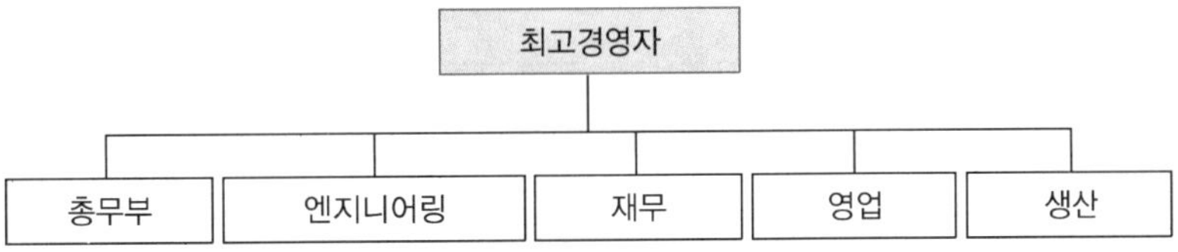

② 사업별 조직 구조

- 급변하는 환경에 대응하고 제품 · 지역 등의 차이에 신속하게 대응하기 위함
- 의사결정이 분권화되어 이루어짐
- 개별 제품 · 서비스 · 프로젝트 등에 따라 조직화됨

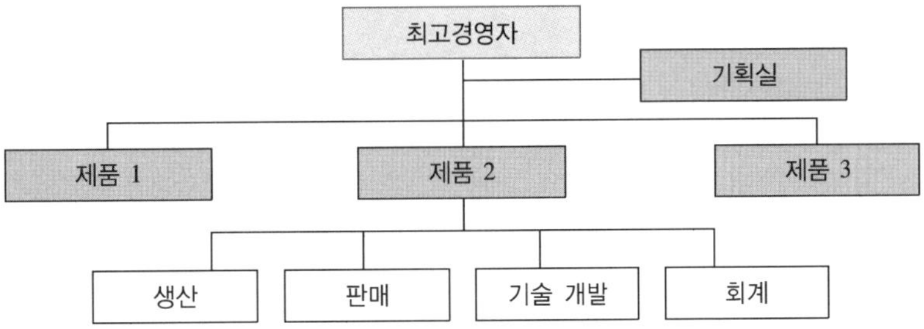

③ 애자일(Agile) 조직 구조

급변하는 시장 환경 속에서 다양한 수요에 유연하고 민첩하게 대응하기 위한 경영방식으로, 부서 간 경계를 허물고 필요에 맞게 소규모 팀을 구성해 업무를 수행하는 조직 구조를 말한다.

(4) 조직 내 집단

① 집단의 유형 기출

공식적인 집단	• 조직의 공식적인 목표를 추구하기 위해 의도적으로 만든 집단 • 목표 · 임무가 명확하게 규정 • 참여하는 구성원들도 인위적으로 결정 예 각종 위원회, 임무 수행을 위한 태스크포스
비공식적인 집단	• 조직 구성원들의 요구에 따라 자발적으로 형성된 집단 • 공식적인 업무 수행 이외의 다양한 요구에 의해 이루어짐 예 스터디 모임, 봉사활동 동아리, 각종 친목회

② 집단 간 경쟁 기출

조직 내의 한정된 자원을 더 많이 가지려 하거나, 서로 상반되는 목표를 추구하기 때문에 발생하게 된다.

순기능	집단 내부에서는 응집성이 강화되고, 집단의 활동이 더욱 조직화됨
역기능	경쟁이 과열되면 자원의 낭비, 업무 방해, 비능률 등의 문제가 발생

③ 팀

- 구성원들이 공동의 목표를 이루기 위해 기술을 공유하고 공동으로 책임을 지는 집단
- 상호 공동 책임을 중요시 하나, 자율성을 가지고 스스로 관리하는 경향이 강함
- 생산성을 높이고 의사를 신속하게 결정하며 창의성 향상을 도모하기 위해 구성
- 조직 구성원들의 협력과 관리자층의 지지가 필수적임

OX 문제

01 조직 목표 중 공식적인 목표인 조직 사명은 측정 가능한 형태로, 기술되는 단기적인 목표이다. [ ]

02 유기적 조직에서는 비공식적인 상호 의사소통이 원활히 이루어지며, 규제나 통제의 정도가 낮아 변화에 따라 쉽게 변할 수 있는 특징을 가진다. [ ]

01 [×] 조직 목표는 공식적이고 장기적인 목표인 조직 사명과 이를 달성하기 위한 단기적 관점의 세부목표로 이루어진다.
02 [○]

04 업무이해능력

(1) 업무의 의의와 특성

① 업무의 의의

상품이나 서비스를 창출하기 위한 생산적인 활동으로, 조직의 목적 달성을 위한 근거가 된다.

② 업무의 특성 기출

공통된 목적 지향	업무는 조직 목적의 효과적 달성을 위해 세분화된 것이므로 궁극적으로 같은 목적을 지향한다.
적은 재량권	개인이 선호하는 업무를 임의로 선택할 수 있는 재량권이 적다.
다른 업무와의 관련성	업무는 서로 독립적으로 이루어지지만 업무 간에는 서열이 있어서 순차적으로 이루어지기도 하며, 서로 정보를 주고 받기도 한다.
업무권한	구성원들이 업무를 공적으로 수행할 수 있는 힘을 말하며, 구성원들은 이에 따라 자신이 수행한 일에 대한 책임도 부여받는다.

(2) 업무 수행 계획 수립의 절차

① 업무 지침 확인

- 개인이 임의로 업무를 수행하지 않고 조직의 목적에 부합될 수 있도록 안내함
- 업무 지침을 토대로 작성하는 개인의 업무 지침은 업무 수행의 준거가 됨
- 개인의 업무 지침 작성 시에는 조직의 업무 지침, 장·단기 목표, 경영 전략 등을 고려
- 개인의 업무 지침은 3개월에 한 번 정도로 지속적인 개정이 필요

② 활용 자원 확인

- 물적 자원과 인적 자원 등의 업무 관련 자원을 확인
- 자원은 무한정하지 않으므로 효과적인 활용이 필요함
- 업무 수행에 필요한 지식, 기술이 부족하면 이를 함양하기 위한 계획의 수립이 필요

③ 업무 수행 시트의 작성 기출

- 구체적인 업무 수행 계획을 수립하여 가시적으로 나타냄
- 주어진 시간 내에 일을 끝낼 수 있게 동기부여
- 단계별로 협조를 구해야 할 사항과 처리해야 할 일을 체계적으로 알 수 있음
- 문제 발생시 발생 지점을 정확히 파악할 수 있음

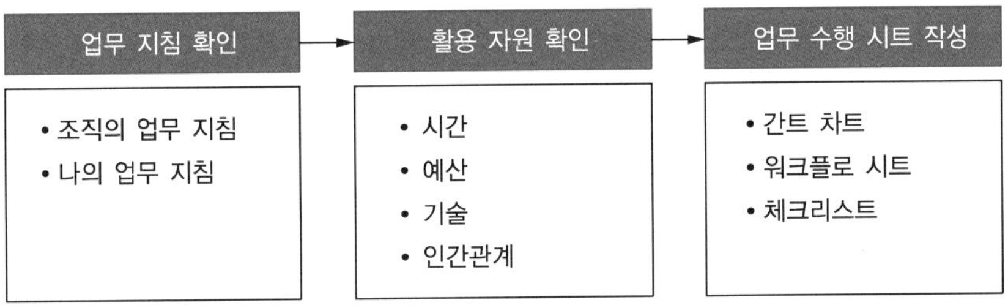

(3) 업무 수행 시트의 종류 기출

① 간트 차트

단계별로 업무를 시작해서 끝내는 데 걸리는 시간을 바 형식으로 표시한다. 전체 일정을 한 눈에 볼 수 있고, 단계별로 소요되는 시간과 각 업무활동 사이의 관계를 파악할 수 있다.

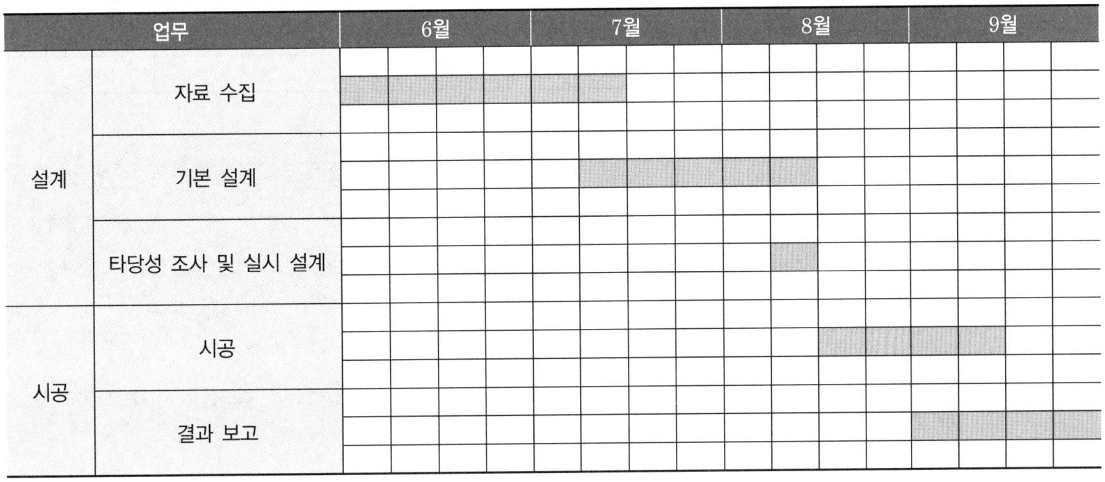

업무
6월
7월
8월
9월
설계
자료 수집
기본 설계
타당성 조사 및 실시 설계
시공
시공
결과 보고

② 워크플로 시트

일의 흐름을 동적으로 보여주는 데 효과적이며, 사용되는 도형을 다르게 표현함으로써 각각의 작업의 특성을 구분하여 표현할 수 있다.

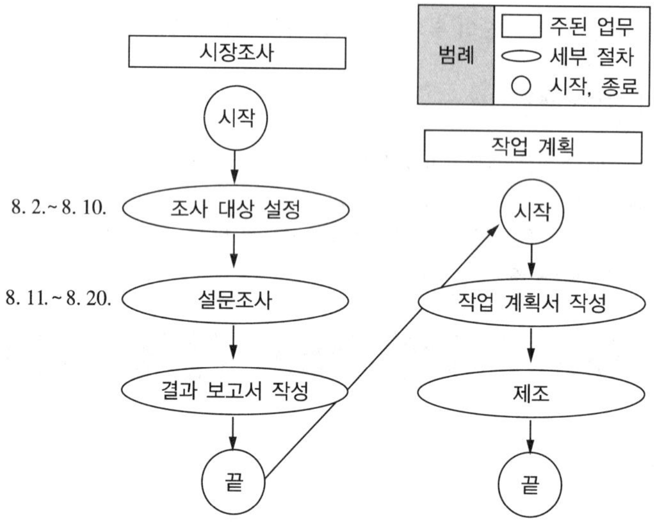

③ 체크리스트

업무의 각 단계를 효과적으로 수행했는지 자가 점검해볼 수 있으며, 각 활동별로 기대되는 수행 수준을 달성했는지를 확인하는 데 효과적이다. 단, 시간의 흐름을 표현하기는 어렵다.

업무		체크	
		YES	NO
고객관리	고객 대장을 정비하였는가?		
	3개월에 한 번씩 고객 구매 데이터를 분석하였는가?		
	고객의 청구 내용 문의에 정확하게 응대하였는가?		
	고객 데이터를 분석하여 판매 촉진 기획에 활용하였는가?		

OX 문제

01 워크플로 시트는 전체 일정을 한눈에 볼 수 있고, 단계별로 업무의 시작과 끝을 알려주며, 간트 차트는 도형과 선으로 일의 흐름을 동적으로 보여준다. [ ]

01 [×] 간트 차트는 전체 일정을 한눈에 볼 수 있고, 단계별로 업무의 시작과 끝을 알려주며, 워크플로 시트는 도형과 선으로 일의 흐름을 동적으로 보여준다.

05 국제감각

(1) 국제감각이란

① 국제감각의 의의

업무를 하는 중에 다른 나라의 문화를 이해하고 국제적인 동향을 이해하는 능력을 말한다.

② 글로벌화의 의의 기출

활동 범위가 세계로 확대되는 것으로, 경제나 산업 등의 측면에서 벗어나 문화나 정치 등 다른 영역까지 확대되는 개념을 말한다.

③ 글로벌화에 따른 변화 기출

세계적인 경제통합	• 신기술을 확보한 기업이 국경을 넘어 확장 • 다국적 기업의 증가에 따른 국가간 경제 통합 강화
FTA 체결	무역장벽을 없애기 위한 노력

(2) 외국인과의 커뮤니케이션

① 문화충격(Culture Shock)

- 한 문화권에 속한 사람이 다른 문화를 접하게 되었을 때 체험하는 충격이다.
- 상대문화를 이질적으로 대하게 되고, 위화감·심리적 부적응 상태를 경험하게 된다.
- 문화충격에 대비하려면 다른 문화에 대해 개방적인 태도를 견지해야 한다.
- 자신의 기준으로 다른 문화를 평가하지 않되, 자신의 정체성은 유지해야 한다.

② 이문화(Intercultural) 커뮤니케이션

언어적 커뮤니케이션	• 언어를 통해 의사소통하는 것으로 상대방에게 의사를 전달할 때 직접적으로 이용되는 것이다. • 외국어 사용능력과 직결된다.
비언어적 커뮤니케이션	• 생활양식·행동규범 등을 통해 상대방과 의사소통하는 것이다. • 외국어 능력이 유창해도 문화적 배경을 잘 모르면 언어에 내포된 의미를 오해하거나 수용하지 못할 수 있다.

OX 문제

01 국제감각은 자신의 업무와 관련하여 국제적인 동향을 파악하고, 이를 적용할 수 있는 능력이다. [ ]

02 문화충격에 대비해서 가장 중요한 것은 자신이 속한 문화를 기준으로 다른 문화를 객관적으로 평가하는 일이다. [ ]

01 [○]

02 [×] 문화충격에 대비해서 가장 중요한 것은 자신이 속한 문화를 기준으로 다른 문화를 평가하지 말고, 자신의 정체성은 유지하되 다른 문화를 경험하는 데 개방적이고 적극적 자세를 취하는 것이다.

SECTION 02 조직이해능력 맛보기

※ 다음 내용을 읽고 물음에 답하시오. [1~2]

C사의 교육팀에 신입사원이 입사를 하게 되었다. 교육팀장은 교육운영을 맡았던 박 대리에게 그 간의 업무는 신입사원에게 인수인계를 하고, 같은 팀 최 과장을 도와 교육을 기획하는 업무를 담당하라고 이야기했다. 박 대리는 신입사원이 출근하기에 앞서 교육팀에서 지난 2년 간 수행했던 업무들을 정리하여 인수인계서를 작성했다. 인수인계서를 모두 작성하고 팀장의 결제를 받기 전에 내용이 빠짐없이 작성되었는지 확인할 필요가 있다고 판단되어 박 대리는 팀 내에서 공통으로 활용하는 다음과 같은 점검표를 활용하기로 했다.

업무		확인	
		YES	NO
현황	담당업무에 대한 구분 및 정의는 명확하게 기술되었는가?		
	주요 업무계획 및 진행사항은 구체적으로 서술되었는가?		
	현안사항 및 문제점은 빠짐없이 작성되었는가?		
	주요 미결사항은 리스트와 세부 내용이 서술되었는가?		
⋮	⋮		

01 박 대리가 업무 인수인계서를 작성할 때 필수적으로 고려해야 할 항목으로 거리가 먼 것은?

① 조직의 업무 지침
② 업무 요령 및 활용 팁
③ 요구되는 지식, 기술, 도구
④ 관련 업무 및 유관부서 담당자
⑤ 요구되는 태도 및 재량권

02 박 대리는 업무수행을 점검하기 위해 어떤 도구를 활용하였는가?

① 체크리스트
② 간트 차트
③ 워크플로 시트
④ 벤 다이아그램
⑤ 스프레드 시트

Key Point

조직이해능력에서는 조직 자체에 대한 내용과 그 조직이 수행하는 업무에 대한 이해력을 묻는 두 가지의 유형으로 출제된다. 전자의 경우는 본 교재에서 설명하고 있는 조직이해론을 이해하고 있으면 충분히 풀이가 가능하나, 후자의 경우는 업무 자체에 대한 이해와 그 업무를 수행하는데에 필요한 절차 및 도표에 대한 문제들이 복합적으로 연결되어 출제되는 편이다. 의외로 이 유형의 문제에서 난도가 높은 문제가 종종 출제되므로 주의하기 바란다.

01

정답 ②

업무 수행에 필요한 요령이나 활용 팁 등은 인수인계서 작성 시 필수적으로 고려해야 할 항목은 아니다.

오답분석

업무 인수인계서를 작성할 때 필수적으로 고려해야 할 항목으로는 조직의 업무 지침, 요구되는 지식, 기술, 도구, 태도, 관련 업무 및 관련 부서 담당자, 자율권 및 재량권, 업무에 대한 구분 및 정의 등이 해당된다.

02

정답 ①

박 대리는 팀 내에서 공통으로 활용하는 체크리스트로 업무를 점검하였다.

업무 수행 시트의 종류

시트	내용
체크리스트 (Checklist)	업무의 각 단계를 효과적으로 수행했는지 스스로 점검해 볼 수 있는 도구로, 시간의 흐름을 표현하는 데에는 한계가 있지만 업무를 세부적인 활동들로 나누고 각 활동별로 기대되는 수행수준을 달성했는지를 확인하는 데에는 효과적이다.
간트 차트 (Gantt Chart)	미국의 간트가 1919년에 창안한 작업진도 도표로, 단계별로 업무 전체 시간을 바(Bar) 형식으로 표시한 것이다. 일정을 한눈에 볼 수 있고, 단계별로 소요되는 시간과 각 업무활동 사이의 관계를 보여준다.
워크플로 시트 (Work Flow Sheet)	일의 흐름을 동적으로 보여 주는 데 효과적이다. 특히 도형을 다르게 표현함으로써 주된 작업과 부차적인 작업, 혼자 처리할 수 있는 일과 다른 사람의 협조를 필요로 하는 일, 주의해야 할 일, 컴퓨터와 같은 도구를 사용해서 할 일 등을 구분해서 표현할 수 있다.

※ 다음 H그룹의 부서별 업무소개 자료를 읽고, 이어진 물음에 답하시오. [3~4]

1. (㉠) 직무 특성 및 소개
   시설투자 · 공사지원 · 유지관리로 회사의 자산 가치를 극대화하고 임직원과의 소통과 원활한 경영활동 지원을 위한 업무를 수행합니다. 효율적인 공간 활용 및 쾌적한 사무환경 구축, 임직원 복지 증진으로 업무 효율성을 높이는 등 총체적인 업무지원 제반 활동을 진행합니다. 세부적으로 본사 및 사업장 부동산 자산관리, 임대차 자산 계약관리 등을 담당하는 관재업무, 설비 총괄 관리 및 시설물 관리로 쾌적한 근무환경 조성 업무, 주주총회 기획 · 운영 · 관리 업무, 임직원 복리후생 제도 기획 · 운영 및 사회공헌 프로그램을 진행하는 복지관련 업무, 경영진 및 VIP 의전 및 대민 · 대관 관련 업무 등을 수행합니다.

2. 구매직무 주요 업무 내용
   - 시장조사 : 환율, 원부자재 가격 변동 등 Trend 조사 및 분석
   - 업체발굴 : TCO관점에서 QCD 만족시키는 협력사 검토
   - 협상/계약 : 가격 협상 및 납기 조율
   - 자재관리 : 시스템 상 재고와 실 창고 재고 일치화 및 재고 수량 조사
   - 협력사 관리 및 협력사 기술/품질지원 : SRM시스템 구축 및 운영
   - 원가절감 활동 : 통합구매, 구매방식 다양화, 구매 시기 조정

03 다음 중 빈칸 ㉠에 들어갈 업무로 옳은 것은?

① 총무
② 인사
③ 회계
④ 생산
⑤ 기획

04 다음 중 구매 직무를 수행하기 위해 필요한 능력으로 옳지 않은 것은?

① 원가에 대한 이해력
② 데이터 분석 및 가공능력
③ 협상 및 설득능력
④ 생산 제품에 대한 지식
⑤ 협력사 검토 및 관리력

Key Point

업무 자체에 대한 이해를 묻는 문제로, 경우에 따라서는 실제 회사의 조직도가 주어지고 이와 연계하여 출제되는 경우도 종종 있는 편이다. 회사별로 업무 분장이 차이가 있을 수 있으나 총무, 인사 등과 같은 기본 업무들은 그 내용이 대동소이하므로 지원하는 곳의 조직도를 미리 구해 각 부서들이 실제로 수행하는 업무들을 살펴보는 것이 좋다. 이는 NCS 직업기초능력평가 뿐만 아니라 필기 시험 합격 후 면접 시험을 대비할 때에도 큰 도움이 된다.

03

정답 ①

총무 업무는 일반적으로 주주총회 및 이사회 개최 관련 업무, 의전 및 비서업무, 집기비품 및 소모품의 구입과 관리, 사무실 임차 및 관리, 차량 및 통신시설의 운영, 국내외 출장 업무 협조, 복리후생업무, 법률자문과 소송관리, 사내외 홍보 광고업무 등이 있다.

오답분석

② 인사 업무 : 조직기구의 개편 및 조정, 업무분장 및 조정, 직원수급계획 및 관리, 직무 및 정원의 조정 종합, 노사관리, 평가관리, 상벌관리, 인사발령, 교육체계 수립 및 관리, 임금제도, 복리후생제도 및 지원업무, 복무관리, 퇴직관리 등

③ 회계 업무 : 회계제도의 유지 및 관리, 재무상태 및 경영실적 보고, 결산 관련 업무, 재무제표 분석 및 보고, 법인세, 부가가치세, 국세 지방세 업무자문 및 지원, 보험가입 및 보상업무, 고정자산 관련 업무 등

④ 생산 업무 : 생산계획 수립 및 총괄, 생산실행 및 인원관리, 원자재 수급 및 관리, 공정관리 및 개선업무, 원가관리, 외주관리 등

⑤ 기획 업무 : 경영계획 및 전략 수립, 전사기획업무 종합 및 조정, 중장기 사업계획의 종합 및 조정, 경영정보 조사 및 기획보고, 경영진단업무, 종합예산수립 및 실적관리, 단기사업계획 종합 및 조정, 사업계획, 손익추정, 실적관리 및 분석 등

04

정답 ④

생산 제품에 대한 지식은 품질관리 직무를 수행하기 위해 필요한 능력이다.

오답분석

① 원가절감 활동을 하기 위해서는 원가에 대한 이해력이 있어야 한다.

② 시장조사를 하기 위해서는 각종 데이터 분석 및 가공능력이 있어야 한다.

③ 협상 및 계약을 하기 위해서는 설득능력이 있어야 한다.

⑤ 업체 발굴 및 협력사 관리를 위해 필요한 능력이다.

SECTION 03 대표유형 적중문제

정답 및 해설 p.82

01 모듈형

01 갈등상황을 효과적으로 관리하기 위해 박 팀장이 한 행동에 대한 설명으로 적합하지 않은 것은? 난이도 하

> 해외에서 믹서기를 수입해서 판매하고 있는 D사 영업팀의 김 대리는 업무 수행 상 문제가 생겨 영업팀장인 박 팀장, 구매팀 수입물류 담당자인 최 과장과 회의를 하게 되었다.
>
> 김 대리 : 최 과장님, E사 납품일이 일주일도 남지 않았습니다. E사에 납품해야 하는 기기가 한두 대도 아니고 자그마치 300대입니다. 이번 물량만 해도 100대인데 아직 통관절차가 진행 중이라니요. 통관 끝나도 운송에 한글버전으로 패치도 해야 하고, 하루 이틀 문제가 아닙니다.
> 최 과장 : 우리 팀도 최선을 다해 노력하고 있어. 관세사한테도 연락했고 인천세관에도 실시간으로 체크를 하고 있는데 코로나도 그렇고 상황이 이런 걸 어떻게 하겠어. 불가항력적이야.
> 김 대리 : 지난번에 초도 물량 납품할 때도 동일한 문제가 있었습니다. 과장님도 기억하시죠? 매번 구매팀에서 서둘러 주지를 않아서 지난번에도 저희 팀 인원까지 투입해서 야간작업까지 해서 겨우 납품일을 맞췄습니다. 이번에는 이런 식이면 납품일을 하루 이틀은 넘기게 될 게 눈에 보입니다. 불가항력이라니요. 어떻게든 맞춰주십시오.
> 최 과장 : 미안한데 고객사에 상황을 설명하고 한 3일만 납품일을 늦춰주면 안 될까?
> 김 대리 : 안 됩니다. 어렵게 계약한 거 알고 계시잖아요. E사는 저희 고객사 중에도 제일 크지만 업계에서도 서로 납품하려고 눈에 불을 켜고 있는 곳입니다. 문제가 일어나면 경쟁사들이 하이에나처럼 달려들 거예요.
> 박 팀장 : 둘 다 진정하고 다 우리가 잘하려고 하다 보니 일어난 문제가 아닌가. 목표는 같으니 같이 생각을 한번 해 보자고. 최 과장, 지난 번 수입할 때는 일주일이 채 안 걸린 것 같은데 벌써 열흘이 넘었으니 문제가 뭐야?
> 최 과장 : 일단 배송도 늦어졌고 통관도 서류상에 문제가 있어 지연되고 있습니다. 제조업체에서 추가로 확인 받아야 할 서류들이 있는데 그쪽도 원격근무를 하다 보니 처리가 늦어지고 있어서요. 소통에 문제가 있습니다.
> 박 팀장 : 그럼 해외 제조사에 연락부터 해서 문제의 실마리를 찾아보자고. 최 과장은 나랑 같이 연락을 해 봅시다.

① 갈등상황을 받아들이고 객관적으로 평가하고 있다.
② 갈등을 유발시킨 원인에 대해 알아보고 있다.
③ 갈등은 부정적인 결과를 초래한다는 인식을 전제로 하고 있다.
④ 조직에 이익이 될 수 있는 해결책을 찾아보고 있다.
⑤ 대화와 협상으로 의견조율에 초점을 맞추고 있다.

※ 다음 내용을 읽고 물음에 답하시오. [2~3]

오토바이용 헬멧 제조업체인 Z사는 국내 시장의 한계를 느끼고 미국 시장에 진출해 안전과 가격, 디자인 면에서 호평을 받으며 시장의 최강자가 되었다. 외환위기와 키코사태*로 위기 상황에 놓인 적도 있었지만 비상장 및 내실 있는 경영으로 은행에 출자 전환하도록 설득하여 오히려 기사회생하였다.
미국시장 진출 시 OEM 방식을 활용할 수 있었지만 자기 브랜드를 고집한 대표이사의 선택으로 해외에서 개별 도매상들을 상대로 직접 물건을 판매했다. 또한 평판이 좋은 중소규모 도매상을 선정해 유대관계를 강화했다. 한번 계약을 맺은 도매상과는 의리를 지켰고, 그 결과 단단한 유통망을 갖출 수 있었다.
유럽 진출 시에는 미국과는 다른 소비자의 특성에 맞춰 고급스런 디자인의 고가 제품을 포지셔닝하여 모토그랑프리를 후원하고 우승자와 광고 전속 계약을 맺었다. 여기에 신제품인 스피드와 레저를 동시에 즐길 수 있는 실용적인 변신 헬멧으로 유럽 소비자들을 공략해 시장점유율을 높였다.

* 키코사태(KIKO; Knock In Knock Out)는 환율 변동으로 인한 위험을 줄이기 위해 만들어진 파생상품에 가입한 수출 중소기업들이 2008년 미국발 글로벌 금융위기 여파로 환율이 급등하자 막대한 손실을 보게 된 사건이다.

02 Z사가 미국시장에 성공적으로 진출할 수 있었던 요인이 아닌 것은? 난이도 하

① OEM 방식을 효율적으로 활용했다.
② 자사 브랜드를 알리는데 주력했다.
③ 평판이 좋은 유통망을 찾아 계약을 맺었다.
④ 안전과 가격, 디자인 모두에 심혈을 기울였다.
⑤ 한번 계약을 맺은 도매상과는 의리를 지켰다.

03 Z사가 해외 진출 시 분석을 위해 활용한 요소들을 모두 고른 것은? 난이도 중

㉠ 현지 시장의 경쟁상황
㉡ 경쟁업체
㉢ 시장점유율
㉣ 제품 가격 및 품질
㉤ 공급 능력

① ㉠, ㉡, ㉢
② ㉡, ㉢, ㉣
③ ㉠, ㉡, ㉢, ㉣
④ ㉠, ㉡, ㉢, ㉣, ㉤
⑤ ㉢, ㉣, ㉤

※ 다음 내용을 읽고 물음에 답하시오. [4~5]

무역상사 B사의 김 대리는 3년 간 중국의 중소도시에서 파견 근무를 하게 되었다. 파견 간 지 얼마 되지 않아 중국 현지 파트너사의 담당자 결혼식에 초대를 받게 되었다. 김 대리는 붉은 색 원피스에 단정하게 옷을 차려 입고 대표이사님이 전달하라고 하는 축의금을 평소처럼 하얀색 봉투에 넣어 결혼식에 참석했다. 결혼식에 가서 좀 충격을 받은 점은 사람들의 옷차림이었다. 정장을 입는 사람들은 몇 명 없었고 대부분 일상복 차림의 하객들이 많았다. 김 대리는 속으로 '남의 결혼식에 너무 편안한 차림으로 오는 게 아닌가? 예의가 좀 없는 사람들이네.'라고 생각했다. 하객 테이블에는 선물로 예쁜 상자가 놓여 있었다. 김 대리가 상자를 열어보니 사탕이 들어 있었다. '무슨 결혼식에서 선물로 사탕을 주냐.'라고 생각하며 김 대리는 좀 실망하게 되었다. 결혼식이 끝나고 김 대리는 한 팀에 근무하는 동료이자 현지 통역사인 왕 대리와 차를 한 잔 마시며 이해가 가지 않는 중국 문화에 대해 물어보게 되었다.

04 김 대리가 중국 현지 결혼식에 참석하여 보고 느낀 점에 대한 설명으로 적합하지 않은 것은? 난이도 하

① 한 문화권에 속한 사람이 다른 문화를 접하게 되었을 때 체험하는 충격이다.
② 불일치, 위화감, 심리적 부적응 상태를 경험하게 된다.
③ 문화 충격 또는 컬쳐 쇼크라고 이야기한다.
④ 자신의 관점으로 다른 문화를 평가하고, 자신의 정체성을 유지하면 된다.
⑤ 새로 접한 문화에 대해 파악하려 하는 적극적 자세가 요구된다.

05 앞으로 김 대리가 중국에서 사업과 생활을 위해 필요한 자세로 가장 적합하지 않은 것은? 난이도 중

① 중국인들의 상황에 따른 복식 문화
② 유창한 중국어 학습만을 통한 문화 차이 극복
③ 중국인들의 생활 속에서 사용하는 색의 의미 이해
④ 중국인들의 가치관과 생활양식에 대한 개방적인 태도
⑤ 중국인들의 관혼상제 등에 대한 문화적 배경 이해

※ 다음 지문을 읽고 다음 물음에 답하시오. [6~7]

과거에는 기업 자체적으로 기업 내부의 자원을 총 동원하여 모든 문제를 해결하고 기업 혼자만의 기술과 능력으로 사업을 추진하는 것이 대세였다면 이제는 대부분의 기업과 스타트업들에 있어 (㉠)이/가 거부할 수 없는 필수요소가 되었습니다. 개방형 혁신 또는 열린 혁신으로 불리는 (㉠)은/는 일반적으로 기업들이 자체 연구개발 또는 사업화 과정에서 대학이나 타기업 및 연구소 등의 외부 기술과 지식을 접목하고 도입하거나 이를 활용하여 사업화함으로써 성과와 효율성을 극대화하려는 경영전략입니다. 기업에 필요한 기술과 아이디어를 외부에서 조달하는 한편 기업 내부의 자원을 외부와 공유하면서 혁신적인 새로운 제품이나 서비스를 만들어내는 것을 (㉠)(이)라고 할 수 있습니다. 기업의 사업 환경이 빠르게 변화하면서 신속하게 대응하는 기업들의 생존방식이라고도 할 수 있습니다.
(㉠)의 추진과정에서 브레인스토밍은 빼 놓을 수 없는 필수요소입니다. 브레인스토밍이란 오스븐에 의해 처음 소개되었으며 특정한 주제에 대해 두뇌에서 폭풍이 휘몰아치듯이 생각나는 아이디어를 가능한 모두 끌어내어 내놓는 것입니다. 짧은 시간에 많은 아이디어를 생성해 내는 것이 목적이고, 주로 집단의 회의·토의·토론 등에서 사용할 수 있습니다. 업무의 추진과정에서 접하게 될 예측가능한 모든 사안에 대하여 가능한 모든 원인을 찾아내는데도 브레인스토밍처럼 유용한 것은 없습니다. 대부분의 다국적 기업들은 모든 문제해결과 외부자원을 활용하고자 할 때 브레인스토밍을 통해 성과를 내고 있기도 합니다.

06 다음 중 ㉠에 들어갈 내용으로 가장 적절한 것은? 난이도 상

① 애자일(Agile)
② 오픈 이노베이션(Open Innovation)
③ 데브옵스(DevOps)
④ 빅데이터(Big Data)
⑤ 브레인 라이팅(Brain Writing)

07 다음 중 글을 읽고 ㉠의 사례로 옳지 않은 것은? 난이도 중

① 일본 S맥주는 수제맥주를 직접 만들고 싶은 소비자들을 웹사이트에서 모집해 삿포로 직원과 함께 컬래버 제품을 개발하고 있다. 이미 10종류의 맥주가 탄생했으며, S맥주는 이 중 일부를 연내 출시할 예정이다.
② 국내 S는 직원과 외부인의 5～6명으로 팀을 구성해 새로운 제품을 개발하고 있으며 크게 파트너십과 벤처, 액셀러레이터, 인수 합병(M&A)의 네 가지 카테고리를 통해 전략을 운용하고 있다.
③ A는 하드웨어 생산은 아웃소싱하지만 제품 개발은 철저히 비밀리에 내부적으로 진행하고 있다.
④ 레고는 사이트를 통해 사용자의 디자인 평가와 새로운 아이디어를 공유, 신제품 개발에 활용하고 있다.
⑤ 국내 D제약은 줄기세포를 처음부터 개발한 게 아니라 대학이나 연구소에서 개발하던 것을 발굴하여 과감히 라이센스인한 것이다. 뿐만 아니라 하버드대학과 콜럼비아대학에서 스핀아웃된 회사의 기술도 얻어 좀 더 나은 개발을 할 수 있도록 협력하고 있다.

※ 다음의 자료를 읽고 다음 물음에 답하시오. [8~9]

지난해 5월 구인구직 매칭 플랫폼 S가 기업 962개를 대상으로 '기업 내 직급 · 호칭파괴 제도'에 대해 조사한 결과, 응답한 기업의 65.4%가 효용성이 낮다고 보고 있었다. 실제로 제도를 운영하고 있는 기업(112개사)의 25%도 실효성에 대해서는 부정적이었다. 또한 도입하지 않은 기업(822개사)의 83.3%는 향후에도 도입 의사가 없었다. 지난해 '호칭파괴 제도' 도입을 한 기업은 11.6%에 불과했고 도입을 하지 않거나, 도입을 해도 다시 직급 체계로 회귀한 기업은 88.3%에 달했다. ㉠ K사의 경우 지난 2009년 팀장급 아래 직급과 호칭을 '매니저'로 단일화했다가 5년여 만인 2017년에 다시 원상복귀시켰다. H그룹도 지난 2012년 '매니저'로 호칭을 통일했으나 2년 전 '부장', '차장' 등 전통적 호칭 체계로 돌아왔다. 배달 앱 B사 경우 사원 · 주임 · 선임 · 책임 · 수석 등 직급 호칭을 유지하고 있다. 효율적인 ㉡ 업무를 위한 조치다. C사 등 일부 기업을 제외하면 직급 호칭 파괴를 임원 등 책임자 이하로 제한해 적용하는 것도 같은 맥락이다. 위의 설문조사에서도 도입하지 않는 이유 1위로도 '호칭만으로 상명하복 조직문화 개선이 어려워서(37.3%, 복수응답)'가 꼽혔다. 이어 '불명확한 책임 소재로 업무상 비효율적이어서(30.3%)', '승진 등 직원들의 성취동기가 사라져서(15.6%)', '조직력을 발휘하는데 걸림돌이 될 것 같아서(13.4%)', '신속한 의사결정이 오히려 힘들어서(12.2%)' 등이 뒤를 이었다. 호칭이나 직급 변화로 효과를 얻기 위해선 업무 체계 재편도 동반되어야하는 목소리도 나온다.

08 다음 중 ㉠의 사례와 같이 기업 내 직급 · 호칭파괴 제도가 실패한 원인으로 볼 수 없는 것은? 난이도 중

① 책임자가 명확치 않아 업무 효율이 저해된다거나 다른 회사와 일할 때 호칭 문제로 업무 혼선이 빚어진다.
② 승진을 하면 기분이 매우 좋다.
③ 무늬만 바뀐 채 실제적인 변화가 없다.
④ 호칭과 직급체계가 변했지만 업무 체계가 달라지지 않으면서 조직문화 변화로 이어지지 않았다.
⑤ 효율성이 중요한 제조업의 경우 조직력을 발휘하거나 신속한 의사결정이 오히려 힘들어 질 수 있다.

09 다음 중 ㉡에 대한 설명으로 옳지 않은 것은? 난이도 중

① 조직 내에서 업무는 조직의 목적을 보다 효과적으로 달성하기 위하여 세분화된 것이므로, 궁극적으로는 같은 목적을 지향한다.
② 같은 규모의 조직이라고 하더라도 업무의 종류와 범위가 다를 수 있다.
③ 보통 업무는 개인이 선호하는 업무를 임의로 선택하여 진행된다.
④ 개별 업무들은 요구되는 지식, 기술, 도구의 종류가 다르고, 이들 간 다양성도 차이가 있다.
⑤ 업무가 독립적으로 이루어지지만 업무 간에는 서열이 있어서 순차적으로 이루어지기도 하며, 서로 정보를 주고받기도 한다.

02 피둘형

※ 다음은 S회사의 회의록이다. 회의록을 보고 이어지는 질문에 답하시오. [1~2]

〈회의록〉

회의일시	2021년 4월 12일	부서	생산팀, 연구팀, 마케팅팀	작성자	홍길동
참석자	생산팀 팀장·차장, 연구팀 팀장·차장, 마케팅팀 팀장·차장				
회의안건	제품에서 악취가 난다는 고객 불만에 따른 원인 조사 및 대책방안				
회의내용	주문폭주로 인한 물량증가로 잉크가 덜 마른 포장상자를 사용해 냄새가 제품에 스며든 것으로 추측				
결정사항	[생산팀] 내부 비닐 포장, 외부 종이상자 포장이었던 기존방식에서 내부 2중 비닐포장, 외부 종이상자 포장으로 교체 [마케팅팀] 1. 주문 물량이 급격히 증가했던 일주일 동안 생산된 제품 전격 회수 2. 제품을 공급한 매장에 사과문 발송 및 100% 환불·보상 공지 [연구팀] 포장재질 및 인쇄된 잉크의 유해성분 조사				

01 회의록을 보고 알 수 있는 내용으로 올바른 것은? 난이도 중

① 이 조직은 6명으로 이루어져 있다.
② 회의 참석자는 총 3명이다.
③ 연구팀에서 제품을 전격 회수해 포장재질 및 인쇄된 잉크의 유해성분을 조사하기로 했다.
④ 주문량이 많아 잉크가 덜 마른 포장상자를 사용한 것이 문제 발생의 원인으로 추측된다.
⑤ 포장재질 및 인쇄된 잉크 유해성분을 조사한 결과 인체에는 무해한 것으로 밝혀졌다.

02 회의 후 가장 먼저 해야 할 일은 무엇인가? 난이도 하

① 해당 브랜드의 전 제품 회수
② 포장재질 및 인쇄된 잉크 유해성분 조사
③ 새로 도입하는 포장방식 홍보
④ 주문 물량이 급격히 증가한 일주일 동안 생산된 제품 파악
⑤ 제품을 공급한 매장에 사과문 발송

03 **다음을 보고 A사원이 처리할 첫 업무와 마지막 업무를 올바르게 짝지은 것은?** 난이도 중

A씨, 우리 팀이 준비하는 상반기 프로젝트가 마무리 단계인 건 알고 있죠? 이제 곧 그동안 진행해 온 팀 프로젝트를 발표해야 하는데 A씨가 발표자로 선정되어서 몇 가지 말씀드릴 게 있어요. 6월 둘째 주 월요일 오후 4시에 발표를 할 예정이니 그 시간에 비어있는 회의실을 찾아보고 예약해주세요. 오늘이 벌써 첫째 주 수요일이네요. 보통 일주일 전에는 예약해야 하니 최대한 빨리 확인하고 예약해 주셔야 합니다. 또 발표 내용을 PPT 파일로 만들어서 저한테 메일로 보내주세요. 검토 후 수정사항을 회신할테니 반영해서 최종본 내용을 브로슈어에 넣어주세요. 최종본 내용을 모두 입력하면 디자인팀 D대리님께 파일을 넘겨줘야 해요. 디자인팀에서 작업 후 인쇄소로 보낼 겁니다. 최종 브로슈어는 1층 인쇄소에서 받아오시면 되는데 원래는 한나절이면 찾을 수 있지만 이번에 인쇄 주문 건이 많아서 다음 주 월요일에 찾을 수 있을 거예요. 아, 그리고 브로슈어 내용 정리 전에 작년 하반기에 프로젝트 발표자였던 B주임에게 물어보면 어떤 식으로 작성해야 할지 이야기해 줄 거예요.

① PPT 작성 – D대리에게 파일 전달
② 회의실 예약 – B주임에게 조언 구하기
③ 회의실 예약 – 인쇄소 방문
④ B주임에게 조언 구하기 – 인쇄소 방문
⑤ 회의실 예약 – D대리에게 파일 전달

04 **다음은 A편집팀의 새로운 도서분야 시장진입을 위한 신간회의 내용이다. 의사결정방법 중 하나인 '브레인스토밍'을 활용할 때, 이에 적합하지 않은 발언을 한 사람을 모두 고른 것은?** 난이도 하

A사원 : 신문 기사를 보니, 세분화된 취향을 만족시키는 잡지들이 주목받고 있다고 하던데, 저희 팀에서도 소수의 취향을 주제로 한 잡지를 만들어 보는 건 어떨까요? B대리 : 그건 수익성은 생각하지 않은 발언인 것 같네요. C과장 : 아이디어는 많으면 많을수록 좋죠, 더 이야기해 봐요. D주임 : 요새 직장생활에 관한 이야기를 주제로 독자의 공감을 이끌어내는 도서들이 많이 출간되고 있습니다. '연봉'과 관련한 실용서를 만들어 보는 건 어떨까요? 신선하고 공감을 자아내는 글귀와 제목, 유쾌한 일러스트를 표지에 실어서 눈에 띄게 만들어 보는 것도 좋을 것 같습니다. E차장 : 위 두 아이디어 모두 신선하네요. '잡지'의 형식으로 가면서 직장인과 관련된 키워드를 매달 주제로 해 발간해보면 어떨까요? 창간호 키워드는 '연봉'이 좋겠군요.

① A사원
② B대리
③ B대리, C과장
④ B대리, E차장
⑤ A사원, D주임, E차장

※ S회사는 새로 출시할 화장품과 관련하여 회의를 하였다. 다음 자료를 읽고 이어지는 질문에 답하시오. **[5~6]**

〈신제품 홍보 콘셉트 기획 1차 미팅〉

참여자	• 제품 개발팀 : A과장, B대리 • 기획팀 : C과장, D대리, E사원 • 온라인 홍보팀 : F대리, G사원		
회의 목적	• 신제품 홍보 방안 수립 • 제품명 개발	회의 날짜	2021.5.4.(월)

〈제품 특성〉

1. 여드름 치료에 적합한 화장품
2. 성분이 순하고, 향이 없음
3. 이용하기 좋은 튜브형 용기로 제작
4. 타사 여드름 관련 화장품보다 가격이 저렴함

〈회의 결과〉

• 제품 개발팀 : 제품의 특성을 분석
• 기획팀 : 특성에 맞고 소비자의 흥미를 유발하는 제품명 개발
• 온라인 홍보팀 : 현재 출시된 타사 제품에 대한 소비자 반응 확인, 온라인 설문조사 실시

05 다음 회의까지 해야 할 일로 적절하지 않은 것은? 난이도 중

① B대리 : 우리 제품이 피부자극이 적은 성분을 사용했다는 것을 성분표로 작성해 확인해봐야겠어.
② C과장 : 여드름 치료 화장품이니 주로 청소년층이 우리 제품을 구매할 가능성이 커. 그러니 청소년층에게 흥미를 일으킬 수 있는 이름을 고려해야겠어.
③ D대리 : 현재 판매되고 있는 타사 여드름 제품의 이벤트 현황을 조사해야지.
④ F대리 : 화장품과 관련된 커뮤니티에서 타사의 여드름 제품에 대한 반응을 확인해야겠다.
⑤ G사원 : 여드름이 고민인 사람들이 많이 모인 커뮤니티에서 온라인 설문조사를 할 수 있는지 살펴봐야겠어.

06 온라인 홍보팀의 G사원은 온라인에서 타사의 여드름 화장품에 대한 소비자의 반응을 조사해 추후 회의에 가져갈 생각이다. 다음 중 회의에 가져갈 반응으로 적절하지 않은 것은? 난이도 하

① A응답자 : 여드름용 화장품에 들어간 알코올 성분 때문에 얼굴이 화끈거리고 따가워요.
② B응답자 : 화장품이 유리용기에 담겨 있어 쓰기에 불편해요.
③ C응답자 : 향이 강한 제품이 많아 거부감이 들어요.
④ D응답자 : 여드름 화장품을 사용하고 색조화장을 하면 화장이 자꾸 떠요.
⑤ E응답자 : 여드름용 화장품을 판매하는 매장이 적어 구매하기가 불편해요.

CHAPTER 08

대인관계능력

출제유형 및 학습 전략

1 일반적인 수준에서 판단하라!

일상생활에서의 대인관계를 생각하면서 문제에 접근하면 어렵지 않게 풀 수 있다. 그러나 수험생들 입장에서 직장 속 상황, 특히 역할(직위)에 따른 대인관계를 묻는 문제는 까다롭게 느껴질 수 있고 일상과는 차이가 있을 수 있기 때문에 이런 유형에 대해서는 따로 알아둘 필요가 있다.

2 이론을 먼저 익혀라!

대인관계능력 이론을 접목한 문제가 종종 출제된다. 물론 상식수준에서도 풀 수 있지만 정확하고 신속하고 해결하기 위해서는 이론을 정독해야 한다. 하지만 이론 정독은 기본으로 해야 하며 자주 출제되는 부분들(리더십과 멤버십의 차이, 단계별 협상과정, 고객불만 처리 프로세스 등)은 외워둘 필요가 있다.

3 실제 업무에 대한 이해를 높여라!

출제되는 문제의 수는 많지 않으나, 직군 및 직무와 상관없이 모든 직업인에게 중요한 영역이다. 특히 고객과의 접점에 있는 서비스 직군 시험에 출제될 가능성이 높은 영역이다. 특히 상황 제시형 문제들이 많이 출제되므로 실제 업무에 대한 이해를 높여야 한다.

4 애매한 유형의 빈출 문제, 선택지를 파악하라!

대인관계능력의 출제 문제들을 보면 이것도 맞고, 저것도 맞는 것 같은 선택지가 많다. 하지만 정답은 하나이다. 출제자들은 대인관계능력이란 공부를 통해 얻는 것이 아닌 본인의 독립적인 성품으로부터 자연스럽게 나오는 것이라고 생각한다. 수험생들이 선택하는 보기로 그 수험생들을 파악한다. 그러므로 대인관계능력은 빈출 유형의 문제와 선택지를 파악하고 가는 것이 애매한 문제들의 정답률을 높이는데 도움이 될 것이다.

SECTION 01 모듈이론

01 대인관계능력의 의의

(1) 대인관계능력이란?

① 대인관계의 의의

조직 구성원 간에 협조적인 관계를 유지하고, 구성원들에게 도움을 줄 수 있으며, 조직 내·외부의 갈등을 원만히 해결하는 능력을 말한다.

② 대인관계능력의 하위능력

종류	내용
팀워크 능력	다른 구성원들과 목표를 공유하고 원만한 관계를 유지하며, 책임감 있게 업무를 수행하는 능력
리더십 능력	조직 구성원들의 업무 향상에 도움을 주며 동기화시킬 수 있고, 조직의 목표 및 비전을 제시할 수 있는 능력
갈등관리 능력	조직 구성원 사이에 갈등이 발생하였을 경우, 이를 원만히 조절하는 능력
협상 능력	협상 가능한 목표를 세우고 상황에 맞는 협상 전략을 선택하여 다른 사람과 협상하는 능력
고객서비스 능력	고객서비스에 대한 이해를 바탕으로 실제 현장에서 다양한 고객에 대처하고 고객만족을 이끌어낼 수 있는 능력

(2) 대인관계 양식의 유형과 특징 기출

구분	특징
지배형	• 대인관계에 자신이 있으며 자기주장이 강하고 주도권을 행사함 • 지도력과 추진력이 있음 • 강압적·독단적·논쟁적이어서 마찰이 발생할 가능성이 높음 • 지시에 순종하지 않고 거만하게 보임
실리형	• 이해관계에 예민하며 성취 지향적임 • 자기중심적·경쟁적이며, 이익을 우선시 함 → 타인에 대한 관심과 배려가 부족함 • 타인을 신뢰하지 못함 • 불공평한 대우에 예민함
냉담형	• 이성적이고 냉철하며, 의지가 강하고 타인과 거리를 둠 • 타인의 감정에 무관심 함 • 긍정적인 감정 표현을 어려워 함 • 오랜 기간 깊게 사귀기 어려움
고립형	• 혼자 일하는 것을 좋아하며, 감정을 드러내지 않음 • 사회적 상황을 회피하며 감정을 지나치게 억제함 • 침울하고 우유부단하여 고립될 가능성이 있음
복종형	• 수동적이고 의존적임 • 자신감이 낮고 주목받는 일을 피함 • 자신의 의사를 전달하기 어려워 함 • 상급자의 위치에서 일하는 것에 부담을 느낌

순박형	• 단순하고 솔직하며, 너그럽고 겸손함 • 주관 없이 끌려 다니기 쉬움 → 이용당할 가능성이 높음 • 원치 않을 때에도 타인의 의견에 반대하지 못함
친화형	• 타인을 배려하며 자기희생적 태도 • 요구를 잘 거절하지 못하고 타인의 필요를 자신보다 앞세움 • 타인과의 정서적 거리 유지 노력 • 본인의 이익도 중요함을 인식
사교형	• 외향적, 인정받고자 하는 욕구 • 타인에게 간섭하는 경향 • 흥분, 충동적 성향 • 개인적인 일을 타인에게 너무 알리는 경향이 있음 • 자신의 내면적 생활에 관심을 가지고, 인정받고자 하는 욕구에 대해 성찰할 필요가 있음

OX 문제

01 대인관계능력이란 조직원들과 협조적인 관계 유지, 조직 구성원들에게 업무상의 도움, 조직 내부 및 외부의 갈등 해결, 고객의 요구를 충족시켜줄 수 있는 능력 등을 포괄하는 개념이다. [ ]

02 친화형 인간의 경우는 나의 이익보다는 타인의 이익이 중요하다는 것을 인식함으로서 문제점을 해결할 수 있다. [ ]

03 대인관계 유형 중 순박형은 겸손하고 너그러운 경향이 있으며, 본인이 원치 않는 것에 대해서는 반대 의견을 잘 표현한다. [ ]

01 [○]

02 [×] 친화형의 경우 타인의 요구를 잘 거절하지 못하고 타인의 필요를 자신의 것보다 앞세우는 경향이 있기 때문에, 타인의 이익만큼이나 나의 이익이 중요하다는 것을 인식하는 게 중요하다.

03 [×] 순박형은 겸손하고 너그러운 경향이 있으며, 본인이 원치 않는 것에 대해서는 반대 의견을 잘 표현하지 못한다. 이에 자신의 의견을 표현하고 주장하는 노력이 필요하다.

02 팀워크능력

(1) 팀워크의 의의와 특징

① 팀워크의 정의

'Team'과 'Work'의 합성어로, 팀 구성원이 공동의 목적을 달성하기 위해 상호 관계성을 가지고 협력해 업무를 수행하는 것을 말한다.

② 팀워크와 응집력의 차이

팀워크	응집력
구성원이 공동의 목적을 달성하기 위해 상호 관계성을 가지고 서로 협력해 업무를 수행하는 것	사람들로 하여금 집단에 머물도록 하고, 그 집단의 구성원으로 계속 남아 있기를 원하게 만드는 힘

③ 팀워크의 유형

협력·통제·자율 등의 3가지 기제를 통해 구분되는데, 조직이나 팀의 목적, 추구하는 사업 분야에 따라 서로 다른 유형의 팀워크를 필요로 한다.

④ 팀워크를 저해하는 요소 기출

- 조직에 대한 이해 부족
- 이기주의
- 자아의식 과잉
- 질투나 시기로 인한 파벌주의
- 그릇된 우정과 인정
- 사고방식의 차이에 대한 무시

(2) 리더십과 팔로워십

① 팔로워십의 의의

리더를 따르는 것으로, 따르는 사람들은 헌신, 전문성, 용기, 정직하고 현명한 평가 능력, 융화력, 겸손함이 있어야 하며, 리더가 결점이 보일 때도 덮어주는 아량도 있어야 한다. 리더십과 팔로워십은 상호 보완적이며 필수적인 관계를 이룬다.

② 팔로워십의 유형 기출

구분	자아상	동료 / 리더의 시각	조직에 대한 자신의 느낌
소외형	• 자립적 • 일부러 반대의견 제시 • 조직의 양심	• 냉소적 • 부정적 • 고집이 셈	• 자신을 인정하지 않음 • 적절한 보상의 부재 • 불공정하며 문제가 있음
순응형	• 기쁜 마음으로 과업수행 • 팀플레이 • 리더나 조직을 믿고 헌신	• 아이디어 없음 • 인기 없는 일은 하지 않음 • 조직을 위해 자신과 가족의 요구를 양보	• 기존 질서 존중 • 리더의 의견을 거스르지 못함 • 획일적인 태도
실무형	• 조직의 운영방침에 민감 • 균형 잡힌 시각 • 규정과 규칙	• 개인의 이익 극대화 • 적당한 열의와 평범한 수완	• 규정 준수 강조 • 명령과 계획의 잦은 변경 • 리더와 부하 간의 비인간적 풍토
수동형	• 리더에 의존 • 지시에 의한 행동	• 제 몫을 하지 못함 • 감독이 반드시 필요	• 조직이 자신의 아이디어를 원치 않음 • 노력과 공헌은 소용없음
주도형	이상적인 유형		

(3) 팀워크의 촉진방법

① 건설적 피드백

문제 제기	해당 팀원으로 하여금 업무 수행이나 근무태도의 특정 사안에 대해 시정해야 할 부분이 있음을 알게 하는 것으로, 업무목표 달성과 관련된 경우나 자신이 해야 할 일이 아닌 업무를 하고 있을 때 문제를 제기하는 단계
상황 이해	업무 수행과 근무태도가 부서에 미치는 영향에 관해 기술하고, 상호 이해에 도달함으로써 해당 팀원이 무엇이 문제인지를 알게 하는 단계
문제 해결	바람직한 결과를 끌어내기 위해서 해당 팀원이 현재 상황을 개선할 수 있도록 행동을 취하게 하는 단계

② 갈등의 해결

㉠ 성공적으로 운영되는 팀은 갈등의 해결에 능숙하다. 효과적인 갈등관리로 혼란과 내분을 방지하고, 팀 진전 과정에서의 방해 요소를 미리 없앤다.

㉡ 팀원 사이의 갈등을 발견하면 제3자로서 신속히 개입해 중재해야 한다.

③ 훌륭한 결정이 되기 위해서 고려해야 할 2가지 측면

결정의 질	• 쟁점의 모든 측면을 다루었는가? • 모든 팀원과 협의하였는가? • 추가 정보나 조언을 얻기 위해 팀 외부와 협의할 필요가 있는가?
구성원의 참여	• 모든 팀원이 결정에 동의하는가? • 팀원들은 결정을 실행함에 있어서 각자의 역할을 이해하고 있는가? • 팀원들은 결정을 열성적으로 실행하고자 하는가?

OX 문제

01 응집력이란 사람들로 하여금 집단에 머물도록 만들고, 그 집단의 멤버로서 계속 남아 있기를 원하게 만드는 힘을 의미한다. [ ]

02 팔로워십 유형 중 실무형은 조직의 운영방침에 민감하며 사건을 균형 잡힌 시각으로 보는 특징을 가진다. [ ]

03 팔로워십의 유형 중 소외형은 다소 냉소적 · 부정적인 시각을 가지고, 조직이 자신을 인정해 주지 않는다는 인식을 갖는다. [ ]

01 [○]
02 [○]
03 [○]

03 리더십 능력

(1) 리더십의 의의

① 리더십의 의의 기출

모든 조직 구성원이 각자의 위치에서 가질 수 있는 것으로, '조직의 공통된 목적을 달성하기 위하여 개인이 조직원들에게 영향을 미치는 과정'을 의미한다.

② 리더십에 대한 일반적인 정의·개념

- 조직 구성원들로 하여금 조직의 목표를 위해 자발적으로 노력하도록 영향을 주는 행위
- 어떤 주어진 상황 내에서 목표 달성을 위해 개인 또는 집단에 영향력을 행사하는 과정
- 자신의 주장을 소신 있게 나타내고 다른 사람들을 격려하는 힘

③ 리더와 관리자

리더	관리자
• 새로운 상황 창조자 • 혁신지향적 • '내일'에 초점을 맞춘다. • 사람을 중시 • 정신적 • 계산된 리스크를 취한다. • '무엇을 할까?'를 생각한다.	• 상황에 수동적 • 유지지향적 • '오늘'에 초점을 맞춘다. • 체제나 기구를 중시 • 기계적 • 리스크를 회피한다. • '어떻게 할까?'를 생각한다.

④ 리더십의 발휘 구도

산업 사회에서 정보 사회로 이행되면서 상사가 하급자에게 발휘하는 형태가 아니라, 하급자뿐만 아니라 동료나 상사에게까지도 발휘해야 되는 형태로 바뀌었다.

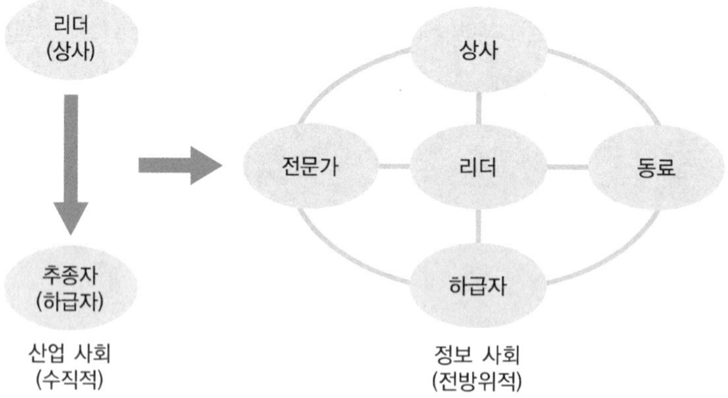

(2) 리더십의 유형 기출

① 독재자 유형

㉠ 정책의사결정과 대부분의 핵심 정보를 자신에게만 국한해 소유한다.

㉡ 통제가 없이 방만한 상태에 있을 때 혹은 가시적인 성과물이 보이지 않을 때 효과적이다.

㉢ 특징 : 질문 금지, 모든 정보는 내 것, 실수를 용납하지 않음

② 민주주의 근접 유형

㉠ 독재자 유형보다는 관대하다. 전체 그룹 구성원 모두를 목표 방향 설정에 참여시킴으로써 구성원들에게 확신을 심어주려고 노력한다.

㉡ 혁신적이고 탁월한 부하 직원들을 거느리고, 그러한 방향을 계속적으로 지향할 때 가장 효과적이다.

㉢ 특징 : 참여, 토론의 장려, 거부권

③ 파트너십 유형

㉠ 리더와 집단 구성원 사이의 구분이 희미하다.

㉡ 소규모 조직에서 풍부한 경험과 재능을 소유한 개개인들에게 적합하고 신뢰, 정직, 구성원들의 능력에 대한 믿음이 파트너십의 핵심 요소이다.

㉢ 특징 : 평등, 집단의 비전, 책임 공유

④ 변혁적 유형

㉠ 개개인과 팀이 유지해 온 업무 수행 상태를 뛰어넘으려 한다.

㉡ 특징 : 카리스마, 자기 확신, 존경심과 충성심, 풍부한 칭찬, 감화

(3) 동기부여와 임파워먼트(Empowerment)

① 동기부여의 의의

'동기부여'는 리더십의 핵심 개념이다. 성과와 목표의 실현은 동기부여의 직접적인 결과이며, 자신에게 동기를 부여해야 좋은 결과를 얻을 수 있다.

② 동기부여의 방법 기출

긍정적 강화법	목표달성을 높이 평가하여 곧바로 보상하는 행위
새로운 도전의 기회 부여	환경 변화에 따라 조직원에게 새로운 업무를 맡을 기회를 제공하여 발전과 창조성을 고무
창의적인 문제 해결법 발견	문제를 해결하도록 지도하고 개입하지만, 해결책은 스스로 찾을 수 있도록 분위기를 조성
역할과 행동에 책임감 부여	업무에 책임을 지도록 하는 환경 조성 → 안정감을 느끼고 의미 있는 일을 하고 있다는 긍지를 가짐
코칭	문제 및 진척 상황을 팀원들과 함께 살피고 지원하며, 지도 및 격려
변화를 두려워하지 않음	위험을 감수해야 할 이유와 목표제시를 통해 팀원이 안전지대를 벗어나 높은 목표를 향해가도록 격려
지속적 교육	지속적인 교육과 성장의 기회 제공을 통해 상사로부터 인정받고 있으며, 권한을 위임받았다고 느낄 수 있도록 동기 부여

(4) 임파워먼트(Empowerment)

① 임파워먼트의 의의

직원들에게 일정 권한을 위임하면 자신의 능력을 인정받았다고 인식해 업무 효율성이 높아지므로 훨씬 쉽게 목표를 달성할 수 있다.

② 임파워먼트 환경의 특징 기출

- 도전적이고 흥미 있는 일
- 학습과 성장의 기회
- 높은 성과와 지속적인 개선을 가져오는 요인들에 대한 통제
- 긍정적인 인간관계
- 개인들이 공헌하며 만족한다는 느낌
- 상부로부터의 지원

③ 임파워먼트의 장애요인 기출

개인 차원	주어진 일을 해내는 역량의 결여, 동기의 결여, 결의의 부족, 책임감 부족, 의존성
대인 차원	다른 사람과의 성실성 결여, 약속 불이행, 성과를 제한하는 조직의 규범, 갈등 처리 능력 부족, 승패의 태도
관리 차원	통제적 리더십 스타일, 효과적 리더십 발휘 능력 결여, 경험 부족, 정책 및 기획의 실행 능력 결여, 비전의 효과적 전달능력 결여
조직 차원	공감대 형성이 없는 구조와 시스템, 제한된 정책과 절차

(5) 변화관리의 단계 기출

① 1단계 : 변화의 이해

리더는 먼저 변화의 실상을 정확히 파악한 다음, 익숙했던 것들을 버리는 데서 오는 감정과 심리적 상태를 어떻게 다룰 것인가에 대해 심사숙고해야 한다. 변화관리에서 변화를 다루는 방법만큼 중요한 것은 없다.

- 변화가 왜 필요한가?
- 무엇이 변화를 일으키는가?
- 변화는 모두 좋은 것인가?

② 2단계 : 변화의 인식

리더는 직원들에게 변화와 관련된 상세한 정보를 제공하여 직원들 자신이 변화를 주도하고 있다는 마음이 들도록 이끌어야 한다.

- 개방적인 분위기를 조성한다.
- 구성원들의 감정을 세심하게 살핀다.
- 변화의 긍정적인 면을 강조한다.
- 변화에 적응할 시간을 준다.

③ 3단계 : 변화의 수용

- 부정적인 행동을 보이는 구성원은 개별 면담을 통해 늘 관심 있게 지켜보고 있다는 사실과 언제든지 대화를 나눌 수 있다는 점을 주지시킨다.
- 변화에 스스로 대처하려는 직원들에게도 도움을 주어야 한다. 이런 구성원들에게는 '인간은 자기실현적 예언자'라는 점을 인식시키면 좋다.

OX 문제

01 독재자 유형의 리더십은 집단이 통제가 없이 방만한 상태에 있을 때 혹은 가시적인 성과물이 보이지 않을 때 사용한다면 효과적일 수 있다. [ ]

02 목표달성을 높이 평가하여 곧바로 보상하는 행위를 긍정적 강화라고 한다. [ ]

03 지속적으로 동기부여하기 위해 가장 좋은 방법은 금전적인 보상이나 편익, 승진 등의 외적인 동기유발이다. [ ]

04 성공적인 임파워먼트를 위해서는 권한 위임의 한계를 명확하게 하여야 한다. [ ]

01 [○]

02 [○]

03 [×] 외적인 동기유발제는 일시적으로 효과를 낼 수 있으며, 단기간에 좋은 결과를 가져오고 사기를 끌어올릴 수 있지만, 그 효과는 오래가지 못한다.

04 [○]

04 갈등관리능력

(1) 갈등의 의의

① '갈등'의 일반적 의미

조직을 구성하는 개인과 집단, 조직 간에 잠재적 또는 현재적으로 대립하고 마찰하는 사회적 · 심리적 상태를 말한다.

② 갈등과 조직성과 사이의 관계

갈등수준이 전혀 없거나 낮을 때에는 조직 내부는 의욕이 상실되고 환경 변화에 대한 적응력도 떨어져 조직성과가 낮아지게 된다. 그러나 갈등수준이 적정(X_1)할 때는 조직 내부에 생동감이 넘치고 변화지향적이며 문제해결 능력이 발휘된다.

[갈등과 조직성과]

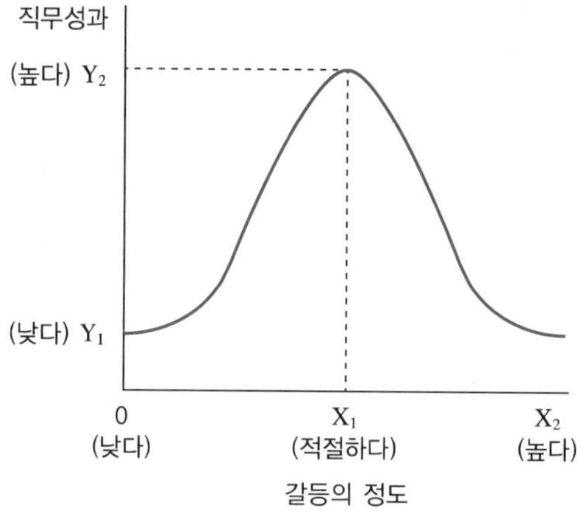

③ 갈등의 증폭원인 기출

적대적 행동	• 팀원은 '승리 · 패배의 경기'를 시작한다. • 팀원은 문제를 해결하기보다는 '승리하기'를 원한다.
입장 고수	• 팀원은 공동의 목표를 달성할 필요성을 느끼지 않는다. • 팀원은 각자의 입장만을 고수하고, 의사소통의 폭을 줄이며, 서로 접촉하는 것을 꺼린다.
감정적 관여	• 팀원은 자신의 입장에 감정적으로 묶인다.

(2) 갈등의 두 가지 쟁점 기출

핵심 문제	감정적 문제
• 역할 모호성 • 방법에 대한 불일치 • 목표에 대한 불일치 • 책임에 대한 불일치 • 가치에 대한 불일치	• 공존할 수 없는 개인적 스타일 • 통제나 권력 확보를 위한 싸움 • 자존심에 대한 위협 • 질투 • 분노

핵심적인 문제들은 대부분 갈등의 밑바닥에 깔려 있는 반면에, 감정적인 문제들은 갈등을 복잡하게 만든다. 갈등을 해결하기 위해서는 핵심적인 문제부터 해결해야 한다.

(3) 갈등을 해결하기 위한 방법

① 갈등의 과정

의견 불일치	상대방의 생각과 동기를 설명하는 기회를 주고 대화를 나누다 보면 오해가 사라지고 더 좋은 관계로 발전할 수 있지만, 그냥 내버려 두면 심각한 갈등으로 발전하게 된다.
대결 국면	상대방의 입장은 부정하면서 자기주장만 하려고 하며, 서로의 입장을 고수하려는 강도가 높아지면서 서로 간의 긴장은 더욱 높아지고 감정적인 대응이 더욱 격화되어 간다.
격화 국면	상대방에 대하여 더욱 적대적으로 발전해 나가며, 상대방의 생각이나 의견·제안을 부정하고, 그에 대한 반격으로 대응함으로써 자신들의 반격을 정당하게 생각한다.
진정 국면	흥분과 불안이 가라앉고 이성과 이해의 원상태로 돌아가려 하며, 협상이 시작된다. 협상과정을 통해 쟁점이 되는 주제를 논의하고 새로운 제안을 하며 대안을 모색하게 된다.
갈등의 해소	갈등 당사자들은 문제를 해결하지 않고는 자신들의 목표를 달성하기 어렵다는 것을 알게 된다. 서로 간에 쌓인 갈등의 해소는 회피형, 지배 또는 강압형, 타협형, 순응형, 통합 또는 협력형 등의 방법으로 이루어진다.

② 갈등 해결 방법

회피형 (Avoiding)	• 자신과 상대방에 대한 관심이 모두 낮은 경우 • 개인의 갈등상황으로부터 철회 또는 회피하는 것 • '나도 지고 너도 지는 방법(I Lose-You Lose)'
경쟁형 (Competing)	• 지배형이라고도 함 • 자신에 대한 관심은 높고, 상대방에 대한 관심은 낮은 경우 • '나는 이기고 너는 지는 방법(Win-Lose)', 제로섬(Zero Sum)
수용형 (Accomodating)	• 자신에 대한 관심은 낮고, 상대방에 대한 관심은 높은 경우 • '나는 지고 너는 이기는 방법(I Lose-You Win)' • 상대방이 거친 요구를 해오는 경우에 전형적으로 나타나는 반응
타협형 (Compromising)	• 서로가 받아들일 수 있는 결정을 하기 위하여 타협적으로 주고받는 방식(Give and Take) • 갈등 당사자들이 반대의 끝에서 시작하여 중간 정도 지점에서 타협하여 해결점을 찾는 것
통합형 (Integrating)	• 협력형(Collaborating)이라고도 함 • 자신은 물론 상대방에 대한 관심이 모두 높은 경우로서, '나도 이기고 너도 이기는 방법(Win-Win)' • 가장 바람직한 갈등 해결 유형

(4) 윈-윈(Win-Win) 갈등관리법 기출

① 윈-윈 갈등관리법의 의미

문제해결을 위해 서로의 관점과 공동의 책임을 수용하도록 하는 방법으로, 팀원들에게 서로의 역할을 바꾸어서 수행해보도록 하는 것 등을 예시로 들 수 있다(어떤 모델을 적용할지 미리 결정하는 것보다 팀 내에서 대립이 있을 때마다 적절한 모델을 적용하는 것이 중요).

② 윈-윈 전략에 의거한 갈등해결 7단계

㉠ 1단계 : 충실한 사전 준비
㉡ 2단계 : 긍정적인 접근 방식
㉢ 3단계 : 두 사람의 입장을 명확히 하기
㉣ 4단계 : Win-Win에 기초한 기준에 동의하기
㉤ 5단계 : 몇 가지 해결책을 생각해내기
㉥ 6단계 : 몇 가지 해결책 평가하기
㉦ 7단계 : 최종 해결책을 선택하고, 실행하는 것에 동의하기

OX 문제

01 '윈-윈(Win-Win) 갈등 관리법'이란 갈등을 피하거나 타협으로 예방하기 위한 방법이다. [ ]

01 [×] 갈등을 피하거나 타협으로 예방하려고 하는 접근법은 상당히 효과적이기는 하지만 문제를 근본적으로 해결해 주는 데에는 한계가 있다.

05 협상능력

(1) 협상의 의의 기출

차원	내용
의사소통 차원	이해당사자들이 자신들의 욕구를 충족시키기 위해 상대방으로부터 최선의 것을 얻어내려고 상대방을 설득하는 커뮤니케이션 과정
갈등 해결 차원	개인, 조직 또는 국가가 가지고 있는 갈등의 문제를 해결하기 위해서 갈등관계에 있는 이해당사자들이 대화를 통해서 상반되는 이익은 조정하고 공통되는 이익을 증진시키는 상호작용 과정
지식과 노력 차원	우리가 얻고자 원하는 것을 어떻게 다른 사람들보다 더 우월한 지위를 점유하면서 얻을 수 있을 것인가 등에 관련된 지식이며, 노력의 장
의사결정 차원	둘 이상의 이해당사자들이 여러 대안들 가운데 이해당사자들 모두가 수용가능한 대안을 찾기 위한 의사결정 과정
교섭 차원	선호가 서로 다른 당사자들이 합의에 도달하기 위해 의사결정하는 과정

(2) 협상의 단계 기출

협상 시작	• 협상 당사자들 사이에 상호 친근감을 쌓음 • 간접적인 방법으로 협상 의사를 전달함
상호 이해	• 적극적으로 경청하고 자기주장을 제시함 • 협상을 위한 협상 대상 안건을 결정함
실질 이해	• 겉으로 주장하는 것과 실제로 원하는 것을 구분하여 실제로 원하는 것을 찾아냄 • 분할과 통합 기법을 활용해 이해관계를 분석함
해결 대안	• 협상 안건마다 대안들을 평가함 • 대안 이행을 위한 실행 계획을 수립함
합의 문서	• 합의문을 작성함 • 합의문 상의 합의 내용·용어 등을 재점검한 후 서명함

(3) 협상 전략의 종류 기출

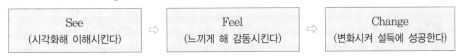

종류	내용
협력전략 : 문제해결전략 (Cooperative Strategy)	• 협상 참여자들이 협동과 통합으로 문제를 해결하고자 하는 협력적 문제해결전략 • 문제를 해결하는 합의에 이르기 위해서 협상 당사자들이 서로 협력하는 것 • 'I Win, You Win, We Win' 전략 • 협상전술 : 협동적 원인 탐색, 정보수집과 제공, 쟁점의 구체화, 대안들에 대한 공동평가, 협동하여 최종안 선택
유화전략 : 양보전략 (Smoothing Strategy)	• 상대방이 제시하는 것을 일방적으로 수용하여 협상의 가능성을 높이려는 전략 • 상대방의 욕구와 주장에 자신의 욕구와 주장을 조정하고 순응시켜 굴복 • 'I Lose, You Win' 전략 • 협상전술 : 유화, 양보, 순응, 수용, 굴복, 요구사항의 철회 등
회피전략 : 무행동전략 (Avoiding Strategy)	• 협상을 피하거나 잠정적으로 중단하거나 철수하는 전략 • 협상의 가치가 낮거나 중단하고자 할 때나 혹은 상대방에게 필요한 양보를 얻어내고자 할 때, 또는 협상 이외의 방법으로 대안이 존재할 경우에 회피전략 사용 • 'I Lose, You Lose, We Lose' 전략 • 협상전술 : 협상을 회피 · 무시, 상대방의 도전에 대한 무반응, 협상안건을 타인에게 넘겨주기, 협상으로부터 철수 등
강압전략 : 경쟁전략 (Forcing Strategy)	• 상대방의 주장을 무시하고 자신의 힘으로 일방적으로 밀어붙여 상대방에게 자신의 입장을 강요하는 전략 • 상대방에 비해 자신의 힘이 강하거나 서로 인간관계가 나쁘고, 신뢰가 전혀 없는 상황에서 자신의 실질적 결과를 극대화하고자 할 때 강압전략을 사용 • 'I Win, You Lose' 전략 • 협상전술 : 위압적인 입장 천명, 협박과 위협, 협박적 설득, 확고한 입장에 대한 논쟁, 협박적 회유와 설득, 상대방 입장에 대한 강압적 설명 요청

(4) 상대방을 설득하는 방법

① See – Feel – Change 전략 기출

See (시각화해 이해시킨다)	⇨	Feel (느끼게 해 감동시킨다)	⇨	Change (변화시켜 설득에 성공한다)

② 상대방 이해 전략

협상 전략에 있어서 상대방 이해란 협상 과정상의 갈등해결을 위해서 상대방에 대한 이해가 선행되어 있으면 갈등해결이 용이하다는 것이다.

③ 호혜관계 형성 전략

협상 당사자 사이에 어떤 혜택들을 주고받는 관계가 형성되어 있으면 그 협상 과정상의 갈등해결에 용이하다.

④ 헌신과 일관성 전략

협상 당사자 사이에 기대하는 바에 일관성 있게 헌신적으로 부응해 행동하게 되면 협상 과정상의 갈등해결이 용이하다.

⑤ 사회적 입증 전략

어떤 과학적인 논리보다도 동료나 이웃의 언행에 의해서 상대방 설득을 진행하는 것이 협상 과정상의 갈등해결이 더 쉽다.

⑥ 연결 전략

협상 과정상의 갈등상태가 발생했을 때 그 갈등 문제와 갈등관리자를 연결하는 것이 아니라 그 갈등을 야기한 사람과 관리자를 연결하면 갈등해결이 용이해진다.

⑦ 권위 전략 기출

직위나 전문성, 외모 등을 이용하면 협상 과정상의 갈등해결에 도움이 될 수 있다.

⑧ 희소성 해결 전략

사람들은 시간적으로 희소하고 사회경제적으로 희소한 것을 소유하고자 하는 강력한 욕구가 있을 때 목숨을 걸 정도로 설득을 잘 당한다.

⑨ 반항심 극복 전략

반대가 심화될수록 희소성이 강화되고 반항심을 더욱 자극해 설득에 실패할 확률이 높아진다.

OX 문제

01 협상에서 성공하기 위해서는 시종 협상의 통제권을 잃지 않도록 해야 한다. [ ]

02 협력전략은 협상 당사자들이 자신들의 목적이나 우선순위에 대한 정보를 서로 교환하여 통합적으로 해결하고자 할 때 사용한다. [ ]

03 유화전략은 자신의 주장을 견지하면서 자신과 상대방의 주장을 절충하여 서로 양보하고자 할 때 사용한다. [ ]

01 [×] 협상은 통제권을 확보하는 것이 아니라 함께 의견 차이를 조정하면서 최선의 해결책을 찾는 것이다.

02 [○]

03 [×] 유화전략은 상대방과의 충돌을 피하고자 상대방의 주장에 대하여 자신의 욕구와 주장을 순응시켜 양보하고 굴복하는 전략이다.

06 고객서비스 능력

(1) 고객서비스의 의의와 고객의 불만

① 고객서비스의 의의

다양한 고객의 요구를 파악하고, 대응법을 마련하여 양질의 서비스를 제공하는 것을 말한다.

② 고객의 불만표현 유형 기출

유형	내용
거만형	• 자신의 과시욕을 드러내고 싶어 하는 고객으로, 보통 제품을 폄하하는 사람들이 많다. • 대응법 : 정중하게 대하는 것이 좋고, 자신의 과시욕이 충족되도록 제지하지 않는 것이 좋다.
의심형	• 직원의 설명이나 제품의 품질에 대해 의심을 많이 하는 고객을 말한다. • 대응법 : 분명한 증거나 근거를 제시해 스스로 확신을 갖도록 유도하고, 때로는 책임자로 하여금 응대하도록 하는 것도 좋다.
트집형	• 사소한 것으로 트집을 잡는 까다로운 고객을 말한다. • 대응법 : 이야기를 경청하면서 맞장구치거나 추켜세우고 설득하는 방법이 효과적이다. 잠자코 고객의 의견을 경청하고 사과를 하는 응대가 바람직하다.
빨리빨리형	• 성격이 급하고, 확신 있는 말이 아니면 잘 믿지 않는 고객을 말한다. • 대응법 : 애매한 화법의 사용은 피하도록 하고, 여러 가지 일을 신속하게 처리하는 모습을 보이면 응대하기 쉽다.

③ 고객불만 처리 프로세스 기출

경청	고객의 항의를 경청하며, 선입관을 버리고 문제를 파악한다.
감사와 공감 표시	• 일부러 시간을 내서 해결의 기회를 준 것에 감사를 표시한다. • 고객의 항의에 공감을 표시한다.
사과	문제점에 대해 인정하고, 잘못된 부분에 대해 사과한다.
해결약속	고객이 불만을 느낀 상황에 대해 관심과 공감을 보이며, 문제의 빠른 해결을 약속한다.
정보파악	• 문제 해결을 위해 꼭 필요한 질문만 하여 정보를 얻는다. • 최선의 해결 방법을 찾기 어려우면 고객에게 어떻게 해주면 만족스러울지를 묻는다.
신속처리	잘못된 부분을 신속하게 시정한다.
처리확인과 사과	불만 처리 후 고객에게 처리 결과에 만족하는지를 물어본다.
피드백	고객불만 사례를 회사 및 전 직원에게 알려 다시는 동일한 문제가 발생하지 않도록 한다.

(2) 고객만족 조사

① 고객만족 조사계획 수립 기출

- 조사 분야 및 대상 설정
- 조사 목적 설정
- 조사 방법 및 횟수
- 조사 결과 활용 계획

② 고객만족 조사 시 주의사항

- 조사 방향에 일관성을 부여하기 위하여 조사 결과의 활용계획을 설정한다.
- 1회만 실시하는 조사보다는 연속해서 시행하는 것이 더 정확한 결과를 얻을 수 있다.

OX 문제

01 트집형 고객을 대할 때에는 고객의 주장이 옳지 않다는 것에 대한 분명한 증거나 근거를 제시하여 확신을 갖도록 유도하는 것이 좋다. [ ]

01 [×] 트집형 고객에 대해서는 반박을 하기 보다는 고객의 지적이 옳음을 표시하고, 고객의 의견을 들어주며 사과를 하는 응대가 바람직하다.

SECTION 02 대인관계능력 맛보기

※ 다음 글을 읽고 물음에 답하시오. [1~2]

직원 : 안녕하세요. 어떻게 오셨습니까?
고객 : 네, 안녕하세요. 다름이 아니라 이 회사가 있는 건물의 주차장 천장에 부착된 안내판이 위험해보여서요. 제가 며칠 전에도 왔는데 그 때도 떨어질 것 같이 흔들거리더니, 오늘도 계속 흔들거리는 게 위험해 보이네요.
직원 : ㉠ 그러셨습니까? 고객님, 일부러 찾아오셔서 알려주시니 정말 감사합니다. 그리고 ㉡ 이용에 불편을 드려 죄송합니다.
고객 : 아니에요. 그게 떨어지면 큰 사고가 날 것 같은데, 얼른 조치를 취하셔야 할 것 같아요.
직원 : 네, 알겠습니다. 확인하는 대로 바로 처리하겠습니다. ㉢ 혹시 몇 층 주차장인지 알려주실 수 있을까요?
고객 : 지하 3층 B 구역이요.
직원 : 감사합니다. ㉣ 바로 담당 직원을 보내 확인 후 처리하도록 하겠습니다. ㉤ 다시 한 번 이용에 불편을 드려 죄송합니다.

01 윗글의 밑줄 친 ㉠~㉤과 이에 해당하는 고객 불만처리 프로세스가 잘못 짝지어진 것은?

① ㉠ : 일부러 시간을 내서 해결의 기회를 준 것에 감사를 표시한다.
② ㉡ : 고객의 이야기를 듣고 잘못된 부분에 대해 사과한다.
③ ㉢ : 문제 해결을 위해 꼭 필요한 정보를 얻는다.
④ ㉣ : 고객 불만 사례를 회사 및 전 직원에게 알려 다시는 동일한 문제가 발생하지 않도록 한다.
⑤ ㉤ : 문제점에 대해 인정하며 잘못된 부분에 대해 사과한다.

02 윗글의 밑줄 친 ㉢은 고객 불만 처리 과정 중 어느 단계에 해당하는가?

① 정보파악 단계
② 신속처리 단계
③ 처리확인과 사과 단계
④ 피드백 단계
⑤ 감사와 공감 표시 단계

Key Point

대인관계능력에서는 주로 고객과 직접 접촉하는 과정에서 발생할 수 있는 상황이 주어지고 이 상황에서 어떻게 대처하는 것이 올바른가를 묻는 문제가 주로 출제된다. 특히 이 문제와 같이 가상의 대화가 주어지고 올바르게 대처하지 않은 부분을 찾게하는 유형이 대표적이다. 그런데 이 유형의 경우 '이정도는 괜찮겠지.'라고 생각되는 부분이 오답으로 처리되는 경우가 자주 등장한다. 따라서 대화를 분석할 때에는 일상적인 대화보다는 도덕교과서 수준으로 보다 엄격하게 해석할 필요가 있다.

01

정답 ④

㉣은 문제의 빠른 해결을 약속하는 '해결약속' 단계에서 해야 될 일이다.

고객 불만 처리 프로세스

경청	고객의 항의에 선입관을 버리고 끝까지 경청한다.
감사와 공감표시	일부러 시간을 내서 해결의 기회를 준 것에 감사를 표시하며, 고객의 항의에 공감을 표시한다.
사과	고객의 이야기를 듣고 문제점에 대해 인정하며, 잘못된 부분에 대해 사과한다.
해결약속	고객이 불만을 느낀 상황에 대해 관심과 공감을 보이며, 문제의 빠른 해결을 약속한다.
정보파악	문제해결을 위해 꼭 필요한 질문만 하여 정보를 얻고, 최선의 해결방법을 찾기 어려우면 고객에게 어떻게 해주면 만족스러운지를 묻는다.
신속처리	잘못된 부분을 신속하게 시정한다.
처리확인과 사과	불만처리 후 고객에게 처리 결과에 만족하는지를 물어보고, 고객에게 불편을 끼친 점에 대해 사과한다.
피드백	고객 불만 사례를 회사 및 전 직원에게 알려 다시는 동일한 문제가 발생하지 않도록 한다.

오답분석

① 감사와 공감 표시에 대한 설명이다.
②·⑤ 사과에 대한 설명이다.
③ 정보파악에 대한 설명이다.

02

정답 ①

㉢은 문제해결을 위해 꼭 필요한 질문만 하여 정보를 얻고, 최선의 해결방법을 찾기 어려우면 고객에게 어떻게 해주면 만족스러운지를 묻는 정보파악 단계 과정이다.

※ 다음 글은 A시 시설공단의 고객만족도 조사 시행계획이다. 이어지는 물음에 답하시오. [3~4]

〈고객만족도 제고를 위한 집단심층면접(Focus Group Interview; FGI) 조사 공고〉

고객님께 더 나은 서비스를 제공하고자 고객만족도 제고를 위한 집단심층면접 조사를 실시하게 되어 이를 공고합니다.

• 조사개요
  - 조사명 : 고객만족도 제고를 위한 집단심층면접 조사
  - 조사 대상 : 공단 서비스 이용 고객
  - 조사 기간 : 2021년 7월
  - 조사 수행업체 : B리서치(123-456-7890)
• 조사목적 및 내용
  - 선별된 주요 고객과의 심층 인터뷰를 통해 고객의 불만해소, 니즈 파악, 이후의 사업 관련 정보 입수 목적
  - 공단의 사업별 만족 요인 심층 조사
  - 공단의 전반적인 서비스 만족/불만족 주요 요인에 대한 심층 조사
  - 개선이 필요한 서비스 심층 조사

03 윗글에서 나타난 조사의 내용으로 가장 적절하지 않은 것은?

① 고객에 대한 대응 및 고객과의 관계 유지 파악 목적이다.
② 평균치 계산으로 많은 목적이 달성된다.
③ 고객심리 및 평가의 결정요인에 대한 해명 등이 분석의 대상이다.
④ 고객만족도 수준은 어떠한 상황에 있는지, 어떠한 요인에 의해 결정되는지 등 전체적인 관점에서 조사한다.
⑤ 공단의 고객에 대한 개선이 필요한 서비스를 조사하는 목적이다.

04 윗글에서 나타난 조사 방법에 대한 설명으로 가장 적절하지 않은 것은?

① 인터뷰 결과를 사실과 다르게 해석할 수 있다.
② 비교적 빠른 시간 내에 조사를 실시할 수 있다.
③ 다른 방법을 통해 포착할 수 없는 심층적이고, 독특한 정보를 경험적으로 얻을 수 있다.
④ 조사자와 응답자 간의 대면접촉에 의해 응답자의 잠재적 동기, 신념, 태도 등을 발견하는데 사용된다.
⑤ 여러 응답자들을 모아놓고 조사하고자 하는 주제에 대해 서로 토론하도록 하는 방법이다.

Key Point

고장난 가전제품을 A/S 받은 상황에서 주로 접하게 되는 고객만족도 조사에 대한 문제도 자주 출제되는 유형이다. 앞서 기술능력의 설명서 문제유형과 같이 자신이 직접 고객만족도 조사에 참여한다고 생각하고 문제를 풀면 의외로 간단하게 풀리는 유형이다. 단, 주의할 것은 문제를 풀 때에 기업의 입장에서 판단해서는 안된다는 것이다. 반드시 제품 내지는 서비스를 이용하는 고객의 입장에서 판단해야 한다.

03

정답 ②

윗글에서는 고객만족도 조사에 대한 평균치 계산에 대한 내용은 포함되어 있지 않다. 고객만족도 조사의 목적에는 전체적 경향 파악, 고객에 대한 개별대응 및 고객과의 관계 유지 파악, 평가목적, 개선목적 등이 있다.

04

정답 ②

집단심층면접은 주로 소비자 면접 전용 장소에 6 ~ 12명의 소비자들을 모아놓고 조사하고자 하는 주제에 대해 서로 토론하도록 하는 방법으로, 심층면접법은 일반 면접법에 비해 30분에서 1시간 정도의 비교적 긴 시간이 소요된다.

SECTION 03 대표유형 적중문제

정답 및 해설 p.84

모듈형

※ 다음 글을 읽고 물음에 답하시오. [1~3]

E-스포츠 팀인 N팀은 올해 2021 K리그 경기 출전하여 우승했다. N팀은 작년에 예선 탈락이라는 패배를 겪고 N팀 주장과 감독은 패배의 실패 원인을 분석했다. 대부분이 개인플레이로 진행되었고 협동적으로 공격해야 할 때 각자 공격하는 방식을 취해 실패한 것으로 판단하였다. 그래서 N팀은 이번 리그를 준비하면서 개인플레이의 실력을 향상시키는 것보다 협동 공격의 연습에 집중하였다. 협동 공격 연습을 진행하던 중 불만이 생긴 A씨는 개인플레이어로서의 실력이 경기에서의 우승을 좌우하는 것이라고 주장하며 A씨는 감독과 동료들 사이에서 마찰을 일으켰다. 결국, A씨는 자신의 의견이 받아들여지지 않자 팀을 탈퇴하였고 N팀은 새로운 배치로 연습을 진행해야 했다. 불과 리그를 6개월 앞둔 상황에서 벌어진 일이었다. N팀 감독은 N팀의 사기 저하를 신경쓰면서 ㉠ 팀의 연습에 대해서 서로 의견을 나누어 결정할 수 있게 도왔으며, 팀 개개인에게 칭찬과 ㉡ 동기부여를 지속적으로 제공했다. 그 결과, 2021 K리그 경기에서 N팀이 우승할 것이라고 아무도 예상하지 못한 생각을 뒤집고, N팀은 올해 2021 K리그 경기에서 우승하였다.

01 윗글에서 A씨는 감독과 팀원들이 자신을 인정 안 해준다고 생각하며 합동 연습에 부정적인 시각을 가지고 있다. A씨는 어떤 멤버십의 유형에 속하는가? 난이도 하

① 소외형
② 순응형
③ 실무형
④ 수동형
⑤ 주도형

02 **밑줄 친 ㉠부분은 팀워크를 촉진시키는 방법이다. 다음 중 옳지 않은 것은?** 난이도 하

① 동료와의 피드백 장려하기
② 갈등 해결하기
③ 창의력 조성을 위해 협력하기
④ 책임을 공유하기
⑤ 참여적으로 의사결정하기

PART 1 PART 2 PART 3 PART 4

03 **밑줄 친 ㉡부분의 동기부여 방법에 대해 잘못 설명된 것은?** 난이도 하

① 긍정적 강화법을 활용
② 새로운 도전의 기회를 부여
③ 책임감에 대한 부담을 덜어주기
④ 코칭을 통해 개인이 권한과 목적의식을 가지고 있는 중요한 사람이라는 사실을 느낄 수 있도록 하기
⑤ 지속적인 교육과 성장의 기회를 제공하기

※ 다음 글과 제시된 상황을 읽고 물음에 답하시오. [4~7]

A기업의 영업팀은 최근 많은 영업 활동으로 잦은 출장을 다니고 있다. A기업은 출장에 대해 직원별로 수당을 비롯하여 출장 중 발생한 교통비, 식비, 숙박료 등의 비용에 대해 증빙이 가능한 사항에 대해서 출장료를 지급하고 있다. 영업팀 김성태 과장은 최근 지방 출장으로 발생한 왕복한 KTX 비용, 택시비, 호텔비, 식사비를 경리팀에 청구하였으나, 경리팀에서는 원칙상 택시는 비용청구 대상이 되지 않는다며 지급을 거부한 상태이다. 김성태 과장은 경리팀 곽재우 과장에게 자신이 출장을 간 지역은 버스나 지하철 등 다른 대중교통이 다니지 않아 어쩔 수 없었다고 설명하였으나, 곽재우 과장은 규정대로 처리하겠다고 하였다. 이러한 상황에서 점심식사를 마치고 구내식당을 지나가던 곽재우 과장은 맞은편에서 걸어오고 있는 김성태 과장을 마주치게 되었다.

〈상황〉

- 상황 1 : 곽재우 과장은 멈칫했지만, 이내 김성태 과장을 피해 옆 복도로 향하였다.
- 상황 2 : 곽재우 과장을 마주친 김성태 과장은 불같이 화를 내며 곽 과장을 닦달하기 시작했다. 하지만 곽 과장도 지지 않고 맞받아쳐 두 사람은 10분간 말다툼을 하였다. 결국 김 과장은 곽 과장에게 '출장 중 특별한 경우에 이용한 택시비용을 지급할 수 있도록 규정을 바꿔달라고 회사에 함께 요구하자.'라고 제안하였고, 곽 과장은 그렇게 하자고 대답하였다.
- 상황 3 : 조금이라도 자신이 손해를 입는 것을 견디지 못하고, 자신이 손해를 입었을 경우 보복을 하는 김성태 과장의 성격을 잘 아는 곽재우 과장은 '규정을 위반해서라도 택시비용을 지급해 줄 테니 기다려 달라.'라고 말하였다.
- 상황 4 : 곽재우 과장은 김성태 과장에게 '규정대로 처리할 것이니 그렇게 알라.'며 자꾸 똑같은 일로 자신을 귀찮게 하면 인사팀에 정식으로 항의서를 제출할 것이라고 말하였다.
- 상황 5 : 김성태 과장은 본인도 절반은 손해를 볼 테니 택시비의 절반이라도 지급해달라고 재차 곽재우 과장에게 요청했다.

04 윗글에 제시된 상황 1～5에서 갈등해결 방법을 설명한 것 중 옳지 않은 것은? 난이도 하

① 상황 1 : 갈등 상황에 대하여 상황이 나아질 때까지 문제를 덮어 두거나 피하려고 하는 경우이다.
② 상황 2 : 갈등 당사자들이 반대의 끝에서 시작하여 중간 정도 지점에서 타협하여 해결점을 찾는 것이다.
③ 상황 3 : '나는 지고 너는 이기는' 갈등해결 방법이다.
④ 상황 4 : 상대방의 목표 달성은 희생시키면서, 자신의 목표를 위해 전력을 다하려는 경우이다.
⑤ 상황 5 : 자신과 상대방 의견의 중간 정도 지점에서 절충하는 경우이다.

05 제시된 글에서 갈등의 쟁점이 되는 핵심 문제에 대한 설명으로 가장 적절한 것은? 난이도 하

① 자존심에 대한 위협
② 통제나 권력 확보를 위한 싸움
③ 공존할 수 없는 개인적 스타일
④ 절차에 대한 불일치
⑤ 절대 하나라도 손해 보지 않겠다는 이기심

06 다음 표는 갈등해결 방법별로 상대방(김성태 과장)과 나(곽재우 과장)의 관계를 나타낸 것이다. 상황 3에 해당하는 것은?

난이도 하

<table>
<tr><td colspan="2" rowspan="2"></td><td colspan="4">YOU</td></tr>
<tr><td colspan="2">WIN</td><td colspan="2">LOSE</td></tr>
<tr><td rowspan="3">I</td><td>WIN</td><td colspan="2">①</td><td colspan="2">③</td></tr>
<tr><td rowspan="2">LOSE</td><td></td><td colspan="2">⑤</td><td></td></tr>
<tr><td colspan="2">②</td><td colspan="2">④</td></tr>
</table>

07 상황 2의 갈등해결 방법에 대한 설명으로 가장 적절하지 않은 것은?

난이도 중

① 우선 나의 위치와 관심사는 배제한 채, 상대방의 입장과 관심사를 고려한다.
② 상대방이 필요로 하는 것에 대해 생각해 보았다는 점을 인정한다.
③ 갈등상태에 있는 두 사람의 입장을 명확히 하도록 한다.
④ 서로 기본적으로 다른 부분을 인정한다.
⑤ 먼저 자신의 위치와 관심사를 확인한다.

※ 다음 글을 읽고 물음에 답하시오. [8~11]

> Y기업 영업부장인 A부장은 Y기업이 출시한 신제품에 대해 거래처인 G도매업체와 지난 주 협상을 위한 미팅을 진행하였다. ㉠ 신제품의 우수성과 예상 매출액 등을 설명한 자료를 준비하여 G업체 담당자에게 설명하였으나, 담당자는 별반 관심을 보이지 않았을 뿐더러 얼른 미팅을 끝내버렸다. 계약이 성사될 것 같지 않자 A부장은 G업체에 시간과 노력을 투자하는 것이 아깝다고 느끼며 계약할만한 다른 업체를 찾던 중이었다. 그런데 A부장의 직속인 K이사가 A부장에게 G업체와 계약을 성사시키라고 지시하였다. G업체가 관심을 가지지 않아 그것은 힘들 것이라는 A부장의 말에, K이사는 단순히 설득만 하지 말고 설득전략을 바꾸라고 조언하였다. ㉡ 이번 계약을 거부한다면 앞으로 G업체와 거래하지 않을 거라고 엄포를 놓으라는 것이다. G업체의 거래처는 Y기업밖에 없기 때문에, Y기업이 G업체와 거래를 하지 않으면, G업체는 큰 손해를 보게 될 것이니 이번 계약을 받아드릴 수밖에 없다는 것이다. A부장은 내키지 않았지만, 어쩔 수 없이 그렇게 하겠노라고 대답하였다. ㉢ A부장은 협상전략이 바뀌어 다시 협상자료를 준비할 생각이다.

08 다음 중 ㉠에 해당하는 협상의 개념으로 가장 적절한 것은?

난이도 중

① 이해 당사자들이 자신들의 욕구를 충족시키는 것을 목적으로, 상대방으로부터 최선의 것을 얻어내기 위해 상대방을 설득하는 '커뮤니케이션 과정'이다.

② 갈등관계에 있는 이해 당사자들이 대화를 통하여 '갈등을 해결하고자 하는 과정'이다.

③ 둘 이상의 이해 당사자들이 여러 대안들 가운데서 이해 당사자들 모두가 수용 가능한 대안을 찾기 위한 '의사결정 과정'이다.

④ 선호가 다른 협상 당사자들이 합의에 도달하기 위해 공동으로 '교섭하는 과정'이다.

⑤ 우리가 얻고자 하는 것을 가진 사람의 호의를 얻어내기 위한 것에 관한 지식이며 노력의 분야이다.

09 다음 중 ㉡과 같은 협상전략에 대한 설명으로 옳은 것은?

난이도 하

① 협상 당사자 간에 신뢰가 쌓여 있는 경우, 우호적 인간관계의 유지가 중요한 경우 활용하는 전략이다.

② 결과보다는 상대방과의 인간관계 유지를 선호하는 경우, 단기적으로는 손해를 보더라도 장기적 관점에서 이익이 되는 경우 활용할 수 있는 전략이다.

③ 상대방보다 우위에 있을 때 자신의 이익을 극대화하기 위한 공격적 전략이다.

④ 협상을 피하거나 잠정적으로 중단·철수하는 전략이다.

⑤ 자신이 가지고 있는 것 가운데서 우선순위가 낮은 것에 대해서는 상대방에게 양보하는 전략이다.

10 **윗글에서 밑줄 친 ⓒ의 방법과 연관된 설득의 방법은 무엇인가?** 난이도 하

① 직위나 전문성 등을 이용하여 협상과정의 갈등 해결을 쉽게 하는 전략이다.
② 협상 당사자 간에 어떤 혜택을 주고받은 관계가 형성되면 협상과정에서 갈등해결이 쉽게 작용하는 전략이다.
③ 갈등 문제와 갈등 관리자를 연결하는 것이 아닌 갈등을 야기한 사람과 관리자를 연결하여 갈등을 해결하는 전략이다.
④ 인적, 물적 자원 등의 희소성을 해결함으로써 협상과정상 갈등 해결을 쉽게 하는 희소성 해결 전략이다.
⑤ 동료를 비롯한 주위 사람들의 말과 행동으로 협상과정에서 생기는 갈등을 해결하려는 전략이다.

11 **밑줄 친 ⓒ단계에서 A부장이 수행해야 하는 것으로 적절한 것을 모두 고른 것은?** 난이도 하

(가) 협상과정을 계획
(다) 자기분석 및 상대방 분석
(나) 목표설정, 협상환경 분석, 협상형태 파악
(라) 협상전략과 전술수립

① (가)
② (가), (나)
③ (가), (나), (다)
④ (가), (다), (라)
⑤ (가), (나), (다), (라)

CHAPTER 09

자기개발능력

출제유형 및 학습 전략

1 개념을 정립하자!

자기개발능력의 문제들은 대부분 어렵고 특별한 지식을 요구하는 것은 아니다. 그렇기 때문에 따로 시간을 할애해 학습하지 않아도 득점이 가능하다. 다만 매슬로우의 욕구단계, 조하리의 창 등의 개념이나 키워드들은 정리해서 미리 알아둘 필요가 있다.

2 개념 + 상황을 대비하자!

자신에 대한 이해를 바탕으로 스스로를 관리하고 나아가 개발을 하는 것에 대한 질문이 이 영역의 내용인데 상식으로 풀 수 있는 내용뿐만 아니라 지식을 알아두지 않으면 틀릴 수밖에 없는 내용도 많다. 그렇기 때문에 자주 출제되는 개념들은 분명히 정리해야 하고 출제되는 유형이 지식 자체를 묻기 보다는 대화나 예시를 제시하기 때문에 상황과 함께 연결해서 정리해 두어야 한다.

3 업무 사례와 연관 지어보자!

자기개발의 정의와 구성 요인을 파악하는 기본적인 이론도 중요하지만, 실제 업무 사례와 연관 짓거나 상황에 적용하는 등의 문제를 통해 자기개발 전략에 대해 이해할 필요가 있다. 스스로 자기개발 계획을 수립하여 실제 업무 수행 시 반영할 수 있어야 한다.

4 자기개발의 출제이유를 생각해라!

이 영역은 공부를 굳이 하지 않아도 되는 영역이라고 생각하는 사람들이 많다. 그럼에도 공사·공단에서 자기개발능력의 영역을 시험으로 출제하는 근본적인 이유를 생각해 볼 필요가 있다. 대부분의 수험생들이 자기개발능력에 공부시간을 전혀 할애하지 않고 시험을 보러 간다. 그렇기 때문에 본인이 찍는 정답이 곧 본인의 가치관을 반영하는 것이라고 할 수 있다. 자기개발은 본인 스스로를 위해서 이루어지고, 직장생활에서의 자기개발은 업무의 성과를 향상시키기 위해 이루어진다. 출제자들은 그것을 파악하려고 하는 것이다. 기본적인 개념과 암기를 해야 할 이유이다.

SECTION 01 모듈이론

01 자기개발능력의 의의

(1) 자기개발의 의미와 필요성

① 자기개발의 의미

자신의 능력 · 적성 · 특성 등에 있어서 강점을 강화하고, 약점을 관리해 성장을 위한 기회로 활용하는 것이다.

② 자기개발능력의 의미

자신의 능력 · 적성 · 특성 등의 이해를 기초로 자기 발전 목표를 스스로 수립하고 자기관리를 통해 성취해 나가는 능력을 말한다.

③ 자기개발의 특징 기출

- 자기개발을 통해 지향하는 바와 선호하는 방법 등이 사람마다 다르다.
- 평생에 걸쳐 이루어지는 과정이다.
- 일과 관련해 이루어지는 활동이다.
- 생활 가운데 이루어져야 한다.
- 모든 사람이 해야 하는 것이다.

④ 자기개발의 필요성 기출

- 효과적인 업무 처리, 즉 업무 성과의 향상을 위해 필요하다.
- 빠르게 변화하는 환경에 적응하기 위해 필요하다.
- 주변 사람들과 긍정적인 인간관계를 형성하기 위해 필요하다.
- 달성하고자 하는 목표의 성취를 위해 필요하다.
- 개인적으로 보람된 삶을 살기 위해 필요하다.

(2) 자기개발의 방법 기출

① 자아인식

의미	• 자신의 가치, 신념 등 자신이 누구인지 아는 것 • 자신이 어떠한 특성을 가지고 있는 지를 인식할 수 있어야 함
방법	내가 아는 나를 확인하는 방법, 다른 사람과의 대화를 통해 알아가는 방법, 표준화된 검사 척도를 이용하는 방법 등

② 자기관리

의미	자신을 이해하고, 목표의 성취를 위해 자신의 행동 및 업무수행을 관리하는 것
과정	자신에 대한 이해를 토대로 비전 · 목표를 수립 → 과제를 발견 → 자신의 일정을 수립 · 조정해 자기관리를 수행 → 반성 및 피드백

③ 경력개발

경력	일생에 걸쳐서 지속적으로 이루어지는 일과 관련된 경험
경력개발	개인의 경력목표와 전략을 수립하고 실행하며 피드백하는 과정
경력계획	자신과 상황을 인식하고 경력 관련 목표를 설정해 목표를 달성하기 위한 과정
경력관리	경력계획을 준비하고 실행하며 피드백함

(3) 자기개발 계획

① 자기개발 설계 전략

종류	내용
장·단기 목표의 수립	• 장기 목표 : 보통 5 ~ 20년 정도의 목표로, 욕구·가치·흥미·적성·기대를 고려해 수립한다. • 단기 목표 : 보통 1 ~ 3년 정도의 목표로, 장기 목표를 이루기 위한 기본 단계가 된다.
인간관계의 고려	• 인간관계를 고려하지 않고 자기개발 계획을 수립하면 계획을 실행하는 데 어려움을 겪는다. • 다른 사람과의 관계를 발전시키는 것도 하나의 자기개발 목표가 된다.
현재의 직무 고려	• 현재의 직무 상황과 이에 대한 만족도가 자기개발 계획의 수립에 중요한 역할을 한다. • 현재의 직무 담당에 필요한 능력과 이에 대한 자신의 수준, 개발해야 할 능력, 관련된 적성 등을 고려한다.
구체적인 방법 계획	• 자기개발 방법을 명확하고 구체적으로 수립하면, 노력을 집중하고 효율화할 수 있다. • 장기 목표일 경우에는 구체적인 방법을 계획하는 것이 어렵거나 바람직하지 않을 수도 있다.
자신의 브랜드화	• 자신을 알리는 것을 넘어 다른 사람과의 차별화된 특징을 지속적인 자기개발을 통하여 알리는 것을 말한다. • 구체적인 방법으로는 소셜네트워크와 인적네트워크 활용, 경력 포트폴리오의 구성 등이 있다.

② 자기개발 계획 수립의 장애 요인 기출

자기 정보의 부족, 내·외부 작업 정보의 부족, 의사결정 시 자신감의 부족, 일상생활의 요구사항, 주변 상황의 제약

OX 문제

01 자기개발 계획을 수립함에 있어 장기 목표는 단기 목표를 수립하기 위한 기본 단계가 된다. [ ]

02 인간관계는 자기개발 목표를 수립하는 데 고려해야 될 사항인 동시에 하나의 자기개발 목표가 될 수 있다. [ ]

03 자기개발은 일과 관련하여 이루어지는 활동이다. [ ]

04 자기개발은 주변 사람과의 관계에서 우위에 서기 위해 필요하다. [ ]

01 [×] 단기 목표는 장기 목표를 수립하기 위한 기본 단계가 된다.

02 [○]

03 [○]

04 [×] 자기개발은 주변 사람들과 긍정적인 인간관계를 형성하기 위해서 필요한 것이지, 타인과의 관계에서 우위에 서기 위해 필요한 것은 아니다.

02 자아인식능력

(1) 자아인식의 개념

① 자아인식의 의미

자신의 요구를 파악하고 자신의 능력・기술을 이해하여 자신의 가치를 확신하는 것으로, 개인과 팀의 성과를 높이는 데 필수적으로 요구된다.

② 자아존중감

개인의 가치에 대한 주관적인 평가와 판단을 통해 자기결정에 도달하는 과정이며, 스스로에 대한 긍정적 또는 부정적 평가를 통해 가치를 결정짓는 것이다.

종류	내용
가치 차원	다른 사람들이 자신을 가치 있게 여기며 좋아한다고 생각하는 것
능력 차원	과제를 완수하고 목표를 달성할 수 있다는 신념
통제감 차원	자신이 세상에서 경험하는 일들과 거기에 영향을 미칠 수 있다고 느끼는 정도

③ 나를 아는 방법 기출

- 본인 스스로에게 질문하는 방법
- 다른 사람과의 대화를 통하는 방법
- 표준화된 검사도구를 활용하는 방법

(2) 흥미와 적성의 개발 방법과 자아성찰

① 흥미와 적성의 개발 방법 기출

- 마인드 컨트롤을 하라.
- 조금씩 성취감을 느껴라.
- 기업의 문화 및 풍토의 고려하라.

② 자아성찰의 필요성 기출

- 다른 일을 할 때 필요한 노하우의 축적
- 신뢰감 형성
- 성장의 기회
- 창의적인 사고

OX 문제

01 성찰을 하더라도 한 번한 실수는 반복적으로 하게 되므로, 어떤 경우에도 실수를 하지 않는 것이 중요하다. [ ]

02 자아존중감이란 개인의 가치에 대한 주관적인 평가와 판단을 통해 자기결정에 도달하는 과정이며, 스스로에 대한 긍정적 또는 부정적 평가를 통해 가치를 결정짓는 것이다. [ ]

01 [×] 사람은 누구나 처음에는 실수할 수 있다. 그러나 자아성찰을 통해 과거에 했었던 실수를 반복하지 않을 수 있으며, 이로 인해 업무를 수행하는 능력이 향상될 수 있다.

02 [○]

03 자기관리능력

(1) 자기관리 단계별 계획 기출

① 비전 및 목적 정립

- 나에게 가장 중요한 것은 무엇인가?
- 나의 가치관은?
- 내 삶의 목적은 어디에 있는가?

② 과제 발견

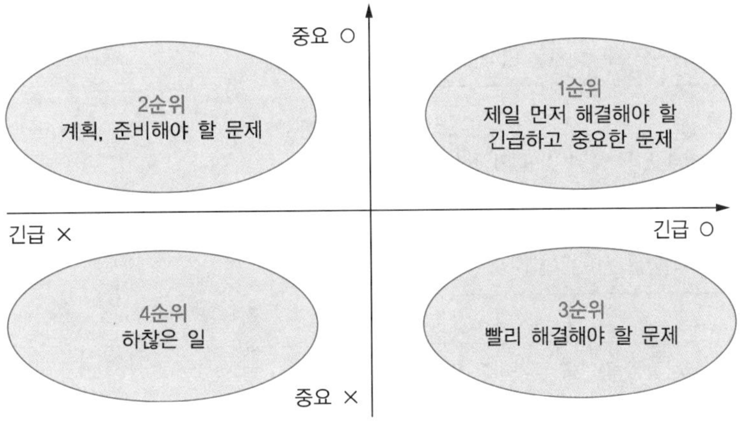

③ 일정 수립

긴급한 문제라고 하여 우선순위를 높게 잡고 계획을 세우면 오히려 중요한 일을 놓칠 수 있다. 앞서 분석한 우선순위에 따라 중요한 일을 모두 수행할 수 있도록 계획을 세워야 한다.

종류	내용
월간 계획	장기적인 관점에서 계획하고 준비해야 될 일을 작성
주간 계획	우선순위가 높은 일을 먼저 하도록 계획을 세움
일간 계획	보다 자세하게 시간 단위로 작성

④ 수행

내가 하려고 하는 일은 무엇인지, 이 일에 영향을 미치는 요소들은 무엇인지, 이를 관리하기 위한 방법은 어떤 것이 있는지 찾아 계획한대로 바람직하게 수행한다.

⑤ 반성 및 피드백

㉠ 일을 수행하고 나면 다음의 질문을 통해 분석한다.

- 일을 수행하는 동안 어떤 문제에 직면했는가?
- 어떻게 결정을 내리고 행동했는가?
- 우선순위, 일정에 따라 계획적으로 수행했는가?

㉡ 분석 결과를 다음 수행에 반영한다.

(2) 합리적인 의사결정

① 합리적인 의사결정 과정 기출

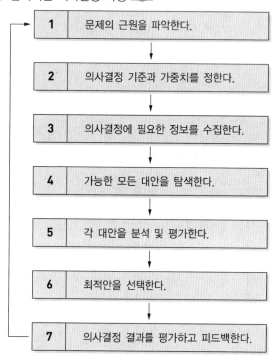

1	문제의 근원을 파악한다.
2	의사결정 기준과 가중치를 정한다.
3	의사결정에 필요한 정보를 수집한다.
4	가능한 모든 대안을 탐색한다.
5	각 대안을 분석 및 평가한다.
6	최적안을 선택한다.
7	의사결정 결과를 평가하고 피드백한다.

② 거절의 의사결정을 하고 표현할 때 유의할 사항 기출

- 상대방의 말을 들을 때에는 주의를 기울여 문제의 본질을 파악한다.
- 거절의 의사결정은 빠를수록 좋다.
- 거절을 할 때에는 분명한 이유를 만들어야 한다.
- 대안을 제시한다.

(3) 의사결정의 오류 기출

숭배에 의한 논증	권위 있는 전문가의 말을 따르는 것은 일반적으로 옳을 수 있지만, 무작정 따라간다면 문제가 있다.
상호성의 법칙	상대의 호의로 인한 부담으로 인해 부당한 요구를 거절하지 못하게 된다면 문제가 있다.
사회적 증거의 법칙	베스트셀러를 사는 것처럼 많은 사람들이 하는 것을 무의식적으로 따라간다면 문제가 있다.
호감의 법칙	자신에게 호감을 주는 상대의 권유에 무의식적으로 따라간다면 문제가 있다.
권위의 법칙	권위에 맹종하여 따라간다면 문제가 있다.
희귀성의 법칙	'얼마 없습니다.', '이번이 마지막 기회입니다.'라는 유혹에 꼭 필요하지 않은 것임에도 따라간다면 문제가 있다.

(4) 자신의 내면 관리와 성과 향상 방법 기출

- 인내심 키우기
- 긍정적인 마음 가지기
- 업무수행 성과를 높이기 위한 행동전략 : 역할 모델 설정, 일을 미루지 않음, 회사·팀의 업무 지침을 따름, 업무를 묶어서 처리

OX 문제

01 인내심을 키우기 위해서는 일관되게 한 가지 시각으로 상황을 분석한다. [ ]

02 합리적인 의사결정을 위해서는 핵심적으로 연관된 대안들을 찾은 후 분석하여야 한다. [ ]

03 권위 있는 전문가의 말을 따르는 것이 옳다고 생각하는 것은 숭배에 의한 논증 오류(동굴의 우상)에 해당한다. [ ]

01 [×] 인내심을 키우기 위해서는 여러 가지 새로운 시각으로 상황을 분석해야 한다.

02 [×] 합리적인 의사결정을 위해서는 가능한 모든 대안을 찾아야 한다.

03 [O]

04 경력개발능력

(1) 경력개발의 의미

① 경력개발

개인이 경력목표와 전략을 수립하고 실행하며 피드백하는 과정으로, 개인은 한 조직의 구성원으로서 조직과 함께 상호작용하며 자신의 경력을 개발한다.

② 경력개발능력

자신의 진로에 대해 단계적 목표를 설정하고, 목표 성취에 필요한 역량을 개발해 나가는 능력을 말한다.

③ 경력개발능력의 필요성 기출

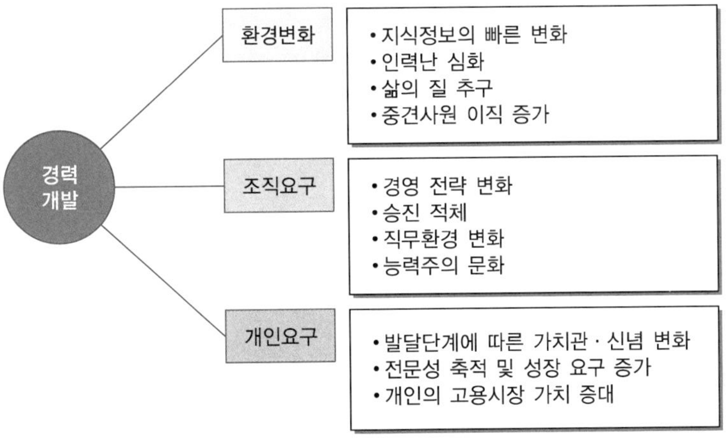

④ 지속적인 경력관리

계속적 · 적극적인 경력관리를 통해 경력목표를 지속적으로 수정하며, 환경 · 조직의 변화에 따라 새로운 미션을 수립해 새로운 경력이동 경로를 만들어야 한다.

(2) 경력단계의 과정

① 경력개발 단계별 세부 내용 기출

직업선택 (0세 ~ 25세)	• 최대한 여러 직업의 정보를 수집하여 탐색 후 나에게 적합한 최초의 직업 선택 • 관련학과 외부 교육 등 필요한 교육 이수
조직입사 (18세 ~ 25세)	• 원하는 조직에서 일자리 얻음 • 정확한 정보를 토대로 적성에 맞는 적합한 직무 선택
경력초기 (25세 ~ 40세)	• 조직의 규칙과 규범에 대해 배움 • 직업과 조직에 적응해 감 • 역량(지식 · 기술 · 태도)을 증대시킴
경력중기 (40세 ~ 55세)	• 경력초기를 재평가함 • 성인 중기에 적합한 선택을 함
경력말기 (55세 ~ 퇴직)	• 자존심 유지 • 퇴직 준비의 자세한 계획

② 경력개발 계획의 단계 기출

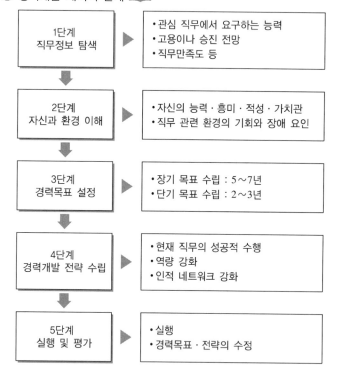

1단계 직무정보 탐색	• 관심 직무에서 요구하는 능력 • 고용이나 승진 전망 • 직무만족도 등
2단계 자신과 환경 이해	• 자신의 능력 · 흥미 · 적성 · 가치관 • 직무 관련 환경의 기회와 장애 요인
3단계 경력목표 설정	• 장기 목표 수립 : 5~7년 • 단기 목표 수립 : 2~3년
4단계 경력개발 전략 수립	• 현재 직무의 성공적 수행 • 역량 강화 • 인적 네트워크 강화
5단계 실행 및 평가	• 실행 • 경력목표 · 전략의 수정

(3) 경력개발 관련 최근 이슈 기출

① 평생학습 사회

② 투잡스(Two-Jobs)

③ 청년 실업

④ 독립근로자와 같은 새로운 노동 형태의 등장

⑤ 일과 생활의 균형(WLB; Work-life Balance, 워라밸)

OX 문제

01 경력개발은 자신과 자신의 환경 상황을 인식하고 분석하여 합당한 경력 관련 목표를 설정하는 과정으로, 경력계획과 이를 준비하고 실행하며 피드백 하는 경력관리로 이루어진다. [ ]

02 경력은 개인의 경력목표와 전략을 수립하고 실행하며 피드백하는 과정이며, 이는 자신과 상황을 인식하고 경력 관련 목표를 설정하여 그 목표를 달성하기 위한 과정인 경력계획과 경력계획을 준비하고 실행하며 피드백하는 경력관리로 이루어진다. [ ]

03 경력개발은 경력을 탐색하고, 자신에게 적합한 경력목표를 설정하며, 이에 따른 전략을 수립해서 실행하고, 평가하여 관리하는 단계로 이루어진다. [ ]

04 경력초기를 재평가하고 업그레이드된 목표로 수정하는 단계는 경력중기 단계에 해당한다. [ ]

01 [○]

02 [×] 경력이 아닌 경력개발에 대한 내용이다. 경력은 일생에 걸쳐서 지속적으로 이루어지는 일과 관련된 경험을 의미한다.

03 [○]

04 [○]

SECTION 02 자기개발능력 맛보기

※ 다음 내용을 읽고 물음에 답하시오. [1~2]

제과업체 인사부서에서 20년간 일하고 있는 40대 후반의 C씨는 최근 경기상황 악화로 인해 경영전략의 변화, 인사적체로 인해 조직 내에서 퇴사에 대한 압박을 받고 있다. 가장으로서 계속 경제활동을 해야 하는 입장이고, 하고 있는 일 이외에 마땅히 다른 일에 대한 고민도 해 보지 않았던 C씨는 갑자기 심각함을 느꼈다. 며칠 동안 고심하던 중 C씨는 중장년 재취업 상담을 하는 기관에서 경력과 심리 상담을 받아보기로 했다. 심리 상담 결과를 분석해보니 C씨는 사람 중심의 업무를 선호하고, 사회봉사와 교육 분야에 특히 관심이 많은 것으로 나타났다. 또한 인사 및 노무 관리, 교육훈련 등 인사 분야의 경험이 많아 이에 대한 전문성을 가지고 있는 것으로 나왔다. C씨는 이를 바탕으로 취업 컨설턴트와 상의를 거쳐 취업 방향을 노인이나 아동복지 기관이나 직업훈련 기관의 교육행정직으로 정하고 몇 군데 기관에 지원서를 제출했다. 얼마 지나지 않아 C씨는 직장에서 퇴사를 하게 되었지만 경력과 직무 강점을 살려 사회복지 관련 기관의 교육훈련팀장으로 재취업을 하는데 성공했다.

01 현재 C씨는 경력단계 중 어느 단계에 놓여 있는가?

① 경력초기
② 경력중기
③ 경력말기
④ 직업선택
⑤ 조직입사

02 현재 C씨의 경력단계에서 나타나는 현상으로 보기 어려운 것은?

① 자신이 그동안 성취한 것을 재평가하고, 생산성을 그대로 유지한다.
② 개인적으로 현 직업이나 생활스타일에 대한 불만을 느끼며, 매일의 반복적인 일상에 따분함을 느끼기도 한다.
③ 현재의 직종 및 직무와 관련 없는 다른 직업군으로 이동하는 경력변화가 일어나기도 한다.
④ 조직에서 자신의 입지를 확고히 다져나가 승진하는데 많은 관심을 가지게 된다.
⑤ 직업 및 조직에서 어느 정도 입지를 굳혀 수직적인 승진가능성이 적은 경력 정체시기에 이른다.

Key Point

경력개발 단계에 대한 문제는 매우 자주 출제되는 유형이다. 이 유형은 일반적인 상식으로는 풀이가 어려운 경우가 많으므로 본 교재의 이론편에서 설명하고 있는 각 단계별 세부 내용들을 확실하게 숙지할 필요가 있다. 이 문제와 같이 가상의 사례가 주어지고 주인공이 어느 단계에 해당하는지를 정확하게 잡아낼 수 있어야만 풀이가 가능하므로 주의가 필요하다. 대부분 초반부에 주인공의 연령대가 제시되므로 그 부분만 읽고 곧바로 문제를 풀이해도 큰 무리가 없다.

01

정답 ②

C씨는 40 ~ 55세의 성인중기에 위치해 있고, 경력중기 단계에 놓여 있다. 경력중기는 자신이 그동안 성취한 것을 재평가하고, 생산성을 그대로 유지하는 단계로 일반적으로 40 ~ 55세의 성인중기를 일컫는다.

02

정답 ④

경력중기 단계는 자신이 그동안 성취한 것을 재평가하고, 생산성을 그대로 유지하는 단계이다. 그러나 경력중기에 이르면 직업 및 조직에서 어느 정도 입지를 굳히게 되어 더 이상 수직적인 승진가능성이 적은 경력 정체시기에 이르게 되며, 새로운 환경의 변화에 직면하게 되어 생산성을 유지하는 데 어려움을 겪기도 한다. 또한 개인적으로 현 직업이나 생활스타일에 대한 불만을 느끼며, 매일의 반복적인 일상에 따분함을 느끼기도 한다. 이에 따라 자신의 경력초기의 생각을 재검토하게 되며, 현재의 경력경로와 관련 없는 다른 직업으로 이동하는 경력변화가 일어나기도 한다.

※ 다음 내용을 읽고 물음에 답하시오. [3~4]

의류회사에 디자이너로 일하고 직장인 A씨는 평소 관심이 많았던 메이크업에 대해 꾸준히 공부하고 기술을 익혀 얼마 전부터 패션 유튜버로 활동하고 있다. 주중에는 회사에서 본연의 업무에 충실하고 주 52시간 근무제가 자리를 잡으면서 저녁 여가시간과 주말을 이용해 메이크업과 코디네이션에 대한 콘텐츠를 만들어 유튜버로 이름을 알리고 있다. 사람들이 평소 관심이 많은 분야라서 그런지 구독자 수는 생각보다 빨리 늘어나기 시작했다.
몇 개월 준비기간을 거쳐 일주일에 한 번씩 콘텐츠를 꾸준히 올린 결과 활동 6개월째부터는 많지는 않지만 광고수입도 일부 얻을 수 있었다. A씨는 유튜버로 활동하면서 추가 수입과 자신의 흥미를 충족시킬 수 있어 좋다는 생각도 들었다. 또 시간이 많이 흐르고 조직생활을 끝나면 창업을 하거나 독립을 하게 되어도 자신에게 도움이 될 것이라는 생각도 하게 되었다.

03 윗글은 경력개발과 관련된 어떤 이슈와 가장 연관이 깊은가?

① 청년실업
② 창업경력
③ 평생학습사회
④ 투잡(Two Jobs)
⑤ 일과 생활의 균형(Work-Life Balance)

04 A씨가 하고 있는 경력개발과 관련된 사회 환경의 변화로 가장 적합하지 않은 것은?

① 지식과 정보의 폭발적인 증가로 새로운 기술개발에 따라 직업에서 요구되는 능력도 변화하고 있다.
② 지속적인 경기불황에 따라 2개 혹은 그 이상의 직업을 가지는 사람들이 늘어나고 있다.
③ 주 5일제와 주 52시간 근무제가 시행되면서 직장인들 사이에 확대되는 추세를 보이고 있다.
④ 경제적인 이유와 자아실현, 실직 대비 등이 주요 목적으로 나타난다.
⑤ 꾸준한 경력 개발에 대한 중요성이 커지고 있고, 경력 개발의 방법이 다양해지고 있다.

Key Point

자기개발능력에서는 시사적인 문제들이 종종 출제된다. 청년 취업난을 반영한 사례, 창업에 뛰어든 사람들의 사례 등이 주어지고 각 사례들에서 시사하는 바를 찾게 하는 것이 대표적인 유형이다. 이러한 사례들은 주로 신문의 특별기획섹션 내지는 시사잡지 등에서 확인할 수 있으므로 평소 이런 자료들을 유심히 읽으며 자기 나름대로의 분석을 해보는 것이 좋다.

03

정답 ④

A씨는 주중에는 회사에서 패션디자이너로 일을 하고, 퇴근 후와 주말시간에는 유튜버로 활동하는 투잡을 가진 사람이다. 최근 사회 환경을 변화에 따라 투잡을 희망하거나 가지고 있는 사람이 꾸준히 증가하고 있다.

오답분석

① 외환위기 이후 우리나라 노동시장에서 부각된 문제로 경기 침체 시 대부분의 기업들은 우선적으로 신규채용을 억제하기 때문에 청년 노동시장은 경기변동에 매우 민감한 특징이 있다.
② 전 세계적으로 창업이 증가하는 추세로, 최근에는 인터넷의 확산으로 공간이나 시간의 제약 없이 손쉽게 창업을 하고 있으며, 여성들의 창업도 증가하고 있다.
③ 지식과 정보의 폭발적인 증가로 새로운 기술개발에 따라 직업에서 요구되는 능력도 변화하고 있으며, 지속적인 능력개발이 필요한 시대가 되었다.
⑤ 우리나라의 경우 경쟁력 있는 복리후생 제도와 일과 삶의 균형에 대한 관심이 증가하고 있다.

04

정답 ①

지속적인 경기불황에 따라 2개 혹은 그 이상의 직업을 가지는 사람이 늘고 있다. 특히 주 5일제와 주 52시간 근무제가 시행되면서 이러한 투잡은 더욱 확대되고 있으며, 경제적 이유, 자아실현, 실직 대비 등으로 인해 투잡을 원하는 사람들이 늘어가고 있다. 또한 취업 이후에도 지속적인 경력개발의 중요성이 점점 커지고 있으며 환경의 변화가 잦고, 평생직장이라는 개념이 약해지면서 취업 이후에도 자신의 직업을 유지하기 위해 노력하는 것이 좋다.

SECTION 03 대표유형 적중문제

정답 및 해설 p.87

모듈형

※ 다음 내용을 읽고 물음에 답하시오. [1~2]

외국계 게임회사에서 신사업기획을 담당하다 2년 전 교육용 소프트웨어 회사의 기술영업직으로 이직을 한 김 대리는 최근 자신에 대한 심각한 고민에 빠지기 시작했다. 이직을 할 때는 자신감이 있었다. 외향적이며 적극적이라는 얘기도 주변에서 많이 들었고 무엇보다 영업을 하면 신사업기획을 할 때와는 달리 실제 현장에서 손에 잡히는 일을 할 수 있을 것이라고 느껴서 일을 시작하게 되었다. 그럼에도 불구하고 2년이 지난 지금 실적 문제로 인해 곤란한 상황에 놓이게 되었다. 팀 내에서도 실적이 제일 좋지 않아 매일 팀장 눈치를 보고 있고, 더군다나 경기도 안 좋아져서 조직 내 압박감도 크게 느끼고 있다. 기존에 신사업기획 직무를 맡았을 때는 인정도 받고 성과도 좋은 편에 속했다. 다만 스스로가 만족스럽지 않았다. 하는 일이 뜬구름 잡는 이야기 같고 내가 이걸 잘해서 뭘 할 수 있는지도 명확하지 않았다. 또 조직의 상황이나 방향에 따라 열심히 해 놓은 사업기획이 실행되지 않는 것으로 의욕이 많이 꺾이기도 했다. 실제 현장에서 뛰는 영업은 자신도 있고 잘할 수 있을 것이라고 생각했는데 요즘은 전에 했던 직무가 더 맞는 것인지 다시 의문이 든다. 그러다 보니 일도 손에 잡 안 잡히고 고민만 늘어가기 시작했다.

01 업무전환과 관련하여 김 대리의 문제점으로 볼 수 없는 것은? 난이도 하

① 객관적으로 자신을 바라보고 스스로를 잘 이해하지 못했다.
② 업무 수행을 위한 치밀한 준비와 노력이 선행되지 않았다.
③ 자신의 가치를 위해 한 단계 더 성장하고자 하는 욕구와 의지가 부족했다.
④ 업무 전환에 대해 자신의 한계를 명확하게 인식하지 못했다.
⑤ 직업 생활에서 자신의 가치에 대한 확신이 부족했다.

02 향후 김 대리가 자신을 위해 해야 하는 행동으로 적합한 것은? 난이도 중

① 지금 나타나는 자신의 한계를 돌파할 수 있는 단기적인 대응책을 찾아 실행해야 한다.
② 과거에 했던 일이나 지금 하는 일을 제외하고 현재 자신의 흥미는 무엇인지를 고민해야 한다.
③ 성장 욕구나 의지 부족이라고 생각하고 더 강한 정신력을 가질 수 있도록 스스로를 채찍질해야 한다.
④ 다시 원점으로 돌아가 자신의 내면을 파악하고 행동에 미치는 영향에 대해 생각해 보아야 한다.
⑤ 다른 사람들의 조언을 전부 수용하여 모두가 지향하는 모습으로 자기개발 방법을 설정해야 한다.

※ 다음 내용을 읽고 물음에 답하시오. [3~4]

> 40대 직장인인 김 대리는 어릴 때부터 못 생겼다는 말을 많이 들어서 외모에 자신이 없고 소극적인 성격의 소유자였다. 김 대리는 꼼꼼하고 정확하게 업무를 수행했지만 자신의 성과를 잘 내세우거나 알리지 못했고, 늘 주눅이 든 사람처럼 자신 없는 표정으로 회사에 다녔다. 그러던 중 팀의 리더가 바뀌었고 과거의 리더와는 달리 새로운 팀장은 김 대리에게 관심을 갖고 업무를 맡겼다. 새로운 팀장은 김 대리가 예산을 수립하고 업무 프로세스를 세우는 데 있어서 꼼꼼하게 일을 처리는 모습을 팀원을 앞에서 자주 칭찬했고, 그의 존재감을 인식하지 못했던 팀원들까지 그를 다시 보기 시작했다. 새로운 팀장으로 인해 자신감을 얻고 자신의 강점에 대해 명확하게 인식하게 된 김 대리는 과거와는 달리 자신의 콤플렉스보다는 자신의 업무에 집중해 계획을 세우고 꾸준히 노력하여 성과를 인정받아 과장으로 진급을 하게 되었다.

03 김 대리가 과거와 다르게 자신을 인식함으로써 나타난 모습과 가장 거리가 먼 것은? 난이도 하

① 자신의 강점을 살려 성장욕구를 가지고 열심히 일했다.
② 자신의 가치를 이해하고 개인과 팀의 성과가 향상되도록 노력했다.
③ 외면적 자아의 구성요소를 인식하고 활용하였다.
④ 체계적으로 계획을 세우고 꾸준히 노력했다.
⑤ 자신의 능력을 파악하여 자신의 가치를 인식할 수 있었다.

04 김 대리가 자아를 인식하고 개발하는 과정에서 스스로에게 한 질문의 내용으로 가장 적합하지 않은 것은? 난이도 중

① 나의 성격이나 업무 수행에 있어 장단점은 무엇인가?
② 상사나 동료는 나를 어떻게 평가하는가?
③ 현재 내가 담당하는 업무를 수행하기에 부족한 능력은 무엇인가?
④ 나는 직장생활에서 어떤 목표를 가지고 있는가?
⑤ 업무가 나에게 어떤 의미가 있는가?

※ 다음 내용을 읽고 물음에 답하시오. [5~6]

입사동기로 식품회사인 C사의 연구원으로 재직 중인 김 선임, 박 선임, 이 선임은 일을 대하는 태도가 판이하게 다르다. 평소 친하게 지내는 세 사람은 점심식사 후 커피를 마시기 위해 한자리에 모였다.

김 선임 : 아직 12시 반밖에 안 됐네. 언제 퇴근하냐? 최 수석님은 똑같은 일을 몇 번 시키는 거야. 힘들어 죽겠다. 죽겠어. 일이 끝이 안 보이네. 뭐하려고 그 실험하는지도 모르겠다. 어휴. 퇴근하려면 5시간 반이나 남았네. 학교 다닐 때는 적성에 맞는다고 생각했는데 뭐 이러냐. 매일 매일이 지겹다.

박 선임 : 뭐 그렇게 투덜대. 어차피 돈 벌려고 다니는 직장인데 시간을 채워야지. 이 선임, 이번 주에 뭐하냐?

이 선임 : 나? 실험 결과 볼게 있어서 잠깐 회사에 나오려고, 이번에 새로 런칭하는 프로젝트에 내 아이디어가 채택됐거든. 이번에는 잘될 거 같아. 3개월 후에 출시인데 기대되네.

김 선임 : 주말에도 회사에 나오려고? 고성과자는 다르구나. 작년에 포상 받더니 아주 탄력 받았네. 탄력 받았어.

이 선임 : 넌 뭐 누구한테 인정받으려고 사냐? 내가 즐겁고 행복하면 되지.

김 선임 : 그래서 행복해? 퍽이나 좋겠다. 주중에 내내 실험실에 처 박혀 있는 것도 모자라서 주말에도 나오게.

이 선임 : 저녁에는 여자 친구랑 영화 보러 갈 거야. 낮에 확인할게 있어서 잠깐 나오는 건데 뭐.

박 선임 : 얘가 하고 싶다는데 네가 왜 시비야. 내일 월급날이네. 이번 주말에 쇼핑이나 가야겠다. 봐둔 시계가 있거든.

05 다음 중 박 선임이 일을 대하는 태도로 볼 수 있는 것은? 난이도 하

① 일에 대해 전혀 흥미나 만족감이 없다.
② 일에 대해 매우 부정적인 태도를 보이고 있다.
③ 자신의 일에 대해 흥미가 있으며 적성에 맞는다고 생각하고 있다.
④ 자신의 일에 대해 흥미는 없지만 돈벌이 수단이기는 하다.
⑤ 일에 대해 매우 긍정적인 태도를 보이고 있다.

06 김 선임이 일에 대한 흥미와 적성을 개발하기 위해 노력해야 할 점으로 적합하지 않은 것은? 난이도 하

① 조직의 보상에 만족하고 금전적인 부분에서 일의 행복을 찾아본다.
② 마인드 컨트롤을 통해 자신을 의식적으로 관리하는 방법을 깨달아 문제를 해결해야 한다.
③ 일을 할 때에 너무 큰 단위로 하지 않고 작은 단위로 나누어 수행한다.
④ 하루의 일과가 끝나면 자신이 수행한 결과물을 점검해 본다.
⑤ 긍정적인 마음을 갖기 위해서 자기 자신을 긍정하고 어려움 속에서도 성장할 수 있다는 가능성을 믿는다.

※ 다음 내용을 읽고 물음에 답하시오. [7~8]

A상사 해외영업팀의 이 과장은 영업본부 내에서 우수성과자로 손꼽힌다. 전년도에도 최우수성과자로 선발되며 3년 연속 인사고과 A를 받았다. 이 과장은 해외영업에서 파트너사와 협력사와의 신뢰를 지키며 회사의 규정대로 일을 꼼꼼히 처리하기로 정평이 나 있다. 국내 미팅과 해외 출장 등 빡빡한 일정 속에서도 기안서, 보고서 등의 제출기한을 한 번도 어긴 적이 없고 아침에 남보다 30분 일찍 출근해 업무 단위별로 다이어리를 정리하고 수행함으로써 업무 효율이 높은 것으로도 유명하다. 또한 사내외 인맥을 활용하여 자신이 목표로 하는 것은 꼭 달성하고야 하는 영리한 모습도 보인다.
얼마 전 팀 후배가 저지른 실수에 대해서도 함께 문제를 해결해 본부에 손실이 나는 것을 막았고, 본부에서도 이 과장하면 일과 관계 두 마리의 토끼를 잡는 사냥꾼이라는 평을 듣고 있다.

07 이 과장의 업무 수행성과에 영향을 미친 요인들을 〈보기〉에서 모두 고른 것은? 난이도 하

보기

㉠ 자원
㉡ 상사 및 동료의 지지
㉢ 업무지침
㉣ 개인의 능력

① ㉠, ㉡, ㉢
② ㉠, ㉢, ㉣
③ ㉡, ㉢, ㉣
④ ㉠, ㉡, ㉣
⑤ ㉠, ㉡, ㉢, ㉣

08 다음 중 이 과장의 업무수행 전략으로 적합하지 않은 것은? 난이도 중

① 업무를 미루지 않는다.
② 회사와 팀의 업무지침을 따른다.
③ 역할 모델을 정한다.
④ 업무를 묶어서 처리한다.
⑤ 업무의 제출기한을 준수한다.

※ 다음 내용을 읽고 물음에 답하시오. [9~10]

자동차를 제조 판매하는 G사는 조직 내 위계질서가 강한 기업으로 평가를 받고 있다. G사의 조직문화는 군대에 비유될 정도이다.
G사는 지난 몇 년의 연구개발 과정을 거쳐 신차를 완성했고 대표이사와 임원들이 모여 최종 의사결정 회의를 가졌다. 대다수의 임원들은 공을 많이 들인 신차의 디자인이 생각보다 최근 소비자의 트렌드를 따라가지 못한다는 생각을 했다. 삼삼오오 조용히 의견을 나누었다. 연구개발팀과 디자인팀의 발표가 끝나자 영업담당 임원이 손을 들고 이야기를 하려던 찰나에 대표이사가 먼저 일어나 흐뭇한 미소로 박수를 치며 신차의 디자인을 칭찬했다.
여러 임원들은 당황했지만 서로 눈치를 보다 함께 박수를 쳤다. 손을 들고 이야기를 하려던 영업담당 임원마저도 대표이사의 안목이 훌륭하다고 이야기하며 더 크게 박수를 쳤다. 회의가 끝나고 나오는 자리에서 임원들은 하나 같이 다시 신차의 디자인을 걱정했다.
신차가 출시되자마자 자동차 잡지들은 신차 디자인에 대한 혹평을 쏟아냈고, 영향력 있는 자동차 인플루언서들도 자신의 채널과 SNS에서 성능은 좋은데 디자인이 문제라는 의견을 이야기했다. 신차는 예상보다 저조한 판매를 보였고 회의에서 함께 박수를 치던 임원들은 역으로 대표이사에게 판매 저조에 대한 질책을 받는 지경에 이르렀다.

09 G사가 잘못된 의사결정을 하게 된 주요 원인으로 보기 어려운 것은? 난이도 중

① 과거의 경험이나 선호하는 가설에 대해 집착했다.
② 리더의 시각에 부합하려는 해바라기 관리의 부작용이다.
③ 반대되는 목소리 부재로 인해 객관적인 평가와 3자적 관점을 상실했다.
④ 틀리다고 생각해도 앞에서 이야기하지 못하고 다수 의견에 동조하거나 침묵했다.
⑤ 각자의 솔직한 의견을 제시하는 사람이 없었다.

10 G사가 향후에 잘못된 의사결정을 피하기 위해 고려해야 하는 점으로 적합하지 않은 것은? 난이도 하

① 상반된 의견이 없다는 것 자체가 의사결정에 있어 강력한 위험 신호라는 인식을 갖는다.
② 조직 내에서 다른 목소리도 경청할 수 있는 소통 채널을 확보한다.
③ 가만히 있으면 중간은 간다는 생각으로 논쟁을 회피하는 문화를 만든다.
④ 위계질서와 상명하복식 의사결정으로 인한 의사소통의 단절을 경계한다.
⑤ 의사결정 결과를 평가하고 피드백 한다.

CHAPTER 10
직업윤리

출제유형 및 학습 전략

1 오답을 통해 대비하라!

이론을 따로 정리하는 것보다는, 문제에서 본인이 생각하는 모범답안을 선택하고 틀렸을 경우 그 이유를 정리하는 방식으로 학습하는 것이 효율적이다. 암기하기 보다는 이해에 중점을 두고 자신의 상식으로 문제를 푸는 것이 아니라 해당 문제가 어느 영역 어떤 하위능력의 문제인지 파악하는 훈련을 한다면 답이 보일 것이다.

2 직업윤리와 일반윤리를 구분하라!

일반윤리와 구분되는 직업윤리의 특징을 이해해야 한다. 통념상 비윤리적 이라고 일컬어지는 행동도 특정한 직업에서는 허용되는 경우가 있다. 그러므로 문제에서 주어진 상황을 판단할 때는 우선 직업의 특성을 고려해야 한다.

3 직업윤리의 하위능력을 파악해두자!

직업윤리의 경우 직장생활 경험이 없는 수험생들은 조직에서 일어날 수 있는 구체적인 직업윤리와 관련된 내용에 흥미가 없고 이를 이해하는데 어려움이 있을 수 있다. 그러나 문제에서는 구체적인 상황・사례를 제시하는 문제가 나오기 때문에 직장에서의 예절을 정리하고 문제 상황에서 적절한 대처를 선택하는 연습을 하는 것이 중요하다.

4 면접에서도 유리하다!

많은 공사・공단에서 면접 시 직업윤리에 관련된 질문을 하는 경우가 많다. 직업윤리 이론을 학습해두면 본인의 가치관을 세우는 데 도움이 되고, 이는 곧 기업의 인재상과도 연결되기 때문에 미리 준비해두면 필기시험에서 합격하고 면접을 준비할 때도 수월할 것이다.

SECTION 01 모듈이론

01 직업윤리의 의의

(1) 윤리란 무엇인가?

① 윤리의 의미 기출

'인간과 인간 사이에서 지켜야 할 도리를 바르게 하는 것' 또는 '인간사회에 필요한 올바른 질서'라고 해석할 수 있다.

② 윤리규범의 형성

- 인간의 특성 : 기본적인 욕구 충족에 도움이나 방해가 되는 사물 등에 선호를 가지게 된다.
- 사회적 인간 : 인간은 사회의 공동 목표 달성과 구성원들의 욕구 충족에 도움이 되는 행위는 찬성하고, 반대되는 행위는 비난한다.
- 윤리규범의 형성 : 인간의 기본적인 특성과 사회성에 부합하는 행위가 반복되면서 무엇이 옳고 그른지에 대한 윤리규범이 형성된다.

(2) 비윤리적 행위의 원인과 유형 기출

① 비윤리적 행위의 원인

무지	어떤 사람이 선이라고 생각하고 노력하는 대상이 실제로는 악이라는 사실을 모르거나 그것을 달성하기 위한 수단적 덕목들을 제대로 알지 못하는 경우이다.
무관심	자신의 행위가 비윤리적이라는 것은 알고 있지만 윤리적인 기준에 따라 행동하는 것을 중요하게 여기지 않는 경우이다.
무절제	자신의 행위가 잘못이라는 것을 알고 그러한 행위를 하지 않으려고 하지만, 자신의 통제를 벗어나는 어떤 요인으로 인하여 비윤리적 행위를 저지르는 것이다.

② 비윤리적 행위의 유형

도덕적 타성	사람의 행동이나 사회현상에도 기존 패턴을 반복하려는 경향, 즉 타성(惰性, Inertia)이 존재한다. 타성은 나태함이나 게으름의 뜻을 내포하고 있는데, 바람직한 행동이 무엇인지 알고 있으면서도 취해야 할 행동을 취하지 않는 무기력한 모습이라고 할 수 있다.
도덕적 태만	비윤리적인 결과를 피하기 위하여 일반적으로 필요한 주의나 관심을 기울이지 않는 것을 말한다.
거짓말	거짓말이란 '상대를 속이려는 의도로 표현되는 메시지'라고 할 수 있다. 주로 말이나 글로 표현되는 것에 한정하며, 상대를 속이려는 의도가 있는 것을 말한다.

(3) 직업과 직업윤리

① 직업의 특징 기출

종류	내용
계속성	주기적으로 일을 하거나, 명확한 주기가 없어도 계속 행해지며, 현재 하고 있는 일을 계속할 의지와 가능성이 있어야 함을 의미한다.
경제성	경제적 거래 관계가 성립되는 활동이어야 한다. 따라서 무급 자원봉사나 전업 학생은 직업으로 보지 않으며, 자연 발생적인 이득의 수취나 우연하게 발생하는 경제적 과실에 전적으로 의존하는 활동도 직업으로 보지 않는다.
윤리성	비윤리적인 영리 행위나 반사회적인 활동을 통한 경제적 이윤추구는 직업 활동으로 인정되지 않음을 의미한다.
사회성	모든 직업 활동이 사회 공동체적 맥락에서 의미 있는 활동이어야 한다는 것이다.
자발성	속박된 상태에서의 제반 활동은 경제성이나 계속성의 여부와 상관없이 직업으로 보지 않는다는 것이다.

② 직업윤리의 의미

직업 활동을 하는 개인이 자신의 직무를 잘 수행하고 자신의 직업과 관련된 직업과 사회에서 요구하는 규범에 부응하여 개인이 갖추고 발달시키는 직업에 대한 신념・태도・행위를 의미한다.

③ 직업윤리의 종류 기출

종류	내용
소명의식	자신이 맡은 일은 하늘에 의해 맡겨진 일이라고 생각하는 태도
천직의식	자신의 일이 자신의 능력과 적성에 꼭 맞는다 여기며, 그 일에 열성을 가지고 성실히 임하는 태도
직분의식	자신이 하고 있는 일이 사회나 기업을 위해 중요한 역할을 하고 있다고 믿고, 자신의 활동을 수행하는 태도
책임의식	직업에 대한 사회적 역할과 책무를 충실히 수행하고 책임을 다하는 태도
전문가의식	자신의 일이 누구나 할 수 있는 것이 아니라 해당 분야의 지식과 교육을 밑바탕으로 성실히 수행해야만 가능한 것이라 믿고 수행하는 태도
봉사의식	직업 활동을 통해 다른 사람과 공동체에 대하여 봉사하는 정신을 갖추고 실천하는 태도

④ 직업윤리의 5대 기본원칙 기출

종류	내용
객관성의 원칙	업무의 공공성을 바탕으로 공사 구분을 명확히 하고, 모든 것을 숨김없이 투명하게 처리하는 원칙을 말함
고객 중심의 원칙	고객에 대한 봉사를 최우선으로 생각하고, 현장 중심・실천 중심으로 일하는 원칙을 말함
전문성의 원칙	자기 업무에 전문가로서의 능력과 의식을 가지고 책임을 다하며, 능력을 연마하는 것을 말함
정직과 신용의 원칙	업무와 관련된 모든 것을 숨김없이 정직하게 수행하고, 본분과 약속을 지켜 신뢰를 유지하는 것을 말함
공정 경쟁의 원칙	법규를 준수하고, 경쟁 원리에 따라 공정하게 행동하는 것을 말함

⑤ 개인윤리와 직업윤리의 조화

- 개인윤리를 기반으로 공동의 협력을 추구한다.
- 규모가 큰 공동의 재산, 정보 등을 개인의 권한하에 위임한다.
- '팔은 안으로 굽는다'로 표현되는 공사구분의 모호함을 배제한다.

OX 문제

01 직업이란 경제적인 보상이 있어야 하며, 본인의 자발적 의사에 의한 것이어야 한다. 또한 장기적으로 계속해서 일하는 지속성이 있어야 한다. [ ]

02 모든 윤리적 가치는 시대와 상황을 떠나서 절대적이므로 변하지 않는다. [ ]

03 직업윤리의 기본원칙 중 객관성의 원칙이란 업무의 공공성을 바탕으로 공과 사 구분을 명확히 하고, 모든 것을 숨김없이 투명하게 처리하는 원칙을 말한다. [ ]

01 [○]
02 [×] 윤리적 가치는 불변의 진리가 아니라 시대와 사회 상황에 따라 조금씩 다르게 변화하는 것이다.
03 [○]

02 근로윤리

(1) 근면한 태도

① 근면의 개념적 특성 기출

㉠ 고난의 극복 : 근면은 과거의 고난을 극복한 경험을 통해 형성되고, 현재의 고난을 극복할 수 있는 자원이 된다.
㉡ 개인의 절제나 금욕 : 근면은 고난을 극복하기 위해서 금전과 시간, 에너지를 사용할 수 있도록 준비하는 것이다.
㉢ 장기적이고 지속적인 행위 과정 : 근면은 고난을 극복하기 위해서 금전과 시간, 에너지를 사용할 수 있도록 준비하는 것이다.

② 근면의 종류 기출

종류	내용
외부로부터 강요당한 근면	• 삶(생계)의 유지를 위한 필요에 의해서 강요된 근면 예 오직 삶의 유지를 위해 열악한 노동 조건에서 기계적으로 일하는 것
자진해서 하는 근면	• 자신의 것을 창조하며 조금씩 자신을 발전시키고, 시간의 흐름에 따라 자아를 확립시켜 가는 근면 예 세일즈맨이 자신의 성과를 높이기 위해 노력하는 것

(2) 정직과 성실

① 정직의 의의 기출

타인이 전하는 말·행동이 사실과 부합된다는 신뢰가 없다면 일일이 직접 확인해야 하므로 사람들의 행동은 상당한 제약을 피할 수 없으며, 조직과 사회 체제의 유지 자체가 불가능해진다.

② 성실의 의미 기출

사전적 의미	정성스럽고 참됨을 의미하며 단어의 본질을 살펴보았을 때, 그 의미가 근면함보다는 충(忠) 혹은 신(信)의 의미와 더 가까움
심리학적 의미	사회규범이나 법을 존중하고 충동을 통제하며, 목표 지향적 행동을 조직하고 유지하며 목표를 추구하도록 동기를 부여하는 것을 의미하기도 함

③ 현대사회에서의 성실성

- 성실의 항상성은 다른 덕목들의 모태가 되며, 어떠한 일을 할 때 꾸준히, 자신의 정성을 다하도록 만든다. 이는 조직에서 생활을 영위할 때 중요한 요인으로 작동한다.
- 성실이 항상 긍정적인 측면만 지니고 있는 것은 아니다. 성실은 시대 개념적 차원에서 볼 때 현대 사회와 어울리지 않는 한계성 또한 지니고 있다.

OX 문제

01 성실의 항상성은 덕목들로부터 파생된 것으로, 현대에서 필수적인 요소로 작용한다. [ ]

02 성실은 항상 긍정적인 측면만 지니므로 언제나 지켜야 할 사회규범이다. [ ]

03 성실의 사전적 의미는 정성스럽고 참됨으로 풀이할 수 있으며 단어의 본질을 살펴보았을 때, 그 의미가 근면함보다는 충(忠) 혹은 신(信)의 의미에 더 가깝다. [ ]

01 [×] 성실의 특징인 항상성은 다른 덕목들의 모태가 된다.
02 [×] 성실은 현대 사회와 어울리지 않는 한계가 있다.
03 [O]

03 공동체윤리

(1) 봉사와 사회적 책임, 준법의식

① 봉사와 사회적 책임의 의미 기출

봉사	다른 사람과 공동체에 대하여 봉사하는 정신을 갖추고 실천하는 태도를 의미하며, 나아가 고객의 가치를 최우선으로 하는 고객 서비스 개념
책임의식	직업에 대한 사회적 역할과 책무를 충실히 수행하고 책임지려는 태도이며, 맡은 업무를 어떠한 일이 있어도 수행해 내는 태도

② 기업의 사회적 책임(CSR; Corporate Social Responsibility)
단순히 이윤 추구를 하는 집단의 형태를 벗어나 자신들이 벌어들인 이익의 일부분을 사회로 환원하는 개념을 말한다.

③ 준법의 의미

- 민주시민으로서 기본적으로 지켜야 하는 의무이며 생활자세이다.
- 민주사회의 법과 규칙을 준수하는 것은 시민으로서의 자신의 권리를 보장받고, 다른 사람의 권리를 보호하며 사회 질서를 유지하는 역할을 수행하는 것이다.

④ 우리사회의 준법의식

- 여전히 사회적 부패 현상이 만연해 있으며, 이러한 현상은 올바름에 대한 기준과 윤리적 판단 기준을 흐리게 한다.
- 민주주의와 시장경제는 구성원들에게 자유와 권리를 주는 동시에 규율의 준수와 책임을 요구하므로 개개인의 의식 변화와 함께 체계적 접근과 단계별 실행을 통한 제도적 · 시스템적 기반의 확립이 필요하다.

(2) 직장에서의 예절

① 예절의 의미

일정한 생활문화권에서 오랜 생활습관을 통해 하나의 공통된 생활방법으로 정립되어 관습적으로 행해지는 사회계약적인 생활규범을 말한다.

② 에티켓과 매너

에티켓	사람과 사람 사이에 마땅히 지켜야 할 규범으로서 형식적 측면이 강함
매너	형식을 나타내는 방식으로 방법적 성격이 강함

③ 비즈니스 매너 기출

㉠ 인사 예절

- 비즈니스에서 가장 일반적인 인사법인 악수는 윗사람이 아랫사람에게, 여성이 남성에게 청한다.
- 소개를 할 때는 나이 어린 사람을 연장자에게, 내가 속해 있는 회사의 관계자를 타 회사의 관계자에게, 동료를 고객에게 먼저 소개한다.
- 명함을 건넬 때는 왼손으로 받치고 오른손으로 건네는데 자신의 이름이 상대방을 향하도록 한다. 또한, 손아랫사람이 손윗사람에게 먼저 건네고 상사와 함께라면 상사가 먼저 건네도록 한다.

㉡ 전화 예절

- 전화는 태도나 표정을 보여줄 수 없으므로 상냥한 목소리와 정확한 발음에 유의한다.
- 전화가 연결되면 담당자 확인 후 자신을 소개하고, 간결하고 정확하게 용건을 전달한다. 전화를 끊기 전 내용을 다시 한 번 정리해 확인하며, 담당자가 없을 땐 전화번호를 남긴다.
- 전화를 받을 때는 벨이 3～4번 울리기 전에 받는다.

㉢ 이메일 예절

- 이메일을 쓸 때는 서두에 소속과 이름을 밝힌다.
- 업무 성격에 맞는 형식을 갖추고 간결하면서도 명확하게 쓴다.
- 메일 제목은 반드시 쓰고, 간결하면서 핵심을 알 수 있게 작성한다.

④ 직장 내 괴롭힘 기출

> 근로기준법상에 따른 사용자 등이 사업장 내의 모든 근로자에게,
> i) 지위 또는 관계 등의 우위를 이용하여
> ii) 업무상 적정 범위를 넘는 행위를 통해
> iii) 신체적 · 정신적 고통을 주거나 근무환경을 악화시키는 행위를 할 경우가 이에 해당한다.

⑤ 직장 내 성희롱 기출

> i) 성희롱의 당사자 요건 충족
> ii) 지위를 이용하거나 업무와의 관련성이 있을 것
> iii) 성적인 언어나 행동, 또는 이를 조건으로 하는 행위일 것
> iv) 고용상 불이익을 초래하거나 성적 굴욕감을 유발하여 고용환경을 악화시키는 경우가 이에 해당한다.

OX 문제

01 책임이란 주어진 업무 또는 스스로 맡은 업무를 어떠한 일이 있어도 수행해 내는 태도이다. [ ]

02 직업세계에서 다른 직종에 비해 더 많은 이익을 얻는 집단이라 해도 그들의 이익 분배에 대해 특별히 달리 생각할 필요는 없다. [ ]

03 기업의 사회적 책임이란 단순히 이윤 추구를 하는 집단의 형태를 벗어나 자신들이 벌어들인 이익의 일부분을 사회로 환원하는 개념으로, 최근 들어 핵심적인 가치로 부각되고 있다. [ ]

01 [○]

02 [×] 직업세계에서 다른 직종에 비해 더 많은 이익을 얻는 집단은 그렇지 않은 집단들에게 그들의 이익을 분배할 수 있는 사회 환원 의식도 가져야 할 것이다.

03 [○]

SECTION 02 직업윤리 맛보기

※ 다음 글을 읽고 물음에 답하시오. [1~2]

> ○○동의 지역공동체는 도시재생사업의 일환으로 만들어지게 되었다. 낙후된 지역으로 노인들이 대다수를 차지했던 이 지역은 공동육아시설 운영, 교육 및 커뮤니티 카페사업을 통해 지역 경제 상생발전을 도모하고 있다.
> 이 지역공동체는 다양한 활동을 통해 지역을 살아있는 공간으로 만들고 커뮤니티 확장과 나눔을 실천해 나갔다. 이 과정을 통해 갈등을 대화로 해결하며 진정한 이웃사촌이 되었다.
> 최근 코로나19의 여파로 인해 이 지역공동체의 공동육아시설과 강의실, 카페 등은 운영이 수개월째 중단된 상태이다. 이러한 위기 상황에도 불구하고 이 지역공동체는 커뮤니티 구성원을 중심으로 결속력을 보이며, 시설 및 온라인 커뮤니티를 통해 나눔과 정보 교류 등을 꾸준히 진행하고 있다.

01 윤리라는 본질적인 의미에서 볼 때, 윗글은 인간의 어떤 특성을 설명하고 있는가?

① 유희적 존재
② 문화적 존재
③ 사회적 존재
④ 정치적 존재
⑤ 윤리적 존재

02 윤리적 가치와 윤리적 규범이라는 측면에서 위기 상황임에도 불구하고 지속적인 운영이 되고 있는 이 공동체의 시사점으로 가장 적합한 것은?

① 지역 주민을 위한 교류 공간 활성화
② 주민 일자리 제공 및 수익 창출을 통한 지역 경제 상생발전
③ 지역 일대 명소로 자리매김
④ 유대감과 결속력 기반의 공동체 의식
⑤ 주민들의 소명의식 증대

Key Point

최근 중요성이 부각되고 있는 직업윤리 영역은 추상적인 내용들로 가득차 있는 탓에 학습하기가 만만치 않은 부분이다. 그러나 이 영역은 일부 암기가 필요한 부분을 제외하고는 대부분 '바르게 살아가는 법'그 이상도 이하도 아니므로 크게 부담을 가질 필요가 없다. 다만, 공공분야에서 근무하는 사람이라면 반드시 알아두어야 할 일명 '김영란 법'에 대한 내용은 정리해 둘 필요가 있다.

01

정답 ③

사회적 존재인 개인의 욕구는 개인의 행동에 따라 충족되는 것이 아니라, 다른 삶의 행동과 협력을 바탕으로 충족된다. 지역공동체가 다양한 활동을 통해 다른 구성원들과 소통과 협력하는 장으로 발전하는 인간의 사회적 존재로서의 모습을 설명한 내용이다.

오답분석

① 유희적 존재 : 놀이를 하는 존재
② 문화적 존재 : 사회와 소통하면서 서로 공감하는 존재
④ 정치적 존재 : 국가를 이루고 개인과 공동체의 문제에 대한 정치 활동을 하는 존재
⑤ 윤리적 존재 : 인간이 도덕적으로 자율성을 가지고 있는 존재

02

정답 ④

주어진 공동체의 시사점으로 가장 적합한 것은 위기 상황임에도 불구하고 윤리적 측면에서 유대감과 결속력 기반의 공동체 의식에 대해 보여주는 사례가 된다.

※ 다음 글을 읽고 물음에 답하시오. [3~4]

김 대리 : (전화벨이 다섯 차례 넘게 울리자) 누가 전화 좀 받아요. 제가 통화 중이라. 홍 사원 : (전화를 돌려받으며) 네. 전화 받았습니다. A기업 영업팀 홍길동 사원입니다. 아! 김 대리님이요. 지금 통화 중이신데요. 나중에 다시 전화 주세요. (전화 통화가 끝나고) 김 대리 : 홍길동씨, 아까 저 찾는 전화인 것 같던데. 어디서 전화 왔어요? 홍 사원 : 잘 모르겠는데요. 여자 분이셨는데요. 김 대리 : 네? 오늘 고객사에서 중요한 전화 올 게 있었는데. 누군지 안 여쭤 봤어요? 홍 사원 : 네. 굳이 말씀하시지 않으셔서….

03 다음 중 홍 사원의 전화예절에 대한 문제점으로 볼 수 없는 것은?

① 전화벨이 3～4번 울리기 전에 받는다.
② 담당자에게 전화와 관련된 내용을 전달한다.
③ 긍정적인 말로서 전화 통화를 마치도록 하고, 전화를 건 상대방에게 감사의 표시를 한다.
④ 자신이 누구인지를 즉시 말한다.
⑤ 상대방의 용건을 물어보지 않았다.

04 김 대리가 홍 사원의 전화예절에 대해서 난색을 보인 이유로 볼 수 없는 것은?

① 상대방이 누구인지 물어보지 않았다.
② 전화를 대신 받아 주었고, 자신의 소속과 성명을 명확하게 밝혔다.
③ 통화를 시작하고 마무리할 때 감사인사를 하지 않았다.
④ 상대방의 용건이 무엇인지 메모하지 않았다.
⑤ 담당자에게 용건을 전달하지 않았다.

Key Point

의외로 많은 수험생들이 전화 예절 등 비즈니스 매너에 대한 문제들을 잘 처리하지 못한다. 이는 평소 가까운 지인들에게 하는 행동과 업무상 만나게 되는 사람들에게 하는 행동이 다르기 때문인데, 현실적으로 이를 단기간에 체화시키기는 어려우므로 본 교재에서 설명하고 있는 내용들을 암기하는 것도 하나의 방법이다. 다만 어차피 합격 후 근무를 하게 되면 이 내용들과 같이 실천해야할 것이니, 지금부터라도 이런 에티켓들을 하나하나 체화시켜보기로 하자.

03

정답 ④

홍 사원은 자신이 누구인지 즉시 말하였다.

전화예절

- 전화를 받을 때는 벨이 3 ~ 4번 울리기 전에 받는다.
- 회사명과 부서명, 이름을 밝힌 뒤 상대방의 용건을 정확하게 확인한다.
- 용건에 즉답하기 어려우면 양해를 구한 뒤, 회신 가능한 시간을 약속한다.
- 통화 담당자가 없으면 자리를 비운 이유를 간단히 설명하고, 통화가 가능한 시간을 알려준다.
- 용건을 물어본 후 처리할 수 있으면 처리한다.
- 전화를 끊으면 담당자에게 정확한 메모를 전달한다.

04

정답 ②

홍 사원은 전화를 대신 받았고, 자신의 소속과 성명을 밝혔다.

김 대리가 홍사원의 전화예절에 대해 난색을 표시한 이유는 상대방이 누구이고, 용건이 무엇인지에 대해 파악하지 않고 전화가 왔다는 메모도 남기지 않았다는 점과 전화를 준 고객에 대한 감사인사를 하지 않고 담당자에게 메모를 전달하지 않는 등 전화예절에 어긋나게 전화를 받은 점이다.

SECTION 03 대표유형 적중문제

정답 및 해설 p.89

모듈형

※ 다음 글을 읽고 물음에 답하시오. [1~2]

(빈자리에 있는 전화가 3번 정도 울리고, 신입사원 A씨는 전화를 당겨 받았다.
A씨 : ㉠ 네, ○○물산 A입니다.
B씨 : 안녕하세요. 저는 ○○부품회사에 근무하는 B라고 합니다. 자재팀에 C대리님 자리에 계신가요?
A씨 : ㉡ 자리에 안 계십니다.
B씨 : C대리님 언제쯤 들어오시는지 알 수 있을까요? 급한 건이라서 5시 전에는 통화해야 돼서요.
A씨 : ㉢ 대리님 언제 들어오실지 모르겠습니다. ㉣ 급한 건이시면, 핸드폰으로 직접 걸어 보는게 어떠신지요?
B씨 : 대리님 개인연락처를 몰라서요. 핸드폰 번호 좀 알려주실 수 있으신가요?
A씨 : 잠시만요. ㉤ 대리님 연락처는 010-××××-×××입니다.
B씨 : 감사합니다.

01 C대리는 신입사원 B씨의 전화 예절에 대해 주의를 주려 한다. 다음 중 올바른 것은? 난이도 하

① 부재 시 전화를 당겨 받지 말아야 한다.
② 처음에 바로 회사 이름은 말하지 말고 본인 이름만 말해야 한다.
③ 개인정보를 함부로 알려주면 안 된다.
④ 메모를 남길 때, 용건이나 성명 없이 상대방의 전화번호만 남긴다.
⑤ 간단한 용건이라도 대신 처리하지 않는다.

02 다음 밑줄 친 ㉠~㉤ 중 전화 예절로 적절하게 응대한 것은? 난이도 하

① ㉠
② ㉡
③ ㉢
④ ㉣
⑤ ㉤

※ 다음 사례를 읽고 다음 물음에 답하시오. [3~5]

구매팀 김 차장의 별명은 뱀장어이다. 스리슬쩍 빠져 나가는 데는 도가 텄기 때문이다. 그의 뻔뻔함을 보여주는 사례는 수도 없이 많았다. 업체별 세부 거래 조건이 저장되어 있는 파일은 매우 예민한 자료라 부서원들 개인 컴퓨터에 저장하는 것은 물론 프린트도 금지되어 있었다. 오직 팀장과 김 차장 그리고 담당자인 최 과장에게만 접근 권한이 있었는데, 어느 날 김 차장이 파일을 잘못 저장해서 내용이 모두 삭제된 사건이 발생했다.
김 차장은 팀원들 모두를 불러놓고는 "왜 니들은 그 중요한 파일을 따로 저장도 안 해놨냐?", "나처럼 컴퓨터를 잘 사용하지 못하는 사람도 안전하게 수정할 수 있게 설정을 잘 해놨어야지! 아니면 니들이 사전에 귀띔을 해줘야 하는 거 아니냐고!"라고 하면서 한 시간이 넘게 잔소리를 퍼부었다. 그걸로도 화가 안 풀렸는지 담당자인 최 과장을 불러놓고는 일이 꼼꼼하지 못하네, 관리를 제대로 못하네, 담당자가 기술적 이해도가 떨어지네 등등 잔소리가 30분 넘게 이어졌다.

03 다음 중 구매팀 김 차장에게 필요한 것은? 난이도 하

① 책임의식
② 준법의식
③ 근면의식
④ 성실의식
⑤ 소명의식

04 구매팀 김 차장에게 필요한 직장생활의 자세로 옳은 것은? 난이도 중

① 나 자신의 일은 내 책임이지만, 나의 부서의 일은 내 책임이 아니라고 생각한다.
② 본인이 잘못을 저질렀을 때는 스스로 책임지려고 한다.
③ 나쁜 상황이 나에게 일어났을 때, '왜 이런 일이 나에게 일어났어?'라고 생각한다.
④ 미리 계획하여 책임질 수 있는 범위의 일을 맡는다.
⑤ 자신이 세운 목표를 달성하기 위해 부지런한 생활을 유지한다.

05 구매팀 김 차장에게 대처하는 방법으로 옳지 않은 사람은? 난이도 중

① 박 주임 : 앞으로는 김 차장님이 무책임할 수 있다는 것을 예상해야 해.
② 김 대리 : 앞으로는 기록하고 동료들과 이야기하면서 증거를 모아야 해.
③ 송 과장 : 김 차장님의 무책임은 권력의 속성이니 내 감정이 휘둘리지 않게 조절해야 할 필요가 있어.
④ 장 주임 : 김 차장님을 설득해서 김 차장님이 변화할 수 있도록 도움을 드려야 해.
⑤ 전 대리 : 김 차장님이 하는 말은 신뢰도가 낮을 수 있으니 다른 경로로 확인할 필요가 있어.

※ 다음 글을 읽고 물음에 답하시오. [6~7]

김 부장 : 이 팀장, 오늘 대표이사님께 보고할 매출자료 좀 같이 봅시다.
이 팀장 : 네. 부장님. 바로 출력해서 회의실로 가겠습니다.
김 부장 : (매출보고서를 살펴보며) A고객사는 이번 분기 매출이 안 늘었네요? 지난 번 단가를 내려달라는 요청이 와서 결재한 기억이 있는데 이러면 역마진이 날 텐데요.
이 팀장 : 다음 분기에는 나아지겠죠. 기억하시는 것처럼 A사에서 갑자기 거래처를 바꾸겠다고 해서 저희가 급히 요구하는 수준으로 단가를 낮췄는데 생각만큼 주문물량이 늘어나지 않아서.
김 부장 : 음. 그럼 이번 대표이사님 보고서에서 이 부분은 빼고 갑시다.
이 팀장 : 사실대로 보고 드리는 게 낫지 않을까요? 다음 분기도 저희 예상만큼 물량이 늘어난다는 보장도 없고 그때도 부장님이 전결하신 건이라 대표이사님께는 보고가 되지 않았습니다.
김 부장 : 요즘 같은 때 뭐 좋은 일도 아닌데 굳이 이런 걸 보고해야겠어요. 이번에는 그냥 넘어갑시다.
이 팀장 : 그래도 나중에 문제가 커지는 것보다는 낫지 않을까요?
김 부장 : 나나 이 팀장 둘 다 책임질 수 있는 것도 아닌데 다음 분기에 나아지면 그때 보고합시다.
이 팀장 : 매도 먼저 맞는 게 낫다고 그래도 이번에 말씀 드리는 게 낫지 않을까요?

06 다음 중 이 팀장이 조직 생활 과정에 겪고 있는 것은?

난이도 중

① 집단 이기주의
② 공동행동의 룰
③ 윤리적 가치
④ 윤리적 갈등
⑤ 공동체의식 결여

07 이 팀장이 조직생활에서 고민하게 되는 요인으로 가장 적절한 것은?

난이도 중

① 진실 대 충성 : 진실을 말할 것인가? 상사에게 충성할 것인가?
② 단기 대 장기 : 자신의 결정이 단기적인 결과를 가져오는가? 장기적인 결과에 영향을 미치는가?
③ 개인 대 집단 : 자신의 결정이 개인에게 영향을 미치는가? 집단에 영향을 미치는가?
④ 위 세 가지 요인 모두를 고민하고 있다.
⑤ 위 세 가지 요인 중 '단기 대 장기', '개인 대 집단'의 두 가지를 고민하고 있다.

※ 다음 글을 읽고 물음에 답하시오. [8~9]

매니저 : 어서 오십시오. 무엇을 도와드릴까요?
고객 : 제가 엊그제 여기서 이 스마트폰을 사가지고 갔는데 액정에 잔상이 생겨서요.
매니저 : 잠시만 기다리십시오. 담당 직원을 불러드리겠습니다.
(당시 스마트폰을 판매한 A사원을 부른다.)
A사원 : 네. 고객님. 무슨 문제가 있으신가요?
고객 : 네. 지난번 여기서 구매한 스마트폰을 며칠 사용하다 보니 화면에 계속 잔상이 생겨서요.
A사원 : 판매 시에 확인을 다 해드렸던 것으로 기억하는데요. 제가 한 번 확인해 보겠습니다. (스마트폰을 확인한 후) 이전에 이 C사 스마트폰을 사용해 보신 적이 있으신가요?
고객 : 아니오. D사 제품을 계속 쓰다가 이번에 처음 C사 제품을 샀어요.
A사원 : 네. 그러시군요. 고객님이 처음이시고 잘 모르셔서 그런데 이런 현상은 별 문제는 없습니다. 쓰시다 보면 괜찮을 겁니다.
고객 : 네? 무슨 말씀이신지. 제가 쓰다가 불편을 느껴서 교환이나 환불을 받으려고 온 건데 원래 그렇다니요.
A사원 : 그건 고객님이 모르셔서 하시는 말씀이에요. 쓰시다 보면 자연스럽게 없어집니다.
고객 : 전 이해가 안 가는데요. 원인을 설명해 주시거나 새 제품으로 교환을 해 주시든지 환불해 주세요.
매니저 : (고객에게 양해를 구한 후) A씨, 잠시 저 좀 볼까요?

08 다음 중 내용과 관련된 고객응대 상황에서 A사원이 고객서비스에 문제를 일으킨 부분이 아닌 것은?

난이도 하

① 고객에게 잔상이 생기는 원인을 친절하고 명확하게 설명해 주지 않았다.
② 고객이 가져온 제품의 상태를 먼저 살펴보았다.
③ 고객의 지식과 경험을 무시하는 어투로 응대했다.
④ 고객의 요구나 요청사항에 대해 묻고 경청하지 않았다.
⑤ 고객의 요구를 존중하지 않았다.

09 다음 중 매장 매니저가 A사원을 불러서 이야기해야 하는 내용으로 적합하지 않은 것은?

난이도 중

① A씨, 적당히 이야기해서 돌려보내시고 C사에 제품에 대해 문의해 주세요.
② A씨, 잔상이 발생한 원인에 대해서 먼저 고객이 이해할 수 있도록 설명해 주는 게 좋지 않겠어요?
③ A씨, 고객님이 말씀하시는 내용에 대해 좀 더 귀를 기울여 듣는 게 좋겠습니다.
④ A씨, 고객님이 교환이나 환불을 원하시면 절차를 해 주세요.
⑤ A씨, 고객님이 요청하는 사항을 먼저 경청하는 자세를 가지는 게 좋겠습니다.

※ 다음 글을 읽고 물음에 답하시오. [10~11]

> 김 부장 : 이 팀장, 잠깐 나 좀 보지. 이번에 결재 올린 신사업 기획안 말이야. 조사 분석한 데이터가 오류가 많은데 이 사업 가능하겠어? 이 팀장은 자료 확인도 안 하나? 이 팀장이 결재했으니 나한테 왔을 텐데 말이야.
> 이 팀장 : 제가 요즘 너무 바빠서 확인을 다 못했습니다. 죄송합니다. 그런데 그 건은 저희 팀 박 과장이랑 손 대리가 작업을 한 건이라 제가 세부 내용까지는….
> 김 부장 : 지금 무슨 소리를 하는 거야. 팀장이라는 사람이 팀 구성원들에게 탓을 돌리는 거야? 이 기획안은 반려시킬 테니 다시 검토해.
> 이 팀장 : 제가 드리는 얘기는 그게 아니라 제가 탓을 하는 게 아니라….

10 다음 중 내용에서 김 부장이 생각하기에 이 팀장에게 부족한 자세는 무엇인가? 난이도 하

① 봉사
② 책임
③ 준법
④ 예절
⑤ 협동정신

11 다음 중 내용에서 이 팀장이 기획안과 관련된 부장과의 대화에 있어서 잘못한 부분이 아닌 것은? 난이도 중

① 바쁘다는 핑계로 결재 건을 제대로 확인하지 않은 부분에 대해 변명했다.
② 자신보다는 팀 구성원에게 책임을 전가했다.
③ 일차적으로 자신의 직무태만에 대해 사과했다.
④ 자신의 실수를 인정하고 다시 준비하기보다는 계속 변명을 늘어놓는 태도를 보였다.
⑤ 팀장으로서의 책임을 회피하고 변명을 늘어놓았다.

PART

2

직무수행능력평가

CHAPTER 01

사무직 직무수행능력평가

출제유형 및 학습 전략

직무수행능력평가는 실제 직무를 수행하는 데 있어서 지원자의 전문성과 자질을 평가하기 위해 치러지는 시험으로, 직렬과 직무에 따라 요구되는 지식과 기술 등을 평가한다. 선발직렬에 의해 그 과목이 달라지며, 문항 수나 출제범위 등 그 변화가 잦으므로 항상 해당 공기업의 공고문을 잘 확인해야 한다.
사무직 직무수행능력평가의 경우, 주요 공사공단에서 주로 출제되는 과목은 경영·경제·행정·법·회계 등이 있다.

1 경영학

주요 출제 범위는 경영학원론, 재무관리, 마케팅, 조직론, 재무회계 등이며, 주요 출제 기관으로는 한국철도공사, 한국수자원공사, 근로복지공단, 국민연금공단, 건강보험심사평가원, 한국수력원자력, 한국전기안전공사 등이 있다.

2 경제학

주요 출제 범위는 경제학원론, 미시경제, 거시경제, 국제경제, 계량경제, 재정학 등이며, 주요 출제 기관으로는 한국수자원공사, 건강보험심사평가원, 근로복지공단, 주택도시보증공사, 한국교통안전공단, 한국수력원자력, 한국도로공사 등이 있다.

3 행정학

주요 출제 범위는 행정학원론, 행정조직론, 인사행정, 행정법, 정책학, 재무행정 등이며, 주요 출제 기관으로는 한국수자원공사, 한국국토정보공사, 건강보험심사평가원, 근로복지공단, 도로교통공단, 한국에너지공단, 한국전기안전공사 등이 있다.

4 법학

주요 출제 범위는 법학 일반, 헌법, 민법, 민사소송법, 상법, 행정법 등이며, 주요 출제 기관으로는 주택도시보증공사, 한구공항공사, 한국수자원공사, 건강보험심사평가원, 근로복지공단, 한국가스안전공사 등이 있다.

SECTION 01 경영학 핵심이론

01 테일러와 포드 시스템의 비교

테일러 시스템	포드 시스템
• 과업관리(시간과 동작연구를 통한) • 차별성과급 도입 : 객관적인 과학적 방법을 사용한 임금률 • 과학적 관리 방법을 도입한 표준화 • 작업의 과학화와 개별생산관리 • 인간노동의 기계화시대	• 동시관리 : 작업조직의 철저한 합리화에 의해 작업의 동시적 진행을 기계적으로 실현하고 관리를 자동적으로 전개 • 컨베이어시스템, 대량생산 • 공장 전체로 확대 • 인간에게 기계의 보조역할 요구

02 환경의 2가지 차원(환경의 동태성 및 복잡성의 정도)

- 환경의 동태성 : 안정적 환경 → 관리자가 미래의 사건 예측, 동태적 환경 → 관리자가 과거의 패턴으로부터 예측할 수 있게 된다.
- 복잡성의 정도 : 환경요소들이 단순한가, 그렇지 않은가를 말하는 것으로 상호작용하는 환경요소의 수와 관련 있다.
- 환경의 2가지 차원 도식화

구분		환경의 복잡성	
		단순	복잡
환경의 동태성	안정적	(단순)+(안정)=(낮은 불확실성) 예 컨테이너 제조업, 음료병 제조업	(복잡)+(안정)=(다소 낮은 불확실성) 예 대학, 병원
	동태적	(단순)+(동태적)=(다소 높은 불확실성) 예 유행의류 제조업, 장난감 제조업	(복잡)+(동태적)=(높은 불확실성) 예 전자산업, 석유회사

03 기업합병

- 법률적으로 독립적인 복수의 기업이 단일조직이 되는 형태
- 피합병기업은 완전히 독립성을 상실
- 흡수합병 및 신설합병
  - 흡수합병 : 어떠한 하나의 회사기업이 타 회사기업을 흡수하는 것
  - 신설합병 : 합병을 당하는 회사기업이 모두 해산·소멸함과 더불어 신회사기업이 설립

04 의사결정 문제와 의사결정 모형

사이먼은 의사결정 유형을 정형적 · 비정형적인 것으로 분류하고, 정형적 의사결정은 구조화된 결정 문제, 비정형적 의사결정은 비구조화된 결정 문제라고 하였다.

구분	정형적 의사결정	비정형적 의사결정
문제의 성격	• 보편적, 일상적인 상황	• 비일상적, 특수적 상황
문제해결 방안의 구체화 방식	• 문제해결안이 조직의 정책 또는 절차 등에 의해 미리 상세하게 명시됨	• 해결안은 문제가 정의된 다음에 창의적으로 결정
의사결정의 계층	• 주로 하위층	• 주로 고위층
의사결정의 수준	• 업무적 · 관리적 의사결정	• 전략적 의사결정
적용조직의 형태	• 시장 및 기술이 안정되고, 일상적이며 구조화된 문제해결이 많은 조직	• 구조화가 되어 있지 않으며, 결정사항이 비일상적이면서 복잡한 조직
전통적 기법	• 업무절차, 관습 등	• 직관, 판단, 경험법칙, 창조성 등
현대적 기법	• EDPS, OR 등	• 휴리스틱 기법

05 포드 시스템의 비판

- 동시작업 시스템의 문제 : 한 라인에서 작업이 중지될 경우 전체 라인의 작업이 중지되어 제품생산에 큰 차질을 빚게 한다.
- 인간의 기계적 종속화 : 컨베이어 시스템 등의 생산기계에 이상이 있을 시 생산은 중단되고 사람은 아무런 일도 하지 못하게 된다.
- 노동착취의 원인 제공 : 생산라인에서 사람은 쉬지 못할 뿐만 아니라 떠날 수도 없기 때문에, 이러한 생산과정은 노동의 과부하를 불러일으킬 수 있다.
- 제품의 단순화 · 표준화는 효율적이지만 다양한 욕구를 충족시키기에는 역부족이다.

06 다각화의 종류

- 수직적 다각화 : 기업이 자신의 분야에 포함된 분야로 사업영역을 확장하는 것이다.
- 수평적 다각화 : 자신의 분야와 동등한 수준의 분야로 다각화하는 것이다.
- 집중적 다각화 : 핵심기술 한 가지에 집중해서 판매하는 것 또는 다른 관점에서 바라보면 경영합리화의 목적, 시장통제의 목적, 금융상 이점 등을 목적으로 상호 간 협정 또는 제휴를 통해 과다경쟁으로 인한 폐해를 없애고 기업조직의 안정 및 시장지배를 목적으로 하는 것이다.
- 복합적 다각화 : 해당 사업이 연계한 동종업종의 것일 수도 있으며, 전혀 자신들의 업종과는 다른 양상의 분야로 확장해서 운영하는 것이다.

07 경쟁전략의 형태

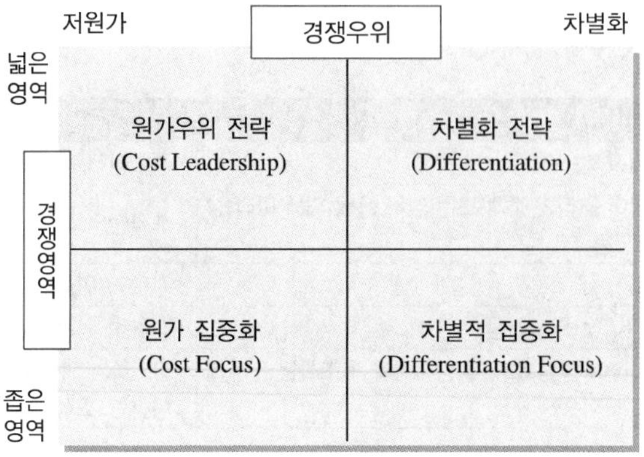

08 기능별 조직과 사업부제 조직의 비교

구분	기능별 조직	사업부제 조직
장점	• 기능별로 최적방법(품질관리, 생산관리, 마케팅 등)의 통일적인 적용 • 전문화에 의한 지식경험의 축적 및 규모의 경제성 • 인원 · 신제품 · 신시장의 추가 및 삭감이 신속하고 신축적 • 자원(사람 및 설비)의 공통 이용	• 부문 간 조정이 용이 • 제품별 명확한 업적평가, 자원의 배분 및 통제 용이 • 사업부별 신축성 및 창의성을 확보하면서 집권적인 스태프와 서비스에 의한 규모의 이익 추구 • 사업부장의 총체적 시각에서의 의사결정
단점	• 과도한 권한의 집중 및 의사결정의 지연 • 기능별 시각에 따른 모든 제품 및 서비스 경시 • 다각화 시 제품별 조건 적합적 관리 불가능 • 각 부문의 업적평가 곤란	• 단기적인 성과를 중시 • 스태프, 기타 자원의 중복에 의한 조직슬랙의 증대 • 분권화에 의한 새로운 부문 이기주의의 발생 및 사업부 이익의 부분 극대화 • 전문직 상호 간 커뮤니케이션의 저해

09 직무평가의 방법

비교기준 / 비교대상	직무전반	구체적 직무요소
직무 대 직무	서열법 (Ranking Method)	요소비교법 (Factor Comparison Method)
직무 대 기준	분류법 (Job Classfication Method)	점수법 (Point Method)

10 임금관리의 3요소

임금관리 3요소	핵심 사항	분류(고려 대상)
임금수준	적정성	생계비 수준, 사회적 임금수준, 동종업계 임금 수준 감안
임금체계	공정성	연공급, 직능급, 성과급, 직무급
임금형태	합리성	시간급제, 일급제, 월급제, 연봉제

11 노동조합의 탈퇴 및 가입

- 오픈 숍(Open Shop) : 사용자가 노동조합에 가입한 조합원뿐만 아니라 비조합원도 자유롭게 채용할 수 있도록 하는 제도를 말한다. 종업원의 노동조합에 대한 가입·비가입 등이 채용이나 해고조건에 전혀 영향력을 끼치지 못하는 것이라 할 수 있다. 노동조합에 대한 가입 및 탈퇴에 대한 부분은 종업원들의 각자 자유에 맡기고, 사용자는 비조합원들도 자유롭게 채용할 수 있기 때문에 조합원들의 사용자에 대한 교섭권은 약화된다.
- 클로즈드 숍(Closed Shop) : 기업의 결원에 대한 보충이나 신규채용 등에 있어 사용자가 조합원 중에서 채용을 하지 않으면 안 되는 것을 의미한다. 노동조합의 가입이 채용의 전제조건이 되므로 조합원의 확보방법으로서는 최상의 강력한 제도라 할 수 있으며, 클로즈드 숍하에서는 노동조합이 노동의 공급 등을 통제할 수 있기 때문에 노동가격(임금)을 상승시킬 수 있다.
- 유니언 숍(Union Shop) : 사용자의 노동자에 대한 채용은 자유롭지만, 일단 채용이 된 후 종업원들은 일정기간이 지난 후에는 반드시 노동조합에 가입해야만 하는 제도이다.

12 JIT(Just In Time) 시스템(=적시생산시스템)

- 필요한 시기에 필요한 양만큼의 단위를 생산해내는 것이다.
- 푸시 시스템 : 작업이 생산의 첫 단계에서 방출되고 차례로 재공품을 다음 단계로 밀어내어 최종 단계에서 완성품이 나온다.
- 풀 시스템 : 필요한 시기에 필요한 양만큼 생산해 내는 시스템으로, 이는 수요변동에 의한 영향을 감소시키고 분권화에 의해 작업관리의 수준을 높인다.
- JIT의 효과 : 납기 100% 달성, 고설계 적합성, 생산 리드타임의 단축, 수요변화의 신속한 대응, 낮은 수준의 재고를 통한 작업의 효율성, 작업 공간 사용의 개선, 분권화를 통한 관리의 증대, 재공품 재고변동의 최소화, 각 단계 간 수요변동의 증폭전달 방지, 불량 감소, 유연성 등

13 종합적 품질경영(TQM; Total Quality Management)

경영자의 열의 및 리더십을 기반으로 지속된 교육 및 참여에 의해 능력이 개발된 조직의 구성원들이 합리적이면서 과학적인 관리방식을 활용해서 기업조직 내 절차를 표준화하며, 이를 지속적으로 개선해 나가는 과정에서 종업원의 니즈를 만족시키고 소비자 만족 및 기업조직의 장기적인 성장을 추구하는 관점에서의 경영시스템이다.

14 목표시장 선정 전략

시장 세분화	• 시장 세분화를 위한 세분화 기준변수 파악 • 각 세분시장의 프로파일 개발
표적시장 선정	• 세분시장 매력도 평가를 위한 측정변수 개발 • 표적시장 선정
포지셔닝	• 각 표적시장별 포지셔닝을 위한 위치 파악 • 각 표적시장별 마케팅믹스 개발

15 제품믹스 전략

• 제품믹스 : 일반적으로 기업이 다수의 소비자에게 제공하는 모든 형태의 제품 계열과 제품품목을 통합한 것을 말한다.
• 제품계열 : 제품믹스 중에서 물리적・기술적 특징이나 용도가 비슷하거나 동일한 고객집단에 의해 구매되는 제품의 집단이다. 즉, 특성이나 용도가 비슷한 제품들로 이루어진 집단을 말한다.
  – 제품믹스의 폭 : 기업이 가지고 있는 제품계열의 수를 의미
  – 제품믹스의 깊이 : 각 제품계열 안에 있는 품목의 수를 의미
  – 제품믹스의 길이 : 제품믹스 내의 모든 제품품목의 수를 의미

16 푸시전략과 풀전략

푸시(Push)전략	• 제조업자가 소비자를 향해 제품을 밀어낸다는 의미로 제조업자는 도매상에게, 도매상은 소매상에게, 소매상은 소비자에게 제품을 판매하게 만드는 전략을 말한다. • 푸시전략은 소비자들의 브랜드 애호도가 낮고, 브랜드 선택이 점포 안에서 이루어지며, 동시에 충동구매가 잦은 제품의 경우에 적합한 전략이다.
풀(Pull)전략	• 제조업자 쪽으로 당긴다는 의미로 소비자를 상대로 적극적인 프로모션 활동을 하여 소비자들이 스스로 제품을 찾게 만들고 중간상들은 소비자가 원하기 때문에 제품을 취급할 수밖에 없게 만드는 전략을 말한다. • 광고와 홍보를 주로 사용하며, 소비자들의 브랜드 애호도가 높고, 점포에 오기 전 브랜드 선택에 대해서 관여도가 높은 상품에 적합한 전략이다.

17 재무회계와 관리회계 비교

구분	재무회계	관리회계
보고대상	외부정보 이용자	내부정보 이용자
보고시기	정기보고	수시보고
기준	GAAP	원가계산시스템
형식	일정한 형식	일정한 형식 없음
보고내용	주로 제무제표와 부속자료	제한 없음 (주로 원가, 예산, 기타 분석 자료)

18 재고자산 평가방법의 비교

구분	크기비교	비고
기말재고자산	선입선출법>이동평균법>총평균법>후입선출법	제외
매출원가	선입선출법<이동평균법<총평균법<후입선출법	–
당기순이익	선입선출법>이동평균법>총평균법>후입선출법	–
법인세	선입선출법>이동평균법>총평균법>후입선출법	과세소득이 충분함
현금흐름	선입선출법<이동평균법<총평균법<후입선출법	법인세효과

19 체계적 위험(Systematic Risk)과 비체계적 위험(Unsystematic Risk)

체계적 위험	• 경제성장률, 이자율, 인플레이션, 환율, 국제유가 등 경제 전반에 영향을 미치는 요인들의 변동에 따른 위험 • 모든 주식에 공통적으로 영향을 미치기 때문에 여러 주식으로 포트폴리오를 구성해서 투자해도 제거할 수 없음
비체계적 위험	• 주식을 발행한 기업의 경영성과, 경영진의 교체, 신 제품개발의 성패 등과 같이 그 기업에만 영향을 미치는 요인들로 인한 위험 • 주식 수를 충분히 증가시켜서 투자하면 완전히 제거할 수 있음

20 듀레이션의 특징

- 만기가 길수록 듀레이션은 커진다.
- 표면이자율이 높을수록 듀레이션은 작아진다.
- 만기수익률이 높을수록 듀레이션은 작아진다.
- 이자 지급빈도가 증가할수록 듀레이션은 작아진다.

SECTION **01**

경영학 적중예상문제

정답 및 해설 p.92

01 다음에서 설명하고 있는 것은?

> 근로자가 고용되면 일정 기간 내에 노동조합에 가입하여 조합원 자격을 가져야 하고, 노동조합에 가입하지 않거나 탈퇴 또는 제명된 경우에는 해고하도록 정한 단체협약으로 노동조합 및 노동관계조정법 제81조 제2호를 근거로 규정하고 있다.

① 클로즈드숍(Closed Shop)
② 유니온숍(Union Shop)
③ 오픈숍(Open Shop)
④ 에이전시숍(Agency Shop)
⑤ 메인터넌스숍(Maintenance of Membership Shop)

02 다음 빈칸에 들어갈 용어가 바르게 연결된 것은?

> • ___(가)___ 은/는 기업이 개별 고객의 선호에 맞춘 제품 혹은 서비스를 통해 타사와의 차별성과 경쟁력을 확보하는 마케팅 기법으로 ___(나)___, ___(다)___, ___(라)___ 세 단계로 이루어진다.
> • ___(나)___ : 특정 시장을 공략하기 위한 선행 작업으로 고객의 성별, 지역, 연령 등 다양한 기준으로 시장을 나눈다.
> • ___(다)___ : 제품의 이미지나 특징에 가장 적합한 시장을 선정한다.
> • ___(라)___ : 고객에게 타사와 다른 자사 제품의 차별성을 각인시킬 수 있도록 광고 등 커뮤니케이션을 한다.

	(가)	(나)	(다)	(라)
①	시장세분화	STP 전략	목표시장 설정	포지셔닝
②	STP 전략	시장세분화	포지셔닝	목표시장 설정
③	STP 전략	시장세분화	목표시장 설정	포지셔닝
④	STP 전략	목표시장 설정	시장세분화	포지셔닝
⑤	포지셔닝	목표시장 설정	시장세분화	STP 전략

03 다음 중 평정척도법에 대한 설명으로 옳은 것은?

① 통계적 분포에 따라 인원을 강제적으로 할당하여 피평가자를 배열하고 서열을 정한다.
② 고과에 적당한 표준 행동을 평가 항목에 배열해 놓고 해당 항목을 체크하여 책정한다.
③ 일상생활에서 보여준 특별하게 효과적이거나 비효과적인 행동을 기록하여 활용한다.
④ 피평가자의 능력과 업적 등을 일련의 연속척도 또는 비연속척도로 평가한다.
⑤ 평소 부하직원의 직무 관련 행동에서 나타나는 강점과 약점을 기술한다.

04 다음 중 가격관리와 관련된 설명으로 옳지 않은 것은?

① 명성가격결정법은 가격이 높으면 품질이 좋을 것이라고 느끼는 효과를 이용하여 수요가 많은 수준에서 고급상품의 가격결정에 이용된다.
② 침투가격정책은 신제품을 도입하는 초기에 저가격을 설정하여 신속하게 시장에 침투하는 전략으로, 수요가 가격에 민감하지 않은 제품에 많이 사용된다.
③ 상층흡수가격정책은 신제품을 시장에 도입하는 초기에는 고소득층을 대상으로 높은 가격을 받고 그 뒤 차차 가격을 인하하여 저소득층에 침투하는 것이다.
④ 탄력가격정책은 한 기업의 제품이 여러 제품계열을 포함하는 경우 품질, 성능, 스타일에 따라 서로 다른 가격을 결정하는 것이다.
⑤ 고가격정책은 신제품을 개발한 기업들이 초기에 그 시장의 소득층으로부터 많은 이익을 얻기 위해 높은 가격을 설정하는 전략이다.

05 다음 중 해외시장으로의 진출 전략에 관한 설명으로 옳지 않은 것은?

① 전략적 제휴는 다른 기업들과 특정 사업 및 업무 분야에 걸쳐 협력관계를 맺어 공동으로 해외사업에 진출하는 전략이다.
② 해외자회사의 장점은 해외시장에서 많은 자금과 기술을 운영하면서 기업의 자산들을 해외 정부로부터 안전하게 지킬 수 있다는 것이다.
③ 라이선싱(Licensing)은 자신의 제품을 생산할 수 있는 권리를 일정한 대가를 받고 외국 기업에게 일정 기간 동안 부여하는 것을 말한다.
④ 국제합작투자의 장점은 기술의 공유, 위험의 분산, 마케팅 및 경영 노하우의 공유 등이다.
⑤ 해외직접투자는 기술・자본・상표・경영능력 등 여러 생산요소가 하나의 시스템으로 해외에 이전되는 것을 말한다.

06 다음 중 균형성과표(BSC)의 4가지 성과측정 관점이 아닌 것은?

① 재무관점
② 고객관점
③ 공급자관점
④ 학습 및 성장관점
⑤ 내부 프로세스관점

07 다음 중 자본시장선(CML)과 증권시장선(SML)에 관한 설명으로 옳은 것은?

① 자본시장선을 이용하여 타인자본 비용을 산출할 수 있다.
② 자본시장선을 이용하여 비효율적 포트폴리오의 균형가격을 산출할 수 있다.
③ 자본시장선은 위험자산만을 고려할 경우의 효율적 투자기회선이다.
④ 증권시장선은 포트폴리오 기대수익률과 포트폴리오 표준편차간의 선형관계를 나타낸다.
⑤ 증권시장선 위에 존재하는 주식은 주가가 과소평가된 주식이다.

08 차량을 200만 원에 구입하여 40만 원은 현금으로 지급하고 잔액은 외상으로 하였다. 이 거래결과로 옳은 것을 모두 고르면?

ㄱ. 총자산 감소	ㄴ. 총자산 증가
ㄷ. 총부채 감소	ㄹ. 총부채 증가

① ㄱ, ㄷ
② ㄱ, ㄹ
③ ㄴ, ㄷ
④ ㄴ, ㄹ
⑤ ㄷ, ㄹ

09 다음 〈보기〉 중 채권 금리가 결정되는 일반적인 원칙으로 옳은 것을 모두 고르면?

보기

가. 다른 조건이 같으면 만기가 길수록 채권 금리는 높아진다.
나. 경기가 좋아지면 국채와 회사채 간 금리 차이가 줄어든다.
다. 일반적으로 국채 금리가 회사채 금리보다 낮다.
라. 예상 인플레이션율이 낮을수록 금리는 높아진다.

① 가, 나
② 나, 라
③ 다, 라
④ 가, 나, 다
⑤ 가, 나, 다, 라

10 다음에서 설명하는 이론은 무엇인가?

- 매슬로의 욕구단계론이 직면한 문제점들을 극복하고자 실증적인 연구에 기반하여 제시한 수정이론이다.
- 알더퍼가 제시하였으며 인간의 욕구를 생존욕구, 대인관계욕구, 성장욕구로 구분하였다.

① 호감득실이론
② 사회교환이론
③ ERG이론
④ 기대 – 불일치이론
⑤ 인지불협화이론

11 다음 〈보기〉 중 조직설계에 대한 설명으로 옳은 것을 모두 고르면?

보기

가. 환경의 불확실성이 높을수록 조직 내 부서의 분화 정도는 높아진다.
나. 많은 수의 제품을 생산하는 기업은 사업부 조직(Divisional Structure)이 적절하다.
다. 기업의 조직구조는 전략에 영향을 미친다.
라. 대량생산 기술을 사용하는 기업은 효율성을 중시하는 유기적 조직으로 설계하는 것이 적절하다.
마. 조직 내 부서 간 상호의존성이 증가할수록 수평적 의사소통의 필요성은 증가한다.

① 가, 나, 마
② 가, 다, 라
③ 가, 다, 마
④ 나, 다, 라
⑤ 나, 라, 마

12 다음 중 마이클 포터가 제시한 경쟁우위전략에 대한 설명으로 가장 옳지 않은 것은?

① 원가우위전략은 경쟁기업보다 낮은 비용에 생산하여 저렴하게 판매하는 것을 의미한다.
② 차별화전략은 경쟁사들이 모방하기 힘든 독특한 제품을 판매하는 것을 의미한다.
③ 집중화전략은 원가우위에 토대를 두거나 차별화우위에 토대를 둘 수 있다.
④ 원가우위전략과 차별화전략은 일반적으로 대기업에서 많이 수행된다.
⑤ 마이클 포터는 기업이 성공하기 위해서는 한 제품을 통하여 원가우위전략과 차별화전략 두 가지 전략을 동시에 추구해야 한다고 보았다.

13 다음 중 델파이 기법에 관한 설명으로 옳지 않은 것은?

① 전문가들을 두 그룹으로 나누어 진행한다.
② 많은 전문가들의 의견을 취합하여 재조정 과정을 거친다.
③ 의사결정 및 의견개진 과정에서 타인의 압력이 배제된다.
④ 전문가들을 공식적으로 소집하여 한 장소에 모이게 할 필요가 없다.
⑤ 미래의 불확실성에 대한 의사결정 및 장기예측에 좋은 방법이다.

14 신제품의 개발 과정은 다음과 같은 일련의 단계로 이루어진다. (가) ~ (다)에 해당하는 내용이 바르게 연결된 것은?

신제품 아이디어의 창출 → 아이디어 선별 및 평가 → (가) → (나) → (다) → 시장 생산

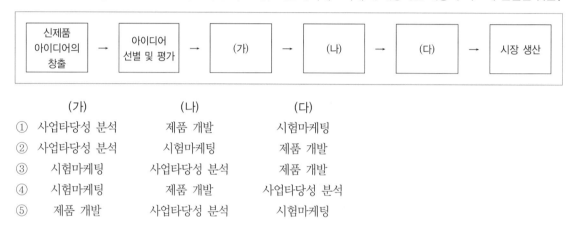

	(가)	(나)	(다)
①	사업타당성 분석	제품 개발	시험마케팅
②	사업타당성 분석	시험마케팅	제품 개발
③	시험마케팅	사업타당성 분석	제품 개발
④	시험마케팅	제품 개발	사업타당성 분석
⑤	제품 개발	사업타당성 분석	시험마케팅

15 다음 중 경영정보시스템 관련 용어에 대한 설명으로 옳은 것은?

① 데이터베이스관리시스템은 비즈니스 수행에 필요한 일상적인 거래를 처리하는 정보시스템이다.
② 전문가시스템은 일반적인 업무를 지원하는 정보시스템이다.
③ 전사적 자원관리시스템은 공급자와 공급기업을 연계하여 활용하는 정보시스템이다.
④ 의사결정지원시스템은 데이터를 저장하고 관리하는 정보시스템이다.
⑤ 중역정보시스템은 최고경영자층이 전략적인 의사결정을 하도록 도와주는 정보시스템이다.

16 다음 중 직무분석에 관한 설명으로 옳지 않은 것은?

① 직무분석은 직무와 관련된 정보를 수집·정리하는 활동이다.
② 직무분석을 통해 얻어진 정보는 전반적인 인적자원관리 활동의 기초자료로 활용된다.
③ 직무분석을 통해 직무기술서와 직무명세서가 작성된다.
④ 직무기술서는 직무를 수행하는데 필요한 인적요건을 중심으로 작성된다.
⑤ 직무평가는 직무분석을 기초로 이루어진다.

17 다음 중 자본예산기법과 포트폴리오에 관한 설명으로 옳지 않은 것은?

① 포트폴리오의 분산은 각 구성주식의 분산을 투자비율로 가중평균하여 산출한다.
② 비체계적 위험은 분산투자를 통해 제거할 수 있는 위험이다.
③ 단일 투자안의 경우 순현가법과 내부수익률법의 경제성 평가 결과는 동일하다.
④ 포트폴리오 기대수익률은 각 구성주식의 기대수익률을 투자비율로 가중평균하여 산출한다.
⑤ 두 투자안 중 하나의 투자안을 선택해야 하는 경우 순현가법과 내부수익률법의 선택 결과가 다를 수 있다.

18 다음 중 투자안 분석기법으로서의 순현가(NPV)법에 관한 설명으로 옳은 것은?

① 순현가는 투자의 결과 발생하는 현금유입의 현재가치에서 현금유입의 미래가치를 차감한 것이다.
② 순현가법에서는 수익과 비용에 의하여 계산한 회계적 이익을 사용한다.
③ 순현가법에서는 투자안의 내용연수 동안 발생할 미래의 모든 현금흐름을 반영한다.
④ 순현가법에서는 현금흐름을 최대한 큰 할인율로 할인한다.
⑤ 순현가법에서는 투자의 결과 발생하는 현금유입이 투자안의 내부수익률로 재투자 될 수 있다고 가정한다.

19 다음 중 보스턴 컨설팅그룹(BCG) 매트릭스에 대한 설명으로 옳지 않은 것은?

① 세로축은 시장성장률, 가로축은 상대적 시장점유율을 나타내어 사업기회를 분석하는 기법이다.
② 상대적 시장점유율과 업계성장률이 높은 경우는 별(Star)이다.
③ 개(Dog) 사업은 시장이 커질 가능성도 낮고 수익도 거의 나지 않는다.
④ 물음표(Question Marks)는 높은 시장성장률과 높은 상대적 시장점유율을 유지하기 때문에 투자가 필요하지 않다.
⑤ 현금 젖소(Cash Cow) 영역에서는 자금창출을 극대화하기 위하여 시설의 유지와 생산원가 절감에 도움이 되는 투자만을 행하고, 연구개발, 광고, 신규시설 등에 대한 투자는 일체 금하는 전략을 구사하여야 한다.

20 다음 중 자본시장선(CML)에 관한 설명으로 옳은 것을 모두 고르면?

ㄱ. 위험자산과 무위험자산을 둘 다 고려할 경우의 효율적 투자 기회선이다.
ㄴ. 자본시장선 아래에 위치하는 주식은 주가가 과소평가된 주식이다.
ㄷ. 개별주식의 기대수익률과 체계적 위험간의 선형관계를 나타낸다.
ㄹ. 효율적 포트폴리오의 균형가격을 산출하는 데 필요한 할인율을 제공한다.

① ㄱ, ㄴ
② ㄴ, ㄷ
③ ㄱ, ㄹ
④ ㄷ, ㄹ
⑤ ㄴ, ㄷ, ㄹ

SECTION 02 경제학 핵심이론

01 생산가능곡선의 개념

- 생산가능곡선이란 경제 내의 모든 생산요소를 가장 효율적으로 사용하여 최대로 생산할 수 있는 X재와 Y재의 조합을 나타내는 곡선을 말한다.
- 생산요소의 양이 주어져 있는 상태에서 X재와 Y재만을 생산한다고 가정하는 경우, X재의 생산량을 증가시키기 위해서는 Y재의 생산량을 감소시켜야 하므로 생산가능곡선은 우하향한다.
- 기회비용체증 법칙으로 인해 생산가능곡선은 원점에 대하여 오목한 형태이다.

02 수요의 가격탄력성

- 의의 : 수요의 가격탄력성(Price Elasticity of Demand)은 상품가격의 변화율에 대한 수요량 변화율의 상대적 크기로 측정된다.
- 가격탄력성의 도출

$$\varepsilon_P = -\frac{(\text{수요량의 변화율})}{(\text{가격의 변화율})} = -\frac{\frac{\Delta Q_D}{Q_D}}{\frac{\Delta P}{P}} = -\frac{\Delta Q_D}{\Delta P} \cdot \frac{P}{Q_D}$$

03 물품세 부과와 자원배분

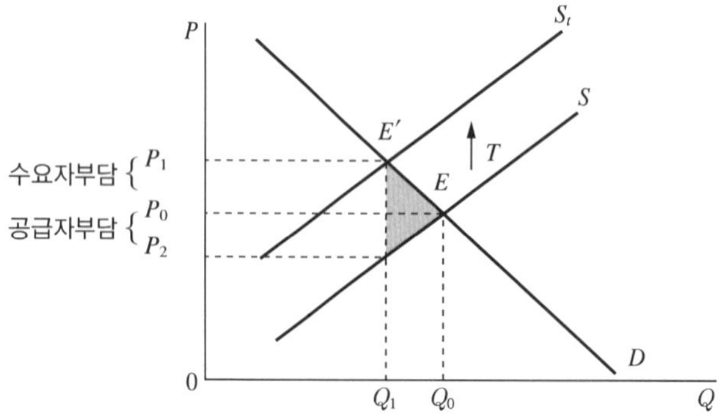

물품세 부과에 따라 소비자가격은 상승하며($P_0 \rightarrow P_1$), 공급자가 인식하는 가격수준은 하락한다($P_0 \rightarrow P_2$). 소비자가격의 상승분($\overline{P_1P_0}$)이 소비자부담에 해당하며, 공급자가 인식하는 가격수준의 하락폭($\overline{P_0P_2}$)이 공급자부담에 해당한다. 물품세 부과로 인하여 사회적으로 비효율이 발생하고 시장균형거래량은 감소한다.

04 소비자 균형의 변화

구분	대체효과	보상수요곡선의 기울기	소득효과	가격효과	(마샬)수요곡선의 기울기
정상재	−	우하향	−	−	우하향
열등재	−	우하향	+	0, −, +	알 수 없음
기펜재	−	우하향	+	+	우상향

※ 가격변화 방향과 구입량변화 방향이 동일한 경우 (+), 반대일 경우 (−)로 표시한다.

05 완전경쟁시장의 장기균형조건

P=AR=MR=LMC=LAC

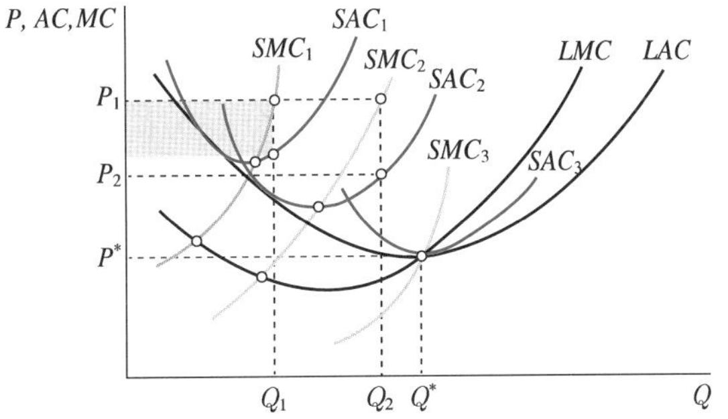

06 독점의 규제

개념			이윤극대화 조건의 변화	효과	평가
가격규제		가격의 상한을 설정	• P=MC 수준에서 가격상한을 설정	• 가격 하락 • 생산량 증가	• 자연독점의 경우 기업은 손실을 볼 수 있음
조세 부과	종량세	재화 1단위당 조세 부과	• 평균비용 상승, 한계비용 상승	• 가격 상승 • 생산량 감소 • 독점이윤 감소	• 자원배분왜곡에 따른 비효율 발생
	정액세	산출량과 관계없이 일정액을 부과	• 평균비용 상승, 한계비용 불변	• 가격 불변 • 생산량 불변 • 독점이윤 감소	• 자원배분상태는 불변이나 독점이윤을 제거하여 분배측면은 개선 가능
	이윤세	기업의 이윤에 조세 부과	• 이윤세의 부과는 기업의 이윤극대화 조건을 변화시키지 않음		

07 쿠르노 모형

수요곡선이 직선인 경우 완전경쟁시장, 독점시장, 쿠르노 모형에서의 산출량 간에는 다음의 관계가 성립한다.

• (독점기업의 산출량)= $\frac{1}{2}$ ×(완전경쟁기업의 산출량)

• (쿠르노 모형에서 각 기업의 산출량)= $\frac{1}{3}$ ×(완전경쟁기업의 산출량)

08 로렌츠 곡선(Lorenz Curve)

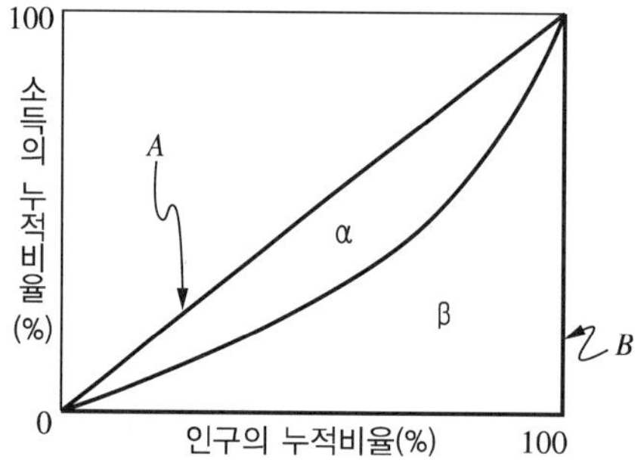

• 인구의 누적비율과 소득의 누적비율 사이의 관계를 나타낸 곡선
• 완전평등 시 로렌츠 곡선 : A
• 완전불평등 시 로렌츠 곡선 : B
• Lorenz Curve의 장단점 : Lorenz Curve로 불평등도를 판단하는 방법은 최소한의 가치판단을 전제로 하고 있어서 높은 객관성이 유지되나 곡선 교차 시 평등도의 비교가 곤란하다. 아울러 서수적인 판단만이 가능하다.

09 시장실패의 원인

• 공공재(Public Goods) : 비경합성과 배제불가능성을 지니는 공공재의 경우 과소공급과 무임승차의 문제가 발생한다.
• 외부성(Externality) : 소비의 외부성이 존재하는 경우 SMB와 PMB가 일치하지 않게 되며, 생산의 외부성이 존재하는 경우 SMC와 PMC가 일치하지 않게 되어 과소·과다소비, 과소·과다생산이 이루어지게 된다.
• 불확실성 : 불확실성이 존재하는 경우에 시장실패가 일어나는 것이 일반적이나, 완전한 조건부상품시장이 존재하는 경우에는 시장실패가 발생하지 않는다(K. Arrow).
• 불완전한 정보 : 역선택과 도덕적 해이
• 완비되지 못한 시장 : 전쟁, 천재지변에 대한 보험시장이 존재하지 않는 경우

10 고전학파와 케인즈의 비교

구분	고전학파	케인즈
경제환경	19세기까지의 물물교환경제	20세기의 화폐경제
분석중심	초과수요경제	초과공급경제
기본가정	공급측	수요측
경제이론	모든 시장은 완전경쟁, 가격 변수의 신축성, 완전정보	가격변수의 경직성, 불완전정보, 불완전경쟁시장
경제의 안정여부	자본주의 경제는 안정적이다.	자본주의 경제는 불안정적이다.
정책	자유방임정책	정부의 적극적 개입

11 IS곡선 기울기에 대한 학파별 견해

구분	고전학파	통화론자	케인즈학파	케인즈 단순모형
투자의 이자율 탄력성	완전탄력적	탄력적	비탄력적	완전비탄력적
IS곡선의 기울기	수평	완만	가파른 형태	수직
재정정책의 유효성	무력	효과 적음 (구축효과가 크다)	효과 많음 (구축효과가 적다)	구축효과가 발생하지 않음

12 LM곡선 기울기에 대한 학파별 견해

구분	고전학파	통화론자	케인즈학파	케인즈 단순모형
화폐수요의 이자율탄력성	완전비탄력적	비탄력적	탄력적	탄력적 (유동성함정하 완전탄력적)
LM곡선의 기울기	수직	가파른 형태	완만	완만 (유동성함정하 수평)
금융정책의 유효성	고전적이분성, 효과 없음	유효	효과 적음	효과 적음 (유동성함정하 효과 없음)

13 금융정책의 중간지표에 대한 학파별 견해

- 통화주의학파(주요지표 : 통화량)
  이자율지표는 매우 불완전한 정보를 제공하기 때문에 통화량을 금융지표로 사용해야 한다고 주장한다.
- 케인즈학파(주요지표 : 이자율)
  통화량증감은 그 자체에 의미가 있는 것이 아니라 그것이 이자율을 변동시켜 투자수요(실물경제)에 영향을 미칠 때 그 의미가 있다고 주장한다.

14 각 학파의 화폐수요함수 및 유통속도에 대한 견해

구분	고전적 화폐수량설	케인즈의 유동성 선호설	프리드만의 신화폐수량설
화폐의 기능	교환의 매개수단 강조	가치저장수단 강조	가치저장수단 강조
화폐수요 결정요인	명목국민소득(PY)	소득과 이자율 → 이자율 강조	소득과 이자율 → 항상소득(Y_P) 강조
화폐유통속도	일정 (외생적 결정 변수)	불안정적	안정적
화폐수요함수	$M^d=\frac{1}{V}PY$	$\frac{M^d}{P}=L_T(Y)+L_S(\text{r})$	$\frac{M^d}{P}=k(\text{r},\ \pi^e)Y_P$
화폐수요함수의 안정성	매우 안정적	불안정적	매우 안정적
화폐수요의 이자율탄력성	완전 비탄력적	탄력적	비탄력적
화폐수요의 소득탄력성	1(단위 탄력적)	매우 비탄력적	1에 가깝다.

15 인플레이션의 발생원인

학파	수요견인 인플레이션	비용인상 인플레이션
고전학파	• 통화공급(M)의 증가	• 통화주의는 물가수준에 대한 적응적 기대를 하는 과정에서 생긴 현상으로 파악
통화주의학파		
케인즈학파	• 정부지출 증가, 투자 증가 등 유효수요 증가와 통화량 증가	• 임금인상 등의 부정적 공급충격

16 실업률의 측정

• 실업률 : $\frac{(\text{실업자})}{(\text{경제활동인구})}\times 100(\%)$

• 경제활동참가율 : $\frac{(\text{경제활동인구})}{(\text{15세 이상 인구})}\times 100(\%)$

[생산가능인구(15세 이상 인구)]=(경제활동인구)+(비경제활동인구)

• (경제활동인구)=(실업자)+(취업자)

• 비경제활동인구는 주부, 학생, 환자, 실망노동자 등 취업할 의사가 없는 사람

17 요소가격 균등화 정리

헥셔-오린모형에서 생산요소의 국가 간 이동은 불가능하다. 그러나 재화에 대한 자유무역이 발생하게 되면 양국 간 재화의 상대가격뿐만 아니라 절대가격이 동일하게 된다. 재화의 가격이 동일해짐에 따라 생산요소시장에서 생산요소의 수요의 변화와 산업 간 생산요소의 이동이 발생하고 이러한 변화에 기인하여 각국 간 생산요소의 절대가격과 상대가격이 동일하게 된다.

18 환율제도

구분	고정환율제도	변동환율제도
국제수지 불균형의 조정	• 정부개입에 의한 해결(평가절하, 평가절상)과 역외국에 대해서는 독자관세 유지	• 시장에서 환율의 변화에 따라 자동적으로 조정
환위험	• 작음	• 환율의 변동성에 기인하여 환위험에 크게 노출되어 있음
환투기의 위험	• 작음	• 큼(이에 대해 프리드먼은 환투기는 환율을 오히려 안정시키는 효과가 존재한다고 주장)
해외교란요인의 파급 여부	• 국내로 쉽게 전파됨	• 환율의 변화가 해외교란요인의 전파를 차단(차단효과)
금융정책의 자율성 여부	• 자율성 상실(불가능성 정리)	• 자율성 유지
정책의 유효성	• 금융정책 무력	• 재정정책 무력

SECTION 02 경제학 적중예상문제

정답 및 해설 p.95

01 다음 중 가치의 역설(Paradox of Value)에 대한 설명으로 옳은 것은?

① 다이아몬드의 한계효용은 물의 한계효용보다 크다.
② 다이아몬드는 필수재이고, 물은 사치재이다.
③ 물은 항상 다이아몬드보다 가격이 낮다.
④ 상품의 가격은 총효용에 의해 결정된다.
⑤ 총효용이 낮아지면 상품의 가격도 낮아진다.

02 일반적인 형태의 수요곡선과 공급곡선을 가지는 재화 X의 가격이 상승하고 생산량이 감소하였다면, 재화 X의 수요곡선과 공급곡선은 어떻게 이동한 것인가?

① 수요곡선이 하방이동하였다.
② 공급곡선이 하방이동하였다.
③ 수요곡선이 상방이동하였다.
④ 공급곡선이 상방이동하였다.
⑤ 수요곡선과 공급곡선이 동시에 하방이동하였다.

03 다음은 기업 A와 기업 B의 광고 여부에 따른 보수행렬을 나타낸다. 내쉬균형에서 기업 A와 기업 B의 이윤은 각각 얼마인가?

구분		기업 B의 광고 전략	
		광고를 함	광고를 하지 않음
기업 A의 광고전략	광고를 함	(55, 75)	(235, 45)
	광고를 하지 않음	(25, 115)	(165, 85)

① (25, 75)
② (55, 75)
③ (55, 115)
④ (235, 45)
⑤ (235, 115)

04 독점적 경쟁시장의 장기균형에 관한 설명으로 옳지 않은 것은?(단, P는 가격, SAC는 단기평균비용, LAC는 장기평균비용, SMC는 단기한계비용을 의미한다)

① $P=SAC$가 성립한다.
② $P=LAC$가 성립한다.
③ $P=SMC$가 성립한다.
④ 균형생산량은 SAC가 최소화되는 수준보다 작다.
⑤ 기업의 장기 초과이윤은 0이다.

05 다음 빈칸에 들어갈 경제 용어를 바르게 나열한 것은?

> 구매력평가이론(Purchasing Power Parity Theory)은 모든 나라의 통화 한 단위의 구매력이 같도록 환율이 결정되어야 한다는 것이다. 구매력평가이론에 따르면 양국통화의 __(가)__ 환율은 양국의 __(나)__에 의해 결정되며, 구매력평가이론이 성립하면 __(다)__ 환율은 불변이다.

	(가)	(나)	(다)
①	실질	물가수준	명목
②	명목	경상수지	실질
③	실질	경상수지	명목
④	명목	물가수준	실질
⑤	실질	자본수지	명목

06 다음 중 〈보기〉에 대한 분석으로 옳은 것을 모두 고르면?

> 보기
>
> 우리나라에 거주 중인 광성이는 ㉠ 여름휴가를 앞두고 휴가 동안 발리로 서핑을 갈지, 빈 필하모닉 오케스트라의 3년 만의 내한 협주를 들으러 갈지 고민하다가 ㉡ 발리로 서핑을 갔다. 그러나 화산폭발의 위험이 있어 안전의 위협을 느끼고 ㉢ 환불이 불가능한 숙박비를 포기한 채 우리나라로 돌아왔다.

> ㄱ. ㉠의 고민은 광성이의 주관적 희소성때문이다.
> ㄴ. ㉠의 고민을 할 때는 기회비용을 고려한다.
> ㄷ. ㉡의 기회비용은 빈 필하모닉 오케스트라 내한 협주이다.
> ㄹ. ㉡은 경제재이다.
> ㅁ. ㉢은 비합리적 선택 행위의 일면이다.

① ㄱ, ㄴ, ㄹ
② ㄴ, ㄷ, ㅁ
③ ㄴ, ㄷ, ㄹ
④ ㄱ, ㄴ, ㄷ, ㄹ
⑤ ㄱ, ㄴ, ㄷ, ㄹ, ㅁ

07 **다음 중 수요의 가격탄력성에 관한 설명으로 옳은 것은?(단, 수요곡선은 우하향한다)**

① 수요의 가격탄력성이 1보다 작은 경우, 가격이 하락하면 총수입은 증가한다.
② 수요의 가격탄력성이 작아질수록, 물품세 부과로 인한 경제적 순손실(Deadweight Loss)은 커진다.
③ 소비자 전체 지출에서 차지하는 비중이 큰 상품일수록, 수요의 가격탄력성은 작아진다.
④ 직선인 수요곡선 상에서 수요량이 많아질수록, 수요의 가격탄력성은 작아진다.
⑤ 대체재가 많을수록, 수요의 가격탄력성은 작아진다.

08 **A국의 2020년 명목 GDP는 100억 원이었고, 2021년 명목 GDP는 150억 원이었다. 기준년도인 2020년 GDP디플레이터가 100이고, 2021년 GDP디플레이터는 120인 경우, 2021년의 전년 대비 실질 GDP 증가율은?**

① 10%
② 15%
③ 20%
④ 25%
⑤ 30%

09 **다음 〈보기〉 중 디플레이션(Deflation)에 관한 설명으로 옳은 것을 모두 고르면?**

보기

가. 명목금리가 마이너스(−)로 떨어져 투자수요와 생산 감소를 유발할 수 있다.
나. 명목임금의 하방경직성이 있는 경우 실질임금의 하락을 초래한다.
다. 기업 명목부채의 실질상환 부담을 증가시킨다.
라. 기업의 채무불이행 증가로 금융기관 부실화가 초래될 수 있다.

① 가, 나
② 가, 다
③ 나, 다
④ 나, 라
⑤ 다, 라

10 **다음 중 우리나라의 실업통계에서 실업률이 높아지는 경우는?**

① 취업자가 퇴직하여 전업주부가 되는 경우
② 취업을 알아보던 해직자가 구직을 단념하는 경우
③ 직장인이 교통사고를 당해 2주간 휴가 중인 경우
④ 대학생이 군 복무 후 복학한 경우
⑤ 공부만 하던 대학생이 편의점에서 주당 10시간 아르바이트를 시작하는 경우

11 다음 중 완전경쟁기업의 단기 조업중단 결정에 관한 설명으로 옳은 것은?

① 가격이 평균가변비용보다 높으면 손실을 보더라도 조업을 계속하는 것이 합리적 선택이다.
② 가격이 평균고정비용보다 높으면 손실을 보더라도 조업을 중단해야 한다.
③ 가격이 평균비용보다 낮으면 조업을 중단해야 한다.
④ 가격이 한계비용보다 낮으면 조업을 계속해야 한다.
⑤ 평균비용과 한계비용이 같으면 반드시 조업을 계속해야 한다.

12 다음 중 노동수요의 임금탄력성에 관한 설명으로 옳지 않은 것은?

① 노동수요의 임금탄력성은 단기보다 장기에서 더 크다.
② 노동수요의 임금탄력성은 총생산비 중 노동비용이 차지하는 비중에 의해 영향을 받는다.
③ 노동을 대체할 수 있는 다른 생산요소로의 대체가능성이 클수록 동일한 임금상승에 대하여 고용감소는 적어진다.
④ 노동수요는 노동을 생산요소로 사용하는 최종생산물 수요의 가격탄력성에 영향을 받는다.
⑤ 노동수요의 임금탄력성은 노동수요량의 변화율을 임금변화율로 나눈 것이다.

13 다음 중 통화승수에 관한 설명으로 옳지 않은 것은?

① 통화승수는 법정지급준비율을 낮추면 커진다.
② 통화승수는 이자율 상승으로 요구불예금이 증가하면 작아진다.
③ 통화승수는 대출을 받은 개인과 기업들이 더 많은 현금을 보유할수록 작아진다.
④ 통화승수는 은행들이 지급준비금을 더 많이 보유할수록 작아진다.
⑤ 화폐공급에 내생성이 없다면 화폐공급곡선은 수직선의 모양을 갖는다.

14 다음 중 물가지수에 관한 설명으로 옳지 않은 것은?

① 소비자물가지수는 소비재를 기준으로 측정하고, 생산자물가지수는 원자재 혹은 자본재 등을 기준으로 측정하기 때문에 두 물가지수는 일치하지 않을 수 있다.
② 소비자물가지수는 상품가격 변화에 대한 소비자의 반응을 고려하지 않는다.
③ GDP 디플레이터는 국내에서 생산된 상품만을 조사 대상으로 하기 때문에 수입상품의 가격동향을 반영하지 못한다.
④ 물가수준 그 자체가 높다는 것과 물가상승률이 높다는 것은 다른 의미를 가진다.
⑤ 물가지수를 구할 때 모든 상품의 가중치를 동일하게 반영한다.

15 **다음 중 소득분배를 측정하는 방식에 관한 설명으로 옳지 않은 것은?**

① 지니계수 값이 커질수록 더 불균등한 소득분배를 나타낸다.
② 십분위분배율 값이 커질수록 더 균등한 소득분배를 나타낸다.
③ 모든 구성원의 소득이 동일하다면 로렌츠 곡선은 대각선이다.
④ 동일한 지니계수 값을 갖는 두 로렌츠 곡선은 교차할 수 없다.
⑤ 전체 구성원의 소득기준 하위 10% 계층이 전체 소득의 10%를 벌면 로렌츠 곡선은 대각선이다.

16 **다음 중 총수요곡선을 우측으로 이동시키는 요인으로 옳은 것을 모두 고르면?**

ㄱ. 주택담보대출의 이자율 인하
ㄴ. 종합소득세율 인상
ㄷ. 기업에 대한 투자세액공제 확대
ㄹ. 물가수준 하락으로 가계의 실질자산가치 증대
ㅁ. 해외경기 호조로 순수출 증대

① ㄱ, ㄴ, ㄹ
② ㄱ, ㄷ, ㅁ
③ ㄱ, ㄹ, ㅁ
④ ㄴ, ㄷ, ㄹ
⑤ ㄴ, ㄷ, ㅁ

17 **제품 A만 생산하는 독점기업의 생산비는 생산량에 관계없이 1단위당 60원이고, 제품 A에 대한 시장수요곡선은 $P=100-2Q$이다. 다음 중 이 독점기업의 이윤극대화 가격(P)과 생산량(Q)은?**

	P	Q
①	40원	30개
②	50원	25개
③	60원	20개
④	70원	15개
⑤	80원	10개

18 다음 중 빈칸에 들어갈 내용으로 옳은 것은?

> 여가가 정상재인 상황에서 임금이 상승할 경우 ___ㄱ___효과보다 ___ㄴ___효과가 더 크다면 노동공급은 임금상승에도 불구하고 감소하게 된다. 만약 ___ㄷ___의 기회비용 상승에 반응하여 ___ㄷ___의 총사용량을 줄인다면, 노동공급곡선은 정(+)의 기울기를 가지게 된다.

	ㄱ	ㄴ	ㄷ
①	대체	소득	여가
②	대체	소득	노동
③	소득	대체	여가
④	소득	대체	노동
⑤	가격	소득	여가

19 완전경쟁시장에서 수요곡선과 공급곡선이 다음과 같을 때, 시장균형에서 공급의 가격탄력성은?(단, P는 가격, Q는 수량이다)

> • 수요곡선 : $P=7-0.5Q$
> • 공급곡선 : $P=2+2Q$

① 0.75
② 1
③ 1.25
④ 1.5
⑤ 2

20 다음 중 생산물에 물품세가 부과될 경우 상품시장과 노동시장에서 발생하는 현상으로 옳은 것은?(단, 상품시장과 노동시장은 완전경쟁시장이며, 생산에서 자본은 고정되어 있다)

① 고용은 감소한다.
② 임금은 상승한다.
③ 구매자가 내는 상품가격이 하락한다.
④ 노동공급곡선이 왼쪽으로 이동한다.
⑤ 노동수요곡선이 오른쪽으로 이동한다.

SECTION 03 행정학 핵심이론

01 행정학적 행정개념의 종류

구분	행정관리설	통치기능설	행정행태설	발전기능설	정책화기능설	거버넌스
대두 시기	1880 ~ 1930년대	1930 ~ 1940년대	1940 ~ 1960년대	1960년대	1970년대	1980년대 후반
대두 배경	엽관제의 극복, 행정의 능률성 추구	세계대공황과 뉴딜정책	행정의 과학화, 가치와 사실의 구분	신생독립국과 개발도상국의 발전 필요성	선진국의 사회문제 적극적 해결	감축관리의 필요성과 공공부문의 생산성 향상
내용	법이나 정책의 구체화를 위한 사무·관리·기술·집행 체제	행정을 정책 결정과 집행으로 이해	행정행태의 규칙성을 과학적으로 규명	발전목표의 설정과 이를 위한 대응능력의 향상	행정의 정책형성 기능을 중시	신자유주의에 의한 작은 정부의 실현
정치·행정	정치·행정이원론	정치·행정일원론	신 정치·행정 이원론	신 정치·행정 일원론	신 정치·행정 일원론	정치·행정이원론
행정·경영	공·사행정일원론	공·사행정이원론	신 공·사행정 일원론	신 공·사행정 이원론	신 공·사행정 이원론	공·사행정일원론
행정 이념	능률성	민주성	합리성	효과성	형평성	생산성
학자	W. Willson, L. D. White	M. E. Dimock, P. H. Appleby	C. I. Barmard, H. A. Simon	Esman, Weidner	I. Sharkansky, D. Allenworth	B. Guy Peters, Osborne 등

02 과학적 관리론과 인간관계론의 비교

구분	과학적 관리론	인간관계론
능률관	기계적 능률관	사회적 능률관
조직관	인간을 종속변수로만 인식	인간을 사회·정서적 존재로 인식
인간관	합리적 경제인관(X이론)	사회적 인간관(Y이론)
구조 측면	공식적 구조 중심	비공식적 구조, 소집단
기여	능률증진에 기여	민주성 확립에 기여
동기부여	경제적 유인	사회심리적 유인
의사전달	하향적	상향적·하향적
생산성 향상	구성원 간 경쟁을 통한 능률 향상	구성원 간 협동을 통한 능률 향상
조직목표와 개인욕구 간 균형	저해요인 제거에 의한 여건 조성으로 저절로 균형 성립	적극적 개입 전략에 의해 의식적으로 균형 성립

03 신공공관리와 뉴거버넌스의 비교

구분	신공공관리	뉴거버넌스
서비스 공급	시장	서비스 연계망
인식론	신자유주의, 신공공관리	공동체주의
관리 방식	고객 지향적	임무 중심적
작동 원리	시장 메커니즘	참여 메커니즘
관료의 역할	공공 기업가	조정자

04 합리모형과 점증모형의 비교

합리모형	점증모형
합리적 세계, 현상을 무시함	정치적 세계, 현상을 중요시함
무한정, 기득권을 무시함	한정된 수, 기득권을 중요시함
조직 간의 장벽이 제거됨	조직 간 구분을 인정함
수단을 목표와 조합	목표를 수단과 조합
연역적으로 접근	귀납적으로 접근
개발도상국에 적용됨	선진국에 적용됨
정책의 분할가능성이 낮음	정책의 분할가능성이 높음
하향적 결정	상향적 결정

05 평가의 타당성

구성적 타당성 (Constructive Validity)	처리, 결과, 모집단 및 상황들에 대한 이론적 구성요소들이 성공적으로 조작화된 정도를 의미한다.
통계적 결론의 타당성 (Statistical Conclusion Validity)	정책의 결과가 존재하고 이것이 제대로 조작되었다고 할 때 이에 대한 효과를 찾아낼 만큼 충분히 정밀하고 강력하게 연구설계가 이루어진 정도를 말한다.
내적 타당성 (Internal Validity)	조작화된 결과에 대하여 찾아낸 효과가 다른 경쟁적인 원인들에 의해서라기보다는 조작화된 처리에 기인된 것이라고 볼 수 있는 정도를 말한다.
외적 타당성 (External Validity)	조작화된 구성요소들 가운데에서 관찰된 효과들이 당초의 연구가설에 구체화된 그것들 이외에 다른 이론적 구성요소들까지도 일반화될 수 있는 정도를 의미한다.

06 조직이론의 종류

구분	고전적 조직이론	신고전적 조직이론	현대적 조직이론
기초이론	과학적 관리론	인간관계론	체제이론
인간관	합리적 경제인관	사회인관	복잡인관, 자기실현인관
추구하는 가치	기계적 능률, 구조·기술 행정 개혁, 수단 중시	사회적 능률, 실증·인간주의	다원적 가치, 조직발전, 동태적 조직, 상황 적응적 요인
주 연구대상	공식적 구조	비공식적 구조	계층적 구조
환경	폐쇄형	폐쇄형	개방형
연구방법	원리접근법	경험적 접근법	복합적 접근법
입장	정치·행정이원론 공·사행정일원론	정치·행정이원론적 성격 강함	정치·행정일원론 (공·사행정이원론)
기타 관련 이론	행정관리론, 고전적 관료체제	경험주의이론(실험주의 이론), 환경유관론(생태론)	행태과학·상황적응이론, 관리과학, 발전행정론 등

07 공식적 조직과 비공식적 조직의 비교

구분	공식적 의사전달	비공식적 의사전달
성격	제도적	자생적
주요 전달 방법	서면	구두
정보흐름 방향	하향적, 상향적, 수평적	동태적
장점	정확한 기록, 책임소재 파악 용이	효율적, 여론 파악, 속도 빠름, 융통성, 인간적
단점	시간·비용 과다 소요, 경직적, 편협성	공식적 권위관계 파괴, 조정 곤란, 통제 어려움

08 책임운영기관의 일반적 특징

설립근거	별도의 책임운영기관법에 근거하여 설립된 독립기관
업무성격	집행성격의 공공서비스 제공
조직구성원 신분	공무원(일부는 계약직)
기관장 임용	계약직으로 외부민간인 임용
성과평가	별도의 평가위원회 성과계약 강조
예산·인사의 자율성	기관장의 자율성 보장, 특별회계(기업회계 원칙)

09 허즈버그(F. Herzberg)의 동기·위생 요인론

위생 요인	• 직무에 불만족을 느끼게 되는 요인 • 회사의 정책과 관리, 감독, 작업조건, 개인 상호간의 관계, 임금, 보수, 지위, 안전 등
동기 요인	• 직무에 관하여 만족을 느끼게 되는 요인 • 성취감, 안정감, 도전감, 책임감, 성장과 발전, 일 자체 등 • 충족되지 않아도 불만은 없지만, 일단 충족되게 되면 적극적인 태도를 유도할 수 있음

10 목표관리(MBO)와 총체적 품질관리(TQM)의 비교

목표관리(MBO)	총체적 품질관리(TQM)
• 단기 · 미시 · 양적(정량적) • 대내지향(효과지향), 결과 중시 • 관리전략, 평가 및 환류 중시(사후적 관리) • 계량화 중시 • 개인별 보상	• 장기 · 거시 · 질적(정성적) • 대외지향(고객지향), 투입 · 과정 · 절차 중시 • 관리철학, 사전적 관리(예방적 통제) • 계량화를 중시하지 않음 • 총체적 헌신(집단중심)에 대한 팀 보상

11 실적주의와 직업공무원제

실적주의	직업공무원제
• 개방형으로 신분의 상대적 보장 • 결원의 충원방식이 외부충원형 • 공직임용시 완전한 기회균등(연령 제한이 없음) • 직무급 보수제도 및 직위분류제	• 폐쇄형으로 신분의 절대적 보장 • 결원의 충원방식이 내부충원형 • 공직임용시 연령, 학력 등의 제한으로 제약된 기회균등 • 생활급 및 계급제 적용

12 직위분류제와 계급제의 비교

구분	직위분류제	계급제
보수	직무급(동일노무 동일보수의 원칙 확립)	생활급
행정주체	전문행정가	일반행정가
인간과 직무	직무 중심 분류(인사행정의 합리화 추구)	인간 중심 분류(창조적 · 능동적인 자세)
채용과 시험	연결(특정업무와 관련된 전문 지식을 가진 사람 채용)	비연결(일반 교양지식을 지닌 장기적 발전 가능성과 잠재력을 가진 사람 채용)
교육훈련	교육훈련 수요의 정확한 파악, 효과의 단기화	교육훈련 수요나 내용 파악 곤란 → 순환보직 · 재직훈련 강조, 효과의 장기화
보직관리 · 인사이동	보직관리의 합리화 도모, 인사 관리의 불융통성, 인사이동 곤란, 승진의 폭 협소	보직관리의 정확성 · 합리성 확보 곤란, 인사관리의 신축성, 인사이동 · 승진의 폭이 넓음
신분보장	개방형에 따른 신분보장 곤란 (직무와 밀접한 관계)	폐쇄형에 따른 폭넓은 순환보직으로 신분보장 가능
행정상 조정	행정상의 조정 · 협조 곤란	행정상의 조정 · 협조 원활
조직계획	현재의 조직배열에 가장 잘 부합	장기적 조직계획의 수립 · 발전에 유리

13 시험의 측정기준

구분	내용	측정방법
타당도	측정하고자 하는 내용의 정확한 측정 여부	근무성적과 시험성적의 비교
신뢰도	시험시기 · 장소 등 여건에 따라 점수가 영향을 받지 않는 정도(일관성, 일치도)	동일한 내용의 시험을 반복 시행할 때 그 결과가 비슷해야 함
객관도	채점의 공정성	–
난이도	쉬운 문제와 어려운 문제의 조화	득점자 분포의 광범위 여부
실용도	시험의 경제성, 채점의 용이성, 이용 가치	–

14 근무성적평정상의 오류

- 연쇄효과(Halo Effect)
- 집중화 경향(Central Tendency)
- 대화 경향(Tendency of Leniency)과 엄격화 경향(Tendency of Severity)
- 규칙적 오류(일관적 오차, Systematic or Constant Error)와 총계적 오류(총합적 오차, Total Error)
- 시간적 오류(Recency Error)
- 선입견(Personal Bias)에 의한 오류
- 논리적 오차

15 품목별 예산, 성과주의 예산, 계획예산의 비교

구분	품목별 예산	성과주의 예산	계획예산
발달연대	1920 ~ 1930년대	1950년대	1960년대
중점	재정통제, 회계책임	사업중심, 관리중심	계획중심
결정권의 소재	분권화	분권화	집중화
관리책임	분산	중앙	감독책임자
예산의 중심단계	집행단계	편성단계	편성 전의 계획단계
예산기관의 역할	통제 · 감시	능률향상	정책에의 관심
장점	회계책임 명확화, 재정통제 용이	사업목적 분명, 신축성 유지	기획+예산 자원의 합리적 배분, 조직 간 장벽 제거
단점	신축성 저해, 성과측정 곤란, 지출목적 불분명	회계책임 불분명	예산편성의 집권화, 환산작업 곤란, 하향적 예산편성

16 옴부즈만 제도의 특징

- 입법부 소속기관으로서 직무수행상의 독립성
- 고발행위의 다양성
- 사실조사와 간접적 통제
- 직권에 의한 조사
- 신속한 처리와 저렴한 비용
- 헌법상 독립기관
- 합법성 · 합목적성 조사기관
- 외부통제 보완수단
- 공무원의 직권남용 방지 수단
- 비공식적 절차를 주로 하되, 공개적인 조사 실시
- 의회와 정부 간 완충역할

SECTION 03 행정학 적중예상문제

정답 및 해설 p.99

01 다음 중 우리나라 공공기관에 대한 설명으로 옳은 것은?

① 정부기업은 정부가 소유권을 가지고 운영하는 공기업으로서 정부 조직에 해당되지 않는다.
② 국가공기업과 지방공기업은 공공기관의 운영에 관한 법률의 적용을 받는다.
③ 준정부기관은 총수입 중 자체수입의 비율이 50% 이상인 공공기관을 의미한다.
④ 위탁집행형 준정부기관의 사례로는 도로교통공단이 있다.
⑤ 공기업의 기관장은 인사 및 조직운영의 자율성이 없으며, 관할 행정부처의 통제를 받는다.

02 다음 중 행정책임과 행정통제에 대한 설명으로 옳지 않은 것은?

① 행정통제의 중심과제는 궁극적으로 민주주의와 관료제 간의 조화 문제로 귀결된다.
② 행정통제는 설정된 행정목표와 기준에 따라 성과를 측정하는 데 초점을 맞추면 별도의 시정 노력은 요구되지 않는 특징이 있다.
③ 행정책임은 행정관료가 도덕적·법률적 규범에 따라 행동해야 하는 국민에 대한 의무이다.
④ 행정통제란 어떤 측면에서는 관료로부터 재량권을 빼앗는 것이다.
⑤ 행정책임은 국가적 차원에서 국민에 대한 국가 역할의 정당성을 확인하는 것이다.

03 다음 중 현행 행정규제기본법에서 규정하고 있는 내용으로 옳지 않은 것은?

① 규제는 법률에 근거를 두어야 한다.
② 규제를 정하는 경우에도 그 본질적 내용을 침해하지 않도록 하여야 한다.
③ 규제의 존속기한은 원칙적으로 5년을 초과할 수 없다.
④ 심사기간의 연장이 불가피한 경우 규제개혁위원회의 결정으로 15일을 넘지 않는 범위에서 한 차례만 연장할 수 있다.
⑤ 규제개혁위원회는 위원장 1명을 포함한 20명 이상 25명 이하의 위원으로 구성된다.

04 다음 중 예산분류 방식의 특징에 대한 설명으로 옳은 것은?

① 기능별 분류는 시민을 위한 분류라고도 하며, 행정수반의 사업계획 수립에 도움이 되지 않는다.
② 조직별 분류는 부처 예산의 전모를 파악할 수 있어 지출의 목적이나 예산의 성과 파악이 용이하다.
③ 품목별 분류는 사업의 지출 성과와 결과에 대한 측정이 곤란하다.
④ 경제 성질별 분류는 국민소득, 자본형성 등에 관한 정부활동의 효과를 파악하는 데 한계가 있다.
⑤ 품목별 분류는 예산집행기관의 재량을 확대하는 데 유용하다.

05 다음 중 신공공관리(NPM; New Public Management)와 뉴거버넌스의 특징에 대한 설명으로 옳지 않은 것은?

① NPM이 정부 내부 관리의 문제를 다루는 반면, 뉴거버넌스는 시장 및 시민사회와의 관계에서 정부의 역할과 기능을 다룬다.
② 뉴거버넌스는 NPM에 비해 자원이나 프로그램 관리의 효율성보다 국가 차원에서의 민주적 대응성과 책임성을 강조한다.
③ NPM과 뉴거버넌스는 모두 방향잡기(Steering) 역할을 중시하며, NPM에서는 기업을 방향잡기의 중심에, 뉴거버넌스에서는 정부를 방향잡기의 중심에 놓는다.
④ 뉴거버넌스는 정부영역과 민간영역을 상호 배타적이고 경쟁적인 관계로 보지 않는다.
⑤ NPM은 경쟁과 계약을 강조하는 반면에 뉴거버넌스는 네트워크나 파트너십을 강조하고 신뢰를 바탕으로 한 상호존중을 중시한다.

06 다음 〈보기〉의 A에 대한 설명으로 옳지 않은 것은?

보기

일반적으로 규제의 주체는 당연히 정부이다. 그러나 예외적으로 규제의 주체가 정부가 아니라 피규제산업 또는 업계가 되는 경우가 있는데, 이를 ___A___라 한다.

① 규제기관이 행정력 부족으로 인하여 실질적으로 기업들의 규제순응여부를 추적·점검하기 어려운 경우에 A의 방법을 취할 수 있다.
② A는 피규제집단의 고도의 전문성을 기반으로 하기 때문에 소비자단체의 참여를 보장하는 직접규제이다.
③ 규제기관의 기술적 전문성이 피규제집단에 비해 현저히 낮을 경우 불가피하게 A에 의존하게 되는 경우도 존재한다.
④ 피규제집단은 여론 등이 자신들에게 불리하게 형성되어 자신들에 대한 규제의 요구가 거세질 경우 규제이슈를 선점하기 위하여 자발적으로 A를 시도하기도 한다.
⑤ A의 기준을 정하는 과정에서 영향력이 큰 기업들이 자신들에게 일방적으로 유리한 기준을 설정함으로써 공평성이 침해되는 경우가 발생할 수 있다.

07 다음 중 예산제도에 대한 설명으로 옳은 것을 〈보기〉에서 모두 고르면?

보기

ㄱ. 품목별 예산제도(LIBS) – 지출의 세부적인 사항에만 중점을 두므로 정부활동의 전체적인 상황을 알 수 없다.
ㄴ. 성과주의 예산제도(PBS) – 예산배정 과정에서 필요사업량이 제시되지 않아서 사업계획과 예산을 연계할 수 없다.
ㄷ. 기획예산제도(PPBS) – 모든 사업이 목표달성을 위해 유기적으로 연계되어 있어 부처 간의 경계를 뛰어넘는 자원배분의 합리화를 가져올 수 있다.
ㄹ. 영기준예산제도(ZBB) – 모든 사업이나 대안을 총체적으로 분석하므로 시간이 많이 걸리고 노력이 과중할 뿐만 아니라 과도한 문서자료가 요구된다.
ㅁ. 목표관리제도(MBO) – 예산결정 과정에 관리자의 참여가 어렵다는 점에서 집권적인 경향이 있다.

① ㄱ, ㄷ, ㄹ
② ㄱ, ㄷ, ㅁ
③ ㄴ, ㄷ, ㄹ
④ ㄱ, ㄴ, ㄹ, ㅁ
⑤ ㄴ, ㄷ, ㄹ, ㅁ

08 다음 행정이론들을 시기순으로 나열한 것은?

(가) 최소의 노동과 비용으로 최대의 능률을 올릴 수 있는 표준적 작업절차를 정하고 이에 따라 예정된 작업량을 달성하기 위한 가장 좋은 방법을 발견하려는 이론이다.
(나) 기존의 거시적인 제도나 구조가 아닌 개인의 표출된 행태를 객관적·실증적으로 분석하는 이론이다.
(다) 조직구성원들의 사회적·심리적 욕구와 조직 내 비공식집단 등을 중시하며, 조직의 목표와 조직구성원들의 목표 간의 균형 유지를 지향하는 민주적·참여적 관리 방식을 처방하는 이론이다.
(라) 시민적 담론과 공익에 기반을 두고 시민에게 봉사하는 정부의 역할을 강조하는 이론이다.

① (가) – (나) – (다) – (라)
② (가) – (다) – (나) – (라)
③ (가) – (다) – (라) – (나)
④ (나) – (다) – (가) – (라)
⑤ (나) – (라) – (다) – (가)

09 다음 중 빈칸에 들어갈 용어로 적절한 것은?

______________은 재정권을 독점한 정부에서 정치가나 관료들이 독점적 권력을 국민에게 남용하여 재정규모를 과도하게 팽창시키는 행위를 의미한다는 내용을 담고 있다.

① 로머와 로젠탈(Tomas Romer & Howard Rosenthal)의 회복수준이론
② 파킨슨(Cyril N. Parkinson)의 법칙
③ 니스카넨(William Niskanen)의 예산극대화 가설
④ 지대추구이론
⑤ 리바이어던(Leviathan) 가설

10 다음 중 빈칸에 해당하는 용어로 옳은 것은?

• _____은 밀러(Gerald J. Miller)가 비합리적 의사결정모형을 예산에 적용하여 1991년에 개발한 예산이론(모형)이다. • _____은 독립적인 조직들이나 조직의 하위단위들이 서로 느슨하게 연결되어 독립성과 자율성을 누릴 수 있는 조직의 예산결정에 적합한 예산이론(모형)이다.

① 모호성 모형
② 단절적 균형 이론
③ 다중합리성 모형
④ 쓰레기통 모형
⑤ 무의사결정론

11 다음 〈보기〉 중 행정통제에 대한 설명으로 옳은 것을 모두 고르면?

보기
ㄱ. 행정통제는 통제시기의 적시성과 통제내용의 효율성이 고려되어야 한다. ㄴ. 옴부즈만 제도는 공무원에 대한 국민의 책임 추궁의 창구 역할을 하며, 사법통제의 한계를 보완하는 제도이다. ㄷ. 외부통제는 선거에 의한 통제와 이익집단에 의한 통제를 포함한다. ㄹ. 입법통제는 합법성을 강조하므로 위법행정보다 부당행정이 많은 현대행정에서는 효율적인 통제가 어렵다.

① ㄱ, ㄴ
② ㄴ, ㄹ
③ ㄱ, ㄴ, ㄷ
④ ㄱ, ㄷ, ㄹ
⑤ ㄴ, ㄷ, ㄹ

12 **다음 중 갈등의 조성전략에 대한 설명으로 옳지 않은 것은?**

① 표면화된 공식적 및 비공식적 정보전달통로를 의식적으로 변경시킨다.
② 갈등을 일으킨 당사자들에게 공동으로 추구해야 할 상위목표를 제시한다.
③ 상황에 따라 정보전달을 억제하거나 지나치게 과장한 정보를 전달한다.
④ 조직의 수직적·수평적 분화를 통해 조직구조를 변경한다.
⑤ 단위부서들 간에 경쟁상황을 조성한다.

13 **다음 중 규제피라미드에 대한 설명으로 옳은 것은?**

① 새로운 위험만 규제하다 보면 사회의 전체 위험 수준은 증가하는 상황
② 규제가 또 다른 규제를 낳은 결과 피규제자의 규제 부담이 점점 늘어나게 되는 상황
③ 기업체에게 상품 정보에 대한 공개 의무를 강화할수록 소비자들의 실질적인 정보량은 줄어들게 되는 상황
④ 과도한 규제를 무리하게 설정하다 보면 실제로는 규제가 거의 이루어지지 않게 되는 상황
⑤ 소득재분배를 위한 규제가 오히려 사회적으로 가장 어려운 사람들에게 해를 끼치게 되는 상황

14 **다음 중 행태주의와 제도주의에 대한 기술로 옳은 것은?**

① 행태주의에서는 인간의 자유와 존엄과 같은 가치를 강조한다.
② 제도주의에서는 사회과학도 엄격한 자연과학의 방법을 따라야 한다고 본다.
③ 행태주의에서는 시대적 상황에 적합한 학문의 실천력을 중시한다.
④ 각국에서 채택된 정책의 상이성과 효과를 역사적으로 형성된 제도에서 찾으려는 것은 제도주의 접근의 한 방식이다.
⑤ 제도의 변화와 개혁을 지향한다는 점에서 행태주의와 제도주의는 같다.

15 다음 〈보기〉 중 옳은 것을 모두 고르면?

> 보기
>
> ㄱ. 인간관계론에서 조직 참여자의 생산성은 육체적 능력보다 사회적 규범에 의해 좌우된다.
> ㄴ. 과학적 관리론은 과학적 분석을 통해 업무수행에 적용할 유일 최선의 방법을 발견할 수 있다고 전제한다.
> ㄷ. 체제론은 비계서적 관점을 중시한다.
> ㄹ. 발전행정론은 정치 · 사회 · 경제의 균형성장에 크게 기여하였다.

① ㄱ, ㄴ
② ㄱ, ㄹ
③ ㄴ, ㄷ
④ ㄴ, ㄹ
⑤ ㄷ, ㄹ

16 다음 중 정책결정 모형에 대한 설명으로 옳지 않은 것은?

① 사이먼(Simon)은 결정자의 인지능력의 한계, 결정상황의 불확실성 및 시간의 제약 때문에 결정은 제한적 합리성의 조건하에 이루어지게 된다고 주장한다.
② 점증모형은 이상적이고 규범적인 합리모형과는 대조적으로 실제의 결정상황에 기초한 현실적이고 기술적인 모형이다.
③ 혼합모형은 점증모형의 단점을 합리모형과의 통합으로 보완하려는 시도이다.
④ 쓰레기통모형에서 가정하는 결정상황은 불확실성과 혼란이 심한 상태로 정상적인 권위구조와 결정규칙이 작동하지 않는 경우이다.
⑤ 합리모형에서 말하는 합리성은 정치적 합리성을 의미한다.

17 다음 중 행정학의 접근방법에 대한 설명으로 옳지 않은 것은?

① 행태론적 접근방법은 현상에서 가치 문제가 많이 개입되어 있을수록 이론의 적합성이 떨어지기 때문에 의도적으로 이러한 문제를 연구 대상이나 범위에서 제외시킬 수 있다.
② 체제론적 접근방법은 자율적으로 목표를 설정하고 그 방향으로 체제를 적극적으로 변화시켜 나가려는 측면보다 환경 변화에 잘 적응하려는 측면을 강조한다.
③ 신제도주의는 행위 주체의 의도적이고 전략적인 행동이 제도에 영향을 미칠 수 있다는 점을 부정하고, 제도설계와 변화보다는 제도의 안정성 차원에 관심을 보이고 있다.
④ 논변적 접근방법의 진정한 가치는 각자 자신들의 주장에 대한 논리성을 점검하고 상호 타협과 합의를 도출하는 민주적 절차에 있다.
⑤ 법적 · 제도적 접근방법은 연구가 지나치게 기술적(Descriptive) 수준에 머물고 정태적이라는 비판에 부딪혔다.

18 다음 중 정책의제 설정에 관한 설명으로 옳지 않은 것은?

① 일반적으로 정책의제는 정치성, 주관성, 동태성 등의 성격을 가진다.
② 정책대안이 아무리 훌륭하더라도 정책문제를 잘못 인지하고 채택하여 정책문제가 여전히 해결되지 않은 상태로 남아있는 현상을 2종 오류라 한다.
③ 킹던(Kingdon)의 정책의 창 모형은 정책문제의 흐름, 정책대안의 흐름, 정치의 흐름이 어떤 계기로 서로 결합함으로써 새로운 정책의제로 형성되는 것을 말한다.
④ 콥(R.W. Cobb)과 엘더(C.D. Elder)의 이론에 의하면 정책의제 설정과정은 사회문제 – 사회적 이슈 – 체제의제 – 제도의제의 순서로 정책의제로 선택됨을 설명하고 있다.
⑤ 정책의제의 설정은 목표설정기능 및 적절한 정책수단을 선택하는 기능을 하고 있다.

PART 1
PART 2
PART 3
PART 4

19 다음 중 정책집행에 대한 설명으로 옳지 않은 것은?

① 정책의 희생집단보다 수혜집단의 조직화가 강하면 정책집행이 곤란하다.
② 집행은 명확하고 일관되게 이루어져야 한다.
③ 규제정책의 집행과정에서도 갈등은 존재한다고 본다.
④ 정책집행 유형은 집행자와 결정자와의 관계에 따라 달라진다.
⑤ 정책집행에는 환경적 요인도 작용한다.

20 다음 중 다면평가제도의 장점에 대한 설명으로 가장 거리가 먼 것은?

① 평가의 객관성과 공정성 제고에 기여할 수 있다.
② 계층제적 문화가 강한 사회에서 조직간 화합을 제고해준다.
③ 피평가자가 자기의 역량을 강화할 수 있는 기회를 제공해준다.
④ 조직 내 상하간, 동료간, 부서간 의사소통을 촉진할 수 있다.
⑤ 팀워크가 강조되는 현대 사회의 새로운 조직 유형에 부합한다.

SECTION 04 법학 핵심이론

01 성문법과 불문법의 장 · 단점

구분	성문법	불문법
장점	• 법의 존재와 의미를 명확히 할 수 있다. • 법적 안정성을 기할 수 있다. • 법의 내용을 객관적으로 알려 국민이 법적 문제에 대해 예측 가능성을 갖도록 한다. • 입법기간이 짧다. • 발전적으로 사회제도를 개혁할 수 있다. • 외국법의 계수와 법체계의 통일이 쉽다.	• 사회의 구체적 현실에 잘 대처할 수 있다. • 법의 적용에 융통성이 있다. • 입법자의 횡포가 불가능하다. • 법현실이 유동적이다.
단점	• 입법자의 횡포가 가능하다. • 문장의 불완전성으로 법해석의 문제가 발생한다. • 개정 절차가 필요하므로 사회변동에 능동적으로 대처하지 못하여 법현실이 비유동적이다. • 법이 고정화되기 쉽다.	• 법의 존재와 의미가 불명확하다. • 법의 내용을 객관화하기 곤란하며 법적 변동의 예측이 불가능하다. • 법적 안정성을 기하기 어렵다. • 법적 기능을 갖는 데 기간이 오래 걸린다. • 외국법의 계수와 법체계의 통일이 어렵다.

02 성문법 상호 간의 관계

- 상위법우선의 법칙
- 특별법우선의 원칙
- 신법우선의 원칙
- 법률불소급의 원칙

03 권리의 개념

구분	내용
권한(權限)	본인 또는 권리자를 위하여 법률행위를 할 수 있는 법률상의 자격을 말한다(예 국무총리의 권한 등).
권능(權能)	권리에서 파생되는 개개의 법률상의 자격을 말한다(예 소유권자의 소유권에서 파생되는 사용권 · 수익권 · 처분권).
권력(權力)	일정한 개인 또는 집단이 공익을 달성할 목적으로 다른 개인 또는 집단을 강제 또는 지배하는 힘을 말한다(예 국가 공권력).
권원(權原)	어떤 법률적 또는 사실적 행위를 하는 것을 정당화시키는 법률상의 원인을 말한다(예 지상권).
반사적 이익(反射的 利益)	법이 일정한 사실을 금지하거나 명하고 있는 결과, 어떤 사람이 저절로 받게 되는 이익(간접적 이익)으로서 그 이익을 누리는 사람에게 법적인 힘이 부여된 것은 아니기 때문에 타인이 그 이익을 침해하는 경우에도 구제를 받기 위해 법원에 소를 제기하지 못한다.

04 근대 · 현대 헌법의 비교

근대 입헌주의 헌법	현대 복지국가 헌법
• 기본권의 보장(형식적 평등) • 권력분립 • 의회주의 • 형식적 법치주의 • 성문헌법 · 경성헌법 • 시민적 법치국가 • 국민주권주의	• 생존권의 보장(실질적 평등) • 행정국가화 경향, 권력분립의 완화 • 사회적 시장경제질서, 사회국가적 복지국가 • 실질적 법치주의 • 헌법재판제도의 강화 • 국제평화주의, 복지국가적 경향 • 국민주권주의의 실질화(국민투표제도)

05 선거구제의 장 · 단점

구분	장점	단점
대선거구제	사표의 방지, 부정투표의 방지, 인물선택의 범위 확대	군소정당 출현, 정국 불안정, 다액의 선거비용, 보궐선거나 재선거의 실시곤란, 후보자 파악의 곤란
소선거구제	양대정당 육성, 정국 안정, 선거의 공정성 확보, 의원과 선거민과의 밀접한 유대관계, 선거비용의 소액	사표의 가능성, 게리멘더링(Gerry Mandering)의 위험성, 지방적인 소인물의 배출

06 평등권 위반 심사 기준

• 자의금지의 원칙 : 차별적 취급 존부 심사
• 비례의 원칙 : 당해 차별의 정당성 및 균형성 심사

07 대통령제와 의원내각제의 비교

구분	대통령제	의원내각제
성립 · 존속관계 (본질)	• 엄격한 삼권분립, 정부와 국회의 관계 대등 • 대통령 : 민선 • 정부 : 대통령이 독자적으로 구성 • 대통령이 의회에 대해 무책임	• 입법권과 행정권의 융합 • 대통령 : 의회에서 간선 • 정부 : 의회에서 간선 • 의회는 정부불신임권 보유, 정부는 의회 해산권 보유
정부의 구조관계	• 국가대표와 행정수반이 대통령에 귀속(실질적 권한)	• 국가대표는 대통령(또는 군주)에게 귀속(형식적 · 의례적 권한) • 행정수반은 수상(또는 총리)에게 귀속(실질적 행정권)
기능상의 관계	• 의원의 정부각료 겸직 불허 • 정부의 법률안 제출권, 정부의 의회출석 · 발언권 없음	• 의원의 정부각료 겸직 허용 • 정부의 법률안 제출권, 정부의 의회출석 · 발언권 있음
기타 제도상의 관계	• 민선의 부통령제를 채택 • 대통령의 법률안 거부권 인정 • 국무회의는 법률상 기관, 임의적 기관, 자문기관	• 총리제 : 의회의 동의를 얻어 국가 원수가 총리를 임명 • 부서제도를 채택 • 국무회의는 헌법상 기관, 필수적 기관, 의결기관
장점	• 대통령 임기동안 정국안정 • 국회 다수당의 횡포견제 가능	• 정치적 책임에 민감(책임정치) • 독재방지
단점	• 정치적 책임에 둔감 • 독재의 우려	• 정국불안정 • 다수당의 횡포 우려

08 법률행위의 요건

성립요건	일반적 성립요건	• 당사자, 목적, 의사표시
	특별성립요건	• 개개의 법률행위에 대하여 법률이 특별히 추가하는 요건(예 대물변제 · 질권설정계약에서의 인도, 혼인에서의 신고, 유언의 방식 등)
효력발생요건	일반적 효력발생요건	• 당사자가 능력(권리능력, 의사능력, 행위능력)을 가지고 있을 것 • 법률행위의 목적이 가능 · 적법하며, 사회적으로 타당하고 확정될 수 있을 것 • 의사와 표시가 일치하며 의사표시에 하자가 없을 것
	특별효력 발생요건	• 개개의 법률행위의 특별한 효력발생요건(예 조건 · 기한부 법률행위에서 조건의 성취 · 기한의 도래, 대리행위에서 대리권의 존재, 유언에 있어 유언자의 사망 등)

09 무효와 취소의 차이

구분	무효	취소
기본적 효과	• 절대적 무효가 원칙	• 상대적 취소가 원칙
주장권자	• 누구라도 주장 가능	• 취소권자에 한하여 가능
기간의 제한	• 제한이 없음	• 제척기간(3년, 10년)
시간경과 시 효력	• 효력변동 없음	• 제척기간 도과 시 취소권 소멸, 유효한 것으로 확정됨
추인	• 효력변동 없음 • 당사자가 무효임을 알고 추인한 때에는 새로운 법률행위로 봄	• 추인으로 확정적 유효가 됨
발생사유	• 반사회질서 법률행위(민법 제103조) • 불공정한 법률행위(민법 제104조) • 진의표시 단서 규정(민법 제107조 제1항) • 통정허위표시(민법 제108조 제1항) 등	• 미성년자의 행위(민법 제5조 제2항) • 착오(민법 제109조 제1항) • 사기 · 강박(민법 제110조 제1항)

10 채권자대위권과 채권자취소권

구분	채권자대위권	채권자취소권
정의	• 채권자가 자기의 채권을 보전하기 위하여 채무자의 권리(일신에 전속한 권리는 제외)를 행사할 수 있는 권리	• 채권자를 해함을 알면서 채무자가 행한 법률행위를 취소하고 채무자의 재산을 원상회복할 수 있는 권리
권리자	• 채권자	• 채권자
목적	• 책임재산의 보전	• 책임재산의 보전
권리내용	• 채무자의 재산보전조치를 대행	• 재산감소행위의 취소 또는 원상회복
행사방법	• 재판상 및 재판 외 행사가능 • 기한이 도래하기 전에는 법원의 허가 없이 행사 불가(단, 보전행위는 가능)	• 반드시 재판상 행사(채권자가 취소원인을 안 날로부터 1년, 법률행위있은 날로부터 5년 내에 제기하여야 한다)
행사의 상대방	• 제3채무자	• 수익자 또는 전득자(단, 행위 또는 전득 당시에 채권자를 해함을 알지 못한 경우에는 행사 불가)
행사의 효력	• 대위권 행사의 효과는 당연히 채무자에게 귀속하여 채무자의 일반재산에 편입됨 • 대위소송의 기판력은 소송사실을 인지한 채무자에게 미침	• 취소권행사의 효력은 소송상 피고에 한정됨 • 소송당사자가 아닌 채무자, 채무자와 수익자, 수익자와 전득자 사이의 법률관계는 영향이 없음

11 심리에 관한 제 원칙

- 변론주의
- 처분권주의
- 구술심리주의
- 직접심리주의
- 공개심리주의
- 쌍방심리주의(당사자 평등의 원칙)
- 적시제출주의

12 영업능력

- 자연인의 영업능력 : 행위능력에 따른 제한

구분	영업능력 (상법 제6조)	무한책임사원 (상법 제7조)	영업의 대리 (상법 제8조)
미성년자	법정대리인의 허락	법정대리인의 허락	법정대리인이 영업을 하는 경우
피한정후견인	×	×	
피성년후견인	×	×	
비고	등기를 요함	사원자격으로 인한 행위에는 능력자로 봄	등기를 요함, 제한능력자가 상인

- 법인의 영업능력 : 설립목적에 따른 제한

13 회사의 종류

구분	유형	내용
인적회사	합명회사	• 무한책임사원만으로 구성되는 회사
	합자회사	• 무한책임사원과 유한책임사원으로 구성되는 복합적 조직의 회사
물적회사	유한회사	• 사원이 회사에 대하여 출자금액을 한도로 책임을 질 뿐, 회사채권자에 대하여 아무 책임도 지지 않는 사원으로 구성된 회사
	유한책임회사	• 주주들이 자신의 출자금액 한도에서 회사채권자에 대하여 법적인 책임을 부담하는 회사 • 이사, 감사의 선임의무가 없으며 사원 아닌 자를 업무집행자로 선임할 수 있음
	주식회사	• 사원인 주주의 출자로 이루어지며 권리·의무의 단위로서의 주식으로 나누어진 일정한 자본을 가지고 모든 주주는 그 주식의 인수가액을 한도로 하는 출자의무를 부담할 뿐 회사 채무에 대하여 아무런 책임도 지지 않는 회사

14 회사의 기관

주주총회	주주총회는 주주로 구성되며, 회사의 조직이나 경영에 관한 중요사항을 결정하는 회사의사결정의 최고 기관이다.
이사회	주주총회에서 선임되는 이사로 구성되는 주식회사의 업무집행기관으로, 이사는 3명 이상이어야 하고(자본의 총액이 10억 원 미만인 회사는 1인 또는 2인도 가능) 그 임기는 3년을 초과하지 못한다. 이사의 자격에는 제한이 없으며, 따라서 주주가 아닌 자도 이사로 선임될 수 있다. 회사대표권을 가진 자를 대표이사라 하며 이사회에서 선정한다.
감사	회사의 감사를 임무로 하는 주식회사의 필요적 상설기관으로 감사는 이사 또는 지배인, 기타 사용인의 직무를 겸하지 못하며, 이사의 직무의 집행을 감사한다.

15 부관의 종류

조건	행정행위의 효력의 발생 또는 소멸을 발생이 불확실한 장래의 사실에 의존하게 하는 행정청의 의사표시로서 조건성취에 의하여 당연히 효력을 발생하게 하는 정지조건과 당연히 그 효력을 상실하게 하는 해제조건이 있다.
기한	행정행위의 효력의 발생 또는 소멸을, 발생이 장래에 도래할 것이 확실한 사실에 의존하게 하는 행정청의 의사표시로서, 기한의 도래로 행정행위가 당연히 효력을 발생하는 시기와 당연히 효력을 상실하는 종기가 있다.
부담	행정행위의 주된 의사표시에 부가하여 그 상대방에게 작위·부작위·급부·수인의무를 명하는 행정청의 의사표시로서 특허·허가 등의 수익적 행정행위에 붙여지는 것이 보통이다.
철회권의 유보	행정행위의 주된 의사표시에 부수하여 장래 일정한 사유가 있는 경우에 그 행정행위를 철회할 수 있는 권리를 유보하는 행정청의 의사표시이다(숙박업 허가를 하면서 성매매행위를 하면 허가를 취소한다는 경우).

16 행정심판의 종류(행정심판법 제5조)

구분	내용
취소심판(제1호)	행정청의 위법 또는 부당한 처분의 취소 또는 변경을 구하는 행정심판을 말한다.
무효 등 확인심판(제2호)	행정청의 처분의 효력 유무 또는 존재 여부에 대한 확인을 구하는 행정심판을 말한다.
의무이행심판(제3호)	당사자의 신청에 대한 행정청의 위법 또는 부당한 거부처분이나 부작위에 대하여 일정한 처분을 할 것을 구하는 행정심판을 말한다.

17 행정소송의 판결

구분	내용
각하판결	소송의 제기요건의 결여로 인하여 본안의 심리를 거부하는 판결을 말한다. 각하판결은 소의 대상인 처분 등의 위법성에 대한 판단은 아니므로 원고는 결여된 요건을 보완하여 다시 소를 제기할 수 있고, 아울러 법원은 새로운 소에 대하여 판단하여야 한다.
기각판결	원고의 청구가 이유 없다고 하여 배척하는 판결로, 해당 처분이 위법하지 않거나 단순히 부당한 것인 때에 행해지는 판결이다.
사정판결(행정소송법 제28조)	원고의 청구가 이유 있다고 인정하는 경우에도 행정처분을 취소하는 것이 현저히 공공복리에 적합하지 아니하다고 인정하는 때에는 법원이 원고의 청구를 기각하는 판결을 말한다.
인용판결	원고의 청구가 이유 있음을 인정하여 행정청의 위법한 처분 등의 취소·변경을 행하거나(취소소송의 경우) 행정청의 처분 등의 효력 유무 또는 존재여부의 확인을 내용으로 하는 판결을 하거나(무효 등 확인소송의 경우) 행정청의 부작위가 위법하다는 부작위의 위법을 확인하는 판결(부작위위법확인소송의 경우)을 의미한다(행정소송법 제4조).

SECTION 04

법학 적중예상문제

정답 및 해설 p.103

01 다음 중 법원(法源)에 관한 설명으로 옳지 않은 것은?

① 법관이 재판을 할 때 있어서 적용하여야 할 기준이다.
② 죄형법정주의에 따라 관습형법은 인정되지 않는다.
③ 대통령령은 헌법에 근거를 두고 있다.
④ 민사에 관하여 법률에 규정이 없으면 관습법에 의하고, 관습법이 없으면 조리에 의한다.
⑤ 영미법계 국가에서는 판례의 법원성이 부정된다.

02 다음 중 법체계에 관한 설명으로 옳지 않은 것은?

① 일반적으로 승인된 국제법규는 국내법과 같은 효력을 가진다.
② 대통령의 긴급명령은 법률과 같은 효력을 가진다.
③ 민법이 사법이므로 민사소송법도 사법에 속한다.
④ 민법과 상법은 실체법이다.
⑤ 형사소송법은 절차법이다.

03 다음에서 상법의 우선 순위를 바르게 나열한 것으로 옳은 것은?

① 상법 → 민법 → 상관습법 → 민사특별법
② 민법 → 상법 → 민사특별법 → 상관습법
③ 민사특별법 → 상법 → 민법 → 상관습법
④ 상법 → 상관습법 → 민사특별법 → 민법
⑤ 민사특별법 → 민법 → 상관습법 → 상법

04 다음 중 법의 체계에 관한 설명으로 옳은 것은?

① 강행법과 임의법은 실정성 여부에 따른 구분이다.
② 고유법과 계수법은 적용대상에 따른 구분이다.
③ 실체법과 절차법은 법의 제정주체에 따른 구분이다.
④ 공법과 사법으로 분류하는 것은 영미법계의 특징이다.
⑤ 일반법과 특별법은 적용되는 효력 범위에 따른 구분이다.

05 **다음 중 공법과 사법의 구별 기준에 관한 학설의 내용으로 거리가 먼 것은?**

① 공익을 위한 것인가, 사익을 위한 것인가에 따라 구별한다.
② 권력적인 것인가의 여부에 따라 구별한다.
③ 권력의무의 주체에 따라 구별한다.
④ 법규의 명칭에 따라 구별한다.
⑤ 법이 통치권 발동에 관한 것인지, 아닌지에 따라 구별한다.

06 **다음 중 사회법에 관한 설명으로 옳지 않은 것은?**

① 공법영역에 사법적 요소를 가미하는 제3의 법영역이다.
② 노동법, 경제법, 사회보장법은 사회법에 속한다.
③ 자본주의의 부분적 모순을 수정하기 위한 법이다.
④ 사회적·경제적 약자의 이익 보호를 목적으로 한다.
⑤ 사회주의, 단체주의, 적극국가, 실질적 평등을 원리로 한다.

07 **다음 중 법과 도덕에 관한 설명으로 옳지 않은 것은?**

① 법은 행위의 외면성을, 도덕은 행위의 내면성을 다룬다.
② 법은 강제성을, 도덕은 비강제성을 갖는다.
③ 법은 타율성을, 도덕은 자율성을 갖는다.
④ 권리 및 의무의 측면에서 법은 일면적이나, 도덕은 양면적이다.
⑤ 법은 정의(定義)의 실현을, 도덕은 선(善)의 실현을 추구한다.

08 **다음 중 법의 목적에 관하여 인물과 인물의 주장의 연결이 잘못된 것은?**

① 칸트 – 인격의 완성
② 루소 – 국가이익의 추구
③ 예링 – 생활이익의 확보
④ 벤담 – 최대다수의 최대행복
⑤ 플라톤 – 도덕생활의 실현

09 **다음 중 헌법개정에 관한 설명으로 옳지 못한 것은?**

① 헌법에 규정된 개정절차에 따라야 한다.
② 국민투표를 요구하는 방법, 특별헌법회의를 필요로 하는 방법 등을 볼 수 있다.
③ 헌법의 형식이나 내용에 변경을 가하는 것이다.
④ 헌법의 파괴는 개정이 아니다.
⑤ 헌법의 기본적 동일성이 변경되는 것이다.

10 **다음 중 우리나라 헌법에 관한 설명으로 옳지 않은 것은?**

① 대통령의 계엄선포권을 규정하고 있다.
② 국무총리의 긴급재정경제처분권을 규정하고 있다.
③ 국가의 형태로서 민주공화국을 채택하고 있다.
④ 국제평화주의를 규정하고 있다.
⑤ 실질적 의미의 헌법은 국가의 통치조직·작용의 기본원칙에 관한 규범을 총칭한다.

11 **다음 중 자유권적 기본권이 아닌 것은?**

① 신체의 자유
② 종교의 자유
③ 직업선택의 자유
④ 청원권의 보장
⑤ 재산권의 보장

12 **다음 중 비례대표제에 관한 설명으로 옳지 않은 것은?**

① 사표를 방지하여 소수자의 대표를 보장한다.
② 군소정당의 난립이 방지되어 정국의 안정을 가져온다.
③ 득표수와 정당별 당선의원의 비례관계를 합리화시킨다.
④ 그 국가의 정당사정을 고려하여 채택하여야 한다.
⑤ 명부의 형태에 따라 고정명부식, 가변명부식, 자유명부식으로 구분할 수 있다.

13 **다음 중 소선거구제에 관한 설명으로 옳지 않은 것은?**

① 소선거구제하에서는 선거 비용을 절약할 수 있다.
② 소선거구제하에서는 군소정당이 난립하여 정국이 불안정하다.
③ 소선거구제하에서는 지연·혈연이 작용할 수 있다.
④ 소선거구제하에서는 후보자 파악이 쉽다.
⑤ 소선거구제하에서는 사표가 많이 발생할 수 있다.

14 다음 중 추정과 간주에 관한 설명으로 옳은 것은?

① 사실의 확정에 있어서 '추정'보다는 '간주'의 효력이 훨씬 강하다.
② 우리 민법에서 "~한 것으로 본다."라고 규정하고 있으면 이는 추정규정이다.
③ 우리 민법 제28조에서는 "실종선고를 받은 자는 전조의 규정이 만료된 때에 사망한 것으로 추정한다."라고 규정하고 있다.
④ '간주'는 편의상 잠정적으로 사실의 존부를 인정하는 것이므로, 간주된 사실과 다른 사실을 주장하는 자가 반증을 들면 간주의 효과는 발생하지 않는다.
⑤ '추정'은 일종의 법의 의제로서 그 사실이 진실이냐 아니냐를 불문하고 권위적으로 그렇다고 단정해 버리고, 거기에 일정한 법적 효과를 부여하는 것을 의미한다.

15 다음 중 제한능력자제도에 관한 설명으로 옳지 않은 것은?

① 19세에 이르면 성년이 된다.
② 제한능력자가 법정대리인의 동의 없이 한 법률행위는 무효이다.
③ 미성년자라도 혼인을 하면 성년이 된 것으로 본다.
④ 피성년후견인은 일상생활에 필요하고 그 대가가 과도하지 않은 법률행위를 독자적으로 할 수 있다.
⑤ 가정법원은 취소할 수 없는 피성년후견인의 법률행위의 범위를 정할 수 있다.

16 다음 중 법의 성격에 관한 설명으로 옳지 않은 것은?

① 자연법론자들은 법과 도덕은 그 고유한 영역을 가지고 있지만 도덕을 법의 상위개념으로 본다.
② 법은 타율성에, 도덕은 자율성에 그 실효성의 연원을 둔다.
③ 법은 인간행위에 대한 당위의 법칙이 아니라 필연의 법칙이다.
④ 법은 국가권력에 의하여 보장되는 사회규범의 하나이다.
⑤ 법은 그 위반의 경우에 타율적·물리적 강제를 통하여 원하는 상태와 결과를 실현하는 강제규범이다.

17 다음 중 근대 입헌주의적 의미의 헌법에 대한 설명으로 옳은 것은?

① 권력분립과 기본권 보장이 없는 국가는 헌법이 없다.
② 영국을 제외하고 모든 나라는 헌법을 가지고 있다.
③ 국가라고 하는 법적 단체가 있는 곳에는 헌법이 있다.
④ 공산주의 국가에도 헌법은 있다.
⑤ 헌법을 불문화 할 필요가 있다.

18 다음 중 법인에 관한 설명으로 옳지 않은 것은?

① 사단법인의 정관의 필요적 기재사항으로는 목적, 명칭, 사무소 소재지, 자산에 관한 규정, 이사의 임면, 사원의 자격 등이 있다.
② 법인의 이사가 수인인 경우에 사무집행은 정관의 규정에 따른다.
③ 재단법인은 법률, 정관, 목적, 성질, 그 외에 주무관청의 감독, 허가조건 등에 의하여 권리능력이 제한된다.
④ 사원총회는 법인사무 전반에 관하여 결의권을 가진다.
⑤ 법인의 해산이유로는 존립기간의 만료, 정관에 정한 해산사유의 발생, 목적인 사업의 성취나 불능 등을 볼 수 있다.

19 다음 중 민법이 규정하는 재단법인과 사단법인에 대한 설명으로 옳지 않은 것은?

① 사단법인에는 사원총회가 있으나, 재단법인에는 없다.
② 양자는 모두 공익법인이다.
③ 재단법인의 기부행위는 반드시 서면으로 작성할 것을 요하지 않으나, 사단법인의 정관은 반드시 서면으로 작성하여야 한다.
④ 양자는 모두 설립에 있어서 주무관청의 허가를 필요로 한다.
⑤ 사단법인은 2인 이상의 사원으로 구성되며, 재단법인은 일정한 목적에 바쳐진 재산에 의해 구성된다.

20 다음 중 권력분립론에 관한 설명으로 옳지 않은 것은?

① 로크(Locke)는 최고 권력은 국민에게 있고, 그 아래에 입법권, 입법권 아래에 집행권과 동맹권이 있어야 한다고 주장하였다.
② 몽테스키외(Montesquieu)의 권력분립론은 자의적인 권력 혹은 권력의 남용으로부터 개인의 자유와 권리를 보장하는 데 그 목적이 있다.
③ 권력분립론은 모든 제도를 정당화시키는 최고의 헌법원리이다.
④ 뢰벤슈타인(Lowenstein)은 권력분립에 대한 비판에서 국가작용을 정책결정, 정책집행, 정책통제로 구분하였다.
⑤ 적극적으로 능률을 증진시키기 위한 원리가 아니라 권력의 남용 또는 권력의 자의적인 행사를 방지하려는 소극적인 권리이다.

CHAPTER **02**

기술직 직무수행능력평가

출제유형 및 학습 전략

직무수행능력평가는 실제 직무를 수행하는 데 있어서 지원자의 전문성과 자질을 평가하기 위해 치러지는 시험으로, 직렬과 직무에 따라 요구되는 지식과 기술 등을 평가한다. 선발직렬에 의해 그 과목이 달라지며, 문항 수나 출제범위 등 그 변화가 잦으므로 항상 해당 공기업의 공고문을 잘 확인해야 한다.

기술직 직무수행능력평가의 경우, 공사공단에서 주로 출제되는 과목은 토목・전기・기계・전자통신・건축・화학 등이 있다.

1 토목일반

주요 출제 범위는 토질 및 기초공학, 응용역학, 측량학, 수리학 및 수문학, 철근콘크리트 및 강구조 등이 주로 출제되며, 주요 출제 기관으로는 한국철도공사, 한국수자원공사, 도로교통공단, 한국가스공사, 한국전력공사, 한국수력원자력, 한국도로공사 등이 있다.

2 기계일반

주요 출제 범위는 열역학, 유체역학, 기계재료, 기계공작법, 기계설계, 재료역학 등이 있으며, 주요 출제 기관으로는 한국철도공사, 한국수자원공사, 한국도로공사, 한국수력원자력, 한국전력공사, 한국중부발전, 항만공사, 인천국제공항공사, 한국농어촌공사 등이 있다.

3 전기일반

주요 출제 범위는 전기자기학, 전기기기, 전력공학, 회로이론, 전기설비기술기준 등이 주로 출제되며, 주요 출제 기관으로는 한국철도공사, 한국전력공사, 한국수자원공사, 한전KPS, 한전KDN, 한국교통안전공단, 인천국제공항공사, 한국가스공사 등이 있다.

SECTION 01 토목일반 핵심이론

01 세장비(λ)

기둥이 하중을 견디는 정도를 나타낸 값으로, 기둥의 유효길이를 최소 단면 2차 반지름으로 나누어 구하는데, 이 값이 작을수록 큰 하중을 견딘다.

$$\lambda = \frac{l_k(\text{기둥의 유효길이})}{r\text{min}(\text{최소 단면 2차 반지름})}$$

02 우력모멘트

- 우력(偶力, Couple of Forces)
  - 물체에 작용하는 크기가 같고, 방향이 반대이며, 그 작용선이 평행한 두 힘(=짝힘)
  - 크기가 같고, 일직선 위에 있지 않은 방향이 다른 두 힘의 벡터에 의해 생기는 모멘트 합
- 우력모멘트 : 우력에 의해 발생하는 모멘트로서, 우력모멘트의 크기는 하나의 힘과 두 힘 사이의 거리의 곱으로 구하며, 작용 위치와 관계없이 항상 일정함

03 바리뇽(Varignnon)의 정리

같은 평면 위에 있는 한 점에 작용하는 나란한 여러 힘에 대해, 평면의 임의의 점에서의 모멘트 대수합은 동일점에 대한 이들 힘의 합력 모멘트와 같다(분력의 모멘트의 합=합력 모멘트).

- 여러 힘들의 합력(R)$= P_1 + P_2 + P_3$
- O점에 대한 모멘트(M_O)$= P_1x_1 + P_2x_2 + P_3x_3$ ⋯ ⓐ
- R의 O점에 대한 모멘트(M)$= Rx$ ⋯ ⓑ

∴ ⓐ=ⓑ이므로 $M_O = Rx = P_1x_1 + P_2x_2 + P_3x_3$

∴ 합력의 작용 위치(x)$= \dfrac{P_1x_1 + P_2x_2 + P_3x_3}{R}$

04 철근콘크리트의 성립 이유

- 철근과 콘크리트 사이의 부착강도가 크다.
- 철근과 콘크리트의 열팽창 계수는 거의 같다.
- 콘크리트 속의 철근은 부식되지 않는다.
- 철근은 인장에 강하고, 콘크리트는 압축에 강하다.

05 강도설계법

- 안전성의 확보를 최우선으로 하며, 극한하중 단계에서의 계수하중으로 계산된 소요강도가 단면이 발휘할 수 있는 설계강도를 초과하지 않도록 단면을 설계하는 방법이다.
- $\phi M_n \geq M_u$(여기서 ϕ=강도감소계수, ϕM_n=설계휨강도, M_n=공칭휨강도, M_u=계수휨강도)

06 하중계수

- 하중의 크기를 예측할 때 확실성에 기초해 정해지는 것으로, 고정하중의 하중계수는 1.2, 활하중의 하중계수는 1.6으로 정한다.
- $U=1.2D+1.6L \geq 1.4D$(여기서 D=고정하중, L=활하중)

07 균형보

인장철근이 항복강도(f_y)에 도달함과 동시에 콘크리트도 극한변형률(0.003)에 도달하는 보이며, 이러한 균형보의 파괴 형태를 균형파괴 또는 평형파괴라 부른다. 그러나 이러한 파괴는 이론으로만 가능하며 실제로 발생하지 않는다.

- 균형보의 중립축 위치(C_b)$=\dfrac{0.003}{0.003+\varepsilon_y}\times d=\dfrac{600}{600+f_y}\times d$
- 균형철근비(ρ_b)$=\dfrac{0.085f_{ck}\beta_1}{f_y}\times\dfrac{600}{600+f_y}$

08 최대철근비와 최소철근비

- 최대철근비($\rho_{\max}$)
  - 사용철근비가 균형철근비보다 작으면 과소철근으로 연성파괴를 유도할 수 있다.
  - $\left(\dfrac{0.003+\varepsilon_y}{0.003+0.004}\right)\times\rho_b$ 이하
- 최소철근비($\rho_{\min}$)
  - 철근을 적게 사용하면 콘크리트에 균열이 생기는 순간 철근이 끊어져 갑작스런 파괴가 발생하는데, 이러한 취성파괴를 방지하기 위해 최소철근비를 적용한다.
  - $\dfrac{0.25\sqrt{f_{ck}}}{f_y}$ 또는 $\dfrac{1.4}{f_y}$ 중에 값이 큰 것을 적용

09 보의 해석

- 등가응력 사각형의 깊이(a)

$$C=T \rightarrow 0.85f_{ck}\times a\times b=A_s\times f_y \rightarrow a=\frac{A_s\times f_y}{0.85\times f_{ck}\times b}$$

- 설계휨강도($M_d=\phi M_n$)
  - $\phi(=0.85)$에 공칭휨강도(M_n)를 곱한 값
  - $M_d=A_sf_y\left(d-\frac{a}{2}\right)=\phi\left\{f_{ck}qbd^2(1-0.59q)\right\}(\leftarrow q=\frac{\rho f_y}{f_{ck}})$

10 정착길이

콘크리트에 묻힌 철근이 뽑히거나 미끄러지지 않고 철근의 인장항복에 이르기까지의 응력을 발휘할 수 있는 최소의 묻힘길이를 뜻하며, 기본정착길이(l_{db})에 모든 보정계수를 곱해서 구한다.

- 압축이형철근의 기본정착길이 : $l_{db}=\frac{0.25d_bf_y}{\lambda\sqrt{f_{ck}}}\geq 0.043d_bf_y$
- 인장이형철근의 기본정착길이 : $l_{db}=\frac{0.6d_bf_y}{\lambda\sqrt{f_{ck}}}$
- 표준갈고리가 있는 인장이형철근의 기본정착길이 : $l_{db}=\frac{0.24\beta d_bf_y}{\lambda\sqrt{f_{ck}}}$

11 PCS의 기본 3개념

- 제1개념(응력 개념, 균등질 보의 개념) : 탄성 이론에 의한 해석(압축 +, 인장 −)
  - 프리스트레스가 도입되면 콘크리트 부재를 탄성체로 해석할 수 있다는 개념
  - 강재가 직선으로 도심에 배치된 경우

    $f=\frac{P}{A}\pm\frac{M}{I}y \;\therefore\; f_{\substack{상연\\하연}}=\frac{P}{A}\pm\frac{M}{Z}$(여기서 $P=$축방향력, $M=$하중에 의한 모멘트)
  - 강재가 직선으로 편심에 배치된 경우

    $f=\frac{P}{A}\mp\frac{Pe}{I}y\pm\frac{M}{I}y \;\therefore\; f_{\substack{상연\\하연}}=\frac{P}{A}\mp\frac{Pe}{Z}\pm\frac{M}{Z}$(여기서 $Pe=$편심모멘트)
- 제2개념(강도 개념, 내력모멘트 개념) : 철근콘크리트와 같이 압축력은 콘크리트가 받고 인장력은 PS 강재가 받는 것으로 하여 두 힘에 의한 내력모멘트가 외력모멘트에 저항한다는 개념
- 제3개념(하중평형 개념, 등가하중 개념)
  - 프리스트레싱에 의한 작용과 부재에 작용하는 하중을 평형이 되도록 하자는 개념
  - PS 강재가 포물선으로 지간 중앙에 새그(Sag) s로 배치되어 있다면

    프리스트레스 P에 의한 등분포상향력은 $\frac{ul^2}{8}=Ps$(단, $P\cos\theta\fallingdotseq P$) $\therefore\; u=\frac{8Ps}{l^2}$

12 PSC의 장단점

• 장점

- 콘크리트의 전단면을 유효하게 이용할 수 있음
- PSC 구조물은 취성파괴의 위험이 적어 안전성이 높음
- 하중이 과다해 일시적인 균열이 생겨도 하중을 제거하면 복원됨(탄력성과 복원성이 우수함)
- 인장응력을 상쇄해 균열이 생기지 않게 설계하므로 강재가 부식될 위험이 낮고, 내구성은 높음
- 강재를 곡선배치하면 전단력이 감소되어 복부를 얇게 할 수 있으며, 고강도 재료를 사용함으로써 단면을 감소시킬 수 있어 일반적인 철근콘크리트 부재보다 경간을 길게 할 수 있음

• 단점

- 내화성이 약하고, 강성이 낮아 변형이 크며, 진동하기 쉬움
- 일반적인 철근콘크리트보다 단가가 비싸고, 보조 재료가 추가되므로 공사비가 상승함

13 프리스트레스의 손실 원인

• 프리스트레스 도입 시 일어나는 손실(즉시 손실)

- 콘크리트의 탄성변형(탄성수축)
- PS 강재의 활동
- PS 강재와 쉬스의 마찰

• 프리스트레스 도입 후의 손실(시간적 손실)

- 콘크리트의 건조수축
- 콘크리트의 크리프
- PS 강재의 릴랙세이션(Relaxation)

14 흙의 각 성분별 단위중량($\gamma_{sub} < \gamma_d < \gamma_t < \gamma_{sat}$)

• 습윤단위(=전체단위)중량 공식 : $\gamma_t = \frac{(\text{흙 전체의 무게})}{(\text{흙 전체의 부피})} = \frac{W}{V} = \frac{G_s \times \left(1+\frac{w}{100}\right)}{1+e}\gamma_w = \frac{G_s + \frac{S\times e}{100}}{1+e}\gamma_w$

(여기서 e = 간극비, γ_w = 물의 단위중량, G_s = 흙 입자의 비중)

• 건조단위중량($S=0$) 공식 : $\gamma_d = \frac{(\text{흙 전체의 무게})}{(\text{흙 전체의 부피})} = \frac{W_s}{V} = \frac{G_s}{1+e}\gamma_w$

• 포화단위중량($S=1$) 공식 : $\gamma_{sat} = \frac{G_s + e}{1+e}\gamma_w$

• 수중(유효)단위중량 공식 : $\gamma_{sub} = \gamma_{sat} - \gamma_w = \frac{G_s - 1}{1+e}\gamma_w$

15 상대밀도(D_r)

- 사질토의 조밀하거나 느슨한 정도를 백분율로 나타냄, 즉 $\frac{e_{max}-e}{e_{max}-e_{min}}\times 100$(여기서 e_{max}=가장 느슨한 상태의 간극비, e_{min}=가장 조밀한 상태의 간극비)
- $D_r=\frac{\gamma_{d\,max}}{\gamma_d}\times\frac{(\gamma_d-\gamma_{d\,min})}{(\gamma_{d\,max}-\gamma_{d\,min})}\times 100$

16 압밀도

- 압밀도(U)의 의미 : 과잉간극수압이 감소한 비율 또는 그 결과로 압밀침하가 일어난 비율
- 압밀도 : $U=\frac{(\text{현재의 압밀량})}{(\text{최종 압밀침하량})}\times 100=\frac{\Delta H_t}{H}\times 100$(여기서 ΔH_t=임의의 시간 t에서의 침하량)

17 시간계수

$$U=f(T_v)\propto\frac{C_v\times t}{d^2}$$

- 압밀도는 시간계수의 함수이다.
- 압밀도는 압밀계수(C_v), 압밀시간(t) 등에 비례한다.
- 압밀도는 배수거리의 제곱(d^2)에 반비례한다.

18 압밀침하량(ΔH)의 산정

$\Delta H=m_v\times\Delta\sigma\times H=\frac{C_c}{1+e_1}\times\log\left(\frac{\sigma_2}{\sigma_1}\right)\times H$(여기서 C_c=압축지수)

19 얕은 기초의 지지력

- 극한지지력 : 소성파괴가 일어날 때의 기초하중을 말하므로 완전소성평형 상태를 이룬 경우로서, 지반이 최대로 지지할(버틸) 수 있는 저항력을 의미함
  - 얕은 기초 : 확대기초, 전면기초 등 지표면 가까운 깊이에 양질의 지지층이 있는 경우에 사용되는 기초
  - 극한지지력 : $q_u = \alpha \times c \times N_c + \beta \times \gamma_1 \times B \times N_r + \gamma_2 \times D_f \times N_q$

    α, β = 기초 모양에 따른 형상계수

    c = 기초바닥 아래 흙의 점착력[t/m^2]

    N_c, N_r, N_q = 지지력계수

    γ_1 = 기초바닥 아래 흙의 단위중량[t/m^3]

    γ_2 = 근입깊이 흙의 단위중량[t/m^3]

    B = 기초의 최소폭[m]

    D_f = 근입깊이[m]
- 허용지지력
  - 항복하중강도와 극한지지력에 안전율을 고려해 결정된 지지력
  - 허용지지력 : $q_a = \dfrac{q_u}{F_s}$ (여기서 q_u = 극한지지력, F_s = 안전율)

SECTION 01

토목일반 적중예상문제

정답 및 해설 p.106

01 다음 중 프리스트레스의 감소 원인이 아닌 것은?

① 콘크리트의 탄성 변형
② 콘크리트의 건조 수축과 크리프
③ 콘크리트의 강도
④ PS 강재와 쉬스 사이의 마찰
⑤ 정착 장치에서의 긴장재의 활동

02 단주에서 단면의 핵이란 기둥에서 인장응력이 발생되지 않도록 재하되는 편심거리로 정의된다. 다음 중 지름이 40cm인 원형단면 핵의 지름은 몇 cm인가?

① 2.5cm
② 5.0cm
③ 7.5cm
④ 10.0cm
⑤ 12.5cm

03 다음 중 도면에서 곡선에 둘러싸여 있는 부분의 면적을 구하기에 적합한 방법을 〈보기〉에서 모두 고르면?

보기

ㄱ. 좌표법
ㄴ. 띠선법
ㄷ. 배횡거법
ㄹ. 삼변법
ㅁ. 분할법

① ㄱ, ㄴ
② ㄴ, ㄷ
③ ㄴ, ㅁ
④ ㄷ, ㄹ
⑤ ㄹ, ㅁ

04 **다음 중 옹벽 각부설계에 대한 설명으로 옳지 않은 것은?**

① 캔틸레버 옹벽의 저판은 수직벽에 의해 지지된 캔틸레버로 설계되어야 한다.
② 뒷부벽식 옹벽 및 앞부벽식 옹벽의 저판은 뒷부벽 또는 앞부벽 간의 거리를 지간으로 보고 고정보 또는 연속보로 설계되어야 한다.
③ 전면벽의 하부는 연속슬래브로서 작용한다고 보아 설계하지만 동시에 벽체 또는 캔틸레버로서도 작용하므로 상당한 양의 가외 철근을 넣어야 한다.
④ 뒷부벽은 직사각형보로, 앞부벽은 T형보로 설계되어야 한다.
⑤ 옹벽 후면저판은 그 위에 재하되는 흙의 무게와 모든 하중을 지지하도록 설계하여야 한다.

05 **휨모멘트가 최대가 되는 단면의 위치는 B점에서 얼마인가?**

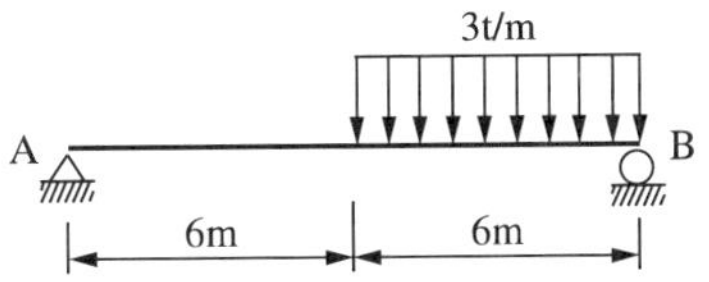

① 4.2m
② 4.5m
③ 4.8m
④ 5.2m
⑤ 5.5m

06 **다음 중 축방향 압축력을 받는 기둥을 설계할 때, 허용압축 응력도를 판단하기 위하여 고려하여야 할 여러 사항 중 가장 중요한 요소로 판단되는 것은?**

① 단면적
② 기둥의 길이
③ 세장비
④ 기둥의 단면 1차 모멘트
⑤ 기둥의 단면 2차 모멘트

07 다음 그림과 같이 방향이 반대인 힘 P와 $3P$가 L간격으로 평행하게 작용하고 있다. 두 힘의 합력의 작용위치 X는?

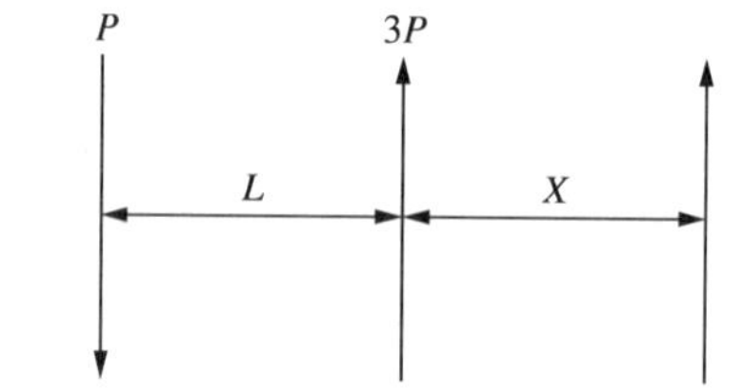

① $\frac{1}{3}L$
② $\frac{1}{2}L$
③ $\frac{2}{3}L$
④ $1L$
⑤ $2L$

08 다음 〈조건〉에서 표준 갈고리가 있는 인장 이형철근의 기본정착길이(l_{hb})는 약 얼마인가?

> **조건**
> - 보통 중량골재를 사용한 콘크리트 구조물
> - 도막되지 않은 D35(공칭직경 34.9mm)철근으로 단부에 90° 표준 갈고리가 있음
> - f_{ck}=28MPa, f_y=400MPa

① 633mm
② 660mm
③ 1,130mm
④ 1,585mm
⑤ 2,130mm

09 콘크리트 구조설계기준의 요건에 따르면 f_{ck}=38MPa일 때, 직사각형 응력 분포의 깊이를 나타내는 β_1의 값은 얼마인가?

① 0.78
② 0.83
③ 0.92
④ 0.75
⑤ 0.88

10 다음 그림의 삼각형 구조가 평형 상태에 있을 때, 법선 방향에 대한 힘의 크기 P는?

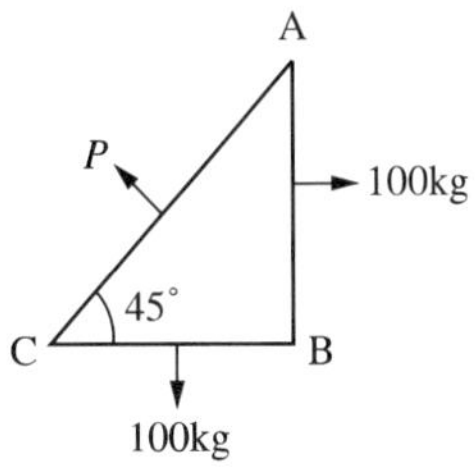

① 약 200.2kg
② 약 180.4kg
③ 약 165.7kg
④ 약 141.4kg
⑤ 약 133.0kg

11 어떤 점토의 토질실험 결과 일축압축강도 $0.48kg/cm^2$, 단위중량 $1.7t/m^3$이었다. 이 점토의 한계고는?

① 6.34m
② 4.87m
③ 9.24m
④ 5.65m
⑤ 12.11m

12 다음 중 휨응력의 정의로 옳은 것은?

① 휨모멘트에 의해서 부재의 한 단면 위에 일어나는 접선 응력을 가리킨다.
② 휨모멘트에 의해서 부재의 한 단면 위에 일어나는 전단 응력을 가리킨다.
③ 휨모멘트에 의해서 부재의 한 단면 위에 일어나는 인장 응력을 가리킨다.
④ 휨모멘트에 의해서 부재의 한 단면 위에 일어나는 법선 응력을 가리킨다.
⑤ 휨모멘트에 의해서 부재의 한 단면 위에 일어나는 굽힘 응력을 가리킨다.

13 다음 중 철근 콘크리트 보에 배치되는 철근의 순간격에 대한 설명으로 옳지 않은 것은?

① 동일 평면에서 평행한 철근 사이의 수평 순간격은 25mm 이상이어야 한다.
② 상단과 하단에 2단 이상으로 배치된 경우 상하 철근의 순간격은 25mm 이상으로 하여야 한다.
③ 철근의 순간격에 대한 규정은 서로 접촉된 겹침이음 철근과 인접된 이음철근 또는 연속철근 사이의 순간격에도 적용하여야 한다.
④ 벽체 또는 슬래브에서 휨 주철근의 간격은 벽체나 슬래브 두께의 2배 이하로 하여야 한다.
⑤ 철근 콘크리트 부재의 철근을 설계 배치하는 경우에 현장에서의 시공성 및 충분한 부착성을 확보하기 위하여 정해진 철근의 간격이다.

14 10℃의 물방울 지름이 3mm일 때, 그 내부와 외부의 압력차는?(단, 10℃에서의 표면장력은 75dyne/cm이다)

① 250dyne/cm^2
② 500dyne/cm^2
③ 1,000dyne/cm^2
④ 2,000dyne/cm^2
⑤ 3,000dyne/cm^2

15 고정하중 50kN/m, 활하중 100kN/m를 지지해야 할 지간 8m의 단순보에서 계수모멘트 M_u는?

① 1,630kN · m
② 1,760kN · m
③ 1,870kN · m
④ 1,960kN · m
⑤ 2,030kN · m

16 전단설계 시에 깊은 보(Deep Beam)란 하중이 받침으로부터 부재깊이의 2배 거리 이내에 작용하는 부재로 $\frac{l_n}{h}$이 얼마 이하인 경우인가?(단, l_n은 받침부 내면 사이의 순경간이고, h는 부재깊이이다)

① 2
② 3
③ 4
④ 5
⑤ 6

17 다음 중 평판측량에서 중심맞추기 오차가 6cm까지 허용할 때, 도상축적의 한계는?(단, 도상오차는 0.2mm로 한다)

① $\frac{1}{200}$
② $\frac{1}{400}$
③ $\frac{1}{500}$
④ $\frac{1}{600}$
⑤ $\frac{1}{800}$

18 다음 그림에서와 같이 우력(偶力)이 작용할 때, 각 점의 모멘트에 관한 설명으로 옳은 것은?

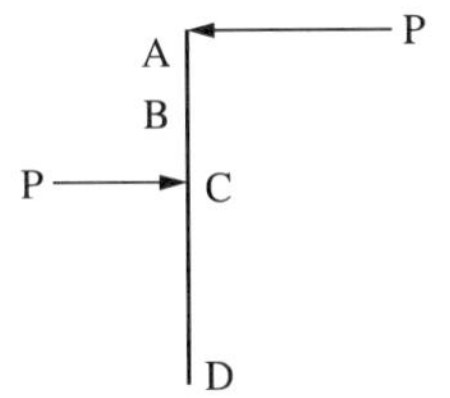

① B점의 모멘트가 제일 작다.
② D점의 모멘트가 제일 크다.
③ A점과 C점은 모멘트의 크기는 같으나 방향이 서로 반대이다.
④ A, B, C, D 모든 점의 모멘트는 같다.
⑤ C점의 모멘트가 제일 작다.

19 인장 이형철근을 겹침이음할 때 $\left(\frac{\text{배근 } A_s}{\text{소요 } A_s}\right) < 2.0$이고, 겹침이음된 철근량이 전체 철근량의 $\frac{1}{2}$을 넘는 경우, 겹침이음 길이는?(이때, l_d는 규정에 의해 계산된 이형철근의 정착길이이다)

① $1.0l_d$ 이상
② $1.3l_d$ 이상
③ $1.5l_d$ 이상
④ $1.7l_d$ 이상
⑤ $2.0l_d$ 이상

20 다음 중 콘크리트 크리프에 대한 설명으로 옳지 않은 것은?

① 고강도 콘크리트일수록 크리프는 감소한다.
② 물-시멘트 비가 클수록 크리프가 크게 일어난다.
③ 온도가 높을수록 크리프가 감소한다.
④ 상대습도가 높을수록 크리프가 작게 발생한다.
⑤ 재하속도의 증가에 따라 크리프는 증가한다.

SECTION 02 기계일반 핵심이론

01 열역학의 제1법칙(에너지 보존의 법칙)

- 에너지가 다른 형태로 전환될 때 에너지의 총합은 항상 같다. 즉, 에너지의 생성이나 소멸은 없으며, 단지 다른 형태로 바뀔 뿐이다.
- 공급된 에너지는 내부에너지와 사용한 일의 합과 같다.
- $Q=\delta q+W$(여기서 $\delta q=$ 열량, $W=$ 일량)

02 보일 - 샤를의 법칙

기체의 부피는 압력에 반비례하고, 절대온도에 비례한다.

$\dfrac{P_1V_1}{T_1}=\dfrac{P_2V_2}{T_2}=$ 일정(Const)(여기서 $T=$ 온도, $P=$ 압력, $V=$ 부피)

03 엔트로피

- 엔트로피(s) : 물리 열의 이동과 더불어 유효하게 이용할 수 있는 에너지의 감소 정도나 무효(無效) 에너지의 증가 정도를 나타내는 양, 즉 시스템을 구성하는 물질들의 무질서한 정도를 나타내는 척도이다.

  엔트로피 변화식은 $\Delta s=s_2-s_1=\displaystyle\int_1^2\frac{\delta q}{T}$ 이다.
- 엔트로피의 특징 : 엔트로피는 항상 증가한다. 또한 엔트로피 생성 항은 항상 양수이다.

04 카르노 사이클

- 카르노 사이클(Carnot Cycle) : 단열 변화와 등온 변화의 과정으로 이루어지는 이상적인 열기관의 사이클
- 카르노 사이클의 일반적인 특성
  - 열의 전달은 등온과 단열 과정에서 모두 발생할 수 있다.
  - 2개의 가역 단열 과정과 2개의 가역 등온 과정으로 구성된다.
  - 총엔트로피의 변화는 없으며, 열의 전달은 등온 과정에서만 이루어진다.
- 카르노 사이클의 열효율 : $\eta=1-\dfrac{T_2(\text{저온, 절대온도})}{T_1(\text{고온, 절대온도})}=1-\dfrac{273+T_2[°C]}{273+T_1[°C]}$

05 냉동 사이클의 성적계수(ε_r, 성능계수, CoP)

- 냉동 효과를 나타내는 기준이 되는 수치
- $\varepsilon_r = \dfrac{(\text{저온체에서 흡수한 열량})}{(\text{공급 열량})} = \dfrac{Q_2}{Q_1 - Q_2} = \dfrac{T_2}{T_1 - T_2} = \dfrac{(\text{증발기})}{(\text{응축기})-(\text{증발기})}$(여기서 T_1＝고온, T_2＝저온)

06 기계효율과 제동마력, 도시마력

- 기계효율 : $\eta - = \dfrac{(\text{제동마력})}{[\text{도시마력(지시마력)}]} \times 100$
- 제동마력(BHP) : 실제 기관 운전에 사용되는 마력(＝축마력, 정미마력)

  $\text{BHP} = \dfrac{2\pi NT}{75 \times 60}$[PS](여기서 N＝회전수[rpm])
- 도시마력(IHP) : 연소실 발생 마력으로, 실린더 내부의 폭발 압력을 측정한 것(지시마력)

  $\text{IHP} = \dfrac{PV_sZN}{75 \times 60}$[PS](여기서 P＝평균유효압력, V_s＝행정 부피, Z＝실린더 수)

07 표면장력과 모세관 현상

- 표면장력(γ 또는 σ) : 유체 입자 간 응집력으로 인해 유체의 자유표면이 서로 잡아당기면서 얇은 탄성 막이 형성되는 성질
  - 표면장력 : $\gamma = \dfrac{F}{A} = \dfrac{ma}{A} = \dfrac{[\text{kg} \cdot \text{m/s}^2]}{[\text{m}]} = [\text{kg/s}^2]$
  - 표면장력의 차원 : MT^{-2}
- 모세관 현상 : 물 속에 모세관을 세로로 넣으면 관 내부의 액체 표면이 외부 액체의 표면보다 높거나 낮아지는 현상이다. 물 분자와 유리벽 사이의 접착력이 액체의 응집력보다 더 클 때 발생한다.

  액면으로부터의 모세관 높이 $h = \dfrac{4\sigma\cos\theta}{\gamma d}$(여기서 γ＝물의 비중량, σ＝표면장력, θ＝모세관에 의해 올라간 각도, d＝모세관 지름)

08 베르누이의 정리

- 베르누이의 정리 : 유체 에너지 보존의 법칙을 적용한 법칙이며, 오일러 방정식을 적분하면 베르누이의 정리가 된다. 베르누이의 정리는 유체의 유동 관련식을 수두의 형태로 표현한 방정식으로 다음과 같다.

  $\frac{P_1}{\gamma}+\frac{{v_1}^2}{2g}+z_1=\frac{P_2}{\gamma}+\frac{{v_2}^2}{2g}+z_2$(여기서 $\frac{P_1}{\gamma}$ = 압력수두, $\frac{{v_1}^2}{2g}$ = 속도수두, z_1 = 위치수두)
- 베르누이 방정식을 충족시키기 위해 가정한 조건
  - 정상 유동이다.
  - 비점성 유동이다.
  - 비압축성 유동이다.
  - 유체 입자는 유선을 따라서 유동한다.

09 다르시 - 바이스바흐 방정식

관로를 흐르는 물에 발생되는 손실은 물의 점성으로 인한 마찰이 발생된다는 것(관마찰계수)을 가정하고, 마찰 손실의 크기를 정량화하기 위해 마찰손실수두를 구하는 공식

$H_L=f\times\frac{L}{D}\times\frac{V^2}{2g}$ (여기서 f = 관마찰계수, v = 유속, D관의 직경, L = 길이, g = 중력가속도)

10 선반 작업 시의 3분력과 절삭 칩

- 선반 가공 3분력 : 주분력, 배분력, 이송분력
- 선반 작업 시 발생하는 3분력의 크기 순서 : 주분력 > 배분력 > 이송분력

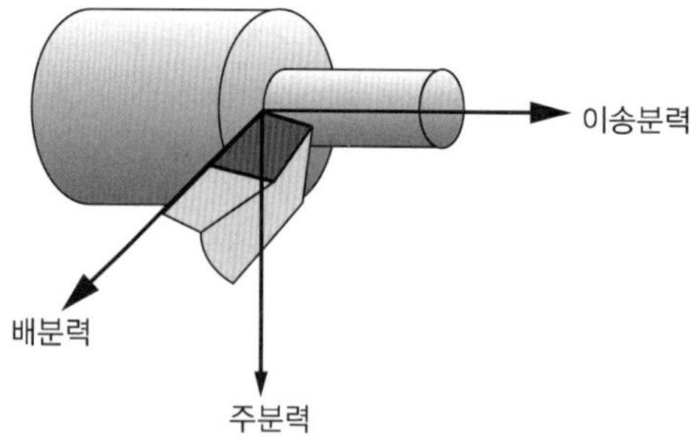

11 절삭 속도와 회전수

- 절삭 속도(v) : 공구가 공작물을 절삭하면서 절삭 칩이 나오는 속도

  $v=\frac{\pi dn}{1,000}$[m/min](여기서 v = 절삭 속도[m/min], d = 공작물의 지름[mm], n = 주축 회전수)
- 회전수(n) : 주축의 회전수로서, $n=\frac{1,000v}{\pi d}$[rpm]

12 밀링머신의 테이블 이송 속도(f)

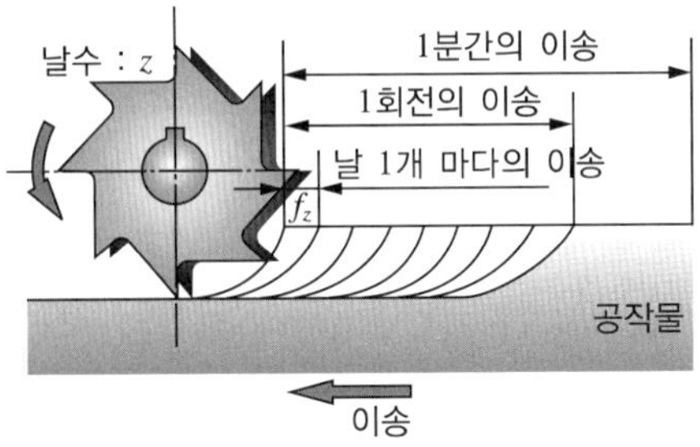

$f=f_z\times z\times n$(여기서 f=테이블의 이송 속도[mm/min], f_z=밀링 커터날 1개의 이송[mm], z=밀링 커터날의 수, n=밀링 커터의 회전수=$\dfrac{1,000v}{\pi d}$[rpm])

13 드릴 구멍 가공 시간

$T=\dfrac{l\times i}{n\times s}$[min](여기서 l=구멍 가공 길이[mm], i=구멍 수, n=주축 회전속도[rpm], s=1회전당 이송량[mm])

14 기어의 지름(피치원 지름, PCD= D)

$D=m$(모듈)$\times Z$(잇수)

여기서 모듈(m)은 이의 크기를 나타내는 기준으로, $m=\dfrac{PCD(=D)}{Z}$

15 속도비(i) 일반식

$$i=\frac{n_2}{n_1}=\frac{w_2}{w_1}=\frac{D_1}{D_2}=\frac{z_1}{z_2}$$

16 리벳이음의 효율(η)

- 리벳 강판의 효율 : $\eta_t = \frac{(1피치\ 내\ 구멍이\ 있을\ 때의\ 인장력)}{(1피치\ 내\ 구멍이\ 없을\ 때의\ 인장력)} = \frac{\sigma_t(p-d)t}{\sigma_t pt} = 1 - \frac{d}{p}$ (여기서 d= 리벳의 지름, p= 리벳의 피치)

- 리벳의 효율 : $\eta_s = \frac{(1피치\ 내\ 리벳이\ 있는\ 경우\ 전단)}{(1피치\ 내\ 리벳이\ 있는\ 경우\ 전단)} = \frac{\tau \frac{\pi d^2}{4} n}{\sigma_t pt} = \frac{\pi d^2 \tau n}{4pt\sigma_t}$

17 벨트의 전체 길이, 유효장력

- 벨트의 전체 길이(L)
  - 바로걸기(Open) : $L = 2C + \frac{\pi(D_1 + D_2)}{2} + \frac{(D_2 - D_1)^2}{4C}$
  - 엇걸기(Cross) : $L = 2C + \frac{\pi(D_1 + D_2)}{2} + \frac{(D_2 + D_1)^2}{4C}$
- 벨트의 유효장력 : $P_e = T_t$(긴장측 장력)$- T_s$(이완측 장력)
  - 긴장측 장력 : $T_t = \frac{P_e e^{\mu\theta}}{e^{\mu\theta} - 1}$(여기서 $P_e = T_e$)
  - 이완측 장력 : $T_s = \frac{P_e}{e^{\mu\theta} - 1}$

18 모멘트

- 모멘트 : $M = F$(작용 힘)$\times L$(작용점과의 직선거리)
- 비틀림모멘트(T) : 회전을 일으키려는 힘으로, 토크라고도 한다.
- 모멘트 관련식
  - 최대 굽힘 모멘트 : $M_{max} = \sigma_{max} \times Z$(여기서 σ_{max}= 최대 굽힘응력, Z= 단면계수)
  - 비틀림 모멘트 : $T = \tau \times Z_P$, $\tau = \frac{T}{Z_P} = \frac{T}{\frac{\pi d^3}{16}} = \frac{16T}{\pi d^3}$(여기서 τ= 전단응력, Z_P= 극단면계수)
  - 상당굽힘 모멘트 : $M_e = \frac{1}{2}\left(M + \sqrt{M^2 + T^2}\right)$
  - 상당비틀림 모멘트 : $T_e = \sqrt{M^2 + T^2}$

19 세장비

- 세장비(λ) : 기둥의 길이 L과 최소 회전 반지름 R과의 비율로서, 좌굴을 알아보기 위해 사용되며, 세장비가 크면 좌굴이 잘 일어난다. 세장비의 크기에 따라 단주와 장주로 구분된다.

$$\lambda=\frac{l(\text{기둥의 })}{k(\text{최소 전})}=\frac{l}{\sqrt{\frac{I}{A}}}$$ (여기서 A = 기둥의 단면적, I = 관성모멘트)

- 단주는 세장비가 30 이하인 것을, 장주는 세장비가 100 이상인 것을 뜻한다.

20 변형률

- 변형률(인장변형률, 연신율) : 재료가 축방향의 인장하중을 받으면 길이가 늘어나는데, 처음 길이에 비해 늘어난 길이의 비율이다.

$$\varepsilon=\frac{(\text{변형된 길이})}{(\text{처음의 길이})}=\frac{\Delta l}{l}\times 100$$

- 전단변형률(γ) : 미소의 직사각형 단면이 전단응력을 받아 변형된 각도를 라디안(rad)으로 나타낸 것이다.

$$\gamma=\frac{\Delta\lambda}{l}=\tan\theta$$ (여기서 θ = 전단변형각)

- 가로변형률(ε', 단면수축률) : $\varepsilon'=\frac{\Delta A}{A}=\frac{A_1-A_2}{A_1}=\frac{\frac{\pi d_1^2}{4}-\frac{\pi d_2^2}{4}}{\frac{\pi d_1^2}{4}}=\frac{d_1^2-d_2^2}{d_1^2}$

SECTION **02**

기계일반 적중예상문제

정답 및 해설 p.109

01 **다음 중 디젤기관의 일반적인 특성에 대한 설명으로 옳은 것은?**

① 공기와 연료를 혼합하여 동시에 공급한다.
② 전기점화방식을 사용하여 연료를 착화한다.
③ 소음과 진동이 적어 조용한 운전이 가능하다.
④ 연료장치로 연료분사펌프와 노즐을 사용한다.
⑤ 가솔린기관에 비해 열효율이 낮고 연료비가 비싸다.

02 **스프링상수가 200N/mm인 접시스프링 8개를 다음 그림과 같이 겹쳐 놓았다. 여기에 200N의 압축력(F)을 가한다면, 스프링의 전체 압축량은?**

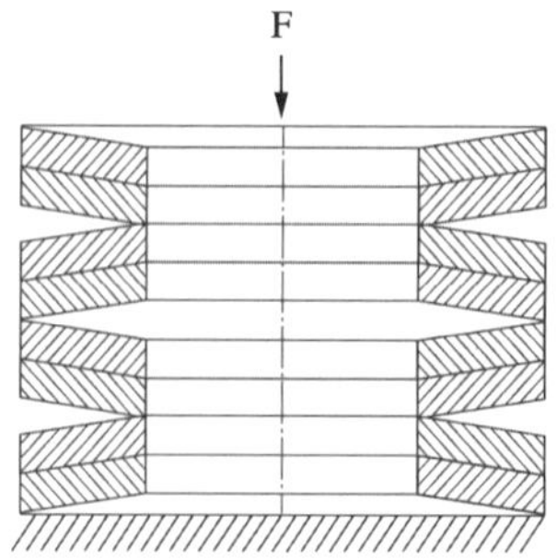

① 0.125mm ② 1.0mm
③ 2.0mm ④ 8.0mm
⑤ 6.0mm

03 다음 중 키(Key)에 대한 설명으로 옳지 않은 것은?

① 축과 보스(풀리, 기어)를 결합하는 기계요소이다.
② 원주방향과 축방향 모두를 고정할 수 있지만 축방향은 고정하지 않아 축을 따라 미끄럼운동을 할 수도 있다.
③ 축방향으로 평행한 평행형이 있고 구배진 테이퍼형이 있다.
④ 키홈의 깊이가 깊을수록 응력집중이 잘 일어나지 않는다.
⑤ 주로 경강(硬鋼)으로 만들며, 일반적으로 키의 윗면에 1/100 정도의 기울기를 두어 쐐기와 같은 작용을 하게 한다.

PART 1
PART 2
PART 3
PART 4

04 다음 중 기계요소를 설계할 때 응력집중 및 응력집중계수에 대한 설명으로 옳지 않은 것은?

① 응력집중이란 단면이 급격히 변화하는 부위에서 힘의 흐름이 심하게 변화함으로 인해 발생하는 현상이다.
② 응력집중계수는 단면부의 평균응력에 대한 최대응력의 비율이다.
③ 응력집중계수는 탄성영역 내에서 부품의 형상효과와 재질이 모두 고려된 것으로, 형상이 같더라도 재질이 다르면 그 값이 다르다.
④ 응력집중을 완화하려면 단이 진 부분의 곡률반지름을 크게 하거나 단면이 완만하게 변화하도록 한다.
⑤ 응력집중은 일반적으로 구조요소의 파손·파괴의 원인이 되기 쉬우므로 설계할 때에는 탄소성 계산이나 광탄소성 해석, 스트레인미터에 의한 실험적 해석을 하여 충분히 검토해야 한다.

05 다음 중 볼나사(Ball Screw)에 대한 설명으로 옳지 않은 것은?

① 마찰계수가 극히 작아서 정확하고 미세한 조정이 가능하다.
② 윤활은 아주 소량으로도 가능하다.
③ 축방향의 백래시를 작게 할 수 있다.
④ 미끄럼나사보다 전달효율이 상대적으로 낮다.
⑤ 시동토크나 작동토크의 변동이 적다.

06 **다음 중 클러치를 설계할 때 유의할 사항으로 옳지 않은 것은?**

① 균형상태가 양호하도록 하여야 한다.
② 관성력을 크게 하여 회전 시 토크변동을 작게 한다.
③ 단속을 원활히 할 수 있도록 한다.
④ 마찰열에 대하여 내열성이 좋아야 한다.
⑤ 회전부분의 평형이 좋아야 한다.

07 **다음 중 강의 열처리 및 표면경화에 대한 설명으로 옳지 않은 것은?**

① 구상화 풀림(Spheroidizing Annealing) : 과공석강에서 초석탄화물이 석출되어 기계가공성이 저하되는 문제를 해결하기 위해 행하는 열처리 공정으로, 탄화물을 구상화하여 기계가공성 및 인성을 향상시키기 위해 수행된다.
② 불림(Normalizing) : 가공의 영향을 제거하고 결정립을 조대화시켜 기계적 성질을 향상시키기 위해 수행된다.
③ 침탄법 : 표면은 내마멸성이 좋고 중심부는 인성이 있는 기계 부품을 만들기 위해 표면층만을 고탄소로 조성하는 방법이다.
④ 심랭(Subzero)처리 : 잔류 오스테나이트(Austenite)를 마텐자이트(Martensite)화 하기 위한 공정이다.
⑤ 질화법 : 질화용 강의 표면층에 질소를 확산시켜 표면층을 경화하는 방법이다.

08 **다음 중 피복금속용접봉의 피복제 역할을 설명한 것으로 옳지 않은 것은?**

① 수소의 침입을 방지하여 수소기인균열의 발생을 예방한다.
② 용융금속 중의 산화물을 탈산하고 불순물을 제거하는 작용을 한다.
③ 아크의 발생과 유지를 안정되게 한다.
④ 용착금속의 급랭을 방지한다.
⑤ 스패터의 발생을 줄인다.

09 **다음 중 연삭가공에 대한 설명으로 옳지 않은 것은?**

① 연삭입자는 불규칙한 형상을 가진다.
② 연삭입자는 깨짐성이 있어 가공면의 치수정확도가 떨어진다.
③ 연삭입자는 평균적으로 큰 음의 경사각을 가진다.
④ 경도가 크고 취성이 있는 공작물 가공에 적합하다.
⑤ 연삭기의 종류로는 원통연삭기, 내면연삭기, 평면연삭기, 만능연삭기 등을 볼 수 있다.

10 다음 중 미끄럼베어링의 유체윤활에 대한 설명으로 옳지 않은 것은?

① 미끄럼표면들이 윤활막으로 완전히 분리된 상태이다.
② 점도가 높아지면 마찰계수가 증가한다.
③ 베어링면의 평균압력이 증가하면 마찰계수가 감소한다.
④ 회전속도가 증가하면 마찰계수가 감소한다.
⑤ 접촉표면에 걸리는 하중은 모두 접촉면의 상대운동에 의해 발생되는 유압으로 지지된다.

11 연신율이 20%인 재료의 인장시험에서 파괴되기 직전의 시편 전체 길이가 24cm일 때, 이 시편의 초기 길이는?

① 19.2cm
② 20.0cm
③ 28.8cm
④ 30.0cm
⑤ 31.2cm

12 축 방향의 압축하중이 작용하는 원통 코일 스프링에서 코일 소재의 지름이 d일 때 최대 전단응력이 τ_1이고, 코일 소재의 지름이 $\frac{d}{2}$일 때 최대 전단응력이 τ_2일 경우 $\frac{\tau_2}{\tau_1}$는?(단, 응력 수정계수는 1로 하고, 다른 조건은 동일하다)

① 2
② 4
③ 8
④ 16
⑤ 22

13 선반을 이용하여 지름이 50mm인 공작물을 절삭속도 196m/min로 절삭할 때, 필요한 주축의 회전수는?(단, π는 3.14로 계산하고, 회전수는 일의 자리에서 반올림한다)

① 1,000rpm
② 1,250rpm
③ 3,120rpm
④ 3,920rpm
⑤ 4,320rpm

14 **다음 중 구성인선(Built Up Edge)에 대한 설명으로 옳지 않은 것은?**

① 구성인선은 일반적으로 연성재료에서 많이 발생한다.
② 구성인선은 공구 윗면경사면에 윤활을 하면 줄일 수 있다.
③ 구성인선에 의해 절삭된 가공면은 거칠게 된다.
④ 구성인선은 절삭속도를 느리게 하면 방지할 수 있다.
⑤ 구성인선은 절삭깊이를 작게 하여 방지할 수 있다.

15 **다음 중 수차에 대한 설명으로 옳지 않은 것은?**

① 프란시스 수차는 반동수차의 일종이다.
② 프란시스 수차에서는 고정깃과 안내깃에 의해 유도된 물이 회전차를 회전시키고 축방향으로 송출된다.
③ 프로펠러 수차는 축류형 반동수차로 수량이 많고 저낙차인 곳에 적용된다.
④ 펠턴 수차는 고낙차에서 수량이 많은 곳에 사용하기 적합하다.
⑤ 카플란 수차는 프로펠러 수차의 일종이다.

16 **다음 중 잔류응력(Residual Stress)에 대한 설명으로 옳지 않은 것은?**

① 변형 후 외력을 제거한 상태에서 소재에 남아 있는 응력을 말한다.
② 물체 내의 온도구배에 의해서도 발생할 수 있다.
③ 잔류응력은 추가적인 소성변형에 의해서도 감소될 수 있다.
④ 표면의 인장잔류응력은 소재의 피로수명을 향상시킨다.
⑤ 변태로 인해 생기는 응력은 표면에는 인장력이 나타나고, 내부에는 압축 잔류 응력이 발생한다.

17 **다음 중 구조용 강의 인장시험에 의한 응력 – 변형률선도(Stress – Strain Diagram)에 대한 설명으로 옳지 않은 것은?**

① 비례한도(Proportional Limit)까지는 응력과 변형률이 정비례의 관계를 유지한다.
② 탄성한도(Elastic Limit)에 이를 때까지는 하중을 제거하면, 시험편이 최초의 변형이 없는 상태로 돌아간다.
③ 항복점(Yield Point)에서는 하중이 증가하더라도 시험편의 변형이 일어나지 않는다.
④ 극한응력(Ultimated Stress)은 선도상에서의 최대응력이다.
⑤ 네킹구간(Necking)은 극한 강도를 지나면서 재료의 단면이 줄어들어 길게 늘어나는 구간이다.

18 수차의 유효낙차가 15m이고 유량이 $6m^3/min$일 때, 수차의 최대 출력은 몇 마력인가?(단, 물의 비중량은 $1,000kgf/m^3$이다)

① 20PS
② 50PS
③ 88PS
④ 100PS
⑤ 120PS

19 길이가 L이고 스프링상수가 k인 균일한 스프링이 있다. 이 스프링 길이의 $\frac{2}{3}$를 잘라내고, 남은 길이가 $\frac{1}{3}$인 스프링의 스프링상수는 얼마인가?(단, 스프링에는 길이 방향 하중만 작용한다)

① $\frac{k}{3}$
② $\frac{2k}{3}$
③ $\frac{3k}{2}$
④ $2k$
⑤ $3k$

20 압력용기 내의 게이지 압력이 30kPa로 측정되었다. 대기압력이 100kPa일 때 압력용기 내의 절대압력은?

① 130kPa
② 70kPa
③ 30kPa
④ 15kPa
⑤ 10kPa

SECTION 03 전기일반 핵심이론

01 쿨롱의 법칙

$$F=\frac{Q_1Q_2}{4\pi\varepsilon_0 r^2}=9\times10^9\times\frac{Q_1Q_2}{r^2}[\mathrm{N}]$$

※ Q : 전하량[C], r : 거리[m], ε_0(진공 유전율)=8.855×10^{-12} F/m

02 전계의 세기

- 단위 점전하(+1C)와 전하 사이에 미치는 쿨롱의 힘

$$E=\frac{Q}{4\pi\varepsilon_0 r^2}[\mathrm{V/m}]=9\times10^9\cdot\frac{Q}{r^2}$$

- 전계의 세기 단위 표시

$$E=\frac{F}{Q}[\mathrm{V/m}]\ (\text{단위 : }[\mathrm{N/C}]=\left[\frac{N\cdot m}{C\cdot m}\right]=\left[\frac{J}{C\cdot m}\right]=[\mathrm{V/m}])$$

03 전기력선의 성질

- 전기력선의 방향은 전계의 방향과 같다.
- 전기력선의 밀도는 전계의 세기와 같다(∵ 가우스의 법칙).
- 전기력선은 전위가 높은 곳에서 낮은 곳으로, (+)에서 (−)로 이동한다.
- 전하가 없는 곳에서 발생하지만 소멸이 없다(연속적).
- 단위전하에서는 $\frac{1}{\varepsilon_0}=36\pi\times10^9$개의 전기력선이 출입한다.
- 전기력선은 자신만으로 폐곡선을 이루지 않는다.
- 두 개의 전기력선은 서로 교차하지 않는다(전계가 0이 아닌 곳).
- 전기력선은 등전위면과 수직 교차한다.

04 전기쌍극자

$M = Q \cdot \delta$[C · m] (쌍극자의 모멘트)

※ 미소전하 $\pm Q$[C], 미소거리 δ 떨어져서 배치

• 전기쌍극자의 전위

$$V = \frac{M}{4\pi\varepsilon_0 r^2}\cos\theta\,[\mathrm{V}]$$

[$\theta = 0°$(최대), $90°$(최소)]

• 전기쌍극자의 전계

$$E = \frac{M}{4\pi\varepsilon_0 r^3}\sqrt{1+3\cos^2\theta}\,[\mathrm{V/m}]$$

[$\theta = 0°$(최대), $90°$(최소)]

05 표피효과

• 표피효과 : 도선의 중심부로 갈수록 전류밀도가 적어지는 현상

• 침투깊이 : $\delta = \sqrt{\frac{2}{\omega\mu k}} = \sqrt{\frac{1}{\pi f \mu k}}$

※ 침투깊이가 작을수록(f, μ, k가 클수록), 표피효과가 커진다($w=2\pi f$).

06 상호 인덕턴스

$M = k\sqrt{L_1 L_2}$ (여기서 M=상호 인덕턴스, k=결합계수, L_1, L_2=자기 인덕턴스)

07 애자(Insulator)

• 기능 : 전선을 절연하여 지지물과의 고정 간격을 유지한다.

• 애자가 갖추어야 할 조건

– 절연내력이 커야 한다.

– 절연 저항이 커야 한다(누설 전류가 적을 것).

– 기계적 강도가 커야 한다.

– 온도 급변에 견디고 습기를 흡수하지 않아야 한다.

• 전압부담

– 최대 : 전선에 가장 가까운 애자

– 최소 : 철탑(접지측)에서 1/3 또는 전선에서 2/3 위치에 있는 애자

• 애자의 연효율(연능률)

$\eta = \frac{V_n}{n V_1} \times 100$(여기서 V_n=애자련의 전체 섬락전압, n=애자의 개수, V_1=애자 1개의 섬락전압)

08 연가(Transposition)

- 목적 : 선로정수 평형
- 효과 : 선로정수 평형, 정전 유도 장해 방지, 직렬 공진에 의한 이상 전압 상승 방지

09 동기 조상기

무부하로 운전하는 동기 전동기

- 과여자 운전 : 콘덴서로 작용, 진상
- 부족 여자 운전 : 리액터로 작용, 지상
- 증설이 어려움, 손실 최대(회전기)

10 경제적인 송전 전압의 결정(Still의 식)

$V_S = 5.5\sqrt{0.6l + \frac{P}{100}}$ [kV](여기서 l = 송전 거리[km], P = 송전 전력[kW])

11 절연 협조

피뢰기의 제한전압 < 변압기의 기준충격 절연강도(BIL) < 부싱, 차단기 < 선로애자(피뢰기의 제1보호대상 : 변압기)

12 보호 계전기의 종류

선로 보호용	• 거리 계전기(임피던스 계전기, ohm 계전기, Mho 계전기)
	  – 전압과 전류의 비가 일정값 이하가 되면 동작
	  – 기억 작용(고장 후에도 고장 전 전압을 잠시 유지)
	• 지락 계전기
	  – 선택접지 계전기(병렬 2회선, 다회선)
	  – 지락 방향 계전기

발전기 · 변압기 보호용	• 과전류 계전기(oCR) • 부흐홀츠 계전기(변압기 보호) – 변압기와 콘서베이터 연결관 도중에 설치 • 차동 계전기(양쪽 전류 차에 의해 동작) • 비율차동 계전기

13 부하율, 수용률, 부등률

- F(부하율)$=\dfrac{(\text{평균 전력})}{(\text{최대 전력})}\times 100$
- 수용률$=\dfrac{(\text{최대 전력})}{(\text{설비 용량})}\times 100$
- 부등률(전기 기구의 동시 사용 정도)$=\dfrac{(\text{개별 최대수용 전력의 합})}{(\text{합성 최대 전력})}1\geq 1$

(단독 수용가일 때, 부등률=1)

14 변압기 절연유의 구비조건

- 절연내력이 커야 한다.
- 점도가 적고 비열이 커서 냉각효과가 커야 한다.
- 인화점은 높고, 응고점은 낮아야 한다.
- 고온에서 산화하지 않고, 침전물이 생기지 않아야 한다.

15 병렬 운전 조건

- 극성, 권수비, 1, 2차 정격전압이 같아야 한다(용량은 무관).
- 각 변압기의 저항과 리액턴스비가 같아야 한다.
- 부하분담 시 용량에 비례하고 임피던스강하에는 반비례해야 한다.
- 상회전 방향과 각 변위가 같아야 한다(3ϕ 변압기).

16 변압기효율

- 전부하효율

$$\eta=\frac{P_n\cos\theta}{P_n\cos\theta+P_i+P_c}\times 100$$

- $\dfrac{1}{m}$ 부하 시 효율

$$\eta_{\frac{1}{m}}=\frac{\frac{1}{m}P_n\cos\theta}{\frac{1}{m}P_n\cos\theta+P_i+\left(\frac{1}{m}\right)^2P_c}\times 100$$

• 최대 효율조건

– 전부하 시 : $P_i = P_c$ (철손 : 동손=1 : 1)

– $\dfrac{1}{m}$ 부하 시 : $P_i = \left(\dfrac{1}{m}\right)^2 P_c$, $\dfrac{1}{m} = \sqrt{\dfrac{P_i}{P_c}}$ [(철손) : (동손)=1 : 2]

– 최대 효율 : $\eta_{\max} = \dfrac{\dfrac{1}{m}P_n\cos\theta}{\dfrac{1}{m}P_n\cos\theta + 2P_i} \times 100$

– 전일 효율 : $\eta_{day} = \dfrac{(24\text{시간 출력 전력량})}{(24\text{시간 입력 전력량})} \times 100$

17 농형과 권선형의 비교

농형	• 구조가 간단하고, 보수가 용이하다. • 효율이 좋다. • 속도 조정이 곤란하다. • 기동 토크가 작아 대형이 되면 기동이 곤란하다.
권선형	• 중형과 대형에 많이 사용한다. • 기동이 쉽고 속도 조정이 용이하다.

18 직 · 병렬회로 요약

직렬회로(전압분배)	병렬회로(전류분배)
$R_0 = R_1 + R_2$ $V_1 = R_1 I = \dfrac{R_1}{R_1 + R_2} V$ $V_2 = R_2 I = \dfrac{R_2}{R_1 + R_2} V$	$R_0 = \dfrac{R_1 R_2}{R_1 + R_2}$ $I_1 = \dfrac{V}{R_1} = \dfrac{R_2}{R_1 + R_2} I$ $I_2 = \dfrac{V}{R_2} = \dfrac{R_1}{R_1 + R_2} I$

19 공진회로

구분	직렬공진	병렬공진(반공진)
공진조건	$\omega_r L = \dfrac{1}{\omega_r C}$	$\omega_r C = \dfrac{1}{\omega_r L}$
공진주파수	$f_r = \dfrac{1}{2\pi\sqrt{LC}}$	$f_r = \dfrac{1}{2\pi\sqrt{LC}}$
임피던스	최소	최대
전류	최대	최소

20 선택도(첨예도)

- 직렬공진 : $Q=\frac{1}{R}\sqrt{\frac{L}{C}}$
- 병렬공진 : $Q=R\sqrt{\frac{C}{L}}$

PART 1
PART 2
PART 3
PART 4

전기일반 적중예상문제

정답 및 해설 p.113

01 다음 그림에서 c, d 간의 합성 저항은 a, b 간의 합성 저항의 몇 배인가?

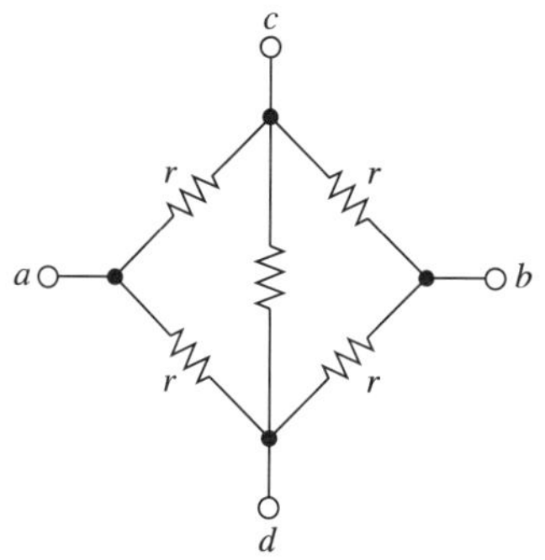

① $\frac{1}{2}$배
② $\frac{2}{3}$배
③ $\frac{4}{3}$배
④ $\frac{3}{4}$배
⑤ 3배

02 다음 그림과 같은 회로에서 점 A와 점 B 사이의 전위차는?

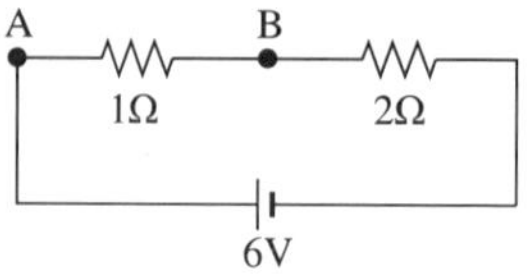

① 1V
② 2V
③ 4V
④ 6V
⑤ 7V

03 다음 그림과 같은 유도 전동기가 있다. 고정자가 매초 100회전하고 회전자가 매초 95회전하고 있을 때, 회전자의 도체에 유기되는 기전력의 주파수는?

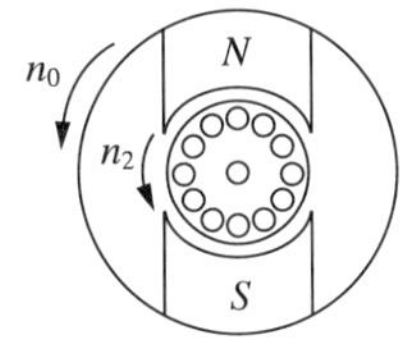

① 5Hz
② 10Hz
③ 15Hz
④ 20Hz
⑤ 25Hz

04 일정한 속도로 운동하던 어떤 대전 입자가 균일한 자기장 속에, 자기장의 방향과 수직으로 입사하였다. 이때 자기장 안에서 이 입자가 하는 운동으로 옳은 것은?

① 직선 운동을 한다.
② 일정한 운동 에너지를 갖는다.
③ 포물선 운동을 한다.
④ 힘을 받지 않는다.
⑤ 나선 운동을 한다.

05 다음 중 유도 전동기 권선법에 대한 설명으로 옳지 않은 것은?

① 홈 수는 24개 또는 36개이다.
② 고정자 권선은 3상 권선이 쓰인다.
③ 소형 전동기는 보통 4극이다.
④ 고정자 권선은 단층 파권이다.
⑤ 일반적으로 중권을 사용한다.

06 다음 그림과 같은 회로에서 전류는 몇 A인가?

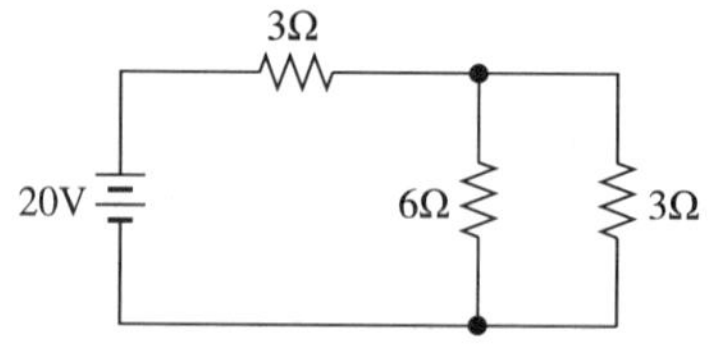

① 2A
② 3A
③ 4A
④ 5A
⑤ 6A

07 다음 중 직류기에서 전기자 반작용을 방지하기 위한 보상권선의 전류 방향은?

① 계자 전류의 방향과 같다.
② 계자 전류의 방향과 반대이다.
③ 전기자 전류 방향과 같다.
④ 정류자 전류 방향과 같다.
⑤ 전기자 전류 방향과 반대이다.

08 $v = V_m \sin(\omega t + 30°)$[V], $i = Im\sin(\omega t - 30°)$[A]일 때, 전압을 기준으로 하면 전류의 위상차는?

① 60° 뒤진다.
② 60° 앞선다.
③ 30° 뒤진다.
④ 30° 앞선다.
⑤ 15° 뒤진다.

09 검출값 편차의 크기에 비례하여 조작부를 제어하는 동작으로, 정상 오차를 수반하고 사이클링은 없으나 잔류 편차(Offset)가 발생하는 제어는?

① 적분 제어
② 미분 제어
③ 비례 제어
④ 비례 적분 제어
⑤ 비례 적분 미분 제어

10 그림과 같이 3Ω, 7Ω, 10Ω의 세 개의 저항을 직렬로 접속하여 이 양단에 100V 직류 전압을 가했을 때, 세 개의 저항에 흐르는 전류는 얼마인가?

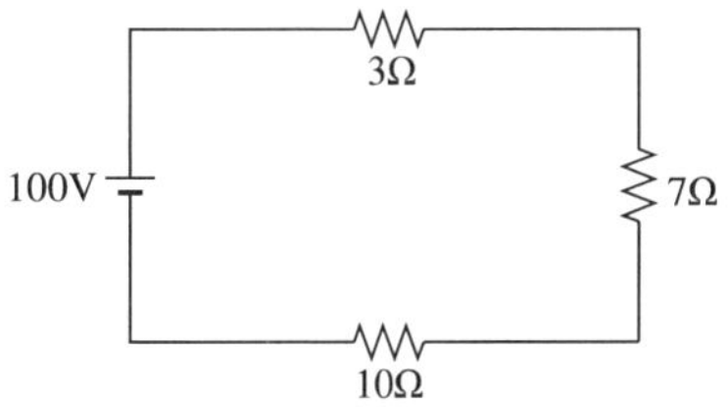

① 1A
② 5A
③ 8A
④ 15A
⑤ 18A

11 반지름이 0.6mm, 고유 저항이 $1.78\times10^{-8}\,\Omega\cdot$m인 코일의 저항이 20Ω이 되도록 전자석을 만들 때 이 전선의 길이는 몇 m인가?

① 580m
② 865m
③ 1,271m
④ 1,642m
⑤ 1,841m

12 다음 그림과 같은 전기 회로 a, b 간의 합성 저항은 얼마인가?

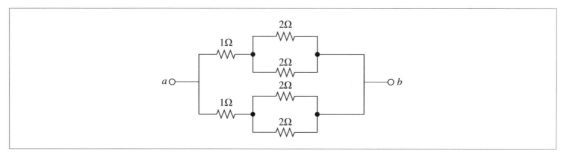

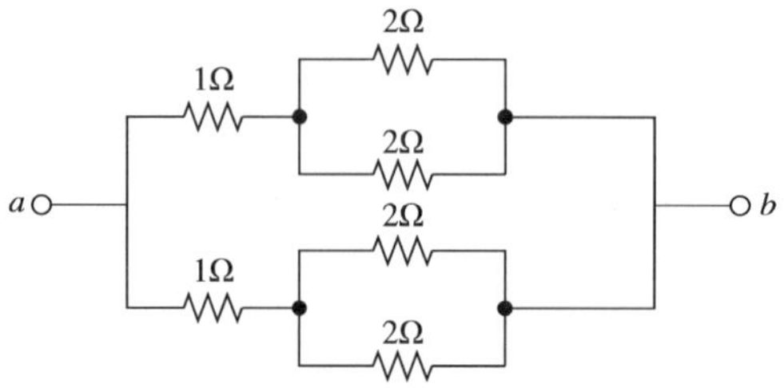

① 0.5Ω ② 2Ω
③ 1Ω ④ 3Ω
⑤ 4Ω

13 다음 중 3상 교류 발전기의 기전력에 대하여 $\frac{\pi}{2}$rad 뒤진 전기자 전류가 흐를 때, 전기자 반작용으로 옳은 것은?

① 횡축 반작용으로 기전력을 증가시킨다.
② 증자 작용을 하여 기전력을 증가시킨다.
③ 감자 작용을 하여 기전력을 감소시킨다.
④ 교차 자화작용으로 기전력을 감소시킨다.
⑤ 전기자 반작용으로 기전력을 감소시킨다.

14 6극 36슬롯 3상 동기 발전기의 매극 매상당 슬롯수는?

① 2슬롯 ② 3슬롯
③ 4슬롯 ④ 5슬롯
⑤ 6슬롯

15 다음 그림과 같은 회로에서 전압비의 전달 함수를 구하면?

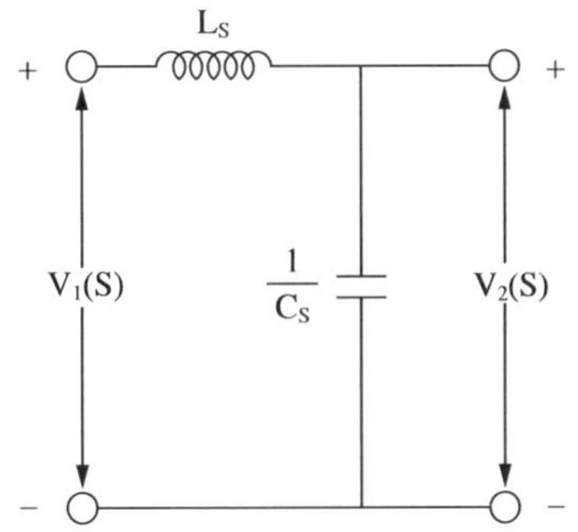

① $\dfrac{1}{\dfrac{1}{Ls}+Cs}$ ② $\dfrac{1}{LC+Cs}$

③ $\dfrac{\dfrac{1}{LC}}{s^2+\dfrac{1}{LC}}$ ④ $\dfrac{sC}{s^2(s+LC)}$

⑤ $\dfrac{\dfrac{1}{LC}}{s+\dfrac{1}{LC}}$

16 다음 회로에서 스위치 S를 닫을 때의 전류 $i(t)$는 몇 A인가?

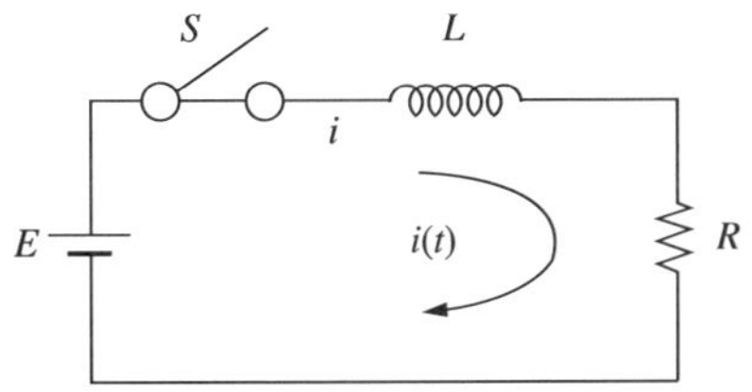

① $\dfrac{E}{R}e^{-\frac{R}{L}t}$ ② $\dfrac{E}{R}e^{-\frac{L}{R}t}$

③ $\dfrac{E}{R}(1-e^{-\frac{R}{L}t})$ ④ $\dfrac{E}{R}(1-e^{-\frac{L}{R}t})$

⑤ $\dfrac{E}{R}(1-e^{-LRt})$

17 $\frac{1}{A}\sin\omega t$의 라플라스 변환은?

① $\frac{As}{s^2+\omega^2}$
② $\frac{\omega}{A(s^2+\omega^2)}$
③ $\frac{A}{s^2+\omega^2}$
④ $\frac{s}{A(s^2-\omega^2)}$
⑤ $\frac{A\omega}{s^2-\omega^2}$

18 10kW, 200V, 전기자 저항 0.15Ω의 타 여자 발전기를 전동기로 사용하여 발전기의 경우와 같은 전류를 흘렸을 때 단자 전압은 몇 V로 하면 되는가?(단, 여기서 전기자 반작용은 무시하고 회전수는 같도록 한다)

① 200V
② 207.5V
③ 215V
④ 225.5V
⑤ 230V

19 다음 중 전력계통의 안정도(Stability)에 관한 설명으로 옳지 않은 것은?

① PSS 대신에 속응 여자 시스템을 채택한다.
② 디지털 AVR을 설치한다.
③ 여자장치를 정지형 여자기로 설치한다.
④ FACTS 기기를 설치한다.
⑤ 최적 조류 계산에 의해 발전, 송전한다.

20 파워컨디셔너의 동작범위가 280 ~ 560V, 모듈의 온도에 따른 전압 범위가 28 ~ 45V일 때, 모듈의 최대 직렬연결 가능 장수는?

① 10장
② 11장
③ 12장
④ 13장
⑤ 14장

PART

3

최종점검 모의고사

제 1 회 모의고사(핵심영역)

모바일 OMR
답안채점/성적분석
서비스

정답 및 해설 p.118

01 의사소통능력

01 다음 글을 논리적 순서대로 배열한 것은?

> (가) 오류가 발견된 교과서들은 편향적 내용을 검증 없이 인용하거나 부실한 통계를 일반화하는 등의 문제점을 보였다. 대표적으로 교과서 대부분이 대도시의 온도 상승 평균값만을 보고 한반도의 기온 상승이 세계 평균보다 2배 높다고 과장한 것으로 나타났다.
> (나) 환경 관련 교과서 대부분이 표면적으로 드러나는 사실을 검증하지 않고 그대로 싣는 문제점을 보였다. 고등학생들이 보는 교과서인 만큼 객관적 사실에 기반을 둬 균형 있는 내용을 실어야 한다.
> (다) 고등학교 환경 관련 교과서 대부분이 특정 주장을 검증 없이 게재하는 등 많은 오류가 존재한다는 보수 환경·시민단체의 지적이 제기되었다. 환경정보평가원이 고등학교 환경 관련 교과서 23종을 분석한 결과 총 1,175개의 오류가 발견되었다.
> (라) 또한 우리나라 전력 생산의 상당 부분을 차지하는 원자력 발전의 경우 단점만을 자세히 기술하고 경제성과 효율성이 낮은 신재생 에너지는 장점만 언급한 교과서도 있었다.

① (가) – (라) – (나) – (다)
② (다) – (가) – (라) – (나)
③ (나) – (가) – (라) – (다)
④ (다) – (라) – (나) – (가)
⑤ (나) – (다) – (가) – (라)

02 甲과 乙의 주장을 도출할 수 있는 질문으로 가장 적절한 것은?

> 甲 : 유권자들의 투표율이 낮아 기존의 단순 다수제를 통해 선출된 회장의 대표성에 대해 논란이 제기되고 있다. 결선 투표제는 과반의 득표자가 없을 때, 다수표를 얻은 사람들을 후보자로 올려 과반의 득표로 선출하는 방식이다. 이를 도입하면 선거에 대한 관심이 고조되고 투표율이 높아져 대표성을 인정받는 회장이 선출될 것으로 기대된다. 또한 1차 투표와 결선 투표를 거치면서 서로 다른 의사가 수렴되므로 후보자의 자질과 능력도 향상될 것이다.
>
> 乙 : 단순 다수제는 후보자 중 최다 득표자가 당선되는 방식이다. 회장 선거의 투표율을 높여야 하는 것에는 공감하지만, 甲의 의견에 따른다고 해서 이 문제가 해결된다고 생각하지 않는다. 단순 다수제는 투표권을 한 번만 행사할 수 있기 때문에 후보자를 더 신중하게 결정하게 되는 민주적 절차이다. 무엇보다 甲의 의견에 따를 경우 유권자들은 시간을 따로 내야 하고, 투표소도 다시 설치해야 하는 등 시간과 비용의 측면에서 비효율적이다.

① 회장 선거의 투표율을 높이기 위한 방법은 무엇인가?
② 회장 선거에 결선 투표제를 도입해야 하는가?
③ 이번 선거를 통해 선출된 회장이 모두를 대표할 수 있는가?
④ 이번 선거에서 투표하지 않은 유권자들에게 불이익을 줘야 하는가?
⑤ 결선 투표제를 통한 대표 선출이 과연 민주적인가?

03 다음 글에 이어질 내용으로 가장 적절한 것은?

> 책은 벗입니다. 먼 곳에서 찾아온 반가운 벗입니다. 배움과 벗에 관한 이야기는 『논어』의 첫 구절에도 있습니다. '배우고 때때로 익히니 어찌 기쁘지 않으랴. 벗이 먼 곳에서 찾아오니 어찌 즐겁지 않으랴.'가 그런 뜻입니다. 그러나 오늘 우리의 현실은 그렇지 못합니다. 인생의 가장 빛나는 시절을 수험 공부로 보내야 하는 학생들에게 독서는 결코 반가운 벗이 아닙니다. 가능하면 빨리 헤어지고 싶은 불행한 만남일 뿐입니다. 밑줄 그어 암기해야 하는 독서는 진정한 의미의 독서가 못 됩니다.

① 진정한 독서의 방법
② 친밀한 교우 관계의 중요성
③ 벗과 함께하는 독서의 즐거움
④ 반가운 벗과 반갑지 않은 벗의 구분
⑤ 현대인의 독서량 감소 원인

04 다음은 K공사의 홍보관 견학에 관한 안내 자료이다. 다음 자료를 이해한 내용으로 옳은 것은?

• 관람 전 안내사항
 – 자유관람은 별도의 예약신청 없이 자유롭게 이용 가능합니다.
 – 10명 이상 단체견학은 온라인으로 견학신청을 해주시기 바랍니다.
 – 안전한 관람을 위하여 바퀴 달린 신발, 인라인 스케이트, 킥보드 등의 착용 및 휴대를 삼가주시기 바랍니다.
 – 홍보관 내에서는 시각장애 안내견 이외의 애완동물의 출입은 금지되어 있습니다.

• 관람정보
 – 관람운영일 : 매일 오전 9시 ~ 오후 6시(오후 5시 입장 마감)
  ※ 휴관일 : 1월 1일, 설·추석연휴
 – 홍보관 해설 시간 매주 화요일 ~ 일요일 오전 11시 / 오후 2시 / 오후 4시(총 3회), 회당 40명 이내
 – 해설코스 : 홍보관 1층 로비(회사소개 영상 관람) → 홍보관 → 특별전시
 – 해설소요시간 : 40분(회사소개 영상 10분, 해설 30분)
 – 해설참여방법 : 홍보관 1층 데스크에서 선착순 접수, 방문기념품 제공
  ※ 해당 시간에 단체견학이 있을 경우 동반 해설 진행
  ※ 외국인 대상의 영어 해설을 원하실 경우 관람 4일 전까지 유선 신청해주시기 바랍니다.
 – 자체제작 애니메이션 상영 : 네버랜드를 구하라(20분), 트러스트(8분) 총 2편(매일 오전 10시 30분 / 오후 1시 30분 / 오후 3시 30분, 홍보관 로비 멀티비전)

• 단체견학 신청
 – 10명 이상 단체견학 신청 가능(최대 300명)
 – 단체관람코스
  회사소개 브리핑(30분) → 홍보동영상 관람(15분) → 홍보관 투어(30분) → 특별전시관람(15분) → 원자로, 터빈 등 원자력설비 모형 소개(15분 / 별도 요청 시)

① 홍보관 관람을 위해서는 반드시 온라인으로 예약 신청을 해야 한다.
② 단체견학의 경우 1시간 30분 이상이 소요될 수도 있다.
③ 반려견과 동행하기 위해서는 애견용 가방을 사용해야 한다.
④ 외국인과 관람하는 경우 영어 해설을 들으려면 관람 4일 전까지 인터넷으로 신청해야 한다.
⑤ 해설을 듣기 위해서는 반드시 단체견학을 신청해야 한다.

05 다음 기사의 내용과 일치하지 않는 것은?

> 미술작품을 연구함에 있어 문헌사료의 중요성은 선사시대 미술연구의 한계를 통해서 절감할 수 있다. 울산의 천전리 암각화의 연구 성과를 예로 든다면 청동기 시대에 새겨졌다는 공통된 의견만 있을 뿐, 암각화의 제작 배경이나 작품의 내용에 대한 해석은 연구자의 주관적인 의견 제시에 그칠 수밖에 없다. 그러므로 고대 미술작품과 관련된 직·간접적인 기록이 존재하지 않는다면 그 작품은 감상의 범주를 벗어나기 어렵다.
> 미술사 연구의 시작은 작품의 제작시기를 파악하는 것에서부터 출발한다. 일반적으로 미술사에서는 양식사적 비교편년에 의해 작품의 제작시기를 판단하는데, 이때 무엇보다도 중요한 것이 양식비교의 기준이 되는 작품이 존재해야 한다는 것이다. 비교 편년의 기준이 되는 작품을 흔히 '기준작'이라고 하는데, 기준작의 전제조건은 제작시기가 작품에 명시되어 있거나, 작품의 제작과 연관된 신뢰할 만한 기록을 보유한 작품이어야 한다는 점에서 기준작의 설정은 기록의 도움을 받을 수밖에 없다. 그러나 기준작의 설정을 전적으로 기록에만 의존하는 것도 곤란하다. 왜냐하면 물질자료와 달리 기록은 상황에 따라 왜곡되거나 윤색될 수도 있고, 후대에 가필되는 경우도 있기 때문이다. 따라서 작품에 명문이 있다 하더라도 기준작으로 삼기 위해서는 그것이 과연 신뢰할 만한 사료인가에 대한 엄정한 사료적 비판이 선행되어야 한다.
> 예를 들어, 일본 호류지 금당의 금동약사여래좌상 광배의 뒷면에는 스이코 천황과 쇼토쿠 태자가 요메이 천황의 유언에 따라 607년에 조성했다는 명문이 있다. 하지만 일본 학계에서는 이 불상을 7세기 초의 기준작으로 거론하지 않는다. 그 이유는 명문의 서체와 조각양식 및 제작기법 분석을 통해 이 불상이 670년 호류지가 화재로 소실된 이후 재건되면서 새롭게 조성되었다는 견해가 지배적이기 때문이다. 이러한 사례는 기준작의 선정을 위해서 작품과 관련 기록에 대한 엄격한 사료의 비판이 전제되어야 한다는 것을 잘 보여준다.
> 한국 불교미술사에서 석굴암은 8세기 중엽 신라 불교미술의 기준작으로 확고하게 정착되어 있다. 절대연대가 확인되지 않은 통일신라 시대 불교미술품은 석굴암을 기준으로 이전과 이후로 구분하여 제작시기를 파악하고 있으며, 석굴암이 8세기 중엽의 기준작으로 설정된 근본적인 원인은 13세기 말에 편찬된 『삼국유사』 제5권의 '불국사 창건기록'에 근거하고 있다.

① 미술작품을 연구함에 있어 문헌사료의 직·간접적인 기록이 중요하다.
② 미술작품의 기록이 존재하지 않는다면 연구자의 주관적인 의견에서 벗어나기 어렵다.
③ 전적으로 문헌사료의 기록에 의존해 기준작을 설정하는 것이 중요하다.
④ 석굴암은 8세기 중엽 신라 불교미술의 기준작으로 확고하게 정착되었다.
⑤ 금동약사여래좌상은 작품과 관련기록에 대한 비판이 전제되어야 함을 보여준다.

※ 다음은 경청태도에 관한 강연 내용의 일부이다. 물음에 답하시오. [6~7]

> 우리는 회사생활을 하면서 많이 말하기보다 많이 들어야 합니다. 말 잘하는 법, 발표 잘하는 법에 대한 노하우는 어디서든 찾아볼 수 있지만 잘 듣는 법에 대한 이야기는 별로 없는 것 같아요. 그래서 오늘은 올바른 경청태도에 대해 이야기하고자 합니다. 제가 여러분께 어제 메일로 오늘 강의할 자료를 보내드렸습니다. 혹시 읽어 오신 분 있나요? 네, 잘 없죠. 이해합니다. 그런데 여러분, 이렇게 강연 전 미리 수업계획서나 강의계획서를 미리 읽어두는 것도 효과적인 경청 방법에 해당한다는 사실을 알고 계셨나요? 상대의 말을 잘 알아듣기 위해서는 상대가 말하고자 하는 주제나 용어에 친숙해질 필요가 있으니까요. 이것을 (㉠)라고 해요. 이 밖에도 효과적인 경청 방법에는 주의 집중하기가 있습니다. 여러분은 지금 모두 제 말을 아주 집중해서 듣고 계시네요. 모두 좋은 경청 태도를 보이고 계십니다.
> 경청에 도움을 주는 자세가 있다면 경청을 방해하는 요인들도 있겠죠? 상대방의 말을 듣고 받아들이기보다 자신의 생각에 들어맞는 단서를 찾아 자신의 생각을 확인하는 행동, 상대방에 대한 부정적인 판단 또는 상대방을 비판하기 위해 상대방의 말을 듣지 않는 행동 등이 있죠. 그럼 각각의 사례를 통해 경청을 방해하는 요인에 대해 더 자세히 알아보도록 하겠습니다.

06 윗글에서 설명하고 있는 경청의 방해요인을 모두 고른 것은?

> (가) 다른 생각하기　　(나) 짐작하기
> (다) 판단하기　　(라) 걸러내기

① (가), (나)　② (가), (라)
③ (나), (다)　④ (나), (라)
⑤ (다), (라)

07 강연을 듣고 윤수, 상민, 서희, 선미는 다음과 같은 대화를 나누었다. 강연 내용에 기반하였을 때, 옳지 않은 말을 한 사람은?

> 윤수 : 말하는 것만큼 듣는 것도 중요하구나. 경청은 그저 잘 듣기만 하면 되는 줄 알았는데, 경청에도 여러 가지 방법이 있는지 오늘 처음 알았어.
> 상민 : 맞아. 특히 오늘 강사님이 알려주신 경청을 방해하는 요인은 정말 도움이 되었어. 그동안 나도 모르게 했던 행동들 중에 해당되는 게 많더라고. 특히 내가 대답할 말을 생각하느라 상대의 말에 집중하지 않는 태도는 꼭 고쳐야겠다고 생각이 들었어.
> 서희 : 나도 상대에게 호의를 보인다고 상대의 말에 너무 쉽게 동의하거나 너무 빨리 동의하곤 했는데 앞으로 조심해야겠어. 그러고 보니 강사님께서 경청의 방해 요인은 예시까지 들어주시며 자세히 설명해주셨는데, 경청의 올바른 자세는 몇 가지 알려주시지 않아 아쉬웠어. 또 무엇이 있을까?
> 선미 : 아, 그건 강사님이 보내주신 강의 자료에 더 자세히 나와 있어. 그런데 서희야, 네가 말한 행동은 경청의 올바른 자세니까 굳이 고칠 필요 없어.

① 윤수　② 상민
③ 서희　④ 선미
⑤ 상민, 선미

08 다음은 인공지능에 대한 자료이다. 이 자료에 대한 내용으로 옳은 것을 고르면?

개발 중인 자율주행차가 길에 떨어진 모래주머니를 피해 크게 우회전하려다 속도를 줄이지 않은 버스와 부딪치는 사고가 발생하였다. 만약 이 사고에서 인명피해가 났다면 누구에게 책임을 물어야 할까? 실제로 자율주행차, 드론, 군사용 로봇 등의 사용으로 이미 다양한 윤리적 문제가 제기되고 있다. 하지만 해당 문제에서 발생한 사고에 대해 탑승자와 제조사, 개발자 사이의 책임을 어떻게 나눌 것인지에 대한 지침은 부재한 상황이다.
인공지능이 빠르게 상용화하면서 인간과 인공지능이 공존하기 위한 윤리적·법적 문제인 로봇윤리, 인공지능법과 같은 새로운 규제가 점점 필요해지고 있다. 인공지능을 잘 활용하면서 더 나은 사회를 만들어가기 위한 준비가 시급한 시대에 와 있는 것이다.
이에 대해 전문가들 역시 "기술 개발도 중요하지만, 인공지능이 인류를 위해 쓰일 수 있도록 규범체계 마련도 반드시 병행해야 한다."고 밝혔다. 또 "자동화된 기술에 대한 민주적 통제가 가능해야 인공지능이 인류를 지배할 것이라는 공포에서 벗어날 수 있다."라고 하였다. 결국 인공지능이 가져올 미래가 공포가 될 것인지 더 나은 미래가 될 것인지는 무서운 속도로 발전하는 인공지능에 대한 인간의 준비와 견제에 달려 있는 것이다.

ⓒ 경향신문

① 인공지능에 대한 인명피해는 아직까지 발생하지 않았다.
② 인공지능으로 발생한 인명피해에 대한 법적책임은 추궁할 수 없다.
③ 인공지능 기술의 일정 부분에 대해서는 정부의 개입이 필요하다.
④ 인공지능의 발전 속도를 늦출수록 더 나은 미래를 가져올 수 있다.
⑤ 인간은 인공지능의 발전 속도를 늦추기 위해 법적 규제를 마련하여야 한다.

09 다음 글을 읽고 추론한 제목으로 가장 올바른 것은?

건설 및 건물 유지 관리 산업은 클라우드 중심 접근 방식에서 많은 이점을 볼 수 있다. 예를 들어, 클라우드는 하청업체, 자재 공급 업체, 전기 기사 및 배관공을 비롯한 다양한 주요 이해 관계자들 간의 협업을 단순화할 수 있다. 기존에는, 관련 당사자가 팩스, 이메일 및 물리적으로 시간에 민감한 대용량 문서를 전달하게 된다. 이를 클라우드에서 주요 문서를 호스팅하여 모든 변경 및 업데이트를 실시간으로 모든 사람에게 볼 수 있게 하는 것이다. 일정이 촉박하고 일일 인력 비용이 많이 드는 도시 기반 건설 현장에서 막바지 변경으로 인한 지연을 없애면 수백만 달러를 절약할 수 있게 된다. 건설 회사는 또한 원자재 비용과 관련된 변동하는 예산을 처리한다. 예를 들어 유가 급등은 트럭의 휘발유 가격부터 PVC 배관 가격까지 모든 것에 영향을 미친다. 예산을 만드는 데 사용되는 다양한 정보 스트림과 데이터베이스에 쉽고 투명하게 액세스 할 수 있는 클라우드를 통해 기업은 필요에 따라 예산을 신속하게 계획하고 조정할 수 있다. 이제 클라우드를 수용하는 미래 지향적인 빌딩 건설 및 유지관리 기업이야 말로 클라우드의 강점, 속도, 유연성을 활용할 수 있게 되어 경쟁 우위를 확보할 수 있을 것이다.

① 해외 대기업들의 건설테크업 투자
② Digital transformation을 위한 건설업의 협업 사례
③ 유용한 데이터 확보를 위한 기반 구축
④ 건설업의 클라우드 활용
⑤ 클라우드 기술로 현대식 건물의 개선

※ 다음 사설을 읽고, 이어지는 질문에 답하시오. [10~11]

일본은 중앙정부, 지방정부할 것 없이 분양과 임대를 포괄하여 도심 주택공급을 위한 전방위적인 노력을 기울이고 있다. 뉴욕은 부담가능한 주택 공급에 초점을 맞추어 사업 단계별 지원으로 장기사업을 작동케하고 있다. 이러한 차이는 일본은 주택가격과 임대료가 동반 약세 시장으로 규제 ㉠ 완화와 지원에 대한 사회적 합의가 가능한 구조이기 때문이다. 코로나-19 이전까지 뉴욕은 서울과 유사하게 주택가격과 임대료가 상승하는 도시다. 하지만 도심 주택공급 ㉡ 억제가 아니라 공급 확대를 통해 공실률 상승, 임대료 안정을 도모하고 있다는 점에서 주목할만하다.
우리도 도심 안에 주택을 공급하고 이를 통해 중장기적인 주택시장 안정과 도시 경쟁력을 높여야 한다. 신임 국토부 장관께서 도심 공급 확대로 방향성을 잡은 것은 환영할만하다. 다만, 획일적인 대책 발표가 아니라 일본과 뉴욕의 사례와 같이 도심의 다양한 변수에 대응한 유연한 방식으로 제도가 설계되어야 한다. 또한 우리시장의 특수성도 고려해야 한다. 선진국은 대부분 소규모 단지나 나홀로 아파트 형태다. 우리는 대규모 단지형 아파트에 대한 선호가 강하고 노후아파트 재고도 많다. 부동산114(주)에 따르면 지난 20년간(2000 ~ 2020년) 서울 아파트 준공 중 63.2%가 재개발・재건축으로 공급되었다. 재개발・재건축을 제외한 도심의 주택공급 물량은 극히 제한적이다. 재개발・재건축 사업이 안정적으로 추진될 수 있도록 규제는 완화하고 개발이익은 적절히 환수할 수 있는 균형점을 찾지 않고는 도심의 안정적 주택공급은 요원할 것이다.
도심의 토지주는 대부분 민간이다. 도심 주택공급은 민간과 공공이 협력해야만 하는 사업이다. 재개발・재건축이 되었든, 일본과 뉴욕 같은 새로운 주택공급 방식이 되었든 과도한 개발 이익 환수는 정책 실효성을 낮출 것이고, 과도한 인센티브는 사회적 논란으로 정책 추진 동력을 잃을 것이다. 도심 주택공급을 위해서는 시장과 사회적 요구 사이의 절묘한 균형점을 찾아야 하며 이는 정부가 보다 스마트해져야 함을 의미한다. 단기간에 성과를 내기 어려울 것이며 장기전이 될 것이다. 서울뿐 아니라 어느 도시에서든 지난한 일이다. 신임 장관은 단기 대책이 아니라 장기 정책으로 접근하여 실효성과 지속 가능성을 확보할 수 있기를 기대해 본다.

10 다음 중 밑줄 친 ㉠과 ㉡ 사이의 의미 관계와 다른 것은?

① 착륙 – 이륙
② 수취 – 지급
③ 개선 – 악화
④ 분리 – 통합
⑤ 별세 – 서거

11 윗글의 서술방식으로 옳지 않은 것은?

① 통계 자료를 통해 내용의 신빙성을 높이고 있다.
② 다른 사례와의 비교를 통해 논의를 끌어내고 있다.
③ 정책을 통해 기대되는 바를 예상하고 있다.
④ 공신력 있는 전문가의 말을 빌려 주장의 타당성을 높이고 있다.
⑤ 한계를 지적하며 논의가 필요한 근거를 제시하고 있다.

12 다음 글의 서술방식으로 가장 적절한 것은?

> 변혁적 리더십은 리더가 조직 구성원의 사기를 고양하기 위해 미래의 비전과 공동체적 사명감을 강조하고, 이를 통해 조직의 장기적 목표를 달성하는 것을 핵심으로 한다. 거래적 리더십이 협상과 교환을 통해 구성원의 동기를 부여한다면, 변혁적 리더십은 구성원의 변화를 통해 동기를 부여하고자 한다. 또한 거래적 리더십은 합리적 사고와 이성에 호소하는 반면, 변혁적 리더십은 감정과 정서에 호소하는 측면이 크다.
> 이러한 변혁적 리더십은 조직의 합병을 주도하고 신규 부서를 만들어 내며, 조직문화를 창출해 내는 등 조직 변혁을 주도하고 관리한다. 따라서 오늘날 급변하는 환경과 조직의 실정에 적합한 리더십 유형으로 주목받고 있다.
> 변혁적 리더는 주어진 목적의 중요성과 의미에 대한 구성원의 인식 수준을 제고시키고, 개인적 이익을 넘어서 구성원 자신과 조직 전체의 이익을 위해 일하도록 만든다. 그리고 구성원의 욕구 수준을 상위 수준으로 끌어올림으로써 구성원을 근본적으로 변혁시킨다. 즉, 거래적 리더십을 발휘하는 리더는 구성원에게서 기대되었던 성과만을 얻어내지만, 변혁적 리더는 기대 이상의 성과를 얻어낼 수 있다.

① 구체적 현상을 분석하여 일반적 원리를 도출한다.
② 시간적 순서에 따라 개념이 형성되어 가는 과정을 밝힌다.
③ 대상에 대한 여러 가지 견해를 소개한다.
④ 다른 대상과의 비교를 통해 대상이 지닌 특징을 설명한다.
⑤ 개념의 이해를 돕기 위해 친근한 대상을 예로 들어 설명한다.

13 '생강을 어떻게 살릴 수 있을까?'라는 주제로 토의하고자 한다. ㉠, ㉡에 대한 설명으로 적절하지 않은 것은?

> 토의는 어떤 공통된 문제에 대해 최선의 해결안을 얻기 위하여 여러 사람이 의논하는 말하기 양식이다. 패널 토의, 심포지엄 등이 그 대표적 예이다.
> ㉠ <u>패널 토의</u>는 3～6인의 전문가들이 사회자의 진행에 따라, 일반 청중 앞에서 토의 문제에 대한 정보나 지식, 의견이나 견해 등을 자유롭게 주고받는 유형이다. 토의가 끝난 뒤에는 청중의 질문을 받고 그에 대해 토의자들이 답변하는 시간을 갖는다. 질의・응답 시간을 통해 청중들은 관련 문제를 보다 잘 이해하게 되고 점진적으로 해결방안을 모색하게 된다.
> ㉡ <u>심포지엄</u>은 전문가가 참여한다는 점, 청중과 질의・응답 시간을 갖는다는 점에서는 패널 토의와 그 형식이 비슷하다. 다만 전문가가 토의 문제의 하위 주제에 대해 서로 다른 관점에서 연설이나 강연의 형식으로 10분 정도 발표한다는 점에서는 차이가 있다.

① ㉠과 ㉡은 모두 '생강 살리기'와 관련하여 전문가의 의견을 들은 이후, 질의・응답 시간을 갖는다.
② ㉠과 ㉡은 모두 '생강을 어떻게 살릴 수 있을까'라는 문제에 대해 최선의 해결책을 얻기 위함이 목적이다.
③ ㉡은 토의자가 생강의 생태적 특성, 생강 살리기의 경제적 효과 등의 하위 주제를 발표한다.
④ ㉠은 '생강 살리기'에 대해 찬반 입장을 나누어 이야기한 후 절차에 따라 청중이 참여한다.
⑤ ㉡은 하위 주제에 대해 서로 다른 관점에서 연설이나 강연의 형식으로 발표를 한다.

14 다음 중 ㉠~㉣에 대한 판단으로 가장 적절한 것은?

> 동물실험이란 교육, 시험, 연구 및 생물학적 제제의 생산 등 과학적 목적을 위해 동물을 대상으로 실시하는 실험 및 그 절차를 말한다. 동물실험은 오랜 역사를 가진 만큼 이에 대한 찬반 입장이 복잡하게 얽혀있다.
> 인간과 동물의 몸이 자동 기계라고 보았던 근대 철학자 ㉠ 데카르트는 동물은 인간과 달리 영혼이 없어 쾌락이나 고통을 경험할 수 없다고 믿었다. 데카르트는 살아있는 동물을 마취도 하지 않은 채 해부 실험을 했던 것으로 악명이 높다. 당시에는 마취술이 변변치 않았을 뿐더러 동물이 아파하는 행동도 진정한 고통의 반영이 아니라고 보았기 때문에, 그는 양심의 가책을 느끼지 않았을 것이다. ㉡ 칸트는 이성 능력과 도덕적 실천 능력을 가진 인간은 목적으로서 대우해야 하지만, 이성도 도덕도 가지지 않는 동물은 그렇지 않다고 보았다. 그는 동물을 학대하는 일은 옳지 않다고 생각했는데, 동물을 잔혹하게 대하는 일이 습관화되면 다른 사람과의 관계에도 문제가 생기고 인간의 품위가 손상된다고 보았기 때문이다.
> 동물실험을 옹호하는 여러 입장들은 인간은 동물이 가지지 않은 언어 능력, 도구 사용 능력, 이성 능력 등을 가진다는 점을 근거로 삼는 경우가 많지만, 동물들도 지능과 문화를 가진다는 점을 들어 인간과 동물의 근본적 차이를 부정하는 이들도 있다. 현대의 ㉢ 공리주의 생명윤리학자들은 이성이나 언어 능력에서 인간과 동물이 차이가 있더라도 동물실험이 정당화되는 것은 아니라고 본다. 이들에게 도덕적 차원에서 중요한 기준은 고통을 느낄 수 있는지 여부이다. 인종이나 성별과 무관하게 고통은 최소화되어야 하듯, 동물이 겪고 있는 고통도 마찬가지이다. 이들이 문제 삼는 것은 동물실험 자체라기보다는 그것이 초래하는 전체 복지의 감소에 있다. 따라서 동물에 대한 충분한 배려 속에서 전체적인 복지를 증대시킬 수 있다면, 일부 동물실험은 허용될 수 있다.
> 이와 달리, 현대 철학자 ㉣ 리건은 몇몇 포유류의 경우 각 동물 개체가 삶의 주체로서 갖는 가치가 있다고 주장하면서, 이 동물에게는 실험에 이용되지 않을 권리가 있다고 본다. 이러한 고유한 가치를 지닌 존재는 존중되어야 하며 결코 수단으로 취급되어서는 안 된다. 따라서 개체로서의 가치와 동물권을 지니는 대상은 그 어떤 실험에도 사용되지 않아야 한다.

① ㉠과 ㉡은 이성과 도덕을 갖춘 인간의 이익을 우선시하기 때문에 동물실험에 찬성한다.
② ㉠과 ㉢은 동물이 고통을 느낄 수 있는지 여부에 관해 견해가 서로 다르다.
③ ㉡과 ㉣은 인간과 동물의 근본적 차이로 인해 동물을 인간과 다르게 대우해도 좋다고 본다.
④ ㉢은 언어와 이성 능력에서 인간과 동물이 차이가 있음을 부정한다.
⑤ ㉣은 동물이 고통을 느낄 수 있는 존재이기 때문에 각 동물 개체가 삶의 주체로서 가치를 지닌다고 본다.

15 다음 글의 내용과 상충하는 것만을 〈보기〉에서 모두 고르면?

> 벼슬에 나아감과 물러남의 도리에 밝은 옛 군자는 조금이라도 관직에 책임을 다하지 못하거나 의리의 기준으로 보아 직책을 더 이상 수행할 수 없을 경우, 반드시 몸을 이끌고 급히 물러났습니다. 그들도 임금을 사랑하는 정(情)이 있기에 차마 물러나기 어려웠을 터이나, 정 때문에 주저하여 자신이 물러나야 할 때를 놓치지는 않았으니, 이는 정보다는 의리를 지키지 않을 수 없었기 때문입니다.
> 임금과 어버이는 일체이므로 모두 죽음으로 섬겨야 할 대상입니다. 그러나 부자관계는 천륜이어서 자식이 어버이를 봉양하는데 한계가 없지만, 군신관계는 의리로 합쳐진 것이라, 신하가 임금을 받드는 데 한계가 있습니다. 한계가 없는 경우에는 은혜가 항상 의리에 우선하므로 관계를 떠날 수 없지만, 한계가 있는 경우에는 때때로 의리가 은혜보다 앞서기도 하므로 떠날 수 있는 상황이 생기는 것입니다. 의리의 문제는 사람과 때에 따라 같지 않습니다. 공들의 경우는 벼슬에 나가는 것이 의리가 되지만 나에게 공들처럼 하도록 요구해서는 안 되며, 내 경우는 물러나는 것이 의리가 되니 공들에게 나처럼 하도록 바라서도 안 됩니다.

보기

ㄱ. 부자관계에서는 은혜가 의리보다 중요하다.
ㄴ. 군신관계에서 의리가 은혜에 항상 우선하는 것은 아니다.
ㄷ. 군신관계에서 신하들이 임금에 대해 의리를 실천하는 방식은 누구에게나 동일하다.

① ㄱ　　② ㄷ
③ ㄱ, ㄴ　　④ ㄴ, ㄷ
⑤ ㄱ, ㄴ, ㄷ

PART 1 PART 2 PART 3 PART 4

02 수리능력

16 K공사는 6개의 부서로 구성되어 있다. 2022년 상반기에 부서개편으로 7번째 부서를 신설하는데, 임원과 사원을 발탁하여 부서를 구성하려고 한다. 사원 한 명을 발탁하면 업무 효율이 3Point 증가하고, 비용이 4Point 소모되며, 임원 한 명을 발탁하면 업무 효율이 4Point 증가하고, 비용이 7Point 소모된다. 비용은 100Point 이하로 소모하면서, 효율은 60Point를 달성하려고 할 때, 사원수와 임원수를 합한 최솟값은?(단, 사원과 임원은 각각 한 명 이상 발탁한다)

① 14
② 15
③ 16
④ 17
⑤ 18

17 최근 H연구소는 A금속과 B금속을 합금하였다. A금속은 물에 넣으면 $\frac{1}{10}$이 가벼워지고, B금속은 물에 넣으면 $\frac{1}{8}$이 가벼워진다. H연구소가 A금속과 B금속을 합금하여 만든 C금속은 200g이며, 물속에서의 무게는 178g이었다고 할 때, A금속과 B금속의 무게 차이는 얼마인가?(단, A금속과 B금속의 합금 무게는 A금속 무게와 B금속 무게의 합과 같다)

① 20g
② 30g
③ 40g
④ 50g
⑤ 60g

18 올해 K공사의 신입사원 수는 작년에 비해 남자 신입사원은 8%, 여자 신입사원은 12% 증가하였고, 증가한 총 인원은 32명이다. 작년 신입사원이 325명일 때, 올해 남자 신입사원은 몇 명인가?

① 150명
② 175명
③ 189명
④ 196명
⑤ 203명

19 A공사는 야유회 준비를 위해 500mL 물과 2L 음료수를 총 330개 구입하였다. 야유회에 참가한 직원을 대상으로 500mL 물은 1인당 1개, 2L 음료수는 5인당 1개씩 지급했더니 남거나 모자라지 않았다면, A공사의 야유회에 참가한 직원은 모두 몇 명인가?

① 260명
② 265명
③ 270명
④ 275명
⑤ 280명

20 같은 공원에서 A는 강아지와 함께 2일마다 산책을 하고, B는 혼자 3일마다 산책을 한다. A는 월요일부터 산책을 했고, B는 그 다음 날부터 산책을 했다면, 처음으로 A와 B가 만나는 날은 무슨 요일인가?

① 수요일
② 목요일
③ 금요일
④ 토요일
⑤ 일요일

21 A씨는 무역회사의 영업부에서 근무하고 있으며, 출장이 잦은 편이다. 최근에 출장을 다녀온 국가의 화폐가 남아 이를 환전하여 추후 있을 출장을 대비해 미국 달러로 환전해 놓기로 하였다. A씨가 보유하고 있는 외화가 다음과 같을 때, 환전 후 보유하게 될 달러는 총 얼마인가?(단, 환전수수료는 없다고 가정한다)

〈보유화폐〉

EUR	AED	THB
100	4,000	1,500

〈환전 기준〉

구분	매매기준율(KRW)	스프레드(%)
미국 USD	1,160	1.5
유럽 EUR	1,305	2
아랍에미리트 AED	320	4
태국 THB	35	6

※ 스프레드 : 통화의 매매기준율과 대고객매매율의 차이를 계산하기 위해 매매기준율에 곱하는 백분율
※ 매입률을 구할 때는 '1−(스프레드)'로 계산하고, 매도율을 구할 때는 '1+(스프레드)'로 계산한다.
※ 국내에서 외화를 다른 외화로 환전할 경우에는 원화로 먼저 환전한 후 다른 외화로 환전한다.

① USD 1,018.20
② USD 1,150.36
③ USD 1,194.19
④ USD 1,208.50
⑤ USD 1,330.26

※ 다음은 성별 및 연령대별 일자리 비율 현황을 나타낸 자료이다. 자료를 참고하여 이어지는 질문에 답하시오. [22~23]

〈성별 및 연령대별 일자리 비율 현황〉

구분	지속일자리(%)		신규채용일자리(%)		총 일자리 수 (만 개)
	남성	여성	남성	여성	
19세 이하	6.0	6.0	44.0	44.0	25.0
20대(20 ~ 29세)	23.3	25.4	26.9	24.4	330.5
30대(30 ~ 39세)	44.6	27.3	16.9	11.2	529.6
40대(40 ~ 49세)	45.6	28.6	14.1	11.7	617.8
50대(50 ~ 59세)	44.9	28.0	15.5	11.6	531.6
60세 이상	44.6	23.4	19.1	12.9	288.2

※ (총 일자리 수)=(지속일자리 수)+(신규채용일자리 수)

※ 총 일자리 수는 남성과 여성의 일자리 수가 모두 포함된 수이다.

22 다음 중 20대 여성의 신규채용일자리 수와 50대 남성의 지속일자리 수의 차이는 얼마인가?(단, 두 일자리 수의 차이는 백의 자리에서 반올림한다)

① 157.6만 개
② 158.0만 개
③ 158.4만 개
④ 158.8만 개
⑤ 159.2만 개

23 다음 중 40대 남성의 총 일자리 수 대비 지속일자리 수의 비율은?(단, 소수점 둘째 자리에서 반올림한다)

① 76.4%
② 76.0%
③ 75.6%
④ 75.2%
⑤ 74.8%

24 다음은 2021년 10 ~ 12월 산업분류별 상용 근로일수, 임시 일용근로일수 및 월 근로시간(평균) 현황에 대한 자료이다. 자료에 대한 〈보기〉의 설명으로 옳은 것을 모두 고른 것은?

〈산업분류별 상용 근로일수, 임시 일용근로일수 및 월 근로시간 현황〉

(단위 : 일, 시간)

구분	2021년 10월			2021년 11월			2021년 12월		
	상용 근로일수	임시 일용 근로일수	월 근로시간	상용 근로일수	임시 일용 근로일수	월 근로시간	상용 근로일수	임시 일용 근로일수	월 근로시간
전체	20.6	13.6	163.3	20.7	13.7	164.2	20.7	13.6	163.9
광업	21.8	10.8	175.5	21.9	10.8	176.6	21.9	10.7	176.6
제조업	20.6	14.8	176.3	20.8	14.9	177.4	20.7	14.8	177.1
전기, 가스, 증기 및 수도 사업	19.0	17.5	160.6	19.2	17.6	162.1	19.2	17.6	162.1
하수·폐기물처리, 원료재생 및 환경복원업	21.7	13.5	177.0	21.8	13.2	177.9	21.8	13.2	177.8
건설업	20.5	12.9	138.0	20.7	12.9	138.7	20.6	12.9	138.5
도매 및 소매업	20.9	13.4	164.4	21.1	13.5	165.4	21.0	13.5	165.2
운수업	21.0	18.2	166.1	21.1	18.2	166.8	21.1	18.3	166.5
숙박 및 요식업	23.0	13.9	159.3	23.1	13.9	159.7	23.1	13.8	159.7
출판, 영상, 방송통신 및 정보서비스업	19.8	16.1	160.7	19.9	16.2	162.0	19.9	16.2	161.6
금융 및 보험업	19.6	19.3	160.2	19.7	19.3	161.3	19.6	19.2	160.9
부동산 및 임대업	19.4	17.0	178.4	19.5	17.0	179.1	19.5	16.9	178.9
전문, 과학 및 기술서비스업	19.8	16.5	159.6	19.9	16.7	160.8	19.9	16.6	160.4
사업시설관리 및 사업지원 서비스업	20.2	13.5	162.6	20.3	13.5	163.4	20.3	13.5	163.2
교육 서비스업	19.8	11.5	142.0	20.0	11.4	142.8	20.0	11.2	142.3
보건업 및 사회복지 서비스업	20.7	17.3	161.8	20.8	17.5	162.7	20.8	17.4	162.5
예술, 스포츠 및 여가관련서비스업	20.5	15.3	157.2	20.6	15.3	157.9	20.5	15.3	157.7
협회 및 단체, 수리 및 기타개인서비스업	21.5	11.7	161.3	21.6	11.6	162.1	21.6	11.6	162.0

보기

ㄱ. 2021년 10월부터 12월까지 전체 월 근로시간은 매월 증가하였다.

ㄴ. 2021년 11월 건설업의 상용 근로일수는 광업의 상용 근로일수의 80% 이상이다.

ㄷ. 2021년 10월에 임시 일용근로일수가 가장 높은 산업은 2021년 12월에 10월 대비 임시 일용근로일수가 증가하였다.

ㄹ. 월 근로시간이 가장 높은 산업은 2021년 11월과 12월에 동일하다.

① ㄱ, ㄴ
② ㄱ, ㄷ
③ ㄴ, ㄷ
④ ㄴ, ㄹ
⑤ ㄷ, ㄹ

※ 다음은 우리나라의 각 지역이 정부로부터 배분받은 지역산업기술개발사업 예산 중 다른 지역으로 유출된 예산의 비중에 관한 자료이다. 이어지는 질문에 답하시오. [25~27]

(단위 : %)

지역	2017년	2018년	2019년	2020년	2021년
강원	21.90	2.26	4.74	4.35	10.08
경남	2.25	1.55	1.73	1.90	3.77
경북	0	0	3.19	2.25	2.90
광주	0	0	0	4.52	2.85
대구	0	0	1.99	7.19	10.51
대전	3.73	5.99	4.87	1.87	0.71
부산	2.10	2.02	3.08	5.53	5.72
수도권	0	0	23.71	0	0
울산	6.39	6.57	12.65	7.13	9.62
전남	1.35	0	6.98	5.45	7.55
전북	0	0	2.19	2.67	5.84
제주	0	1.32	6.43	5.82	6.42
충남	2.29	1.54	3.23	4.45	4.32
충북	0	0	1.58	4.13	5.86

25 다음 중 자료에 대한 설명으로 적절하지 않은 것은?

① 조사 기간 동안 다른 지역으로 유출된 예산의 비중의 합이 가장 적은 곳은 광주이다.
② 조사 기간 동안 단 한 번도 0%를 기록하지 못한 곳은 다섯 지역이다.
③ 2018년부터 부산의 유출된 예산 비중이 계속 상승하고 있다.
④ 조사 기간 동안 가장 높은 유출 예산 비중을 기록한 지역은 수도권이다.
⑤ 2021년에 전년 대비 가장 큰 폭으로 증가한 곳은 강원이다.

26 다음 중 2017년부터 2021년까지 유출된 예산 비중의 총합이 가장 큰 지역의 평균은?

① 약 7.7%
② 약 8.2%
③ 약 8.7%
④ 약 9.2%
⑤ 약 9.7%

27 다음 〈보기〉 중 올바른 설명을 모두 고르면?

보기

ㄱ. 2019 ~ 2021년 대전의 유출된 예산 비중은 전년 대비 계속 감소했다.
ㄴ. 지역별로 유출된 예산 비중의 총합이 가장 높은 해는 2020년이다.
ㄷ. 2019년 유출된 예산 비중이 전년 대비 1%p 이상 오르지 못한 곳은 총 네 지역이다.
ㄹ. 2017년 강원의 유출된 예산 비중은 2017년 다른 모든 지역의 비중의 합보다 높다.

① ㄱ, ㄴ
② ㄱ, ㄹ
③ ㄴ, ㄹ
④ ㄴ, ㄷ
⑤ ㄷ, ㄹ

28 다음 자료는 2018 ~ 2021년 국내 기업의 남성육아휴직제 시행 현황에 관한 자료이다. 이에 대한 설명으로 옳은 것은?

〈남성육아휴직제 시행 현황〉

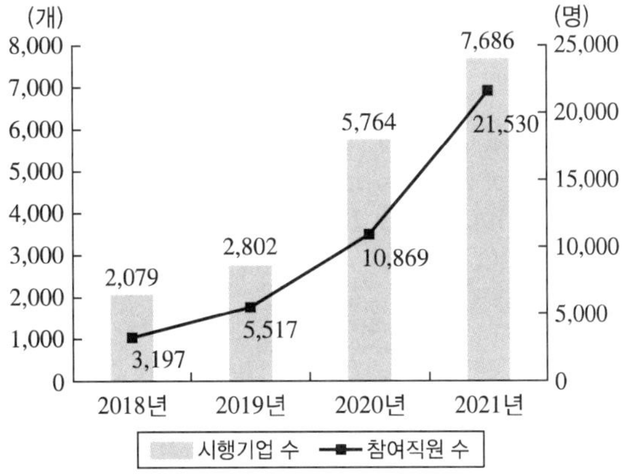

① 2021년 남성육아휴직제 참여직원 수는 2019년의 4배 이상이다.
② 시행기업 수 대비 참여직원 수가 가장 많은 해는 2019년이다.
③ 2019년 대비 2021년 시행기업 수의 증가율은 참여직원 수의 증가율보다 낮다.
④ 2018년부터 2021년까지 연간 참여직원 수 증가 인원의 평균은 5,000명 정도이다.
⑤ 2019년 이후 전년보다 참여직원 수가 가장 많이 증가한 해는 2021년이고, 시행기업 수가 가장 많이 증가한 해는 2019년이다.

※ 다음은 흡연과 관련된 자료이다. 이어지는 질문에 답하시오. **[29~30]**

〈흡연 여부 및 흡연량〉

(단위 : %)

구분			20세 이상 인구	비흡연자			흡연자					
					금연자	비흡연자		10 개비 이하	11 ~ 20 개비	21 ~ 30 개비	31 ~ 40 개비	41 개비 이상
2015년	전국		100.0	64.9	15.2	84.8	35.1	34.9	55.2	7.2	0.3	2.4
	동부		100.0	65.1	15.1	84.9	34.9	35.9	54.7	6.8	0.3	2.3
	읍·면부		100.0	64.0	15.3	84.7	36.0	30.9	57.3	8.5	0.4	2.9
	성별	남성	100.0	32.2	55.2	44.8	67.8	32.4	57.2	7.6	0.3	2.5
		여성	100.0	95.4	2.6	97.4	4.6	68.6	28.5	1.9	0.2	0.8
2021년	전국		100.0	70.8	20.7	79.3	29.2	40.5	50.7	6.0	2.6	0.2
	동부		100.0	70.7	20.6	79.4	29.3	40.8	50.6	5.9	2.5	0.2
	읍·면부		100.0	71.3	20.8	79.2	28.7	39.2	50.9	6.4	3.1	0.4
	성별	남성	100.0	43.7	60.9	39.1	56.3	38.1	52.5	6.4	2.7	0.3
		여성	100.0	96.2	3.5	96.5	3.8	73.4	24.9	0.6	1.0	0.1

29 다음 중 2015년 대비 2021년 전국의 20세 이상 인구 중 비흡연자의 인구비율은 몇 %p 증가했는가?

① 5.9%p 증가
② 6.9%p 증가
③ 7.9%p 증가
④ 8.9%p 증가
⑤ 9.9%p 증가

30 만약 2021년 동부지역 20세 이상 인구가 1,500,000명이라면, 비흡연자 중 금연자는 몇 명인가?(단, 소수점 첫째 자리에서 버림한다)

① 218,463명
② 219,523명
③ 220,584명
④ 439,500명
⑤ 842,037명

31 P공사는 직원들의 여가를 위해 하반기 동안 다양한 프로그램을 운영하고자 한다. 운영할 프로그램은 후보들을 대상으로 한 수요도 조사 결과를 통해 결정된다. 다음 〈조건〉에 따라 프로그램을 선정할 때, 운영될 프로그램들로 알맞게 짝지어진 것은?

〈프로그램 후보〉

분야	프로그램명	인기 점수	필요성 점수
운동	강변 자전거 타기	6	5
진로	나만의 책 쓰기	5	7
여가	자수교실	4	2
운동	필라테스	7	6
교양	독서토론	6	4
여가	볼링모임	8	3

※ 수요도 조사에는 전 직원이 참여하였다.

조건

- 수요도는 인기 점수와 필요성 점수에 가점을 적용한 후, 2 : 1의 가중치에 따라 합산하여 판단한다.
- 각 프로그램의 인기 점수와 필요성 점수는 10점 만점으로 하여 전 직원들이 부여한 점수의 평균값이다.
- 단일 분야에 하나의 프로그램만 있는 경우, 그 프로그램의 필요성 점수에 2점을 가산한다.
- 단일 분야에 복수의 프로그램이 있는 경우, 분야별로 필요성 점수가 가장 낮은 프로그램은 후보에서 탈락한다.
- 수요도 점수가 동점일 경우, 인기 점수가 높은 프로그램을 우선시한다.
- 수요도 점수가 가장 높은 2개의 프로그램을 선정한다.

① 강변 자전거 타기, 볼링모임
② 나만의 책 쓰기, 필라테스
③ 자수교실, 독서토론
④ 필라테스, 볼링모임
⑤ 독서토론, 볼링모임

※ K공사는 임직원들의 체력증진과 단합행사 장소를 개선하기 위해 노후된 운동장 및 체육관 개선 공사를 실시하고자 입찰 공고를 하였다. 자료를 읽고 이어지는 질문에 답하시오. **[32~33]**

〈입찰 참여 건설사 정보〉

업체	최근 3년 이내 시공규모	기술력 평가	친환경 설비 도입비중	경영건전성	입찰가격
A	700억 원	A등급	80%	2등급	85억 원
B	250억 원	B등급	72%	1등급	78억 원
C	420억 원	C등급	55%	3등급	60억 원
D	1,020억 원	A등급	45%	1등급	70억 원
E	720억 원	B등급	82%	2등급	82억 원
F	810억 원	C등급	61%	1등급	65억 원

〈항목별 점수 산정 기준〉

- 기술력 평가, 친환경 설비 도입비중, 경영건전성은 등급 혹은 구간에 따라 점수로 환산하여 반영한다.
- 기술력 평가 등급별 점수(기술점수)

등급	A등급	B등급	C등급
점수	30점	20점	15점

- 친환경 설비 도입비중별 점수(친환경점수)

친환경 설비 도입비중	90% 이상 100% 이하	75% 이상 90% 미만	60% 이상 75% 미만	60% 미만
점수	30점	25점	20점	15점

- 경영건전성 등급별 점수(경영점수)

등급	1등급	2등급	3등급	4등급
점수	30점	26점	22점	18점

32 K공사는 다음의 선정 기준에 따라 시공업체를 선정하고자 한다. 다음 중 선정될 업체는?

〈운동장 및 체육관 개선 공사 시공업체 선정 기준〉

- 최근 3년 이내 시공규모가 500억 원 이상인 업체를 대상으로 선정한다.
- 입찰가격이 80억 원 미만인 업체를 대상으로 선정한다.
- 입찰점수는 기술점수, 친환경점수, 경영점수를 1 : 1 : 1의 가중치로 합산하여 산정한다.
- 입찰점수가 가장 높은 업체 1곳을 선정한다.

① A업체
② B업체
③ D업체
④ E업체
⑤ F업체

33 K공사는 더 많은 업체의 입찰 참여를 위해 시공업체 선정 기준을 다음과 같이 변경하였다. 다음 중 선정될 업체는?

〈운동장 및 체육관 개선 공사 시공업체 선정 기준(개정)〉

- 최근 3년 이내 시공규모가 400억 원 이상인 업체를 대상으로 선정한다.
- 입찰가격을 다음과 같이 가격점수로 환산하여 반영한다.

입찰가격	60억 원 이하	60억 원 초과 70억 원 이하	70억 원 초과 80억 원 이하	80억 원 초과
점수	15점	12점	10점	8점

- 입찰점수는 기술점수, 친환경점수, 경영점수, 가격점수를 1 : 1 : 1 : 2의 가중치로 합산하여 산정한다.
- 입찰점수가 가장 높은 업체 1곳을 선정한다.

① A업체
② C업체
③ D업체
④ E업체
⑤ F업체

34 다음은 H기업의 재화 생산량에 따른 총 생산비용의 변화를 나타낸 자료이다. 다음 중 〈보기〉에서 옳은 설명을 모두 고르면?(단, 재화 1개당 가격은 7만 원이다)

생산량(개)	0	1	2	3	4	5
총 생산비용(만 원)	5	9	12	17	24	33

보기

ㄱ. 2개와 5개를 생산할 때의 이윤은 같다.
ㄴ. 이윤을 극대화할 수 있는 최대 생산량은 4개이다.
ㄷ. 4개에서 5개로 생산량을 증가시킬 때 이윤은 증가한다.
ㄹ. 1개를 생산하는 것보다 생산하지 않는 것이 손해가 적다.

① ㄱ, ㄴ
② ㄱ, ㄷ
③ ㄴ, ㄷ
④ ㄴ, ㄹ
⑤ ㄷ, ㄹ

35 다음 글을 근거로 판단할 때, B구역 청소를 하는 요일은?

甲레스토랑은 매주 1회 휴업일(수요일)을 제외하고 매일 영업한다. 甲레스토랑의 청소시간은 영업일 저녁 9시부터 10시까지이다. 이 시간에 A구역, B구역, C구역 중 하나를 청소한다. 청소의 효율성을 위하여 청소를 한 구역은 바로 다음 영업일에는 하지 않는다. 각 구역은 매주 다음과 같이 청소한다.

- A구역 청소는 일주일에 1회 한다.
- B구역 청소는 일주일에 2회 하되, B구역 청소를 한 후 영업일과 휴업일을 가리지 않고 이틀간은 B구역 청소를 하지 않는다.
- C구역 청소는 일주일에 3회 하되, 그중 1회는 일요일에 한다.

① 월요일, 목요일
② 월요일, 금요일
③ 월요일, 토요일
④ 화요일, 금요일
⑤ 화요일, 토요일

36 H공사 기획팀은 신입사원 입사로 인해 자리 배치를 바꾸려고 한다. 다음 자리 배치표와 〈조건〉을 참고하여 자리를 배치하였을 때, 배치된 자리와 직원의 연결로 옳은 것은?

〈자리 배치표〉

출입문				
1 – 신입사원	2	3	4	5
6	7	8 – A사원	9	10

조건

- B부장은 출입문과 가장 먼 자리에 앉는다.
- C대리와 D과장은 마주보고 앉는다.
- E차장은 B부장과 마주보거나 B부장의 옆자리에 앉는다.
- C대리는 A사원 옆자리에 앉는다.
- E차장 옆자리에는 아무도 앉지 않는다.
- F대리와 마주보는 자리에는 아무도 앉지 않는다.
- D과장과 G과장은 옆자리 또는 마주보고 앉지 않는다.
- 빈자리는 2자리이며 옆자리 또는 마주보는 자리이다.

① 2 – G과장
② 3 – B부장
③ 5 – E차장
④ 6 – F대리
⑤ 9 – C대리

37 영업사원 A가 〈조건〉에 따라 도시를 방문할 때, 다음 중 도시 방문의 방법은 몇 가지인가?

조건

- 출발지는 상관없이 세 도시를 방문해야 한다.
- 같은 도시를 방문하지 않는다.
- 선 위에 있는 숫자는 거리(km)이다.
- 도시를 방문하는 순서 및 거리가 다르더라도 동일 도시를 방문하면 한 가지 방법이다.
- 도시를 방문하는 거리가 80km를 초과할 수 없다.
- 도시를 방문하는 방법 중 최소 거리로만 계산한다.

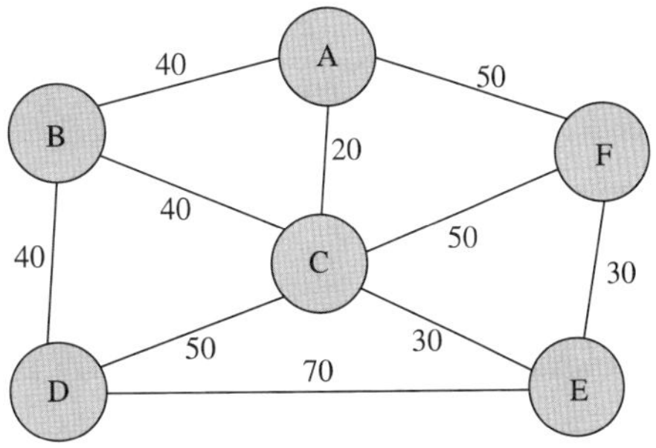

① 9가지
② 10가지
③ 11가지
④ 12가지
⑤ 13가지

38 G공단에서는 매주 수요일 오전에 주간 회의가 열린다. 주거복지기획부, 공유재산관리부, 공유재산개발부, 인재관리부, 노사협력부, 산업경제사업부 중 이번 주 주간 회의에 참여할 부서들의 〈조건〉이 다음과 같을 때, 이번 주 주간 회의에 참석할 부서의 최대 수는?

조건

- 주거복지기획부는 반드시 참석해야 한다.
- 공유재산관리부가 참석하면 공유재산개발부도 참석한다.
- 인재관리부가 참석하면 노사협력부는 참석하지 않는다.
- 산업경제사업부가 참석하면 주거복지기획부는 참석하지 않는다.
- 노사협력부와 공유재산관리부 중 한 부서만 참석한다.

① 2개
② 3개
③ 4개
④ 5개
⑤ 6개

※ Q공사는 상반기에 기술개발 R&D에서 우수한 성과를 보인 협력사에게 포상을 수여하고자 한다. 포상수여 기준과 각 협력사에 대한 정보는 다음과 같다. 자료를 보고 이어지는 질문에 답하시오. **[39~40]**

〈상반기 포상수여 기준〉

• 상반기 포상점수가 가장 높은 협력사 두 곳에 포상을 수여한다.
• 포상점수는 기술개선점수(35점), 실용화점수(30점), 경영점수(15점), 성실점수(20점)를 합산하여 산출한다.
• 기술개선점수
  – 기술개선점수는 출원점수와 등록점수를 합산하여 산출한다.

출원특허 개수	0개	1 ~ 10개	11 ~ 20개	21개 이상
출원점수	0점	5점	10점	15점

등록특허 개수	0개	1 ~ 5개	6 ~ 10개	11개 이상
등록점수	0점	10점	15점	20점

• 실용화점수
  – 실용화점수는 상품화 단계에 따라 부여한다.

상품화 단계	연구 단계	상품개발 단계	국내출시 단계	수출개시 단계
실용화점수	5점	15점	25점	30점

• 경영점수
  – 경영점수는 건전성 등급에 따라 부여한다.

건전성 등급	A등급	B등급	C등급	D등급
경영점수	20점	15점	10점	0점

• 성실점수
  – 성실점수는 상반기 성과제출 성실도에 따라 부여한다.

성과제출 성실도	기한 내 제출	기한 미준수	미제출
성실점수	20점	10점	0점

〈상반기 협력사 정보〉

구분	출원특허 개수	등록특허 개수	상품화 단계	건전성 등급	성과제출 성실도
A사	13개	11개	상품개발 단계	B등급	기한 내 제출
B사	8개	5개	연구 단계	A등급	기한 미준수
C사	21개	9개	상품개발 단계	B등급	기한 미준수
D사	3개	3개	수출개시 단계	C등급	기한 내 제출
E사	16개	9개	국내출시 단계	A등급	미제출

39 상반기 포상수여 기준에 따라 협력사 중 두 곳에 포상을 수여할 때, 포상을 받을 협력사로만 바르게 연결된 것은?

① A사, B사
② A사, D사
③ B사, C사
④ B사, E사
⑤ D사, E사

40 상반기 포상수여 기준에서 기술개선점수, 성실점수 부분이 다음과 같이 수정되고, 동점업체 처리기준이 추가되었다고 한다. 수정된 포상수여 기준에 따라 포상을 수여할 협력사 두 곳을 선정할 때, 포상을 받을 협력사로만 바르게 연결된 것은?

• 기술개선점수
– 기술개선점수는 출원점수와 등록점수를 합산하여 산출한다.

출원특허 개수	0개	1 ~ 5개	6 ~ 15개	16개 이상
출원점수	0점	10점	15점	20점

등록특허 개수	0개	1 ~ 10개	11 ~ 20개	20개 이상
등록점수	0점	5점	10점	15점

• 성실점수
– 성실점수는 상반기 성과제출 성실도에 따라 부여한다.

성과제출 성실도	기한 내 제출	기한 미준수	미제출
성실점수	20점	15점	10점

• 포상점수가 동점인 경우, 기술개선점수가 더 높은 협력사를 선정한다.

① A사, D사
② A사, E사
③ B사, C사
④ B사, D사
⑤ D사, E사

41 다음은 A공단이 공개한 부패공직자 사건 및 징계 현황이다. 이에 대한 설명으로 옳지 않은 것을 〈보기〉에서 모두 고르면?

〈부패공직자 사건 및 징계 현황〉

구분	부패행위 유형	부패금액	징계종류	처분일	고발 여부
1	이권개입 및 직위의 사적 사용	23만 원	감봉 1월	2013. 06. 19.	미고발
2	직무관련자로부터 금품 및 향응수수	75만 원	해임	2014. 05. 20.	미고발
3	직무관련자로부터 향응수수	6만 원	견책	2015. 12. 22.	미고발
4	직무관련자로부터 금품 및 향응수수	11만 원	감봉 1월	2016. 02. 04.	미고발
5	직무관련자로부터 금품수수	40만 원 가량	경고 (무혐의 처분, 징계시효 말소)	2017. 03. 06.	미고발
6	직권남용(직위의 사적이용)	-	해임	2017. 05. 24.	고발
7	직무관련자로부터 금품수수	526만 원	해임	2017. 09. 17.	고발
8	직무관련자로부터 금품수수 등	300만 원	해임	2018. 05. 18.	고발

보기

ㄱ. 공단에서 해당 사건의 부패금액이 일정 수준 이상인 경우 고발한 것으로 해석할 수 있다.
ㄴ. 해임당한 공직자들은 모두 고발되었다.
ㄷ. 직무관련자로부터 금품을 수수한 사건은 총 5건 있었다.
ㄹ. 동일한 부패행위 유형에 해당하더라도 다른 징계처분을 받을 수 있다.

① ㄱ, ㄴ
② ㄱ, ㄷ
③ ㄴ, ㄷ
④ ㄴ, ㄹ
⑤ ㄷ, ㄹ

42 다음은 C공사의 연차휴가와 관련된 자료이다. A대리는 2018년 1월 1일에 입사하였고, 매해 80% 이상 출근하였다. 오늘 날짜가 2022년 1월 26일이라면 A대리의 당해 연도 연차휴가는 며칠인가?

> **제29조(연차휴가)**
> - 직전 연도에 연간 8할 이상 출근한 직원에게는 15일의 연차유급휴가를 준다.
> - 3년 이상 근속한 직원에 대하여는 최초 1년을 초과하는 근속연수 매 2년에 연차유급휴가에 1일을 가산한 휴가를 준다. 여기서 소수점 단위는 절사하고, 가산휴가를 포함한 총 휴가일수는 25일을 한도로 한다.
> - 연차휴가는 직원의 자유의사에 따라 분할하여 사용할 수 있다. 반일단위(09시 ~ 14시, 14시 ~ 18시)로 분할하여 사용할 수 있으며 반일 연차휴가 2회는 연차휴가 1일로 계산한다.
> - 연차휴가를 줄 수 없을 때는 연봉 및 복리후생관리규정에 정하는 바에 따라 보상금을 지급한다.

① 15일
② 16일
③ 17일
④ 18일
⑤ 19일

43 갑은 다음과 같은 규칙에 따라서 알파벳 단어를 숫자로 변환하고자 한다. 주어진 규칙에 따를 때, 〈보기〉에 주어진 규칙 적용 사례 ㉠ ~ ㉣을 보고, ㉠ ~ ㉣의 각 알파벳 단어에서 알파벳 Z에 해당하는 자연수들을 모두 더한 값으로 적절한 것은?

> 〈규칙〉
>
> ① 알파벳 'A'부터 'Z'까지 순서대로 자연수를 부여한다.
> 예 A=2라고 하면 B=3, C=4, D=5이다.
> ② 단어의 음절에 같은 알파벳이 연속되는 경우 ①에서 부여한 숫자를 알파벳이 연속되는 횟수만큼 거듭제곱한다.
> 예 A=2이고 단어가 'AABB'이면 AA는 '2^2'이고, BB는 '3^2'이므로 '49'로 적는다.

> **보기**
>
> ㉠ AAABBCC는 100000010201110404로 변환된다.
> ㉡ CDFE는 3465로 변환된다.
> ㉢ PJJYZZ는 1712126729로 변환된다.
> ㉣ QQTSR는 625282726으로 변환된다.

① 154
② 176
③ 199
④ 212
⑤ 234

44 다음 글에 대한 분석으로 타당한 것을 〈보기〉에서 모두 고르면?

식탁을 만드는 데에는 노동과 자본만 투입된다고 가정하자. 노동자 1명의 시간당 임금은 8,000원이고, 노동자는 1명이 투입되어 A기계 또는 B기계를 사용하여 식탁을 생산한다. A기계를 사용하면 10시간이 걸리고, B기계를 사용하면 7시간이 걸린다. 이때, 식탁 1개의 시장가격은 100,000원이고, 식탁 1개를 생산하는 데 드는 임대료는 A기계의 경우 10,000원, B기계의 경우 20,000원이다.
만약 A, B기계 중 어떤 것을 사용해도 생산된 식탁의 품질은 같다고 한다면, 기업은 어떤 기계를 사용할 것인가? (단, 작업 환경·물류비 등 다른 조건은 고려하지 않는다)

보기

ㄱ. 기업은 B기계보다는 A기계를 선택할 것이다.
ㄴ. '어떻게 생산할 것인가?'와 관련된 경제 문제이다.
ㄷ. 합리적인 선택을 했다면, 식탁 1개당 24,000원의 이윤을 기대할 수 있다.
ㄹ. A기계를 선택하는 경우 식탁 1개를 만드는 데 드는 비용은 70,000원이다.

① ㄱ, ㄴ
② ㄱ, ㄷ
③ ㄴ, ㄷ
④ ㄴ, ㄹ
⑤ ㄷ, ㄹ

45 안전본부 사고분석 개선처에 근무하는 B대리는 혁신우수 연구대회에 출전하며 첨단장비를 활용한 차종별 보행자사고 모형개발을 발표했으며, SWOT 분석을 통해 추진방향을 도출하기 위해 다음의 표를 작성했다. 주어진 분석 결과에 대응하는 전략과 그 내용이 틀리게 짝지어진 것은?

강점(Strength)	약점(Weakness)
10년 이상 지속적인 교육과 연구로 신기술 개발을 위한 인프라 구축	보행자사고 모형개발을 위한 예산 및 실차 실험을 위한 연구소 부재
기회(Opportunity)	**위협(Threat)**
첨단 과학장비(3D스캐너, MADYMO) 도입으로 정밀 시뮬레이션 분석 가능	교통사고에 대한 국민의 관심과 분석수준 향상으로 공단의 사고분석 질적 제고 필요

① SO전략 : 과학장비를 통한 정밀 시뮬레이션 분석을 토대로 국내 차량의 전면부 형상을 취득하고 보행자사고를 분석해 신기술 개발에 도움
② WO전략 : 실차 실험 대신 과학장비를 통한 시뮬레이션 연구로 모형개발
③ ST전략 : 지속적 교육과 연구로 쌓아온 데이터를 바탕으로 사고분석 프로그램 신기술 개발을 통해 사고분석 질적 향상에 기여
④ WT전략 : 신기술 개발을 위한 연구대회를 개최해 인프라를 더욱 탄탄히 구축
⑤ OT전략 : 첨단 과학장비를 통해 사고분석 질적 향상을 도모

04 자원관리능력

46 예산을 직접비용과 간접비용으로 구분한다고 할 때, 다음 〈보기〉에서 직접비용과 간접비용을 바르게 구분한 것은?

보기	
㉠ 재료비	㉡ 원료와 장비 구입비
㉢ 광고비	㉣ 보험료
㉤ 인건비	㉥ 출장비

	직접비용	간접비용
①	㉠, ㉡, ㉤	㉢, ㉣, ㉥
②	㉠, ㉡, ㉥	㉢, ㉣, ㉤
③	㉠, ㉡, ㉢, ㉣	㉤, ㉥
④	㉠, ㉡, ㉤, ㉥	㉢, ㉣
⑤	㉠, ㉡, ㉣, ㉥	㉢, ㉤

47 다음 그림과 같이 A ~ E 5개 도시에 석유 제품을 공급하기 위해 파이프라인을 건설하려고 한다. 사용되는 파이프라인의 최소 길이는 얼마인가?[단, 각 아크(Arc)상의 숫자는 거리(km)를 나타낸다]

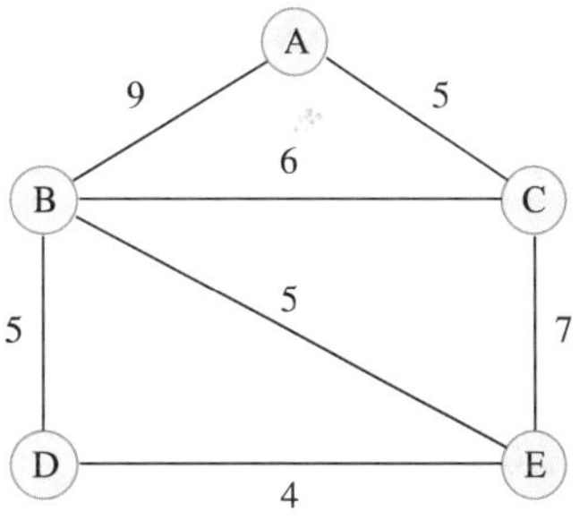

① 18km
② 20km
③ 22km
④ 24km
⑤ 26km

48 K공사는 한국 현지 시각 기준으로 오후 4시부터 5시까지 외국 지사와 화상회의를 진행하려고 한다. 모든 지사는 각국 현지 시각으로 오전 8시부터 오후 6시까지 근무한다고 때, 다음 중 회의에 참석할 수 없는 지사는?(단, 서머타임을 시행하는 국가는 +1:00을 반영한다)

국가	시차	국가	시차
파키스탄	−4:00	불가리아	−6:00
호주	+1:00	영국	−9:00
싱가포르	−1:00		

※ 오후 12시부터 1시까지는 점심시간이므로 회의를 진행하지 않는다.
※ 서머타임 시행 국가 : 영국

① 파키스탄 지사 ② 호주 지사
③ 싱가포르 지사 ④ 불가리아 지사
⑤ 영국 지사

49 K기업은 창고업체를 통해 아래 세 제품군을 보관하고 있다. 각 제품군에 대한 정보를 참고하여, 다음 〈조건〉에 따라 K기업이 보관료로 지급해야 할 총 금액은 얼마인가?

구분	매출액(억 원)	용량	
		용적(CUBIC)	무게(톤)
A제품군	300	3,000	200
B제품군	200	2,000	300
C제품군	100	5,000	500

조건

• A제품군은 매출액의 1%를 보관료로 지급한다.
• B제품군은 1CUBIC당 20,000원의 보관료를 지급한다.
• C제품군은 1톤당 80,000원의 보관료를 지급한다.

① 3억 2천만 원 ② 3억 4천만 원
③ 3억 6천만 원 ④ 3억 8천만 원
⑤ 4억 원

50 해외지사에서 근무 중인 직원들 중 업무성과가 우수한 직원을 선발하여 국내로 초청하고자 한다. 다음의 자료를 토대로 각국 직원들이 국내에 도착하는 순서로 가장 올바른 것은?

〈각국 해외지사 직원들의 비행 스케줄〉

출발지	출발지 기준 이륙시각	비행시간(출발지 → 대한민국)
독일(뮌헨)	2022년 3월 16일(수) 오후 04:20	11시간 30분
인도(뉴델리)	2022년 3월 16일(수) 오후 10:10	8시간 30분
미국(뉴욕)	2022년 3월 16일(수) 오전 07:40	14시간

〈동일 시점에서의 각국의 현지시각〉

국가(도시)	현지시각
대한민국(서울)	2022년 3월 16일(수) 오전 06:20
독일(뮌헨)	2022년 3월 16일(수) 오후 11:20
인도(뉴델리)	2022년 3월 16일(수) 오전 03:50
미국(뉴욕)	2022년 3월 16일(수) 오후 05:20

① 인도 – 독일 – 미국
② 인도 – 미국 – 독일
③ 미국 – 독일 – 인도
④ 미국 – 인도 – 독일
⑤ 독일 – 뉴욕 – 인도

51 다음은 A공사 직원들의 이번 주 추가근무 계획표이다. 하루에 3명 이상 추가근무를 할 수 없고, 직원들은 각자 일주일에 6시간을 초과하여 추가근무를 할 수 없다. 다음 중 추가근무 일정을 수정해야 하는 사람은 누구인가?

〈일주일 추가근무 일정〉

성명	추가근무 일정	성명	추가근무 일정
유진실	금요일 3시간	민윤기	월요일 2시간
김은선	월요일 6시간	김남준	일요일 4시간, 화요일 3시간
이영희	토요일 4시간	전정국	토요일 6시간
최유화	목요일 1시간	정호석	화요일 4시간, 금요일 1시간
김석진	화요일 5시간	김태형	수요일 6시간
박지민	수요일 3시간, 일요일 2시간	박시혁	목요일 1시간

① 김은선
② 김석진
③ 박지민
④ 김남준
⑤ 정호석

52 A공사에서는 2월 셋째 주에 연속 이틀에 걸쳐 본사에 있는 B강당에서 인문학 특강을 진행하려고 한다. 강당을 이용할 수 있는 날과 강사의 스케줄을 고려할 때 섭외 가능한 강사는?

〈B강당 이용 가능 날짜〉

구분	월요일	화요일	수요일	목요일	금요일
오전(9시 ~ 12시)	×	○	×	○	○
오후(13시 ~ 14시)	×	×	○	○	×

※ 가능 : ○, 불가능 : ×

〈섭외 강사 후보 스케줄〉

A강사	매주 수 ~ 목요일 10 ~ 14시 문화센터 강의
B강사	첫째 주, 셋째 주 화요일, 목요일 10시 ~ 14시 대학교 강의
C강사	매월 첫째 주 ~ 셋째 주 월요일, 수요일 오후 12시 ~ 14시 면접 강의
D강사	매주 수요일 오후 13시 ~ 16시, 금요일 오전 9시 ~ 12시 도서관 강좌
E강사	매월 첫째, 셋째 주 화 ~ 목요일 오전 9시 ~ 11시 강의

※ A공사 본사까지의 이동거리와 시간은 고려하지 않는다.
※ 강의는 연속 이틀로 진행되며 강사는 동일해야 한다.

① A, B강사
② B, C강사
③ C, D강사
④ C, E강사
⑤ D, E강사

53 다음과 같이 지점별 수요량과 공급량, 지점 간 수송비용이 주어졌을 경우, 최소 총 수송비는?(단, 자료에 제시된 금액은 톤당 수송비용을 나타낸다)

공급지 \ 수요지	A	B	C	D	공급 합계
X	7만 원	9만 원	6만 원	5만 원	70톤
Y	5만 원	8만 원	7만 원	6만 원	100톤
Z	6만 원	7만 원	9만 원	8만 원	80톤
수요 합계	100톤	80톤	50톤	20톤	250톤

① 1,360만 원
② 1,460만 원
③ 1,530만 원
④ 1,640만 원
⑤ 1,720만 원

54 제품 A/S 안내문과 서비스 이용내역이 다음과 같을 때 A고객이 지불한 A/S 서비스 비용은 얼마인가?

〈제품 A/S 안내문〉

1. 제품의 품질보증기간은 구입일로부터 1년입니다. 품질보증기간 중 A/S 서비스를 받는 경우 무료 A/S를 제공합니다. 품질보증기간 경과 후 A/S 서비스 비용은 소비자가 부담해야 합니다.
2. A/S 서비스 제공 시 수리비가 발생합니다(수리비 : 2만 원).
3. 부품 교체 시에는 수리비 외에도 부품비가 추가 발생합니다.
4. A/S 센터는 주중 오전 9시부터 오후 6시까지 운영하며, 토요일에는 오전 9시부터 오후 1시까지 운영합니다. 일요일 및 공휴일에는 A/S 서비스를 제공하지 않습니다.
5. 출장 A/S 서비스를 이용하는 경우 출장비가 별도로 발생합니다. A/S 센터 운영시간 내 출장 시 출장비 2만 원, 운영시간 외 출장 시 출장비 3만 원을 별도로 부과합니다.

〈A/S 서비스 이용내역〉

- 고객명 : A
- 제품명 : P기기
- 제품 구입일자 : 2020년 4월 3일 화요일
- A/S 서비스 제공 일시 : 2021년 4월 6일 토요일 오후 3시
- 서비스 내용 : P기기 전면부 파손으로 부품 일부 교체(부품비 : 5만 원), 출장 서비스 이용

① 무료
② 5만 원
③ 10만 원
④ 15만 원
⑤ 20만 원

55 신입사원인 J는 A ~ E업무 중 어떤 업무를 먼저 수행하여야 하는지를 결정하기 위해 평가표를 작성하였다. 다음 자료를 근거로 할 때 가장 먼저 수행할 업무는?(단, 평가 항목 최종 합산 점수가 가장 높은 업무부터 수행한다)

〈업무별 평가표〉

(단위 : 점)

구분	A업무	B업무	C업무	D업무	E업무
중요도	84	82	95	90	94
긴급도	92	90	85	83	92
적용도	96	90	91	95	83

※ 업무당 다음과 같은 가중치를 별도 부여하여 계산한다.
(중요도×0.3)+(긴급도×0.2)+(적용도×0.1)
※ 항목당 최하위 점수에 해당하는 업무는 선정하지 않는다.

① A업무
② B업무
③ C업무
④ D업무
⑤ E업무

56 다음은 한 달 동안 K사원의 야근 및 휴일근무를 기록한 것이다. 회사의 초과근무수당 규정을 참고하여 K사원이 이번 달 받을 수 있는 야근 및 특근 수당을 올바르게 구한 것은?(단, K사원의 세전 연봉은 3천만 원이고, 시급 산정 시 월평균 근무시간은 200시간으로 계산한다)

일	월	화	수	목	금	토
	1 (18 ~ 21시)	2	3	4 (18 ~ 22시)	5	6
7	8	9 (18 ~ 24시)	10	11	12	13
14 (09 ~ 12시)	15	16	17	18	19	20
21	22	23	24	25	26 (18 ~ 21시)	27 (13 ~ 18시)
28	29 (18 ~ 19시)	30				

〈초과근무수당 규정〉

- 시급 환산 시 세전 연봉으로 계산한다.
- 평일 야근 수당은 시급에 5,000원을 가산하여 지급한다.
- 주말 특근 수당은 시급에 10,000원을 가산하여 지급한다.
- 식대는 10,000원을 지급하며, 식대는 야근·특근 수당에 포함되지 않는다.
- 야근시간은 오후 7시부터 적용되며 10시를 초과할 수 없다(초과시간 수당 미지급).

① 285,000원 ② 320,000원
③ 355,000원 ④ 405,000원
⑤ 442,500원

57 다음 평가기준을 바탕으로 평가대상기관 A～D 중 최종순위 최상위기관과 최하위기관을 올바르게 나열한 것은?

〈공공시설물 내진보강대책 추진실적 평가기준〉

■ 평가요소 및 점수부여

• $(\text{내진성능평가 지수})=\frac{(\text{내진성능평가 실적 건수})}{(\text{내진보강대상 건수})}\times 100$

• $(\text{내진보강공사 지수})=\frac{(\text{내진보강공사 실적 건수})}{(\text{내진보강대상 건수})}\times 100$

• 산출된 지수 값에 따른 점수는 아래 표와 같이 부여한다.

구분	지수 값 최상위 1개 기관	지수 값 중위 2개 기관	지수 값 최하위 1개 기관
내진성능평가 점수	5점	3점	1점
내진보강공사 점수	5점	3점	1점

■ 최종순위 결정

• 내진성능평가 점수와 내진보강공사 점수의 합이 큰 기관에 높은 순위를 부여한다.

• 합산 점수가 동점인 경우에는 내진보강대상 건수가 많은 기관을 높은 순위로 정한다.

〈평가대상기관의 실적 건수〉

(단위 : 건)

구분	A기관	B기관	C기관	D기관
내진성능평가	82	72	72	83
내진보강공사	91	76	81	96
내진보강대상	100	80	90	100

	최상위기관	최하위기관
①	A기관	B기관
②	B기관	C기관
③	B기관	D기관
④	C기관	D기관
⑤	D기관	C기관

58 Z공사에서는 약 2개월 동안 근무할 인턴사원을 선발하고자 다음과 같은 공고를 게시하였다. 이에 지원한 A ~E 중에서 Z공사의 인턴사원으로 가장 적합한 지원자는?

〈인턴 모집 공고〉

- 근무기간 : 약 2개월(6월 ~ 8월)
- 자격 요건
  - 1개월 이상 경력자
  - 포토샵 가능자
  - 근무 시간(9시 ~ 18시) 이후에도 근무가 가능한 자
- 기타사항
  - 경우에 따라서 인턴 기간이 연장될 수 있음

A지원자	• 경력사항 : 출판사 3개월 근무 • 컴퓨터 활용 능력 中(포토샵, 워드 프로세서) • 대학 휴학 중(9월 복학 예정)
B지원자	• 경력 사항 : 없음 • 포토샵 능력 우수 • 전문대학 졸업
C지원자	• 경력 사항 : 마케팅 회사 1개월 근무 • 컴퓨터 활용 능력 上(포토샵, 워드 프로세서, 파워포인트) • 4년제 대학 졸업
D지원자	• 경력 사항 : 제약 회사 3개월 근무 • 포토샵 가능 • 저녁 근무 불가
E지원자	• 경력 사항 : 마케팅 회사 1개월 근무 • 컴퓨터 활용 능력 中(워드 프로세서, 파워포인트) • 대학 졸업

① A지원자　② B지원자　③ C지원자　④ D지원자　⑤ E지원자

59 K공사의 사원 월급과 사원 수를 알아보기 위해 다음과 같은 정보를 얻었다. 아래 정보를 참고할 때, K공사의 사원 수와 사원 월급 총액으로 바르게 짝지어진 것은 무엇인가?(단, 월급 총액은 K공사가 사원 모두에게 주는 한 달 월급의 합을 말한다)

〈정보〉

- 사원은 모두 동일한 월급을 받는다.
- 사원이 10명 더 늘어나면, 기존 월급보다 100만 원 적어지고, 월급 총액은 기존의 80%이다.
- 사원이 20명 줄어들면, 월급은 기존과 동일하고, 월급 총액은 기존의 60%가 된다.

	사원 수	월급 총액
①	45명	1억 원
②	45명	1억 2천만 원
③	50명	1억 2천만 원
④	50명	1억 5천만 원
⑤	55명	1억 5천만 원

60 S기업에서 직원들에게 자기계발 교육비용을 일부 지원하기로 하였다. 총무인사팀에 A ~ E 5명의 직원이 아래 자료와 같이 교육프로그램을 신청하였을 때, 기업에서 직원들에게 지원하는 총 교육비는 얼마인가?

〈자기계발 수강료 및 지원 금액〉

구분	영어회화	컴퓨터 활용	세무회계
수강료	7만 원	5만 원	6만 원
지원 금액 비율	50%	40%	80%

〈신청한 교육프로그램〉

구분	영어회화	컴퓨터 활용	세무회계
A	○		○
B	○	○	○
C		○	○
D	○		
E		○	

① 307,000원
② 308,000원
③ 309,000원
④ 310,000원
⑤ 311,000원

제 2 회 모의고사(전 영역)

모바일 OMR
답안채점/성적분석
서비스

정답 및 해설 p.132

※ Y은행은 코로나 확산 방지를 위해 교대출근을 하기로 하였다. 다음을 보고 이어지는 질문에 답하시오. **[1~2]**

〈교대출근 편성표 조건〉

- 각 팀당 최소 1명은 출근을 하여야 한다. 단, 수신팀은 최소 2명 출근하여야 한다.
- 주 2회 출근을 원칙으로 하되 부득이할 경우 주 3회 이상 출근은 가능하나 최소한의 일수만 출근하도록 한다. 단, 해외여행이나 대구, 인천을 다녀온 사람은 별다른 증상이 없을 시, 다녀온 날(한국 도착일)부터 한 달 이후에 출근하도록 하며 출근 가능일이 속한 주의 출근가능일이 2회 이하일 경우 모두 출근하고 3회 이상일 경우에는 위 규정과 동일하게 적용한다.
  예 2월 8일 다녀온 사람은 3월 9일부터 출근 가능
- 코로나 확산 방지를 위해 수요일은 휴점한다.

〈Y은행 직원 명단 및 기타사항〉

- 수신팀
  - 김하나 : 7월 21일 ~ 7월 25일 여름 휴가로 일본여행을 다녀옴
  - 이솔비 : 7월 24일 인천 출장을 다녀옴
  - 정지수 : 계약직 대체인력으로 매주 목요일은 출근하지 않음
  - 최수지 : 7월 22일 이솔비와 출장을 동행함. 매주 금요일 본사교육으로 근무 불가
  - 김예나 : 8월 24일 강원 출장 예정
  - 강여울 : 팀장으로 매주 월요일과 금요일은 회의 및 출장으로 근무 불가
- 여신팀
  - 최바울 : 김하나 남편으로 같이 여름 휴가를 다녀옴
  - 이하율 : 계약직 대체인력으로 매주 화요일은 출근하지 않음
  - 김선율 : 팀장으로 매주 월요일과 금요일은 회의 및 출장으로 근무 불가
  - 정하람 : 지인 결혼식으로 7월 22일 대구를 다녀옴
- 인사팀
  - 강지은 : 특이사항 없음
  - 김하영 : 팀장으로 매주 월요일과 금요일은 회의 및 출장으로 근무 불가

01 다음 중 8월 22일 화요일에 출근할 수 있는 직원으로 바르게 나열한 것은?

① 김하나, 정지수
② 이솔비, 김예나
③ 강여울, 이하율
④ 최바울, 강지은
⑤ 김선율, 김하영

02 다음은 교대출근 편성표 조건 중 일부를 아래와 같이 변경하기로 하였다. 다음 중 매주 금요일에 반드시 출근하지 않아도 되는 직원은?

〈교대출근 편성표 조건 중 일부 변경내용〉

코로나 확산 방지를 위해 수요일 업무는 중단하나, 금요일에 있는 본사교육 및 회의·출장을 수요일로 일괄 변경한다. 이와 관련된 당사자는 수요일에 출근하여 본사교육 및 회의·출장 업무를 하도록 하고, 금요일에 출근하여 본사교육 및 회의·출장 관련 내용을 해당 팀 직원에게 전달하도록 한다.

① 최수지
② 강여울
③ 김선율
④ 정하람
⑤ 김하영

03 다음 글에서 〈보기〉가 들어갈 가장 알맞은 곳은?

컴퓨터는 0 또는 1로 표시되는 비트를 최소 단위로 삼아 내부적으로 데이터를 표시한다. 컴퓨터가 한 번에 처리하는 비트 수는 정해져 있는데, 이를 워드라고 한다. 예를 들어 64비트의 컴퓨터는 64개의 비트를 1워드로 처리한다. (가) 4비트를 1워드로 처리하는 컴퓨터에서 양의 정수를 표현하는 경우, 4비트 중 가장 왼쪽 자리인 최상위 비트는 0으로 표시하여 양수를 나타내고 나머지 3개의 비트로 정수의 절댓값을 나타낸다. (나)
0111의 경우 가장 왼쪽 자리인 '0'은 양수를 표시하고 나머지 '111'은 정수의 절댓값 7을 이진수로 나타낸 것으로, +7을 표현하게 된다. 이때 최상위 비트를 제외한 나머지 비트를 데이터 비트라고 한다. (다)
그런데 음의 정수를 표현하는 경우에는 최상위 비트를 1로 표시한다. −3을 표현한다면 −3의 절댓값 3을 이진수로 나타낸 011에 최상위 비트 1을 덧붙이면 된다. (라) 이러한 음수 표현 방식을 '부호화 절댓값'이라고 한다. 그러나 부호화 절댓값은 연산이 부정확하다. 예를 들어 7−3을 계산한다면 7+(−3)인 0111+1011로 표현된다. 컴퓨터에서는 0과 1만 사용하기 때문에 1에 1을 더하면 바로 윗자리 숫자가 올라가 10으로 표현된다. 따라서 0111에 1011을 더하면 10010이 된다. (마) 하지만 부호화 절댓값에서는 오버플로를 처리하는 별도의 규칙이 없기 때문에 계산값이 부정확하다. 또한 0000 또는 1000이 0을 나타내어 표현의 일관성과 저장 공간의 효율성이 떨어진다.

보기

10010은 4비트 컴퓨터가 처리하는 1워드를 초과하게 된 것으로, 이러한 현상을 오버플로라 한다.

① (가)
② (나)
③ (다)
④ (라)
⑤ (마)

04 다음은 A패스트푸드점의 메인 · 스낵 · 음료 메뉴의 영양성분에 관한 자료이다. 이에 대한 설명으로 옳은 것은?

〈표 1〉 메인 메뉴 단위당 영양성분표

구분 / 메뉴	중량(g)	열량(kcal)	성분함량			
			당(g)	단백질(g)	포화지방(g)	나트륨(mg)
치즈버거	114	297	7	15	7	758
햄버거	100	248	6	13	5	548
새우버거	197	395	9	15	5	882
치킨버거	163	374	6	15	5	719
불고기버거	155	399	13	16	2	760
칠리버거	228	443	7	22	5	972
베이컨버거	242	513	15	26	13	1,197
스페셜버거	213	505	8	26	12	1,059

〈표 2〉 스낵 메뉴 단위당 영양성분표

구분 / 메뉴	중량(g)	열량(kcal)	성분함량			
			당(g)	단백질(g)	포화지방(g)	나트륨(mg)
감자튀김	114	352	0	4	4	181
조각치킨	68	165	0	10	3	313
치즈스틱	47	172	0	6	6	267

〈표 3〉 음료 메뉴 단위당 영양성분표

구분 / 메뉴	중량(g)	열량(kcal)	성분함량			
			당(g)	단백질(g)	포화지방(g)	나트륨(mg)
콜라	425	143	34	0	0	19
커피	400	10	0	0	0	0
우유	200	130	9	6	5	100
오렌지주스	175	84	18	0	0	5

① 중량 대비 열량의 비율이 가장 낮은 메인 메뉴는 새우버거이다.
② 모든 메인 메뉴는 나트륨 함량이 당 함량의 50배 이상이다.
③ 서로 다른 두 메인 메뉴를 한 단위씩 주문한다면, 총 단백질 함량은 항상 총 포화지방 함량의 2배 이상이다.
④ 메인 메뉴 각각의 단위당 중량은 모든 스낵 메뉴의 단위당 중량 합보다 적다.
⑤ 메인 메뉴, 스낵 메뉴 및 음료 메뉴에서 각각 한 단위씩 주문하여 총 열량이 500kcal 이하가 되도록 할 때, 주문할 수 있는 음료 메뉴는 커피뿐이다.

※ 다음은 문제해결을 위한 기본적 사고 중 한 방법에 대한 글이다. 이어지는 질문에 답하시오. [5~7]

A협회에서는 지난 달 1일 대한민국 퍼실리테이션 / 퍼실리테이터 협의회를 개최하였다. 퍼실리테이션이란 ㉠ 리더가 전권을 행사하는 기존의 조직과는 달리 그룹 구성원들이 심도 높은 의사소통 등 효과적인 기법과 절차에 따라 문제해결 과정에 적극적으로 참여하고 상호 작용을 촉진해 문제를 해결하고 목적을 달성하는 활동을 의미한다. 퍼실리테이터란 이러한 퍼실리테이션 활동을 능숙하게 해내는 사람, 또는 ㉡ 퍼실리테이션을 수행하는 조직의 리더라고 정의할 수 있다. 이번 협의회에서는 4차 산업혁명의 기술을 활용한 디지털 혁신이 산업 생태계 및 공공 부분 등 사회 전반의 패러다임을 바꾸고 있는 상황에서, 퍼실리테이션의 중요성을 강조하는 자리를 마련하였다. 개최사를 맡은 한국대학교 최선아 교수는 지금까지의 조직변화와 사회변화를 위한 퍼실리테이션의 역할을 다시 한 번 생각하고, 시대 변화에 따른 역할과 기능을 탐색하는 노력을 통해 퍼실리테이션의 방향성을 제시하는 것이 필요하다고 언급하였다. 또한, 퍼실리테이션을 통한 성공적인 문제해결 사례로 K기업의 워크숍 사례를 소개하였다. 이 워크숍에서는 미래 조직관점에서 퍼실리테이터의 역할과 요구, 조직 내 갈등 해결, 협력적 의사결정, 변화 촉진 등의 다양한 문제해결을 위한 내용이 포함되어 있다고 밝혔다.

05 윗글에서 확인할 수 있는 문제해결방법에 대한 설명으로 적절한 것은?

① 직접적인 표현이 바람직하지 않다고 여기며, 무언가를 시사하거나 암시를 통하여 의사를 전달하고 서로를 이해하게 함으로써 문제해결을 도모한다.
② 서로의 생각을 직설적으로 주장하고 논쟁이나 협상을 통해 서로의 의견을 조정해 가는 방법이다.
③ 깊이 있는 커뮤니케이션을 통해 서로의 문제점을 이해하고 공감함으로써 창조적인 문제해결을 도모하여, 초기에 생각하지 못했던 창조적인 해결 방법이 도출된다.
④ 문제해결방법의 종류인 소프트 어프로치와 하드 어프로치를 혼합한 방법이라 할 수 있다.
⑤ 주관적 관점에서 사물을 보는 관찰력과 추상적인 사고능력으로 문제를 해결한다.

06 다음 중 ㉠과 ㉡을 비교한 내용으로 옳지 않은 것은?

		㉠	㉡
①	조직형태	피라미드형 조직	네트워크형 조직
②	조직참가	강제적	자발적
③	구성원 역할	유동적	고정적
④	조직문화	권위적	자발적
⑤	의사소통 구조	수직적	수평적

07 다음 중 ㉡과 같은 리더가 발휘할 만한 리더십에 대한 설명으로 가장 적절한 것은?

① 리더가 스스로 의사결정을 내리고 의견을 독점한다.
② 구성원이 스스로 결정할 수 있도록 권한을 위임하고 결정 과정에 중립을 유지한다.
③ 결정 과정에 수동적인 침묵 자세를 유지함으로써 구성원들이 자유롭게 의사결정을 할 수 있도록 한다.
④ 구성원들의 활발한 논의가 이루어지도록 유도하되 모든 의사결정권은 리더가 갖는다.
⑤ 합의점을 미리 준비해두고 예정대로 결론이 도출되도록 유도한다.

08 다음 글과 자기소개를 근거로 판단할 때, 대학생, 성별, 학과, 가면을 모두 옳게 짝지은 것은?

> 대학생 5명(A ~ E)이 모여 주말에 가면파티를 하기로 했다.
> • 남학생이 3명이고, 여학생이 2명이다.
> • 5명은 각각 행정학과, 경제학과, 식품영양학과, 정치외교학과, 전자공학과 재학생이다.
> • 5명은 각각 늑대인간, 유령, 처녀귀신, 좀비, 드라큘라 가면을 쓸 것이다.
> • 본인의 성별, 학과, 가면에 대해 한 명은 모두 거짓만을 말하고 있고, 나머지는 모두 진실만을 말하고 있다.

> A : 식품영양학과와 경제학과에 다니지 않는 남학생인데 드라큘라 가면을 안 쓸 거야.
> B : 행정학과에 다니는 남학생인데 늑대인간 가면을 쓸 거야.
> C : 식품영양학과에 다니는 남학생인데 처녀귀신 가면을 쓸 거야.
> D : 정치외교학과에 다니는 여학생인데 좀비 가면을 쓸 거야.
> E : 전자공학과에 다니는 남학생인데 드라큘라 가면을 쓸 거야.

	대학생	성별	학과	가면
①	A	여	행정학과	늑대인간
②	B	여	경제학과	유령
③	C	남	식품영양학과	좀비
④	D	여	정치외교학과	드라큘라
⑤	E	남	전자공학과	처녀귀신

09 다음 글을 통해 추론할 수 있는 사실로 옳은 것은?

사람의 눈은 지름 약 2.3cm의 크기로 앞쪽이 볼록 튀어나온 공처럼 생겼으며 탄력이 있다. 눈의 가장 바깥 부분은 흰색의 공막이 싸고 있으며 그 안쪽에 검은색의 맥락막이 있어 눈동자를 통해서만 빛이 들어가도록 되어 있다. 눈의 앞쪽은 투명한 각막으로 되어 있는데, 빛은 이 각막을 통과하여 그 안쪽에 있는 렌즈 모양의 수정체에 의해 굴절되어 초점이 맞추어져 망막에 상을 맺는다. 이 망막에는 빛의 자극을 받아들이는 시신경세포가 있다.

이 시신경세포는 원뿔 모양의 '원추세포'와 간상세포(桿狀細胞)로도 불리는 막대 모양의 '막대세포'라는 두 종류로 이루어진다. 원추세포는 눈조리개의 초점 부근 좁은 영역에 주로 분포되어 있으며, 그 세포 수는 막대세포에 비해 매우 적다. 이에 반해 막대세포는 망막 전체에 걸쳐 분포되어 있고 그 세포 수는 원추세포에 비해 매우 많다. 원추세포와 막대세포는 각각 다른 색깔의 빛에 민감한데, 원추세포는 파장이 500나노미터 부근의 빛(노랑)에, 막대세포는 파장이 560나노미터 부근의 빛(초록)에 가장 민감하다.

원추세포는 그 수가 많지 않으므로, 우리 눈은 어두운 곳에서 색을 인식하는 능력은 많이 떨어지지만 밝은 곳에서는 제 기능을 잘 발휘하는데, 노란색 근처의 빛(붉은색 – 주황색 – 노란색 구간)이 특히 눈에 잘 띈다. 노란색이나 붉은색으로 경고나 위험 상황을 나타내는 것은 이 때문이다. 이 색들은 밝은 곳에서 눈에 잘 띄어 안전을 위해 효율적이지만 날이 어두워지면 무용지물이 될 수도 있다.

인간의 눈은 우리 주위에 가장 흔한 가시광선에 민감하도록 진화되어왔다고 할 수 있다. 즉, 우리 주위에 가장 흔하고 강한 노란빛에 민감하도록 진화해왔을 것이며, 따라서 우리가 노란색에 가장 민감함은 자연스러워 보인다. 그러나 시신경세포의 대부분은 막대세포들인데, 이 막대세포는 비타민 A에서 생긴 로돕신이라는 물질이 있어 빛을 감지할 수 있다. 로돕신은 빛을 받으면 분해되어 시신경을 자극하고, 이 자극이 대뇌에 전달되어 물체를 인식한다. 그 세포들은 비록 색을 인식하지는 못하지만, 초록색 빛을 더 민감하게 인식한다. 즉, 비록 색깔을 인식하지 못한다 할지라도 어두운 곳에서는 초록색 물체가 잘 보인다.

① 위험 지역에 노란색이나 붉은색의 경고등을 설치하는 것은 우리 눈의 막대세포의 수와 관련이 있다.
② 어두운 터널 내에는 노란색의 경고 표지판보다 초록색의 경고 표지판을 설치하는 것이 더 효과적이다.
③ 눈조리개의 초점 부근 좁은 영역에 분포하는 세포는 막대 모양을 하고 있다.
④ 시신경세포의 로돕신이 시신경을 자극함으로써 물체의 색을 인식할 수 있다.
⑤ 막대세포의 수보다 원추세포의 수가 많다면, 밝은 곳에서도 초록색 물체가 잘 보일 것이다.

10 다음은 기업 A, B의 2018 ~ 2021년 에너지원단위 및 매출액 자료이다. 이에 대한 〈보기〉의 설명 중 옳은 것만을 모두 고르면?

〈기업 A, B의 2018 ~ 2021년 에너지원단위 및 매출액〉

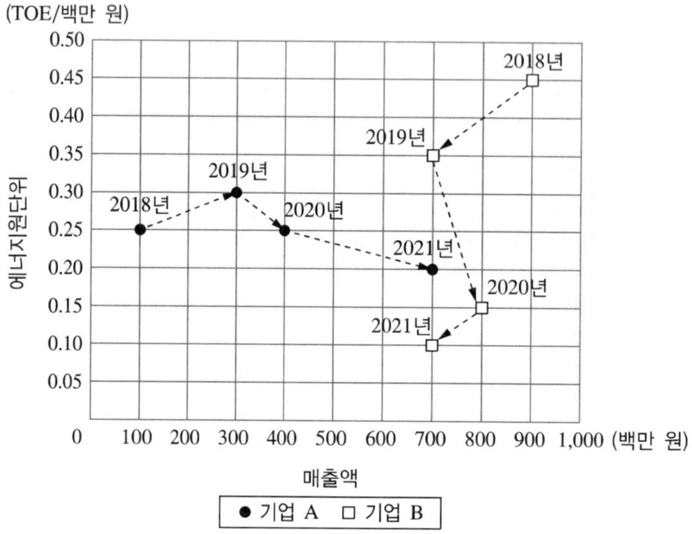

※ $[\text{에너지원단위(ToE/백만 원)}] = \frac{[\text{에너지소비량(ToE)}]}{[\text{매출액(백만 원)}]}$

보기

ㄱ. 기업 A, B는 각각 에너지원단위가 매년 감소하였다.
ㄴ. 기업 A의 에너지소비량은 매년 증가하였다.
ㄷ. 2020년 에너지소비량은 기업 B가 기업 A보다 많다.

① ㄱ
② ㄴ
③ ㄷ
④ ㄱ, ㄴ
⑤ ㄴ, ㄷ

11 다음 글의 논지 전개상 특징으로 적절한 것은?

> 영화는 특정한 인물이나 집단, 나라 등을 주제로 하는 대중문화로, 작품 내적으로 시대상이나 당시의 유행을 반영한다는 사실은 굳이 평론가의 말을 빌리지 않더라도 모두가 공감하는 사실일 것이다. 하지만 영화가 유행에 따라 작품의 외적인 부분, 그중에서도 제목의 글자 수가 변화한다는 사실을 언급하면 고개를 갸웃하는 이들이 대부분일 것이다.
> 2000년대에는 한국 최초의 블록버스터 영화로 꼽히는 '쉬리'와 '친구'를 비롯해 두 글자의 간결한 영화 제목이 주류를 이뤘지만 그로부터 5년이 지난 2005년에는 두 글자의 짧은 제목의 영화들이 7%로 급격히 감소하고 평균 제목의 글자 수가 5개에 달하게 되었다. 이는 영화를 한두 줄의 짧은 스토리로 요약할 수 있는 코미디 작품들이 늘어났기 때문이었는데 '나의 결혼 원정기', '미스터 주부 퀴즈왕', '내 생애 가장 아름다운 일주일' 등이 대표적이다.
> 이후 2010년대 영화계에서는 오랜 기간 세 글자 영화 제목이 대세였다고 해도 과언이 아니다. '추격자'를 비롯해 '우리 생애 최고의 순간'을 줄인 '우생순'과 '좋은 놈, 나쁜 놈, 이상한 놈'을 '놈놈놈'으로 줄여 부르기도 했으며 '아저씨', '전우치'나 '해운대', '신세계'를 비롯해 '베테랑', '부산행', '강철비', '곤지암'은 물론 최근 '기생충'에 이르기까지 세 글자 영화들의 대박행진은 계속되고 있다. 이에 반해 2018년에는 제작비 100억 원을 넘은 두 글자 제목의 한국 영화 네 편이 모두 손익분기점을 넘기지 못하는 초라한 성적표를 받기도 했다.
> 그렇다면 역대 박스오피스에 등재된 한국영화들의 평균 글자 수는 어떻게 될까? 부제와 시리즈 숫자, 줄임 단어로 주로 불린 영화의 원 음절 등을 제외한 2019년까지의 역대 박스오피스 100위까지의 한국영화 제목 글자 수는 평균 4.12였다. 다만 두 글자 영화는 21편, 세 글자 영화는 29편, 네 글자 영화는 21편으로 세 글자 제목의 영화가 역대 박스오피스 ToP 100에 가장 많이 등재된 것으로 나타났다.

① 특정한 이론을 제시한 뒤 그에 반박하는 의견을 제시하여 대비를 이루고 있다.
② 현상을 언급한 뒤 그에 대한 사례를 순서대로 나열하고 있다.
③ 특정한 현상을 분석하여 추려낸 뒤, 해결 방안을 이끌어 내고 있다.
④ 대상을 하위 항목으로 구분하여 논의의 범주를 명시하고 있다.
⑤ 현상의 변천 과정을 고찰한 뒤 앞으로의 발전 방향을 제시하고 있다.

12 다음 중 보고서 작성 시 유의사항에 대한 설명으로 옳지 않은 것을 모두 고르면?

> A사원 : 이번 연구는 지금 시점에서 보고하는 것이 좋을 것 같습니다. 간략하게 연구별로 한 장씩 요약하여 작성할까요?
> B대리 : ㉠ 성의가 없어 보이니 한 장에 한 개의 사안을 담는 것은 좋지 않아.
> C사원 : 맞습니다. ㉡ 꼭 필요한 내용이 아니어도 관련된 참고자료는 이해가 쉽도록 모두 첨부하도록 하시죠.
> D과장 : ㉢ 양이 많으면 단락별 핵심을 하위목차로 요약하는 것이 좋겠어.
> 그리고 ㉣ 연구비 금액의 경우는 개략적으로만 제시하고 정확히 하지 않아도 괜찮아.

① ㉠, ㉡
② ㉠, ㉢
③ ㉠, ㉡, ㉢
④ ㉠, ㉡, ㉣
⑤ ㉡, ㉢, ㉣

13 다음은 A ~ E리조트의 1박 기준 일반요금 및 회원할인율에 관한 자료이다. 이에 대한 〈보기〉의 설명 중 옳은 것만을 모두 고르면?

〈비수기 및 성수기 일반요금(1박 기준)〉

(단위 : 천 원)

구분 \ 리조트	A	B	C	D	E
비수기	300	250	200	150	100
성수기	500	350	300	250	200

〈비수기 및 성수기 회원할인율(1박 기준)〉

(단위 : %)

구분	회원유형 \ 리조트	A	B	C	D	E
비수기 회원할인율	기명	50	45	40	30	20
	무기명	35	40	25	20	15
성수기 회원할인율	기명	35	30	30	25	15
	무기명	30	25	20	15	10

※ $[\text{회원할인율(\%)}]=\frac{(\text{일반요금})-(\text{회원요금})}{(\text{일반요금})}\times 100$

보기

ㄱ. 리조트 1박 기준, 성수기 일반요금이 낮은 리조트일수록 성수기 무기명 회원요금이 낮다.
ㄴ. 리조트 1박 기준, B리조트의 회원요금 중 가장 비싼 값과 가장 싼 값의 차이는 125,000원이다.
ㄷ. 리조트 1박 기준, 각 리조트의 기명 회원요금은 성수기가 비수기의 2배를 넘지 않는다.
ㄹ. 리조트 1박 기준, 비수기 기명 회원요금과 비수기 무기명 회원요금 차이가 가장 작은 리조트는 성수기 기명 회원요금과 성수기 무기명 회원요금 차이도 가장 작다.

① ㄱ, ㄴ
② ㄱ, ㄷ
③ ㄷ, ㄹ
④ ㄱ, ㄴ, ㄹ
⑤ ㄴ, ㄷ, ㄹ

14 다음 글에서 추론할 수 있는 것은?

조선왕조실록은 조선 시대 국왕의 재위 기간에 있었던 중요 사건들을 정리한 기록물로 역사적인 가치가 크다. 이에 유네스코는 태조부터 철종까지의 시기에 있었던 사건들이 담긴 조선왕조실록 총 1,893권, 888책을 세계 기록 유산으로 등재하였다.

실록의 간행 과정은 상당히 길고 복잡했다. 먼저, 사관이 국왕의 공식적 언행과 주요 사건을 매일 기록하여 사초를 만들었다. 그 국왕의 뒤를 이어 즉위한 새 왕은 전왕(前王)의 실록을 만들기 위해 실록청을 세웠다. 이 실록청은 사초에 담긴 내용을 취사선택해 실록을 만든 후 해산하였다. 이렇게 만들어진 실록은 전왕의 묘호(廟號)를 붙여 '○○실록'이라고 불렀다. 이런 식으로 일이 진행되다 보니 『철종실록』이 고종 때에 간행되었던 것이다.

한편 정변으로 왕이 바뀌었을 때에는 그 뒤를 이은 국왕이 실록청 대신 일기청을 설치하여 물러난 왕의 재위 기간에 있었던 일을 '○○○일기(日記)'라는 명칭으로 정리해 간행했다. 인조 때 『광해군실록』이 아니라 『광해군일기』가 간행된 것은 바로 이 때문이다. '일기'는 명칭만 '실록'이라고 부르지 않을 뿐 간행 과정은 그와 동일했다. 그렇기 때문에 '일기'도 세계 기록 유산으로 등재된 조선왕조실록에 포함된 것이다. 『단종실록』은 특이한 사례에 해당된다. 단종은 계유정난으로 왕위에서 쫓겨난 후에 노산군으로 불렸고, 그런 이유로 세조 때 『노산군일기』가 간행되었다. 그런데 숙종 24년(1698)에 노산군이 단종으로 복위된 후로 『노산군일기』를 『단종실록』으로 고쳐 부르게 되었다.

조선 후기 붕당 간의 대립은 실록 내용에도 영향을 미쳤다. 선조 때 동인과 서인이라는 붕당이 등장한 이래, 선조의 뒤를 이은 광해군과 인조 때까지만 해도 붕당 간 대립이 심하지 않았다. 그러나 인조의 뒤를 이어 효종, 현종, 숙종이 연이어 왕위에 오르는 과정에서 붕당 간 대립이 심해졌다. 효종 때부터는 집권 붕당이 다른 붕당을 폄훼하기 위해 이미 만들어져 있는 실록을 수정해 간행하는 일이 벌어졌다. 수정된 실록에는 원래의 실록과 구분해 '○○수정실록'이라는 명칭을 따로 붙였다.

① 『효종실록』은 현종 때 설치된 실록청이 간행했을 것이다.
② 『노산군일기』는 숙종 때 설치된 일기청이 간행했을 것이다.
③ 『선조수정실록』은 광해군 때 설치된 실록청이 간행했을 것이다.
④ 『고종실록』은 세계 기록 유산으로 등재된 조선왕조실록에 포함되어 있을 것이다.
⑤ 『광해군일기』는 세계 기록 유산으로 등재된 조선왕조실록에 포함되어 있지 않을 것이다.

15 다음은 2000년, 2010년 및 2020년의 범죄별 범죄건수 현황과 범죄건수 중 친인척과 지인관련 범죄건수를 정리한 자료이다. 자료에 대한 〈보기〉의 설명 중 옳은 것을 모두 고른 것은?(단, 증감률은 소수점 둘째 자리에서 반올림한다)

〈연도별 범죄건수〉

(단위 : 건)

구분	2000년			2010년			2020년		
	범죄건수	친인척관련	지인관련	범죄건수	친인척관련	지인관련	범죄건수	친인척관련	지인관련
방화	332	28	41	298	32	30	226	12	22
강도	1,390	108	198	1,280	112	242	1,552	183	228
사기	1,580	482	724	2,324	683	1,222	3,292	920	1,488
협박	848	212	228	736	188	242	669	146	215
폭행	2,840	876	472	2,920	902	582	3,210	888	880
성폭행	882	395	428	922	402	468	904	448	418
살인	188	39	21	172	33	28	158	28	29
전체	8,060	2,140	2,112	8,652	2,352	2,814	10,011	2,625	3,280

※ 친인척 범위 : 8촌 이내의 혈족, 4촌 이내의 인척, 배우자 포함

※ 지인 : 친구 및 선후배와 직장동료 등 이와 유사한 자 포함

보기

ㄱ. 2000년부터 2020년까지 10년마다 범죄건수가 지속적으로 감소하고 있는 범죄 종류는 두 가지이다.

ㄴ. 2010년 대비 2020년 사기의 범죄건수 증가량은 2000년 대비 2010년 사기의 범죄건수 증가량보다 높지만 증가율은 낮다.

ㄷ. 2020년 성폭행 범죄의 친인척 및 지인관련 범죄율은 95% 이상을 차지한다.

ㄹ. 2010년 대비 2020년 전체 범죄건수 증가율은 2000년 대비 2010년 전체 범죄건수 증가율의 2배 미만이다.

① ㄴ

② ㄹ

③ ㄱ, ㄴ

④ ㄴ, ㄷ

⑤ ㄴ, ㄷ, ㄹ

※ 다음은 N은행의 지난해 직원별 업무 성과내용과 성과급 지급규정이다. 규정을 보고 이어지는 질문에 답하시오. [16~17]

〈직원별 업무 성과내용〉

성명	직급	월 급여(만 원)	성과내용
임미리	과장	450	예·적금 상품 3개, 보험상품 1개, 대출상품 3개
이윤미	대리	380	예·적금 상품 5개, 보험상품 4개
조유라	주임	330	예·적금 상품 2개, 보험상품 1개, 대출상품 5개
구자랑	사원	240	보험상품 3개, 대출상품 3개
조다운	대리	350	보험상품 2개, 대출상품 4개
김은지	사원	220	예·적금 상품 6개, 대출상품 2개
권지희	주임	320	예·적금 상품 5개, 보험상품 1개, 대출상품 1개
윤순영	사원	280	예·적금 상품 2개, 보험상품 3개, 대출상품 1개

〈성과급 지급 규정〉

- 성과내용에 따라 다음과 같은 점수를 부여하며, 이에 따른 등급을 매겨 성과급을 지급한다.
- 성과내용에 따른 점수와 등급비율은 다음과 같고, A, B, C등급 순서로 인원 비율을 상위부터 배치한다.

등급	A	B	C
인원 비율	25%	50%	25%
성과급	월 급여의 50%	월 급여의 30%	월 급여의 20%

- 예·적금 상품 건당 3점, 보험상품 건당 5점, 대출상품 건당 8점을 부여한다.

16 다음 중 A등급, B등급, C등급에 해당하는 사람을 순서대로 한 명씩 바르게 나열한 것은?

① 조유라, 조다운, 구자랑
② 조다운, 임미리, 김은지
③ 조유라, 임미리, 이윤미
④ 조다운, 구자랑, 윤순영
⑤ 조유라, 윤순영, 권지희

17 성과급의 등급 및 등급별 비율과 성과급이 다음과 같이 변경되었다. 변경된 규정에 따라 등급이 바뀐 직원의 성과급은 모두 얼마인가?

〈성과급 지급 규정(변경 후)〉

등급	A	B	C	D
인원 비율	12.5%	50%	25%	12.5%
성과급	월 급여의 50%	월 급여의 30%	월 급여의 20%	월 급여의 10%

① 125만 원
② 155만 원
③ 181만 원
④ 201만 원
⑤ 228만 원

18 다음 통역경비 산정기준과 상황을 근거로 판단할 때, A사가 B시에서 개최한 설명회에 쓴 총 통역경비는?

〈통역경비 산정기준〉

통역경비는 통역료와 출장비(교통비, 이동보상비)의 합으로 산정한다.

• 통역료(통역사 1인당)

구분	기본요금(3시간까지)	추가요금(3시간 초과 시)
영어, 아랍어, 독일어	500,000원	100,000원/시간
베트남어, 인도네시아어	600,000원	150,000원/시간

• 출장비(통역사 1인당)
 – 교통비는 왕복으로 실비 지급
 – 이동보상비는 이동 시간당 10,000원 지급

〈상황〉

A사는 2021년 3월 9일 B시에서 설명회를 개최하였다. 통역은 영어와 인도네시아어로 진행되었고, 영어 통역사 2명과 인도네시아어 통역사 2명이 통역하였다. 설명회에서 통역사 1인당 영어 통역은 4시간, 인도네시아어 통역은 2시간 진행되었다. B시까지는 편도로 2시간이 소요되며, 개인당 교통비는 왕복으로 100,000원이 들었다.

① 244만 원
② 276만 원
③ 288만 원
④ 296만 원
⑤ 326만 원

19 다음 국내 대학(원) 재학생 학자금 대출 조건을 근거로 판단할 때, 〈보기〉에서 옳은 것을 모두 고르면?(단, 갑 ~ 병은 국내 대학(원)의 재학생이다)

〈국내 대학(원) 재학생 학자금 대출 조건〉

구분		X학자금 대출	Y학자금 대출
신청대상	신청 연령	35세 이하	55세 이하
	성적 기준	직전 학기 12학점 이상 이수 및 평균 C학점 이상 (단, 장애인, 졸업학년인 경우 이수학점 기준 면제)	직전 학기 12학점 이상 이수 및 평균 C학점 이상 (단, 대학원생, 장애인, 졸업학년인 경우 이수학점 기준 면제)
	가구소득 기준	소득 1 ~ 8분위	소득 9, 10분위
	신용 요건	제한 없음	금융채무불이행자, 저신용자 대출 불가
대출한도	등록금	학기당 소요액 전액	학기당 소요액 전액
	생활비	학기당 150만 원	학기당 100만 원
상환사항	상환 방식 (졸업 후)	• 기준소득을 초과하는 소득 발생 이전 : 유예 • 기준소득을 초과하는 소득 발생 이후 : 기준소득 초과분의 20%를 원천 징수	• 졸업 직후 매월 상환 • 원금균등분할상환과 원리금균등분할상환 중 선택

보기

ㄱ. 34세로 소득 7분위인 대학생 갑이 직전 학기에 14학점을 이수하여 평균 B학점을 받았을 경우 X학자금 대출을 받을 수 있다.

ㄴ. X학자금 대출 대상이 된 을의 한 학기 등록금이 300만 원일 때, 한 학기당 총 450만 원을 대출받을 수 있다.

ㄷ. 50세로 소득 9분위인 대학원생 병(장애인)은 신용 요건에 관계없이 Y학자금 대출을 받을 수 있다.

ㄹ. 대출금액이 동일하고 졸업 후 소득이 발생하지 않았다면, X학자금 대출과 Y학자금 대출의 매월 상환금액은 같다.

① ㄱ, ㄴ
② ㄱ, ㄷ
③ ㄷ, ㄹ
④ ㄱ, ㄴ, ㄹ
⑤ ㄴ, ㄷ, ㄹ

※ 다음 글을 읽고 이어지는 질문에 답하시오. [20~22]

H공사는 대학생들을 대상으로 H공사를 소개하는 설명회를 개최하려고 한다. 행사 담당자인 S사원은 설명회에 열릴 장소를 대관하고 대학생들에게 나눠 줄 홍보책자를 주문하려고 한다.

- 대관 장소는 설명회에 참여하는 대학생들과 H공사 담당자(총 7인), 강연자(3인)를 포함하여 총 5%의 여유인원을 수용할 수 있는 곳으로 선정한다.
- 홍보책자는 설명회에 참여하는 모든 대학생들에게 나눠 줄 공동 책자, 대학생의 계열에 따른 책자 3종(인문계열, 사회계열, 공학계열)이다. 공동 책자는 설명회에 참여하는 대학생 인원수의 10% 여유분을 포함하여 제작하고, 계열에 따른 책자는 필요한 권수보다 10권씩을 더 제작한다.
- 각 대학별 설명회 참가 인원은 다음과 같다.

〈한국대학교〉

인문계열	55명
사회계열	70명
공학계열	40명

〈조은대학교〉

인문계열	150명
사회계열	30명
공학계열	45명

〈최강대학교〉

인문계열	10명
사회계열	80명
공학계열	110명

20 S사원은 몇 개의 대관처를 조사하였다. 다음 중 각 업체의 수용 가능 인원이 다음과 같을 때, 가능한 업체를 고르면?

① A홀 – 500명까지 수용 가능
② B홀 – 550명까지 수용 가능
③ C홀 – 600명까지 수용 가능
④ D홀 – 620명까지 수용 가능
⑤ E홀 – 650명까지 수용 가능

21 다음 중 S사원이 제작해야 하는 홍보책자의 수를 종류별로 올바르게 나열한 것은?

	공동 책자	인문계열 책자	사회계열 책자	공학계열 책자
①	590권	215권	190권	195권
②	590권	225권	200권	205권
③	649권	225권	200권	205권
④	649권	215권	190권	195권
⑤	649권	225권	190권	205권

22 S사원은 홍보책자 제작을 P인쇄업체에 의뢰하였다. 공동 책자는 기존의 것을 활용하고 계열별 홍보 책자 3종만 주문하려고 한다면 업체의 가격이 다음과 같을 때, S사원이 업체에 지불해야 하는 총금액은 얼마인가?(단, 모든 홍보 책자는 1권당 40페이지이다)

- 1권당 10페이지 이내 : 페이지당 50원
- 1권당 50페이지 이내 : 페이지당 20원
- 1권당 50페이지 이상 : 페이지당 10원

① 502,000원
② 500,000원
③ 498,000원
④ 496,000원
⑤ 492,000원

23 K은행 T지점은 개점 5주년을 맞이하여 행사기간 동안 방문하는 고객에게 사은품을 나누어 주는 행사를 진행하고자 한다. 행사에 필요한 예산을 본사에 요청하기 위해 다음과 같이 기획안과 예산안을 제출하려고 할 때, 다음 중 총 필요 예산(A)으로 적절한 것은?

〈기획안〉

- 행사명 : 5주년 고객감사 특별행사
- 행사기간 : 22년 3월 21일(월) ~ 25일(금)
- 참여대상 : 행사기간 내 본 지점 내방 고객
- 추첨방법 : 룰렛판을 돌려 화살표가 지시하는 상품을 제공함
- 경품내역 : 볼펜, 핸드로션, 휴대전화 거치대, 주방세제, 밀폐용기 세트, 상품권(1만 원)

〈예산안〉

- 예상 참여인원 : 4,000명(전년도 동월 방문객 수 참고)
- 총 필요 예산 : A

〈경품 추첨용 도구(룰렛)〉

※ 원점을 중심으로 각 부채꼴의 각은 동일함

〈구매상품 리스트〉

품목	볼펜	핸드로션	휴대전화 거치대	주방세제	밀폐용기 세트	상품권
단가	500원	2,000원	3,000원	5,000원	10,000원	10,000원
수량						
총액						

① 9,500,000원
② 10,250,000원
③ 11,750,000원
④ 12,500,000원
⑤ 13,250,000원

24 신문사에 근무 중인 A기자는 나들이가 많은 요즘 자동차 사고를 예방하고자 다음과 같은 기사를 작성하였다. 기사의 제목으로 적절한 것은?

> 예전에 비해 많은 사람이 안전띠를 착용하지만, 우리나라 안전띠 착용률은 여전히 매우 낮다. 2013년 일본과 독일에서 조사한 승용차 앞좌석 안전띠 착용률은 각각 98%와 97%를 기록했다. 하지만 같은 해 우리나라는 84.4%에 머물렀다. 특히 뒷좌석 안전띠 착용률은 19.4%로 OECD 국가 중 최하위에 머물렀다.
> 지난 4월 13일, H공단은 경기도 화성에 있는 자동차안전연구원에서 '부적절한 안전띠 착용 위험성 실차 충돌시험'을 실시했다. 국내에서 처음 시행한 이번 시험은 안전띠 착용 상태에서 안전띠를 느슨하게 풀어주는 장치 사용(성인, 운전석), 안전띠 미착용 상태에서 안전띠 버클에 경고음 차단 클립 사용(성인, 보조석), 뒷좌석에 놀이방 매트 설치 및 안전띠와 카시트 모두 미착용(어린이, 뒷좌석) 총 세 가지 상황으로 실시했다.
> 성인 인체모형 2조와 3세 어린이 인체모형 1조를 활용해 승용 자동차가 시속 56km로 고정 벽에 정면충돌하도록 했다. 충돌시험 결과 놀랍게도 안전띠의 부적절한 사용은 중상 가능성이 최대 99.9%로 안전띠를 제대로 착용했을 때보다 최대 9배 높게 나타났다.
> 세 가지 상황별로 살펴보자. 먼저 안전띠를 느슨하게 풀어주는 장치를 사용할 경우다. 중상 가능성은 49.7%로, 올바른 안전띠 착용보다 약 5배 높게 나타났다. 느슨해진 안전띠로 인해 차량 충돌 시 탑승객을 효과적으로 구속하지 못하기 때문이다. 두 번째로 안전띠 경고음 차단 클립을 사용한 경우에는 중상 가능성이 80.3%로 더욱 높아졌다. 에어백이 충격 일부를 흡수하기는 하지만 머리는 앞면 창유리에, 가슴은 크래시 패드에 심하게 부딪친 결과다. 마지막으로 뒷좌석 놀이방 매트 위에 있던 3세 어린이 인체 모형은 중상 가능성이 99.9%로 생명에 치명적 위험을 초래하는 것으로 나타났다. 어린이 인체모형은 자동차 충격 때문에 튕겨 나가 앞좌석 등받이와 심하게 부딪쳤고, 안전띠와 카시트를 착용한 경우보다 머리 중상 가능성이 99.9%, 가슴 중상 가능성이 93.9% 이상 높았다.
> 덧붙여 안전띠를 제대로 착용하지 않으면 에어백의 효과도 줄어든다는 사실을 알 수 있었다. 안전띠를 정상적으로 착용하지 않으면, 자동차 충돌 시 탑승자가 앞으로 튕겨 나가려는 힘을 안전띠가 효과적으로 막아주지 못한다. 이러한 상황에서 탑승자가 에어백과 부딪치면 에어백의 흡수 가능 충격량을 초과한 힘이 탑승자에게 가해져 상해율이 높아지는 것이다.

① 안전띠! 제대로 맵시다.
② 우리나라 안전띠 착용률 OECD 국가 중 최하위!
③ 안전띠 경고음 차단 클립의 위험성을 경고한다.
④ 어린이는 차량 뒷좌석에 앉히세요~!
⑤ 우리 가족 안전수호대, 에어백과 안전띠의 특급 컬래버레이션!

25 **다음 글에서 ㉡의 입장에서 ㉠의 생각을 비판한 것으로 가장 적절한 것은?**

> 17세기에 수립된 ㉠ 뉴턴의 역학 체계는 3차원 공간에서 일어나는 물체의 운동을 취급하였는데 공간 좌표인 x, y, z는 모두 시간에 따라 변하는 것으로 간주하였다. 뉴턴에게 시간은 공간과 무관한 독립적이고 절대적인 것이었다. 즉, 시간은 시작도 끝도 없는 영원한 것으로, 우주가 생겨나고 사라지는 것과 관계없이 항상 같은 방향으로 흘러간다. 시간은 빨라지지도 느려지지도 않는 물리량이며, 모든 우주에서 동일한 빠르기로 흐르는 실체인 것이다. 이러한 뉴턴의 절대 시간 개념은 19세기 말까지 물리학자들에게 당연한 것으로 받아들여졌다.
> 하지만 20세기에 들어 시간의 절대성 개념은 ㉡ 아인슈타인에 의해 근본적으로 거부되었다. 그는 빛의 속도가 진공에서 항상 일정하다는 사실을 기초로 하여 상대성 이론을 수립하였다. 이 이론에 의하면 시간은 상대적인 개념이 되어, 빠르게 움직이는 물체에서는 시간이 느리게 간다. 광속을 c라 하고 물체의 속도를 v라고 할 때 시간은 $\frac{1}{\sqrt{1-(v/c)^2}}$배 팽창한다. 즉, 광속의 50%의 속도로 달리는 물체에서는 시간이 약 1.15배 팽창하고, 광속의 99%로 달리는 물체에서는 7.09배 정도 팽창한다. v가 c에 비하여 아주 작을 경우에는 시간 팽창 현상이 거의 감지되지 않지만 v가 c에 접근하면 팽창률은 급격하게 커진다.
> 아인슈타인에게 시간과 공간은 더 이상 별개의 물리량이 아니라 서로 긴밀하게 연관되어 함께 변하는 상대적인 양이다. 따라서 운동장을 질주하는 사람과 교실에서 가만히 바깥 풍경을 보고 있는 사람에게 시간의 흐름은 다르다. 속도가 빨라지면 시간 팽창이 일어나 시간이 그만큼 천천히 흐르는 시간 지연이 생긴다.

① 시간은 모든 공간에서 동일하게 흐르는 것이 아니므로 절대적이지 않다.
② 상대 시간 개념으로는 시간에 따라 계속 변하는 물체의 운동을 설명할 수 없다.
③ 시간은 인간이 만들어 낸 개념이므로 우주를 시작도 끝도 없는 영원한 것으로 보아서는 안 된다.
④ 시간과 공간은 긴밀하게 연관되어 있지만 독립적으로 존재할 수 있으므로 이 둘의 관련성에만 주목하면 안 된다.
⑤ 물체의 속도가 광속에 가까워지면 시간이 반대로 흐를 수 있으므로 시간이 항상 같은 방향으로 흐르는 것은 아니다.

26 다음 글을 근거로 판단할 때, 2022년 3월 인사 파견에서 선발될 직원만을 모두 고르면?

- M회사에서는 소속 직원들의 역량 강화를 위해 정례적으로 인사 파견을 실시하고 있다.
- 인사 파견은 지원자 중 3명을 선발하여 1년간 이루어지고 파견 기간은 변경되지 않는다.
- 선발 조건은 다음과 같다.
  - 과장을 선발하는 경우 동일 부서에 근무하는 직원을 1명 이상 함께 선발한다.
  - 동일 부서에 근무하는 2명 이상의 팀장을 선발할 수 없다.
  - 과학기술과 직원을 1명 이상 선발한다.
  - 근무 평정이 70점 이상인 직원만을 선발한다.
  - 어학 능력이 '하'인 직원을 선발한다면 어학 능력이 '상'인 직원도 선발한다.
  - 직전 인사 파견 기간이 종료된 이후 2년 이상 경과하지 않은 직원을 선발할 수 없다.
- 2022년 3월 인사 파견의 지원자 현황은 다음과 같다.

직원	직위	근무 부서	근무 평정	어학 능력	직전 인사 파견 시작 시점
A	과장	과학기술과	65	중	2018년 1월
B	과장	자치행정과	75	하	2019년 1월
C	팀장	과학기술과	90	중	2019년 7월
D	팀장	문화정책과	70	상	2018년 7월
E	팀장	문화정책과	75	중	2019년 1월
F	–	과학기술과	75	중	2019년 1월
G	–	자치행정과	80	하	2018년 7월

① A, D, F
② B, D, G
③ B, E, F
④ C, D, G
⑤ D, F, G

27 다음 중 빈칸에 들어갈 내용으로 적절한 것은?

포논(Phonon)이라는 용어는 소리(Pho-)라는 접두어에 입자(-non)라는 접미어를 붙여 만든 단어로, 실제로 포논이 고체 안에서 소리를 전달하기 때문에 이런 이름이 붙었다. 어떤 고체의 한쪽을 두드리면 포논이 전파해 반대쪽에서 소리를 들을 수 있다.

아인슈타인이 새롭게 만든 고체의 비열 공식(아인슈타인 모형)은 실험결과와 상당히 잘 맞았다. 그런데 그의 성공은 고체 내부의 진동을 포논으로 해석한 데에만 있지 않다. 그는 포논이 보존(Boson) 입자라는 사실을 간파하고, 고체 내부의 세상에 보존의 물리학(보즈 – 아인슈타인 통계)을 적용했다. 비로소 고체의 비열이 온도에 따라 달라진다는 결론을 얻을 수 있었다.

양자역학의 세계에서 입자는 스핀 상태에 따라 분류된다. 스핀이 1/2의 홀수배(1/2, 3/2, …)인 입자들은 원자로를 개발한 유명한 물리학자 엔리코 페르미의 이름을 따 '페르미온'이라고 부른다. 오스트리아의 이론물리학자 볼프강 파울리는 페르미온들은 같은 에너지 상태를 가질 수 없고 서로 배척한다는 사실을 알아냈다(즉, 같은 에너지 상태에서는 + / – 반대의 스핀을 갖는 페르미온끼리만 같이 존재할 수 있다). 이를 '파울리의 배타원리'라고 한다. 페르미온은 대개 양성자, 중성자, 전자 같은 물질을 구성하며, 파울리의 배타원리에 따라 페르미온 입자로 이뤄진 물질은 우리가 손으로 만질 수 있다.

스핀이 0, 1, 2, … 등 정수 값인 입자도 있다. 바로 보존이다. 인도의 무명 물리학자였던 사티엔드라 나트 보즈의 이름을 본 땄다. 보즈는 페르미가 개발한 페르미 통계를 공부하고 보존의 물리학을 만들었다. 당시 그는 박사학위도 없는 무명의 물리학자여서 논문을 작성한 뒤 아인슈타인에게 편지로 보냈다. 다행히 아인슈타인은 그 논문을 쓰레기통에 넣지 않고 꼼꼼히 읽어본 뒤 자신의 생각을 첨가하고 독일어로 번역해 학술지에 제출했다. 바로 보존 입자의 물리학(보즈 – 아인슈타인 통계)이다. 이에 따르면, 보존 입자는 페르미온과 달리 파울리의 배타원리를 따르지 않는다. 따라서 같은 에너지 상태를 지닌 입자라도 서로 겹쳐서 존재할 수 있다. 만져지지 않는 에너지 덩어리인 셈이다. 이들 보존 입자는 대개 힘을 매개한다.

빛 알갱이, 즉 ________________________ 빛은 실험을 해보면 입자의 특성을 보이지만, 질량이 없고 물질을 투과하며 만져지지 않는다. 포논은 어떨까? 원자 사이의 용수철 진동을 양자화한 것이므로 물질이 아니라 단순한 에너지의 진동으로서 파울리의 배타원리를 따르지 않는다. 즉, 포논은 광자와 마찬가지로 스핀이 0인 보존 입자다.

① 광자는 파울리의 배타원리를 따른다.
② 광자는 스핀 상태에 따라 분류할 수 없다.
③ 광자는 스핀이 1/2의 홀수배인 입자의 대표적인 예다.
④ 광자는 보존의 대표적인 예다.
⑤ 광자는 페르미온의 대표적인 예다.

28 다음은 A대리의 3월 출장내역을 나타낸 자료이다. 〈조건〉을 근거로 판단할 때, A대리가 3월 출장여비로 받을 수 있는 총액은?

〈A사무관의 3월 출장내역〉

구분	출장지	출장 시작 및 종료 시각	비고
출장 1	세종시	14 ~ 16시	관용차량 사용
출장 2	인천시	14 ~ 18시	
출장 3	서울시	9 ~ 16시	업무추진비 사용

조건

- 출장여비 기준
  - 출장여비는 출장수당과 교통비의 합이다.
    1) 세종시 출장
      - 출장수당 : 1만 원
      - 교통비 : 2만 원
    2) 세종시 이외 출장
      - 출장수당 : 2만 원(13시 이후 출장 시작 또는 15시 이전 출장 종료 시 1만 원 차감)
      - 교통비 : 3만 원
- 출장수당의 경우 업무추진비 사용 시 1만 원이 차감되며, 교통비의 경우 관용차량 사용 시 1만 원이 차감된다.

① 6만 원
② 7만 원
③ 8만 원
④ 9만 원
⑤ 10만 원

29

T은행은 다년간의 고객 신용등급 변화를 분석한 확률 자료를 통해 고객의 신용등급 변화를 예측하는 데 활용하고 있다. 귀하가 관리하는 고객의 신용등급이 2022년 현재 B등급일 때, 2024년에도 B등급일 확률은?

〈고객 신용등급 변화 확률〉

구분		t+1년			
		A	B	C	D
t년	A	0.70	0.20	0.08	0.02
	B	0.14	0.65	0.16	0.05
	C	0.05	0.15	0.55	0.25

※ 고객 신용등급은 매년 1월 1일 0시에 연 1회 산정되며, A등급이 가장 높고 B, C, D등급 순서임
※ 한번 D등급이 되면 고객 신용등급은 5년 동안 D등급을 유지함
※ 고객 신용등급 변화 확률은 매년 동일함

① 약 40%
② 약 42%
③ 약 47%
④ 약 49%
⑤ 약 52%

30

다음은 서비스에 불만족한 고객을 불만 표현 유형별로 구분한 것이다. (A) ~ (D)를 상대하는 데 있어 주의해야 할 사항으로 옳지 않은 것은?

〈불만족 고객 유형〉

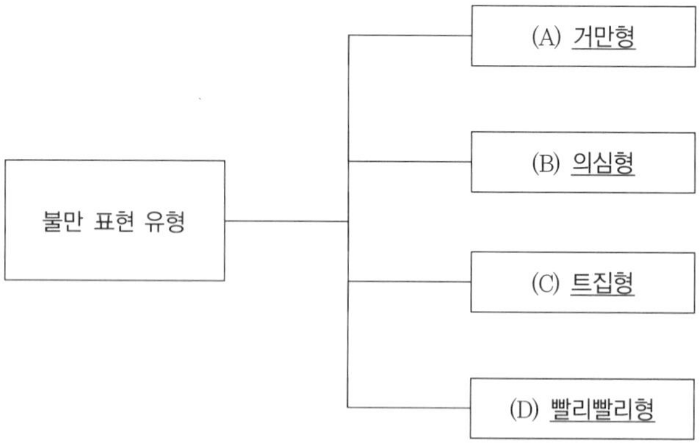

① (A)의 경우 상배당의 과시욕이 채워질 수 있도록 무조건 정중하게 대하는 것이 좋다.
② (B)의 경우 분명한 증거나 근거를 제시하여 스스로 확신을 갖도록 유도해야 한다.
③ (B)의 경우 때로는 책임자로 하여금 응대하는 것도 좋다.
④ (C)의 경우 이야기를 경청하고, 맞장구치고, 추켜세우고, 설득해 가는 방법이 효과적이다.
⑤ (D)의 경우 애매한 화법을 사용하여 최대한 시간을 끌어야 한다.

31 P기업의 연구소에서는 신소재 물질을 개발하고 있다. 최근 새롭게 연구하고 있는 4가지 물질의 농도 측정을 위해 A ~ D연구기관에 검사를 의뢰하였다. 측정결과가 다음과 같이 제공되었을 때, 다음 중 자료를 보고 이해한 것으로 적절하지 않은 것은?

■ 물질 1 측정결과

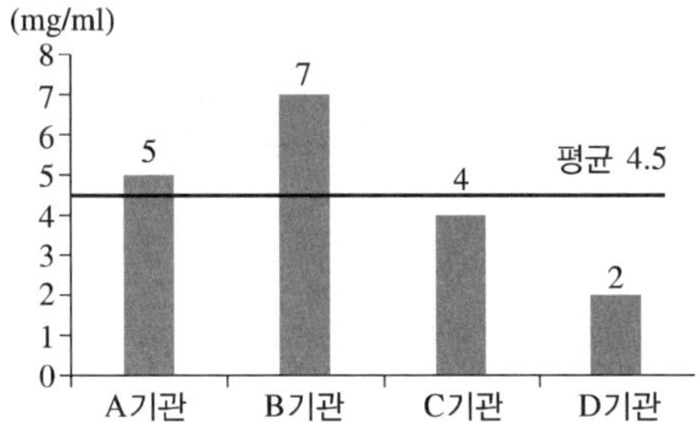

■ 물질 2 측정결과

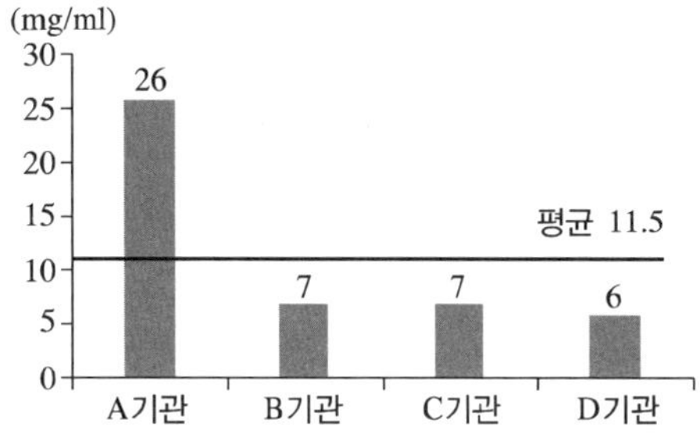

■ 물질 3 측정결과

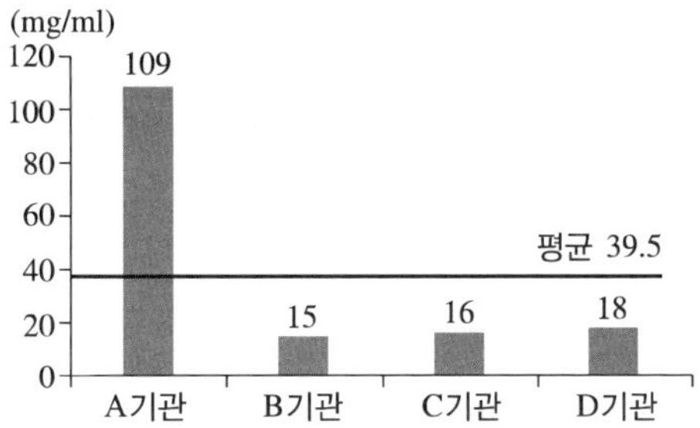

■ 물질 4 측정결과

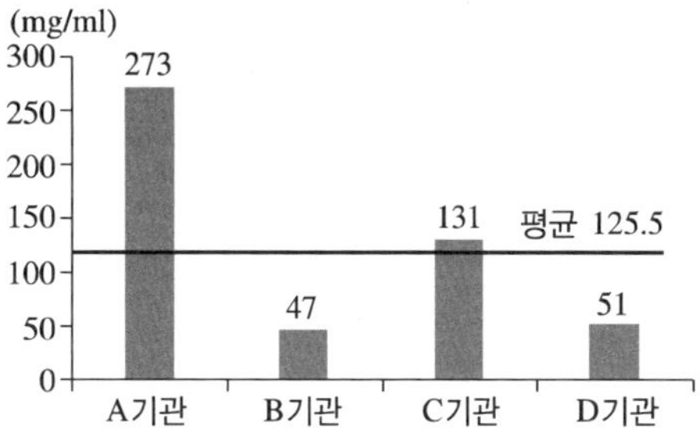

※ 유효농도 : 각 실험기관에서 측정한 농도의 평균

※ (실험오차)=|(실험결과)－(유효농도)|

※ $[\text{실험오차율}(\%)]=\frac{(\text{실험오차})}{(\text{유효농도})}\times 100$

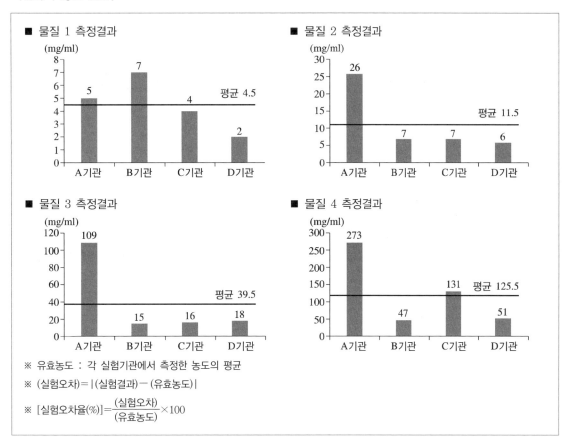

① 물질 1에 대한 B기관과 D기관의 실험오차율은 동일하다.

② 물질 3에 대한 실험오차율은 A기관이 가장 크다.

③ 물질 1에 대한 B기관의 실험오차율은 물질 2에 대한 A기관의 실험오차율보다 작다.

④ 물질 2에 대한 A기관의 실험오차율은 물질 2에 대한 나머지 기관의 실험오차율 합보다 작다.

⑤ A기관의 실험 결과를 제외하면, 4개 물질의 유효농도 값은 A기관의 결괏값을 제외하기 전보다 작아진다.

32 다음은 대형마트 이용자를 대상으로 소비자 만족도를 조사한 결과이다. 다음 중 귀하가 이해한 내용으로 올바른 것은?

〈대형마트 업체별 소비자 만족도〉

(단위 : 점/5점 만점)

업체명	종합 만족도	서비스 품질					서비스 쇼핑 체험
		쇼핑 체험 편리성	상품 경쟁력	매장환경 / 시설	고객접점 직원	고객관리	
A마트	3.72	3.97	3.83	3.94	3.70	3.64	3.48
B마트	3.53	3.84	3.54	3.72	3.57	3.58	3.37
C마트	3.64	3.96	3.73	3.87	3.63	3.66	3.45
D마트	3.56	3.77	3.75	3.44	3.61	3.42	3.33

〈대형마트 인터넷 / 모바일쇼핑 소비자 만족도〉

(단위 : 점/5점 만점)

분야별 이용 만족도	이용률	A마트	B마트	C마트	D마트
인터넷쇼핑	65.4%	3.88	3.80	3.88	3.64
모바일쇼핑	34.6%	3.95	3.83	3.91	3.69

① 종합만족도는 5점 만점에 평균 3.61점이며, 업체별로는 A마트가 가장 높고, C마트, B마트 순서로 나타났다.

② 인터넷쇼핑과 모바일쇼핑의 소비자 만족도가 가장 큰 차이를 보이는 곳은 D마트이다.

③ 서비스 품질 부문에 있어 대형마트는 평균적으로 쇼핑 체험 편리성에 대한 만족도가 상대적으로 가장 높게 평가되었으며, 반대로 고객접점직원 서비스가 가장 낮게 평가되었다.

④ 대형마트를 이용하면서 느낀 감정이나 기분을 반영한 서비스 쇼핑 체험 부문의 만족도는 평균 3.41점 정도로 서비스 품질 부문들보다 낮았다.

⑤ 대형마트 인터넷쇼핑몰 이용률이 65.4%로 모바일쇼핑에 비해 높으나, 만족도에서는 모바일쇼핑이 평균 0.1점 정도 더 높게 평가되었다.

33 다음은 A건물의 비상대피 안내도이다. 안내도를 보고 이해한 것으로 올바르지 않은 것은?

〈A건물 비상대피 안내도〉

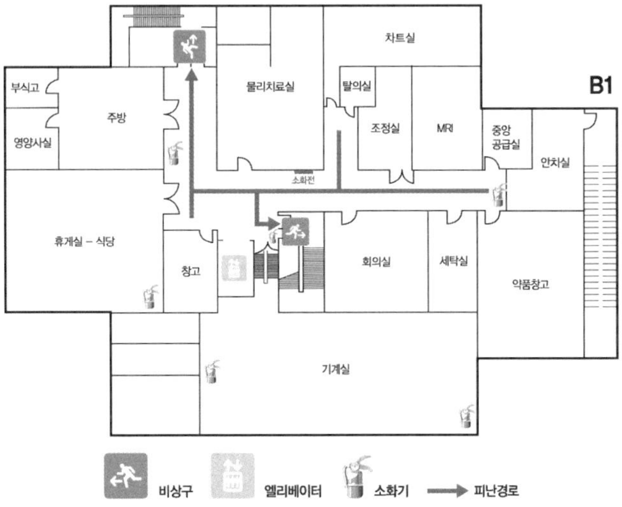

① 차트실 근처에는 소화기가 없으니 소화기를 하나 준비하는 것이 좋겠어.

② 영양사실에서 비상대피할 경우 주방으로 나가 왼편의 비상구를 이용해야겠군.

③ 약품창고에서는 중앙계단을 이용해서 대피하는 것이 가장 빠르겠어.

④ 엘리베이터를 제외하고 두 개의 비상구를 이용한 피난경로가 있네.

⑤ 물리치료실에서 대피할 때는 물리치료실과 주방 사이의 비상구를 이용하는 게 빠르겠어.

※ 다음 글을 읽고 이어지는 질문에 답하시오. [34~35]

T기업은 신입사원들의 퇴사율이 높아지고 있는 상황을 해결하기 위해 사원들을 중심으로 설문 조사를 실시하였다. 그중 제일 높은 비중을 차지한 것은 바로 커뮤니케이션의 문제였다. 이에 따라 T기업의 대표는 업무에 대한 이해도가 낮은 신입사원들에게 적절한 설명과 피드백 없이 업무를 진행시킨 것이 가장 큰 문제라고 생각했다. 이러한 문제를 해결하기 위해서 T기업의 대표는 전 직원을 대상으로 효과적인 커뮤니케이션을 위한 교육을 실시하기로 결정하였다.
다음은 회사 내에서 직원들의 의견을 수립하여 만든 효과적인 커뮤니케이션을 위한 5가지 교육 방안이다. 특히 T기업의 대표는 적절한 커뮤니케이션 수단에 관한 내용을 강조하고 있다.

1) 명확한 목표설정
   • 메시지를 전달하고 받는 내용에 대해 명확한 목표설정이 필요하다.
   • 필요하면 정확한 이해를 돕는 시각적 보조 자료를 활용한다.
2) 적절한 커뮤니케이션 수단
   • 상대방이 이해하기 쉬운 전달 방법을 선택한다.
   • 언어적, 비언어적인 방법을 적절히 활용한다.
   • 간접화법보단 직접적으로 의사를 표현하도록 한다.
3) 적절한 피드백
   • 메시지 전달이 원활하게 이루어지고 있는지 확인한다.
   • 비언어적인 수단을 통해 전해지는 메시지를 확인한다.
4) 공감과 신뢰감 형성
   • 외형적 의미뿐 아니라 내면적 의미를 이해하고 공감한다.
   • 상대방의 말과 행동을 파악하고 같이 조절한다.
5) 부드럽고 명확한 전달
   • 안정적인 목소리를 유지한다.
   • 자신감을 가지고 말끝이 흐려지지 않게 끝까지 분명하게 말한다.
   • 정보 전달 시 숫자 활용, 자료 제공 등 구체적이고 명확하게 전달한다.
   • 발음을 분명하게 한다.

34 다음 중 교육 받은 내용을 고려한 대화로 보기 어려운 것은?

① 김 대리 : 저는 다른 의견보다 첫 번째 의견에 적극적으로 동의합니다.
② 이 팀장 : 가능하면 시각적 보조자료를 활용해서 근거를 제시해 주면 좋겠네.
③ 김 대리 : 물론이죠. 근데 아까 하신 말씀 중에 어려운 부분이 있는데 여쭤볼 수 있을까요?
④ 최 팀장 : 그것도 못 알아들으면 어떻게 일을 하는가? 알아서 공부해 오게!
⑤ 이 팀장 : 물어보고 싶은 부분이 어떤 건지 얘기해 보게.

35 **다음 중 T기업의 대표가 강조하고 있는 적절한 커뮤니케이션 수단에 대한 설명으로 옳지 않은 것은?**

① 안정적인 목소리를 유지하고 발음을 분명히 해야 전달이 명확하게 된다.
② 비언어적인 수단을 사용하지 않아도 전해지기 때문에 언어적인 수단만을 사용한다.
③ 통계나 그림 같은 시각적 보조자료를 이용하여 전략적으로 소통한다.
④ 상대방이 취하는 행동을 유심히 관찰하여 공감을 한다.
⑤ 간접화법보다는 직접적으로 의사를 표현하도록 한다.

36 **다음 〈조건〉을 보고 H은행의 대기자 중 업무를 먼저 보는 순서를 올바르게 나열한 것은?**

조건

- 예금 대기 순번과 공과금 대기 순번은 별개로 카운트된다.
- 1인당 업무 처리 시간은 모두 동일하게 주어진다.
- 예금 창구에서는 2번 대기자가 업무를 보고 있다.
- 공과금 창구에서는 3번 대기자가 업무를 보고 있다.
- A는 예금 업무를 보려고 한다.
- A보다 B, D가 늦게 발권하였다.
- B의 다음 대기자는 C이다.
- D는 예금 업무를 보려고 한다.
- A가 발권한 대기번호는 6번이다.
- B가 발권한 대기번호는 4번이다.
- E가 발권한 대기번호는 5번이다.

① A－B－C－D－E
② B－C－E－A－D
③ B－E－A－C－D
④ E－A－B－C－D
⑤ E－A－D－B－C

37 정부에서 G시에 새로운 도로를 건설할 계획을 발표하였으며, 이에 따라 A, B, C의 세 가지 노선이 제시되었다. 각 노선의 총 길이는 터널구간, 교량구간, 일반구간으로 구성되며, 추후 도로가 완공되면 연간 평균 차량통행량이 2백만 대일 것으로 추산된다. 다음은 각 노선의 구성과 건설비용, 환경·사회손실비용을 나타낸 자료이다. 이를 참고할 때, 다음의 설명 중 적절하지 않은 것은?(단, 도로는 15년 동안 유지할 계획이다)

구분		A노선	B노선	C노선	1km당 건설비용
건설비용	터널구간	1.0km	0km	0.5km	1,000억 원
	교량구간	0.5km	0km	1km	200억 원
	일반구간	8.5km	20km	13.5km	100억 원
환경손실비용		15억 원/년	5억 원/년	10억 원/년	–
사회손실비용		차량 한 대가 10km를 운행할 경우 1,000원 비용발생			–

※ (건설비용)=(각 구간 길이)×(1km당 건설비용)

※ (사회손실비용)=(노선 길이)×$\frac{1,000원}{10km}$×(연간 평균 차량 통행량)×(유지 연수)

① 건설비용만 따져볼 때는 A노선이 최적의 대안이다.
② B노선의 길이가 가장 길기 때문에 사회손실비용이 가장 많이 발생한다.
③ 환경손실비용만 보았을 때, A노선은 B노선의 3배에 이르는 비용이 든다.
④ 건설비용과 사회손실비용을 함께 고려하면 C노선이 가장 적합하다.
⑤ 건설비용과 사회·환경손실비용을 모두 고려하면 A노선과 B노선에 드는 비용의 차이는 200억 원이다.

38 자동차 회사에서 기계설비를 담당하는 귀하는 12월 주말근무표 초안을 작성하였는데, 이를 토대로 대체근무자를 미리 반영하려고 한다. 다음 중 귀하가 배정한 인원으로 올바르지 않은 것은?

• 주말근무 규정

① 1~3팀은 순차적으로 주말근무를 실시한다.
② 주말근무 후에는 차주 월요일(토요일 근무자) 및 화요일(일요일 근무자)을 휴무일로 한다.
③ 주말 이틀 연속 근무는 금한다.
④ 주말근무 예정자가 개인사정으로 인하여 근무가 어렵다면, 해당 주 휴무이거나 혹은 근무가 없는 팀의 일원 1명과 대체한다.

• 12월 주말 근무표

구분	1주 차		2주 차		3주 차		4주 차	
	5일(토)	6일(일)	12일(토)	13일(일)	19일(토)	20일(일)	26일(토)	27일(일)
근무자	1팀	2팀	3팀	1팀	2팀	3팀	1팀	2팀

• 기계설비팀 명단

1팀 : 강단해(팀장), 마징가, 차도선, 이방원, 황이성, 강의찬
2팀 : 사차원(팀장), 박정훈, 이도균, 김선우, 정선동, 박아천
3팀 : 마강수(팀장), 이정래, 하선오, 이광수, 김동수, 김대호

	휴무예정일자	휴무예정자	사유	대체근무자	대체근무일
①	12/5(토)	차도선	가족여행	하선오	12/12(토)
②	12/12(토)	이정래	지인 결혼식	박정훈	12/27(일)
③	12/19(토)	이도균	건강검진	이방원	12/13(일)
④	12/20(일)	이광수	가족여행	강의찬	12/26(토)
⑤	12/27(일)	박아천	개인사정	김대호	12/12(토)

39 **다음에서 설명하는 문제에 해당하는 사례로 옳지 않은 것은?**

> 아직 일어나지 않은, 즉 눈에 보이지 않는 문제로, 잠재문제, 예측문제, 발견문제로 나눌 수 있다.
> 잠재문제는 문제를 인식하지 못하다가 결국은 문제가 확대되어 해결이 어려운 문제를 의미한다. 예측문제는 지금 현재는 문제가 없으나 앞으로 일어날 수 있는 문제가 생길 것을 알 수 있는 문제를 의미하며, 발견문제는 앞으로 개선 또는 향상시킬 수 있는 문제를 말한다.

① 어제 구입한 알람시계가 고장 났다.
② 바이러스가 전 세계적으로 확산됨에 따라 제품의 원가가 향상될 것으로 보인다.
③ 자사 제품의 생산성을 향상시킬 수 있는 프로그램이 개발되었다.
④ 자사 내부 점검 중 작년에 판매된 제품에서 문제가 발생할 수 있다는 것을 발견하였다.
⑤ 이번 달에는 물건의 품질을 10% 향상시킴으로써 매출의 5% 증대를 계획해야 한다.

40 **다음 중 산업재해의 예방 대책 순서로 올바른 것은?**

① 사실의 발견 → 안전 관리 조직 → 원인 분석 → 시정책 선정 → 시정책 적용 및 뒤처리
② 사실의 발견 → 원인 분석 → 시정책 선정 → 안전 관리 조직 → 시정책 적용 및 뒤처리
③ 안전 관리 조직 → 원인 분석 → 사실의 발견 → 시정책 선정 → 시정책 적용 및 뒤처리
④ 안전 관리 조직 → 사실의 발견 → 원인 분석 → 시정책 선정 → 시정책 적용 및 뒤처리
⑤ 안전 관리 조직 → 원인 분석 → 시정책 선정 → 사실의 발견 → 시정책 적용 및 뒤처리

41 다음 글을 근거로 판단할 때, A시에서 B시까지의 거리는?

갑은 을이 운전하는 자동차를 타고 A시에서 B시를 거쳐 C시로 가는 중이었다. A, B, C는 일직선 상에 순서대로 있으며, 을은 자동차를 일정한 속력으로 운전하여 도시 간 최단 경로로 이동했다. A시를 출발한지 20분 후 갑은 을에게 지금까지 얼마나 왔는지 물어보았다.
"여기서부터 B시까지 거리의 딱 절반만큼 왔어."라고 을이 대답하였다.
그로부터 75km를 더 간 후에 갑은 다시 물어보았다.
"C시까지는 얼마나 남았지?"
을은 다음과 같이 대답했다.
"여기서부터 B시까지 거리의 딱 절반만큼 남았어."
그로부터 30분 뒤에 갑과 을은 C시에 도착하였다.

① 35km
② 40km
③ 45km
④ 50km
⑤ 55km

42 다음은 제품 생산에 따른 공정 관리를 나타낸 자료이다. 이에 대한 설명으로 옳은 것만을 〈보기〉에서 모두 고른 것은?(단, 각 공정은 동시 진행이 가능하다)

공정 활동	선행 공정	시간
A. 부품 선정	없음	2분
B. 절삭 가공	A	2분
C. 연삭 가공	A	5분
D. 부품 조립	B, C	4분
E. 전해 연마	D	3분
F. 제품 검사	E	1분

※ 공정 간 부품의 이동 시간은 무시한다.
※ A공정부터 시작되며 공정별로 1명의 작업 담당자가 수행한다.

보기

ㄱ. 전체 공정을 완료하기 위해서는 15분이 소요된다.
ㄴ. 첫 제품 생산 후부터 1시간마다 3개씩 제품이 생산된다.
ㄷ. B공정이 1분 더 지연되어도 전체 공정 시간은 변화가 없다.

① ㄱ
② ㄴ
③ ㄱ, ㄷ
④ ㄴ, ㄷ
⑤ ㄱ, ㄴ, ㄷ

43 스캐너 구매를 담당하고 있는 귀하는 사내 설문조사를 통해 부서별로 필요한 스캐너 기능을 확인하였다. 다음 자료를 참고하였을 때, 구매할 스캐너의 순위는?

구분	Q스캐너	T스캐너	G스캐너
제조사	미국 B회사	한국 C회사	독일 D회사
가격	180,000원	220,000원	280,000원
스캔 속도	40장/분	60장/분	80장/분
주요 특징	– 양면 스캔 가능 – 50매 연속 스캔 – 소비전력 절약 모드 지원 – 카드 스캔 가능 – 백지 Skip 기능 – 기울기 자동 보정 – A/S 1년 보장	– 양면 스캔 가능 – 타 제품보다 전력소모 60% 절감 – 다양한 소프트웨어 지원 – PDF 문서 활용 가능 – 기울기 자동 보정 – A/S 1년 보장	– 양면 스캔 가능 – 빠른 스캔 속도 – 다양한 크기 스캔 – 100매 연속 스캔 – 이중급지 방지 장치 – 백지 Skip 기능 – 기울기 자동 보정 – A/S 3년 보장

- 양면 스캔 가능 여부
- 50매 이상 연속 스캔 가능 여부
- 예산 4,200,000원까지 가능
- 카드 크기부터 계약서 크기 스캔 지원
- A/S 1년 이상 보장
- 기울기 자동 보정 여부

① T스캐너 – Q스캐너 – G스캐너
② G스캐너 – Q스캐너 – T스캐너
③ G스캐너 – T스캐너 – Q스캐너
④ Q스캐너 – G스캐너 – T스캐너
⑤ Q스캐너 – T스캐너 – G스캐너

44 다음은 K사원이 자신의 업무성과를 높이기 위해 작성한 워크시트이다. 다음 중 K사원의 업무수행 성과를 높이기 위한 전략으로 보기 어려운 것은?

〈K사원의 워크시트〉

내가 활용할 수 있는 자원	• 업무시간 8시간 • 업무시간 외에 하루에 2시간의 자유시간 • 노트북과 스마트폰 보유
업무 지침	• 회의에서 나온 내용은 모두가 공유할 것 • 회사 신제품에 대한 고객 만족도 조사를 실시할 것 • 경쟁사 제품에 대한 조사를 실시할 것 • 신제품의 개선방안에 대해 발표 자료를 준비할 것
나의 현재 능력	• 컴퓨터 타자 속도가 매우 빠르다. • 엑셀과 파워포인트 활용 능력이 뛰어나다. • 인터넷 정보검색 능력이 뛰어나다.
상사 / 동료의 지원 정도	• 상사와 동료 모두 자기 업무에 바빠 업무 지침에 해당되는 업무를 지원하는 데 한계가 있다.

⇩

업무수행 성과를 높이기 위한 전략

① 자신의 자유시간에 경쟁사 제품에 대한 고객의 반응을 스마트폰으로 살핀다.
② 팀원들이 조사한 만족도 조사를 받아서, 엑셀로 통계화하여 보고서를 작성한다.
③ 아침 회의 내용을 타이핑하고, 문서화하여 팀원과 공유하도록 한다.
④ 신제품 사용 시 불편했던 점을 정리해서, 파워포인트를 통해 발표 자료를 만든다.
⑤ 고객의 리뷰를 인터넷으로 검색하여 신제품에 대한 고객의 반응을 살핀다.

45 워드프로세서의 복사(Copy)와 잘라내기(Cut)에 대한 설명으로 옳은 것은?

① 복사하거나 잘라내기를 할 때 영역을 선택한 다음에 해야 한다.
② 한 번 복사하거나 잘라낸 내용은 한 번만 붙이기를 할 수 있다.
③ 복사한 내용은 버퍼(Buffer)에 보관되며, 잘라내기한 내용은 내문서에 보관된다.
④ 복사하거나 잘라내기를 하여도 문서의 분량에는 변화가 없다.
⑤ [Ctrl]+[C]는 잘라내기, [Ctrl]+[X]는 복사하기의 단축키이다.

※ 다음 자료를 보고 이어지는 질문에 답하시오. [46~47]

커피머신은 1,200,000원이고, 이를 되팔 때는 50%의 가격을 받을 수 있다. K회사는 원두를 한 달에 4kg 사용하고, 원두의 시중 가격은 13,000원이다.

구분	A렌탈	B렌탈
대여료	월 70,000원	월 110,000원
원두	10,000원/kg	5,000원/kg

※ 렌탈업체를 사용할 경우 원두에 대한 기초 구매량이 있다(A렌탈 : 원두 5kg, B렌탈 : 원두 4kg).

※ B렌탈의 경우 5개월 이상 사용 시 원두 가격이 20% 할인된다.

46 다음 자료에 대한 설명으로 옳은 것은?

① 1개월 사용 시 B렌탈이 더 싸다.
② 3개월 사용 시 A렌탈이 40,000원 더 싸다.
③ 5개월 사용 시 A렌탈이 더 싸다.
④ 6개월 사용 시 B렌탈이 70,000원 더 비싸다.
⑤ 12개월 사용 시 B렌탈이 72,000원 더 싸다.

47 K회사는 A렌탈과 B렌탈 중, 3개월을 기준으로 더 저렴한 렌탈업체를 선택해 사용했다. 하지만 회사는 더 이상 렌탈업체를 사용하지 않고 커피머신을 구입할 예정이다. 커피머신은 사용 후 처분할 예정이라고 할 때, 최소 몇 개월을 사용해야 렌탈비보다 이익인가?(단, 소수점 둘째 자리에서 반올림한다)

① 6개월
② 7개월
③ 8개월
④ 9개월
⑤ 10개월

48 〈조건〉에 따라 A～G도시를 인구 순위대로 빠짐없이 배열하려고 한다. 추가로 필요한 정보는?

조건

- 인구가 같은 도시는 없다.
- C시의 인구는 D시의 인구보다 적다.
- F시의 인구는 G시의 인구보다 적다.
- C시와 F시는 인구 순위에서 바로 인접해 있다.
- B시의 인구가 가장 많고, E시의 인구가 가장 적다.
- C시의 인구는 A시의 인구와 F시의 인구를 합친 것보다 많다.

① A시의 인구가 F시의 인구보다 많다.
② C시와 D시는 인구 순위에서 바로 인접해 있다.
③ C시의 인구는 G시의 인구보다 적다.
④ D시의 인구는 F시의 인구보다 많고 B시의 인구보다 적다.
⑤ G시의 인구가 A시의 인구보다 많다.

49 갑은 키보드를 이용해 숫자를 계산하는 과정에서 키보드의 숫자 배열을 휴대폰의 숫자 배열로 착각하고 숫자를 입력하였다. 휴대폰과 키보드의 숫자 배열이 다음과 같다고 할 때, 〈보기〉에서 옳은 설명을 모두 고르면?

〈휴대폰의 숫자 배열〉

1	2	3
4	5	6
7	8	9
@	0	#

〈키보드의 숫자 배열〉

7	8	9
4	5	6
1	2	3
0		.

보기

ㄱ. '46×5'의 계산 결과는 올바르게 산출되었다.
ㄴ. '789+123'의 계산 결과는 올바르게 산출되었다.
ㄷ. '159+753'의 계산 결과는 올바르게 산출되었다.
ㄹ. '753+951'의 계산 결과는 올바르게 산출되었다.
ㅁ. '789−123'의 계산 결과는 올바르게 산출되었다.

① ㄱ, ㄴ, ㄷ
② ㄱ, ㄴ, ㄹ
③ ㄱ, ㄷ, ㅁ
④ ㄴ, ㄷ, ㄹ
⑤ ㄴ, ㄹ, ㅁ

50 다음 글의 연구결과에 대한 평가로 적절한 것만을 〈보기〉에서 모두 고르면?

콩 속에는 식물성 단백질과 불포화 지방산 등 건강에 이로운 물질들이 풍부하다. 약콩, 서리태 등으로 불리는 검은 콩 껍질에는 황색 콩 껍질에서 발견되지 않는 특수한 항암물질이 들어 있다. 검은 콩은 항암 효과는 물론 항산화 작용 및 신장 기능과 시력 강화에도 좋은 것으로 알려져 있다. A ~ C팀은 콩의 효능을 다음과 같이 연구했다.

〈연구결과〉

- A팀 연구진 : 콩 속 제니스틴의 성인병 예방 효능을 실험을 통해 세계 최초로 입증했다. 또한 제니스틴은 발암 물질에 노출된 비정상 세포가 악성 종양 세포로 진행되지 않도록 억제하는 효능을 갖고 있다는 사실을 흰쥐 실험을 통해 밝혔다. 암이 발생하는 과정은 세포 내의 유전자가 손상되는 개시 단계와 손상된 세포의 분열이 빨라지는 촉진 단계로 나뉘는데 제니스틴은 촉진 단계에서 억제효과가 있다는 것이다.
- B팀 연구진 : 200명의 여성을 조사해 본 결과, 매일 흰 콩 식품을 섭취한 사람은 한 달에 세 번 이하로 섭취한 사람에 비해 폐암에 걸릴 위험이 절반으로 줄었다.
- C팀 연구진 : 식이요법으로 원형탈모증을 완치할 수 있을 것으로 보고 원형탈모증을 가지고 있는 쥐에게 콩기름에서 추출된 화합물을 투여해 효과를 관찰하는 실험을 했다. 실험 결과 콩기름에서 추출된 화합물을 각각 0.1mL, 0.5mL, 2.0mL씩 투여한 쥐에서 원형탈모증 완치율은 각각 18%, 39%, 86%를 기록했다.

보기

ㄱ. A팀의 연구결과는 콩이 암의 발생을 억제하는 효과가 있다는 것을 뒷받침한다.
ㄴ. C팀의 연구결과는 콩기름 함유가 높은 음식을 섭취할수록 원형탈모증 발생률이 높게 나타난다는 것을 뒷받침한다.
ㄷ. 세 팀의 연구결과는 검은 콩이 성인병, 폐암의 예방과 원형탈모증 치료에 효과가 있다는 것을 뒷받침한다.

① ㄱ
② ㄴ
③ ㄱ, ㄷ
④ ㄴ, ㄷ
⑤ ㄱ, ㄴ, ㄷ

51 다음은 발전소별 수문 자료이다. 이날 온도가 27℃를 초과한 발전소의 수력발전을 이용해 변환된 전기에너지의 총 출력량은 15,206.08kW였다. 이때 춘천의 분당 유량은?(단, 결과 값은 소수점 첫째 자리에서 반올림한다)

발전소명	저수위(ELm)	유량(m^3/sec)	온도(℃)	강우량(mm)
안흥	375.9	0.0	26.0	7.0
춘천	102.0		27.5	4.0
의암	70.0	282.2	26.0	2.0
화천	176.5	479.9	24.0	6.0
청평	49.5	447.8	27.0	5.0
섬진강	178.6	6.9	29.5	0.0
보성강	126.6	1.1	30.0	0.0
팔당	25.0	1,394.1	25.0	0.5
괴산	132.1	74.2	27.2	90.5

※ P[kW]=9.8×Q[m^3/sec]×H[m]×ξ [P : 출력량, Q : 유량, H : 유효낙차, ξ : {종합효율(수차효율)×(발전기효율)}]
※ 모든 발전소의 유효낙차는 20m, 종합효율은 90%이다.

① 4m^3/min
② 56m^3/min
③ 240m^3/min
④ 488m^3/min
⑤ 987m^3/min

52 다음 중 업무수행상 방해요인들에 대하여 잘못 설명한 사람을 모두 고르면?

김 대리 : 계획을 철저하게 세우면 방해요인이 발생하지 않아. 발생한다고 하더라도 금방 생산성 회복이 가능해.
차 주임 : 방해요인들은 절대적으로 유해한 요소이므로 업무성과를 위해서는 반드시 제거해야 해.
박 사원 : 협력업체 직원들의 전화도 업무상 방해요인에 해당됩니다. 그래서 저는 이에 응답하는 시간을 정해두었습니다.
김 대리 : 부서 간 갈등도 업무수행상 방해요인에 해당돼. 이럴 땐 갈등요인을 무작정 미루고 업무를 수행하는 것보다는 대화를 통해서 신속히 해결하는 것이 좋아.
정 주임 : 스트레스는 신체적 문제 뿐 아니라 정신적 문제도 야기할 수 있으므로 완전히 해소하는 것이 좋죠.

① 김 대리, 정 주임
② 차 주임, 정 주임
③ 김 대리, 박 사원, 정 주임
④ 김 대리, 차 주임, 정 주임
⑤ 차 주임, 박 사원, 정 주임

53 다음 중 (가) ~ (라)의 관계를 올바르게 파악한 사람을 〈보기〉에서 모두 고르면?

> (가) 도덕성의 기초는 이성이지 동정심이 아니다. 동정심은 타인의 고통을 공유하려는 선한 마음이지만, 그것은 일관적이지 않으며 때로는 변덕스럽고 편협하다.
>
> (나) 인간의 동정심은 신뢰할 만하지 않다. 예컨대, 같은 종류의 불행을 당했다고 해도 내 가족에 대해서는 동정심이 일어나지만 모르는 사람에 대해서는 동정심이 생기지 않기도 한다.
>
> (다) 도덕성의 기초는 이성이 아니라 오히려 동정심이다. 즉 동정심은 타인의 곤경을 자신의 곤경처럼 느끼며 타인의 고난을 위로해 주고 싶은 욕구이다. 타인의 고통을 나의 고통처럼 느끼고, 그로부터 타인의 고통을 막으려는 행동이 나오게 된다. 이렇게 동정심은 도덕성의 원천이 된다.
>
> (라) 동정심과 도덕성의 관계에서 중요한 문제는 어떻게 동정심을 함양할 것인가의 문제이지, 그 자체로 도덕성의 기초가 될 수 있는지 없는지의 문제가 아니다. 동정심은 전적으로 신뢰할 만한 것은 아니며 때로는 왜곡될 수도 있다. 그렇다고 그 때문에 도덕성의 기반에서 동정심을 완전히 제거하는 것은 도덕의 풍부한 원천을 모두 내다버리는 것과 같다. 오히려 동정심이나 공감의 능력은 성숙하게 함양해야 하는 도덕적 소질에 가까운 것이다.

보기

갑 : (가)와 (다)는 양립할 수 없는 주장이다.
을 : (나)는 (가)를 지지하는 관계이다.
병 : (가)와 (라)는 동정심의 도덕적 역할을 전적으로 부정하고 있다.
정 : (나)와 (라)는 모순관계이다.

① 갑, 을
② 을, 정
③ 갑, 을, 병
④ 갑, 병, 정
⑤ 을, 병, 정

54 문제해결절차의 문제 도출 단계는 (가)와 (나)의 절차를 거쳐 수행된다. 다음 중 (가)에 대한 설명으로 적절하지 않은 것은?

(가)	→	(나)
전체 문제를 개별화된 이슈들로 세분화		문제에 영향력이 큰 핵심이슈를 선정

① 문제의 내용 및 영향 등을 파악하여 문제의 구조를 도출한다.
② 본래 문제가 발생한 배경이나 문제를 일으키는 메커니즘을 분명히 해야 한다.
③ 현상에 얽매이지 말고 문제의 본질과 실제를 봐야 한다.
④ 눈앞의 결과를 중심으로 문제를 바라봐야 한다.
⑤ 문제 구조 파악을 위해서 Logic Tree 방법이 주로 사용된다.

55 중소기업청은 우수 중소기업 지원자금을 5,000억 원 한도 내에서 다음과 같은 지침에 따라 A ~ D기업에 배분하고자 한다. 각 기업별 지원 금액은?

〈지침〉

- 평가지표별 점수 부여 : 평가지표별로 1위 기업에게는 4점, 2위는 3점, 3위는 2점, 4위는 1점을 부여한다. 다만, 부채비율이 낮을수록 순위가 높으며, 나머지 지표는 클수록 순위가 높다.
- 기업 평가순위 부여 : 획득한 점수의 합이 큰 기업 순으로 평가순위(1 ~ 4위)를 부여한다.
- 지원한도
  (1) 평가 순위 1위 기업에는 2,000억 원, 2위는 1,500억 원, 3위는 1,000억 원, 4위는 500억 원까지 지원할 수 있다.
  (2) 각 기업에 대한 지원한도는 순자산의 2/3로 제한된다. 다만, 평가순위가 3위와 4위인 기업 중 부채비율이 400% 이상인 기업에게는 순자산의 1/2 만큼만 지원할 수 있다.
- 지원요구금액이 지원한도보다 적은 경우에는 지원요구금액 만큼만 배정한다.

〈평가지표와 각 기업의 순자산 및 지원요구금액〉

구분		A	B	C	D
평가 지표	경상이익률(%)	5	2	1.5	3
	영업이익률(%)	5	1	2	1.5
	부채비율(%)	500	350	450	300
	매출액증가율(%)	8	10	9	11
순자산(억 원)		2,100	600	900	3,000
지원요구금액(억 원)		2,000	500	1,000	1,800

	A기업	B기업	C기업	D기업
①	1,400	400	450	1,800
②	1,050	500	1,000	1,800
③	1,400	400	500	2,000
④	1,050	500	450	2,000
⑤	1,400	500	450	1,800

※ 다음은 GE 맥킨지 매트릭스 모델에 대한 자료이다. 자료를 보고, 이어지는 질문에 답하시오. **[56~57]**

산업매력도 \ 사업의 강점	고	중	저
고	A (청신호)	(청신호)	C (주의신호)
중	(청신호)	E (주의신호)	(적신호)
저	B (주의신호)	(적신호)	D (적신호)

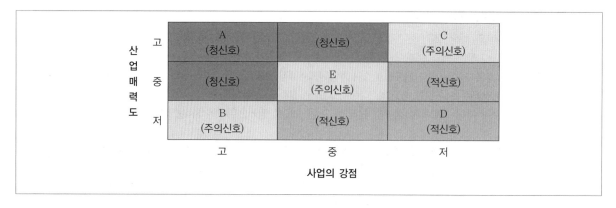

56 다음 중 GE 맥킨지 매트릭스 모델에 대한 설명으로 옳지 않은 것은?

① BCG 매트릭스보다 발전된 기법으로 평가받고 있다.
② 좌상의 청신호 지역은 지속적으로 성장시키는 전략이 필요하다.
③ 대각선상의 주의신호 지역은 선별적인 투자 전략이 필요하다.
④ 우하의 적신호 지역은 사업을 철수하거나 투자를 최소화해야 한다.
⑤ 사업단위 간의 상호작용을 고려하므로 실제 산업에 적용하기 쉽다.

57 다음 중 자료의 A ~ E사업에 대한 설명으로 옳지 않은 것은?

① A사업은 매력적인 사업으로, 집중적으로 투자하여 시장 지위를 유지하면서 새로운 진출을 모색해야 한다.
② B사업은 강점은 있지만 시장 매력이 적은 사업으로, 시장 지위를 보호해야 한다.
③ C사업은 시장 매력은 있지만 강점이 없는 사업으로, 선택적으로 투자하고 사업의 회수 및 철수시기를 파악해야 한다.
④ D사업은 시장 매력이 낮고 강점이 없는 사업으로, 사업을 축소하거나 매각해야 한다.
⑤ E사업은 현상을 유지하면서 앞으로의 계획을 수립해야 한다.

※ 다음 〈조건〉을 바탕으로 이어지는 질문에 답하시오. [58~59]

조건

K정부기관은 최근 본사의 내부 수리를 위해 관련 규정에 따라 입찰에 참가할 업체를 모집, 공사를 진행할 업체를 최종적으로 선정하려고 한다. 총 7개 업체가 해당 입찰에 참가하였고, 각 업체 간의 협력 가능성 등을 고려하여 다수의 업체를 선정할 예정이다. 본 제안의 평가위원의 의견은 다음과 같다.

- A업체는 선정하지 않는다.
- B업체를 선정하면 G업체는 선정하지 않는다.
- A업체를 선정하지 않으면 C업체를 선정한다.
- C업체를 선정하면 E업체를 선정하지 않는다.
- D업체를 선정하면 F업체도 선정한다.
- E업체를 선정하지 않으면 B업체를 선정한다.

58 〈조건〉이 다음과 같을 때, 선정이 확실한 업체의 개수로 옳은 것은?

① 1개
② 2개
③ 3개
④ 4개
⑤ 5개

59 평가위원 중 한 명이 다음과 같은 〈조건〉을 추가하였을 때, 최종 선정된 업체로 옳은 것은?

조건

대규모 공사가 될 것이기 때문에 최소한 3개의 업체가 선정되었으면 합니다. 기존 평가의견에 따라 선정된 업체가 3개 미만일 경우, D업체도 포함시키도록 합시다.

① B, C, D
② B, C, D, F
③ B, D, E
④ B, D, E, F
⑤ C, G, D, F

60 다음은 협상과정을 5단계로 구분한 것이다. (가) ~ (마)에 들어갈 내용으로 적절하지 않은 것은?

〈협상과정 5단계〉

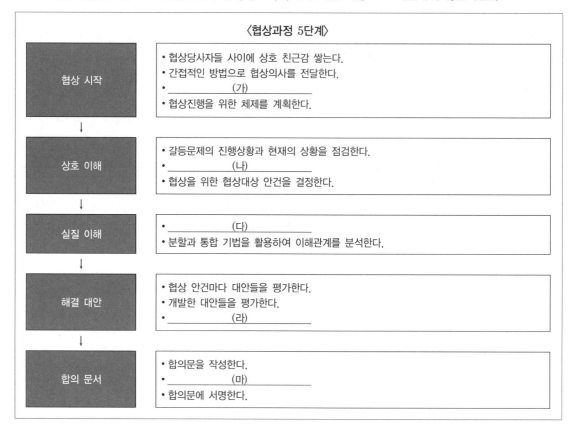

협상 시작	• 협상당사자들 사이에 상호 친근감 쌓는다. • 간접적인 방법으로 협상의사를 전달한다. • ______(가)______ • 협상진행을 위한 체제를 계획한다.
↓	
상호 이해	• 갈등문제의 진행상황과 현재의 상황을 점검한다. • ______(나)______ • 협상을 위한 협상대상 안건을 결정한다.
↓	
실질 이해	• ______(다)______ • 분할과 통합 기법을 활용하여 이해관계를 분석한다.
↓	
해결 대안	• 협상 안건마다 대안들을 평가한다. • 개발한 대안들을 평가한다. • ______(라)______
↓	
합의 문서	• 합의문을 작성한다. • ______(마)______ • 합의문에 서명한다.

① (가) : 상대방의 협상의지를 확인한다.
② (나) : 최선의 대안에 대해서 합의하고 선택한다.
③ (다) : 겉으로 주장하는 것과 실제로 원하는 것을 구분하여 실제로 원하는 것을 찾아낸다.
④ (라) : 대안 이행을 위한 실행계획을 수립한다.
⑤ (마) : 합의내용, 용어 등을 재점검한다.

PART

4

채용 가이드

CHAPTER 01 블라인드 채용 소개

1. 블라인드 채용이란?

채용 과정에서 편견이 개입되어 불합리한 차별을 야기할 수 있는 출신지, 가족관계, 학력, 외모 등의 편견요인은 제외하고, 직무능력만을 평가하여 인재를 채용하는 방식입니다.

2. 블라인드 채용의 필요성

- 채용의 공정성에 대한 사회적 요구
  - 누구에게나 직무능력만으로 경쟁할 수 있는 균등한 고용기회를 제공해야 하나 아직도 채용의 공정성에 대한 불신이 존재
  - 채용상 차별금지에 대한 법적 요건이 권고적 성격에서 처벌을 동반한 의무적 성격으로 강화되는 추세
  - 시민의식과 지원자의 권리의식 성숙으로 차별에 대한 법적 대응 가능성 증가
- 우수 인재 채용을 통한 기업의 경쟁력 강화 필요
  - 직무능력과 무관한 학벌, 외모 위주의 선발로 우수인재 선발기회 상실 및 기업경쟁력 약화
  - 채용 과정에서 차별 없이 직무능력중심으로 선발한 우수인재 확보 필요
- 공정한 채용을 통한 사회적 비용 감소 필요
  - 편견에 의한 차별적 채용은 우수인재 선발을 저해하고 외모·학벌 지상주의 등의 심화로 불필요한 사회적 비용 증가
  - 채용에서의 공정성을 높여 사회의 신뢰수준 제고

3. 블라인드 채용의 특징

편견 요인을 요구하지 않는 대신 직무능력을 평가합니다.

블라인드 채용 = 편견유발 요인제외 + 직무능력 중심평가

※ 직무능력중심 채용이란?
기업의 역량기반 채용, NCS기반 능력중심 채용과 같이 직무수행에 필요한 능력과 역량을 평가하여 선발하는 채용방식을 통칭합니다.

4. 블라인드 채용의 평가요소

직무수행에 필요한 지식, 기술, 태도 등을 과학적인 선발기법을 통해 평가합니다.

평가기준 = 직무수행에 필요한 직무능력

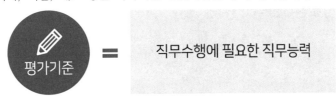

※ 과학적 선발기법이란?
직무분석을 통해 도출된 평가요소를 서류, 필기, 면접 등을 통해 체계적으로 평가하는 방법으로 입사지원서, 자기소개서, 직무수행능력 평가, 구조화 면접 등이 해당됩니다.

5. 블라인드 채용 주요 도입 내용

- 입사지원서에 인적사항 요구 금지
  - 인적사항에는 출신지역, 가족관계, 결혼여부, 재산, 취미 및 특기, 종교, 생년월일(연령), 성별, 신장 및 체중, 사진, 전공, 학교명, 학점, 외국어 점수, 추천인 등이 해당
  - 채용 직무를 수행하는 데 있어 반드시 필요하다고 인정될 경우는 제외
    예 특수경비직 채용 시 : 시력, 건강한 신체 요구
    연구직 채용 시 : 논문, 학위 요구 등
- 블라인드 면접 실시
  - 면접관에게 응시자의 출신지역, 가족관계, 학교명 등 인적사항 정보 제공 금지
  - 면접관은 응시자의 인적사항에 대한 질문 금지

6. 블라인드 채용 도입의 효과성

- 구성원의 다양성과 창의성이 높아져 기업 경쟁력 강화
  - 편견을 없애고 직무능력 중심으로 선발하므로 다양한 직원 구성 가능
  - 다양한 생각과 의견을 통하여 기업의 창의성이 높아져 기업경쟁력 강화
- 직무에 적합한 인재선발을 통한 이직률 감소 및 만족도 제고
  - 사전에 지원자들에게 구체적이고 상세한 직무요건을 제시함으로써 허수 지원이 낮아지고, 직무에 적합한 지원자 모집 가능
  - 직무에 적합한 인재가 선발되어 직무이해도가 높아져 업무효율 증대 및 만족도 제고
- 채용의 공정성과 기업이미지 제고
  - 블라인드 채용은 사회적 편견을 줄인 선발 방법으로 기업에 대한 사회적 인식 제고
  - 채용과정에서 불합리한 차별을 받지 않고 실력에 의해 공정하게 평가를 받을 것이라는 믿음을 제공하고, 지원자들은 평등한 기회와 공정한 선발과정 경험

CHAPTER 02 서류전형 가이드

01 채용공고문

1. 채용공고문의 변화

기존 채용공고문	변화된 채용공고문
• 취업준비생에게 불충분하고 불친절한 측면 존재 • 모집분야에 대한 명확한 직무관련 정보 및 평가기준 부재 • 해당분야에 지원하기 위한 취업준비생의 무분별한 스펙 쌓기 현상 발생	• NCS 직무분석에 기반한 채용공고를 토대로 채용전형 진행 • 지원자가 입사 후 수행하게 될 업무에 대한 자세한 정보 공지 • 직무수행내용, 직무수행 시 필요한 능력, 관련된 자격, 직업기초능력 제시 • 지원자가 해당 직무에 필요한 스펙만을 준비할 수 있도록 안내
• 모집 부문 및 응시자격 • 지원서 접수 • 전형절차 • 채용조건 및 처우 • 기타사항	• 채용절차 • 채용유형별 선발분야 및 예정인원 • 전형방법 • 선발분야별 직무기술서 • 우대사항

2. 지원 유의사항 및 지원요건 확인

채용 직무에 따른 세부사항을 공고문에 명시하여 지원자에게 적격한 지원 기회를 부여함과 동시에 채용과정에서의 공정성과 신뢰성을 확보합니다.

구성	내용	확인사항
모집분야 및 규모	고용형태(인턴 계약직 등), 모집분야, 인원, 근무지역 등	채용직무가 여러 개일 경우 본인이 해당되는 직무의 채용규모 확인
응시자격	기본 자격사항, 지원조건	지원을 위한 최소자격요건을 확인하여 불필요한 지원을 예방
우대조건	법정·특별·자격증 가점	본인의 가점 여부를 검토하여 가점 획득을 위한 사항을 사실대로 기재
근무조건 및 보수	고용형태 및 고용기간, 보수, 근무지	본인이 생각하는 기대수준에 부합하는지 확인하여 불필요한 지원을 예방
시험방법	서류·필기·면접전형 등의 활용방안	전형방법 및 세부 평가기법 등을 확인하여 지원전략 준비
전형일정	접수기간, 각 전형 단계별 심사 및 합격자 발표일 등	본인의 지원 스케줄을 검토하여 차질이 없도록 준비
제출서류	입사지원서(경력·경험기술서 등), 각종 증명서 및 자격증 사본 등	지원요건 부합 여부 및 자격 증빙서류 사전에 준비
유의사항	임용취소 등의 규정	임용취소 관련 법적 또는 기관 내부 규정을 검토하여 해당여부 확인

02 직무기술서

직무기술서란 직무수행의 내용과 필요한 능력, 관련 자격, 직업기초능력 등을 상세히 기재한 것으로 입사 후 수행하게 될 업무에 대한 정보가 수록되어 있는 자료입니다.

1. 채용분야

설명

NCS 직무분류 체계에 따라 직무에 대한 「대분류 – 중분류 – 소분류 – 세분류」 체계를 확인할 수 있습니다.
채용직무에 대한 모든 직무기술서를 첨부하게 되며 실제 수행 업무를 기준으로 세부적인 분류정보를 제공합니다.

채용분야	분류체계			
사무행정	대분류	중분류	소분류	세분류
분류코드	02. 경영・회계・사무	03. 재무・회계	01. 재무	01. 예산
				02. 자금
			02. 회계	01. 회계감사
				02. 세무

2. 능력단위

설명

직무분류 체계의 세분류 하위능력단위 중 실질적으로 수행할 업무의 능력만 구체적으로 파악할 수 있습니다.

능력단위	(예산)	03. 연간종합예산수립 05. 확정예산 운영	04. 추정재무제표 작성 06. 예산실적 관리	
	(자금)	04. 자금운용		
	(회계감사)	02. 자금관리 06. 재무분석	04. 결산관리 07. 회계감사	05. 회계정보시스템 운용
	(세무)	02. 결산관리	05. 부가가치세 신고	07. 법인세 신고

3. 직무수행내용

설명

세분류 영역의 기본정의를 통해 직무수행내용을 확인할 수 있습니다. 입사 후 수행할 직무내용을 구체적으로 확인할 수 있으며, 이를 통해 입사서류 작성부터 면접까지 직무에 대한 명확한 이해를 바탕으로 자신의 희망직무인지 아닌지, 해당 직무가 자신이 알고 있던 직무가 맞는지 확인할 수 있습니다.

직무수행내용	(예산) 일정기간 예상되는 수익과 비용을 편성, 집행하며 통제하는 일
	(자금) 자금의 계획 수립, 조달, 운용을 하고 발생 가능한 위험 관리 및 성과평가
	(회계감사) 기업 및 조직 내・외부에 있는 의사결정자들이 효율적인 의사결정을 할 수 있도록 유용한 정보를 제공, 제공된 회계정보의 적정성을 파악하는 일
	(세무) 세무는 기업의 활동을 위하여 주어진 세법범위 내에서 조세부담을 최소화시키는 조세전략을 포함하고 정확한 과세소득과 과세표준 및 세액을 산출하여 과세당국에 신고・납부하는 일

4. 직무기술서 예시

태도	(예산) 정확성, 분석적 태도, 논리적 태도, 타 부서와의 협조적 태도, 설득력
	(자금) 분석적 사고력
	(회계 감사) 합리적 태도, 전략적 사고, 정확성, 적극적 협업 태도, 법률준수 태도, 분석적 태도, 신속성, 책임감, 정확한 판단력
	(세무) 규정 준수 의지, 수리적 정확성, 주의 깊은 태도
우대 자격증	공인회계사, 세무사, 컴퓨터활용능력, 변호사, 워드프로세서, 전산회계운용사, 사회조사분석사, 재경관리사, 회계관리 등
직업기초능력	의사소통능력, 문제해결능력, 자원관리능력, 대인관계능력, 정보능력, 조직이해능력

5. 직무기술서 내용별 확인사항

항목	확인사항
모집부문	해당 채용에서 선발하는 부문(분야)명 확인 예 사무행정, 전산, 전기
분류체계	지원하려는 분야의 세부직무군 확인
주요기능 및 역할	지원하려는 기업의 전사적인 기능과 역할, 산업군 확인
능력단위	지원분야의 직무수행에 관련되는 세부업무사항 확인
직무수행내용	지원분야의 직무군에 대한 상세사항 확인
전형방법	지원하려는 기업의 신입사원 선발전형 절차 확인
일반요건	교육사항을 제외한 지원 요건 확인(자격요건, 특수한 경우 연령)
교육요건	교육사항에 대한 지원요건 확인(대졸 / 초대졸 / 고졸 / 전공 요건)
필요지식	지원분야의 업무수행을 위해 요구되는 지식 관련 세부항목 확인
필요기술	지원분야의 업무수행을 위해 요구되는 기술 관련 세부항목 확인
직무수행태도	지원분야의 업무수행을 위해 요구되는 태도 관련 세부항목 확인
직업기초능력	지원분야 또는 지원기업의 조직원으로서 근무하기 위해 필요한 일반적인 능력사항 확인

03 입사지원서

1. 입사지원서의 변화

기존지원서
직무와 관련 없는 학점, 개인신상, 어학점수, 자격, 수상경력 등을 나열하도록 구성

VS

능력중심 채용 입사지원서
해당 직무수행에 꼭 필요한 정보들을 제시할 수 있도록 구성

기존지원서		능력중심 채용 입사지원서	
직무기술서	→	인적사항	성명, 연락처, 지원분야 등 작성(평가 미반영)
직무수행내용		교육사항	직무지식과 관련된 학교교육 및 직업교육 작성
요구지식 / 기술		자격사항	직무관련 국가공인 또는 민간자격 작성
관련 자격증		경력 및 경험사항	조직에 소속되어 일정한 임금을 받거나(경력) 임금 없이(경험) 직무와 관련된 활동 내용 작성
사전직무경험			

2. 교육사항

- 지원분야 직무와 관련된 학교 교육이나 직업교육 혹은 기타교육 등 직무에 대한 지원자의 학습 여부를 평가하기 위한 항목입니다.
- 지원하고자 하는 직무의 학교 전공교육 이외에 직업교육, 기타교육 등을 기입할 수 있기 때문에 전공 제한 없이 직업교육과 기타교육을 이수하여 지원이 가능하도록 기회를 제공합니다.
  (기타교육 : 학교 이외의 기관에서 개인이 이수한 교육과정 중 지원직무와 관련이 있다고 생각되는 교육내용)

구분	교육과정(과목)명	교육내용	과업(능력단위)

3. 자격사항

- 채용공고 및 직무기술서에 제시되어 있는 자격 현황을 토대로 지원자가 해당 직무를 수행하는 데 필요한 능력을 가지고 있는지를 평가하기 위한 항목입니다.
- 채용공고 및 직무기술서에 기재된 직무관련 필수 또는 우대자격 항목을 확인하여 본인이 보유하고 있는 자격사항을 기재합니다.

자격유형	자격증명	발급기관	취득일자	자격증번호

4. 경력 및 경험사항

- 직무와 관련된 경력이나 경험 여부를 표현하도록 하여 직무와 관련한 능력을 갖추었는지를 평가하기 위한 항목입니다.
- 해당 기업에서 직무를 수행함에 있어 필요한 사항만을 기록하게 되어 있기 때문에 직무와 무관한 스펙을 갖추지 않아도 됩니다.
- 경력 : 금전적 보수를 받고 일정기간 동안 일했던 경우
- 경험 : 금전적 보수를 받지 않고 수행한 활동

※ 기업에 따라 경력 / 경험 관련 증빙자료 요구 가능

구분	조직명	직위 / 역할	활동기간(년 / 월)	주요과업 / 활동내용

Tip

입사지원서 작성 방법

○ 경력 및 경험사항 작성
- 직무기술서에 제시된 지식, 기술, 태도와 지원자의 교육사항, 경력(경험)사항, 자격사항과 연계하여 개인의 직무역량에 대해 스스로 판단 가능

○ 인적사항 최소화
- 개인의 인적사항, 학교명, 가족관계 등을 노출하지 않도록 유의

부적절한 입사지원서 작성 사례
- 학교 이메일을 기입하여 학교명 노출
- 거주지 주소에 학교 기숙사 주소를 기입하여 학교명 노출
- 자기소개서에 부모님이 재직 중인 기업명, 직위, 직업을 기입하여 가족관계 노출
- 자기소개서에 석·박사 과정에 대한 이야기를 언급하여 학력 노출
- 동아리 활동에 대한 내용을 학교명과 더불어 언급하여 학교명 노출

04 자기소개서

1. 자기소개서의 변화

- 기존의 자기소개서는 지원자의 일대기나 관심 분야, 성격의 장·단점 등 개괄적인 사항을 묻는 질문으로 구성되어 지원자가 자신의 직무능력을 제대로 표출하지 못합니다.
- 능력중심 채용의 자기소개서는 직무기술서에 제시된 직업기초능력(또는 직무수행능력)에 대한 지원자의 과거 경험을 기술하게 함으로써 평가 타당도의 확보가 가능합니다.

1. 우리 회사와 해당 지원 직무분야에 지원한 동기에 대해 기술해 주세요.

2. 자신이 경험한 다양한 사회활동에 관해 기술해 주세요.

3. 지원 직무에 대한 전문성을 키우기 위해 받은 교육과 경험 및 경력사항에 대해 기술해 주세요.

4. 인사업무 또는 팀 과제 수행 중 발생한 갈등을 원만하게 해결해 본 경험이 있습니까? 당시 상황에 대한 설명과 갈등의 대상이 되었던 상대방을 설득한 과정 및 방법을 하단에 기술해 주세요.

5. 과거에 있었던 일 중 가장 어려웠었던(힘들었었던) 상황을 고르고, 어떤 방법으로 그 상황을 해결했는지를 하단에 기술해 주세요.

Tip

자기소개서 작성 방법

① 자기소개서 문항이 묻고 있는 평가 역량 추측하기

예시

- 팀 활동을 하면서 갈등 상황 시 상대방의 니즈나 의도를 명확히 파악하고 해결하여 목표 달성에 기여했던 경험에 대해서 작성해 주시기 바랍니다.
- 다른 사람이 생각해내지 못했던 문제점을 찾고 이를 해결한 경험에 대해 작성해 주시기 바랍니다.

② 해당 역량을 보여줄 수 있는 소재 찾기(시간×역량 매트릭스)

예시

시간 →

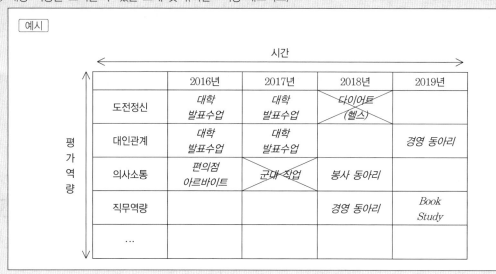

평가역량	2016년	2017년	2018년	2019년
도전정신	*대학 발표수업*	*대학 발표수업*	~~*다이어트 (헬스)*~~	
대인관계	*대학 발표수업*	*대학 발표수업*		*경영 동아리*
의사소통	*편의점 아르바이트*	~~*군대 작업*~~	*봉사 동아리*	
직무역량			*경영 동아리*	*Book Study*
…				

③ 자기소개서 작성 Skill 익히기

- 두괄식으로 작성하기
- 구체적 사례를 사용하기
- '나'를 중심으로 작성하기
- 직무역량 강조하기
- 경험 사례의 차별성 강조하기

CHAPTER 03 인성검사 소개 및 모의테스트

01 인성검사 유형

인성검사는 지원자의 성격특성을 객관적으로 파악하고 그것이 각 기업에서 필요로 하는 인재상과 가치에 부합하는가를 평가하기 위한 검사입니다. 인성검사는 KPDI(한국인재개발진흥원), K-SAD(한국사회적성개발원), KIRBS(한국행동과학연구소), SHR(에스에이치알) 등의 전문기관을 통해 각 기업의 특성에 맞는 검사를 선택하여 실시합니다. 대표적인 인성검사의 유형에는 크게 다음과 같은 세 가지가 있으며, 채용 대행업체에 따라 달라집니다.

1. KPDI 검사

조직적응성과 직무적합성을 알아보기 위한 검사로, 인성검사, 인성역량검사, 인적성검사, 직종별 인적성검사 등의 다양한 검사 도구를 구현합니다. KPDI는 성격을 파악하고 정신건강 상태 등을 측정하고, 직무검사는 해당 직무를 수행하기 위해 기본적으로 갖추어야 할 인지적 능력을 측정합니다. 역량검사는 특정 직무 역할을 효과적으로 수행하는 데 직접적으로 관련 있는 개인의 행동, 지식, 스킬, 가치관 등을 측정합니다.

2. KAD(Korea Aptitude Development) 검사

K-SAD(한국사회적성개발원)에서 실시하는 적성검사 프로그램입니다. 개인의 성향, 지적 능력, 기호, 관심, 흥미도를 종합적으로 분석하여 적성에 맞는 업무가 무엇인가 파악하고, 직무수행에 있어서 요구되는 기초능력과 실무능력을 분석합니다.

3. SHR 직무적성검사

직무수행에 필요한 종합적인 사고 능력을 다양한 적성검사(Paper and Pencil Test)로 평가합니다. SHR의 모든 직무능력검사는 표준화 검사입니다. 표준화 검사는 표본집단의 점수를 기초로 규준이 만들어진 검사이므로 개인의 점수를 규준에 맞추어 해석·비교하는 것이 가능합니다. S(Standardized Tests), H(Hundreds of Version), R(Reliable Norm Data)을 특징으로 하며, 직군·직급별 특성과 선발 수준에 맞추어 검사를 적용할 수 있습니다.

02 인성검사와 면접

인성검사는 특히 면접질문과 관련성이 높습니다. 면접관은 지원자의 인성검사 결과를 토대로 질문을 하기 때문입니다. 일관적이고 이상적인 답변을 하는 것이 가장 좋지만, 실제 시험은 매우 복잡하여 전문가라 해도 일정 성격을 유지하면서 답변을 하는 것이 힘듭니다. 또한, 인성검사에는 라이 스케일(Lie Scale) 설문이 전체 설문 속에 교묘하게 섞여 들어가 있으므로 겉치레적인 답을 하게 되면 회답태도의 허위성이 그대로 드러나게 됩니다. 예를 들어 '거짓말을 한 적이 한 번도 없다.'에 '예'로 답하고, '때로는 거짓말을 하기도 한다.'에 '예'라고 답하여 라이 스케일의 득점이 올라가게 되면 모든 회답의 신빙성이 사라지고 '자신을 돋보이게 하려는 사람'이라는 평가를 받을 수 있으므로 주의해야 합니다. 따라서 모의테스트를 통해 인성검사의 유형과 실제 시험 시 어떻게 문제를 풀어야 하는지 연습해 보고 체크한 부분 중 자신의 단점과 연결되는 부분은 면접에서 질문이 들어왔을 때 어떻게 대처해야 하는지 생각해 보는 것이 좋습니다.

03 유의사항

1. 기업의 인재상을 파악하라!

인성검사를 통해 개인의 성격 특성을 파악하고 그것이 기업의 인재상과 가치에 부합하는지를 평가하는 시험이기 때문에 해당 기업의 인재상을 먼저 파악하고 시험에 임하는 것이 좋습니다. 모의테스트에서 인재상에 맞는 가상의 인물을 설정하고 문제에 답해 보는 것도 많은 도움이 됩니다.

2. 일관성 있는 대답을 하라!

짧은 시간 안에 다양한 질문에 답을 해야 하는데, 그 안에는 중복되는 질문이 여러 번 나옵니다. 이때 앞서 자신이 체크했던 대답을 잘 기억해뒀다가 일관성 있는 답을 하는 것이 중요합니다.

3. 모든 문항에 대답하라!

많은 문제를 짧은 시간 안에 풀려다 보니 다 못 푸는 경우도 종종 생깁니다. 하지만 대답을 누락하거나 끝까지 다 못했을 경우 좋지 않은 결과를 가져올 수도 있으니 최대한 주어진 시간 안에 모든 문항에 답할 수 있도록 해야 합니다.

04 KPDI 모의테스트

※ 모의테스트는 질문 및 답변 유형 연습을 위한 것으로 실제 시험과 다를 수 있습니다.

번호	내용	예	아니오
001	나는 솔직한 편이다.	☐	☐
002	나는 리드하는 것을 좋아한다.	☐	☐
003	법을 어겨서 말썽이 된 적이 한 번도 없다.	☐	☐
004	거짓말을 한 번도 한 적이 없다.	☐	☐
005	나는 눈치가 빠르다.	☐	☐
006	나는 일을 주도하기보다는 뒤에서 지원하는 것을 선호한다.	☐	☐
007	앞일은 알 수 없기 때문에 계획은 필요하지 않다.	☐	☐
008	거짓말도 때로는 방편이라고 생각한다.	☐	☐
009	사람이 많은 술자리를 좋아한다.	☐	☐
010	걱정이 지나치게 많다.	☐	☐
011	일을 시작하기 전 재고하는 경향이 있다.	☐	☐
012	불의를 참지 못한다.	☐	☐
013	처음 만나는 사람과도 이야기를 잘 한다.	☐	☐
014	때로는 변화가 두렵다.	☐	☐
015	나는 모든 사람에게 친절하다.	☐	☐
016	힘든 일이 있을 때 술은 위로가 되지 않는다.	☐	☐
017	결정을 빨리 내리지 못해 손해를 본 경험이 있다.	☐	☐
018	기회를 잡을 준비가 되어 있다.	☐	☐
019	때로는 내가 정말 쓸모없는 사람이라고 느낀다.	☐	☐
020	누군가 나를 챙겨주는 것이 좋다.	☐	☐
021	자주 가슴이 답답하다.	☐	☐
022	나는 내가 자랑스럽다.	☐	☐
023	경험이 중요하다고 생각한다.	☐	☐
024	전자기기를 분해하고 다시 조립하는 것을 좋아한다.	☐	☐
025	감시받고 있다는 느낌이 든다.	☐	☐

05 SHR 모의테스트

※ 모의테스트는 질문 및 답변 유형 연습을 위한 것으로 실제 시험과 다를 수 있습니다.

※ 이 성격검사의 각 문항에는 서로 다른 행동을 나타내는 네 개의 문장이 제시되어 있습니다. 이 문장들을 비교하여, 자신의 평소 행동과 가장 가까운 문장을 'ㄱ' 열에 표기하고, 가장 먼 문장을 'ㅁ' 열에 표기하십시오.

01 나는 ______________________

	ㄱ	ㅁ
A. 실용적인 해결책을 찾는다.	☐	☐
B. 다른 사람을 돕는 것을 좋아한다.	☐	☐
C. 세부 사항을 잘 챙긴다.	☐	☐
D. 상대의 주장에서 허점을 잘 찾는다.	☐	☐

02 나는 ______________________

	ㄱ	ㅁ
A. 매사에 적극적으로 임한다.	☐	☐
B. 즉흥적인 편이다.	☐	☐
C. 관찰력이 있다.	☐	☐
D. 임기응변에 강하다.	☐	☐

03 나는 ______________________

	ㄱ	ㅁ
A. 무서운 영화를 잘 본다.	☐	☐
B. 조용한 곳이 좋다.	☐	☐
C. 가끔 울고 싶다.	☐	☐
D. 집중력이 좋다.	☐	☐

04 나는 ______________________

	ㄱ	ㅁ
A. 기계를 조립하는 것을 좋아한다.	☐	☐
B. 집단에서 리드하는 역할을 맡는다.	☐	☐
C. 호기심이 많다.	☐	☐
D. 음악을 듣는 것을 좋아한다.	☐	☐

CHAPTER 04

면접전형 가이드

01 면접유형 파악

1. 면접전형의 변화

기존 면접전형에서는 일상적이고 단편적인 대화나 지원자의 첫인상 및 면접관의 주관적인 판단 등에 의해서 입사 결정 여부를 판단하는 경우가 많았습니다. 이러한 면접전형은 면접 내용의 일관성이 결여되거나 직무 관련 타당성이 부족하였고, 면접에 대한 신뢰도에 영향을 주었습니다.

기존 면접(전통적 면접)		능력중심 채용 면접(구조화 면접)
• 일상적이고 단편적인 대화 • 인상, 외모 등 외부 요소의 영향 • 주관적인 판단에 의존한 총점 부여 ⇩ • 면접 내용의 일관성 결여 • 직무관련 타당성 부족 • 주관적인 채점으로 신뢰도 저하	VS	• 일관성 – 직무관련 역량에 초점을 둔 구체적 질문 목록 – 지원자별 동일 질문 적용 • 구조화 – 면접 진행 및 평가 절차를 일정한 체계에 의해 구성 • 표준화 – 평가 타당도 제고를 위한 평가 Matrix 구성 – 척도에 따라 항목별 채점, 개인 간 비교 • 신뢰성 – 면접진행 매뉴얼에 따라 면접위원 교육 및 실습

2. 능력중심 채용의 면접 유형

① 경험 면접
- 목적 : 선발하고자 하는 직무 능력이 필요한 과거 경험을 질문합니다.
- 평가요소 : 직업기초능력과 인성 및 태도적 요소를 평가합니다.

② 상황 면접
- 목적 : 특정 상황을 제시하고 지원자의 행동을 관찰함으로써 실제 상황의 행동을 예상합니다.
- 평가요소 : 직업기초능력과 인성 및 태도적 요소를 평가합니다.

③ 발표 면접
- 목적 : 특정 주제와 관련된 지원자의 발표와 질의응답을 통해 지원자 역량을 평가합니다.
- 평가요소 : 직무수행능력과 인지적 역량(문제해결능력)을 평가합니다.

④ 토론 면접
- 목적 : 토의과제에 대한 의견수렴 과정에서 지원자의 역량과 상호작용능력을 평가합니다.
- 평가요소 : 직무수행능력과 팀워크를 평가합니다.

02 면접유형별 준비 방법

1. 경험 면접

① 경험 면접의 특징

- 주로 직업기초능력에 관련된 지원자의 과거 경험을 심층 질문하여 검증하는 면접입니다.

> - 능력요소, 정의, 심사 기준
>   - 평가하고자 하는 능력요소, 정의, 심사기준을 확인하여 면접위원이 해당 능력요소 관련 질문을 제시합니다.
> - Opening Question
>   - 능력요소에 관련된 과거 경험을 유도하기 위한 시작 질문을 합니다.
> - Follow-up Question
>   - 지원자의 경험 수준을 구체적으로 검증하기 위한 질문입니다.
>   - 경험 수준 검증을 위한 상황(Situation), 임무(Task), 역할 및 노력(Action), 결과(Result) 등으로 질문을 구분합니다.

경험 면접의 형태

- 직무능력과 관련된 과거 경험을 평가하기 위해 심층 질문을 하며, 이 질문은 지원자의 답변에 대하여 '꼬리에 꼬리를 무는 형식'으로 진행됩니다.

② 경험 면접의 구조

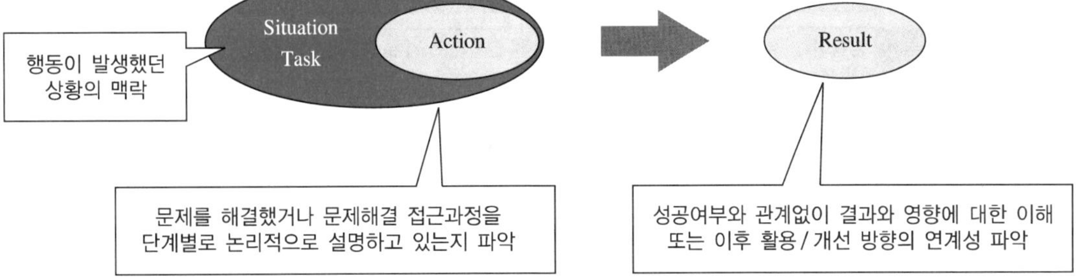

S(Situation)	귀하가 처해 있던 상황에 대해 말해 보시오.
T(Task)	귀하가 수행한 과제 / 과업은 무엇인가?
A(Action)	어떻게 행동(대응)했는가?
R(Result)	그 행동의 결과는 어땠는가?

(　　　　)에 관한 과거 경험에 대하여 말해 보시오.

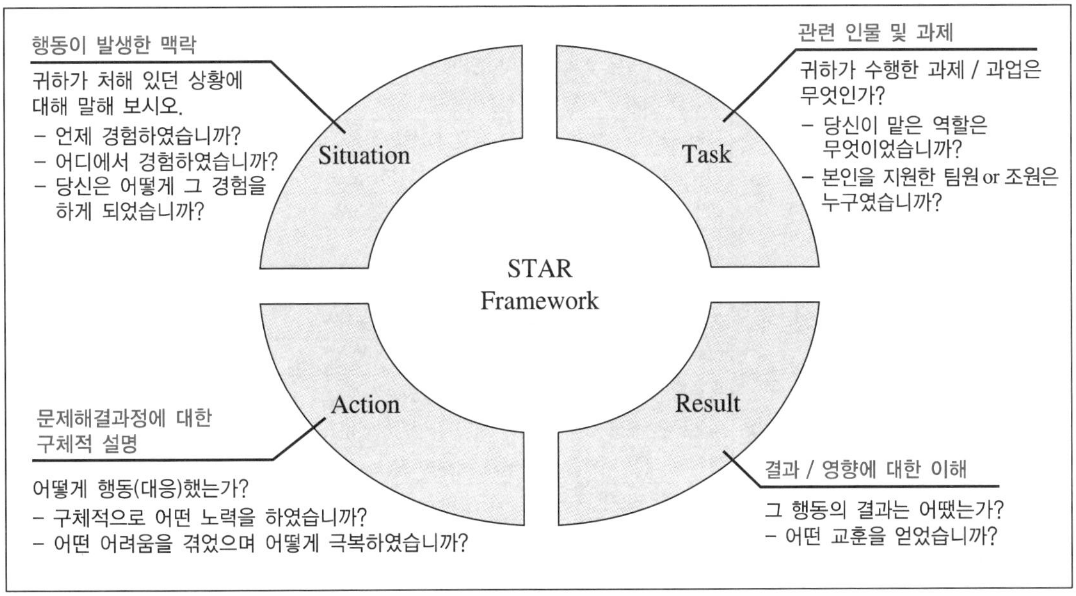
행동이 발생한 맥락
귀하가 처해 있던 상황에 대해 말해 보시오.
- 언제 경험하였습니까?
- 어디에서 경험하였습니까?
- 당신은 어떻게 그 경험을 하게 되었습니까?
Situation
관련 인물 및 과제
귀하가 수행한 과제 / 과업은 무엇인가?
- 당신이 맡은 역할은 무엇이었습니까?
- 본인을 지원한 팀원 or 조원은 누구였습니까?
Task
STAR Framework
Action
문제해결과정에 대한 구체적 설명
어떻게 행동(대응)했는가?
- 구체적으로 어떤 노력을 하였습니까?
- 어떤 어려움을 겪었으며 어떻게 극복하였습니까?
Result
행동이 발생했던 상황의 맥락
문제를 해결했거나 문제해결 접근과정을 단계별로 논리적으로 설명하고 있는지 파악
성공여부와 관계없이 결과와 영향에 대한 이해 또는 이후 활용 / 개선 방향의 연계성 파악
결과 / 영향에 대한 이해
그 행동의 결과는 어땠는가?
- 어떤 교훈을 얻었습니까?

③ 경험 면접 질문 예시(직업윤리)

시작 질문	
1	남들이 신경 쓰지 않는 부분까지 고려하여 절차대로 업무(연구)를 수행하여 성과를 낸 경험을 구체적으로 말해 보시오.
2	조직의 원칙과 절차를 철저히 준수하며 업무(연구)를 수행한 것 중 성과를 향상시킨 경험에 대해 구체적으로 말해 보시오.
3	세부적인 절차와 규칙에 주의를 기울여 실수 없이 업무(연구)를 마무리한 경험을 구체적으로 말해 보시오.
4	조직의 규칙이나 원칙을 고려하여 성실하게 일했던 경험을 구체적으로 말해 보시오.
5	타인의 실수를 바로잡고 원칙과 절차대로 수행하여 성공적으로 업무를 마무리하였던 경험에 대해 말해 보시오.

후속 질문		
상황 (Situation)	상황	구체적으로 언제, 어디에서 경험한 일인가?
		어떤 상황이었는가?
	조직	어떤 조직에 속해 있었는가?
		그 조직의 특성은 무엇이었는가?
		몇 명으로 구성된 조직이었는가?
	기간	해당 조직에서 얼마나 일했는가?
		해당 업무는 몇 개월 동안 지속되었는가?
	조직규칙	조직의 원칙이나 규칙은 무엇이었는가?
임무 (Task)	과제	과제의 목표는 무엇이었는가?
		과제에 적용되는 조직의 원칙은 무엇이었는가?
		그 규칙을 지켜야 하는 이유는 무엇이었는가?
	역할	당신이 조직에서 맡은 역할은 무엇이었는가?
		과제에서 맡은 역할은 무엇이었는가?
	문제의식	규칙을 지키지 않을 경우 생기는 문제점 / 불편함은 무엇인가?
		해당 규칙이 왜 중요하다고 생각하였는가?
역할 및 노력 (Action)	행동	업무 과정의 어떤 장면에서 규칙을 철저히 준수하였는가?
		어떻게 규정을 적용시켜 업무를 수행하였는가?
		규정은 준수하는 데 어려움은 없었는가?
	노력	그 규칙을 지키기 위해 스스로 어떤 노력을 기울였는가?
		본인의 생각이나 태도에 어떤 변화가 있었는가?
		다른 사람들은 어떤 노력을 기울였는가?
	동료관계	동료들은 규칙을 철저히 준수하고 있었는가?
		팀원들은 해당 규칙에 대해 어떻게 반응하였는가?
		규칙에 대한 태도를 개선하기 위해 어떤 노력을 하였는가?
		팀원들의 태도는 당신에게 어떤 자극을 주었는가?
	업무추진	주어진 업무를 추진하는 데 규칙이 방해되진 않았는가?
		업무수행 과정에서 규정을 어떻게 적용하였는가?
		업무 시 규정을 준수해야 한다고 생각한 이유는 무엇인가?

결과 (Result)	평가	규칙을 어느 정도나 준수하였는가?
		그렇게 준수할 수 있었던 이유는 무엇이었는가?
		업무의 성과는 어느 정도였는가?
		성과에 만족하였는가?
		비슷한 상황이 온다면 어떻게 할 것인가?
	피드백	주변 사람들로부터 어떤 평가를 받았는가?
		그러한 평가에 만족하는가?
		다른 사람에게 본인의 행동이 영향을 주었다고 생각하는가?
	교훈	업무수행 과정에서 중요한 점은 무엇이라고 생각하는가?
		이 경험을 통해 느낀 바는 무엇인가?

2. 상황 면접

① 상황 면접의 특징

직무 관련 상황을 가정하여 제시하고 이에 대한 대응능력을 직무관련성 측면에서 평가하는 면접입니다.

- 상황 면접 과제의 구성은 크게 2가지로 구분
  - 상황 제시(Description) / 문제 제시(Question or Problem)
- 현장의 실제 업무 상황을 반영하여 과제를 제시하므로 직무분석이나 직무전문가 워크숍 등을 거쳐 현장성을 높임
- 문제는 상황에 대한 기본적인 이해능력(이론적 지식)과 함께 실질적 대응이나 변수 고려능력(실천적 능력) 등을 고르게 질문해야 함

상황 면접의 형태

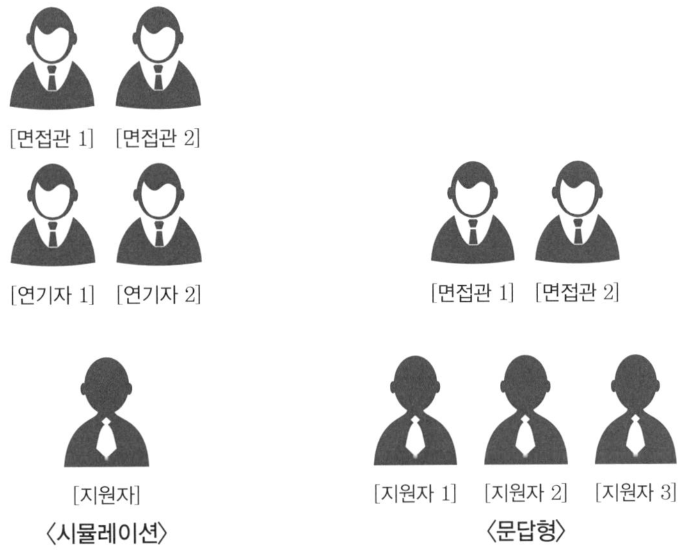

② 상황 면접 예시

상황 제시	인천공항 여객터미널 내에는 다양한 용도의 시설(사무실, 통신실, 식당, 전산실, 창고 면세점 등)이 설치되어 있습니다.	실제 업무 상황에 기반함
	금년에 소방배관의 누수가 잦아 메인 배관을 교체하는 공사를 추진하고 있으며, 당신은 이번 공사의 담당자입니다.	배경 정보
	주간에는 공항 운영이 이루어져 주로 야간에만 배관 교체 공사를 수행하던 중, 시공하는 기능공의 실수로 배관 연결 부위를 잘못 건드려 고압배관의 소화수가 누출되는 사고가 발생하였으며, 이로 인해 인근 시설물에 누수에 의한 피해가 발생하였습니다.	구체적인 문제 상황
문제 제시	일반적인 소방배관의 배관연결(이음)방식과 배관의 이탈(누수)이 발생하는 원인에 대해 설명해 보시오.	문제 상황 해결을 위한 기본 지식 문항
	담당자로서 본 사고를 현장에서 긴급히 처리하는 프로세스를 제시하고, 보수완료 후 사후적 조치가 필요한 부분 및 재발방지 방안에 대해 설명해 보시오.	문제 상황 해결을 위한 추가 대응 문항

3. 발표 면접

① 발표 면접의 특징

• 직무관련 주제에 대한 지원자의 생각을 정리하여 의견을 제시하고, 발표 및 질의응답을 통해 지원자의 직무 능력을 평가하는 면접입니다.

• 발표 주제는 직무와 관련된 자료로 제공되며, 일정 시간 후 지원자가 보유한 지식 및 방안에 대한 발표 및 후속 질문을 통해 직무적합성을 평가합니다.

> • 주요 평가요소
>   – 설득적 말하기 / 발표능력 / 문제해결능력 / 직무관련 전문성
>
> • 이미 언론을 통해 공론화된 시사 이슈보다는 해당 직무분야에 관련된 주제가 발표면접의 과제로 선정되는 경우가 최근 들어 늘어나고 있음
>
> • 짧은 시간 동안 주어진 과제를 빠른 속도로 분석하여 발표문을 작성하고 제한된 시간 안에 면접관에게 효과적인 발표를 진행하는 것이 핵심

발표 면접의 형태

〈개별과제 발표〉 〈팀 과제 발표〉

※ 면접관에게 시각적 효과를 사용하여 메시지를 전달하는 쌍방향 커뮤니케이션 방식

※ 심층면접을 보완하기 위한 방안으로 최근 많은 기업에서 적극 도입하는 추세

② 발표 면접 예시

1. 지시문

당신은 현재 A사에서 직원들의 성과평가를 담당하고 있는 팀원이다. 인사팀은 지난주부터 사내 조직문화관련 인터뷰를 하던 도중 성과평가제도에 관련된 개선 니즈가 제일 많다는 것을 알게 되었다. 이에 팀장님은 인터뷰 결과를 종합하려 성과평가제도 개선 아이디어를 A4용지에 정리하여 신속 보고할 것을 지시하셨다. 당신에게 남은 시간은 1시간이다. 자료를 준비하는 대로 당신은 팀원들이 모인 회의실에서 5분 간 발표할 것이며, 이후 질의응답을 진행할 것이다.

2. 배경자료

〈성과평가제도 개선에 대한 인터뷰〉

최근 A사는 회사 사세의 급성장으로 인해 작년보다 매출이 두 배 성장하였고, 직원 수 또한 두 배로 증가하였다. 회사의 성장은 임금, 복지에 대한 상승 등 긍정적인 영향을 주었으나 업무의 불균형 및 성과보상의 불평등 문제가 발생하였다. 또한 수시로 입사하는 신입직원과 경력직원, 퇴사하는 직원들까지 인원들의 잦은 변동으로 인해 평가해야 할 대상이 변경되어 현재의 성과평가제도로는 공정한 평가가 어려운 상황이다.

[생산부서 김상호]
우리 팀은 지난 1년 동안 생산량이 급증했기 때문에 수십 명의 신규인력이 급하게 채용되었습니다. 이 때문에 저희 팀장님은 신규 입사자들의 이름조차 기억 못할 때가 많이 있습니다. 성과평가를 제대로 하고 있는지 의문이 듭니다.

[마케팅 부서 김흥민]
개인의 성과평가의 취지는 충분히 이해합니다. 그러나 현재 평가는 실적기반이나 정성적인 평가가 많이 포함되어 있어 객관성과 공정성에는 의문이 드는 것이 사실입니다. 이러한 상황에서 평가제도를 재수립하지 않고, 인센티브에 계속 반영한다면, 평가제도에 대한 반감이 커질 것이 분명합니다.

[교육부서 홍경민]
현재 교육부서는 인사팀과 밀접하게 일하고 있습니다. 그럼에도 인사팀에서 실시하는 성과평가제도에 대한 이해가 부족한 것 같습니다.

[기획부서 김경호 차장]
저는 저의 평가자 중 하나가 연구부서의 팀장님인데, 일 년에 몇 번 같이 일하지 않는데 어떻게 저를 평가할 수 있을까요? 특히 연구팀은 저희가 예산을 배정하는데, 저에게는 좋지만….

4. 토론 면접

① 토론 면접의 특징

- 다수의 지원자가 조를 편성해 과제에 대한 토론(토의)을 통해 결론을 도출해가는 면접입니다.
- 의사소통능력, 팀워크, 종합인성 등의 평가에 용이합니다.

> 1. 주요 평가요소
>   - 설득적 말하기, 경청능력, 팀워크, 종합인성
> 2. 의견 대립이 명확한 주제 또는 채용분야의 직무 관련 주요 현안을 주제로 과제 구성
> 3. 제한된 시간 내 토론을 진행해야 하므로 적극적으로 자신 있게 토론에 임하고 본인의 의견을 개진할 수 있어야 함

토론 면접의 형태

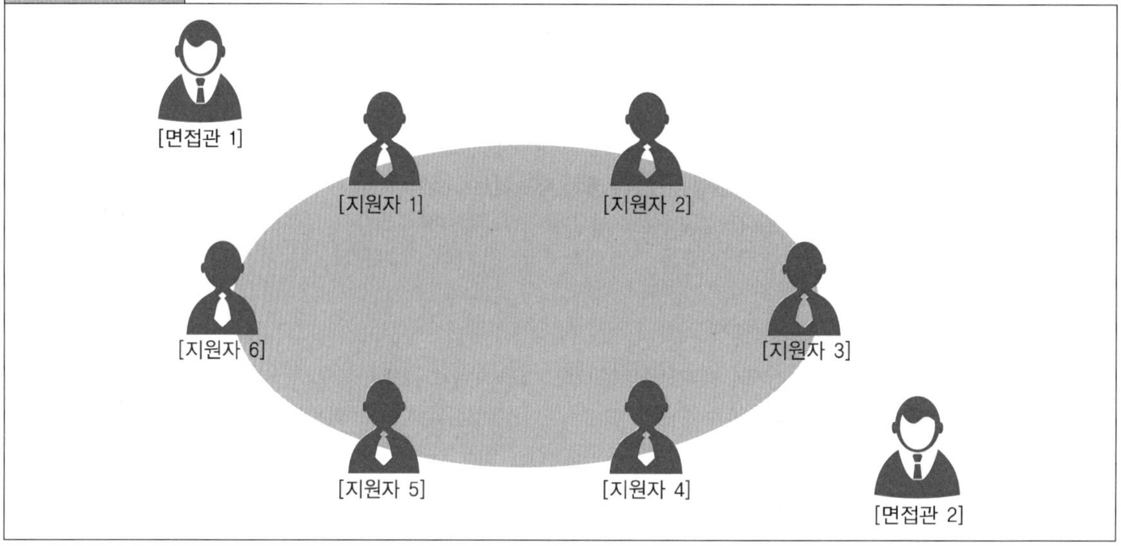

② 토론 면접 예시

고객 불만 고충처리
1. 들어가며
최근 우리 상품에 대한 고객 불만의 증가로 고객고충처리 TF가 만들어졌고 당신은 여기에 지원해 배치받았다. 당신의 업무는 불만을 가진 고객을 만나서 애로사항을 듣고 처리해 주는 일이다. 주된 업무로는 고객의 니즈를 파악해 방향성을 제시해 주고 그 해결책을 마련하는 일이다. 하지만 경우에 따라서 고객의 주관적인 의견으로 인해 제대로 된 방향으로 의사결정을 하지 못할 때가 있다. 이럴 경우 설득이나 논쟁을 해서라도 의견을 관철시키는 것이 좋을지 아니면 고객의 의견대로 진행하는 것이 좋을지 결정해야 할 때가 있다. 만약 당신이라면 이러한 상황에서 어떤 결정을 내릴 것인지 여부를 자유롭게 토론해 보시오.
2. 1분 자유 발언 시 준비사항
• 당신은 의견을 자유롭게 개진할 수 있으며 이에 따른 불이익은 없습니다. • 토론의 방향성을 이해하고, 내용의 장점과 단점이 무엇인지 문제를 명확히 말해야 합니다. • 합리적인 근거에 기초하여 개선방안을 명확히 제시해야 합니다. • 제시한 방안을 실행 시 예상되는 긍정적·부정적 영향요인도 동시에 고려할 필요가 있습니다.
3. 토론 시 유의사항
• 토론 주제문과 제공해드린 메모지, 볼펜만 가지고 토론장에 입장할 수 있습니다. • 사회자의 지정 또는 발표자가 손을 들어 발언권을 획득할 수 있으며, 사회자의 통제에 따릅니다. • 토론회가 시작되면, 팀의 의견과 논거를 정리하여 1분간의 자유발언을 할 수 있습니다. 순서는 사회자가 지정합니다. 이후에는 자유롭게 상대방에게 질문하거나 답변을 하실 수 있습니다. • 핸드폰, 서적 등 외부 매체는 사용하실 수 없습니다. • 논제에 벗어나는 발언이나 지나치게 공격적인 발언을 할 경우, 위에서 제시한 유의사항을 지키지 않을 경우 불이익을 받을 수 있습니다.

03 면접 Role Play

1. 면접 Role Play 편성

- 교육생끼리 조를 편성하여 면접관과 지원자 역할을 교대로 진행합니다.
- 지원자 입장과 면접관 입장을 모두 경험해 보면서 면접에 대한 적응력을 높일 수 있습니다.

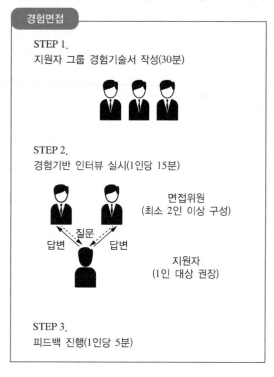

경험면접

STEP 1.
지원자 그룹 경험기술서 작성(30분)

STEP 2.
경험기반 인터뷰 실시(1인당 15분)

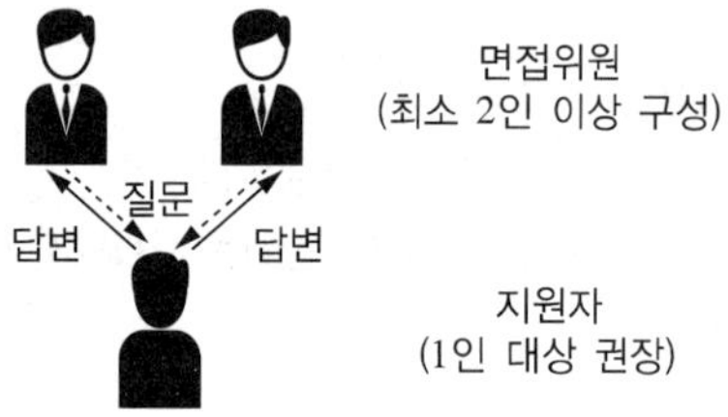

STEP 3.
피드백 진행(1인당 5분)

발표면접

STEP 1.
지원자 그룹 발표 내용 작성(30분)

STEP 2.
발표 5분+추가질의 5분(1인당 10분)

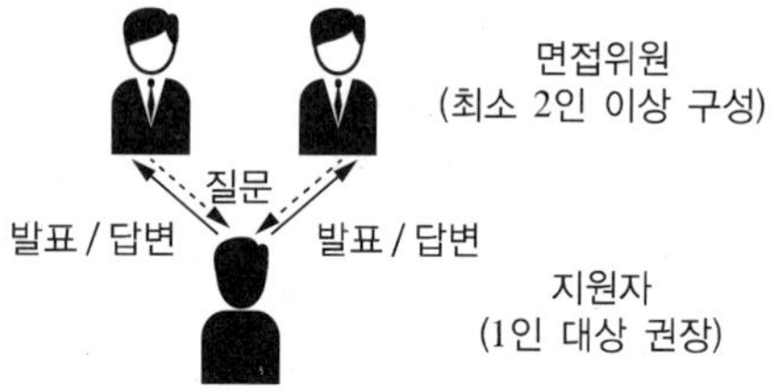

STEP 3.
피드백 진행(1인당 5분)

Tip

면접 준비하기

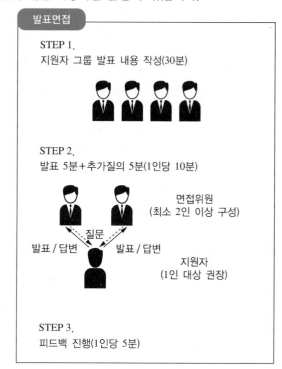

1. 면접 유형 확인 필수
   - 기업마다 면접 유형이 상이하기 때문에 해당 기업의 면접 유형을 확인하는 것이 좋음
   - 일반적으로 실무진 면접, 임원면접 2차례를 거쳐 면접을 실시하는 기업이 많고 실무진 면접과 임원 면접에서 평가요소가 다르기 때문에 유형에 맞는 준비방법이 필요
2. 후속 질문에 대한 사전 점검
   - 블라인드 채용 면접에서는 주요 질문과 함께 후속 질문을 통해 지원자의 직무능력을 판단
   → STAR 기법을 통한 후속 질문을 미리 대비하는 것이 필요

주요 공기업 최신 면접 기출

01 코레일 한국철도공사

1. 경험면접

기출 엿보기

- 창의성을 발휘해 본 경험에 대해 말해 보시오.
- 세대 간의 갈등을 겪어 본 경험에 대해 말해 보시오.
- 본인은 안전 의식이 있다고 생각하는지 말해 보시오.
- 남들이 꺼려하는 일을 해 본 경험에 대해 말해 보시오.
- 교대근무에 대해서 어떻게 생각하는지 말해 보시오.
- 직접 나서서 팀을 이끌기 위해 노력한 점이 있는가?
- 코레일의 문제점 및 개선방안에 대해 말해 보시오.
- 인간관계에 있어서 무엇을 중요하게 생각하는가?
- 정보를 수집할 때 어떤 방법으로 수집하는가?
- 코레일에 입사하기 위해 본인이 노력한 것에는 무엇이 있는가?

2. 상황면접

기출 엿보기

- 업무를 진행하면서 타 회사와 거래를 하게 되었는데, 거래하러 온 사람이 지인이었다면 어떻게 할 것인지 말해 보시오.
- 입사한다면 상사의 지시에 따를 것인가, 본인의 방법대로 진행할 것인가?
- 의견을 고집하는 사람이 조직 내에 있기 위해 어떻게 할 것인지 말해 보시오.
- 차량을 정비할 때 동료들끼리 혼선되지 않고 일하려면 어떻게 할 것인지 말해 보시오.
- 민원이 들어오거나 차량안전에 문제가 있을 시 어떻게 할 것인지 말해 보시오.
- 공익요원이 자꾸 스마트폰을 한다. 지나가는 고객이 조언을 해도 무시하는 상황이라면 어떻게 해결할 것인지 말해 보시오.
- 코레일 환경상 하청 없이 전기직 직원이 직접 유지보수를 해야 하는 상황에서 많은 사고가 발생한다. 사고를 줄일 수 있는 획기적인 방법은 무엇인가?
- 무임승차를 한 고객을 발견했을 때 어떻게 대응할 것인지 말해 보시오.
- 카페열차의 이용 활성화 방안에 대해 말해 보시오.
- 명절에 갑자기 취소하는 표에 대한 손해액 대책 마련 방안에 대해 말해 보시오.

02 한국전력공사

1. 직무면접

기출 엿보기

- 한국전력공사에 입사하기 위해 어떤 준비를 하였는지 말해 보시오.
- 본인의 분석력이 어떻다고 생각하는지 말해 보시오.
- 금리와 환율의 변화가 한국전력공사에 미치는 영향에 대해 말해 보시오.
- 공유지의 비극에 대해 설명해 보시오.
- 수평적 조직과 수직적 조직의 장점에 대해 말해 보시오.
- 가장 친환경적인 에너지는 무엇이라 생각하는지 말해 보시오.
- 윤리경영의 우수한 사례에 대해 말해 보시오.
- 연구비 및 회계처리 방법에 대해 말해 보시오.
- IPO(기업공개)에 대해 설명해 보시오.
- 변화된 전기요금체계에 대해 설명해 보시오.

2. 종합면접

기출 엿보기

- 회식에 참석하기 싫어하는 직장동료가 있다면 어떻게 할 것인지 말해 보시오.
- 청렴한 조직을 만들기 위해서는 어떠한 노력을 해야 하는지 말해 보시오.
- 한국전력공사에서 업무를 할 때 지침과 융통성 중 어느 것을 우선해야 하는지 말해 보시오.
- 민원인이 욕설을 한다면 어떻게 대처할 것인지 말해 보시오.
- 한국전력공사 조직문화의 특징과 장단점에 대해 말해 보시오.
- 청렴한 조직 분위기를 조성하기 위한 방법에 대해 말해 보시오.
- 본인이 팀장이라면 실력이 좋은 직원과 인성이 좋은 직원 중 어떤 직원을 우선적으로 선택할 것인지 말해 보시오.
- 제멋대로인 팀원이 있다면 어떻게 대처할 것인지 말해 보시오.
- 다른 사람과 갈등이 생겼을 때 설득했던 경험에 대해 말해 보시오.
- 인생에서 가장 힘들었던 일과 그 해결 방법에 대해 말해 보시오.
- 상사의 부당한 지시가 반복된다면 어떻게 행동할 것인지 말해 보시오.
- 한국전력공사를 잘 모르는 사람에게 한국전력공사를 설명한다면 어떻게 할 것인지 말해 보시오.
- 한국전력공사의 최근 이슈에 대해 말해 보시오.
- 업무상 민간 사업자가 불만을 제기한다면 어떻게 설득할 것인지 말해 보시오.
- 본인이 조직에 피해를 주고 있는지 파악하는 본인만의 기준에 대해 말해 보시오.

03 국민건강보험공단

1. 상황면접

기출 엿보기

- 저출산 고령화로 인해 2030세대에 부양 부담이 가중되는 상황이다. 건강보험료의 인상과 이로 인한 2030세대의 부담 가중도 피할 수 없는 상황이 되었는데, 보험료 인상에 대한 2030세대의 저항이 굉장히 심하다. 이런 문제를 어떻게 해결할 것인지 말해 보시오.
- 생계형 체납자들을 관리하기 위해 앞으로 국민건강보험공단이 해야 할 일로 적절한 것은 무엇인지 말해 보시오.
- 현재 2030세대와 4050세대 사이의 심각한 괴리감이 커지고 있다. 이러한 세대갈등을 해결하기 위한 방향으로 적절한 방법은 무엇인지 말해 보시오.
- 지역사회 경제 활성화를 위해서 국민건강보험공단에서 할 수 있는 사업은 무엇인지 말해 보시오.
- 영유아의 건강검진 수검률은 낮은 상태를 유지하고 있다. 저출산, 고령화의 상황에서 영유아 건강은 무엇보다 중요한 문제이다. 현재 국가에서 전액을 지원함에도 영유아 미수검율이 훨씬 높은데, 이때 공단 관계자로서 해결 방법은 무엇인지 말해 보시오.

2. 인성면접

기출 엿보기

- 많은 공공기관 중에서도 국민건강보험공단에 지원한 이유는 무엇인가?
- 본인이 업무를 수행할 때 부족한 역량이라고 생각되는 부분은 무엇인가? 그리고 그 이유는 무엇인가?
- 본인의 권한 내에서 민원을 효율적으로 응대한 경험에 대해 말해 보시오.
- 공공기관 직원에게 가장 중요한 직업윤리를 말하고, 그 이유에 대해 말해 보시오.
- 가장 응대하기 어려웠던 민원인의 유형은 누구였는가?
- 가장 일하기 힘든 동료는 어떤 유형인가? 그리고 그 동료가 왜 그렇게 행동했는지 말해 보시오.
- 오늘 면접 보는 것을 친구들이나 부모님께 말했는가? 그리고 동료들의 피드백은 어땠는가?
- 실수를 했음에도 불구하고 끝까지 일을 완수한 경험에 대해 말해 보시오.
- 원칙을 지키기 힘들었음에도 불구하고 끝까지 지킨 경험에 대해 말해 보시오.
- 성향이 달랐던 사람과 일을 해 본 경험에 대해 말해 보시오.
- 일하면서 상사를 만족시켰던 경험에 대해 말해 보시오.
- 결정을 내릴 때 혼자 하는가, 주변 사람들의 의견을 많이 따르는 편인가?

04 한국산업인력공단

1. 종합면접

기출 엿보기

- 한국산업인력공단의 여러 부서 중 디지털 시대에 맞춰 변화해야 한다고 생각하는 2가지를 말해 보시오.
- 내키지 않는 업무를 했던 경험에 대해 말해 보시오.
- 주변 사람들에게 받았던 피드백에 대해 말해 보시오.
- 주변 사람들이 본인을 어떻게 생각하는지 말해 보시오.
- 한국산업인력공단의 사업을 보다 널리 알릴 수 있는 방안에 대해 말해 보시오.
- 한국산업인력공단의 여러 사업 중 본인이 가장 관심 있는 사업에 대해 설명해 보시오.
- 본인이 지원한 직무에 기여할 수 있는 역량을 말해 보시오.
- 공직자로서 가장 중요하다고 생각하는 것이 무엇인지 말해 보시오.
- 선배에게 피드백을 받기 위해 노력했던 경험에 대해 말해 보시오.
- 리더의 자질이 무엇이라고 생각하는지 말해 보시오.
- 입사 후 가장 맡고 싶은 사업은 무엇이며, 이에 어떤 태도로 임할 것인지 말해 보시오.
- 본인의 단점은 무엇이며, 이를 고치기 위해 어떠한 노력을 했는지 말해 보시오.
- 상사가 규정 또는 법규에 맞지 않는 일을 한다면 어떻게 할 것인지 말해 보시오.
- 근무하는 부서가 갑자기 사라진다면 어떻게 대처할 것인지 말해 보시오.
- 근무하는 부서의 급한 업무와 외부 클라이언트의 급한 업무 중 무엇을 먼저 처리할 것인지 말해 보시오.
- 업무에 있어 윤리적인 면과 수익적인 면 중 무엇이 더 우선적인지 말해 보시오.

05 건강보험심사평가원

1. 심층면접

기출 엿보기

- 건강보험심사평가원의 역할 중 가장 중요한 것이 무엇이라고 생각하는지 말해 보시오.
- 건강보험심사평가원의 사업에 대해 아는 대로 말해 보시오.
- 건강보험심사평가원이 가장 잘하고 있는 제도와 못한다고 생각하는 제도에 대해 말하고, 그 개선방안에 대해 말해 보시오.
- 건강보험심사평가원의 미션 및 비전을 달성하기 위한 방안에 대해 말해 보시오.
- 건강보험심사평가원과 관련된 기사와 본인의 의견을 말해 보시오.
- 상급종합병원의 조건에 대해 말해 보시오.

2. 인성면접

기출 엿보기

- 동료와 협업하여 성과를 낸 경험에 대해 말해 보시오.
- 청탁을 받은 경험이 있다면 말해 보시오. 없을 경우 청탁을 받았을 경우 본인이 어떻게 대처할 것인지 말해 보시오.
- 원칙을 지키거나 어긴 경험에 대해 말해 보시오.
- 건강보험심사평가원에 지원하게 된 동기를 말해 보시오.
- 전화 응대를 잘할 수 있는 방법에 대해 말해 보시오.
- 사소하거나 귀찮은 일을 지원해서 도맡은 경험에 대해 말해 보시오.
- 본인이 주도해 문제를 해결한 경험에 대해 말해 보시오.
- 본인의 인생 가치관에 대해 말해 보시오.

06 금융감독원

1. 실무면접

기출 엿보기

[개별면접]

- 금융감독원의 주요 사업에 대해 말해 보시오.
- 본인의 업무 외에 다른 업무가 주어진다면 어떻게 할 것인지 말해 보시오.
- 상사가 부당한 지시를 내린다면 어떻게 대처할 것인지 말해 보시오.
- 본인만의 스트레스 관리 방법에 대해 말해 보시오.

[토론면접]

- 회사 내 소통 활성화 방안에 대해 토론하시오.
- 공공성 강화를 위한 방안에 대해 토론하시오.
- 직장생활을 오래 하다 보면 번아웃 증후군과 같은 현상을 경험하게 된다. 이때 어떻게 대처할 것인지 토론하시오.

2. 임원면접

기출 엿보기

- 금융감독원의 홈페이지에서 개선해야 할 점이 무엇인지 말해 보시오.
- 4차 산업혁명에 맞춰 금융감독원이 나아가야 할 방향에 대해 말해 보시오.
- Z세대를 유입하기 위해 필요한 금융감독원의 운영 방법에 대해 말해 보시오.
- 본인은 안정을 더 선호하는지, 변화를 더 선호하는지 말해 보시오.

07 한전KPS

1. 역량면접

기출 엿보기

- 한전KPS에 대해 아는 대로 설명해 보시오.
- 본인의 삶의 이유는 무엇인지 말해 보시오.
- 협업으로 성공을 이끈 경험에 대해 말해 보시오.
- 금요일 퇴근 전 업무 관련 돌발 상황이 발생했는데, 퇴근 후 약속이 있을 경우 어떻게 대처할 것인지 말해 보시오.
- 도전적으로 진행한 경험에 대해 말해 보시오.
- 소통으로 성과를 낸 경험에 대해 말해 보시오.
- 고정관념을 없앤 경험에 대해 말해 보시오.
- 오지 근무에 잘 적응할 수 있는지 말해 보시오.
- 업무를 하면서 상사에게 단점을 지적받은 경험에 대해 말해 보시오.

08 해양환경공단

1. 대면면접

기출 엿보기

- 해양환경공단의 홈페이지에서 개선해야 할 점이 무엇인지 말해 보시오.
- 본인은 안정을 더 선호하는지, 변화를 더 선호하는지 말해 보시오.
- 민원인을 상대하는 본인만의 방법에 대해 말해 보시오.
- 본인 성격의 장점과 단점에 대해 말해 보시오.
- 성취감을 느꼈던 경험에 대해 말해 보시오.
- 해양환경공단에서 가장 중요한 직업윤리는 무엇이라고 생각하는지 말해 보시오.
- 해양환경공단에 지원한 동기를 말해 보시오.
- 그동안 일하면서 힘들었던 점에 대해 말해 보시오.
- 해양환경공단의 업무에 대해 아는 대로 설명해 보시오.
- 전공이 다름에도 해양환경공단을 선택한 이유는 무엇인가?
- 본인이 진행했던 실험 중 가장 기억에 남는 실험을 말해 보시오.
- 본인은 배를 타고 채수를 할 수 있는가?

2. 토론면접

기출 엿보기

- 독도가 대지진을 겪은 후 우리나라가 국가적 차원으로 일본 국민을 도왔는데, 얼마 후 일본에서 독도가 일본 땅이라고 주장해서 문제가 되었다. 이 상황에서도 일본 국민을 도와줘야 할 것인가, 돕지 말아야 할 것인가?
- 매립지 침하의 원인과 해결 방안에 대해 말해 보시오.
- 우리나라 해안선의 총 길이와 섬이 몇 개인지 말해 보시오.
- 지구온난화와 관련된 협약에 대한 찬반 의견을 말해 보시오.
- 신재생에너지 사업에 대해 어떻게 생각하는지 말해 보시오.
- 우리나라의 해류에 대해 아는 대로 설명해 보시오.

09 한전KDN

1. 발표면접

기출 엿보기

- 공고문에 적힌 한전KDN의 직무에 대해 아는 대로 설명해 보시오.
- 본인의 가치관에 대해 말해 보시오.
- EMS에 대해 아는 대로 설명해 보시오.
- 공기업에서 근무하면서 지켜야 할 3가지 윤리 덕목을 말해 보시오.
- 기업이 집중해야 할 분야에 대해 본인의 생각을 말해 보시오.
- 보안 모델에 대해 설명해 보시오.
- 사회적 가치에 대해 아는 대로 설명해 보시오.

2. 대면면접

기출 엿보기

- 상사가 부조리한 일을 저지른다면 어떻게 할 것인지 말해 보시오.
- 본인만의 스트레스 해소 방법이 있다면 말해 보시오.
- 본인이 외향적인지, 내향적인지 이유를 들어 말해 보시오.
- 한전KDN에서 본인이 지원하는 직무의 업무를 담당하는 부서는 어느 곳인가?
- 한전KDN 인재상에 비춰 보았을 때 본인은 어떤 것이 부족하다고 생각하는가?
- 회사 기술(솔루션)에 대해 아는 대로 말해 보시오.
- 한전KDN의 단점을 말해 보시오.

10 한국남동발전

1. 종합면접

기출 엿보기

- MOF(계기용 변성기)에 대해 아는 대로 말해 보시오.
- 변압기에 대해 아는 대로 말해 보시오.
- 신재생에너지의 과부화에 대한 해결 방안을 말해 보시오.
- 본인의 강점에 대해 말해 보시오.
- 업무 수행 시 팀원이 협조적이지 않을 때 어떻게 행동해야 할지 말해 보시오.
- 최근 한국남동발전 기사를 접해 본 적이 있는가? 있다면 어떤 기사를 읽어 보았는가?
- 새로운 기술을 도입하여 실무에 적용시켜 본 적이 있는가?
- 공기업으로서 한국남동발전이 지켜야 할 덕목에 대해 말해 보시오.
- 스스로 원칙을 지킨 경험이 있는가? 있다면 그 경험에 대해 말해 보시오.
- 한국남동발전이 추진 중인 사업이나 현재 이슈에 대해 하나를 말하고, 이에 대한 본인의 생각을 말해 보시오.
- 한국남동발전이 현재 사회에 기여하고 있는 활동에 대해 알고 있는 것이 있다면 말해 보시오.

11 한국보훈복지의료공단

1. 발표면접

기출 엿보기

- 한국보훈복지의료공단의 정의에 대해 발표해 보시오.
- 보훈요양원에 대해 발표해 보시오.

2. 인성면접

기출 엿보기

- 한국보훈복지의료공단의 주요 사업에 대해 말해 보시오.
- 본인의 약점이 무엇인지 말해 보시오.
- 본인의 업무 외에 다른 업무가 주어진다면 어떻게 할 것인지 말해 보시오.
- 민원인에 대해 어떻게 대처할 것인지 말해 보시오.
- Z세대를 유입하기 위해 필요한 한국보훈복지의료공단의 운영 방법에 대해 말해 보시오.
- 4차 산업혁명에 맞춰 한국보훈복지의료공단이 나아가야 할 방향에 대해 말해 보시오.
- 고령화 추세에 맞춰 한국보훈복지의료공단이 세워야 할 대책에 대해 말해 보시오.

12 한국가스안전공사

1. 종합면접

기출 엿보기

- 자동차가 없을 경우 검사를 나갈 수 있는 방법에 대해 말해 보시오.
- 가스 종류와 특징에 대해 말해 보시오.
- 동료 간 불미스러운 일이 발생한다면 어떻게 할 것인가?
- 한국가스안전공사에 지원한 동기가 무엇인가?
- LPG에 대해 아는 것을 20초 동안 설명해 보시오.
- LPG와 LNG의 차이점을 말해 보시오.

13 KAC한국공항공사

1. 역량면접

기출 엿보기

[외국어면접]

- 지원동기와 입사 후 포부를 영어로 말해 보시오.
- 한국공항공사의 비전을 영어로 말해 보시오.
- 한국공항공사를 알게 된 경로를 영어로 말해 보시오.
- 한국공항공사가 앞으로 나아가야 할 방향을 영어로 말해 보시오.
- 한국공항공사의 기술을 영어로 세일즈해 보시오.
- 우리나라 공항의 현 상황에 대한 본인의 생각을 영어로 말해 보시오.

[토론면접]

- 지방공항 건설에 대해 찬성하는가, 반대하는가?
- 공항에 비즈니스 패스트트랙 도입을 찬성하는가, 반대하는가?
- 인천공항의 허브화 정책을 감안하여 김포공항의 국제선 확충방안에 대해 토론하시오.
- 고속무빙워크와 저속무빙워크 중 어떤 것을 도입해야 하는지에 대해 토론하시오.
- 공항 설비 무인화에 대해 토론하시오.
- 지진으로 이슈가 되는데 내진공사를 당장 해야 되는가, 좀 더 신중하게 검토하고 천천히 해야 되는가?
- 지방공항을 통폐합해야 하는가?
- 김포공항 주차장의 주차료 인상을 해야 하는가?

2. 심층면접

기출 엿보기

[발표면접]

- LCC와 FSC의 차이점을 말해 보시오.
- 한국공항공사가 4차 산업혁명에 대응할 수 있는 방안을 제시해 보시오.
- 지방공항을 살리기 위한 방안을 제시해 보시오.
- 공항의 소음문제를 어떻게 해소할 수 있는지 본인의 생각을 말해 보시오.
- 한국공항공사의 민영화에 대해 어떻게 생각하는지 말해 보시오.
- 화학에너지와 석유에너지를 신재생에너지가 대체할 수 있다고 생각하는가?

[인성면접]

- 어떤 부서에서 일하고 싶은지 말해 보시오.
- 조직 내 갈등의 원인이 무엇이었는지 말해 보시오.
- 공항에서 근무하면서 겪을 수 있는 일을 설명하고, 어떻게 대응할 것인지 말해 보시오.
- 대인관계능력을 기르기 위해 어떠한 노력을 했는지 말해 보시오.
- 한국공항공사의 성공적인 마케팅 방안을 말해 보시오.

14 TS한국교통안전공단

1. 토론면접

기출 엿보기

- 교통안전과 관련한 문제점과 해결 방안에 대해 토론하시오.
- 운행차 배출가스 저감에 대해 토론하시오.
- 자동차 검사를 돈을 지불하면서 받아야 하는 이유(과제 1)와 한국교통안전공단의 홍보방안(과제 2)에 대해 토론하시오.
- C검사소와 B검사소의 통합에 대해 공단의 의견은 찬성이고 검사소의 의견은 반대이다. 찬성과 반대 입장에서 토론하시오.
- 자율주행 자동차에 대해 찬성과 반대 입장에서 토론하시오.
- 한국교통안전공단은 직무순환제를 기반으로 시스템이 구축되어 있다. 이에 대한 찬성과 반대 입장에서 토론하시오.
- 평창올림픽 개최 시 한국교통안전공단의 역할에 대해 토론하시오.

2. 경험면접

기출 엿보기

- 한국교통안전공단의 인재상에 대해 말해 보시오.
- 악성 민원에 대처하는 방법에 대해 말해 보시오.
- OA 활용 경험이 있다면 말해 보시오.
- 본인의 장단점과 이를 업무에 어떻게 적용할 것인지 말해 보시오.
- 본인이 했던 경험 중 가장 성공적이었던 경험에 대해 말해 보시오.
- 원칙과 가치관이 충돌할 경우 어떻게 할 것인가?
- 한국교통안전공단의 업무에 대해 말해 보시오.
- 실수를 통해 얻게 된 것이 있는가? 있다면 말해 보시오.

15 LH 한국토지주택공사

1. 직무면접

기출 엿보기

- 본인이 거주하는 지역에 기억나는 도시재생을 말해 보시오.
- 한국토지주택공사에서 진행하는 사업을 아는 대로 말해 보시오.
- 한국토지주택공사에서 진행하는 사업 중 개선했으면 하는 것은 무엇인가?
- 토지 계획, 주택 등 한국토지주택공사 현안에 대해 아는 대로 말해 보시오.
- 한국토지주택공사의 브랜드 이미지 개선 방법을 제시해 보시오.

2. 인성면접

기출 엿보기

- 한국토지주택공사에서 얻어가고 싶은 요소 한 가지를 뽑고, 그 이유를 말해 보시오.
- 인간관계에서 가장 중요하다고 생각하는 것을 말해 보시오.
- 본인만의 자기관리 비법을 말해 보시오.
- 효율적인 업무를 위해 중요한 요소라고 생각하는 것을 말해 보시오.
- 민원인이 친구와 함께 임대주택을 신청했다. 친구는 도심지역에 배정되고, 민원인은 외곽지역에 배정되었다는 이유로 항의 전화를 할 때, 어떻게 대처하겠는가?

16 K-water 한국수자원공사

1. 발표면접

기출 엿보기

- 한국수자원공사가 조성한 수변공간에 대해 아는 것이 있으면 그 이름을 하나 말해 보시오.
- 녹조의 발생 이유와 녹조가 발생했을 때 한국수자원공사에서 해야 할 일을 말해 보시오.
- 댐 상류에 위치한 한 공장으로부터 오염물질이 유출되어 주민들이 피해를 입었을 때, 조치할 사항을 공적 영역과 사적 영역으로 나누어 설명해 보시오.
- 수격현상에 대해 설명해 보시오.
- 한국수자원공사의 신재생에너지 사업에 대해 말해 보시오.
- 수상 태양광과 육상 태양광의 차이에 대해 설명해 보시오.
- 바닷가 근처에 발전소를 건설할 때 어떤 점을 고려해야 하는지 설명해 보시오.
- 평균 갈수량의 정의를 말해 보시오.

2. 역량면접

기출 엿보기

- 새로운 조직에 빠르게 적응하기 위해 어떠한 노력을 하는가?
- 본인이 생각하는 갑질이란 무엇인지 말해 보시오.
- 윤리와 원리원칙을 고수했던 경험에 대해 말해 보시오.
- 다른 사람과 협업을 진행할 때 부족한 점은 무엇인지 말해 보시오.
- 댐 건설에 반대하는 지역주민을 어떻게 해결하겠는가?
- 댐의 수질이 오염되었을 때 이로 인해 발생하는 외적 문제를 말해 보시오.

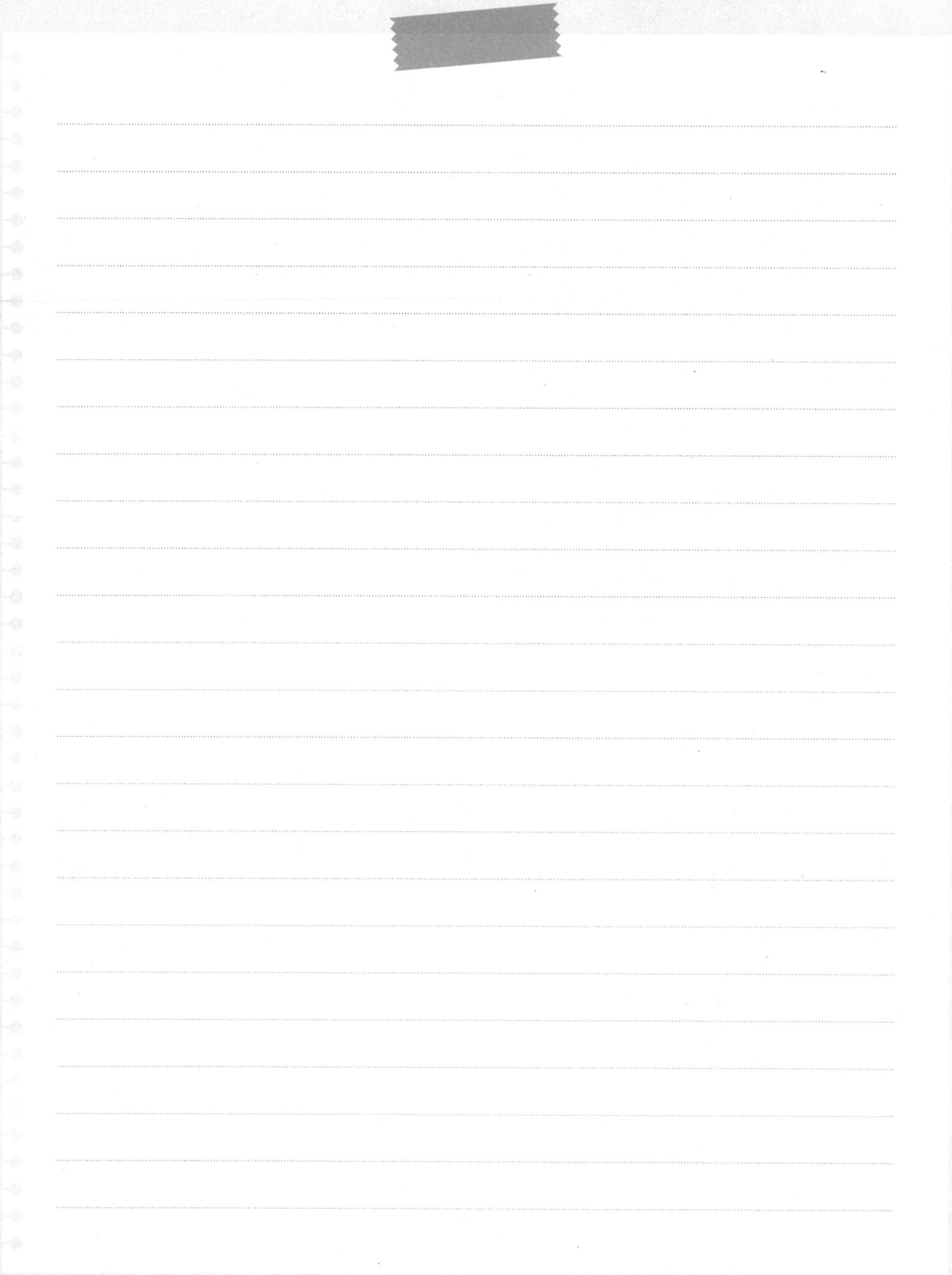

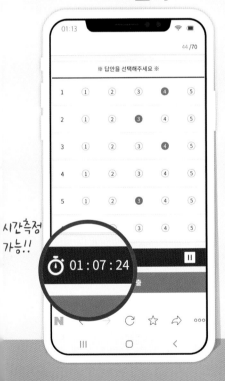

2023 최·신·판

합격의 공식 SD에듀

공기업 NCS

BASIC 통합기본서

대졸

NCS직무능력연구소 편저

직업기초능력 + 직무수행능력 + 면접

최종점검 모의고사 5회 + 무료NCS특강

합격의 모든 것!

1위 기업별 NCS 시리즈 누적 판매량

정답 및 해설

SD에듀

(주)시대고시기획

특별부록

주요 공기업 기출복원문제

CHAPTER 01

2022년 주요 공기업

NCS 기출복원문제

01	02	03	04	05	06	07	08	09	10	11	12	13	14	15	16	17	18	19	20
③	③	③	②	④	④	③	④	③	⑤	④	③	③	③	⑤	④	④	①	②	①
21	22	23	24	25	26	27	28	29	30	31	32	33	34	35	36	37	38	39	40
④	②	③	③	④	④	③	④	④	③	①	④	④	③	②	②	④	①	③	②
41	42	43	44	45	46	47	48	49	50	51	52	53	54	55	56	57	58	59	60
③	③	④	②	③	④	③	②	⑤	③	②	②	④	②	③	②	④	④	③	④

01

정답 ③

문장의 형태소 중에서 조사나 선어말어미, 어말어미 등으로 쓰인 문법적 형태소의 개수를 파악해야 한다.
이, 니, 과, 에, 이, 었, 다 → 총 7개

오답분석

① 이, 을, 었, 다 → 총 4개
② 는, 가, 았, 다 → 총 4개
④ 는, 에서, 과, 를, 았, 다 → 총 6개
⑤ 에, 이, 었, 다 → 총 4개

02

정답 ③

'피상적(皮相的)'은 '사물의 판단이나 파악 등이 본질에 이르지 못하고 겉으로 나타나 보이는 현상에만 관계하는 것'을 의미한다. 제시된 문장에서는 '표면적(表面的)'과 반대되는 뜻의 단어를 써야 하므로 '본질적(本質的)'이 적절하다.

오답분석

① 정례화(定例化) : 어떤 일이 일정하게 정하여진 규칙이나 관례에 따르도록 하게 하는 것
② 중장기적(中長期的) : 길지도 짧지도 않은 중간쯤 되는 기간에 걸치거나 오랜 기간에 걸치는 긴 것
④ 친환경(親環境) : 자연환경을 오염하지 않고 자연 그대로의 환경과 잘 어울리는 일. 또는 그런 행위나 철학
⑤ 숙려(熟慮) : 곰곰이 잘 생각하는 것

03

정답 ③

'서슴다'는 '행동이 선뜻 결정되지 않고 머뭇대며 망설이다. 또는 선뜻 결정하지 못하고 머뭇대다'는 뜻으로, '서슴치 않다'가 아닌 '서슴지 않다'가 어법상 옳다.

오답분석

① '잠거라'가 아닌 '잠가라'가 되어야 어법상 옳은 문장이다.
② '담궈'가 아니라 '담가'가 되어야 어법상 옳은 문장이다.
④ '염치 불구하고'가 아니라 '염치 불고하고'가 되어야 어법상 옳은 문장이다.
⑤ '뒷뜰'이 아니라 '뒤뜰'이 되어야 어법상 옳은 문장이다.

04

정답 ②

제시문의 시작은 '2022 K – 농산어촌 한마당'에 대해 처음 언급하며 화두를 던지는 (가)가 적절하다. 이후 K – 농산어촌 한마당 행사에 대해 자세히 설명하는 (다)가 오고, 행사에서 소개된 천일염과 관련 있는 음식인 김치에 대해 언급하는 (나)가 오는 것이 자연스럽다.

05

정답 ④

실험실의 수를 x개라 하면, 학생의 수는 $20x+30$명이다. 실험실 한 곳에 25명씩 입실시킬 경우 $x-3$개의 실험실은 모두 채워지고 2개의 실험실에는 아무도 들어가지 않는다. 그리고 나머지 실험실 한 곳에는 최소 1명에서 최대 25명이 들어간다. 이를 표현하면 다음과 같다.

$25(x-3)+1 \le 20x+30 \le 25(x-2) \rightarrow 16 \le x \le 20.8$

위의 식을 만족하는 범위 내에서 가장 작은 홀수는 17이므로 최소한의 실험실은 17개이다.

06

정답 ④

기존 사원증은 가로와 세로의 길이 비율이 1 : 2이므로 가로 길이를 $x$cm, 세로 길이를 $2x$cm라 하자. 기존 사원증 대비 새 사원증의 가로 길이 증가폭은 $(6-x)$cm, 세로 길이 증가폭은 $(9-2x)$cm이다. 문제에 주어진 디자인 변경 비용을 적용하여 식으로 정리하면 다음과 같다.

$2,800+(6-x)\times12\div0.1\text{cm}+(9-2x)\times22\div0.1\text{cm}=2,420$원

$2,800+720-120x+1,980-440x=2,420$원

$560x$원$=3,080$원 $\rightarrow x=5.5$

따라서 기존 사원증의 가로 길이는 5.5cm, 세로 길이는 11cm이며, 둘레는 $(5.5\times2)+(11\times2)=33$cm이다.

07

정답 ③

A공장에서 45시간 동안 생산된 제품은 총 45,000개이고, B공장에서 20시간 동안 생산된 제품은 총 30,000개로 두 공장에서 생산된 제품은 총 75,000개이다. 또한, 두 공장에서 생산된 불량품은 총 $(45+20)\times45=2,925$개이다. 따라서 생산된 제품 중 불량품의 비율은 $2,925\div75,000\times100=3.9$%이다.

08

정답 ④

연속교육은 하루 안에 진행되어야 하므로 4시간 연속교육으로 진행되어야 하는 문제해결능력 수업은 하루 전체를 사용해야 한다. 따라서 5일 중 1일은 문제해결능력 수업만 진행되며, 나머지 4일에 걸쳐 나머지 3과목의 수업을 진행한다. 수리능력 수업은 3시간 연속교육, 자원관리능력 수업은 2시간 연속교육이며, 하루 수업은 총 4교시로 구성되므로 수리능력 수업과 자원관리능력 수업은 같은 날 진행되지 않는다. 수리능력 수업의 총 교육시간은 9시간으로, 최소 3일이 필요하므로 자원관리능력 수업은 하루에 몰아서 진행해야 한다. 그러므로 문제해결능력 수업과 수리능력 수업을 배정하는 경우의 수는 $5\times4=20$가지이다. 문제해결능력 수업과 자원관리능력 수업이 진행되는 이틀을 제외한 나머지 3일간은 매일 수리능력 수업 3시간과 의사소통능력 수업 1시간이 진행되며, 수리능력 수업 후에 의사소통능력 수업을 진행하는 경우와 의사소통능력 수업을 먼저 진행하고 수리능력 수업을 진행하는 경우로 나뉜다. 따라서 이에 대한 경우의 수는 $2^3=8$가지이다. 그러므로 주어진 규칙을 만족하는 경우의 수는 모두 $5\times4\times2^3=160$가지이다.

09

정답 ③

보기의 정부 관계자들은 향후 청년의 공급이 줄어들게 되는 인구구조의 변화가 문제해결에 유리한 조건을 형성한다고 말하였다. 그러나 기사에 따르면 이러한 인구구조의 변화가 곧 문제해결이나 완화로 이어지지 않는다고 설명하고 있으므로, 정부 관계자의 태도로 ③이 가장 적절하다.

오답분석

①·② 올해부터 3 ~ 4년간 인구 문제가 부정적으로 작용할 것이라고 말하였으나, 올해가 가장 좋지 않다거나 현재 문제가 해결 중에 있다는 언급은 없다.

④ 에코세대의 노동시장 진입으로 인한 청년 공급 증가에 대응해야 함을 인식하고 있다.

⑤ 일본의 상황을 참고하여 한국도 점차 좋아질 것이라고 예측하고 있을 뿐, 한국의 상황이 일본보다 낫다고 평가하는지는 알 수 없다.

10

정답 ⑤

제시문에서 지하철역 주변, 대학교, 공원 등을 이용한 현장 홍보와 방송, SNS 등을 이용한 온라인 홍보를 진행한다고 하였으며, 이러한 홍보 방식은 특정한 계층군이 아닌 일반인들을 대상으로 하는 홍보 방식이다.

오답분석

① 제시문에 등장하는 협의체에는 산업부가 포함되어 있지 않다. 포함된 기관은 국무조정실, 국토부, 행안부, 교육부, 경찰청이다.
② 전동킥보드인지 여부에 관계없이 안전기준을 충족한 개인형 이동장치여야 자전거도로 운행이 허용된다.
③ 개인형 이동장치로 인한 사망사고는 최근 3년간 지속적으로 증가하였다.
④ 13세 이상인 사람 중 원동기 면허 이상의 운전면허를 소지한 사람에 한해 개인형 이동장치 운전이 허가된다.

11

정답 ④

'에너지효율화, 특화사업, 지능형 전력그리드 등 3개 분과로 운영된다. 또한 ㈜한국항공조명, ㈜유진테크노, ㈜미래이앤아이가 분과 리더 기업으로 각각 지정돼 커뮤니티 활성화를 이끌 예정이다.'라고 하였으므로 2개의 리더 그룹이라는 내용은 적절하지 않다.

오답분석

① '나주시와 한국전력공사는 협약을 통해 기업 판로 확보와 에너지산업 수요・공급・연계 지원 등 특구기업과의 동반성장 플랫폼 구축에 힘쓸 계획이다.'라고 하였으므로 옳은 내용이다.
② '나주시는 혁신산업단지에 소재한 에너지신기술연구원에서'라고 하였으므로 옳은 내용이다.
③ '한국전력공사, 강소특구 44개 기업과 전남 나주 강소연구개발특구 기업 커뮤니티 협약을 체결했다.'라고 하였으므로 옳은 내용이다.
⑤ '협약 주체들은 강소특구 중장기 성장모델과 전략수립 시 공동으로 노력을 기울이고, 적극적인 연구개발(R&D) 참여를 통해'라고 하였으므로 옳은 내용이다.

12

정답 ③

섭씨 510도라는 환경에서 zT가 3.1이라고 하였으므로 '어떤 환경에서든'이라는 조건은 옳지 않다.

오답분석

① 화성 탐사 로버 '퍼시비어런스'는 '열을 전기로 바꾸는 변환 효율은 4 ~ 5%에 머물고 있다.'라고 하였으므로 옳은 내용이다.
② '국내 연구팀이 오랫동안 한계로 지적된 열전 발전의 효율을 20% 이상으로 끌어올린 소재를 개발했다. 지금까지 개발된 열전 소재 가운데 세계에서 가장 효율이 높다는 평가다.'라고 하였으므로 옳은 내용이다.
④ 열이 '전도성 물질인 산화물을 따라 흐르면서 열전효율이 떨어진 것이다.'라는 언급이 있으므로 옳은 내용이다.
⑤ 발전의 효율을 20% 이상으로 끌어올려 기존의 4 ~ 5%보다 4배 이상 높다.

13

정답 ③

넛지효과란 직접적인 규제, 처벌 등을 제외하고 부드러운 개입으로 사람들의 변화를 유도하는 것을 말한다. 그렇기 때문에 ③과 같이 직접적인 문구를 통해 사람들의 행동을 바꾸려는 것은 넛지효과의 예시로 적절하지 않다.

14

정답 ③

220V 이용 시 가정에서 전기에 노출될 경우 위험성은 더 높을 수 있다고 언급하였다.

오답분석

① '한국도 처음 전기가 보급될 때는 11자 모양 콘센트의 110V를 표준전압으로 사용했다.'라고 하였으므로 옳은 내용이다.
② 일본과 미국이 220V로 전환하지 못하는 이유 중 하나가 다수의 민영 전력회사로 운영되기 때문이라고 하였기 때문에 옳은 내용이다.
④ '전압이 높을수록 저항으로 인한 손실도 줄어들고 발전소에서 가정으로 보급하는 데까지의 전기 전달 효율이 높아진다.'라고 하였으므로 옳은 내용이다.
⑤ 전압이 다른 콘센트와 제품을 연결해 사용하면 제품이 망가지고 화재나 폭발이 일어나거나, 정상적으로 작동하지 않는 문제가 있을 수 있다고 언급하였다.

15

정답 ⑤

(다)에서 '부산 국제원자력산업전'에 대한 전반적인 설명과 함께 처음 언급한 후, (나)에서 한전이 국제원자력산업전에 무엇을 출품했는지를 서술하고, (가)에서 플랫폼과 구체적인 내용에 대해 상세히 서술하는 것으로 마무리하는 것이 적절하다.

16

정답 ④

각 직원의 항목별 평가점수의 합과 그에 따른 급여대비 성과급 비율은 다음과 같다.

직원	평가점수	비율	성과급
A	82	200%	320만 원×200%=640만 원
B	74	100%	330만 원×100%=330만 원
C	67	100%	340만 원×100%=340만 원
D	66	100%	360만 원×100%=360만 원
E	79	150%	380만 원×150%=570만 원
F	84	200%	370만 원×200%=740만 원

따라서 수령하는 성과급의 차이가 A와 가장 적은 직원은 E이다.

17

정답 ④

평가기준에 따라 각 사람이 받는 점수는 다음과 같다.

- A : 20(석사)+5(스페인어 구사 가능)+20(변호사 자격 보유)+10(장애인)=55점
- B : 10(대졸)+20(일본어 구사 가능)=30점
- C : 10(대졸)+20(경력 3년)+10(국가유공자)=40점
- D : 60(경력 7년)+5(아랍어 구사 가능)=65점
- E : 30(박사)+10(이학 석사 이상)+20(독일어 구사 가능)=60점

따라서 서류전형 점수가 가장 높은 사람은 D지원자이다.

18

정답 ①

차장 직급에 지급되는 기본 교통비는 26,000원이며, 출장지까지의 거리가 204km이므로 추가 여비 20,000원이 책정된다. 출장지인 세종특별자치시는 구체적인 기준이 명시되지 않은 지역으로 기본 교통비와 추가여비의 합산 금액에 5%를 가산한 금액이 국내출장여비 기준금액이므로 다음과 같은 식이 성립한다.

(26,000+20,000)×1.05=48,300원

지급액을 백 원 단위에서 올림하면 김차장이 받을 수 있는 여비는 49,000원이다.

19

정답 ②

연보라색을 만들기 위해서는 흰색과 보라색이 필요하다. 흰색은 주어진 5가지 물감 중 하나이며, 보라색은 빨강색과 파랑색 물감의 혼합으로 만들 수 있는데, 빨강색은 주어지는 물감이지만 파랑색은 주어지지 않았으며, 다른 물감의 조합으로도 만들어 낼 수 없는 색상이다. 따라서 연보라색은 만들 수 없다.

오답분석

① 고동색은 주어진 5가지 물감 중 빨강색, 검정색의 두 가지 물감을 섞어서 만들 수 있다.
③ 살구색은 흰색과 주황색을 섞어서 만들 수 있는데 흰색은 주어진 5가지 물감 중 하나이며, 주황색은 빨강색과 노랑색을 섞어서 만들 수 있다.
④ 카키색은 주어진 물감 중 초록색과 검정색을 섞어서 만들 수 있다.
⑤ 옥색은 주어진 물감 중 초록색과 흰색을 섞어서 만들 수 있다.

20

정답 ①

모든 직원들이 각기 다른 부서를 희망하였으므로 희망부서가 밝혀지지 않은 직원들의 희망부서는 다음과 같다.

구분	기존부서	희망부서	배치부서
A	회계팀	인사팀	?
B	국내영업팀	해외영업팀	?
C	해외영업팀	국내영업팀, 회계팀, 홍보팀 중 1	?
D	홍보팀	국내영업팀, 회계팀 중 1	홍보팀
E	인사팀	국내영업팀, 회계팀, 홍보팀 중 1	해외영업팀

인사이동 후 각 부서에 1명의 직원이 근무하게 되었으므로, A, B, C는 각각 인사팀, 국내영업팀, 회계팀에 1명씩 배치되었다. B는 다른 1명과 근무부서를 맞바꾸었는데, E가 인사팀에서 해외영업팀으로 이동하였고, D는 홍보팀에 그대로 근무하기 때문에 C, D, E는 그 상대가 될 수 없다. 따라서 B는 A가 근무하던 회계팀으로 이동하였고, A는 B가 근무하던 국내영업팀으로 이동하였음을 알 수 있다. C는 남은 인사팀에 배치된다. 이를 정리하면 다음의 표와 같다.

구분	기존부서	희망부서	배치부서
A	회계팀	인사팀	국내영업팀
B	국내영업팀	해외영업팀	회계팀
C	해외영업팀	국내영업팀, 회계팀, 홍보팀 중 1	인사팀
D	홍보팀	국내영업팀, 회계팀 중 1	홍보팀
E	인사팀	국내영업팀, 회계팀, 홍보팀 중 1	해외영업팀

따라서 본인이 희망한 부서에 배치된 사람은 없다.

21

정답 ④

제시문의 앞부분에서는 청년내일저축계좌의 신청방법에 대해 서술하고 있으며, 빈칸의 뒷부분에서는 앞의 주제를 환기하면서 추가적으로 관심이 집중되고 있는 다른 부분에 대해 이야기하고 있다. 따라서 앞 문장과의 연결을 중단하고, 새로운 주제로 넘어가는 '한편'이 빈칸에 가장 적절하다.

22

정답 ②

네 번째 문단에서 '청년내일저축계좌의 가입금액은 10만 원 이상 50만 원 이하(만 원 단위)까지 가능하며, 가입기간은 3년이다.'라는 내용을 통해, ②가 적절하지 않음을 알 수 있다.

오답분석

① 세 번째 문단
③ 다섯 번째 문단
④ 일곱 번째 문단

23

정답 ③

제시문은 국민건강보험공단의 의료데이터 활용 협력 업무협약을 소개하는 글이다. 따라서 (다) 업무협약 체결 → (나) 업무협약의 내용 → (라) 토론회의 내용 → (가) 업무협약의 효과에 대한 기대 순으로 나열하는 것이 가장 적절하다.

24

정답 ③

ㄱ. 민원요기요 증명서 발급 및 확인란에서 보험료 납부확인서 발급이 가능하고, 보험료 조회란에서 4대보험료 계산이 가능하다.
ㄷ. 민원요기요 보험료 고지서란에서 송달지 변경신청이 가능하며, 증명서 발급 및 확인란에서 증명서 진위확인이 가능하다.

오답분석

ㄴ. 민원요기요 보험료 고지서란에서 재발급이 가능하다.

25

정답 ④

외국인의 경우, 공단뿐만 아니라 지자체에도 신고할 필요 없이 자동으로 가입처리가 된다. 따라서 거소지의 지방자치단체에 신고할 필요가 없다.

26

정답 ④

각 인턴들의 업무 평가 결과에 따라 점수를 계산하면 다음과 같다.

인턴	업무량	업무 효율성	업무 협조성	업무 정확성	근무태도	합계
A인턴	우수 – 8점	탁월 – 20점	보통 – 16점	보통 – 10점	우수 – 10점	64점
B인턴	보통 – 6점	보통 – 10점	우수 – 20점	우수 – 16점	보통 – 8점	60점
C인턴	탁월 – 10점	보통 – 10점	탁월 – 30점	탁월 – 20점	보통 – 8점	78점
D인턴	보통 – 6점	우수 – 16점	탁월 – 30점	탁월 – 20점	우수 – 10점	82점

A인턴은 20만 원, B인턴은 10만 원, C인턴은 30만 원, D인턴은 40만 원을 받으므로 D인턴이 가장 많은 장려금을 받는다.

27

정답 ③

변경된 평가 결과에 따라 점수를 계산하면 다음과 같다.

인턴	업무량	업무 효율성	업무 협조성	업무 정확성	근무태도	합계
A인턴	우수 – 8점	탁월 – 20점	보통 – 16점	우수 – 16점	우수 – 10점	70점
B인턴	보통 – 6점	보통 – 10점	우수 – 20점	우수 – 16점	우수 – 10점	62점
C인턴	탁월 – 10점	탁월 – 20점	탁월 – 30점	탁월 – 20점	보통 – 8점	88점
D인턴	보통 – 6점	우수 – 16점	우수 – 20점	탁월 – 20점	우수 – 10점	72점

A인턴은 20만 원, B인턴은 20만 원, C인턴은 40만 원, D인턴은 30만 원을 받으므로 C인턴이 가장 많은 장려금을 받는다.

28

정답 ④

20대의 연도별 흡연율은 40대 흡연율이, 30대는 50대의 흡연율이 반영되었으므로 옳지 않다.

29

정답 ④

총무부서 직원은 총 $250\times0.16=40$명이다. 2020년과 2021년의 독감 예방접종 여부가 총무부서에 대한 자료라면, 총무부서 직원 중 2020년과 2021년의 예방접종자 수의 비율 차는 $56-38=18$%p이다. 따라서 $40\times0.18\fallingdotseq7.2$이므로 약 7명 증가하였다.

오답분석

① 2020년 독감 예방접종자 수는 $250\times0.38=95$명, 2021년 독감 예방접종자 수는 $250\times0.56=140$명이므로, 2020년에는 예방접종을 하지 않았지만, 2021년에는 예방접종을 한 직원은 총 $140-95=45$명이다.

② 2020년의 예방접종자 수는 95명이고, 2021년의 예방접종자 수는 140명이다. 따라서 $\frac{140-95}{95}\times100\fallingdotseq47\%$ 증가했다.

③ 2020년의 예방접종을 하지 않은 직원들을 대상으로 2021년의 독감 예방접종 여부를 조사한 자료라고 한다면, 2020년과 2021년 모두 예방접종을 하지 않은 직원은 총 $250\times0.62\times0.44\fallingdotseq68$명이다.

30

정답 ③

2020년 예방접종을 한 직원은 $250\times0.38=95$명이고, 부서별 예방접종을 한 직원은 $250\times(0.08+0.06+0.14)=70$명이다. 즉, 제조부서 직원 중 예방접종을 한 직원은 $95-70=25$명이다. 제조부서 직원은 총 $250\times0.44=110$명이므로 제조부서 직원 중 2020년 예방접종을 한 직원의 비율은 $\frac{25}{110}\times100\fallingdotseq22\%$이다.

31

정답 ①

토론이란 어떤 주제에 대하여 찬성하는 측과 반대하는 측이 서로 맞서, 각자 해당 주제에 대한 논리적인 의견을 제시함으로써, 상대방의 근거가 이치에 맞지 않다는 것을 증명하는 논의이다.

오답분석

② 토론은 상호 간의 주장에 대한 타협점을 찾아가는 것이 아닌, 반대 측의 논리에 대한 오류를 증명해내면서 자신의 의견이 논리적으로 타당함을 밝히는 말하기 방식이다.
③ 주어진 주제에 대한 자신의 의견을 밝히면서 상대방 또는 청중을 설득하는 것은 맞으나, 자신의 의견을 뒷받침할 추론적인 근거가 아닌 논리적인 근거를 제시하여야 한다.
④ 주어진 주제에 대하여 제시된 의견을 분석하면서 해결방안을 모색하는 말하기 방식은 토론이 아닌 토의에 해당하며, 승패가 없이 협의를 통해 결론을 내리는 토의와 달리 토론은 승패가 있으며 이때 패한 측은 상대방의 의견에 설득당한 측을 의미한다.
⑤ 토론에서는 반대 측의 의견을 인정하고 존중하기보다는, 반대 측 의견이 논리적으로 타당하지 않음을 증명해내는 말하기이다.

32

정답 ④

개인의 인맥은 핵심 인맥, 또 핵심 인맥으로부터 연결되거나 우연한 사건으로 연결되어진 파생 인맥, 또 그러한 파생 인맥을 통하여 계속하여 연결되어지는 인맥 등 끝없이 확장할 수 있는 영역이다.

오답분석

① 개인 차원에서의 인적자원관리란 정치적, 경제적 또는 학문적으로 유대관계가 형성된 사람들과의 관계뿐만 아니라 더 나아가 자신이 알고 있는 모든 사람들과의 관계를 관리하는 것을 의미한다.
② 자신과 직접적으로 관계가 형성된 사람들을 핵심 인맥, 이러한 핵심 인맥을 통해 관계가 형성되거나 우연한 계기로 관계가 형성된 사람들을 파생 인맥이라 지칭한다.
③ 개인은 핵심 인맥뿐만 아니라 파생 인맥을 통해서도 다양한 정보를 획득할 수 있으며, 정보를 전파하는 것은 개인 차원에서의 인적자원관리 외의 것에 해당한다.
⑤ 인적자원관리를 위해 능동성, 개발가능성, 전략적 자원을 고려하는 것은 개인 차원에서의 인적자원관리가 아닌 조직 차원에서 조직의 실적을 높이기 위해 고려해야 하는 사항에 해당한다.

33

정답 ④

ㄴ. 능동적이고 반응적인 성격의 인적자원은 기업의 관리 여하에 따라 기업 성과에 기여하는 정도도 확연히 달라진다.
ㄹ. 기업의 성과는 자원을 얼마나 효율적으로 잘 활용하였는지에 따라 달려있다. 따라서 기업의 성과를 높이기 위해 전략적으로 인적자원을 활용하여야 한다.

오답분석

ㄱ. 자원 자체의 양과 질에 의해 기업 성과 기여도가 달라지는 수동적 성격의 물적자원과 달리, 인적자원은 개인의 욕구와 동기, 태도와 행동 및 만족감에 따라 그 기여도가 달라지는 능동적 성격의 자원에 해당한다.
ㄷ. 인적자원은 자연적인 성장뿐만 아니라 장기간에 걸쳐 개발될 수 있는 잠재력과 자질을 지니고 있다.

34

정답 ③

기술경영자는 기술개발 과제의 세부적인 내용까지 파악해 전 과정에 대해 조망할 수 있는 능력을 갖춤은 물론, 사람을 중심으로 하여 기술개발이 결과 지향적으로 진행될 수 있도록 이끌 수 있는 지휘력을 갖춘 인재를 말한다. 반면, 중간급 매니저인 기술관리자는 기술경영자와는 달리 다음과 같은 능력이 필요하다.

기술관리자에게 요구되는 능력

- 기술을 사용하거나 문제를 해결하는 것
- 기술직과 소통하고, 기술팀을 하나로 합치는 것
- 기술이나 추세를 파악하고 새로운 환경을 만들어내는 것
- 기술적 · 사업적 · 인간적인 능력을 통합하고 시스템적인 관점에서 판단하는 것
- 공학적 도구나 지원방식을 이해하는 것

따라서 기술 전문 인력을 운용하는 능력은, 기술을 중심으로 하는 기술관리자보다는 사람을 중심으로 기술개발을 이끄는 기술경영자에게 필요한 능력에 해당한다.

35

정답 ②

지식재산권은 재산적 가치가 구현될 수 있는 지식 · 정보 · 기술이나 표현 · 표시 등의 무형적인 것만을 말하며, 이에 대해 주어지는 권리를 말한다.

오답분석

① 지식재산권은 최초로 만들거나 발견한 것 중 재산상 가치가 있는 것에 부여되는 권리를 말한다.
③ 형체가 있는 상품과 달리, 지식재산권은 형체가 없는 무형의 권리를 말한다.
④ 기술개발의 성과인 독점적인 권리를 부여받음으로써, 더 나은 기술개발이 이루어질 수 있도록 장려한다.
⑤ 국가 간의 기술 제휴와 같은 기술의 협력이 이루어지면서 세계화가 이루어지고 있다.

36

정답 ②

사구체의 혈압은 동맥의 혈압에 따라 변화가 있을 수 있지만, 생명 유지를 위해서 일정하게 유지된다고 하였으므로 혈액 속 성분에 따라 유동적으로 변화한다는 내용은 옳지 않다.

오답분석

① 내피세포에 있는 구멍보다 작은 단백질은 단백질과 같이 음전하를 띠는 당단백질에 의해 여과된다.
③ 사구체의 모세 혈관에는 다른 신체 기관의 모세 혈관보다 높은 혈압이 발생한다고 하였으므로 옳은 내용이다.
④ 혈액을 통해 운반된 노폐물이나 독소는 주로 콩팥의 사구체를 통해 일차적으로 여과된다고 하였으므로 사구체가 우리 몸의 여과를 전적으로 담당하는 것은 아니다.

37

정답 ④

종이 접는 횟수는 산술적으로 늘어나는 데 비해 이로 인해 생기는 반원의 호 길이의 합은 기하급수적으로 커지기 때문에 종이의 길이가 한정되어 있다면, 종이를 무한하게 접는 것은 불가능하다.

38

정답 ①

강제 부동산 경매는 채무자의 동의 과정 없이 채권자의 신청으로 시작된다. 다만 채무자에게 경매가 개시되었다는 사실을 알려야 한다는 내용만 언급되어 있다.

오답분석

② 강제 부동산 경매 절차에 경매개시결정 정본을 채무자에게 보내야 하는 과정이 있으므로 이 과정이 없다면, 제대로 진행되고 있다고 보기 어렵다.
③ 기일입찰방법은 매각 기일과 매각 장소가 모두 정해져있기 때문에 옳은 내용이다.
④ 매각 기일에 매수 신청인이 정해진 장소로 가야 하는 것은 기일입찰방법에 대한 설명이며, 기간입찰방법에서는 정해진 장소에 가 있지 않아도 된다고 하였으므로 옳은 내용이다.

39

정답 ③

(나)에서 물벗 나눔 장터 행사에 대한 소개와 취지를 언급한 뒤, (다)에서 행사의 구체적인 내용을 설명하고, 마지막으로 (가)에서 지난 물벗 나눔 장터 행사에 대해 설명하며 글을 마무리하는 순서가 가장 적절하다.

40

정답 ②

참석자 수를 x명, 테이블의 수를 y개라 하면 x와 y의 관계는 다음과 같다.

$x=3y+15$ … ㉠

5명씩 앉게 할 경우 테이블이 2개가 남으므로 다음과 같은 부등식 역시 성립한다.

$5(y-3)+1 \le x \le 5(y-2)$ … ㉡

㉠과 ㉡을 연립하면 $5(y-3)+1 \le 3y+15 \le 5(y-2)$이며, 모든 변에서 $5y$를 빼면 $-14 \le -2y+15 \le -10$이므로 $12.5 \le y \le 14.5$이다.

해당 범위 내 짝수는 14가 유일하므로 테이블은 14개이며, 참석자 수는 $(3\times14)+15=57$명이다.

41

정답 ③

오답분석

① 마가 1등 혹은 6등이 아니기 때문에 옳지 않다.

② 가가 나의 바로 다음에 결승선을 통과하지 않았기 때문에 옳지 않다.

④ 다와 바의 등수가 2 이상 차이 나지 않고, 가가 나보다 먼저 결승선을 통과하였기 때문에 옳지 않다.

42

정답 ③

오답분석

①·② 나와 라가 다른 섹션에 앉았기 때문에 옳지 않다.

④ 바와 마가 다른 섹션에 앉았고, 다가 2명 있는 섹션에 배정받았기 때문에 옳지 않다.

43

정답 ④

각 부서에서 회신한 내용에 따르면 각 부서별 교육 가능 일자는 다음과 같다.

- 기획부문 : 5/31, 6/2, 6/3 중 1일, 6/8, 6/9 중 1일
- 경영부문 : 5/30, 6/3, 6/7, 6/8, 6/9
- 수자원환경부문 : 6/8
- 수도부문 : 6/7, 6/8, 6/9
- 그린인프라부문 : 6/2, 6/3, 6/7, 6/8, 6/9

수자원환경부문은 가능한 날이 6/8 하루뿐이므로 기획부문의 교육 2주 차 일정이 6/9, 수도부문의 교육일정이 6/7로 정해진다.

일	월	화	수	목	금	토
5/29 휴일	5/30	5/31	6/1 지방선거일	6/2	6/3	6/4 휴일
6/5 휴일	6/6 현충일	6/7 수도	6/8 수자원환경	6/9 기획	6/10 걷기행사	6/11 휴일

교육 2주 차 일정이 모두 확정된 가운데 아직 배정되어야 하는 일정은 경영부문 교육 2회와 기획부문, 그린인프라부문 교육 각 1회이다. 이 부서들의 1주 차 가능일정은 다음과 같다.

- 기획부문 : 5/31, 6/2, 6/3
- 경영부문 : 5/30, 6/3
- 그린인프라부문 : 6/2, 6/3

경영부문은 이틀의 일정이 필요하므로 5/30, 6/3에는 경영부문이 배정된다. 이에 따라 그린인프라부문의 일정이 6/2, 기획부문의 일정이 5/31이 된다.

일	월	화	수	목	금	토
5/29 휴일	5/30 경영	5/31 기획	6/1 지방선거일	6/2 그린인프라	6/3 경영	6/4 휴일
6/5 휴일	6/6 현충일	6/7 수도	6/8 수자원환경	6/9 기획	6/10 걷기행사	6/11 휴일

44

정답 ②

K공사의 2021년 인건비는 매월 42,300,000원이다. 이 중 대표이사의 급여 6,000,000원을 제외한 36,300,000원에 대해 물가상승률의 60%인 3%를 인상하기로 합의하였으므로 총 인상액은 1,089,000원이고, 2022년에는 매월 43,389,000원을 인건비로 지출하게 된다. K공사의 임직원 총원은 12명이므로 임직원 1인당 평균 인건비는 3,615,750원이다.

45

정답 ③

- 신입직원이 7명인데, 20대가 30대보다 많으므로 최소 4명 이상이 20대이다. 7명 중 30대 3명의 나이가 알려져 있으므로 나이를 알 수 없는 B, D는 모두 20대이다. 영업팀으로 배속될 두 직원의 전공이 같으므로 가능한 조합은 (A, B), (A, F), (B, F), (C, D), (E, G)의 다섯 가지이다.
- 7명의 신입직원 중 G는 영업팀이 아닌 인사팀에 배속될 예정이므로 (E, G)는 제외된다. (C, D)는 두 사람 모두 20대로만, (B, F)는 두 사람 모두 남성으로만 구성되므로 제외된다.
- 조건 3에 따라 A의 성별이 여성임을 알 수 있다. (A, B) 조합의 경우 A가 30대 여성이며, B는 20대 남성이므로 이 조합은 조건 5를 만족하지 않는데, (A, F) 조합의 경우는 A가 30대 여성, F가 30대 남성이므로 조건 5를 만족한다.

따라서 영업팀에 배속될 직원은 A, F이다.

46

정답 ④

기업이 고객을 상대로 몇 가지의 대안을 미리 만들어 제시하는 것은 2급 가격차별의 방식에 해당한다.

오답분석

① '완전경쟁시장은 다수의 수요자와 공급자가 존재하고 상품의 동질성을 전제'한다고 하였으므로 옳은 설명이다.
② 1급 가격차별은 '개별 소비자들이 지불할 수 있는 금액인 지불용의 금액을 알고 있어 소비자 각각에게 최대 가격을 받고 판매를 하는 것'이라고 하였으므로 옳은 설명이다.
③ '소비자가 상품을 소량 구매할 때보다 대량 구매할 때 단위당 가격을 깎아주는 방식이 2급 가격차별에 해당한다.'라고 하였으므로 옳은 설명이다.
⑤ '독점기업은 시장 전체에서 유일한 공급자'라고 하였으므로 옳은 설명이다.

47

정답 ③

국토교통부 소속 공무원 본인뿐만 아니라 배우자, 직계존비속 등 이해관계에 얽힌 사람들도 일부 예외를 제외하고는 제재의 대상이라고 하였으므로 제시문의 내용으로 적절하지 않다.

오답분석

① 각 부서별로 제한받는 부동산은 다르다고 하였으므로 옳은 내용이다.
② 근무 또는 결혼 등 일상생활에 필요한 부동산의 취득은 허용하고 있다고 하였으므로 결혼으로 인한 부동산 취득은 일상생활에 필요한 취득으로 보고 있으므로 옳은 내용이다.
④ '국토부 소속 공무원은 직무상 알게 된 부동산에 대한 정보를 이용해 재물이나 재산상 이익을 취득하거나 그 이해관계자에게 재물이나 재산상 이익을 취득하게 해서는 안 된다.'고 지침에 명시되어 있으므로 옳은 내용이다.
⑤ 감사담당관은 부당한 부동산 취득을 적발했을 경우 6개월 이내 자진 매각 권고, 직위변경 및 전보 등 조치 요구 등 적절한 조치를 취할 수 있다고 하였으므로 옳은 내용이다.

48

정답 ②

2021년과 2020년 휴직자 수를 구하면 다음과 같다.

- 2021년 : 550,000×0.2=110,000명
- 2020년 : 480,000×0.23=110,400명

따라서 2021년 휴직자 수는 2020년 휴직자 수보다 적다.

오답분석

① 2017년부터 2021년까지 연도별 전업자의 비율은 68%, 62%, 58%, 52%, 46%로 감소하는 반면에, 겸직자의 비율은 8%, 11%, 15%, 21%, 32%로 증가하고 있다.

③ 연도별 전업자 수를 구하면 다음과 같다.
- 2017년 : 300,000×0.68=204,000명
- 2018년 : 350,000×0.62=217,000명
- 2019년 : 420,000×0.58=243,600명
- 2020년 : 480,000×0.52=249,600명
- 2021년 : 550,000×0.46=253,000명

따라서 전업자 수가 가장 적은 연도는 2017년이다.

④ 2020년과 2017년의 겸직자 수를 구하면 다음과 같다.
- 2020년 : 480,000×0.21=100,800명
- 2017년 : 300,000×0.08=24,000명

따라서 2020년 겸직자 수는 2017년의 $\frac{100,800}{24,000}=4.2$배이다.

⑤ 2017년과 2021년의 휴직자 수를 구하면 다음과 같다.
- 2017년 : 300,000×0.06=18,000명
- 2021년 : 550,000×0.2=110,000명

따라서 2017년 휴직자 수는 2021년 휴직자 수의 $\frac{18,000}{110,000}\times 100 \fallingdotseq 16\%$이다.

49

정답 ⑤

전체 입사자 중 고등학교 졸업자 수와 대학원 졸업자 수를 정리하면 다음과 같다.

- 2017년 : 고등학교 10+28=38명, 대학원 36+2=38명
- 2018년 : 고등학교 2+32=34명, 대학원 55+8=63명
- 2019년 : 고등학교 35+10=45명, 대학원 14+2=16명
- 2020년 : 고등학교 45+5=50명, 대학원 5+4=9명
- 2021년 : 고등학교 60+2=62명, 대학원 4+1=5명

전체 입사자 중 고등학교 졸업자 수는 2018년까지 감소하다가 그 이후 증가하였고, 대학원 졸업자 수는 2018년까지 증가하다가 그 이후 감소하였음을 알 수 있다. 따라서 두 수치는 서로 반비례하고 있다.

오답분석

① 2017년부터 2021년까지 연도별 여성 입사자 수는 각각 50명, 80명, 90명, 100명, 110명으로 매년 증가하고 있는 반면에, 남성 입사자 수는 150명, 140명, 160명, 160명, 170명으로 2018년(140명)에는 전년(150명) 대비 감소하였고, 2020년(160명)에는 전년(160명)과 동일하였다.

② 연도별 전체 입사자 수를 정리하면 다음과 같다.
- 2017년 : 150+50=200명
- 2018년 : 140+80=220명(전년 대비 20명 증가)
- 2019년 : 160+90=250명(전년 대비 30명 증가)
- 2020년 : 160+100=260명(전년 대비 10명 증가)
- 2021년 : 170+110=280명(전년 대비 20명 증가)

따라서 전년 대비 전체 입사자 수가 가장 많이 증가한 연도는 2019년이다.

③ 전체 입사자 중 여성이 차지하는 비율을 구하면 다음과 같다.

- 2017년 : $\frac{50}{150+50}\times100=25\%$
- 2018년 : $\frac{80}{140+80}\times100\fallingdotseq36\%$
- 2019년 : $\frac{90}{160+90}\times100=36\%$
- 2020년 : $\frac{100}{160+100}\times100\fallingdotseq38\%$
- 2021년 : $\frac{110}{170+110}\times100\fallingdotseq39\%$

따라서 전체 입사자 중 여성이 차지하는 비율이 가장 높은 연도는 2021년이다.

④ 연도별 남성 입사자 수와 여성 입사자 수의 대학교 졸업자 수를 정리하면 다음과 같다.

- 2017년 : 남성 80명, 여성 5명
- 2018년 : 남성 75명, 여성 12명
- 2019년 : 남성 96명, 여성 64명
- 2020년 : 남성 100명, 여성 82명
- 2021년 : 남성 102명, 여성 100명

따라서 여성 입사자 중 대학교 졸업자 수는 매년 증가하고 있는 반면에, 남성 입사자 중 대학교 졸업자 수는 2018년까지는 전년 대비 감소하다가 이후 다시 증가하고 있음을 알 수 있다.

50

정답 ③

2020년과 2018년의 20·30대의 자차 보유자 수는 다음과 같다.

- 2020년 : 550+300+420+330=1,600천 명
- 2018년 : 320+180+300+200=1,000천 명

따라서 2020년 20·30대의 자차 보유자 수는 2018년의 $\frac{1,600}{1,000}=1.6$배이다.

오답분석

① 연도별 20대 남성과 여성의 자차 보유자 수의 차이를 구하면 다음과 같다.

- 2017년 : 200−120=80천 명
- 2018년 : 320−180=140천 명
- 2019년 : 450−220=230천 명
- 2020년 : 550−300=250천 명
- 2021년 : 680−380=300천 명

따라서 20대 남성과 여성의 자차 보유자 수의 차이는 매년 증가하고 있음을 알 수 있다.

② 2017년과 2021년의 연령대별 남성의 자차 보유자 수를 표로 정리하면 다음과 같다.

구분	2017년	2021년
20세 이상 30세 미만	200	680
30세 이상 40세 미만	280	640
40세 이상 50세 미만	320	580
50세 이상 60세 미만	350	550
60세 이상	420	520

따라서 2017년에는 연령대가 증가할수록 자차 보유자 수가 높은 반면, 2021년에는 그 반대임을 알 수 있다.

④ 2018년 여성의 자차 보유자 수는 180+200+320+330+170=1,200천 명이다. 따라서 2018년 전체 자차 보유자 중 여성의 비율은 $\frac{1,200}{3,600}\times100\fallingdotseq33.3\%$이다.

⑤ 연도별 전체 자차 보유자 중 40대 여성이 차지하는 비율을 구하면 다음과 같다.

• 2017년 : $\frac{300}{3,000}\times100=10\%$

• 2018년 : $\frac{320}{3,600}\times100 \fallingdotseq 8.9\%$

• 2019년 : $\frac{450}{4,050}\times100 \fallingdotseq 11.1\%$

• 2020년 : $\frac{300}{4,000}\times100=7.5\%$

• 2021년 : $\frac{400}{4,500}\times100 \fallingdotseq 8.9\%$

따라서 그 비율이 가장 높은 연도인 2019년과 가장 낮은 연도인 2020년의 차이는 $11.1-7.5=3.6\%$p이다.

51

정답 ②

분산자원 통합 관리 시스템과 분산자원 관리 센터는 지난해에 마련했다고 하였으므로 올해 신설한다는 것은 옳지 않다.

오답분석

① 올해 1월부터 전력중개 예측제도에 참여한 발전사업자들은 수익을 받을 수 있다고 하였으므로 옳은 내용이다.
③ '특히 날씨 변동이 심해 발전량 예측이 어려운 제주지역'이라고 하였으므로 옳은 내용이다.
④ '전력중개사업은 ~ 발전량 예측제도에 참여로 수익을 창출하는 에너지플랫폼 사업이다.'라고 하였으므로 옳은 내용이다.

52

정답 ②

직접비용이란 제품의 생산이나 서비스 창출에 직접적으로 소요된 비용을 말하는 것으로 재료비, 원료와 장비, 시설비, 인건비 등이 여기에 포함된다. 이와 달리 직접비용의 반대 개념인 간접비용은 제품의 생산이나 서비스 창출에 직접적으로 관여하진 않지만 간접적으로 사용되는 지출인 보험료, 건물관리비, 광고비, 통신비, 사무비품비, 각종 공과금 등이 이에 해당한다. 제시된 자료에서 직접비용 항목만 구분하여 정리하면 다음과 같다.

4월			5월		
번호	항목	금액(원)	번호	항목	금액(원)
1	원료비	680,000	1	원료비	720,000
2	재료비	2,550,000	2	재료비	2,120,000
4	장비 대여비	11,800,000	4	장비 구매비	21,500,000
8	사내 인건비	75,000,000	8	사내 인건비	55,000,000
–	–	–	9	외부 용역비	28,000,000
–	합계	90,030,000	–	합계	107,340,000

따라서 J사의 4월 대비 5월의 직접비용은 17,310,000원 증액되었다.

53

정답 ④

~연산자는 피연산자가 −1일 때, 0을 반환한다. −1은 피연산자의 모든 비트가 1이므로 비트 반전으로 0이 반환된다.

54

정답 ②

시트에서 평균값 중 가장 큰 값을 구하려면 「=MAX(범위에 있는 값 중 가장 큰 값을 찾아서 반환함)」 함수를 사용해야 한다.

55

정답 ③

ㄴ. 날짜 작성 시에는 연도와 월일을 함께 기입하고, 날짜 다음에 마침표를 찍되, 만일 날짜 다음에 괄호가 사용되는 경우 마침표는 찍지 않는다.
ㄹ. 공문서 작성 시에는 한 장에 담아내는 것을 원칙으로 한다.
ㅁ. 공문서 작성을 마친 후에는 '내용 없음'이 아닌 '끝'이라는 문구로 마무리하여야 한다.

오답분석

ㄱ. 회사 외부 기관에 송달되는 공문서는 누가, 언제, 어디서, 무엇을, 어떻게, 왜가 명확히 드러나도록 작성하여야 한다.

ㄷ. 복잡한 내용을 보다 정확히 전달하기 위해, 항목별로 구분하여 작성하여야 하며, 이때에는 '-다음-' 또는 '-아래-'와 같은 표기를 사용할 수 있다.

56

정답 ②

공정 보상의 원칙은 모든 근로자에게 평등한 근로의 대가를 지급하는 것이 아닌, 공헌도에 따라 노동의 대가를 달리 지급함으로써 공정성을 갖도록 하는 것이다.

오답분석

① 알맞은 인재를 알맞은 자리에 배치하여 해당 업무에 가장 적합한 인재를 배치하는 것이 적재적소 배치의 원리이다.

③ 종업원의 직장 내에서의 직위와 근로환경을 보장함으로써 근로자에게 신뢰를 주어 업무에 안정적으로 임할 수 있게 하는 것이 종업원 안정의 원칙이다.

④ 근로자가 창의성 향상을 통해 새로운 것을 생각해낼 수 있도록 이에 필요한 다양한 기회의 장을 마련하여, 그 결과에 따라 적절한 보상을 제공하는 것이 창의력 계발의 원칙이다.

57

정답 ④

외적 시간낭비 요인이란 외부에서 일어나는 영향으로 시간이 낭비되는 것으로 본인이 조절할 수 없는 영역이다. 반면, 내적 시간낭비 요인이란 내부적 이유로 인해 시간이 낭비되는 것으로 이는 자신과 관련이 있다. ①·②·③은 자신과 관련된 요인으로 내적 시간낭비 요인에 해당하나, ④는 동료 직원 즉, 외적 요인에 의한 것으로 외적 시간낭비 요인에 해당한다.

58

정답 ④

- 각 국가에는 최소 1명의 직원이 꼭 방문해야 하며, 그중 1개의 국가에는 2명의 직원이 방문해야 한다. 2명이 방문하는 국가는 조건 ㄴ에 따라 미국이며, 방문자 중 1명은 B이다. 각 직원은 1개의 국가만 방문하므로 B는 일본, 중국, 독일을 방문하지 않는다.
- 조건 ㄱ에 따라 A는 중국을 방문하지 않고, 조건 ㄷ에 따라 C는 일본과 중국 중 한 국가를 방문하므로 미국과 독일에는 방문하지 않는다. 또한 조건 ㄹ에 따라 D는 일본과 독일에는 방문하지 않으며, 마지막으로 조건 ㅁ에 따라 E는 미국과 독일에는 방문하지 않는다. 이를 정리하면 다음 표와 같다.

구분	A	B	C	D	E
미국		○	×		×
일본		×		×	
중국	×	×			
독일		×	×	×	×

- 모든 국가에는 1명 이상의 직원이 방문해야 하는데, 독일의 경우 B, C, D, E 모두 방문할 수 없다. 따라서 A가 독일로 출장을 가게 된다.
- A의 출장지가 독일로 정해짐에 따라 B와 함께 미국으로 출장을 가는 직원은 D로 정해진다. 그리고 C와 E는 각각 일본과 중국으로 1명씩 출장을 가게 된다.

구분	A	B	C	D	E
미국	×	○	×	○	×
일본	×	×		×	
중국	×	×		×	
독일	○	×	×	×	×

오답분석

①·② A는 독일을 방문한다.

③·⑤ D는 B와 함께 미국을 방문한다.

59

정답 ③

H씨가 납입한 전세보증금은 5억 원이며, 이 상품의 대출한도는 두 가지 기준에 따라 정해진다. 금액 기준으로는 최대 5억 원이지만 임차보증금의 80% 이내이므로 H씨가 최종적으로 받은 대출금은 4억 원이다. 따라서 H씨의 월납 이자는 400,000,000원×0.036÷12=1,200,000원이므로 6개월간 지불한 이자는 7,200,000원이다.

60

정답 ④

돈을 모으는 생활 습관을 만들기 위해서는 '이번 주에 4번 배달음식을 먹었다면, 3번으로 줄이는 등 실천할 수 있도록 조정해가는 것이 필요합니다.'라고 하였으므로 행동을 완전히 바꾸는 것보다는 실천할 수 있는 방법으로 점진적인 개선이 도움이 된다.

오답분석

① 습관을 만들기 위해서는 잘 하는 것보다 매일 하는 것이 중요하다고 하였으므로 제시문의 내용으로 적절하다.
② 충동구매를 줄이기 위해 사려고 하는 물품을 장바구니에 담아두고 다음날 아침에 다시 생각해 보는 것도 좋은 방법이라고 하였으므로 제시문의 내용으로 적절하다.
③ 소액 적금으로 적은 돈이라도 저축하는 습관을 들이고 규모를 점차 늘리라고 하였으므로 제시문의 내용으로 적절하다.
⑤ 보상심리로 스스로에게 상을 주거나 스트레스 해소를 위해 사용하는 금액의 한도를 정해 줄여나가라고 하였으므로 제시문의 내용으로 적절하다.

CHAPTER **02**

2022 ~ 2021년 주요 공기업

전공 기출복원문제

01 경영학

01	02	03	04	05	06	07	08	09	10	11	12	13	14	15	16	17	18	19	20
①	④	②	④	③	④	④	④	④	③	④	③	①	④	②	①	④	⑤	①	④

01

정답 ①

스캔론 플랜(Scanlon Plan)은 성과 참가의 대표적인 제도로서 미국 철강노조 간부이자 MIT의 교수인 스캔론이 1937년에 개발한 제도로 널리 알려져 있다. 생산액의 변동에 임금을 연결하여 인건비가 점하는 비율을 정해 실제 지불한 임금과의 차액을 임금 증액에 충당하는 방식으로, 매출액에 대한 인건비 비율을 일정하게 하는 것이 특징이다. 따라서 생산액의 변동에 재고량을 연결시키는 것은 옳지 않다.

02

정답 ④

미국의 경제학자 앨런 럭커(Allen Rucker)가 고안한 방법으로 부가가치가 늘면 임금도 자동적으로 조정되므로 생산성을 높일 수 있다고 주장한다. 또한 특정 시점에 노사협력에 의한 부가가치 발생 규모를 표준 부가가치와 비교하여 그 증가분에 과거 기준 임금 상수를 곱한 만큼을 종업원에게 배분한다. 증가분에 과거 기준 임금 상수가 계산되었기 때문에 종업원 입장에서 현재의 가치에 맞지 않을 수 있다는 단점이 있다.

03

정답 ②

오답분석

① 단순성과급제 : 근로자가 노력해서 성과를 높이면 높일수록 그것에 대응하여 근로자의 임금소득도 정비례로 증가하는 임금지불방식

③ 메리크의 복률성과급제 : 표준작업 시간 내에 과업을 달성해서 노동성과가 높은 종업원에 대해서는 기본시간급에 일정한 비율의 할증 임금을 추가로 지급하는 제도(메리크식은 세 단계로 구분)

④ 일급보장 성과급제 : 표준성과에 도달하지 않는 경우는 일급을 지급하고, 초과한 경우는 성과급을 적용하는 제도

04

정답 ④

오답분석

① 테일러의 제자인 메리크가 테일러식 집단성과급의 결함을 보완하여 고안하였다.

② 메리크식 복률성과급은 임률의 종류를 세 가지로 정하고 있다.

③ 표준생산량을 83% 이하, 83 ~ 100%, 100% 이상으로 구분하여 상이한 임금률을 적용한다.

05

정답 ③

물음표(Question Mark) 사업은 고성장 저점유율 사업으로 성장가능성이 있으며, 사업초기에는 대부분 이 영역에 속한다. 사업의 전략방향에 따라 스타(Star) 사업이 되거나, 개(Dog) 사업으로 전락할 수 있는 위치에 있다. ③은 현금젖소(Cash Cow) 사업에 대한 설명이다.

06

정답 ④

길게 연결된 기술(Long Linked Technology)은 X행동이 성공적으로 끝난 뒤에 Y행동이 수행되고, 다시 Y가 성공적으로 끝난 뒤에 Z가 수행될 수 있다는 것을 의미한다.

07

정답 ④

자기주식처분이익(Gain on Sales of Treasury Stock)은 회사가 보유하고 있는 자사회사의 주식을 처분하여 얻는 이익이다. 상법에서는 금지되어 있으나 예외적으로 목적을 달성하기 위해 이루어지는 경우가 많으며 이렇게 취득한 자기주식은 지체 없이 또는 상당한 기간 내에 처분해야 한다. 또한 자기주식 처분이익은 영업 활동으로 얻은 이익이 아니므로 자본 잉여금에 계상하는 것이 옳다.

08

정답 ④

IRP는 입출금이 자유롭지 못하다는 단점이 있다. IRP를 중도 해지하면, 그동안 세액공제를 받았던 적립금은 물론 운용수익에 대해 16.5%의 기타소득세를 물어야 한다는 단점이 있다.

09

정답 ④

20세기 초 작업장 내에 관리자의 주관적 인사권 행사와 작업속도 그리고 작업자 개개인별 특성에 맞춘 작업 방식은 무질서함을 나타내었고, 그러한 작업방식은 생산성 저하라는 결과를 초래하였다. 이를 타개하기 위하여 테일러는 과학적 관리론을 제시하였고, 이는 생산율을 높이기 위한 작업의 분업화에 중점을 두었다. 따라서 ④는 과학적 관리론에 대한 설명으로 옳지 않다.

10

정답 ③

호손 실험은 하버드 대학교 심리학자 메이요(Mayo)와 경영학자 뢰슬리스버거(Roethlisberger)에 의해 수행된 실험으로 노동자들이 실험 사실을 알게 되어 발생한 심리학 효과인 호손 효과로 더욱 유명한 실험이다. 이 실험의 본래 목적은 과학적 관리론에 따라, 노동자에 대한 물질적 보상 방법의 변화가 생산성을 증대시키는가에 대한 검증 실험이었다. 해당 실험은 크게 4단계로 조명 실험, 계전기 조립 실험, 면접 실험, 배전기권선 관찰 실험으로 약 8년간 진행되었다.

11

정답 ④

포드시스템(Ford's System)은 제품의 단순화, 부분품의 규격화, 기계 및 공구의 전문화, 작업의 단순화에 초점을 맞추며 이를 통한 생산성 증대를 목표로 한다. 따라서 작업속도가 강제되며, 전 공정의 작업속도가 후 공정에 영향을 미쳐 전체 조업도에 영향을 주게 된다. 또한 설비투자비가 높아지고, 조업도가 낮아질수록 제조원가가 높아진다. 이는 제품 및 생산설비의 변경이 어렵다는 단점을 나타내기도 한다.

12

정답 ③

보기의 사례는 서번트 리더십의 대표적인 사례이다. 서번트 리더십이란 구성원들의 자발적 희생은 리더의 자기희생에서 비롯됨을 말하며 해당 사례는 자기희생을 통해 현장을 체험한 리더가 직접적으로 직원들이 고충을 몸소 겪으며 직원들의 적극적 행동을 유발하여 조직의 환경 변화에 대한 적응력을 높인 내용으로 볼 수 있다.

13

정답 ①

기업의 생산 규모가 증가할 때 생산량의 증가가 노동, 자본 등 생산요소의 증가보다 더 크게 증가하는 경우를 규모의 경제라 하는데 이는 초기 시장 진입자가 이후 시장에 진입하는 신규 진입자보다 경쟁우위를 가지는 가장 큰 요소로 볼 수 있다. 범위의 경제는 비교우위를 고려한 전략으로 신규 진입자가 발생하게 되는 요소이다.

14

정답 ④

기존 산업 내의 경쟁은 산업이 얼마나 경쟁력이 있고 수익성이 있는지에 대한 중요한 결정 요인이다. 따라서 산업 내의 경쟁은 다수의 경쟁자들이 분포해 있으며, 출구 장벽이 높고 성장 산업에 대한 투자가 실패할 확률이 높으며 경쟁자들과 수준이 비슷하기 때문에 고객 충성도가 낮다.

15

정답 ②

연결화를 통해 형식지는 조합에 의한 정보활용과 지식의 체계화가 이루어지며, 이를 통해 내면화로 발전할 수 있는 단계이다.

16

정답 ①

합명회사는 2인 이상의 무한책임사원으로 구성된다. 무한책임사원은 회사에 대하여 출자의무를 가지고 회사채권자에 대하여 직접·연대하여 무한의 책임을 진다.

17

정답 ④

제조업체가 최종 소비자에게 직접 판촉을 진행하는 전략은 풀(Pull)전략에 해당한다.

비교 기준	푸시(Push)전략	풀(Pull)전략
의미	제조업체가 유통업체를 대상으로 판촉을 진행하는 전략	제조업체가 최종 소비자에게 직접 판촉을 진행하는 전략
목표	고객에게 제품이나 브랜드에 대해 알릴 수 있음	고객이 제품이나 브랜드를 찾도록 유도
용도	영업 인력, 무역 진흥, 돈 등	광고, 판촉 및 기타 의사소통 수단
강조	자원 할당	민감도
적합	브랜드 충성도가 낮을 때	브랜드 충성도가 높을 때
리드타임	길다	짧다

18

정답 ⑤

다품종 생산이 가능한 것은 공정별 배치에 해당한다.

구분	제품별 배치	공정별 배치
장점	• 높은 설비이용률 • 노동의 전문화 • 낮은 제품단위당 원가	• 다품종 생산이 가능 • 저렴한 범용설비 • 장려임금 실시 가능
단점	• 수요 변화에 적응이 어려움 • 설비 고장에 영향을 받음 • 장려임금 실시 불가 • 단순작업	• 낮은 설비이용률 • 높은 제품단위당 원가 • 재공품 재고 증가 • 경로와 일정계획의 문제

19

정답 ①

오답분석

② 링컨 플랜 : 노동자의 협력 증진과 생산성 향상을 위해 고안된 제도로, 성과급제와 이윤분배제의 결합 형태이다.
③ 임프로쉐어 플랜 : 단위당 소요되는 표준노동시간과 실제노동시간을 비교하여 절약된 노동시간만큼을 분배하는 제도이다.
④ 코닥 플랜 : 표준시간과 성과표준을 결정하는 데 근로자들을 참여시킴으로써 설정 과정에 근로자의 의사를 반영한 다음 근로자들에게 할증급을 지급하는 제도이다.
⑤ 카이저 플랜 : 재료, 노무 측에서 발생하는 비용의 절감액을 분배하는 제도이다.

20

정답 ④

컨조인트 분석(Conjoint Analysis)은 제품의 각 속성에 고객이 부여하는 효용을 추정하여 소비자의 효용 분석을 통해 고객이 선택할 제품을 예측하는 기법이다. 컨조인트 분석은 시장에 출시된 제품의 속성이 다양하지 않더라도 선호도에 근거하여 하나의 속성이 미치는 영향을 추정할 수 있고, 신제품이나 리포지셔닝을 할 제품을 위한 잠재시장을 평가하는 데 유용하게 사용할 수 있다.

오답분석

① 설문조사 : 직접 시장에서 설문조사를 통해 선호도와 관여도 조사에 유용하다.
② 산업구조 분석 : 산업구조를 분석하기 위한 모델로 경쟁우위를 위한 전략수립에 유용하다.
③ SWOT 분석 : 마케팅 전략을 검토할 때 우선 자사 제품과 서비스의 강점과 약점을 알고, 나아가 시장의 상황과 경쟁사의 움직임 등을 파악하는 데 유용하다.
⑤ 히트맵 : 주로 웹사이트의 방문자를 분석하는 웹로그분석에 많이 사용하는 분석기법이다.

02 경제학

01	02	03	04	05	06	07	08	09	10	11	12	13	14	15	16	17	18	19	20
④	②	①	①	①	④	②	④	④	④	④	⑤	⑤	⑤	⑤	①	④	④	④	④

01

정답 ④

수요의 가격 탄력성이 완전 비탄력적인 경우 가격 탄력성은 0이다($\varepsilon=0$). 따라서 가격이 아무리 변하여도 탄력성의 값이 0이기 때문에 수요량 변화율은 0이 된다.

02

정답 ②

교차탄력성이란 A상품의 가격 변화에 따른 B상품의 수요량 변화를 의미한다. 따라서 보기에서 샌드위치 가격이 10% 하락했고, 교차탄력성은 -1이므로 커피의 수요는 10% 증가할 것이다.

03

정답 ①

그래프는 X재와 Y재에 대한 소득소비곡선이다. 그래프의 ICC(Income Consumption Curve)는 초기에 소득이 증가함에 따라 X재와 Y재의 소비가 단위탄력적$\left(\varepsilon_M^X=1\right)$으로 증가하다가 일정 지점 이후로 X재에 대한 소비가 더 이상 증가하지 않고 Y재의 소비만 증가하는 형태를 보여준다. 따라서 보기의 ICC를 통해 X재화의 소득탄력성은 비탄력적이라고 볼 수 있다$\left(0<\varepsilon_M^X<1\right)$.

04

정답 ①

최고가격제는 정부가 시장의 최고가격을 정하고 최고가격 이상을 받지 못하도록 하는 제도이다. 이러한 제도는 시장균형가격에 영향을 미치는데 이는 사회적 후생손실(Deadweight Loss)을 발생시킨다. 그래프 상으로는 균형가격이 시장균형가격 P_0에서 최고가격 P_1으로 이동하면서 사회적 후생손실을 $\triangle ACE$만큼 발생시킨다.

05

정답 ①

A기업이 전략적 제휴를 요청한다면 B기업은 현상유지보다 전략적 제휴를 승인하고 동시에 요청하는 것이 이익을 극대화 하는 전략이다. 따라서 보기의 상황에서 우월전략은 동시에 전략적 제휴를 요청하는 것이며 내쉬균형에서는 상대방의 전략이 주어진 것으로 전제하므로 A기업이 전략적 제휴를 요청하면 B기업은 이를 승인하는 것을 선택해 100의 효용을 얻는다. 또한 A기업이 개별전략을 선택하면 B기업은 전략적 제휴를 요청해 70의 효용을 받는다. 따라서 내쉬균형은 2개이며 내쉬균형에서는 상대방의 효용 손실 없이는 자신의 효용을 증가시킬 수 없기 때문에 파레토 최적을 이룬다.

06

정답 ④

자원의 비효율적인 배분으로 인한 시장실패는 정보의 비대칭성, 공공재, 독과점, 외부효과 등으로 인해 발생한다. 배제가 가능한 재화는 사적 재화로, 사적 재화가 시장에서 거래되는 것은 시장실패와 관계가 없다.

오답분석

① 규모의 경제가 매우 크게 작동하는 기업은 단위 생산비용을 최소화할 수 있으므로 자연독점이 발생하며, 이러한 독과점은 시장실패의 원인이 된다.
② 소수의 기업만이 생산에 참여하는 것은 독과점에 해당하며, 이는 시장실패의 원인이 된다.
③ 정보의 비대칭성에 해당하며, 이는 시장실패의 원인이 된다.

07

정답 ②

환율제도는 고정환율제도와 자유변동환율제도를 양극단으로 하여 이분법적으로 분류할 수 있다. 먼저 고정환율제도는 외환의 시세 변동을 반영하지 않고 환율을 일정 수준으로 유지하는 환율제도이며, 자유변동환율제도는 환율이 외환시장에서 외환의 수요와 공급에 의해 자율적으로 결정되도록 하는 환율제도이다. 이러한 환율제도는 제도별로 상이한 장단점이 존재하지만 그 어떠한 환율제도라도 통화정책의 자율성(㉠), 자유로운 자본 이동(㉢), 환율 안정(㉣)의 세 가지 정책목표를 동시에 만족시키기는 현실적으로 불가능하기 때문에 이를 삼불원칙이라고 한다.

08

정답 ④

소비자 물가지수는 고정된 상품의 조합으로 측정된 물가지수로 라스파이레스지수라고도 한다. 소비자 물가지수는 과거의 고정된 상품조합으로 측정하기 때문에 물가지수를 과대평가하는 경향이 있으며, 주택 및 토지 등의 부동산 가격은 PPI나 CPI에 포함되지 않는다. 신축주택의 경우는 GDP디플레이터에 포함되나, 기존 주택에 대한 투기에 의한 부동산가격 인플레이션은 GDP디플레이터에 포함되지 않는다.

09

정답 ④

명목이자율(Nominal Interest Rate)은 일반적으로 말하는 이자율로 물가상승을 감안하지 않는다. 반면 실질이자율(Real Interest Rate)은 물가상승 조정을 위해 명목이자율에서 물가상승률을 뺀 것을 말한다. 또한 물가상승률까지 고려해 실질이자율로 계산된 금리가 마이너스인 경우는 자주 있었으며, 이러한 관계를 보고한 경제학자 어빙 피셔의 이름을 따서 피셔 방정식이라는 개념으로 설명이 가능하다. 해당 지표를 통해 2018년도의 물가상승률이 가장 낮았으며, 실질이자율은 5%로 가장 높았다는 사실을 확인할 수 있다.

10

정답 ④

베버리지곡선을 이동시키는 요인은 대표적으로 마찰적 실업, 구조적 실업, 경제적 불확실성이 존재한다. 베버리지곡선이 오른쪽으로 이동하면 이전보다 더 높은 일자리 공석률과 더 높은 실업률의 발생을 의미하며, 이는 노동시장의 효율성 감소로 이어진다. 반대로 베버리지곡선이 왼쪽으로 이동하면 이전보다 더 낮은 실업률과 낮은 일자리 공석률을 나타내며, 이는 노동시장에 방해요소가 적고 비효율성이 감소하여 순기능을 한 경우를 의미한다.

11

정답 ④

독점적 경쟁시장은 완전경쟁시장과 같이 다수의 기업이 포진해 있으며 자유로운 진입 및 퇴출이 가능하다. 또한 장기 경제적 이윤은 발생되지 않는다. 반면에 시장지배력은 독점시장과 같이 매우 높다. 하지만 판매 상품은 완전경쟁시장에는 동일한 제품이 많은 반면, 독점시장에서는 대체재가 없으므로 시장구조와 맥락을 달리한다.

12

정답 ⑤

[실질경제성장률(실질GDP 증가율)]=(명목GDP 증가율)−[물가상승률(GDP디플레이터 상승률)] → 10%−10%=0%

따라서 전년도 동기 대비 동일하다.

13

정답 ⑤

$$(\text{GDP디플레이터})=\frac{(\text{명목GDP})}{(\text{실질GDP})}\times 100$$

- 2020년 GDP디플레이터는 100, 명목GDP는 300억 원이므로 실질GDP는 300억 원이다.
- 2021년 GDP디플레이터는 120, 명목GDP는 360억 원이므로 실질GDP는 300억 원이다.

따라서 실질GDP(실질 경제성장률)의 변화는 없다.

14

정답 ⑤

소비함수이론에는 케인스의 절대소득가설, 쿠즈네츠의 실증분석, 상대소득가설, 피셔의 2기간 모형, 항상소득가설, 생애주기가설, 랜덤워크 가설이 맥락을 같이 하고 있으며 반대로 투자함수이론에는 현재가치법, 내부수익률법, 신고전학파의 투자결정이론, 가속도 원리, 신축적 가속도 원리, 투자옵션이론, Q이론이 해당한다. 딕싯(Dixit)의 투자옵션이론은 투자함수이론에 해당하며 미래에 대한 불확실성이 증가할수록 기업의 투자는 줄어든다고 주장한다.

15

정답 ⑤

구매력평가설은 각국 화폐의 구매력 차이로 환율을 설명한다. 따라서 만일 두 나라의 물가가 서로 다른 비율로 올랐다면 환율도 그 차이만큼 변해야 한다. 문제에서 한국의 물가상승률은 3% 그리고 미국의 물가상승률은 5%라고 했으므로 원화가치는 상승하고, 달러화 가치는 하락하므로 원/달러 환율도 2%(1달러당 1,200원 기준 24원) 하락한 1,176원/달러로 예측 가능하다.

16

정답 ①

헥셔–올린 모형에서 모든 국가는 토지, 노동, 자본에 있어서 그 부존자원의 양이 서로 다르다고 가정하였으며, 이러한 가정이 있기에 비교우위가 발생하여 무역이 활성화된다고 주장하였다.

17

정답 ④

장기에서는 모든 생산요소를 탄력적으로 조절할 수 있게 되어 장기 한계비용곡선과 가격이 일치하는 생산량에서 생산한다. 이에 대한 예시로 완전경쟁시장에서 기술우위를 점한 기업을 들 수 있다. 단기에서와 달리 장기에서는 비용 증가 산업, 비용 불변 산업, 비용 감소 산업마다 그 형태가 다르게 나타나므로, 비용 증가 산업에서는 산업 전체의 총생산량이 증가함에 따라 비용곡선은 상향하며 반대로 감소 산업에서는 하향 이동한다.

18

정답 ④

A시장에 두 재화의 시장가격(P)는 PX(X재 가격)=6, PY(Y재 가격)=3이다. 무차별 곡선이 원점에 대해 볼록한 형태를 가지고 있고(이는 한계대체율이 무차별 곡선 안에서 움직임) Y재의 한계효용이 4라고 주어졌으므로 X재의 한계효용이 Y재의 한계효용에 비해 얼마나 높은가에 대한 교환비율(MRS)을 통해 X재의 한계효용을 계산할 수 있다.

$\frac{(MUX)}{6}=\frac{4}{3}$, $MUX=8$

따라서 X재의 한계효용은 8이다.

19

정답 ④

현재가치법은 대표적인 투자함수이론에 해당하는 이론으로 미래에 생길 돈이 현재의 돈 가치로 얼마가 될지 계산하는 공식이다. 따라서 소비함수이론에 해당하지 않는다.

20

정답 ④

먼저 완전경쟁시장의 수요를 계산해야 한다. 완전경쟁시장의 이윤극대화는 MC=0, P=MC이므로, P에 0을 대입하면 Q=15이다.

따라서 꾸르노 경쟁 시장의 전체 생산량은 $15\times\frac{2}{3}=10$이다.

03 행정학

01	02	03	04	05	06	07	08	09	10	11	12	13	14	15					
③	④	④	①	①	③	①	①	③	④	④	②	②	②	①					

01

정답 ③

교육·소방·경찰공무원 및 법관, 검사, 군인 등 특수 분야의 업무를 담당하는 공무원은 특정직 공무원(경력직)에 해당한다(국가공무원법 제2조).

오답분석

① 특수경력직 공무원은 정무직과 별정직 공무원으로, 직업공무원제나 실적주의의 획일적 적용을 받지 않는다.
② 특수경력직 공무원에 대하여는 국가공무원법 또는 다른 법률에 특별한 규정이 없으면 한정적으로 국가공무원법의 적용을 받고, 적용범위에 보수(제5장)와 복무규율(제7장)이 포함된다.
④ 국회수석 전문위원, 감사원 사무차장 등은 특수경력직 중 별정직 공무원에 해당한다.

국가공무원과 지방공무원

구분		국가공무원	지방공무원
법적근거		국가공무원법	지방공무원법
임용권자		• 5급 이상 : 대통령 • 6급 이하 : 소속 장관 또는 위임된 자	지방자치단체의 장
보수재원		국비	지방비
공직분류	일반직	직군, 직렬별로 분류되는 공무원 연구·지도직 : 2계급	
	특정직	법관, 검사, 경찰, 소방공무원, 군인, 국가정보원 직원 등	자치경찰공무원, 지방소방공무원 등
	정무직	대통령, 국무총리, 국회의원 등	지방자치단체장, 특별시의 정무부시장
	별정직	국회수석 전문위원	광역시 특별자치시의 정무부시장
공무원 구성		• 전체 공무원 중에 차지하는 비중이 65% • 국가 공무원 중 특정직이 가장 많음	• 전체 공무원 중에 차지하는 비중이 35% • 지방 공무원 중 일반직이 가장 많음

02

정답 ④

ㄴ. 국회의원 비서관은 특수경력직 공무원이다.
ㄷ. 차관은 정무직으로 특수경력직 공무원이다.
ㅁ. 청와대 수석비서관(차관급)은 정무직이자 특수경력직 공무원이다. 일반비서관이라면 별정직 공무원이다.

오답분석

ㄱ·ㄹ. 경찰과 군무원은 경력직 공무원으로 특정직이다.

03

정답 ④

하위정부모형은 정부관료, 의회 상임위원회, 이익집단 등 제3자의 이해관계가 서로 일치하기 때문에 자율적인 동맹이 결성되어 그들만의 이익을 추구하는 모형이다. 이익집단의 경쟁 심화 등으로 하위정부모형은 영향력과 구성이 약화되었다.

정책네트워크의 특성

- 다양한 참여자 : 공식적 참여자와 비공식 참여자
- 연계의 형성 : 교호방식을 통해 연계 형성
- 경계 : 참여자와 비참여자를 구별하는 경계가 존재함

- 규칙 : 참여자들 사이를 규정하는 규칙이 존재함
- 정책별로 형성 : 문제별로 형성됨
- 가변적 현상 : 시간의 흐름에 따라 변화

04

정답 ①

배분정책은 공적 재원으로 불특정 다수에게 재화나 서비스를 배분하는 정책이며, 수혜자와 비용부담자 간의 갈등이 없어서 추진하기 용이한 정책이다.

Lowi의 정책유형

- 배분정책 : 특정 개인 또는 집단에 재화 및 서비스를 배분하는 정책
- 구성정책 : 정부기관의 신설과 선거구 조정 등과 같이 정부기구의 구성 및 조정과 관련된 정책
- 규제정책 : 특정 개인이나 집단에 대한 선택의 자유를 제한하는 유형의 정책
- 재분배정책 : 고소득층의 부를 저소득층에게 이전하는 계급 대립적인 정책

05

정답 ①

앨리슨(Allison) 모형은 1960년대 초 쿠바 미사일 사건과 관련된 미국의 외교정책 과정을 분석한 후 정부의 정책결정 과정을 설명하고 예측하기 위한 분석틀로써 세 가지 의사결정모형(합리모형, 조직과정모형, 관료정치모형)을 제시하여 설명한 것이다. 앨리슨은 이 중 어느 하나가 아니라 세 가지 모두가 보완적으로 적용될 수 있다고 설명하였다.

06

정답 ③

등급은 직무의 종류는 상이하지만 직무 수행의 책임도와 자격요건이 유사하여 동일한 보수를 지급할 수 있는 횡적 군을 말한다.

직위분류제와 계급제

구분	직위분류제	계급제
분류기준	직무의 종류·곤란도·책임도	개인의 자격·신분·능력
초점	직무중심	인간·조직중심
추구하는 인재상	전문행정가	일반행정가
보수정책	직무급	생활급·자격급
인사배치	비신축적	신축적
신분보장	약함	강함
인사운용	탄력성이 낮음	탄력성이 높음
능력발전	불리	유리

07

정답 ①

ㄱ. 인간관계론은 인간을 사회적·심리적 존재로 가정하기 때문에 사회적 규범이 생산성을 좌우한다고 본다.
ㄴ. 과학적 관리론은 과학적 분석을 통해 업무수행에 적용할 유일 최선의 방법을 발견할 수 있다고 전제한다.

오답분석

ㄷ. 체제론은 하위의 단순 체제는 복잡한 상위의 체제에 속한다고 이해하므로 계서적 관점을 지지한다.
ㄹ. 발전행정론은 정치·사회·경제를 균형적으로 발전시키기 보다는 행정체제가 다른 분야의 발전을 이끌어 나가는 불균형적인 접근법을 중시한다.

08

정답 ①

외재적 요인이란 실험에 들어가기 전 집단의 구성 시에 발생하는 요인으로 선발요인은 외재적 요인에 해당한다.

내적타당도의 저해요인

- 내재적 요인 : 실험이 진행되는 과정 중에 발생하는 오류
  예 역사적요인, 성숙효과, 회귀－인공요인, 측정요인, 측정도구의 변화, 선발과 성숙의 상호작용, 처치와 상실의 상호작용
- 외재적 요인 : 실험이 진행되기 전 집단 구성 시 발생하는 오류
  예 선발요인

09

정답 ③

회계장부가 하나여야 한다는 원칙은 '단일성의 원칙'을 말한다. '통일성의 원칙'은 특정한 세입과 세출이 바로 연계됨이 없이 국고가 하나로 통일되어야 한다는 원칙이다.

오답분석

① 공개성의 원칙의 예외로는 국방비와 국가정보원 예산 등 기밀이 필요한 예산이 있다.
② 사전의결의 원칙의 예외는 사고이월, 준예산, 전용, 예비비지출, 긴급명령, 선결처분이 있다.
④ 목적세는 통일성의 원칙의 예외이다.

10

정답 ④

옴부즈만 제도는 일종의 행정감찰관(옴부즈만)이 행정부가 권력 등을 악용하는 것을 통제하기 위한 제도로 부당 행위가 조사되면 민원인에게 이에 대한 것을 알려주고 언론에 공표하기도 한다. 옴부즈만은 독립적으로 조사권, 시찰권 등을 가지고 있으며 국가에 따라 소추권을 가지고 있는 경우도 있다.

오답분석

ㄴ. 국회에서 선출하는 경우와 행정수반이 임명하는 경우 등이 있다.
ㄹ. 입법부와 행정부로부터 독립되어 활동한다.

11

정답 ④

정부업무평가 기본계획은 국무총리가 위원회의 심의・의결을 거쳐 수립하여야 하며, 최소한 3년마다 그 계획의 타당성을 검토하여 수정・보완 등의 조치를 하여야 한다.

12

정답 ②

방송통신위원회는 대통령 소속 위원회이나, 금융위원회, 국가권익위원회는 국무총리 소속 위원회이다.

정부위원회 소속별 종류

대통령 소속 위원회	방송통신위원회, 개인정보보호위원회, 규제개혁위원회
국무총리 소속 위원회	국민권익위원회, 공정거래위원회, 금융위원회, 원자력안전위원회
독립위원회	국가인권위원회

13

정답 ②

공무원 헌장

하나. 공익을 우선시하며 투명하고 공정하게 맡은 바 책임을 다한다.
하나. 창의성과 전문성을 바탕으로 업무를 적극적으로 수행한다.
하나. 우리 사회의 다양성을 존중하고 국민과 함께하는 민주 행정을 구현한다.
하나. 청렴을 생활화하고 규범과 건전한 상식에 따라 행동한다.

14

정답 ②

선행조치에는 법령, 행정계획, 행정행위, 행정지도 등이 포함되어 있으나, 무효행위는 신뢰대상이 되지 않는다. 또한, 공익에 반하거나 법치행정의 원리와 충돌되는 등의 경우에는 적용의 제한을 받는다.

신뢰보호의 원칙 적용

- 행정청이 개인에 대하여 신뢰의 대상이 되는 공적인 견해표명을 하여야 한다.
- 행정청의 견해표명이 정당하다고 신뢰한 데 대하여 그 개인에게 귀책사유가 없어야 한다.
- 그 개인이 그 견해표명을 신뢰하고 이에 어떠한 행위를 하였어야 한다.
- 행정청이 위 견해표명에 반하는 처분을 함으로써 그 견해표명을 신뢰한 개인의 이익이 침해되는 결과가 초래되어야 한다.
- 공익 또는 제3자의 정당한 이익을 해할 우려가 있는 경우가 아닌 한, 신뢰보호의 원칙에 반해 위법하다.

15

정답 ①

무의사결정론은 엘리트들이 대중에 대한 억압과 통제를 통해 불리한 문제는 거론을 못하게 막고, 유리한 이슈만을 정책의제로 설정하게 하는 것을 뜻한다.

오답분석

② 체제이론 : 지기의 선호에 의해, 이익집단 자유주의는 이익집단의 영향력에 따라, 어떤 의제는 정책의제화가 될 수 없음을 설명하는 이론이다.
③ 다원주의론 : 사회를 구성하는 집단들 사이에 권력은 널리 동등하게 분산되어 있으며, 정책은 많은 이익집단의 경쟁과 타협의 산물이라고 설명하는 이론이다.
④ 사이먼(H. Simon)의 의사결정론 : 인간은 인지능력의 제한을 가지므로 완전히 합리적인 결정에는 한계가 있어 일부 사회문제만을 정책의제로 선택하는 이론이다.

04 법학

01	02	03	04	05	06	07	08	09	10	11	12	13	14	15	16	17	18	19	20
④	③	④	②	②	①	④	③	④	③	③	②	④	④	③	②	④	③	⑤	②

01

정답 ④

직장가입자가 공무원인 경우에 직장가입자의 보수월액보험료는 직장가입자와 그 공무원이 소속되어 있는 국가 또는 지방자치단체가 각각 보험료의 100분의 50씩 부담한다(국민건강보험법 제76조 제1항 참고).

02

정답 ③

현행 헌법상 근로의 의무가 있다고 하여도 직업을 가지지 않을 자유가 인정되지 않는 것은 아니다.

03

정답 ④

법원에 계속되어 있는 사건에 대하여 당사자는 다시 소를 제기하지 못한다(민사소송법 제259조). 이를 중복제소의 금지 또는 이중소송의 금지원칙이라고 한다. 동일한 사건에 대하여 다시 소제기를 허용하는 것은 소송제도의 남용으로서, 법원이나 당사자에게 시간, 노력, 비용을 이중으로 낭비하게 하므로 소송경제상 좋지 않고, 판결이 서로 모순 및 저촉될 우려가 있기 때문에 허용되지 않는다는 취지이다.

04

정답 ②

영업과 상호를 양수하면 양도인의 채권·채무도 양수한 것으로 보는 것이 원칙이다(상법 제42조 참조).

05

정답 ②

용익물권에는 지상권·지역권·전세권이 있고, 담보물권에는 유치권, 질권, 저당권이 있다. 그리고 담보물권은 특별법상 상사질권, 상사유치권, 우선특권, 가등기담보권 등이 있으며, 관습법상 양도담보 등이 있다.

06

정답 ①

정관에 특별한 규정이 없는 경우에는 업무집행에 관한 의결기관인 이사회에서 신주발행사항을 결정한다(상법 제416조 참조).

07

정답 ④

헌법재판소 재판관은 탄핵 또는 금고 이상의 형의 선고에 의하지 아니하고는 파면되지 아니한다(헌법 제112조 제3항).

오답분석

① 헌법재판소 재판관의 임기는 6년으로 하며, 법률이 정하는 바에 의하여 연임할 수 있다(헌법 제112조 제1항).
② 헌법재판소 재판관은 정당에 가입하거나 정치에 관여할 수 없다(헌법 제112조 제2항).
③ 헌법재판소는 법관의 자격을 가진 9인의 재판관으로 구성하며, 재판관은 대통령이 임명한다(헌법 제111조 제2항).
⑤ 헌법재판소에서 법률의 위헌결정, 탄핵의 결정, 정당해산의 결정 또는 헌법소원에 관한 인용결정을 할 때에는 재판관 6인 이상의 찬성이 있어야 한다(헌법 제113조 제1항).

08

정답 ③

즉결심판은 관할경찰서장 또는 관할해양경찰서장이 관할법원에 이를 청구한다(즉결심판에 관한 절차법 제3조 제1항).

오답분석

① 지방법원 또는 그 지원의 판사는 소속 지방법원장의 명령을 받아 소속 법원의 관할사무와 관계없이 즉결심판청구사건을 심판할 수 있다(즉결심판에 관한 절차법 제3조의2).
② 판사는 사건이 즉결심판을 할 수 없거나 즉결심판절차에 의하여 심판함이 적당하지 아니하다고 인정할 때에는 결정으로 즉결심판의 청구를 기각하여야 한다(즉결심판에 관한 절차법 제5조 제1항).
④ 즉결심판을 청구할 때에는 사전에 피고인에게 즉결심판의 절차를 이해하는 데 필요한 사항을 서면 또는 구두로 알려주어야 한다(즉결심판에 관한 절차법 제3조 제3항).
⑤ 지방법원, 지원 또는 시・군법원의 판사는 즉결심판절차에 의하여 피고인에게 20만 원 이하의 벌금, 구류 또는 과료에 처할 수 있다(즉결심판에 관한 절차법 제2조).

09

정답 ④

유추해석 금지의 원칙에 따르면 법률의 해석은 규정에 따라 엄격하게 해야 하며, 유사한 사항을 확대 적용하는 것을 금지한다.

오답분석

① 관습법 금지의 원칙 : 범죄와 형벌은 성문법률(문서의 형식으로 표현되고 일정한 절차와 형식을 거쳐 공포된 법)에 의해 규정되어야 한다는 원칙이다.
② 소급효 금지의 원칙 : 범죄의 성립과 처벌은 행위 시의 법률에 의한다는 원칙이다.
③ 명확성의 원칙 : 형법은 무엇이 범죄이고, 그에 따른 형벌은 어떤 것인지 명확히 규정해야 한다는 원칙이다.
⑤ 적정성의 원칙 : 형법의 내용이 헌법의 기본적 인권을 실질적으로 보장할 수 있어야 한다는 원칙이다.

10

정답 ③

ㄴ. 의사표시는 법률행위의 내용의 중요부분에 착오가 있는 때에는 취소할 수 있다. 그러나 그 착오가 표의자의 중대한 과실로 인한 때에는 취소하지 못한다(민법 제109조 제1항).
ㄷ. 의사표시는 표의자가 진의 아님을 알고 한 것이라도 그 효력이 있다. 그러나 상대방이 표의자의 진의 아님을 알았거나 이를 알 수 있었을 경우에는 무효로 한다(민법 제107조 제1항).

오답분석

ㄱ. 선량한 풍속 기타 사회질서에 위반한 사항을 내용으로 하는 법률행위는 무효로 한다(민법 제103조).
ㄹ. 당사자의 궁박, 경솔 또는 무경험으로 인하여 현저하게 공정을 잃은 법률행위는 무효로 한다(민법 제104조).
ㅁ. 사기나 강박에 의한 의사표시는 취소할 수 있다(민법 제110조 제1항).

11

정답 ③

국회의 임시회는 대통령 또는 국회재적의원 4분의 1 이상의 요구에 의하여 집회된다(헌법 제47조 제1항).

오답분석

ㄱ. 국회의원은 법률이 정하는 직을 겸할 수 없다(헌법 제43조).
ㄴ. 국회의원은 국회에서 직무상 행한 발언과 표결에 관하여 국회 외에서 책임을 지지 아니한다(헌법 제45조).
ㄹ. 정기회의 회기는 100일을, 임시회의 회기는 30일을 초과할 수 없다(헌법 제47조 제2항).
ㅁ. 국회는 의장 1인과 부의장 2인을 선출한다(헌법 제48조).

12

정답 ②

흉기를 휴대하거나 2명 이상이 합동하여 타인의 재물을 절취한 자도 1년 이상 10년 이하의 징역에 처한다(형법 제331조 제2항).

오답분석

① 타인의 재물을 절취한 자는 6년 이하의 징역 또는 1천만 원 이하의 벌금에 처한다(형법 제329조).
③ 권리자의 동의 없이 타인의 자동차, 선박, 항공기 또는 원동기장치자전거를 일시 사용한 자는 3년 이하의 징역, 500만 원 이하의 벌금, 구류 또는 과료에 처한다(형법 제331조의2).
④ 야간에 사람의 주거, 관리하는 건조물, 선박, 항공기 또는 점유하는 방실(房室)에 침입하여 타인의 재물을 절취(竊取)한 자는 10년 이하의 징역에 처한다(형법 제330조).
⑤ 상습으로 타인의 재물을 절취한 자는 그 죄에 정한 형의 2분의 1까지 가중한다(형법 제332조).

13

정답 ④

행정법의 기본원칙

- 비례의 원칙(과잉금지의 원칙) : 행정주체가 구체적인 행정목적을 실현함에 있어 목적과 수단 간에는 합리적인 비례관계가 유지되어야 한다는 원칙이다.
- 신뢰보호의 원칙 : 행정기관의 어떤 행위가 존속될 것이라는 정당한 신뢰는 보호되어야 한다는 원칙이다.
- 평등의 원칙(자의금지의 원칙) : 행정작용을 함에 있어 그 상대방인 국민을 공평하게 대우해야 한다는 것이다.
- 부당결부금지의 원칙 : '실질적 관련' 없는 상대방의 반대급부를 결부시켜서는 안 된다는 원칙이다.
- 자기구속의 원칙 : 행정청은 자기 스스로 정한 시행기준을 합리적 이유 없이 이탈할 수 없다는 원칙이다.

14

정답 ④

사인의 공법행위는 행정법 관계에서 사인의 행위 가운데 공법적 효과의 발생을 목적으로 하는 법률행위를 말한다. 대표적인 예로 행정심판, 소송의 제기, 각종 신고, 인·허가신청이 있다. 따라서 보기의 내용은 모두 사인의 공법행위에 해당한다.

15

정답 ③

법률관계의 한쪽 당사자가 행정주체인 경우에도 공법적 효과를 발생하게 하는 행위만이 공법관계이며, 사법적 효과의 발생을 목적으로 하는 경우에는 사법관계에 속한다.

16

정답 ②

ㄱ, ㄴ, ㅁ은 공법관계, ㄷ, ㄹ은 사법관계에 해당한다.

17

정답 ④

국채를 모집하거나 예산 외에 국가의 부담이 될 계약을 체결하려 할 때에는 정부는 미리 국회의 의결을 얻어야 한다(헌법 제58조).

오답분석

① 국회의 임시회는 대통령 또는 국회재적의원 4분의 1 이상의 요구에 의하여 집회된다(헌법 제47조 제1항).
② 국회의원은 현행범인인 경우를 제외하고는 회기 중 국회의 동의 없이 체포 또는 구금되지 아니한다(헌법 제44조 제1항).
③ 정부는 회계연도마다 예산안을 편성하여 회계연도 개시 90일 전까지 국회에 제출하고, 국회는 회계연도 개시 30일 전까지 이를 의결하여야 한다(헌법 제54조 제2항).

18

정답 ③

행정소송에는 항고소송, 당사자소송, 민중소송, 기관소송으로 구분되며, 항고소송은 취소소송, 무효 등 확인소송, 부작위위법확인소송으로 구분된다.

오답분석

ㄱ. 항고소송이란 행정청의 처분 등이나 부작위에 대하여 제기하는 소송을 말하며, 국가 또는 공공단체의 기관이 법률에 위반되는 행위를 한 때에 직접 자기의 법률상 이익과 관계없이 그 시정을 구하기 위하여 제기하는 소송은 민중소송이다.

ㄹ. 행정청의 처분 등을 원인으로 하는 법률관계에 관한 소송 그 밖에 공법상의 법률관계에 관한 소송으로서 그 법률관계의 한쪽 당사자를 피고로 하는 소송은 당사자소송이다.

19

정답 ⑤

종물은 주물의 처분에 따르기 때문에 소유자가 동일해야 한다. 따라서 소유자가 다른 물건 사이에는 주물·종물관계가 인정되지 않는다.

주물, 종물(민법 제100조)

① 물건의 소유자가 그 물건의 상용에 공하기 위하여 자기소유인 다른 물건을 이에 부속하게 한 때에는 그 부속물은 종물이다.

② 종물은 주물의 처분에 따른다.

20

정답 ②

당사자 간의 채권의 이자율을 약정하지 않았을 때, 민법의 경우 연 5%의 이율이 적용되지만 상법의 경우 연 6%의 이율을 적용한다.

05 토목일반

01	02	03	04	05	06	07	08	09	10	11	12	13	14	15	16	17	18	19	20
③	①	②	②	①	③	②	①	④	④	④	⑤	①	③	④	④	②	①	④	③

01

정답 ③

• 전단력 $S=8\text{t}$

• 휨 모멘트 $M=\dfrac{Pl}{4}=\dfrac{8\times20}{4}=40\text{t}\cdot\text{m}$

∴ 전단력과 휨 모멘트의 영향선을 이용하여 구한다.

02

정답 ①

$$lL=\left(8\times\frac{3}{4}\right)+\left(2\times\frac{3}{8}\right)=6.75\text{t}$$

03

정답 ②

측량의 정밀도는 삼각측량이 가장 높고, 다음으로 다각측량, 세부측량 순서이다. 따라서 ②의 설명은 옳지 않다.

04

정답 ②

베르누이 정리를 통해 계산하도록 한다.

물의 단위중량(ω)의 경우, $\omega=\dfrac{1,000kg}{m^3}=\dfrac{9,800N}{m^3}=\dfrac{9.8kN}{m^3}$ 이며,

베르누이 방정식을 보면 $Z_A+\dfrac{P_A}{\omega}+\dfrac{v_A^2}{2g}=Z_B+\dfrac{P_B}{\omega}+\dfrac{v_B^2}{2g}$ 이다.

여기서 관이 수평으로 설치되어 있으므로, $Z_A=Z_B=0$

따라서 $\dfrac{P_A}{\omega}-\dfrac{P_B}{\omega}=\dfrac{v_B^2}{2g}-\dfrac{v_A^2}{2g}$ 이고,

$$P_A-P_B=\omega\left(\frac{v_B^2}{2g}-\frac{v_A^2}{2g}\right)$$

$$P_A-9.8=9.8\left(\frac{3^2}{2\times9.8}-\frac{2^2}{2\times9.8}\right)$$

$\therefore\ P_A\fallingdotseq12.3\text{kN/m}^2$

따라서 관 A에서의 유체압력은 약 12.3kN/m^2 이다.

05

정답 ①

$I_1+I_2=I_U+I_V=$ 일정

$I_V=I_1+I_2-I_U=175+175-278=72\text{cm}^4$

06

정답 ③

토질조사에서 심도가 깊어지면 Rod의 변형에 의한 타격에너지의 손실과 마찰로 인해 N치가 크게 나오므로 로드(Rod) 길이에 대한 수정을 하게 된다.

07

정답 ②

직사각형의 단면이고 양단힌지이기 때문에 좌굴의 강성도는 $n=\frac{1}{K^2}=1$, 좌굴길이 $KL=1.0L$이다.

세장비 $\lambda=\frac{1.0\times8.0}{\sqrt{\frac{\left(\frac{0.25\times0.40^3}{12}\right)}{0.25\times0.40}}}\fallingdotseq69.28$

08

정답 ①

탄성계수 $E=\frac{\sigma\times L}{\delta}=\frac{300\times(10\times10^3)}{15}=2.0\times10^5\,\text{MPa}$

09

정답 ④

일단고정 일단힌지인 경우의 좌굴하중

$$P_{cr}=\frac{\pi^2EI}{(KL)^2}=\frac{\pi^2\times20,000\times\left(\frac{150\times350^3}{12}\right)}{(0.7\times5000)^2}$$
$$\fallingdotseq8,635,903.851\text{N}\rightarrow863.590\text{kN}$$

10

정답 ④

한계동수경사 $i_c=\frac{(1.88-1.0)}{1.0}=0.88$

11

정답 ④

압밀 진행 중인 흙의 성질(압밀계수, 투수계수, 체적변화계수)은 변하지 않는다.

12

정답 ⑤

옹벽의 뒷면과 흙의 마찰각이 0인 경우는 '벽면마찰각을 무시한다.'라는 말과 동일하다. 벽면마찰각을 무시하는 경우 $P_{(Rankine)}=P_{(Coulomb)}$이다.

13

정답 ①

오답분석

②·④ B급 이음에 대한 설명이다.
③ 압축이음에 대한 설명이다.

14

정답 ③

세장비 $\lambda = \dfrac{(\text{기둥의 길이 } l)}{(\text{최소 회전 반지름 } r_{min})}$

$I_{min} = \dfrac{bh^3}{12} = \dfrac{1}{12}(18\times24^3)-(14\times18^3) = 13932.00\text{cm}^2$

$A = (18\times24)-(14\times18) = 180.00\text{cm}^2$

$r_{min} = \sqrt{\dfrac{I_{min}}{A}} = \sqrt{\dfrac{13,932}{180}} = 8.798$

$\lambda = \dfrac{(\text{기둥의 길이 } l)}{(\text{최소 회전 반지름 } r_{min})} = \dfrac{20}{8.798} \fallingdotseq 2.273$

15

정답 ④

- 합력의 위치 : $150x = 25\times4 \rightarrow x = 1.5\text{m}$
- A점으로부터의 거리 : $\dfrac{10}{2} - \dfrac{1.5}{2} = 4.25\text{m}$
- B점으로부터의 60kN 거리 : $10-4.25 = 5.75\text{m}$
- B점으로부터의 40kN 거리 : $5.75-4 = 1.75\text{m}$

$10 : 4.25 = 5.75 : y_6 \rightarrow y_6 = 2.444\text{m}$

$10 : 4.25 = 1.75 : y_4 \rightarrow y_4 = 0.744\text{m}$

$\therefore M_{max} = (P_1\times y_4)+(P_2\times y_6)$

$= (70\times2.444)+(50\times0.744) = 208.28\text{kN}$

16

정답 ④

전수압(=수문에 작용하는 전압력)

1) 수평분력(P_H)

$P_H = 9.8\times6\sin20°\times6 = 120.665\text{kN/m}$

2) 연직분력(P_V)

$P_V = 9.8\times(\dfrac{1}{6}\times\dfrac{\pi\times12^2}{4} - \dfrac{1}{2}\times6\times6\sin20°)$

$= 124.393\text{kN/m}$

(전수압)$= \sqrt{P_H^2+P_V^2} = \sqrt{120.665^2+124.393^2}$

$= 173.302\text{kN/m}$

17

정답 ②

단면의 핵 $E = \dfrac{Z}{A} = \dfrac{(\dfrac{\pi D^3}{32})}{(\dfrac{\pi D^2}{4})} = \dfrac{D}{8}$

$E = \dfrac{200\times2}{8} = 50\text{mm}$

면적 $A = 50^2\times\pi = 7,853.982\text{mm}^2$

18

정답 ①

좌굴하중 $P_{cr} = \frac{\pi^2 EI}{(KL)^2} = \frac{\pi^2 \times (200,000) \times \left(\frac{150 \times 300}{12}\right)}{(2.0 \times 5,000)^2} = 74,022\text{N}$

19

정답 ④

프리캐스트 사용 시 거푸집 및 동바리를 사용하지 않는다.

20

정답 ③

표준 갈고리를 갖는 인장 이형철근의 정착길이 공식은 다음과 같다.

$$l_{hb} = \frac{0.24\beta d_b f_y}{\lambda \sqrt{f_{ck}}}$$

06 기계일반

01	02	03	04	05	06	07	08	09	10	11	12	13	14	15	16	17	18	19	20
②	③	②	④	④	①	①	②	④	②	②	②	④	④	⑤	②	④	④	④	③
21	22	23	24	25															
②	④	④	⑤	③															

01

정답 ②

로켓 속도 $V_1 = \frac{1,560}{3.6} \fallingdotseq 433.33\text{m/s}$

$\rho_1 Q_1 = 95\text{kg/s}$

$\rho_2 Q_2 = 95 + 2.15 = 97.15\text{kg/s}$

$F = 4,500\text{kg}$이므로

$F = \rho_2 Q_2 V_2 - \rho_1 Q_1 V_1$

$4,500 = 97.15 \times V_2 - 95 \times 433.33$

$\therefore\ V_2 \fallingdotseq 470\text{m/s}$

02

정답 ③

- 공석점(A_1 변태점) : 723℃
- 공정점 : 1,145℃
- 포정점 : 1,470℃
- 순철 자기변태점(A_2 변태점) : 768℃

03

정답 ②

$[\text{각속도}(w)] = \frac{2\pi N}{60} = \frac{2\pi \times 80}{60} \fallingdotseq 8.38\text{rad/s}$

$[\text{진동수}(f)] = \frac{w}{2\pi} = \frac{8.38}{2\pi} \fallingdotseq 1.33\text{Hz(cps)}$

04

정답 ④

$$[\text{소요동력(kW)}] = \frac{k}{k-1} \frac{P_1 V_1}{\eta_{ad}} \left[\left(\frac{P_2}{P_1} \right)^{\frac{k-1}{k}} - 1 \right]$$

$$= \frac{1.4}{1.4-1} \times \frac{140 \times 0.03}{0.6} \left[\left(\frac{700}{140} \right)^{\frac{1.4-1}{1.4}} - 1 \right]$$

$$\fallingdotseq 14.3\text{kW}$$

05

정답 ④

$S=C$ (단열과정)이므로,

$T^k P^{1-k}=$일정, $T_1^k P_1^{1-k}=T_2^k P_2^{1-k}$에서,

$$T_2=T_1\times\left(\frac{P_2}{P_1}\right)^{\frac{k-1}{k}}=(273+550)\times\left(\frac{200}{3,200}\right)^{\frac{1.25-1}{1.25}}$$

$\fallingdotseq 472.69\text{K}$

$$[\text{팽창일}(w_a)]=\frac{1}{k-1}(P_1v_1-P_2v_2)$$

$$=\frac{1}{k-1}R(T_1-T_2)$$

$$=\frac{0.287}{1.25-1}(823-472.69)$$

$\fallingdotseq 402.2\text{kJ/kg}$

$\therefore\ W_a=mw_a=2\times402.2\fallingdotseq804\text{kJ}$

06

정답 ①

$$\mu=\frac{\epsilon'}{\epsilon}=\frac{\frac{\delta}{b}}{\frac{\sigma}{E}}=\frac{\delta E}{b\sigma}$$

$$\delta=\frac{\mu b\sigma}{E}=\frac{\mu bP}{E(bt)}=\frac{\mu P}{Et}=\frac{0.4\times(13.5\times10^3)}{(230\times10^9)\times(30\times10^{-3})}$$

$\fallingdotseq 0.000783\times10^{-3}\text{m}=0.783\times10^{-3}\text{mm}$

07

정답 ①

집중 하중이 작용하는 외팔보의 처짐 $\delta=\frac{Pl^3}{3EI}$에서 $I=\frac{bh^3}{12}$이다.

$$\therefore\ \delta=\frac{Pl^3}{3E\frac{bh^3}{12}}=\frac{4Pl^3}{Ebh^3}=\frac{4\times5,000\times2^3}{300\times10^9\times0.05\times0.1^3}$$

$\fallingdotseq 10.7\text{mm}$

08

정답 ②

내압을 받는 얇은 원통에서 원주(후프)응력 $\sigma_r=\frac{Pd}{2t}$, 축방향의 응력 $\sigma_s=\frac{Pd}{4t}$이므로

- $\sigma_r=\sigma_y=\frac{Pd}{2t}=\frac{860,000\times3}{2\times0.03}=43,000,000N/m^2=43\text{MPa}$
- $\sigma_s=\sigma_x=\frac{Pd}{4t}=\frac{860,000\times3}{4\times0.03}=21,500,000N/m^2=21.5\text{MPa}$

2축 응력에서 최대 전단응력은 $\theta=45°$일 때,

$$\tau_{\max}=\frac{1}{2}(\sigma_x-\sigma_y)=\frac{1}{2}(21.5-43)=-10.75\text{MPa}$$

09

정답 ④

면적 모멘트로 구하면, 아래 BMD 선도에서 빗금친 면적 $A_m = 6 \times 54{,}000 \times \frac{1}{2} = 162{,}000\text{N} \cdot \text{m}^2$이다.

$\theta_A = \theta_C$이므로,

$$\theta_A = \frac{A_m}{EI} = \frac{162{,}000}{(200 \times 10^9) \times (250 \times 10^{-8})} = 0.324\text{rad}$$

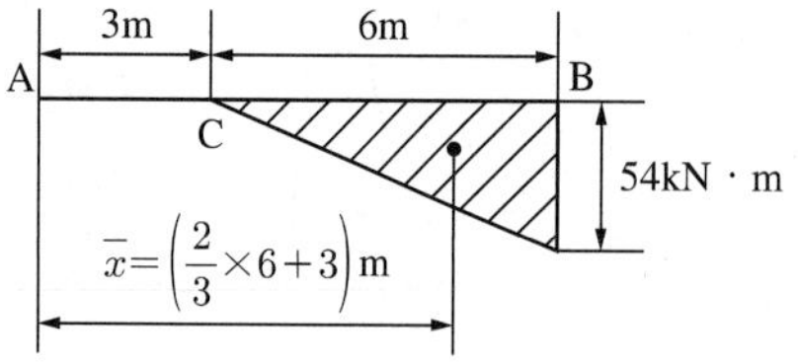

$$\delta_A = \frac{A_m}{EI} \times \bar{x} = \theta_A \times \bar{x} = 0.324 \times \left(\frac{2}{3} \times 6 + 3\right)$$
$$= 2.268\text{m} \rightarrow 226.8\text{cm}$$

10

정답 ②

압축비 $\epsilon = \frac{\nu_1}{\nu_2} = \left(\frac{P_2}{P_1}\right)^{\frac{1}{k}} = \left(\frac{5{,}000}{200}\right)^{\frac{1}{1.5}} \fallingdotseq 8.55$

단절비 $\sigma = \frac{v_3}{v_2} = \frac{T_3}{T_2} = \frac{T_3}{T_1 \cdot \epsilon^{k-1}} = \frac{7{,}000}{500 \times (8.55)^{1.5-1}}$

$\fallingdotseq 4.79$

$$\eta_d = 1 - \left(\frac{1}{\epsilon}\right)^{k-1} \times \frac{\sigma^k - 1}{k(\sigma - 1)}$$
$$= 1 - \left(\frac{1}{8.55}\right)^{1.5-1} \times \frac{4.79^{1.5} - 1}{1.5(4.79 - 1)} \fallingdotseq 0.430 \rightarrow 43\%$$

11

정답 ②

CO_2의 기체상수

$$R = \frac{8.314}{M} = \frac{8.314}{44} \fallingdotseq 0.189\text{kJ/kg} \cdot \text{K}$$

$$\gamma = \frac{P}{RT} = \frac{800}{0.189 \times (110 + 273)} \fallingdotseq 11.05\text{N/m}^3$$

12

정답 ②

$$[\text{압축률}(\beta)] = \frac{1}{[\text{체적탄성계수}(E)]} = \frac{1}{\text{N/m}^2} = \text{m}^2/\text{N}$$

$$\rightarrow L^2F^{-1} = L^2(MLT^{-2})^{-1} = L^2M^{-1}L^{-1}T^2$$
$$= M^{-1}LT^2$$

13

정답 ④

니켈 – 크롬강의 경우 550 ~ 580℃에서 뜨임메짐이 발생하는데, 이를 방지하기 위해 Mo, V, W을 첨가한다. 이 중에서 몰리브덴(Mo)이 가장 적합한 원소이다.

14

정답 ④

㉠ 오스템퍼링 : 오스테나이트에서 베이나이트로 완전한 항온변태가 일어날 때까지 특정 온도로 유지 후 공기 중에서 냉각, 베이나이트 조직을 얻는다. 뜨임이 필요 없고, 담금 균열과 변형이 없다.

㉡ 오스포밍 : 과랭 오스테나이트 상태에서 소성 가공을 한 후 냉각 중에 마텐자이트화하는 항온 열처리 방법이다.

㉢ 마템퍼링 : M_s점과 M_f점 사이에서 항온처리하는 열처리 방법으로 마텐자이트와 베이나이트의 혼합 조직을 얻는다.

15

정답 ⑤

쇼어 경도 시험은 낙하시킨 추의 반발 높이를 이용하는 충격 경도 시험이다.

오답분석

① 피로 시험 : 반복되어 작용하는 하중 상태의 성질을 알아낸다.

② 브리넬 경도 시험 : 지름 Dmm인 구형 누르개를 일정한 시험하중으로 시험편에 압입시켜 시험하며, 이때 생긴 압입 자국의 표면적을 시험편에 가한 하중으로 나눈 값이다.

③ 샤르피식 시험 : 금속의 인성과 메짐을 알아보는 충격시험의 일종으로, 시험편의 양단을 지탱하고 해머로 중앙에 충격을 가해 1회로 시험편을 판단한다.

④ 로크웰 경도 시험 : 원추각이 120°, 끝단 반지름이 0.2mm인 원뿔형 다이아몬드를 누르는 방법(HRC)과 지름이 1.588mm인 강구를 누르는 방법(HRB) 두 가지가 있다.

16

정답 ②

- 체심입방격자(BCC) : 강도, 경도가 크고 용융점이 높은 반면 연성, 전성이 낮다.
  V, Ta, W, Rb, K, Li, Mo, $\alpha-Fe$, $\delta-Fe$, Cs, Cr, Ba, Na
- 면심입방격자(FCC) : 강도, 경도가 작고 연성, 전성이 좋다(가공성 우수).
  Ag, Cu, Au, Al, Ni, Pb, Pt, $\gamma-Fe$, Pd, Rh, Sr, Ge, Ca
- 조밀육방격자(HCP) : 연성, 전성이 낮고 취성이 있다.
  Mg, Zn, Ce, Zr, Ti, La, Y, Ru, Gd, Co

17

정답 ④

핀의 종류

- 테이퍼 핀 : $\frac{1}{50}$의 테이퍼가 있는 핀으로 구멍에 박아 부품을 고정시키는 데 사용된다.
- 평행 핀 : 테이퍼가 붙어 있지 않은 핀으로 빠질 염려가 없는 곳에 사용된다.
- 조인트 핀 : 2개 부품을 연결할 때 사용되고 조인트 핀을 축으로 회전한다.
- 분할 핀 : 한쪽 끝이 2가닥으로 갈라진 핀으로 축에 끼워진 부품이 빠지는 것을 방지한다.
- 스프링 핀 : 스프링 강대를 원통형으로 성형, 종방향으로 틈새를 부여한 핀으로 외경보다 약간 작은 구멍경에 삽입함으로써 핀의 이탈을 방지한다.

18

정답 ④

아크 용접의 종류

- 피복 아크 용접 : 피복제를 칠한 용접봉과 피용접물과의 사이에 발생한 아크의 열을 이용하는 용접이다.
- 불활성가스 아크 용접(나) : 아르곤, 헬륨 등 불활성 가스 또는 여기에 소량의 활성 가스를 첨가한 가스 분위기 안에서 하는 아크 용접이다.
- 탄산가스 아크 용접 : 불활성 가스 아크 용접에서 사용되는 값비싼 아르곤이나 헬륨 대신에 탄산가스를 사용하는 용극식 용접 방법이다.
- 원자수소 아크 용접(다) : 수소가스 중에서 2개의 금속 전극 간에 발생시킨 아크의 열을 사용하는 용접이다.
- 서브머지드 아크 용접(마) : 두 모재의 접합부에 입상의 용제를 놓고 대기를 차단한 다음 그 속에서 용접봉과 모재 사이에 아크를 발생시켜 그 열로 용접하는 방법이다.

[오답분석]

- 산소 – 아세틸렌 용접(가) : 가스용접의 일종으로 토치 끝부분에서 아세틸렌과 산소의 혼합물을 연소시켜 접합에 필요한 열을 제공하는 용접이다.
- 프로젝션 용접(라) : 전기저항용접의 일종으로 금속 부재의 접합부에 만들어진 돌기부를 접촉시켜 압력을 가하고 여기에 전류를 통하여 저항열의 발생을 비교적 작은 특정 부분에 한정시켜 접합하는 용접이다.

19

정답 ④

$$\frac{dy}{dx}=\frac{-4y}{4x}=\frac{-4\times5}{4\times3}=-\frac{5}{3}$$

20

정답 ③

원통 커플링의 종류

- 슬리브 커플링(ㄱ) : 주철제 원통 속에 키로 고정, 축지름이 작은 경우 및 인장 하중이 없을 때 사용한다.
- 반중첩 커플링(ㄹ) : 원통 속에 전달축보다 약간 크게 한 축 단면에 기울기를 주어 중첩시킨 후 공동의 키로 고정, 인장하중이 작용하는 축에 사용한다.
- 마찰원통 커플링 : 두 개로 분리된 원통의 바깥을 원추형으로 만들어 두 축을 끼우고, 그 바깥에 링을 끼워 고정한다. 축과 원통 사이의 마찰력에 의해 토크를 전달한다.
- 분할 원통 커플링 : 분할된 두 개의 반원통으로 두 축을 덮은 후 볼트와 너트로 고정, 토크가 작을 때 사용한다.
- 셀러 커플링(ㄷ) : 한 개의 외통과 두 개의 내통으로 외통 내부와 내통 외부에 테이퍼가 있어 내통 안에 축을 끼우고 3개의 볼트로 죄면 콜릿 역할을 한다.

[오답분석]

- 플랜지 커플링(ㄴ) : 키를 사용하여 두 축의 양 끝에 플랜지를 각각 고정하고 맞대어 두 개의 플랜지를 연결한다.
- 올덤 커플링(ㅁ) : 두 축이 평행하나 약간 어긋나는 경우에 사용하며 저속, 편심이 작을 때 사용한다.

21

정답 ②

프로판 가스는 석탄 가스와 달리 유독한 일산화탄소 성분이 없다.

[오답분석]

① 공기보다 1.5배 정도 무겁다.
③ 새어 나오는 가스가 인화되면 폭발할 위험이 있어 주의가 필요하다.
④ 메탄계의 액화 수소 가스이다.
⑤ 중독의 위험이 없어, 가정용 연료로 많이 사용된다.

22

정답 ④

Y합금(내열합금)은 Al 92.5% − Cu 4% − Ni 2% − Mg 1.5%로 구성되며 내연기관의 실린더 및 피스톤에 사용된다.

오답분석

① 실루민 : Al − Si계 합금으로 주조성은 좋으나 절삭성이 나쁘다.
② 하이드로날륨 : Al − Mg계 합금으로 내식성이 가장 우수하다.
③ 두랄루민 : Al − Cu − Mg − Mn계 합금으로 주로 항공기 재료로 사용된다.
⑤ 코비탈륨 : Y합금에 Ti, Cu 0.5%를 첨가한 내열합금이다.

23

정답 ④

$$W = P_1 V_1 \ln\frac{V_2}{V_1} = (120\text{kPa}) \times (0.5\text{m}^3) \times \ln\left(\frac{0.1\text{m}^3}{0.5\text{m}^3}\right)$$

≒ −96.6kJ[기체가 압축되었다는 것은 일을 받은 것이므로 음수(−)이다]

24

정답 ⑤

단위 체적당 탄성에너지는 최대 탄성 에너지이므로

$$u = \frac{U}{V} = \frac{\sigma^2}{2E} = \frac{E \times \epsilon^2}{2}$$

$$u_1 = \frac{\sigma^2}{2E} \rightarrow u_2 = \frac{(4\sigma)^2}{2E} = \frac{16\sigma^2}{2E}$$

∴ $u_2 = 16u_1$ 이므로 16배가 된다.

25

정답 ③

$$I_p = \frac{\pi(d_1^{\ 4} - d_2^{\ 4})}{32} = \frac{\pi(5^4 - 3^4)}{32} \fallingdotseq 53.4\text{cm}^4$$

07 전기일반

01	02	03	04	05	06	07	08	09	10	11	12	13	14	15	16	17	18	19	20
④	③	⑤	③	①	②	④	②	①	③	①	④	⑤	②	⑤	③	①	②	①	④
21	22	23	24	25	26	27	28	29	30										
①	②	⑤	⑤	③	④	①	④	③	②										

01

정답 ④

이상적인 연산증폭기의 특징

- 전압이득이 무한대이다.
- 대역폭이 무한대이다.
- 개방상태에서 입력 임피던스가 무한대이다.
- 출력 임피던스가 0이다.
- 두 입력 전압이 같을 때, 출력 전압이 0이다.

02

정답 ③

A⊥B가 되기 위한 조건은 A·B=0이다.

$A \cdot B = 1\times1+(-1)\times0+2\times x=0$

$1+2x=0$

$\therefore\ x=-\frac{1}{2}$

03

정답 ⑤

$$f(s)=\frac{2s+3}{s^2+3s+2}=\frac{2s+3}{(s+2)(s+1)}=\frac{A}{s+1}+\frac{B}{s+2}$$

$$A=f(s)(s+1)\mid_{s=-1}=\frac{2s+3}{s+2}\mid_{s=-1}=1$$

$$B=f(s)(s+2)\mid_{s=-2}=\frac{2s+3}{s+1}\mid_{s=-2}=1$$

$$\therefore\ f(t)=e^{-t}+e^{-2t}$$

04

정답 ③

전력용 콘덴서의 용량

$$Q_C=P(\tan\theta_1-\tan\theta_2)$$

$$=P_a\cos\theta_1\left(\frac{\sqrt{1-\cos\theta LSUP2_1}}{\cos\theta_1}-\frac{\sqrt{1-\cos\theta LSUP2_2}}{\cos\theta_2}\right)$$

$$=200\times0.8\left(\frac{\sqrt{1-0.8^2}}{0.8}-\frac{\sqrt{1-0.95^2}}{0.95}\right)\fallingdotseq 67\text{kVA}$$

05

정답 ①

물질(매질)의 종류와 관계없이 전하량 만큼만 발생한다.

전속 및 전속밀도

전기력선의 묶음을 말하며 전하의 존재를 흐르는 선속으로 표시한 가상적인 선으로 Q[C]에서는 Q개의 전속선이 발생하고 1C에서는 1개의 전속선이 발생하며 항상 전하와 같은 양의 전속이 발생한다.

$$\Psi=\int Dds=Q$$

06

정답 ②

역률이 개선되면 변압기 및 배전선의 여유분이 증가한다.

역률 개선 효과

- 선로 및 변압기의 부하손실을 줄일 수 있다.
- 전압강하를 개선한다.
- 전력요금 경감으로 전기요금을 낮추게 된다.
- 계통 고조파 흡수효과가 높다.
- 피상전류 감소로 변압기 및 선로의 여유분이 증가한다.
- 설비용량에 여유가 생겨 투자비를 낮출 수 있다.
- 전압이 안정되므로 생산성이 증가한다.

07

정답 ④

이상적인 상호인덕턴스는 결합계수 k가 1일 때이며, 이처럼 손실이 0일 경우의 변압기를 이상변압기라 한다.

상호인덕턴스 $M=k\sqrt{L_1L_2}$, 결합계수 $k=\dfrac{M}{\sqrt{L_1L_2}}$

08

정답 ②

누설자속이 없는 이상적인 상호인덕턴스의 조건을 만족하는 결합계수는 1이다.

조건	결합계수 k의 범위
누설자속이 없을 때	$k=1$
상호자속이 없을 때	$k=0$
결합계수의 범위	$0\le k\le 1$

결합계수의 범위

변압기의 상호인덕턴스 $M=\sqrt{L_1L_2}$ 이다. 하지만 실제로는 누설 자속의 손실분이 있기 때문에 상수 k를 곱하며, 이때 k를 결합계수라 한다.

09

정답 ①

평균값이 0인 비주기 신호이다.

AWGN(Additive White Gaussian Noise)의 특징

시스템의 가장 일반적인 잡음으로, 모든 주파수 대역에서 일정한 분포를 갖는 잡음이다.

- 평균값이 0이고 비주기 신호이다.
- 전 주파수 대역에 걸쳐 전력 스펙트럼 밀도가 일정하다.
- 통계적 성질이 시간에 따라 변하지 않는다.
- 가우시안 분포를 형성한다.
- 백색잡음에 가장 근접한 잡음으로 열잡음이 있다.

10

정답 ③

$g_{FM}(t)=A_c\cos(2\pi f_c t+\theta(t))$,

$s(t)=20\cos(800\pi t+10\pi\cos 7t)$

$\phi(t)=2\pi f_c t+\theta(t)=800\pi t+10\pi\cos 7t$

순시 주파수 $f_i(t)=\frac{1}{2\pi}\times\frac{d\phi(t)}{dt}=f_c+\frac{1}{2\pi}\times\frac{d\theta(t)}{dt}$

$f_i(t)=\frac{1}{2\pi}\times\frac{d\theta(t)}{dt}=400-\frac{70\pi}{2\pi}sin7t=400-35\sin 7t$

11

정답 ①

CPFSK(연속 위상 주파수 편이 방식)는 주파수 변환점에서 불연속하게 변조된 신호의 위상을 연속하도록 하는 주파수 편이 방식으로 변조지수 $h=0.5$일 때를 MSK(최소 편이 방식)라 한다.

반송대역 전송

디지털 신호에 따라 반송파의 진폭, 주파수 그리고 위상 중 어느 하나를 변조해서 전송하는 방식으로, 적은 비대역을 갖는 회선에 적합하다.

- PSK : 정현파의 위상에 정보를 싣는 방식으로 2, 4, 8 위상 편이 방식이 있다.
- FSKCF : 정현파의 주파수에 정보를 싣는 방식으로 2가지(고・저주파) 주파수를 이용한다.
- QAM : APK이라고도 하며, 반송파의 진폭과 위상을 동시에 변조하는 방식이다.
- ASK : 정현파의 진폭에 정보를 싣는 방식으로 반송파의 유/무로 표현된다.

12

정답 ④

동일한 비트율을 가지고 있기 때문에 BPSK 심벌 전송률은 QPSK 심벌 전송률의 2배이다.

13

정답 ⑤

$P_t[\text{dBm}]=10\log_{100}\left(\frac{100}{1mW}\right)=10\log_{10}10^5=50$

$G[\text{dB}]=P_r[\text{dBm}]-P_t[\text{dBm}]=36-50=-14\text{dBm}$

$G[\text{dB}]=10\log_{10}\left(\frac{P_r}{P_t}\right)=-14\text{dBm}$

$\frac{P_r}{P_t}=10^{-1.4}=\frac{1}{10LSUP1.4}=\frac{1}{25.118}$

$P_t : P_r=25 : 1$

14

정답 ②

전류 $I=\frac{V}{R}$이므로, 기존 저항 $R_1=\frac{V}{I}$이라 할 때,

전류 증가 후 저항 $R_2=\frac{V}{1.25\times I}=\frac{V}{I}\times\frac{1}{1.25}=0.8\times\frac{V}{I}=0.8R$

15

정답 ⑤

전송 부호는 직류 성분이 포함되지 않아야 한다.

기저대역 전송(Baseband Transimission)

기저대역 신호가 존재하는 주파수 대역을 기저대역(Baseband)이라고 하며, 기저대역 신호는 아날로그 신호나 디지털 신호 모두에 대해 변조되지 않은 저주파 신호를 말한다.

기저대역 전송의 조건

변조되기 이전의 컴퓨터나 단말기의 출력 정보인 0과 1을 그대로 보내거나 전송로의 특성에 알맞은 부호로 변환시켜 전송하는 방식으로 전송에 필요한 조건은 다음과 같다.

- 전송에 필요로 하는 전송 대역폭이 작아야 한다.
- 타이밍 정보가 충분히 포함되어야 한다.
- 저주파 및 고주파 성분이 제한되어야 한다.
- 전송로 상에서 발생한 에러 검출 및 정정이 가능해야 한다.
- 전송 부호는 직류 성분이 포함되지 않아야 한다.

16

정답 ③

반지름이 r이고, 표면적이 r^2인 구의 입체각은 $1sr$이다. 구의 표면적 $S=4\pi r^2$이므로, 구 전체의 입체각은 4π이다. 따라서 반원구의 입체각은 2π이다.

17

정답 ①

얇은 판면에 무수한 자기 쌍극자의 집합을 이루고 있는 판상의 자석을 판자석(자기 2중층)이라 한다.

18

정답 ②

워드 레너드 제어방식은 MGM 제어방식으로서 정부하 시 사용하며 광범위한 속도 제어가 가능하다.

직류전동기의 속도 제어법

- 전압 제어법 : 전동기의 외부단자에서 공급전압을 조절하여 속도를 제어하기 때문에 효율이 좋고 광범위한 속도 제어가 가능하다.
  - 워드 레너드 제어방식 : MGM 제어방식으로서 정부하 시 사용하며 광범위한 속도제어가 가능한 방식이다.
  - 일그너 제어방식 : MGM 제어방식으로서 부하변동이 심할 경우 사용하며 플라이휠을 설치하여 속도를 제어하는 방식이다.
  - 직·병렬 제어방식 : 직·병렬 시 전압강하로 속도를 제어하며 직권전동기에만 사용하는 방식이다.
- 저항 제어법 : 전기자 회로에 삽입한 기동저항으로 속도를 제어하는 방법이며 부하전류에 의한 전압강하를 이용한 방법이다. 손실이 크기 때문에 거의 사용하지 않는다.
- 계자 제어법 : 계자저항 조절로 계자자속을 변화시켜 속도를 제어하는 방법이며 계자저항에 흐르는 전류가 적기 때문에 전력손실이 적고 간단하지만 속도 제어범위가 좁다. 출력을 변화시키지 않고도 속도 제어를 할 수 있기 때문에 정출력 제어법이라 부른다.

19

정답 ①

변전소의 위치는 변전소 앞 절연구간에서 전기철도차량의 타행운행이 가능한 곳이어야 한다.

KEC 421.2(변전소 등의 계획)

- 전기철도 노선, 전기철도차량의 특성, 차량운행계획 및 철도망건설계획 등 부하특성과 연장급전 등을 고려하여 변전소 등의 용량을 결정하고, 급전계통을 구성하여야 한다.
- 변전소의 위치는 가급적 수전선로의 길이가 최소화 되도록 하며, 전력수급이 용이하고, 변전소 앞 절연구간에서 전기철도차량의 타행운행이 가능한 곳을 선정하여야 한다. 또한 기기와 시설자재의 운반이 용이하고, 공해, 염해, 각종 재해의 영향이 적거나 없는 곳을 선정하여야 한다.
- 변전설비는 설비운영과 안전성 확보를 위하여 원격 감시 및 제어방법과 유지보수 등을 고려하여야 한다.

20

정답 ④

소호리엑터 접지 방식의 공칭전압은 66kV이다. 송전선로인 154, 345, 765kV 선로는 중성점 직접 접지 방식을, 배전선로인 22.9kV은 중성점 다중 접지 방식을 채택하여 사용하고 있으며, 소호리엑터 접지 방식은 66kV의 선로에서 사용된다.

21

정답 ①

언측법은 직접유량 측정 방식 중 하나로, 유량이 적은 하천에서 차단벽과 수위를 이용하여 측정하는 방법이다.

직접유량을 측정하는 방법

유량의 측정에는 유속과 단면적의 양자를 측정하는 것이 일반적이지만, 직접유량을 측정할 수 있는 특수한 경우가 있다.

- 염분법 : 식염수를 이용해 염분량을 측정하는 방법
- 언측법 : 차단벽과 수위를 이용해 측정하는 방법
- 수위 관측법 : 수위유량도와 양수표를 이용해 측정하는 방법

22

정답 ②

$$N=\frac{AE}{FUM}=\frac{10\times 30\times 300}{3,800\times 0.5\times 0.8}\fallingdotseq 59.2$$

∴ 60개

23

정답 ⑤

$\mathcal{L}[af_1(t)\pm bf_2(t)]=aF_1(s)\pm bF_2(s)$에 의해서

$\mathcal{L}[\sin\omega t]=\frac{\omega}{s^2+\omega^2}$, $\mathcal{L}[\cos\omega t]=\frac{s}{s^2+\omega^2}$이므로

$$F(s)=\mathcal{L}[f(t)]=\mathcal{L}[\sin t]+\mathcal{L}[2\cos t]$$
$$=\frac{1}{s^2+1^2}+2\times\frac{s}{s^2+1^2}=\frac{2s+1}{s^2+1}$$

24

정답 ⑤

저항 증가 전 슬립 $s=\frac{N_s-N}{N_S}=\frac{1,000-950}{1,000}=0.05$

회전자속도 $N=950\text{rpm}$

동기속도 $N_s=\frac{120f}{p}=\frac{120\times 50}{6}=1,000\text{rpm}$

$s_2\propto r_2$이므로 2차 저항을 3배로 하면 슬립도 3배로 증가한다.

변화된 회전속도 $N=(1-3s)N_s=(1-3\times 0.05)\times 1,000=850\text{rpm}$

25

정답 ③

KEC 332.7(**고압 가공전선로의 지지물의 강도**)

고압 가공전선로의 지지물로서 사용하는 목주는 다음에 따라 시설하여야 한다.

- 풍압하중에 대한 안전율은 1.3 이상일 것
- 굵기는 말구(末口) 지름 0.12m 이상일 것

26

정답 ④

쿨롱의 법칙 $F=\dfrac{Q_1Q_2}{4\pi\varepsilon_0 r^2}=9\times10^9\dfrac{Q_1Q_2}{r^2}$

$r=\sqrt{9\times10^9\times\dfrac{Q_1Q_2}{F}}$

$Q_1=1$, $Q_2=10$, $F=9$이므로,

$r=\sqrt{9\times10^9\times\dfrac{10}{9}}=10^5\text{m}$

27

정답 ①

원형 코일 중심의 자계의 세기는 $H_0=\dfrac{\ni}{2a}$ 이고, 코일수 $N=2$회이므로 $H_0=\dfrac{I}{a}$[AT/m]이다.

28

정답 ④

작용인덕턴스 $L=0.05+0.4605\log_{10}\dfrac{5{,}000}{25}\fallingdotseq1.1\text{mH/km}$

29

정답 ③

Y결선과 △결선의 비교

구분	Y결선을 △결선으로 변환 시	△결선을 Y결선으로 변환 시
임피던스(Z)	3배	$\dfrac{1}{3}$배
선전류(I)	3배	$\dfrac{1}{3}$배
소비전력(P)	3배	$\dfrac{1}{3}$배

따라서 $Z_Y=\dfrac{Z_\Delta}{3}=\dfrac{30}{3}=10\,\Omega$ 이다.

30

정답 ②

복합유전체의 경계면 조건은 전계가 수직입사이므로, 전속밀도가 같다. 경계면에는 $f=\dfrac{1}{2}\left(\dfrac{1}{\epsilon_2}-\dfrac{1}{\epsilon_1}\right)D^2$ 의 힘이 작용하고, 작용하는 힘은 유전율이 큰 쪽에서 작은 쪽으로 작용하므로, ϵ_1 에서 ϵ_2 로 작용한다.

PART 1

직업기초능력평가

CHAPTER 01 의사소통능력

01 대표유형 적중문제

01 모듈형

01	02	03	04	05	06	07	08		
②	④	③	①	①	①	③	③		

01 정답 ②

㉠ 상대방의 말을 끊지 않고 끝까지 듣는 태도는 윤 대표에게 필요한 경청 방법이다.
㉡ 부정적인 의견만 내세우지 않고 상대의 말에 맞장구를 치며 공감하는 태도는 박 팀장에게 필요한 경청 방법이다.
㉢ 다른 이의 말에 세심히 귀 기울이는 청중이 되는 것은 대화에 집중하지 않아서 대화의 내용을 잘 이해하지 못한 신 팀장에게 필요한 태도이다.

오답분석

임의로 화제를 바꾼 사람은 없으므로 ㉣은 답이 될 수 없다.

02 정답 ④

경청은 상대방이 보내는 메시지 내용에 주의를 기울이고 이해를 위해 노력하는 행동을 의미한다. 경청을 통해 상대방은 우리가 그들에게 얼마나 집중하고 있는지 알 수 있다. 따라서 경청은 대화의 과정에서 신뢰를 쌓을 수 있는 최고의 방법 중 하나이다.
'왜?'라는 질문은 보통 진술을 가장한 부정적이고 추궁적인 표현이므로 사용하지 않는 것이 좋다.

오답분석

①·②·③·⑤ 대화를 통한 경청 훈련에서 중점을 두는 방법이다.

03 정답 ③

제시된 상황은 김 대리가 공급업체 담당자를 설득해서 공급업체의 요청을 해결해야 되는 상황이다. 자신의 의견을 공감할 수 있도록 논리적으로 이야기하는 것은 상대방을 설득할 때 사용하는 적절한 의사표현법이다.

오답분석

① 상대방을 칭찬할 때 사용하는 의사표현방법이다.
② 상대방의 요구를 거절할 때 사용하는 의사표현방법이다.
④ 상대방에게 부탁해야 할 때 사용하는 의사표현방법이다.
⑤ 상대방의 잘못을 지적해야 할 때 사용하는 의사표현방법이다.

04 정답 ①

김 대리는 우선적으로 가격 인상과 납기 조정에 대한 공급처 담당자의 요청을 거절해야 한다. ㉠과 ㉡은 상대방의 요구를 거절할 때 사용하는 의사표현방법이다.

오답분석

㉢ 충고를 할 때 사용하는 의사표현방법이다.
㉣ 설득을 할 때 사용하는 의사표현방법이다.

05 정답 ①

㉠ 메일 본문의 금액 다음에 '원' 단위가 빠져있다.
㉡ 메일 본문의 '협의되신', '미포함하신'의 높임말 사용이 잘못되었다.

오답분석

㉢ 메일 본문에 계약서 초안 확인을 부탁한다고 언급하였으므로, 계약서 초안은 내용상 꼭 필요한 첨부파일이다.
㉣ 공문서의 내용 작성 시 한 장에 담아내는 것이 원칙인데, 제시된 문서는 공문서가 아닌 문서를 전달하기 위한 이메일(비즈니스 레터)이다.

06 정답 ①

주어진 글은 이메일(비즈니스 레터)에 해당한다. 이메일은 사업상의 이유로 고객이나 단체에 편지를 쓰는 것으로, 직장업무나 개인 간의 연락, 직접 방문하기 어려운 고객관리 등을 위해 사용되는 비공식적 문서이다. 제안서나 보고서 등 공식적 문서를 전달할 때에도 사용된다.

오답분석

② 비즈니스 메모에 대한 설명이다.
③ 보도자료에 대한 설명이다.
④ 기안서에 대한 설명이다.
⑤ 보고서에 대한 설명이다.

07 정답 ③

대화 중 손이나 다리를 꼬지 않는 개방적 자세는 상대에게 마음을 열어 놓고 있다는 표시의 경청 자세이다. 최성우 기자는 대화 중간에 다리를 꼬고 앉는 태도를 보였으므로 개방적인 자세라고 보기 어렵다.

오답분석

① 최성우 기자가 영업비용이라고 말한 것으로 볼 때, 메일을 제대로 읽지 않았다.
② 황윤지 사원은 최성우 기자의 맞은편에 앉아 정면으로 마주하였기 때문에 바른 경청자세이다.

④ 최성우 기자는 '부가세를 포함한 최종적인 계약금액이 16,500,000원 이요. 알겠습니다.'라고 하며 요약하기 경청방법을 활용하고 있다.
⑤ 최성우 기자는 '부가세면 어쩔 수 없죠.'라며 질문을 하지 않고 수용하였다.

08

정답 ③

언쟁하기란 단지 논쟁을 위해서 상대방의 말에 귀를 기울이는 것으로 상대방이 무슨 주제를 꺼내든지 설명하는 것을 무시하고 자신의 생각만을 늘어놓는 것이다. 하지만 사원 C의 경우 김 사원과 언쟁을 하려한다기보다는 김 사원에 귀 기울이며 동의하고 있다. 또 김 사원이 앞으로 취해야할 행동에 대해 자신의 생각을 조언하고 있다.

오답분석

① 짐작하기 : 상대방의 말을 듣고 받아들이기보다 자신의 생각에 들어맞는 단서들을 찾아 자신의 생각을 확인하는 것이다. 사원 A의 경우 김 사원의 말을 듣고 받아들이기보단, 이 부장이 매일매일 체크한다는 것을 단서로 보아 김 사원에게 문제점이 있다고 보고 있다.
② 판단하기 : 상대방에 대한 부정적인 선입견 때문에, 또는 상대방을 비판하기 위해 상대방의 말을 듣지 않는 것을 말한다. 사원 B는 김 사원이 예민하다는 선입견 때문에 이 부장의 행동보다 김 사원의 행동을 문제시하고 있다.
④ 슬쩍 넘어가기 : 대화가 너무 사적이거나 위협적이면 주제를 바꾸거나 농담으로 넘기려 하는 것으로, 문제를 회피하려 해 상대방의 진정한 고민을 놓치는 것을 말한다. 사원 D의 경우 김 사원의 부정적인 감정을 회피하기 위해 다른 주제로 대화의 방향을 바꾸고 있다.
⑤ 비위 맞추기 : 상대방을 위로하기 위해 혹은 비위를 맞추기 위해 너무 빨리 동의하는 것을 말한다. 사원 E는 김 사원을 지지하고 동의하는데 너무 치중함으로써 김 사원이 충분히 자신의 감정과 상황을 표현할 시간을 주지 못하고 있다.

02 피듈형

01	02	03	04	05	06				
①	③	④	②	②	③				

01

정답 ①

기업의 입장에서 사회적 마모 기간이 짧은 게 유리하기 때문에 이를 위해 노력한다. 하지만 품질이 나빠지거나 전에 비해 발전하지 않은 것은 아니다.

02

정답 ③

㉠은 기업들이 더 많은 이익을 내기 위해 디자인의 향상에 몰두하는 것이 바람직하다는 판단이다. 즉, 상품의 사회적 마모를 짧게 해서 소비를 계속 증가시키기 위한 방안인데, 이것에 대한 반론이 되기 위해서는 ㉠의 주장이 지니고 있는 문제점을 비판하여야 한다. ㉠이 지니고 있는 가장 큰 문제점은 '과연 성능 향상 없는 디자인 변화가 소비를 촉진시킬 수 있는 것인가?'가 되어야 한다. 디자인 변화는 분명히 상품의 소비를 촉진시킬 수 있는 효과적 방법 중의 하나이지만 '성능이나 기능, 내구성'의 향상이 전제되지 않았을 때는 효과를 내기 힘들기 때문이다.

03

정답 ④

뇌 영상 기술은 뇌 질환을 치료하기 위한 목적이 아닌 뇌 안에서 일어나고 있는 활동을 들여다보기 위해 X선이나 전자파 등을 사용한다.

오답분석

① 뇌 영상 기술은 환자의 상태에 따라 CT, PET, MRI, FMRI를 선택적으로 활용한다.
② 1970년대에 개발된 CT를 시초로 하여 PET, MRI, FMRI 등 다양한 뇌 영상 기술이 등장하였다.
③ 지난 20여 년 동안 급격히 발전해 온 뇌 영상 기술은 인간에게 뇌에 대한 풍부한 정보를 제공해 주었다.
⑤ 인지과학이나 심리학의 영역에서는 최근의 뇌 영상 기술이 전통적인 방법보다 인간의 마음과 행동을 이해하는 좀 더 정확한 방법으로 인정되고 있다.

04

정답 ②

경제발전을 위해서는 반드시 토지개발이 뒷받침되어야 한다. 그래서 개발도상국이 한국에게서 전수받고자 하는 제도와 기술 가운데 토지제도와 관련된 기술의 우선순위가 매우 높은 편이다.

오답분석

① 개개인의 토지 소유권 확립은 시장에서 토지가 거래될 수 있도록 하는 시장경제의 근간이므로 모든 토지가 국가의 땅으로 이전되어서는 안 된다.
③ 모로코는 토지등록을 시작한 지 100년이 다 되었지만 영토의 20%가 채 안 되는 토지만이 국가에 등록되어 있다.
④ 컨설팅은 대상국에 건물이나 시설물 등의 결과물을 쥐여 주는 것이 아니라 해당 국가가 스스로 결과물을 얻을 수 있도록 힘을 키워주는 수단이다.
⑤ 공간정보 정책은 정보 인프라 구축의 뼈대가 되므로 정책이 한번 결정되면 이를 변경하기 어렵다.

05

정답 ②

제4조 제2항에 따르면 지방자치단체 또는 국민건강보험공단이 수행하는 노인성질환예방사업에 소요되는 비용은 지방자치단체가 아닌 국가가 지원한다.

오답분석

① 제6조 제1항
③ 제4조 제4항
④ 제6조 제2항
⑤ 제4조 제6항

06

정답 ③

8번의 '우 도로명주소' 항목에 따르면 우편번호를 먼저 기재한 다음, 행정기관이 위치한 도로명 및 건물번호 등을 기재해야 한다.

오답분석

① 6번 항목에 따르면 직위가 있는 경우에는 직위를 쓰고, 직위가 없는 경우에는 직급을 온전하게 써야 한다.
② 7번 항목에 따르면 시행일과 접수일란에 기재하는 연월일은 각각 마침표(.)를 찍어 숫자로 기재하여야 한다.

03 PSAT형

01	02	03	04	05					
③	⑤	②	③	④					

01

정답 ③

ㄱ. 조하는 달의 변화에 따라 시행되기도 하였는데, 달의 변화를 기준으로 작성된 달력에 따라 매월 1일에 해당되는 삭일과 보름달이 뜨는 망일에 시행되는 삭망조하가 그것이라고 하였으므로 옳은 내용이다.
ㄴ. 정실조하의 참여대상은 왕세자, 모든 관원, 제방객사인데 반해, 상참의 참여대상은 상참관이므로 옳은 내용이다.
ㄷ. 사정전에서 열리는 조회는 상참인데, 상참은 매일 열린다고 하였으므로 옳은 내용이다.

오답분석

ㄹ. 조회에 대한 사항은 '예전'의 '조의 조항'에 집약되어 있다고 하였으므로 옳지 않은 내용이다.

02

정답 ⑤

(가)의 앞부분에 예술 제도로부터 단절될 수 없다고 언급한 점과 '즉 예술가는 특정 예술 제도 속에서 …'로 시작하는 바로 다음 문장을 통해 (가)에는 예술 제도에 대한 내용인 ㄷ이 들어가야 함을 알 수 있다. (나)는 어린 아이들의 그림이나 놀이에 대한 설명이 들어가야 하므로 ㄴ이 논리적이며, (다)는 예술 작품의 창조에 관한 내용이 들어가야 한다는 점에서 ㄱ이 들어가야 한다.

03

정답 ②

갑의 개선급 유형은 A급이고 초범이므로 범수별 점수는 2점이다. 따라서 처음 제4급에 편입되었을 때의 책임점수는 $60\times2=120$점이므로 제4급에서 제3급으로 진급하기 위해 120점을 얻어야 한다는 것을 알 수 있다. 그리고 제3급에서 제2급으로 진급하기 위해서 필요한 책임점수는 $48\times2=96$점인데, 현재 $129-120=9$점이 남아있는 상태이므로 앞으로 최소한 87점을 얻어야 한다.

04

정답 ③

선택지의 논증을 정리하면 다음과 같다.

i) ㉥ '행동주의가 옳다.' → '인간은 철학적 좀비와 동일한 존재'
ii) ㉡ '철학적 좀비는 인간과 동일한 행동 성향을 보인다.' : '행동 성향으로는 인간과 철학적 좀비는 동일한 존재이다.'
iii) ㉤ '마음은 자극에 따라 행동하려는 성향이다.' : 행동주의에 대한 부연설명이므로 '행동주의가 옳다.'는 의미로 대체할 수 있다.

즉, 선택지의 논증은 'A이면 B이다. B이다. 따라서 A이다.'로 단순화시킬 수 있으며, 이는 후건긍정의 오류로서 논리적으로 반드시 참이 되지 않는다.

오답분석

① ㉠은 고통을 인식하는지에 대한 논의인 반면 ㉡은 외부로 드러나는 행동에 대한 논의이다. 제시문에서는 의식과 행동을 별개의 개념으로 보고 있으므로 ㉠과 ㉡은 동시에 참이 될 수 있다.
② 선택지의 논증을 정리하면 다음과 같다.
  i) ㉣ '인간은 철학적 좀비와 동일한 존재' → '인간은 고통을 느끼지 못하는 존재'
  ii) ㉣의 대우 '인간은 고통을 느끼는 존재' → '인간은 철학적 좀비와 동일한 존재가 아님'
  iii) ㉠ '인간은 고통을 느끼는 존재'
  iv) ㉢ '인간은 철학적 좀비는 동일한 존재가 아님'
  ㉣과 ㉣의 대우는 논리적으로 동치이므로 ㉣과 ㉠이 참이라면 삼단논법에 의해 ㉢은 반드시 참이 된다.
④ 선택지의 논증을 정리하면 다음과 같다.
  i) ㉥ '행동주의가 옳다.' → '인간은 철학적 좀비와 동일한 존재'
  ii) ㉥의 대우 '인간은 철학적 좀비와 동일한 존재가 아님' → '행동주의는 옳지 않다.'
  iii) ㉢ '인간은 철학적 좀비와 동일한 존재가 아님'
  iv) ㉦ '행동주의는 옳지 않다.'
  ㉥과 ㉥의 대우는 논리적으로 동치이므로 ㉥과 ㉢이 참이라면 삼단논법에 의해 ㉦은 반드시 참이 된다.
⑤ ㉤은 행동주의에 대한 부연설명인데 ㉤이 거짓이라는 것은 행동주의가 거짓이라는 것과 같은 의미가 된다. 그런데 동시에 ㉦이 거짓이라면 행동주의가 참이라는 의미가 되어 ㉤과 ㉦이 서로 모순되는 결과가 발생한다. 따라서 둘은 동시에 거짓일 수 없다.

05

정답 ④

도덕적 딜레마 논증은 1) 어린이를 대상으로 한 임상실험이 없게 된다는 점, 2) 제한된 동의능력만을 가진 경우 실험 대상에 포함시키는 것은 도덕적으로 올바르지 않다는 것을 근거로 하고 있다. 따라서 이를 비판하기 위해서는 i) 어린이를 대상에서 배제시키는 것이 어린이를 꼭 위험에 몰아넣는 것은 아니라는 점을 보이거나, ii) 제한된 동의능력만을 가졌다고 하여도 반드시 도덕적으로 실험 대상에 포함시키는 것이 잘못된 것은 아니라는 점을 들면 된다. 그런 의미에서 ㄴ은 i)에 해당하며, ㄷ은 ii)에 해당하므로 적절한 비판이라고 할 수 있다. 그러나 ㄱ은 제시문의 두 번째 논증과 같은 의미이기 때문에 논증을 비판하는 것이 아니라 오히려 강화하는 것이라고 할 수 있다.

02 심화문제

01	02	03	04	05					
①	⑤	①	④	③					

01

정답 ①

ㄱ. 에스페란토의 문자는 영어 알파벳 26개 문자에서 4개의 문자를 빼고 6개를 추가하여 만들어졌다고 하였으므로 28개임을 알 수 있다. 따라서 옳은 내용이다.

ㄷ. 단어의 강세는 항상 뒤에서 두 번째 모음에 있다고 하였으므로 '어머니'를 나타내는 patrino는 'i'에, 장모를 나타내는 bopatrino 역시 'i'에 강세가 있음을 알 수 있다. 따라서 옳은 내용이다.

오답분석

ㄴ. 제시된 사례에서 '사랑'의 어간은 am임을 알 수 있으며, 미래 시제의 경우는 어간에 –os를 붙인다고 하였으므로 '사랑할 것이다.'는 amos로 표현한다는 것을 알 수 있다. 따라서 옳지 않은 내용이다.

ㄹ. 자멘호프는 1민족 2언어주의에 입각하여 같은 민족끼리는 모국어를, 다른 민족과는 에스페란토를 사용하자고 하였으므로 옳지 않은 내용이다.

02

정답 ⑤

공화당의 경우 코커스를 포함한 하위 전당대회에서 특정 대선후보를 지지하여 당선된 대의원이 상위 전당대회에서 반드시 같은 후보를 지지해야 하는 것은 아니었다.

오답분석

① 주에 따라 의회선거구 전당대회는 건너뛰기도 한다고 하였으므로 주 전당대회에 참석할 대의원이 모두 의회선거구 전당대회에서 선출된 것은 아니다.

② 아이오와 코커스가 1월로 옮겨지기 전까지는 단지 각 주별로 5월 둘째 월요일까지만 코커스를 개최하면 되었다. 따라서 아이오와주보다 이른 시기에 코커스를 실시한 주가 있었을 수도 있다.

③ 1972년 아이오와주 민주당의 코커스는 1월에 열렸는데, 각급 선거 간에 최소 30일의 시간적 간격을 두어야 한다는 규정으로 인해 주 전당대회는 코커스 이후 최소 90일이 지나야 가능했다.

④ 1972년 아이오와주 민주당 코커스는 1월에 열렸으나 공화당 코커스는 여전히 5월에 열렸으며, 1월로 옮겨진 것은 1976년부터이다.

03

정답 ①

• ㉠ : 제시문에서 ㉠과 같이 해석하면 'C시에 도시철도를 건설하지 않는 것은 거짓이 된다.'고 하였는데, 이를 만족하는 것은 도시철도가 건설되는 것과 무인운전 방식으로 운행되는 것을 동시에 만족해야만 참이 되는 (가)뿐이다.

• ㉡ : 도시철도를 건설하지만 않으면 운전방식이 무엇이든 상관없이 참이 되어야 하는데, 이를 만족하는 것은 (다)뿐이다. (라)는 건설하지 않으면 유인운전 방식을 선택해야 한다는 의미이다.

04

정답 ④

통계자료에서 가장 많이 사용된 알파벳이 E이므로, 철수가 사용한 규칙 α에서는 E를 A로 변경하게 된다. 따라서 암호문에 가장 많이 사용된 알파벳은 A일 가능성이 높으므로 옳게 수정된 것이다.

오답분석

①·②·③·⑤ 제시문에서 사용된 기존의 문장이 적절한 것들이므로 수정이 필요 없다.

05

정답 ③

'갑'의 논리를 정리하면 '자극' → (특정한 심리상태) → '특정한 행동'의 과정을 통해 '특정한 행동'을 하는 것이 관찰되면 '특정한 심리상태'에 있는 것을 추론할 수 있다는 것이다. 그런데 '을'은 '특정한 심리상태'가 없더라도 '자극' → '특정한 행동'이 가능한 경우를 로봇의 예를 들어 설명하고 있다. 따라서 이와 같은 문제를 해결하기 위해서는 '자극' → '특정한 행동' → '특정한 심리상태'의 관계가 성립해야 하므로 ③이 가장 적절하다.

CHAPTER 02 수리능력

01 대표유형 적중문제

01 모듈형

01	02	03	04	05	06	07	08	09	10	11	12	13							
①	③	④	②	④	④	②	③	②	④	②	④	②							

01 정답 ①

김진주 점수를 ㉠, 박한열 점수를 ㉡, 최성우 점수를 ㉢, 정민우 점수를 ㉣이라고 하면

i) ㉠=22

ii) ㉢+㉣=22

iii) ㉡=22−5=17

iv) ㉢−㉣=㉠−㉡+1=6

ii)와 iv)를 연립하면, ㉣=8이 된다.

따라서 김진주와 정민우의 점수의 합은 22+8=30이다.

02 정답 ③

검산이란 연산의 결과를 확인하는 과정을 의미하며, 문제에서 설명하는 검산법은 구거법이다. 구거법이란 원래의 수와 각 자리 수의 합이 9로 나눈 나머지와 같다는 원리를 이용하는 것으로서, 각수를 9로 나눈 나머지를 계산해서 좌변과 우변의 9로 나눈 나머지가 같은지만 확인하는 방법이다.

오답분석

① 역연산 : 본래의 풀이와 반대로 연산을 해가면서 본래의 답이 맞는지를 확인해 나가는 검산법으로, 덧셈은 뺄셈으로, 뺄셈은 덧셈으로, 곱셈은 나눗셈으로, 나눗셈은 곱셈으로 확인한다.
② 단위환산 : 서로 다른 단위를 포함하는 계산을 동등한 양을 가진 단위로 바꾸는 것이다.
④ 사칙연산 : 수에 관한 덧셈, 뺄셈, 곱셈, 나눗셈의 네 종류의 계산법으로, 사칙계산이라고도 한다.
⑤ 산술평균 : 전체 관찰값을 모두 더한 후 관찰값의 개수로 나눈 값이다.

03 정답 ④

빈도 : 어떤 사건이 일어나거나 증상이 나타나는 정도를 의미한다.

백분율(%) : 전체 수량을 100으로 하여, 나타내려는 수량이 그 중 몇이 되는가를 나타내는 개념으로 $\frac{(\text{나타내려는 수량})}{(\text{전체수량})}\times 100$으로 산출한다.

각 만족도 문항의 긍정 답변에 대하여 각각의 백분율을 계산하면, 각각의 긍정 답변을 50명을 기준으로 나누어서 계산한다.

㉠=(30÷50)×100=60%, ㉡=(25÷50)×100=50%, ㉢=(48÷50)×100=96%, ㉣=(41÷50)×100=82%, ㉤=(30÷50)×100=60%

04

정답 ②

통계의 기능
첫째, 관찰 가능한 자료를 통해 논리적으로 어떠한 결론을 추출 또는 검증한다.
둘째, 의사결정의 보조수단이 된다.
셋째, 표본을 통해 연구대상 집단의 특성을 유추한다.
넷째, 많은 수량적 자료를 처리 가능하고, 쉽게 이해할 수 있는 형태로 축소시킨다.

B기업은 내년에도 S교육 컨설팅에게 교육을 맡겨야 하는지에 대한 의사를 통계 결과를 활용하여 결정하려고 한다.

05

정답 ④

넓이는 평면의 크기를 나타내는 것으로 면적이라고도 하며, 평면의 가로와 세로의 곱으로 mm^2, cm^2 , m^2, km^2 등의 단위를 이용한다.

오답분석

① 들이 : 통이나 그릇 따위의 안에 넣을 수 있는 물건 부피의 최댓값을 의미하며, ml, dl, L, kl 등의 단위로 나타낸다.
② 무게 : 물체에 작용하는 중력의 크기로, 단위는 뉴턴(N), g, kg, t 등이다.
③ 할푼리 : 백분율을 소수로 나타낸 수이다. 할은 소수 첫째 자리, 푼은 소수 둘째 자리, 리는 소수 셋째 자리이다.
⑤ 속도 : 물체의 단위 시간 내에서의 위치 변화를 뜻하며, 크기와 방향이 있다. 크기는 단위 시간에 지나간 거리와 같고, 방향은 경로의 접선과 일치한다.

06

정답 ④

ⓐ부품 창고 $410m^2$, ⓑ부품 창고 $100m^2$로, 두 부품을 보관하기 위한 창고 면적은 $510m^2=0.00051km^2$이다.

오답분석

① 1,000mm=1m이므로 A제품 1개를 제작하기 위해서 ⓐ부품 1,480mm=1.48m가 필요하고, 0.001km=1m이므로 ⓑ부품 0.0148km=14.8m가 필요하다.
② A제품 1개를 제작하기 위해서는 ⓐ부품은 1,480mm가 필요하므로, ⓐ부품이 10m가 있을 때 단위를 맞춰서 계산하면 $\frac{10}{1.48} \fallingdotseq 6.8$개가 되어 A제품 6개를 만들 수 있다.
③ A제품 1개를 제작하기 위해서 총 16.28m의 ⓐ부품과 ⓑ부품이 필요하므로 단위를 cm로 환산하면 1,628cm가 된다.
⑤ A제품 1개를 제작하기 위해서는 ⓑ부품은 14.8m가 필요하므로, A제품 6개를 제작하기 위해서는 ⓑ부품은 $14.8\times6=88.8$m가 되고 단위를 mm로 환산하면 1,000을 곱하여 88,800mm가 된다.

07

정답 ②

평균근속연수는 2016년 이후 지속적으로 감소하고 있으며, 남성 직원이 여성 직원보다 재직기간이 길다.

오답분석

① 기본급은 2019년도에 전년 대비 감소하였다.
③ 1인당 평균 보수액은 2016년 이후 증가와 감소를 번갈아 하고 있다.
④ 상시 종업원 수는 2017년 이후 지속적으로 늘고 있으며, 2021년 여성 직원의 비율은 전체 상시 종업원 580명 중 213명으로 약 37%에 달한다.
⑤ 2021년도에는 남성 직원과 여성 직원의 1인당 평균 보수액이 같다.

08

정답 ③

원 그래프는 일반적으로 내역이나 내용의 구성비를 원을 분할하여 나타낸다.

오답분석

① 점 그래프 : 종축과 횡축에 2요소를 두고, 보고자 하는 것이 어떤 위치에 있는가를 알고자 할 때 쓴다.
② 방사형 그래프 : 원 그래프의 일종으로 레이더 차트, 거미줄 그래프라고도 한다. 비교하는 수량을 직경, 또는 반경으로 나누어 원의 중심에서의 거리에 따라 각 수량의 관계를 나타내는 그래프로, 대표적으로 비교하거나 경과를 나타내는 용도로 활용된다.
④ 막대 그래프(봉 그래프) : 비교하고자 하는 수량을 막대 길이로 표시하고 그 길이를 비교하여 각 수량 간의 대소 관계를 나타내는 것이다. 가장 간단한 형태로, 선 그래프와 같이 각종 그래프의 기본을 이루며 내역・비교・경과・도수 등을 표시하는 용도로 쓰인다.
⑤ 선(절선) 그래프 : 시간의 경과에 따른 수량의 변화를 절선의 기울기로 나타내는 그래프로, 주로 경과・비교・분포(도수・곡선 그래프)를 비롯하여 상관관계(상관선 그래프・회귀선) 등을 나타낼 때 쓴다.

09

정답 ②

5명이 노란색 원피스 2벌, 파란색 원피스 2벌, 초록색 원피스 1벌 중 한 벌씩 선택하여 구매하는 경우의 수는 먼저 5명을 2명, 2명, 1명으로 이루어진 3개의 팀으로 나누는 방법과 동일하므로 ${}_5C_2\times{}_3C_2\times{}_1C_1\times\frac{1}{2!}=\frac{5\times4}{2}\times3\times1\times\frac{1}{2}=15$가지가 된다. 이때, 원피스 색깔 중 2벌인 색은 노란색과 파란색 2가지이므로 선택할 수 있는 경우의 수는 모두 $15\times2=30$가지이다.

10

정답 ④

5% 소금물의 소금의 양은 $0.05\times800=40$g이며, 여기에 30g의 소금을 더 넣었으므로 총 소금의 양은 70g이다. 증발한 물의 양을 xg이라 하면

$\frac{40+30}{800+30-x}\times100=14$ → $14\times(830-x)=7,000$ → $830-x=500$

$\therefore x=330$

11

정답 ②

진희의 집부터 어린이집까지의 거리를 $x$km라고 하면 어린이집부터 회사까지의 거리는 $(12-x)$km, 어린이집부터 회사까지 진희의 속력은 10km/h의 1.4배이므로 14km/h이다. 집부터 회사까지 1시간이 걸렸으므로

$\frac{x}{10}+\frac{(12-x)}{14}=1$ → $7x+5(12-x)=70$ → $2x=10$

$\therefore x=5$

따라서 어린이집을 가는 데 걸린 시간은 $\frac{5}{10}=\frac{1}{2}$시간=30분이고, 어린이집에서 출발한 시각은 8시 30분이다.

12

정답 ④

644와 476을 소인수분해하면

- $644=2^2\times7\times23$
- $476=2^2\times7\times17$

즉, 644와 476의 최대공약수는 $2^2\times7=28$이다. 이때, 직사각형의 가로에 설치할 수 있는 조명의 개수를 구하면 $644\div28+1=23+1=24$개이고, 직사각형의 세로에 설치할 수 있는 조명의 개수를 구하면 $476\div28+1=17+1=18$개이다. 따라서 조명의 최소 설치 개수를 구하면 $(24+18)\times2-4=84-4=80$개이다.

13

정답 ②

서희와 소정이가 첫 번째로 만나기까지 걸린 시간을 x초라고 하면

$7x+5x=600 \rightarrow x=50$

첫 번째로 만난 지점과 출발점 사이의 거리 중 더 짧은 거리, 즉 소정이가 이동한 거리를 구하면 5×50=250m이고, 소정이가 세 번째로 만난 지점까지 이동한 거리는 250×3=750m이다. 따라서 750−600=150m이므로, 세 번째로 만난 지점은 출발점으로부터 150m 떨어져 있다.

02 피둘형

01	02	03	04																
②	④	③	④																

01

정답 ②

ㄱ. 2차 구매 시 1차와 동일한 제품을 구매하는 사람들이 다른 어떤 제품을 구매하는 사람들보다 최소한 1.5 ~ 2배 이상 높은 수치를 보이고 있다.

ㄷ. 1차에서 C를 구매한 사람들은 204명으로 가장 많았고, 2차에서 C를 구매한 사람들 역시 231명으로 가장 많았다.

오답분석

ㄴ. 1차에서 A를 구매한 뒤 2차에서 C를 구매한 사람들은 44명, 반대로 1차에서 C를 구매한 뒤 2차에서 A를 구매한 사람들은 17명이므로 전자의 경우가 더 많다.

02

정답 ④

흡연자 A씨가 금연프로그램에 참여하면서 진료 및 상담 비용과 금연보조제(니코틴패치) 구매에 지불해야 하는 부담금은 지원금을 제외한 나머지이다. 따라서 A씨가 부담하는 금액은 총 30,000×0.1×6+12,000×0.25×3=27,000원이다.

03

정답 ③

2016 ~ 2020년의 남성 근로자 수와 여성 근로자 수 차이를 구하면 다음과 같다.

- 2016년 : 9,061−5,229=3,832천 명
- 2017년 : 9,467−5,705=3,762천 명
- 2018년 : 9,633−5,902=3,731천 명
- 2019년 : 9,660−6,103=3,557천 명
- 2020년 : 9,925−6,430=3,495천 명

즉, 2016 ~ 2020년 동안 남성과 여성의 차이는 매년 감소한다.

오답분석

① 제시된 자료를 통해 알 수 있다.

② 성별 2020년 근로자 수의 2016년 대비 증가율은 다음과 같다.

- 남성 : $\frac{9,925-9,061}{9,061}\times100 \fallingdotseq 9.54\%$
- 여성 : $\frac{6,430-5,229}{5,229}\times100 \fallingdotseq 22.97\%$

따라서 여성의 증가율이 더 높다.

④ 제시된 자료를 통해 전체 근로자 중 여성 근로자 수의 비중이 가장 큰 것은 2020년임을 알 수 있다.

⑤ 2020년 여성 근로자 수의 2019년 대비 증가율은 $\frac{6,430-6,103}{6,103}\times100 \fallingdotseq 5.36\%$이다.

04

정답 ④

ㄱ. 한국, 독일, 영국, 미국이 전년 대비 감소했다.

ㄷ. 2018년 한국, 중국, 독일의 전년 대비 연구개발비 증가율을 각각 구하면 다음과 같다.

- 한국 : $\frac{33,684-28,641}{28,641}\times100 \fallingdotseq 17.6\%$
- 중국 : $\frac{48,771-37,664}{37,664}\times100 \fallingdotseq 29.5\%$
- 독일 : $\frac{84,148-73,737}{73,737}\times100 \fallingdotseq 14.1\%$

따라서 중국, 한국, 독일 순서로 증가율이 높다.

오답분석

ㄴ. 2016년 대비 2020년 연구개발비의 증가율은 중국이 약 3배가량 증가하여 가장 높고, 일본은 $\frac{169,047-151,270}{151,270}\times100 \fallingdotseq 11.8\%$이고, 영국은 $\frac{40,291-39,421}{39,421}\times100 \fallingdotseq 2.2\%$로, 영국의 연구개발비 증가율이 가장 낮다.

03 PSAT형

01	02	03	04	05															
①	②	⑤	①	④															

01

정답 ①

표 2에서 2020년 10월 스마트폰 기반 웹 브라우저 중 상위 5종 전체의 이용률 합이 94.39%이므로 6위 이하의 이용률 합은 5.61%임을 알 수 있다. 그런데 10월 현재 5위인 인터넷 익스플로러의 이용률이 1.30%이므로 6위 이하의 이용률은 1.30%를 넘을 수 없다. 따라서 6위 이하 나머지 웹 브라우저의 이용률이 모두 1.30%이라고 하더라도 최소 5개 이상이 존재해야 함을 알 수 있다. 왜냐하면 4개만 존재한다면 이용률의 합이 최대 5.2%에 그쳐 5.61%에 모자라기 때문이다. 결론적으로 자료에서 주어진 5개 이외에 추가로 최소 5개의 브라우저가 존재하여야 하므로 전체 대상 웹 브라우저는 10종 이상이 됨을 알 수 있다.

오답분석

② 표 1에서 2021년 1월 이용률 상위 5종 웹 브라우저 중 PC 기반 이용률 3위와 스마트폰 기반 이용률 3위가 모두 크롬으로 동일하여 옳지 않다.

③ 표 1에서 2020년 12월 PC 기반 웹 브라우저 이용률 3위는 파이어폭스이고 2위는 크롬인 반면, 2021년 1월의 3위는 크롬, 2위는 파이어폭스로 둘의 순위가 바뀌었다. 따라서 옳지 않은 내용이다.

④ 표 2에서 스마트폰 기반 이용률 상위 5종 웹 브라우저 중 2020년 10월과 2021년 1월 이용률의 차이가 2%p 이상인 것은 크롬(4.02%p), 오페라(2.40%p)이므로 옳지 않다.

⑤ 표 2에서 상위 3종 웹 브라우저 이용률의 합을 직접 구하기보다는 주어진 상위 5종 전체 이용률 합에서 4위와 5위를 차감하여 판단하는 것이 더 수월하다. 이에 따르면 주어진 모든 월에서 상위 3종 웹 브라우저 이용률의 합이 90%에 미치지 못하므로 옳지 않다.

02

정답 ②

'용기디자인'의 점수는 A음료가 약 4.5점이므로 가장 높고, C음료가 약 1.5점에서 가장 낮으므로 옳은 내용이다.

오답분석

① C음료는 8개 항목 중 '단맛'의 점수가 가장 높으므로 옳지 않은 내용이다.
③ A음료가 B음료보다 높은 점수를 얻은 항목은 '단맛'과 '쓴맛'을 제외한 6개 항목이므로 옳지 않은 내용이다.
④ 각각의 항목별 점수의 합이 크다는 것은 이를 연결한 다각형의 면적이 가장 크다는 것을 의미한다. 따라서 D음료가 B음료보다 크다.
⑤ A ~ D음료 간 '색'의 점수를 비교할 때 점수가 가장 높은 음료는 A음료이고, '단맛'의 점수가 가장 높은 것은 B, C음료이므로 옳지 않은 내용이다.

03

정답 ⑤

1933년 미곡과 맥류 재배면적의 합은 2,000천 정보가 넘는 반면, 곡물 재배면적 전체의 70%는 약 1,900천 정보이므로 옳은 내용이다.

오답분석

① 1932년의 경우 미곡 재배면적은 전년 대비 감소하였으나, 두류는 증가하였으므로 1931 ~ 1934년의 기간 동안 미곡과 두류의 전년 대비 증감방향이 일치하는 것은 아니다.
② 1932년부터는 서류의 생산량이 두류보다 더 많으므로 옳지 않은 내용이다.
③ 1934년의 경우 잡곡의 재배면적이 서류의 2배에 미치지 못하므로 옳지 않은 내용이다.
④ 재배면적당 생산량이 가장 크다는 것은 생산량당 재배면적이 가장 작다는 것을 의미한다. 직관적으로 보아도 서류의 분모가 분자의 대략 20배의 값을 지니므로 가장 작은 것을 알 수 있다.

04

정답 ①

ㄱ. 표에서 2021년 매분기 '느타리' 1kg의 도매가는 '팽이' 3kg의 도매가보다 높다는 것을 알 수 있으므로 옳은 내용이다.
ㄴ. 자료를 통해 2020년 분기별 '팽이'의 소매가를 계산하면 1분기는 3,136+373, 2분기는 3,080−42, 3분기는 3,080−60, 4분기는 3,516−389로 계산할 수 있으므로 매 분기 3,000원/kg을 넘는다는 것을 알 수 있다.

오답분석

ㄷ. 자료를 통해 2021년 1분기 '새송이'의 소매가는 5,233원/kg이고, 2020년 4분기는 5,363−45=5,318원/kg임을 알 수 있으므로 옳지 않은 내용이다.
ㄹ. 2021년 1분기 '느타리' 도매가의 1.5배는 약 8,600원/kg이므로 소매가에 미치지 못한다. 따라서 1분기의 경우 소매가가 도매가의 1.5배를 넘으므로 옳지 않은 내용이다. 6,000의 1.5배가 9,000이라는 사실을 활용하여 어림해보는 것도 하나의 방법이다.

05

정답 ④

그래프 1과 그래프 2 및 주어진 공식을 이용하여 각국의 청년층 정부신뢰율을 구하면 A는 7.6%, B는 49.1%, C는 57.1%, D는 80%이다. 여기서 먼저 첫 번째 조건을 검토해보면 두 국가 간의 수치가 10배 이상이 될 수 있는 경우는 그리스와 스위스이므로 A는 그리스, D는 스위스임을 알 수 있다. 다음으로 마지막 조건을 확인해보면 D보다 30%p 이상 낮은 것은 B밖에 없으므로 B가 미국이 되며, 남은 C는 자동적으로 영국임을 알 수 있다. 여기서 두 번째 조건은 문제 풀이과정에서 직접 적용되지 않았지만 영국이 C에 해당하는지를 검토할 수는 있다.

02 심화문제

01	02	03	04	05														
③	①	①	⑤	①														

01

정답 ③

표 1에서 30년 경과 비공개기록물 중 공개로 재분류된 기록물의 비율은 약 90% $\left(\fallingdotseq \frac{1,079,690}{1,199,421} \times 100\right)$이고, 30년 미경과 비공개기록물 중 비공개로 재분류된 기록물의 비율은 약 85.4% $\left(\fallingdotseq \frac{1,284,352}{1,503,232} \times 100\right)$이므로 옳지 않은 내용이다.

오답분석

① 표 1에서 비공개기록물 공개 재분류 사업 대상 전체 기록물은 2,702,653건이고, 비공개로 재분류된 문건은 1,404,083건이므로 비공개로 재분류된 문건의 비율은 50%를 넘는다. 따라서 옳은 내용이다.

② 표 1에서 30년 경과 비공개기록물 중 전부공개로 재분류된 기록물 건수는 33,012건이고, 표 2에서 30년 경과 비공개기록물 중 개인 사생활 침해 사유에 해당하여 비공개로 재분류된 기록물의 건수는 46,298건이다. 따라서 옳은 내용이다.

④ 표 1에서 30년 경과 비공개기록물 중 재분류 건수가 많은 분류를 순서대로 나열하면 부분공개(1,046,678건), 비공개(119,731건), 전부공개(33,012건)의 순서고, 30년 미경과 비공개기록물 중 재분류 건수가 많은 분류를 순서대로 나열하면 비공개(1,284,352건), 전부공개(136,634건), 부분공개(82,246건)의 순서다. 따라서 옳은 내용이다.

⑤ 표 2에서 국민의 생명 등 공익침해와 개인 사생활 침해로 비공개 재분류된 기록물 건수의 합은 100,627건(=54,329+46,298)이어서 전체 기록물 2,702,653건의 5%인 135,132건보다 적다. 따라서 옳은 내용이다.

02

정답 ①

ㄱ. 할인점의 전체 구매액 중 50대 이상 연령대의 구매액 비중은 약 40%인데 반해 나머지 연령대의 구매액 비중은 이에 미치지 못한다. 따라서 옳은 내용이다.

ㄴ. 여성의 구매액 비중이 남성보다 큰 유통업은 오픈마켓과 할인점인데, 이 모두에서 40세 이상의 구매액 비중은 60%가 넘으므로 옳은 내용이다.

오답분석

ㄷ. 일반유통에서는 50대 이상의 구매액 비중이 20대 이하의 구매액 비중보다 작으므로 옳지 않은 내용이다.

ㄹ. 40세 미만의 구매액 비중이 50% 미만인 유통업은 소셜커머스, 오픈마켓, 할인점인데, 소셜커머스에서는 여성의 구매액 비중이 50%에 미치지 못해 남성보다 작다. 따라서 옳지 않은 내용이다.

03

정답 ①

전체 전투 대비 일본 측 공격 비율은 임진왜란 전기가 약 33% $\left(\fallingdotseq \frac{29}{87} \times 100\right)$이고, 임진왜란 후기가 약 44% $\left(\fallingdotseq \frac{8}{18} \times 100\right)$이므로 옳지 않은 내용이다.

오답분석

② 조선 측 공격이 일본 측 공격보다 많았던 해는 1592년, 1593년, 1598년이며, 이 해에는 항상 조선 측 승리가 일본 측 승리보다 많았으므로 옳은 내용이다.

③ 전체 전투 대비 관군 단독전 비율은 1598년이 75% $\left(= \frac{6}{8} \times 100\right)$이고, 1592년이 약 27% $\left(\fallingdotseq \frac{19}{70} \times 100\right)$이므로 1598년이 1592년의 2배 이상이다. 따라서 옳은 내용이다.

④ 1592년 조선 측이 승리한 횟수가 40회이고, 관군·의병 연합전의 횟수가 42회이므로 둘이 서로 중복되지 않기 위해서는 전체 전투 횟수가 최소 82회가 되어야 하지만 실제 전체 전투 횟수는 70회에 불과하므로 최소 12회는 관군·의병 연합전이면서 조선 측이 승리한 것이라는 것을 알 수 있다. 이는 그 해 조선 측 승리 횟수(40회)의 30%에 해당하는 수치이므로 옳은 내용이다.

⑤ 1598년 조선 측이 승리한 횟수는 6회, 관군 단독전의 횟수는 6회이므로 둘이 서로 중복되지 않기 위해서는 전체 전투 횟수가 최소 12회가 되어야 하지만 실제 전체 전투 횟수는 8회에 불과하므로 최소 4회는 관군 단독전이면서 조선 측이 승리한 것이라는 것을 알 수 있다. 따라서 옳은 내용이다.

04

정답 ⑤

ㄴ. 제시된 표는 실수치가 아닌 비율수치라는 점에 주의해야 한다. '직위불안' 항목에서 '낮음'으로 응답한 비율은 사무직이 생산직에 비해 약 10% 정도 높지만, 실제 근로자의 수는 생산직이 사무직보다 약 50%가량 많다는 점을 감안하면 생산직의 '직위불안 – 낮음'의 인원 수가 사무직보다 더 많을 것이라는 것을 계산 없이도 판단할 수 있다. 실제 계산해보면 생산직 근로자의 수(약 31명)가 사무직 근로자의 수(약 24명)보다 더 많다.

ㄹ. ㄴ과 같은 논리로 사무직 근로자의 '보상부적절 – 높음'의 비율이 생산직 근로자에 비해 10% 미만으로 크지만, 실제 근로자의 수는 생산직이 사무직보다 약 50%가량 많으므로 역시 옳은 내용임을 판단할 수 있다.

오답분석

ㄱ. 직접 계산하기 보다는 눈어림으로 판단해보더라도 '직위불안' 항목과 '관계갈등' 항목의 경우는 생산직 근로자의 '높음'으로 응답한 비율이 더 높으므로 옳지 않은 내용이다.

ㄷ. '관계갈등' 항목에서 '매우 높음'으로 응답한 생산직 근로자의 비율과 '매우 낮음'으로 응답한 비율의 차이는 약 9%p이므로, 이를 전체 생산직 근로자의 수에 곱하면 약 12명으로 계산된다. 따라서 옳지 않은 내용이다.

05

정답 ①

첫 번째 조건을 살펴보면, 2019년과 2020년 사이에 순위의 변동이 없다가 2021년에 순위가 하락한 것은 A와 B이므로 선택지 ④를 소거할 수 있다. 두 번째 조건을 살펴보면, 매년 순위가 상승하는 것은 D와 E뿐이므로 오렌지주스와 참치맛밥을 이와 연결시킬 수 있다. 이를 통해 선택지 ②와 ⑤를 소거할 수 있다. 다음으로 세 번째 조건을 살펴보면, A ~ E 중 2020년과 2021년의 순위가 서로 엇갈리는 방향으로 변화한 것은 B와 D뿐이므로 B가 주먹밥, D가 오렌지주스임을 알 수 있다. 그리고 마지막 조건을 통해 이를 확인해보면 생수(C)가 캔커피(A)보다 매년 순위가 낮음을 알 수 있다. 따라서 B, C, D를 바르게 나열한 것은 선택지는 ①이 된다.

CHAPTER 03 문제해결능력

01 대표유형 적중문제

01 모듈형

01	02	03	04	05	06	07	08	09	10	11	12								
③	④	④	①	③	③	④	③	②	①	④	④								

01

정답 ③

문제는 흔히 문제점과 구분하지 않고 사용하는데, 문제란 원활한 업무 수행을 위해 해결해야 하는 질문이나 의논 대상을 의미한다. 즉, 해결하기를 원하지만 실제로 해결해야 하는 방법을 모르고 있는 상태나 얻고자 하는 해답이 있지만, 그 해답을 얻는 데 필요한 일련의 행동을 알지 못한 상태이다. 또한 문제점이란 문제의 근본 원인이 되는 사항으로 문제해결에 필요한 열쇠의 핵심 사항을 말하며, 개선해야 할 사항이나 손을 써야 할 사항, 그에 의해서 문제가 해결될 수 있고 문제의 발생을 미리 방지할 수 있는 사항을 말한다.

따라서 제시된 글에서 문제는 사업계획서 제출에 실패한 것이고, 문제점은 A기업의 전산망 마비로 전산시스템 접속이 불가능해진 것이라고 볼 수 있다.

02

정답 ④

연역법의 오류는 'A=B, B=C, so A=C'와 같은 삼단 논법에서 발생하는 오류를 칭하는 말이다.

㉠ '이현수 대리(A)는 기획팀(B)을 대표하는 인재인데(A=B), 이현수 대리가 이런 실수(C)를 하다니(A=C) 기획팀이 하는 업무는 모두 실수투성일 것이 분명할 것(B=C)'이라는 말은, 'A=B, A=C, so B=C'와 같은 삼단 논법에서 발생하는 오류인 연역법의 오류에 해당한다.

오답분석

① 권위나 인신공격에 의존한 논증 : 위대한 성인이나 유명한 사람의 말을 활용해 자신의 주장을 합리화하거나 상대방의 주장이 아니라 상대방의 인격을 공격하는 것

② 무지의 오류 : 증명되지 않았다고 해서 그 반대의 주장이 참이라는 것

③ 애매성의 오류 : 언어적 애매함으로 인해 이후 주장이 논리적 오류에 빠지는 경우

⑤ 허수아비 공격의 오류(Strawman's fallacy) : 상대방의 주장과는 전혀 상관없는 별개의 논리를 만들어 공격하는 경우

03

정답 ④

문제해결은 조직, 고객, 자신의 세 가지 측면에서 도움을 줄 수 있다.

- 조직 측면 : 자신이 속한 조직의 관련 분야에서 세계 일류 수준을 지향하며, 경쟁사와 대비하여 탁월하게 우위를 확보하기 위해서 끊임없는 문제해결이 요구된다.
- 고객 측면 : 고객이 불편하게 느끼는 부분을 찾아 개선하고, 고객감동을 통한 고객만족을 높이는 측면에서 문제해결이 요구된다.
- 자신의 측면 : 불필요한 업무를 제거하거나 단순화하여 업무를 효율적으로 처리하게 됨으로써 자신을 경쟁력 있는 사람으로 만들어 나가는 데 문제해결이 요구된다.

④의 산업 발전에 도움은 위의 세 가지 측면에 해당한다고 보기 어렵다.

04

정답 ①

전략적 사고란 당면하고 있는 문제와 그 해결방법에만 집착하지 말고, 그 문제와 해결방안이 상위 시스템과 어떻게 연결되어 있는지 생각하는 사고이다. 본사의 규정 변화가 영업점에 미칠 영향을 분석하는 것은 문제나 해결방안이 하위 시스템과 어떻게 연결되어 있는지를 생각하는 것이다.

오답분석

② 문제와 해경방안이 상위 시스템 또는 다른 문제와 어떻게 연결되어 있는지를 생각하는 전략적 사고에 해당한다.
③ 경영성과와 같은 객관적 사실로부터 사고와 행동을 시작하는 사실 지향의 문제적 사고는 분석적 사고에 해당한다.
④ 전체를 각각의 요소로 나누어 그 요소의 의미를 도출하는 것은 분석적 사고에 해당한다.
⑤ 기대하는 결과를 명시하고 효과적으로 달성하는 방법을 여러 요소의 측면에서 도출한 분석적 사고에 해당한다.

05

정답 ③

자유연상법은 창의적 사고를 기를 수 있는 방법으로, 어떤 생각에서 다른 생각을 계속해서 떠올리는 작용을 통해 어떤 주제에서 생각나는 것을 계속해서 열거해 나가는 발산적 사고 방법이다.

오답분석

① 강제연상법 : 각종 힌트에 강제적으로 연결지어서 발상하는 방법이다.
② 비교발상법 : 주제의 본질과 닮은 것을 힌트로 발상하는 방법이다.

06

정답 ③

브레인스토밍을 위한 인원은 5 ~ 8명 정도가 적당하며, 주제에 대한 전문가를 절반 이하로 구성하고, 다양한 분야의 사람들을 참석시키는 것이 다양한 의견을 도출하는 지름길이다.

오답분석

① Ⓐ 주제를 구체적이고 명확하게 선정
② Ⓑ 구성원의 다양한 의견을 도출할 수 있는 사람을 리더로 선출
④ Ⓓ 발언은 누구나 자유롭게 하고, 모든 발언 내용 기록 후 구조화
⑤ Ⓔ 제시된 아이디어는 비판해서는 안 되며, 실현 가능한 아이디어 평가

07

정답 ④

향이 가장 좋은 제품은 4점을 받은 D, E회사 제품이며, 그 중 분위기가 더 좋은 제품은 4점을 받은 D회사 제품이다.

08

정답 ③

E회사 제품은 가격은 1점, 지속성은 4점으로 C회사 제품과 함께 지속성 점수가 가장 높으나 C회사 제품은 가격에서 E회사 제품보다 높은 4점을 받았으므로, C회사의 제품을 선택하는 것이 E회사 제품을 구매하는 것보다 더 좋은 선택이다.

09

정답 ②

• 주연 : 향, 분위기, 지속성 세 가지 영역 별점의 합이 가장 높은 제품은 11점인 E회사 제품으로, 옳게 선택하였다.

회사	향, 분위기, 지속성 세 가지 영역의 합계
A	8
B	7
C	10
D	10
E	11

• 예진 : 분위기 영역에 가장 높은 별점을 받은 제품은 4점을 받은 D회사 제품으로, 옳은 선택이다.

오답분석

• 현주 : 먼저 브랜드가치가 높은 제품을 선택해야 하므로 A 또는 E회사의 제품을 우선적으로 고르고, 그 중 향이 더 좋은 E회사 제품을 구매하는 것이 최상의 선택이 된다.
• 가희 : 별점 합계가 가장 높은 제품은 19점을 받은 D회사 제품이다.

회사	별점 합계
A	15
B	11
C	15
D	19
E	17

10

정답 ①

SWOT 분석은 내부환경요인과 외부환경요인의 2개의 축으로 구성되어 있다. 내부환경요인은 자사 내부의 환경을 분석하는 것으로 자사의 강점과 약점으로 분석되며, 외부환경요인은 자사 외부의 환경을 분석하는 것으로 기회와 위협으로 구분된다.

11

정답 ④

상황을 모두 고려하면, '자동차 관련 기업의 주식을 사서는 안 된다.'는 결론이 타당하다.

오답분석

① 두 번째, 세 번째 상황은 고려하고 있지 않다.
② 세 번째 상황을 고려하고 있지 않다.
③ 상황을 모두 고려하고 있으나 자동차 산업과 주식시장이 어떻게 되는가를 전달하고 있지 않다.
⑤ 두 번째 상황을 고려하고 있지 않다.

12

정답 ④

2030 비전 달성을 위한 해외 사업 진출 프로젝트 방안을 마련하는 것은 목표지향적이며 미래지향적인 설정형 문제 업무수행과정에 해당한다.

오답분석

① 생산성 향상을 위한 업무 프로세스, 작업방법 등을 개선하는 것은 현재 상황을 개선하는 것이므로 탐색형 문제 업무수행과정에 해당한다.
② HR 제도 개선을 위한 인력 재산정 프로젝트 추진은 현재 쓰이고 있는 제도의 개선이므로 탐색형 문제 업무수행과정에 해당한다.
③ 구성원들의 성과를 향상시킬 수 있는 방안을 모색하는 것은 현재 상황의 효율을 높이기 위함이므로 탐색형 문제 업무수행과정에 해당한다.
⑤ 재고율 감소를 위해 타 기업의 제도를 참고하여 새로운 제도를 제시함으로써 현재 상황을 개선하는 것이므로 탐색형 문제 업무수행과정에 해당한다.

02 피듈형

01	02	03	04	05															
①	④	④	④	③															

01

정답 ①

ㄱ. B사원과 C사원의 진술이 모두 참이거나 거짓인 경우에 영업팀과 홍보팀이 같은 층에서 회의를 할 수 있다. 그러나 B사원과 C사원의 진술은 동시에 참이 될 수 없으므로, A・B・C사원의 진술 모두 거짓이 되어야 한다. 따라서 기획팀은 5층, 영업팀과 홍보팀은 3층에서 회의를 진행하고, E사원은 5층에서 회의를 하는 기획팀에 속하게 되므로 ㄱ은 항상 참이 된다.

오답분석

ㄴ. 기획팀이 3층에서 회의를 한다면, A사원의 진술은 항상 참이 되어야 한다. 이때 B사원과 C사원의 진술은 동시에 거짓이 될 수 없으므로, 둘 중 하나는 반드시 참이어야 한다. 또한 2명만 진실을 말하므로 D사원과 E사원의 진술은 거짓이 된다. 따라서 D사원과 E사원은 같은 팀이 될 수 없으므로 ㄴ은 참이 될 수 없다.

ㄷ. 1) 두 팀이 5층에서 회의를 하는 경우
(A・B 거짓, C 참), (A・C 거짓, B 참)
2) 두 팀이 3층에서 회의를 하는 경우
(A・B 참, C 거짓), (A・C 참, B 거짓), (A・B・C 거짓)
두 팀이 5층보다 3층에서 회의를 하는 경우가 더 많으므로 ㄷ은 참이 될 수 없다.

02

정답 ④

선택 1 ~ 4의 3가지 변인 적용에 따른 독감 여부를 정리하면 다음과 같다.

구분	수분섭취	영양섭취	예방접종	독감 여부
선택 1	○	×	×	×
선택 2	×	○	○	×
선택 3	○	○	○	×
선택 4	○	○	×	○

ㄴ. 선택 1, 4를 비교해 보면 수분섭취와 예방접종의 차이는 없으나, 영양섭취에서 차이가 있음을 알 수 있다. 이때, 영양섭취를 한 선택 4와 달리 영양섭취를 하지 않은 선택 1에서 독감에 걸리지 않았으므로 영양섭취를 하지 않아 독감에 걸리지 않았을 것으로 추정할 수 있다.

ㄹ. 선택 3, 4를 비교해 보면 수분섭취와 영양섭취의 차이는 없으나, 예방접종에서 차이가 있음을 알 수 있다. 이때, 예방접종을 하지 않은 선택 4와 달리 예방접종을 한 선택 3에서 독감에 걸리지 않았으므로 예방접종을 하면 독감에 걸리지 않는 것으로 추정할 수 있다.

오답분석

ㄱ. 선택 1, 2를 비교해 보면 수분섭취 여부와 관계없이 모두 독감에 걸리지 않았으므로 수분섭취와 독감의 상관관계는 알 수 없다.

ㄷ. 선택 2, 4를 비교해 보면 수분섭취와 예방접종에서 차이가 있음을 알 수 있다. 따라서 독감에 걸리는 원인을 예방접종 한 가지로만 볼 수 없다. 게다가 예방접종을 한 선택 2에서 독감에 걸리지 않았으므로 예방접종을 하여 독감에 걸렸을 것이라는 추정은 옳지 않다.

03

정답 ④

ㄴ. 간편식 점심에 대한 회사원들의 수요가 증가함에 따라 계절 채소를 이용한 샐러드 런치 메뉴를 출시하는 것은 강점을 통해 기회를 포착하는 SO전략에 해당한다.

ㄹ. 경기 침체로 인한 외식 소비가 위축되고 있는 상황에서 주변 회사와의 제휴를 통해 할인 서비스를 제공하는 것은 약점을 보완하여 위협을 회피하는 WT전략에 해당한다.

오답분석

ㄱ. 다양한 연령층을 고려한 메뉴가 강점에 해당하기는 하나, 샐러드 도시락 가게에서 한식 도시락을 출시하는 것은 적절한 전략으로 볼 수 없다.

ㄷ. 홍보 및 마케팅 전략의 부재가 약점에 해당하므로 약점을 보완하기 위해서는 적극적인 홍보 활동을 펼쳐야 한다. 따라서 홍보 방안보다 먼저 품질 향상 방안을 마련하는 것은 적절한 전략으로 볼 수 없다.

04

정답 ④

간선노선과 보조간선노선을 구분하여 노선번호를 부여하면 다음과 같다.

• 간선노선
  – 동서를 연결하는 경우 : (가), (나)에 해당하며, 남에서 북으로 가면서 숫자가 증가하고 끝자리에는 0을 부여하므로 (가)는 20, (나)는 10이다.
  – 남북을 연결하는 경우 : (다), (라)에 해당하며, 서에서 동으로 가면서 숫자가 증가하고 끝자리에는 5를 부여하므로 (다)는 15, (라)는 25이다.

• 보조간선노선
  – (마) : 남북을 연결하는 모양에 가까우므로, (마)의 첫자리는 남쪽 시작점의 간선노선인 (다)의 첫자리와 같은 1이 되어야 하고, 끝자리는 5를 제외한 홀수를 부여해야 하므로, 가능한 노선번호는 11, 13, 17, 19이다.

– (바) : 동서를 연결하는 모양에 가까우므로, (바)의 첫자리는 바로 아래쪽에 있는 간선노선인 (나)의 첫자리와 같은 1이 되어야 하고, 끝자리는 0을 제외한 짝수를 부여해야 하므로, 가능한 노선번호는 12, 14, 16, 18이다.

따라서 가능한 조합은 ④이다.

05

정답 ③

ㄱ. B의 마지막 발언에 따르면 중생대에 우리나라 바다에서 퇴적된 해성층이 있었을 가능성이 있으므로 거짓이다.

ㄴ. B의 견해에 따르면 공룡 화석은 중생대에만 한정되어 생존하였다고 말하고 있다. 따라서 공룡 화석이 암모나이트 화석과 같은 중생대 표준화석이 아니라고 말할 수 없으므로 거짓이다.

ㅂ. 공룡 화석이 나왔으므로 경상도 지역에는 중생대 지층이 없다는 판단은 거짓이다.

오답분석

ㄷ. B의 마지막 발언에 따르면, 우리나라에서도 우리나라 바다에서 퇴적된 해성층이 있었을 가능성이 있으므로 당연히 암모나이트 화석이 발견될 가능성이 있다.

ㄹ. 육지의 표준화석인 공룡 화석과 바다의 표준화석인 암모나이트 화석이 같이 발견되었으므로 타당한 판단이다.

ㅁ. 일본 북해도에서 암모나이트가 발견되었으므로 바다에서 퇴적된 해성층이 분포되어 있다고 말할 수 있다.

03 PSAT형

01	02	03	04	05															
②	②	①	②	②															

01

정답 ②

국제해양기구의 마지막 의견에서 회의 시설에서 C를 받은 도시는 후보도시에서 제외한다고 하였으므로 대전과 제주를 제외한 서울과 인천, 부산만을 놓고 판단하면 다음과 같다.

구분	서울	인천	부산
회의 시설	10	10	7
숙박 시설	10	7	10
교통	7	10	7
개최 역량	10	3	10
가산점	–	10	5
합산점수	37	40	39

따라서 합산점수가 가장 높은 인천이 개최도시로 선정된다.

02

정답 ②

재무팀이 2종목에서 이긴 상황에서 기획팀이 최대의 승점을 얻을 수 있는 경우는 다음과 같다.

i) 재무팀과의 맞대결을 펼친 단체줄넘기에서 승리

ii) 족구에서는 기획팀이 재무팀에 패배

iii) 피구에서는 재무팀이 인사팀에 승리

iv) 제기차기에서는 기획팀이 인사팀에 승리

그런데 이 경우 재무팀이 얻은 승점은 280점인데 반해 기획팀은 270점에 그치므로 기획팀이 종합 우승을 할 수는 없게 된다.

오답분석

① 법무팀은 모든 종목에서 결승에 진출하지 못했으므로 현재까지 얻은 120점이 최종 획득점수이다. 그런데 기획팀의 경우 진출한 3종목의 결승전에서 모두 패하더라도 210점을 획득하므로 법무팀보다 승점이 높게 된다. 따라서 법무팀은 남은 경기결과에 상관없이 종합 우승을 할 수 없다.
③ 기획팀이 남은 경기에서 모두 지면 얻게 되는 승점은 210점이며, 피구에서 인사팀이 재무팀을 이겼다고 가정하더라도 재무팀의 승점은 290점이 된다. 한편 이 경우 인사팀이 얻게 되는 승점은 220점에 불과하므로 결국 재무팀이 종합 우승을 차지하게 된다.
④ 재무팀이 남은 경기에서 모두 패하면 얻게 되는 승점은 220점이며, 기획팀과 인사팀의 승점은 마지막 제기차기의 결승결과에 따라 달라지게 된다. 만약 인사팀이 승리하게 되면 인사팀은 220점, 기획팀은 280점을 얻게 되고, 기획팀이 승리하게 되면 인사팀은 200점, 기획팀은 300점을 얻게 된다. 이를 정리하면 다음과 같다.
i) 인사팀 승리 : 기획팀(280점), 재무팀(220점), 인사팀(220점)
ii) 기획팀 승리 : 기획팀(300점), 재무팀(220점), 인사팀(200점)
따라서 인사팀이 승리하는 경우 단체줄넘기 순위가 높은 재무팀이 종합 준우승을 차지하게 되며, 기획팀이 승리하는 경우도 재무팀이 종합 준우승을 차지하게 되므로 옳은 내용임을 알 수 있다.
⑤ 인사팀이 남은 경기인 피구와 제기차기에서 모두 이긴다면 인사팀이 얻을 수 있는 승점 합계는 220점이며, 이 두 종목에서 재무팀은 80점, 기획팀은 70점을 확보하게 된다. 그런데 단체줄넘기와 족구 모두 기획팀과 재무팀이 결승에 진출한 상태이므로 어느 조합의 결과가 나오더라도 두 팀의 종합승점은 220점을 넘게 된다. 따라서 인사팀은 종합 우승을 할 수 없다.

03

정답 ①

각각의 컴퓨터에 대해 기준에 따라 점수를 부여하면 다음과 같다.

컴퓨터 \ 항목	램 메모리 용량	하드 디스크 용량	가격	총점
A	0	50	200	250
B	100	0	100	200
C	0	100	0	100
D	100	50	0	150
E	50	0	100	150

각 항목별 점수의 합이 가장 큰 컴퓨터를 구입한다고 하였으므로 갑은 A컴퓨터를 구입하게 된다.

04

정답 ②

먼저 문제에서 E가 참석할 수 없다고 하였고, 조건 2에서 D 또는 E는 반드시 참석해야 해야 한다고 하였으므로 D는 반드시 참석한다는 것을 알 수 있다.
다음으로 조건 1에서 A와 B가 함께 참석할 수는 없지만 둘 중 한 명은 반드시 참석해야 한다고 하였으므로 (A, D)와 (B, D)의 조합이 가능함을 알 수 있다. 그리고 조건 3을 대우명제로 바꾸면 'D가 참석한다면 C도 참석한다.'가 되므로 (A, D, C)와 (B, D, C)의 조합이 가능함을 알 수 있다. 그런데 마지막 조건 4에서 B가 참석하지 않으면 F도 참석하지 못한다고 하였으므로 (A, D, C)의 조합은 가능하지 않다는 것을 알 수 있다(4명의 직원으로 팀을 구성해야 하기 때문). 따라서 가능한 팀의 조합은 (B, D, C, F)의 1개라는 것을 알 수 있다.

05

정답 ②

주어진 질문과 대답을 순서대로 살펴보면 다음과 같다.
i) 민경과 지나 : 생일이 5명 중에서 가장 빠를 가능성이 있다고 하였으므로 지나의 생일은 3월이 되어야 한다. 다만 다른 3월생의 날짜를 알지 못하므로 가장 빠른지의 여부를 확신하지 못하는 것이다.
ii) 정선과 혜명 : 앞의 대화에서 지나가 3월생이라고 하였는데 정선의 생일이 그보다 빠를 가능성이 있다고 하였다. 따라서 나머지 3월생은 혜명이 된다.
iii) 지나와 민경 : 이제 남은 자리는 6월(1명)과 9월(2명)이다. 만약 민경이 6월생이라면 나머지 정선과 효인은 9월이 되어야 하므로 몇 월생인지는 알 수 있다. 하지만 그렇지 않다고 하였으므로 민경은 9월생이 되어야 한다.
iv) 혜명과 효인 : 민경이 9월생인데 효인은 자신이 민경보다 생일이 빠른지를 확신할 수 없다고 하였다. 만약 효인이 6월생이었다면 당연히 자신의 생일이 빠르다는 것을 알 수 있지만 그렇지 않다고 하였으므로 효인은 9월생이어야 한다.
따라서 남은 6월생의 자리에는 정선이 들어가게 된다.

02 심화문제

01	02	03	04	05															
②	④	⑤	④	⑤															

01

정답 ②

• 설립방식
 – (가) 방식 : 5억 원−3억 원=2억 원
 – (나) 방식 : 4.5억 원−(2억 원+1억 원+0.5억 원)=1억 원
 따라서 (가) 방식을 채택한다.

• 설립위치
 20～30대 비율이 50% 이하인 을 지역을 제외하고 계산하면 다음과 같다.
 – 갑 지역 : (80×0.75)÷3=20
 – 병 지역 : (75×0.6)÷2=22.5
 따라서 병 지역을 선택한다.

02

정답 ④

ㄱ. A시의 2022년 인구는 13만 명이고, 2025년 예상인구는 15만 명인데 각주에서 인구는 해마다 증가한다고 하였으므로 A시 도서관이 실제 개관하게 될 2024년 상반기 A시의 인구는 13만 명 이상～15만 명 미만의 범위 내에 있음을 알 수 있다. 그런데 봉사대상 인구가 10만 이상～30만 미만인 경우 기존장서는 30,000권 이상이라고 하였으므로 옳은 내용이다.

ㄷ. A시의 인구가 2025～2030년에 매년 같은 수로 늘어난다면 2028년 A시의 인구는 24만 명이 된다. 그리고 공공도서관은 봉사대상 인구 1천 명당 1종 이상의 연속간행물, 10종 이상의 시청각자료를 보유해야 한다고 하였으므로 각각 최소 240종 이상, 2,400종 이상을 보유해야 한다. 따라서 옳은 내용이다.

ㄹ. 2030년 실제 인구가 예상 인구의 80% 수준인 24만 명이라면, 이때의 연간증서는 3,000권 이상이 된다. 따라서 6년 동안 매년 3,000권 이상씩 추가로 보유해야 하므로 총 연간증서는 최소 18,000권이다. 따라서 옳은 내용이다.

오답분석

ㄴ. 봉사대상 인구가 10만 명 이상～30만 명 미만이라면 열람석은 350석 이상이어야 하고, 이 중 10% 이상을 노인과 장애인 열람석으로 할당하여야 한다. 그런데 2024년 개관 시와 2025년 모두 인구가 이 범위 내에 존재하므로 열람석은 350석 이상만 충족하면 되며, 추가로 열람석을 확보해야 할 필요는 없다. 따라서 옳지 않은 내용이다.

03

정답 ⑤

경제성 점수를 부여하기 위해 각 이동수단별 최소비용을 계산하면 다음과 같다.

• 렌터카 : (50달러+10달러)×3일=180달러(중)
• 택시 : 1달러×200마일=200달러(하)
• 대중교통 : 40달러×4명=160달러(상)

이를 반영하여 이동수단별 평가점수표를 작성하면 다음과 같다.

(단위 : 점)

구분	경제성	용이성	안전성	총점
렌터카	2	3	2	7
택시	1	2	4	7
대중교통	3	1	4	8

따라서 총점이 가장 높은 대중교통을 이용하게 되며, 이때의 비용은 160달러이다.

04

정답 ④

제시된 조건을 종합해보면 E, F, G는 3층에, C, D, I는 2층에, A, B, H는 1층에 투숙해 있는 것을 알 수 있으며, 2가지 경우로 정리가 가능하게 된다.

경우 1

G		F	E
I		C	D
H	B	A	

경우 2

G		E	F
	C	D	I
B	A		H

따라서 어느 경우에도 G는 301호에 투숙하게 되므로 반드시 옳다.

오답분석

①·③ 경우 2에만 해당되므로 반드시 옳은 것은 아니다.

②·⑤ 경우 1에만 해당되므로 반드시 옳은 것은 아니다.

05

정답 ⑤

ㄴ. 갑이 1장만 당첨되고, 을이 응모한 3장 모두가 당첨되는 경우에 갑이 받는 사과의 개수가 최소가 된다. 이 경우에 갑은 25개$\left(=\frac{100}{4}\times1\right)$의 사과를 받게 되므로 옳은 내용이다.

ㄷ. 당첨된 직원이 한 명뿐이라면 그 직원이 모든 사과(100개)를 받게 되므로 옳은 내용이다.

오답분석

ㄱ. 갑이 응모한 3장 모두가 당첨되고 을이 1장만 당첨된 경우에 갑이 받는 사과의 개수가 최대가 된다. 이 경우에 갑은 75개$\left(=\frac{100}{4}\times3\right)$의 사과를 받게 되므로 옳지 않은 내용이다.

CHAPTER 04 자원관리능력

01 대표유형 적중문제

01 모듈형

01	02	03	04	05	06	07	08	09	10										
①	③	②	①	③	①	②	①	④	③										

01

정답 ①

자원낭비 요인들

편리성 추구	자원을 활용할 때 자신의 편리함을 최우선적으로 추구하기 때문에 나타나는 현상이다.
비계획적 행동	자원을 어떻게 활용할 것인가에 대한 계획이 없는 사람들은 대개 목표치가 없고 충동적·즉흥적으로 행동하기 때문에 자신이 활용할 수 있는 자원들을 낭비하거나, 얼마나 낭비하는지조차 파악하지 못한다.
노하우 부족	자원관리의 중요성을 인식하면서도 효과적인 방법을 활용할 줄 모르는 경우 자원관리에 대한 경험이나 노하우가 부족한 경우에 발생한다. 이러한 사람들은 자원관리에 실패한 경험을 통해 노하우를 축적해 나갈 수 있으며, 별도의 학습을 통해서도 극복이 가능하다.
자원에 대한 인식 부재	자신이 가지고 있는 중요한 자원을 인식하지 못하는 것을 의미한다.

할 일을 미루거나 약속을 불이행하는 일 등은 편리성을 추구하는 자원낭비 요인에 해당하며 본인은 물론, 다른 사람들의 시간까지 낭비하게 해서 인맥관리마저 어렵게 만든다.

02

정답 ③

A대리는 시간자원을 활용하는데 있어서 편리성을 추구하여 다른 사람의 시간까지 낭비하게 했다. 따라서 자원을 활용하는데 있어서 본인 생각만 하여 오로지 편한 방향으로만 활용하지 말아야 한다고 조언할 수 있다.

오답분석

①·⑤ 비계획적이고 즉흥적인 행동을 하지 말고 계획적으로 행동해서 자원낭비를 하지 말라고 조언한다.
② 자원에 대한 인식 부재로 자원낭비하지 말고 물적 자원뿐만 아니라 다른 자원들도 중요하게 인식하라고 조언한다.
④ 경험을 통해 노하우 부족을 해결하라고 조언한다.

03

정답 ②

시간이란 상대적인 것이라 지루한 강의 시간은 느리게 흐르는 것 같고 마감시간은 실제로 주어진 시간보다 훨씬 짧은 것처럼 느껴지기도 하므로 모두에게 주어지는 시간의 가치는 똑같다고 할 수는 없다.

오답분석

①·④ 하루는 누구나 24시간이다.
③ 오늘의 시간을 내일로 나누어 사용할 수는 없다.
⑤ 시간을 효과적으로 배열하여 생산적이고 창조적인 일에 투입할 수 있다.

04

정답 ①

간혹 예상치 못한 상황으로 인해 시간을 그냥 흘려보내면 시간은 낭비되므로, 시간 계획을 세울 때에 의외의 사건에 대한 대비를 염두에 두어야 한다는 것을 제시된 글을 통해 알 수 있다. 따라서 글을 읽고 난 뒤 A과장은 신입사원에게 이를 조언할 수 있다.

오답분석

② 글에서 결과의 질에 관한 사항은 다루고 있지 않다.
③ 시간은 유한한 것이므로 계획을 잘 활용한다 해서 무한한 시간을 가져올 수는 없다.
④ 시간 계획을 잘 세워 시간낭비를 막을 수 있다.
⑤ 오늘의 시간을 내일로 나누어 사용할 수는 없기에 시간 관리를 잘해서 오늘의 할 일을 미루지 않고 끝내도록 한다.

05

정답 ③

천인지 과장은 프로젝트 수행에서 필요한 타당성 검토를 생각하지 못했기 때문에 이런 문제가 발생하였다.

오답분석

① 개인적인 사례가 아닌 사전에 변수를 생각하여 예산을 편성해야 한다.
② 전문가 초빙이 필수적인 것은 아니다.
④ 예산에 대한 문제가 발생하였지만 천인지 과장이 개인적인 사례를 통해 그 일을 무마했으므로, 이번 프로젝트를 전면적으로 재검토해야할 필요는 없다.
⑤ 친분이 있다고 해도 해결되지 않는 문제들은 많다.

06

정답 ①

천인지 과장은 1단계인 필요한 과업 및 활동 구명 단계에서부터 타당성 검토를 위한 '전문가의 타당성 검사'를 고려하지 않고 누락했기 때문에 문제가 발생하였다.

07

정답 ②

D회사는 명확한 목표나 계획을 설정한 후 예산을 편성하여 집행하지 않았기에 자원이 효율적으로 관리되지 못하여 물적자원 낭비가 된 경우이다. 사용 물품이나 보관 물품에 대한 것은 관련이 없다.

08

정답 ①

D회사는 '필요한 자원의 종류와 양 확인' 단계에서 시간과 예산, 물적자원, 인적자원으로 나누어 구체적으로 필요한 것을 파악하지 않아 사무실 물품을 불필요하게 구입하여 자원의 낭비가 발생하게 되었다.

09

정답 ④

F회사의 대표이사는 좋은 직원 덕분에 빠르게 제품을 개발하고 회사가 급성장할 수 있었다고 언급하며 사람을 잘 뽑은 것이 첫 번째, 두 번째, 세 번째 이유라고 급성장의 모든 원인을 인적자원의 중요성에 두고 있다.
※ 인공자원 : 사람들이 인위적으로 가공하여 만든 물적자원의 한 종류

10

정답 ③

'가족, 친구, 선후배 등의 관계를 형성하고 있는 사람들을 선별하여 일할 수 있는 환경을 만든다.'에 대한 언급은 지문에 없다.

오답분석

① 인재의 채용을 가장 중요하게 생각하고 있다.
②·⑤ 직급에 상관없이 성과에 따라 인센티브를 제공하였으며, 틀에 얽매인 사고방식을 타파하기 위해 자유로운 분위기를 유지하고 있다.
④ F회사는 직원 1명을 뽑더라도 계약직으로 쓰지 않아 신분이 보장되고 안정적으로 근무할 수 있게 했다.

02 피듈형

01	02	03	04	05															
③	③	②	②	③															

01

정답 ③

안내문의 두 번째 항목에 의하여 식사횟수는 6회이다(첫째 날 중식・석식, 둘째 날 조식・중식・석식, 셋째 날 조식).
첫째 날 출발하는 선발대 인원은 50−15=35명이고, 둘째 날 도착하는 후발대 인원 15명은 둘째 날 조식부터 식사하므로 첫째 날은 35명에 관한 예산을, 둘째 날부터 마지막 날까지는 50명에 관한 예산을 작성해야 한다.

- 첫째 날 중식(정식) 비용 : 9,000×35=315,000원
- 셋째 날 조식(일품) 비용 : 8,000×50=400,000원

이때 나머지 4번의 식사는 자유롭게 선택할 수 있으나 예산을 최대로 편성해야 하므로 정식과 일품을 제외한 나머지 중 가장 비싼 스파게티의 가격을 기준해 계산한다.

- 나머지 식사 비용 : 7,000×(35+50+50+50)=1,295,000원

따라서 작성해야 하는 예산금액은 315,000+400,000+1,295,000=2,010,000원이다.

02

정답 ③

오답분석

① A지원자 : 9월에 복학 예정이기 때문에 인턴 기간이 연장될 경우 근무할 수 없으므로 부적합하다.
② B지원자 : 경력 사항이 없으므로 부적합하다.
④ D지원자 : 근무 시간(9 ~ 18시) 이후에 업무가 불가능하므로 부적합하다.
⑤ E지원자 : 포토샵을 활용할 수 없으므로 부적합하다.

03

정답 ②

C사원은 혁신성, 친화력, 책임감이 '상 – 상 – 중'으로 영업팀의 중요도에 적합하며, 창의성과 윤리성은 '하'이지만 영업팀에서 중요하게 생각하지 않는 역량이므로 영업팀으로의 부서배치가 적절하다.
E사원은 혁신성, 책임감, 윤리성이 '중 – 상 – 하'로 지원팀의 핵심역량가치에 부합하기에 지원팀으로의 부서배치가 적절하다.

04

정답 ②

1) K기사가 거쳐야 할 경로는 'A도시 → E도시 → C도시 → A도시'이다. A도시에서 E도시로 바로 갈 수 없으므로 다른 도시를 거쳐야 하는데, 가장 짧은 시간 내에 A도시에서 E도시로 갈 수 있는 경로는 B도시를 경유하는 것이다. 따라서 K기사의 운송경로는 'A도시 → B도시 → E도시 → C도시 → A도시'이며, 이동시간은 1.0+0.5+2.5+0.5=4.5시간이다.
2) P기사는 A도시에서 출발하여 모든 도시를 한 번씩 거친 뒤 다시 A도시로 돌아와야 한다. 해당 조건이 성립하는 운송경로의 경우는 다음과 같다.
   - A도시 → B도시 → D도시 → E도시 → C도시 → A도시
     – 이동시간 : 1.0+1.0+0.5+2.5+0.5=5.5시간
   - A도시 → C도시 → B도시 → E도시 → D도시 → A도시
     – 이동시간 : 0.5+2.0+0.5+0.5+1.5=5시간

   따라서 P기사가 운행할 최소 이동시간은 5시간이다.

05

정답 ③

프로젝트에 소요되는 비용은 인건비와 작업장 사용료로 구성된다. 인건비의 경우 각 작업의 필요 인원은 증원 또는 감원될 수 없으므로, 조절이 불가능하다. 다만, 작업장 사용료는 작업기간이 감소하면 비용이 줄어들 수 있다. 따라서 최단기간으로 프로젝트를 완료하는 데 드는 비용을 산출하면 다음과 같다.

프로젝트	인건비	작업장 사용료
A작업	(10만 원×5명)×10일=500만 원	50만 원×50일=2,500만 원
B작업	(10만 원×3명)×18일=540만 원	
C작업	(10만 원×5명)×50일=2,500만 원	
D작업	(10만 원×2명)×18일=360만 원	
E작업	(10만 원×4명)×16일=640만 원	
합계	4,540만 원	2,500만 원

프로젝트를 완료하는 데 소요되는 최소비용은 7,040만 원이다. 따라서 최소비용은 6천만 원 이상이다.

오답분석

① 각 작업에서 필요한 인원을 증원하거나 감원할 수 없다. 그러므로 주어진 자료와 같이 각 작업에 필요한 인원만큼만 투입된다. 따라서 가장 많은 인원이 투입되는 A작업과 C작업의 필요인원이 5명이므로 해당 프로젝트를 완료하는 데 필요한 최소인력은 5명이다.

② 프로젝트를 최단기간으로 완료하기 위해서는 각 작업을 동시에 진행해야 한다. 다만, B작업은 A작업이 완료된 이후에 시작할 수 있고, E작업은 D작업이 완료된 이후에 시작할 수 있다는 점을 고려하여야 한다. C작업은 50일, A+B작업은 28일, D+E작업은 34일이 걸리므로, 프로젝트가 완료되는 최단기간은 50일이다.

④ 프로젝트를 완료할 수 있는 최단기간은 50일이다. C작업은 50일 내내 작업해야 하므로 반드시 5명이 필요한 반면, 나머지 작업은 50일을 안분하여 진행해도 된다. 먼저 A작업에 5명을 투입한 다음, 작업이 완료된 후 그들 중 3명은 B작업에, 2명은 D작업에 투입한다. 그리고 5명 중 4명만 E작업에 투입한다. 이 경우 작업기간은 10일(A)+18일(B와 D 동시진행)+16일(E)=44일이 걸린다. 따라서 프로젝트를 최단기간에 완료하는 데 투입되는 최소인력은 10명이다.

⑤ 프로젝트를 완료할 수 있는 최소인원은 5명이다. 먼저 5명이 A작업에 투입되면 10일 동안은 다른 작업을 진행할 수 없다. A작업이 완료되면 5명은 B작업과 D작업으로 나뉘어 투입된다. 그 다음으로 C작업과 E작업을 순차적으로 진행하면 총 10일(A)+18일(B와 D 동시진행)+50일(C)+16일(E)=94일이 최단기간이 된다.

03 PSAT형

01	02	03	04	05															
①	⑤	②	①	④															

01

정답 ①

ㄱ. 개별반 편성 시 만 1세 미만 4명에는 보육교사 2명, 만 1세 이상 만 2세 미만 5명에는 보육교사 1명이 필요하여 총 3명이 필요하다. 혼합반 편성 시에는 영유아가 9명이므로 보육교사 3명이 필요하여 어떤 경우이든 최소 3명의 보육교사가 필요함을 알 수 있다.

오답분석

ㄴ. 개별반 편성 시 만 1세 이상 만 2세 미만 6명에는 보육교사 2명, 만 2세 이상 만 3세 미만 12명에는 보육교사 2명이 필요하여 총 4명이 필요하다. 혼합반 편성 시에는 영유아가 18명이므로 보육교사 4명이 필요하여 어떤 경우이든 최소 4명의 보육교사가 필요함을 알 수 있다.

ㄷ. 개별반 편성 시 만 1세 미만 1명에게는 보육교사 1명, 만 2세 이상 만 3세 미만 2명에도 보육교사 1명이 필요하여 총 2명이 필요하다. 이 그룹은 혼합반 편성이 불가능하므로 최소 2명의 보육교사가 필요함을 알 수 있다.

02

정답 ⑤

A시는 범죄발생 건수 비율을 기준으로 할 때, 가장 적은 예산을 배분받으므로 옳지 않은 내용이다.

오답분석

① A시의 경우 범죄발생 건수 비율로 배분할 때 2,500만 원을 받는 것이 최저액이며, 경찰관 수 비율로 배분할 때 6,500만 원을 받는 것이 최고액이므로 옳은 내용이다.
② B시의 경우 경찰관 수 비율로 배분할 때 3,500만 원을 받는 것이 최저액이며, 범죄발생 건수 비율로 배분할 때 7,500만 원을 받는 것이 최고액이므로 옳은 내용이다.
③ B시가 선호하는 배분기준을 순위가 높은 것부터 순서대로 나열하면 범죄발생 건수 비율, 재정자립도 비율, 인구 비율, 경찰관 수 비율이므로 옳은 내용이다.
④ A시가 선호하는 배분기준을 순위가 높은 것부터 순서대로 나열하면 경찰관 수 비율, 인구 비율, 재정자립도 비율, 범죄발생 건수 비율이므로 옳은 내용이다.

03

정답 ②

제시된 자료를 통해 법정 필요 교원 수와 충원해야 할 교원 수를 계산하면 다음과 같다.

(단위 : 명)

구분	A	B	C	D	E
재학생 수	900	30,000	13,300	4,200	18,000
재직 교원 수	44	1,260	450	130	860
필요 교원 수	41	1,579	665	200	900
충원 교원 수	0	319	215	70	40

각 대학을 충원 교원 수가 많은 순서대로 나열하면 B－C－D－E－A이다.

04

정답 ①

제시된 2021년 양육수당 지급조건과 자료의 내용을 토대로 각 신청가구별 양육수당을 계산하면 다음과 같다.

i) 가 : A(22개월, 일반) : 15만 원
ii) 나 : B(16개월, 농어촌) : 17.7만 원
C(2개월, 농어촌) : 20만 원
iii) 다 : D(23개월, 장애아동) : 20.5만 원
iv) 라 : E(40개월, 일반) : 10만 원
F(26개월, 일반) : 10만 원
v) 마 : G(58개월, 일반) : 제외
H(35개월, 일반) : 10만 원
I(5개월, 일반) : 20만 원

이를 가구별로 정리하면 가) 15만 원, 나) 37.7만 원, 다) 20.5만 원, 라) 20만 원, 마) 30만 원이다. 따라서 2021년 5월분의 양육수당이 많은 가구부터 순서대로 나열하면 나－마－다－라－가이다.

05

정답 ④

먼저 국가 및 지방자치단체 소유 건물은 지원 대상에서 제외한다고 하였으므로 병은 지원대상에서 제외되며, 전월 전력사용량이 450kwh 이상인 건물은 태양열 설비 지원 대상에서 제외되므로 을 역시 제외된다. 마지막으로 용량(성능)이 지원 기준의 범위를 벗어나는 신청은 지원 대상에서 제외된다고 하였으므로 무도 제외된다.

따라서 지원금을 받을 수 있는 신청자는 갑과 정이며, 이들의 지원금을 계산하면 다음과 같다.

- 갑 : 8kW×80만 원=640만 원
- 정 : 15kW×50만 원=750만 원

02 심화문제

01	02	03	04	05															
④	①	②	④	⑤															

01

정답 ④

• 을, 정, 무 : 정이 운전을 하고, 을이 차장이고, 부상 중인 사람이 없기 때문에 B지점에 17:00에 도착하므로 정의 당직 근무에도 문제가 없다. 따라서 가능한 조합이다.

오답분석

① 갑, 을, 병 : 갑이 부상인 상태이므로 B지점에 17시 30분에 도착하는데, 을이 17시 15분에 계약업체 면담이 진행될 예정이므로 가능하지 않은 조합이다.

② 갑, 병, 정 : 갑이 부상인 상태이므로 B지점에 17시 30분에 도착하는데, 정이 17시 10분부터 당직 근무가 예정되어 있으므로 가능하지 않은 조합이다.

③ 을, 병, 무 : 1종 보통 운전면허를 소지하고 있는 사람이 없으므로 가능하지 않은 조합이다.

⑤ 병, 정, 무 : 책임자로서 차장 직급이 한 명은 포함되어야 하므로 가능하지 않은 조합이다.

02

정답 ①

①의 경우 40점(미성년 자녀 4명 이상)+15점(5년 이상～10년 미만 거주)+20점(만 45세, 무주택 기간 14년)=75점이다.
75점을 얻은 경우가 ①·③·⑤이므로 동점자 처리 기준을 적용해야 한다. 먼저 이 중 미성년 자녀수가 많은 자는 ①과 ③이며, 이 둘 중 연령이 많은 가구주는 ①이므로 최우선 순위로 당첨된다.

오답분석

② 수도권 지역에 거주하는 무주택 가구주가 아니므로 신청자격이 없다.

③ 40점(미성년 자녀 4명 이상)+10점(1년 이상～5년 미만 거주)+15점(만 37세, 무주택 기간 15년)+10점(6세 미만 영유아 2명)=75점

④ 35점(미성년 자녀 3명)+15점(1년 이상～5년 미만 거주)+20점(만 47세, 무주택 기간 20년)=70점

⑤ 35점(미성년 자녀 3명)+20점(10년 이상 거주)+20점(만 45세, 무주택 기간 10년)=75점

03

정답 ②

ㄱ. 직원들 각각의 총점을 판단해보면 다음과 같다.
- 하선행 : 268점(94+90+84)
- 성혜지, 김성일 : 3과목 모두에서 하선행보다 순위가 낮으므로 총점 역시 하선행보다 낮다.
- 양선아 : 윤리에서 하선행보다 13점이 높으나 논리(6점), 추리(14점)에서 하선행보다 20점이 낮으므로 총점은 하선행보다 낮다.
- 황성필 : 윤리에서 하선행보다 6점이 높으나 논리(9점), 추리(8점)에서 하선행보다 17점이 낮으므로 총점은 하선행보다 낮다.
- 신경은 : 하선행보다 5점[추리(1점), 윤리(4점)]이 높으나 논리 점수는 85점을 넘을 수 없어 최소 9점차 이상 하선행의 점수가 높다.
- 박기호 : 윤리에서 하선행보다 11점이 높으나 나머지 영역에서 5위 안에 들지 못해 총점은 하선행보다 낮을 수밖에 없다.

따라서 하선행의 점수가 가장 높으므로 옳은 내용이다.

ㄹ. 김성일은 논리점수가 90점이고, 추리점수는 76점을 넘을 수 없으며, 윤리점수도 84점을 넘을 수 없으므로 추리와 윤리에서 공동 5위를 차지하였다고 하더라도 총점은 250점에 머무른다. 따라서 옳은 내용이다.

오답분석

ㄴ. 양선아의 총점은 261점이나, 성혜지가 윤리에서 81점 이상을 얻으면 양선아의 점수를 넘어선다. 따라서 하선행의 점수가 268점으로 가장 높고, 성혜지가 양선아보다 총점이 높아지는 경우가 가능하므로 옳지 않은 내용이다.

ㄷ. 신경은이 논리에서 82점 이상을 얻으면 총점이 260점을 초과하므로 옳지 않은 내용이다.

04

정답 ④

주어진 조건에 의해 갑～무의 출장 여비를 계산하면 다음과 같다.

- 갑 : (145×3)+(72×4)=723$
- 을 : (170×3×0.8)+(72×4×1.2)=753.6$
- 병 : (110×3)+(60×5×1.2)=690$
- 정 : (100×4×0.8)+(45×6)=590$
- 무 : (75×5)+(35×6×1.2)=627$

따라서 출장 여비를 가장 많이 지급받는 출장자부터 순서대로 나열하면 을, 갑, 병, 무, 정이다.

05

정답 ⑤

KTX는 광고비용이 월 3천만 원을 초과하므로 제외하고, 나머지 광고수단들의 광고효과를 계산하면 다음과 같다.

- TV : (3×100만 명)÷30,000천 원=0.1
- 버스 : (1×30×10만 명)÷20,000천 원=0.15
- 지하철 : (60×30×2,000명)÷25,000천 원=0.144
- 포털사이트 : (50×30×5,000명)÷30,000천 원=0.25

따라서 A대리는 광고효과가 가장 큰 포털사이트를 광고수단으로 선택한다.

01 모듈형

01	02	03	04	05	06	07	08	09	
④	④	③	④	②	③	③	②	②	

01

정답 ④

앞의 여섯 자리 코드는 구입 시기, 그 뒤의 두 자리 코드는 비품 분류, 그 뒤 네 자리 숫자는 수량을 의미하며, 끝 세 자리 코드는 구매부서가 아닌 관리부서를 뜻한다.

02

정답 ④

이석환은 2016년 7월에 구입한 노트북을 관리하고 있고, 윤경희는 2016년 11월에 구입한 노트북을 관리하고 있으므로 이 두 사람이 같은 년도에 구입한 같은 비품을 관리하고 있는 책임자들이다.

03

정답 ③

2022년 2월에 구입하므로 앞자리 코드는 202202이며, 노트북의 제품 코드는 NO, 88번째 구입이므로 수량 코드는 88이고, A사원은 연구실 소속이므로 부서 코드는 LAB이다.
따라서 전체코드는 202202NO88LAB이 된다.

04

정답 ④

제시된 시리얼 넘버를 통해 특정 생산 라인에서 몇 번째로 생산된 제품인지는 알 수 있으나, 생산 개수에 대한 설명이 주어지지 않아 해당 제품이 총 몇 개나 생산되었는지는 알 수 없다.

05

정답 ②

주어진 조건에 따르면 시리얼 넘버는 다음과 같다.
- 좌식용 선풍기 : JSO
- 제조 연도 : 181116
- 생산 라인 : D3
- 생산 번호 : 14365

이를 바탕으로 생성된 시리얼 넘버는 'JSO – 181116 – D3 – 14365'로 정답은 ②이다.

06

정답 ③

조건에 따른 시리얼 넘버를 살펴보면 다음과 같다.
- 제조 연도 : 2021년도 8월에 가장 가까운 시기인 2021년 7월로 시리얼 넘버 '2107'을 골라야 한다.
- 생산 공장 코드 : 서울 공장에서 만들어지므로 'A–'로 시작되는 코드를 골라야 한다.
- 바지 종류 코드 : 여름용 반바지이므로 바지 종류 코드는 'A1'이 된다.
- 바지 사이즈 코드 : 가장 큰 크기의 바지는 50cm/23인치 바지이므로 제품 코드는 'CC2'이다.
- 제품 생산 번호 : 언급된 것이 없다.

따라서 2107 – A01 – A1 – CC2 – 16933이다.

07

정답 ③

조건에 따른 시리얼 넘버를 살펴보면 다음과 같다.
- 제조 연도 : 2020년 하반기로 제조 연도 시리얼 넘버는 '2010'이다.
- 생산 공장 코드 : 대구 2공장에서 만들어지므로 코드는 'C02'가 된다.
- 바지 종류 코드 : 털바지이므로 바지 종류 코드는 'B2'가 된다.
- 바지 사이즈 코드 : 38cm/15인치 바지이므로 제품 코드는 'BB1'이다.
- 제품 생산 번호 : 16,254번째 만들어진 제품이므로 생산 번호는 '16254'이다.

따라서 2010 – C02 – B2 – BB1 – 16254이다.

08

정답 ②

H대학의 대학교 번호는 '04'로, 2)의 표를 보면 대학교 4에 소속되어 있는 학생들이 참가팀을 만들어 신청하였다는 것을 알 수 있다.
- H대학 참가 코드 : 012804A02
  - 0128 : 1월 28일에 참가신청
  - 04 : H대학 대학교 4에 소속
  - A : 경영학과
  - 02 : 두 번째로 참가신청

09

정답 ②

G대학팀의 코드가 '0202–'로 시작하므로 참가를 신청한 날짜는 2월 2일이고, 같은 코드로 시작하는 대학팀은 S대학, Q대학으로 총 2개 팀이다.

02 엑셀형

01	02	03	04	05					
①	③	①	①	③					

01

정답 ①

LEN 함수는 문자열의 문자 수를 구하는 함수이다. 「=LEN(A2)」는 '서귀포시'로 문자 수가 4이며 여기서 -1을 하면 [A2] 열의 3번째 문자까지를 지정하는 것이므로 [C2] 셀과 같이 나온다. 텍스트 문자열의 시작지점부터 지정한 수만큼의 문자를 나타내는 LEFT 함수를 사용하면 「=LEFT(A2, LEN(A2)-1)」이 적절하다.

02

정답 ③

PROPER 함수는 단어 앞의 첫 글자만 대문자로 나타내고 나머지는 소문자로 나타내주는 함수이다. 따라서 'Republic Of Korea'로 나와야 한다.

03

정답 ①

고정하기를 원하는 행의 아래, 열의 오른쪽에 셀 포인터를 위치시킨 후 [보기] - [틀 고정]을 선택해야 한다.

04

정답 ①

「=MID(데이터를 참조할 셀 번호, 왼쪽을 기준으로 시작할 기준 텍스트, 기준점을 시작으로 가져올 자릿수)」로 표시되기 때문에 「=MID(B2, 5, 2)」가 올바르다.

05

정답 ③

와일드카드 문자인 '?'는 해당 위치의 한 문자를 대신할 수 있으며, '*'는 모든 문자를 대신할 수 있다. 따라서 찾을 내용에 '가?'는 '가'로 시작하는 두 글자 단어를 나타내며, 모두 바꾸기를 실행하였을 경우 나타나는 결괏값은 ③이 적절하다.

CHAPTER 06 기술능력

01 모듈형

01	02	03	04	05	06	07	08	09	10
③	④	①	②	④	①	③	①	④	③
11									
①									

01 정답 ③

기술선택을 위한 의사결정

- 상향식 기술선택(Bottom Up Approach) : 기업 전체 차원에서 필요한 기술에 대한 체계적인 분석이나 검토 없이, 연구자나 엔지니어들이 자율적으로 기술을 선택하는 것
- 하향식 기술선택(Top Down Approach) : 기술경영진과 기술기획담당자들에 의한 체계적인 분석을 통해, 기업이 획득해야 하는 대상기술과 목표기술수준을 결정하는 것

02 정답 ④

내부역량 분석은 기술능력, 생산능력, 마케팅 및 영업능력, 재무능력 등에 대한 분석으로, 이미 분석하였다.

기술선택을 위한 절차	내용
외부환경 분석	수요변화 및 경쟁자 변화, 기술변화 등 분석
중장기 사업목표 설정	기업의 장기비전, 중장기 매출목표 및 이익목표 설정
내부역량 분석	기술능력, 생산능력, 마케팅 및 영업능력, 재무능력 등 분석
사업전략 수립	사업 영역결정, 경쟁 우위 확보 방안 수립
요구기술 분석	제품 설계 및 디자인 기술, 제품 생산공정·원재료 및 부품 제조기술 분석
기술전략 수립	기술 획득 방법 결정, 핵심기술 선택

03 정답 ①

주어진 지문에서 나타난 A, B, C사들이 수행한 기술 선택 방법은 벤치마킹이다.

기술 선택

기업이 어떤 기술을 외부로부터 도입하거나 자체 개발하여 활용할 것인가를 결정하는 것으로, 기술을 선택할 경우에는 주어진 시간과 자원의 제약 하에서 선택 가능한 대안들 중 최적이 아닌 최선의 대안을 선택하는 합리적 의사결정을 추구해야 한다.

벤치마킹

단순한 모방과는 달리 특정 분야에서 우수한 기업이나 성공한 상품, 기술, 경영 방식 등의 장점을 충분히 익힌 후 자사의 환경에 맞추어 재창조하는 것을 의미한다.

오답분석

④ 비교대상에 따른 벤치마킹의 종류

비교대상에 따른 분류	내용
내부 벤치마킹	같은 기업 내의 다른 지역, 타 부서, 국가 간의 유사한 활용을 비교 대상으로 함.
경쟁적 벤치마킹	동일 업종에서 고객을 직접적으로 공유하는 경쟁기업을 대상으로 함.
비경쟁적 벤치마킹	제품, 서비스 및 프로세스의 단위 분야에 있어 가장 우수한 실무를 보이는 비경쟁적 기업 내의 유사 분야를 대상으로 함.
글로벌 벤치마킹	프로세스에 있어 최고로 우수한 성과를 보유한 동일업종의 비경쟁적 기업을 대상으로 함.

⑤ 수행방식에 따른 벤치마킹의 종류

수행방식에 따른 분류	내용
직접적 벤치마킹	벤치마킹 대상을 직접 방문하여 수행하는 방법
간접적 벤치마킹	인터넷 검색 및 문서 형태의 자료를 통해서 수행하는 방법

04

정답 ②

C금융사는 ㉢ 비경쟁적 관계에 있는 신문사를 대상으로 한 비경쟁적 벤치마킹과 ㉣ 직접 방문을 통한 직접적 벤치마킹을 수행하였다.

오답분석

㉠ 내부 벤치마킹에 대한 설명이다.
㉡ 경쟁적 벤치마킹에 대한 설명이다.
㉤ 간접적 벤치마킹에 대한 설명이다.

05

정답 ④

흡입구에 이물질이 있는지 확인하는 것은 흡입력이 약화되었을 때의 조치방법이다.

소음이 심할 때 조치방법

- 먼지통 장착여부 확인하기
- 먼지통 필터 장착여부 확인하기
- 회전솔에 이물질이 끼었는지 확인하기
- Wheel에 테이프, 껌, 끈적이는 이물질이 있는지 확인하기

06

정답 ①

로봇청소기가 충전 중이지 않은 상태로 아무 동작 없이 10분이 경과하면 아무 동작 없이 멈춰서지 않고, 자동으로 충전대 탐색부터 시작한다.

로봇청소기가 충전 중이지 않은 상태로 아무 동작 없이 10분이 경과 시

- 자동으로 충전대 탐색을 시작한다.
- 충전대 탐색에 성공하면 충전을 시작한다.
- 충전대를 찾지 못하면 처음 위치로 복귀하여 10분 후에 자동으로 전원이 꺼진다.

07

정답 ③

로봇청소기가 지나간 자리에 먼지가 그대로 있다면 흡입력 약화 문제이므로 필터를 갈거나, 흡입구에 이물질을 확인하거나, 먼지통을 비우라고 지시할 수 있다.

오답분석

① 충전에 문제가 있을 때의 조치방법이다.
② 회전이 고장 났을 때의 조치방법이다.
④ 이동이 고장 났을 때의 조치방법이다.
⑤ 리모컨이 고장 났을 때의 조치방법이다.

08

정답 ①

기술적용 형태 중 선택한 기술을 그대로 적용하되, 불필요한 기술은 과감히 버리고 적용할 때 시간 및 비용을 절감할 수 있다.

불필요한 기술은 과감히 버리고 선택한 기술을 그대로 적용할 때의 상황

- 시간 및 비용 절감
- 프로세스의 효율성 증가
- 부적절한 기술을 선택할 경우 실패할 수 있는 위험부담 존재
- 과감하게 버린 기술이 과연 불필요한가에 대한 문제점 존재

09

정답 ④

기술적용 시 고려사항에는 기술적용에 따른 비용 문제, 기술의 수명주기, 기술의 전략적 중요도, 기술의 잠재적 응용 가능성 등이 있다.

10

정답 ③

김 팀장과 같은 기술경영자에게 필요한 능력은 기업의 전반적인 전략 목표에 기술을 분리하는 것이 아닌 통합시키는 능력이다.

기술경영자에게 필요한 능력

- 기술을 기업의 전반적인 전략 목표에 통합시키는 능력
- 기술 전문 인력을 운용할 수 있는 능력
- 빠르고 효과적으로 새로운 기술을 습득하고 기존의 기술에서 탈피하는 능력
- 조직 내의 기술 이용을 수행할 수 있는 능력
- 복잡하고 서로 다른 분야에 걸쳐 있는 프로젝트를 수행할 수 있는 능력
- 효과적으로 평가할 수 있는 능력
- 기술 이전을 효과적으로 할 수 있는 능력
- 제품개발 시간을 단축할 수 있는 능력

11

정답 ①

시스템적인 관점에서 인식하는 능력은 기술적 능력에 대한 것으로 기술경영자의 역할이라기보다는 기술관리자의 역할에 해당하는 내용이다.

오답분석

②·③·④·⑤는 기술경영자의 능력에 대한 것으로, 이 밖에도 다음과 같은 것이 포함된다.

- 빠르고 효과적으로 새로운 기술을 습득하고 기존의 기술에서 탈피하는 능력
- 기술 이전을 효과적으로 할 수 있는 능력
- 크고 복잡하고 서로 다른 분야에 걸쳐 있는 프로젝트를 수행할 수 있는 능력
- 기술 전문 인력을 운용할 수 있는 능력

02 피듈형

01	02	03	04	05	06	07	08		
①	③	⑤	④	③	⑤	④	②		

01

정답 ①

제품설명서의 설치 관련 주의사항의 7번째 항목을 확인해보면, 책장이나 벽장 등 통풍이 안 되는 좁은 공간에 설치하지 말라고 안내하고 있으며, 이는 내부 온도 상승으로 인하여 화재가 발생할 수 있기 때문임을 설명하고 있다. 따라서 문제의 보기에서처럼 TV를 가구 안에 설치하게 되면 통풍이 원활하지 않아 화재가 발생할 가능성이 있다는 것을 알 수 있다.

오답분석

② 직사광선에 장기간 노출될 경우 패널 표면이 변색할 가능성이 있는데, 문제에서 햇빛에 노출된다는 정보는 없다.
③ 그림에서 보면 평평한 가구 안에 설치되어 있음을 알 수 있다.
④ 그림에서 제품의 밑면(원형)이 밖으로 튀어나와 있지 않다는 것을 알 수 있다.
⑤ 화재의 발생 위험이 있으므로 아무런 문제가 없는 것은 아니다.

02

정답 ③

햇빛(직사광선)에 장시간 노출되는 것은 TV 패널 표면에 변색이 발생할 가능성이 있지만, 화재 위험이 있다는 것과는 거리가 멀다. 제품설명서에도 별도로 화재 위험이 있다고 설명하고 있지 않다.

오답분석

①·②·④·⑤ 제품설명서에서 화재 위험이 있다고 설명하고 있다.

03

정답 ⑤

제품설명서에 따르면 문제해결에서 설명하고 있는 증상 또는 원인 이외에 다른 문제가 있으면 즉시 서비스센터에 문의하라고 안내하고 있다. 그러나 리모컨 작동과 관련된 것은 문제해결에서 확인 및 조치할 수 있는 사항이므로 서비스센터에 문의하여 수리를 받지 않아도 된다.

04

정답 ④

제품에는 배터리 보호를 위하여 과충전 보호회로가 내장되어 있어 적정 충전시간을 초과하여도 큰 손상이 없으므로 고장의 원인으로 적절하지 않다.

05

정답 ③

청소기 전원을 끄고 이물질 제거 후 전원을 켜면 파워브러시가 재작동하며, 평상시에도 파워브러시가 멈추었을 때는 전원 스위치를 껐다 켜면 재작동한다.

06

정답 ⑤

사용 중 갑자기 흡입력이 떨어지는 이유는 흡입구를 커다란 이물질이 막고 있거나, 먼지 필터가 막혀 있거나, 먼지통 내에 오물이 가득 차 있을 경우이다.

07

정답 ④

다른 전화기에서 울리는 전화를 내 전화기에서 받으려면 '당겨받기' 기능을 활용하면 된다.

08

정답 ②

②의 그림은 전화걸기 중 세 번째 문항에 대한 것으로, 통화 중인 상태에서 다른 곳으로 전화를 걸기 원할 때의 전화기 사용법을 설명한 것이다.

오답분석

① 전화받기에 해당하는 그림으로, 통화 중에 다른 전화를 받길 원할 때의 방법을 설명하고 있다.
③ 수신전환에 해당하는 그림으로, 다른 전화기로 수신을 전환하는 방법을 설명하고 있다.
④ 돌려주기에 해당하는 그림으로, 통화 중일 때 다른 전화기로 돌려주는 방법을 설명하고 있다.
⑤ 3자통화에 해당하는 그림으로, 통화 중일 때 제3자를 추가하여 통화하는 방법을 설명하고 있다.

CHAPTER 07 조직이해능력

01 모듈형

01	02	03	04	05	06	07	08	09	
③	①	④	④	②	②	③	②	③	

01

정답 ③

박 팀장은 갈등이 드러남으로써 문제해결의 실마리를 더 빨리 공동으로 모색할 수 있는 긍정적인 효과로 이끌고 있으므로, 갈등이 부정적인 결과를 초래한다는 인식을 전제로 하고 있다고 볼 수 없다.

오답분석

박 팀장은 김 대리와 최 과장의 갈등상황을 받아들이고, 둘 사이의 갈등과 문제를 객관적인 입장에서 대화와 협상으로 원인과 해결책을 찾고 있다.

02

정답 ①

Z사가 안전과 가격, 디자인 면에서 호평을 받으며 미국시장의 최강자가 될 수 있었던 요인은 OEM 방식을 활용할 수도 있었지만 내실 경영 및 자기 브랜드를 고집한 대표이사의 선택으로, 개별 도매상들을 상대로 직접 물건을 판매하고 평판 좋은 도매상들과 유대관계를 강화하는 등 단단한 유통망을 갖추었기 때문이다.

03

정답 ④

Z사는 해외 진출 시 분석을 위해 공급능력 확보를 위한 방안, 현지 시장의 경쟁상황이나 경쟁업체에 대한 차별화 전략으로 인한 제품 가격 및 품질향상, 시장점유율 등을 활용하였다.

04

정답 ④

자신이 속한 문화의 기준으로 다른 문화를 평가하려 하지 말고, 자신의 정체성은 유지하되 새롭고 다른 것을 경험하는 것에 대해 포용적이고 적극적인 태도를 취한다.

오답분석

문화 충격(Culture Shock) : 다른 문화를 접하게 되었을 때 의식적으로나 무의식적으로 불일치, 위화감, 심리적 부적응 충격 상태를 경험하게 되는 것으로, 이를 극복하기 위해서 가장 중요한 것은 다른 문화에 대한 적극적이고 개방적인 자세를 견지하는 것이다.

05

정답 ②

유창한 중국어 학습만으로는 양국의 문화 차이를 극복하여 사업과 생활을 순조롭게 영위하기 쉽지 않다. 이는 이문화(異文化) 커뮤니케이션이 원활이 이루어져야 함을 뜻하는데 이문화 커뮤니케이션이란 서로 상이한 문화 간 커뮤니케이션을 말하며, 언어뿐만 아니라 비언어적인 커뮤니케이션까지 포함하고 있다.

비언어적인 커뮤니케이션에는 상대국의 문화적 배경에 입각한 생활양식이나, 가치관 등이 있으며 이를 적극적으로 파악하며 이해하기 위한 개방적이고 포용적인 자세를 지속적으로 기울여야 한다.

따라서 언어적 커뮤니케이션과 비언어적 커뮤니케이션 두 가지의 이해를 통한 문화 차이의 간격을 좁혀나가야 한다.

06

정답 ②

오픈 이노베이션(개방형 혁신)은 기업이 필요로 하는 기술과 아이디어 등을 외부에서 받고, 이를 내부 자원과 공유하여 새로운 제품이나 서비스를 만들어내는 것을 말한다.

오답분석

① 애자일(Agile) : 급변하는 시장 환경 속에서 다양한 수요에 유연하고 민첩하게 대응하기 위한 경영방식으로, 부서 간 경계를 허물고 필요에 맞게 소규모팀을 구성해 업무를 수행하는 것을 말한다.
③ 데브옵스(DevOps) : 소프트웨어의 개발(Development)과 운영(Operations)의 합성어로서, 소프트웨어 개발자와 정보기술 전문가 간의 소통, 협업 및 통합을 강조하는 개발 환경이나 문화를 말한다.
④ 빅데이터(Big Data) : 방대한 데이터와 이를 경제적 가치가 있는 것으로 분류 및 분석할 수 있는 기술을 말한다.
⑤ 브레인 라이팅(Brain Writing) : 포스트잇 같은 메모지에 의견을 적은 다음 메모된 글을 차례대로 공유하는 방법이다.

07

정답 ③

③은 폐쇄형 R&D에 대한 사례로, 공정 혁신이나 연구개발(R&D)의 대부분을 자체적으로 해결하는 형태이다.

오답분석

①·②·④·⑤ 오픈 이노베이션과 개방형 R&D : 소비자의 아이디어나 대학이나 외부회사의 의견을 받아들여 신제품을 개발하거나 고객의 참여가 더 많은 가치를 창출하는 사례이다.

08

정답 ②

기업 내 직급·호칭파괴 제도가 실패한 원인

- 호칭만으로 상명하복 조직문화 개선이 어려워서
- 불명확한 책임소재로 업무상 비효율적이어서
- 승진 등 직원들의 성취동기가 사라져서
- 조직력을 발휘하는데 걸림돌이 될 것 같아서
- 신속한 의사결정이 오히려 힘들어서

09

정답 ③

조직의 목적을 달성하기 위하여 업무는 통합되어야 하므로, 개인이 선호하는 업무를 임의로 선택할 수 있는 재량권은 적다.

02 피듈형

01	02	03	04	05	06				
④	④	③	②	③	⑤				

01

정답 ④

문제 발생의 원인은 회의내용에서 알 수 있는 내용이다.

오답분석

① 회의에 참가한 인원이 6명일 뿐, 조직의 인원은 회의록으로 알 수 없다.

② 회의 참석자는 생산팀 2명, 연구팀 2명, 마케팅팀 2명으로 총 6명이다.

③ 마케팅팀에서 제품을 전격 회수하고, 연구팀에서 유해성분을 조사하기로 했다.

⑤ 연구팀에서 유해성분을 조사하기로 결정했을 뿐 결과는 알 수 없다.

02

정답 ④

회의 후 가장 먼저 해야 할 일은 '주문 물량이 급격히 증가한 일주일 동안 생산된 제품 파악'이다. 문제의 제품이 전부 회수돼야 포장재질 및 인쇄된 잉크 유해성분을 조사한 뒤 적절한 조치가 가능해지기 때문이다.

03

정답 ③

시간 순서대로 나열해 보면 '회의실 예약 – PPT 작성 – 메일 전송 – 수정사항 반영 – B주임에게 조언 구하기 – 브로슈어에 최종본 입력 – D대리에게 파일 전달 – 인쇄소 방문' 순서이다.

04

정답 ②

B대리는 상대방이 제시한 아이디어를 비판하고 있다. 따라서 브레인스토밍에 적합하지 않은 태도를 보였다.

브레인스토밍

- 다른 사람이 아이디어를 제시할 때는 비판하지 않는다.
- 문제에 대한 제안은 자유롭게 이루어질 수 있다.
- 아이디어는 많이 나올수록 좋다.
- 모든 아이디어가 제안되고 나면 이를 결합하고 해결책을 마련한다.

05

정답 ③

회의 목적은 신제품 홍보 방안 수립 및 제품명 개발이며, 회의 이후 이러한 목적을 달성할 수 있도록 업무를 진행해야 한다. 기획팀의 D대리는 신제품의 특성에 적합하고 소비자의 흥미를 유발하는 제품명을 개발해야 하는 업무를 맡고 있으므로, 타사 제품의 이벤트 현황을 조사하는 것은 적절하지 않다.

06

정답 ⑤

⑤의 경우 오프라인에서의 제품 접근성에 대한 소비자의 반응으로, 온라인 홍보팀이 필요로 하는 온라인에서의 타사 여드름 화장품에 대한 소비자 반응으로 적절하지 않다.

CHAPTER 08 대인관계능력

01	02	03	04	05	06	07	08	09	10
①	④	③	②	④	②	①	①	③	④
11									
⑤									

01

정답 ①

소외형 팔로워는 동료들이나 리더의 시각에서는 냉소적이며 부정적이고, 적절한 보상이 없으면 자신을 인정해주지 않고 불공정하고 문제가 있다고 느끼는 사람으로써 A씨는 소외형 팔로워이다.

오답분석

② 순응형 : 질서를 따르는 것이 중요하고 획일적인 태도와 행동에 익숙한 유형으로 팀플레이를 하며 리더나 조직을 믿고 헌신해야 한다고 생각한다. 동료의 시각에서는 아이디어가 없고 인기 없는 일은 하지 않으며 조직을 위해 자신과 가족의 요구를 양보하는 사람으로 비춰질 수 있다.

③ 실무형 : 규정의 준수를 강조하며 조직이 명령과 계획은 빈번하게 변경하고 리더와 부하 간의 비인간적인 풍토가 있다고 생각하는 유형으로 조직의 운영방침에 민감하고 사건을 균형 잡힌 시각으로 본다. 동료의 시각에서는 개인의 이익을 극대화하기 위한 흥정에 능하고 적당한 열의와 평범한 수완으로 업무를 수행하는 사람이다.

④ 수동형 : 조직이 나의 아이디어를 원치 않으며 노력과 공헌을 해도 아무 소용이 없다고 느낀다. 판단과 사고를 리더에 의존하고 지시가 있어야 행동한다. 동료의 시각에서는 수행하는 일이 없고 업무 수행에는 감독이 반드시 필요한 사람으로 보이는 유형이다.

⑤ 주도형 : 가장 이상적인 유형으로 독립적이면서 혁신적인 사고 측면에서 스스로 생각하고 건설적 비판을 하며, 자기 나름의 개성이 있고 혁신적이며 창조적인 특성을 가지는 사람이다. 적극적 참여와 실천 측면에서 솔선수범하고 주인의식을 가지고 있으며 기대이상의 성과를 내려고 노력하는 특성을 가진다.

02

정답 ④

④는 리더십 유형 중 파트너십 유형의 특징으로, 파트너십 리더십은 리더가 조직에서 구성이 되기도 하며, 집단의 비전 및 책임 공유를 하는 특징을 가진다. 팀워크를 촉진시키는 방법과는 거리가 멀다.

03

정답 ③

책임감에 대한 부담을 덜어주는 것이 아니라, 책임을 부여하고 자신의 역할과 행동에 책임감을 가지도록 하는 환경을 제공해야 한다.

04

정답 ②

상황 2는 통합형 갈등해결 방법이지만, 타협형 갈등해결 방법에 대한 설명하고 있다.

오답분석

① 회피형 갈등해결 방법 : 회피형은 자신과 상대방에 대한 관심이 모두 낮은 경우로서, 갈등 상황에 대하여 상황이 나아질 때까지 문제를 덮어두거나 위협적인 상황에서 피하고자 하는 경우를 말한다. 회피형은 개인의 갈등상황으로부터 철회 또는 회피하는 것으로, 상대방의 욕구와 본인의 욕구를 모두 만족시킬 수 없게 된다. 이 전략은 '나도 지고, 너도 지는 방법(I lose – You lose)'이라고도 한다.

③ 수용형 갈등해결 방법 : 수용형은 자신에 대한 관심은 낮고 상대방에 대한 관심은 높은 경우로서 '나는 지고, 너는 이기는 방법(I lose – You win)'을 말한다.

④ 경쟁형 갈등해결 방법 : 경쟁형은 지배형(Dominating)이라고도 하는데, 자신에 대한 관심은 높고 상대방에 대한 관심은 낮은 경우로서 '나는 이기고, 너는 지는 방법(Win – Lose)'을 말한다. 경쟁형은 상대방의 목표 달성을 희생시키면서 자신의 목표를 이루기 위해 전력을 다하는 전략이다. 이 방법은 제로섬(Zero – Sum) 개념을 의미한다.

⑤ 타협형 갈등해결 방법 : 자신에 대한 관심과 상대방에 대한 관심이 중간 정도인 경우로서, 서로가 받아들일 수 있는 결정을 하기 위하여 타협적으로 주고받는 방식(Give and Take)을 말한다. 즉, 갈등 당사자들이 반대의 끝에서 시작하여 중간 정도 지점에서 타협하여 해결점을 찾는 것이다. 그러나 갈등 당사자 간에 불신이 클 때에는 이 방법은 성공하기 어렵다.

05

정답 ④

곽재우 과장과 김성태 과장의 갈등의 원인은 원칙상 택시는 비용청구 대상이 되지 않는다는 출장비 지급 규정 및 절차에 대한 서로 다른 이견 때문이다.

오답분석

①·②·③·⑤ 갈등의 쟁점 중 감정적 문제에 해당한다.

06

정답 ②

상황 3은 '나는 지고, 너는 이기는 방법(I Lose – You Win)' 갈등해결 방법이다. 따라서 상황 3에 해당하는 영역은 ②이다.

오답분석

① 통합형 갈등해결 방법 : I Win – You Win
③ 경쟁형 갈등 해결 방법 : I Win – You Lose
④ 회피형 갈등해결 방법 : I Lose – You Lose
⑤ 타협형 갈등해결 방법 : Give and Take

07

정답 ①

①은 수용형 갈등해결 방법으로 상대방이 거친 요구를 해오는 경우에 전형적으로 나타나는 반응이다. 자신의 관심이나 요구는 희생함으로써 상대방의 의지에 따르는 경향을 보인다.
상황 2와 같은 통합형 갈등해결 방법에서는 문제해결을 위하여 서로 간에 정보를 교환하면서 서로의 차이를 인정하고 배려하는 신뢰감과, 공개적인 대화를 필요로 한다.

08

정답 ①

㉠은 상대방으로부터 최선의 것을 얻어내기 위해 상대방을 설득하는 커뮤니케이션 과정인 의사소통 차원의 협상에 해당한다.

협상의 의미

의사소통 차원	협상이란 이해 당사자들이 자신들의 욕구를 충족시키기 위해 상대방으로부터 최선의 것을 얻어내기 위해 상대방을 설득하는 커뮤니케이션 과정이다.
갈등 해결 차원	협상이란 갈등관계에 있는 이해 당사자들이 대화를 통해서 갈등을 해결하고자 하는 상호작용 과정이다. 즉 협상이란 개인, 조직 또는 국가가 가지고 있는 갈등의 문제를 해결하기 위해서 갈등관계에 있는 이해 당사자들이 대화를 통해서 상반되는 이익은 조정하고 공통되는 이익을 증진시키는 상호작용 과정이라 할 수 있다.
의사결정 차원	협상이란 둘 이상의 이해 당사자들이 여러 대안들 가운데서 이해당사자들 모두가 수용 가능한 대안을 찾기 위한 의사결정 과정이라 할 수 있다.
교섭 차원	협상이란 선호가 서로 다른 협상 당사자들이 합의에 도달하기 위해 공동으로 의사 결정하는 과정이라고 할 수 있다. 또한 협상이란 둘 이상의 당사자가 갈등상태에 있는 쟁점에 대해서 합의를 찾기 위한 과정이라고 정의될 수 있다.
지식과 노력 차원	협상이란 우리가 얻고자 하는 것을 가진 사람의 호의를 얻어내기 위한 것에 관한 지식이며 노력의 분야이다. 즉 협상이란 승진, 돈, 안전, 자유, 사랑, 지위, 명예, 정의, 애정 등 우리가 얻고자 원하는 것을 어떻게 다른 사람들보다 더 우월한 지위를 점유하면서 얻을 수 있을 것인가 등에 관련된 지식이며 노력의 장이라고 할 수 있다.

오답분석

② 갈등 해결 차원에서 살펴볼 수 있는 협상의 의미이다.
③ 의사결정 차원에서 살펴볼 수 있는 협상의 의미이다.
④ 교섭 차원에서 살펴볼 수 있는 협상의 의미이다.
⑤ 지식과 노력 차원에서 살펴볼 수 있는 협상의 의미이다.

09

정답 ③

K이사는 A부장에게 G업체의 거래처는 Y기업 밖에 없는 우위성을 이용하여 강압전략을 구사하라고 조언하였다.

협상전략의 형태

협력전략	협상 참여자들이 협동과 통합으로 문제를 해결하고자 하는 신뢰적, 협력적 문제해결전략으로, "Win – Win" 전략의 정신을 가지고 있다. 자신이 가지고 있는 것 가운데서 우선순위가 낮은 것에 대해서는 상대방에게 양보하는 협력적 과정을 통해서 문제해결을 위한 합의에 이르게 된다.
유화전략	양보, 순응, 화해, 수용, 굴복전략으로, 상대방의 욕구와 주장에 자신의 욕구와 주장을 조정하고 순응시켜 굴복하는 "Lose – Win" 전략이다. 유화전략은 상대방이 제시하는 것을 일방적으로 수용하여 협상의 가능성을 높일 때나, 협상으로 인해 돌아올 결과보다는 상대방과의 인간관계 유지를 선호하여 상대방과 충돌을 피하고자 할 때 사용할 수 있는 전략이다.
강압전략	자신이 상대방보다 힘에 있어서 우위를 점유하고 있을 때 자신의 이익을 극대화하기 위한 공격적, 경쟁전략이다. 강압전략은 "Win – Lose" 전략으로, 즉 내가 승리하기 위해서 당신은 희생되어야 한다는 "I Win, You Lose" 전략이다. 이로 인해 제로섬(Zero – sum)의 결과가 산출될 수 있다.
회피전략	무행동 전략이며, 협상 철수전략이다. 협상을 피하거나 잠정적으로 중단하는 "I Lose, You Lose, We Lose" 전략이다. 시간과 노력을 투자할 필요가 없을 정도로 협상의 가치가 낮거나 협상을 중단하고자 하여 상대방을 심리적 압박감을 주어 필요한 양보를 얻어내고자 할 때, 또는 협상 이외의 방법으로 쟁점해결을 위한 대안이 존재할 경우에 회피전략을 사용할 수 있다. 또한 협상을 계속 진행하는 것이 자신에게 불리하게 될 가능성이 있을 때나 협상국면을 전환시키고자 할 때 사용할 수 있다.

오답분석

①·⑤ 협력전략에 대한 설명이다.
② 유화전략에 대한 설명이다.
④ 회피전략에 대한 설명이다.

10

정답 ④

㉡에서 나타난 방법은 Y기업과 거래하지 않으면 피해를 보게 되는 G기업의 물적 자원 등의 희소성을 활용한 희소성 해결 전략에 해당한다.

오답분석

① 설득기술에 있어서 권위란 직위, 전문성, 외모 등에 의한 기술이다. 사람들은 자신보다 더 높은 직위, 더 많은 지식을 가지고 있다고 느끼는 사람으로부터 설득 당하기가 쉬운 권위 전략에 대한 설명이다.
② 설득기술에 있어서 권위란 직위, 전문성, 외모 등에 의한 기술이다. 사람들은 자신보다 더 높은 직위, 더 많은 지식을 가지고 있다고 느끼는 사람으로부터 설득 당하기가 쉽다는 호혜관계 형성 전략에 대한 설명이다.
③ 어떤 정책을 집행할 때 그 정책에 이해관계를 가진 집단들에게 우호적인 사람으로 하여금 집행하게 하면 그 정책으로 인해 발생하는 갈등을 용이하게 해결할 수 있다는 연결 전략에 대한 설명이다.
⑤ 사람은 과학적 이론보다 자신의 동료나 이웃의 말이나 행동에 의해서 쉽게 설득된다는 사회적 입증 전략에 대한 설명이다.

11

정답 ⑤

㉢은 협상 전 단계에 해당하며, 협상을 진행하기 위한 준비단계이다.

- 협상 전 단계
  - 협상 기획 : 집행, 평가 등 협상과정을 계획
  - 현상 준비 : 목표설정, 협상환경과 대상자 분석, 협상형태 파악, 협상팀 선택과 정보수집, 협상전략과 전술 수립, 협상대표 훈련

CHAPTER 09 자기개발능력

01	02	03	04	05	06	07	08	09	10
③	④	③	②	④	①	⑤	③	①	③

01
정답 ③

김 대리는 의지와 욕구는 있지만 업무 전환에 대한 인식과 자기이해 노력이 부족했다.
직업인으로서 자신이 원하는 직업을 갖고 일을 효과적으로 수행하기 위해서는 장기간에 걸친 치밀한 준비와 노력이 필요하며, 자신을 분명하게 아는 것이 선행되어야 이러한 준비와 노력이 적절히 이루어질 수 있다.

02
정답 ④

오답분석

① 단기적인 대응책보다는 장기적인 관점에서 성장할 방법을 찾아야 할 필요가 있다.
② 과거에 했던 일과 지금 하는 일을 모두 고려하여 자신의 흥미에 대해 고민해야 한다.
③ 업무에 대한 의지와 욕구는 가지고 있다.
⑤ 자기개발로 지향하는 바는 개별적인 과정으로 사람마다 다르다. 김 대리는 현 시점에서 욕구와 의지가 있으므로 단기적인 돌파구를 마련하기보다는 자신을 좀 더 이해하고 장기적인 관점에서 성장할 방안을 고려해야 한다. 따라서 자신에 내면에 대해 좀 더 이해해야 한다.

03
정답 ③

김 대리는 외모와 같은 외면적 자아를 활용하기보다는 내면적 자아인 적성, 흥미, 성격, 가치관, 능력 등을 활용하여 자기를 인식하고 개발하여 성과를 인정받았다.

04
정답 ②

김 대리는 외부적인 요소보다는 자신의 내면에 대한 질문을 던져 자신을 파악하고 개발했다고 볼 수 있다. 따라서 외부에서 다른 사람이 자신을 어떻게 평가하는지에 대한 질문은 적합하지 않다고 보아야 한다.

05
정답 ④

박 선임은 부정적이지도 긍정적이지도 않으며 일에 대한 흥미도 없다. 일을 단순히 금전적 이익을 얻기 위한 수단으로 생각하고 있다.

오답분석

① 일에 대한 흥미는 없으나, 금전적 이익을 얻기 위한 수단으로 받아들이고 있다.
②·⑤ 일에 대해 부정적이지도 긍정적이지도 않은 중립적인 태도를 보이고 있다.
③ 일에 대한 흥미가 없으며, 적성에 대한 생각은 드러나지 않고 있다.

06
정답 ①

김 선임은 대학 때와는 달리 일에 대한 흥미와 적성을 잃어버린 상태로, 이를 회복하기 위해서 마인드 컨트롤과 작은 일부터 단계적으로 시작해 성공경험 및 성취감을 느끼는 것이 필요하다. 금전적인 부분에 의존하는 것은 적합한 방법은 아니다.

마인드 컨트롤
자기암시를 통해 자신을 의식적으로 관리하고, 장기적이거나 추상적인 목표보다는 단기적으로 이룰 수 있는 작은 단위로 일을 하여 성공의 경험을 축적하는 것이 일에 대한 흥미를 높이고 적성을 개발할 수 있다.

07
정답 ⑤

이 과장은 자신의 인적자원을 활용해 업무 목표 달성을 하고 회사 내에서 상사 및 동료들이 좋은 평을 할 정도로 지지를 받고 있으며, 회사의 규정을 준수하고 개인으로서도 좋은 성과를 내고 있다. 그러므로 보기의 자원, 상사 및 동료의 지지, 업무지침, 개인의 능력 모두가 이 과장의 업무 수행성과에 영향을 미치고 있다고 할 수 있다.

08

정답 ③

글에서 이 과장이 역할 모델을 정한다는 내용은 찾아볼 수 없다. 이 과장의 업무 수행 전략은 회사의 업무지침을 준수하여 규정대로 꼼꼼하게 일을 처리하고, 제출기한을 준수하며, 업무를 단위별로 정리하여 수행하는 것이다.

09

정답 ①

현명한 판단은 조직의 리더의 경우나 정책 결정 시에만 내려야 되는 것은 아니다. G사의 경우 사회성 편향으로 인한 잘못된 의사결정이 문제이다. 이 경우 아니라고 생각해도 다수 의견에 동조하거나 침묵하며, 리더의 시각에 부합하려고 하는 경향이 있다. 결과적으로 반대되는 목소리 부재로 객관적인 관점을 상실하게 되었다.

10

정답 ③

G사가 향후 잘못된 의사결정을 내리지 않기 위해서는 진실과 합리적인 의사결정은 사람들 간의 논쟁을 통해 나온다는 생각으로 침묵보다는 논쟁을 유발해야 한다. 상반된 의견이 없다는 것 자체가 강력한 위험 신호라는 생각을 가지고 상반된 증거를 찾아야 한다. 조직의 위계질서와 상명하복식 의사결정으로 인한 소통의 한계를 인식하고 여러 의견을 들을 수 있는 소통 채널을 확보해야 하며, 의사결정을 하고 난 뒤에는 의사결정 과정과 결과를 평가하고 피드백 하는 것이 합리적인 의사결정 과정이다.

CHAPTER 10 직업윤리

01	02	03	04	05	06	07	08	09	10
③	①	①	②	④	④	④	②	①	②
11									
③									

01
정답 ③

담당자가 자리를 비운 경우 메모를 남겨 전달해야 하며, 개인신상정보는 노출하지 말아야 한다.

오답분석

① 부재 시 전화를 당겨 받는다.
② 처음에 회사명과 부서명, 이름을 밝힌 뒤 용건을 확인한다.
④ 상대방의 용건, 성명을 메모로 남긴다.
⑤ 용건을 물어본 후 간단한 용건일 경우 대신 처리할 수 있으면 처리한다.

02
정답 ①

전화를 받으면 회사명과 부서명, 이름을 밝힌 뒤 용건을 확인한다.

오답분석

② ㉡ 통화 담당자가 없으면 자리를 비운 이유를 간단히 설명해야 한다.
③ ㉢ 담당자가 통화 가능한 시간을 알려주어야 한다.
④ ㉣ 용건을 물어본 후 대신 처리할 수 있으면 처리하거나 담당자에게 정확한 메모를 전달한다.
⑤ ㉤ 개인신상정보는 노출하지 말아야 한다.

03
정답 ①

자신의 역할과 책무를 충실히 수행하고 책임을 다하는 것이 직장인이 갖추어야 할 책임의식이다.

오답분석

② 준법의식 : 법과 규칙을 준수하여 업무에 임하는 태도
③ 근면의식 : 전해진 시간을 준수하며 생활하고 보다 부지런하고 적극적인 자세로 임하는 태도
⑤ 소명의식 : 자신이 맡은 일은 하늘에 의해 맡겨진 일이라고 생각하는 태도

04
정답 ②

김 차장에게는 잘못을 저질렀을 때, 맡은 바 역할을 타인에게 전가하지 않고 책임을 다하는 자세가 필요하다.

05
정답 ④

사람의 속성은 변화하지 않으므로 김 차장을 변화시키기보다 상황이 변화할 수 있도록 유도하는 것이 적절하다.

06
정답 ④

김 부장과 이 팀장의 대화를 살펴보면, 이 팀장은 정직하게 업무에 임하는 자세를 가치에 두고 개인과 조직의 일과 관계에 대해 윤리적 갈등을 겪고 있다. 근로윤리 중 정직은 신뢰를 형성하고 유지하는 데 필요한 가장 기본적이고 필수적인 규범이다.

07
정답 ④

이 팀장은 김 부장과의 대화에서 조직 내 관계의 측면에서는 사실대로 보고할지 김 부장의 말을 따를지 고민하는 진실 대 충성의 갈등, 조직의 업무 측면에 있어서는 단기 대 장기, 개인 대 집단의 갈등으로 고민하는 것을 알 수 있다.

08
정답 ②

해당 상황은 고객이 가져온 제품을 살펴보는 것을 제외하고는 모든 내용이 문제를 일으킬 수 있는 부분이다.

오답분석

① 고객에게 원래 그렇다고만 불성실하게 대답하였다.
③ 기존에 C사 제품을 사용해 보신 적이 있냐고 물으며, 없다고 하자 무시하는 어투로 응대하였다.
④ 고객이 원하는 것을 묻지 않았다.
⑤ 고객이 원하는 요구를 존중하지 않고, 그냥 쓰면 된다고 말하였다.

09

정답 ①

제시된 상황에서 서비스 업무에 필요한 것은 고객의 제품에 발생한 문제의 원인에 대하여 고객이 이해할 수 있게 설명하고, 고객의 요구를 경청하는 자세이다. 서비스는 고객의 가치를 최우선으로 하는 개념이므로, '적당히 이야기해서 돌려보내시고 C사에 제품에 대해 문의해 달라.'는 내용은 적합하지 않다.

10

정답 ②

책임이란 직업의 역할과 책무를 충실히 수행하고 책임지려는 태도이며, 맡은 업무를 어떠한 일이 있어도 수행해 내는 태도를 말한다. 김 본부장의 입장에서 볼 때 이 팀장의 경우 구성원에게 탓을 돌리는 등 책임 있는 모습을 보이지 못한 것을 지적하고 있다.

오답분석

① 봉사 : 국가 사회 또는 남을 위하여 자신의 이해를 돌보지 아니하고 몸과 마음을 다하여 일하는 것

③ 준법 : 민주 시민으로서 지켜야 하는 기본 의무이며 생활 자세

④ 예절 : 일정한 생활문화권에서 오랜 생활습관을 통해 하나의 공통된 생활 방법으로 정립되어 관습적으로 행해지는 사회계약적인 생활규범

⑤ 협동정신 : 관계된 사람과 상호신뢰하고 협력하여 원만한 관계를 유지하려는 자세

11

정답 ③

김 부장과 이 팀장 사이의 대화를 살펴보면 이 팀장이 일차적으로 자신의 실수에 대해 사과하였지만, 자신의 맡은 부분에 대해 책임을 다하는 태도로 임하지 않고 변명을 계속 늘어놓았기 때문에 문제가 심화되었다고 볼 수 있다.

PART

2

직무수행능력평가

CHAPTER 01 사무직 직무수행능력평가

01 경영학

01	02	03	04	05	06	07	08	09	10	11	12	13	14	15	16	17	18	19	20
②	③	④	②	②	③	⑤	④	④	③	①	⑤	①	①	⑤	④	①	③	④	③

01

정답 ②

오답분석

① 클로즈드숍(Closed Shop) : 근로자가 노동조합에 가입하는 것을 고용 조건으로 하여 모든 노동자를 조합에 가입시키는 노사 간의 협정이다.
③ 오픈숍(Open Shop) : 고용자가 노동조합의 가입 여부와 상관없이 채용할 수 있고, 근로자 또한 노동조합의 가입이나 탈퇴가 자유로운 제도이다.
④ 에이전시숍(Agency Shop) : 종업원의 노동조합 가입을 강제하지는 않으나, 상당액의 조합비 납부를 의무화한 제도이다.
⑤ 메인터넌스숍(Maintenance of Membership Shop) : 조합원이 되면 일정 기간 조합원으로서 머물러 있어야 한다는 제도이다.

02

정답 ③

STP 전략은 S(Segmentation : 시장세분화), T(Targeting : 목표시장 설정), P(Positioning : 포지셔닝)의 세 단계로 이루어진다. 시장세분화 단계에서는 지리적, 사회적, 인구통계학적으로 기준을 정하여 시장을 나누고, 목표시장 설정 단계에서는 세분화된 시장 중 원하는 고객을 정한다. 마지막으로 포지셔닝 단계에서는 선정한 고객에게 특정 인식을 각인시킨다.

03

정답 ④

오답분석

① 강제할당법
② 대조표법
③ 중요사건기술법
⑤ 에세이평가법

04

정답 ②

침투가격정책은 수요가 가격에 대하여 민감한 제품(수요의 가격탄력성이 높은 제품)에 많이 사용하는 방법이다.

05

정답 ②

해외자회사의 경우 해외시장에서 많은 자금과 기술을 운영하기보다는 해외시장에 많은 자금과 인력을 투자해야 하므로 위험이 높은 편이다.

06

정답 ③

균형성과표(BSC)는 재무관점, 고객관점, 내부 프로세스관점, 학습 및 성장관점 등의 4가지로 성과를 측정한다.

07

정답 ⑤

오답분석

① 자본시장선은 시장포트폴리오와 무위험자산에 대한 자산배분을 통하여 구성된 자본배분선을 말한다. 부채를 사용할 때 지급하는 대가인 타인자본 비용과는 관계가 없다.
② 자본배분선은 무위험자산이 있는 경우 효율적 투자자가 어떻게 투자를 하는지를 표시한 수익률 – 위험 간 관계선이다.
③ 자본시장선은 무위험자산을 고려한다.
④ 증권시장선은 비효율적인 포트폴리오 혹은 개별증권들에 대한 위험과 수익률 간의 관계를 결정해 준다.

08

정답 ④

차량을 200만 원에 구입하여 40만 원을 지급한 상태이므로 총자산은 증가하였다고 볼 수 있다. 그리고 아직 치르지 않은 잔액 160만 원이 외상으로 존재하므로 총부채 역시 증가하였다고 볼 수 있다.

09

정답 ④

금리는 만기가 길수록, 유동성이 작을수록, 기대 인플레이션이 높을수록, 위험도가 클수록 높아진다. 일반적으로 채권의 만기가 길면 길수록 투자금의 유동성에 제약을 받기 때문에 이자율은 높아진다. 국채는 회사채보다 채무불이행 위험이 작기 때문에 금리가 회사채보다 낮게 형성되며, 경기가 좋아질수록 채무불이행 위험이 줄어들기 때문에 국채와 회사채 간 금리 차이가 줄어든다.

10

정답 ③

제시된 내용은 ERG이론에 대한 설명이다.

오답분석

① 호감득실이론 : 자신을 처음부터 계속 좋아해주던 사람보다 자신을 싫어하다가 좋아하는 사람을 더 좋아하게 되고, 반대로 자신을 처음부터 계속 싫어하던 사람보다 자신을 좋아하다가 싫어하는 사람을 더 싫어하게 된다고 주장하는 이론이다.
② 사회교환이론 : 두 사람의 인간관계에서 비용과 보상을 주고받는 과정을 사회교환과정이라 하고, 보상에서 비용을 제한 결과에 따라 그 관계의 존속여부가 결정된다는 이론이다.
④ 기대–불일치이론 : 1981년 올리버(Oliver)에 의해 제시된 이론으로, 성과가 기대보다 높아 긍정적 불일치가 발생하면 만족하고, 성과가 기대보다 낮아 부정적 불일치가 발생하면 불만족을 가져온다는 이론이다.
⑤ 인지불협화이론 : 페스팅거(Festinger)가 주장한 이론으로, 사람들이 자신의 태도와 행동이 일치하지 않을 때 인간은 불편한 긴장을 경험한다고 제안한 이론이다.

11

정답 ①

오답분석

다. 기업의 조직구조가 전략에 영향을 미치는 것이 아니라 조직의 전략이 정해지면 그에 맞는 조직구조를 선택하므로, 조직의 전략이 조직구조에 영향을 미친다.
라. 대량생산 기술을 사용하는 조직은 기계적 조직구조에 가깝게 설계해야 한다. 기계적 조직구조는 효율성을 강조하며 고도의 전문화, 명확한 부서화, 좁은 감독의 범위, 높은 공식화, 하향식 의사소통의 특징을 갖는다. 반면, 유기적 조직구조는 유연성을 강조하며 적응성이 높고 환경변화에 빠르게 적응하는 것을 강조한다.

12

정답 ⑤

마이클 포터는 원가우위전략과 차별화전략을 동시에 추구하는 것을 이도저도 아닌 어정쩡한 상황이라고 언급하였으며, 둘 중 한 가지를 선택하여 추구하는 것이 효과적이라고 주장했다.

13

정답 ①

델파이(Delphi) 기법은 예측하려는 현상에 대하여 관련 있는 전문가나 담당자들로 구성된 위원회를 구성하고 개별적 질의를 통해 의견을 수집하여 종합・분석・정리하고 의견이 일치될 때까지 개별적 질의 과정을 되풀이하는 예측기법이다.

14

정답 ①

신제품 개발 과정은 '아이디어 창출 → 아이디어 선별 및 평가 → (제품개념 테스트 → 마케팅전략 개발) → 사업타당성 분석 → 제품 개발 → 시험마케팅 → 상업화' 순서로 진행된다.

15

정답 ⑤

오답분석

① 데이터베이스관리시스템은 데이터의 중복성을 최소화하면서 조직에서의 다양한 정보요구를 충족시킬 수 있도록 상호 관련된 데이터를 모아놓은 데이터의 통합된 집합체이다.
② 전문가시스템은 특정 전문분야에서 전문가의 축적된 경험과 전문지식을 시스템화하여 의사결정을 지원하거나 자동화하는 정보시스템이다.
③ 전사적 자원관리시스템은 구매, 생산, 판매, 회계, 인사 등 기업의 모든 인적·물적 자원을 효율적으로 관리하여 기업의 경쟁력을 강화시켜주는 통합정보시스템이다.
④ 의사결정지원시스템은 경영관리자의 의사결정을 도와주는 시스템이다.

16

정답 ④

직무기술서는 직무수행과 관련된 과업 및 직무행동을 직무요건을 중심으로 기술한 양식이다.

구분	직무기술서	직무명세서
개념	직무수행과 관련된 과업 및 직무 행동을 직무요건을 중심으로 기술한 양식	특정 직무를 수행하기 위해 요구되는 지식, 기능, 육체적 정신적 능력 등 인적요건을 중심으로 기술한 양식
포함 내용	• 직무 명칭, 직무코드, 소속 직군, 직렬 • 직급(직무등급), 직무의 책임과 권한 • 직무를 이루고 있는 구체적 과업의 종류 및 내용 등	• 요구되는 교육 수준 • 요구되는 지식, 기능, 기술, 경험 • 요구되는 정신적, 육체적 능력 • 인정 및 적성, 가치, 태도 등
작성 요건	명확성, 단순성, 완전성, 일관성	

17

정답 ①

포트폴리오의 분산은 각 구성자산과 포트폴리오간의 공분산을 각 자산의 투자비율로 가중평균하여 계산한다.

자본예산기법

자본예산이란 투자효과가 장기적으로 나타나는 투자의 총괄적인 계획으로서 투자대상에 대한 각종 현금흐름을 예측하고 투자안의 경제성분석을 통해 최적 투자결정을 내리는 것을 말한다.

자본예산의 기법에는 회수기간법, 회계적이익률법, 순현가법, 내부수익률법 등이 주로 활용된다.

- 회수기간법 : 투자시점에서 발생한 비용을 회수하는데 걸리는 기간을 기준으로 투자안을 선택하는 자본예산기법이다.
  - 상호독립적 투자안 : 회수기간<목표회수기간 → 채택
  - 상호배타적 투자안 : 회수기간이 가장 짧은 투자안 채택
- 회계적이익률법 : 투자를 원인으로 나타나는 장부상의 연평균 순이익을 연평균 투자액으로 나누어 회계적 이익률을 계산하고 이를 이용하여 투자안을 평가하는 방법이다.
  - 상호독립적 투자안 : 투자안의 ARR>목표ARR → 채택
  - 상호배타적 투자안 : ARR이 가장 큰 투자안 채택
- 순현가법 : 투자로 인하여 발생할 미래의 모든 현금흐름을 적절한 할인율로 할인한 현가로 나타내어서 투자결정에 이용하는 방법이다.
  - 상호독립적 투자안 : NPV>0 → 채택
  - 상호배타적 투자안 : NPV가 가장 큰 투자안 채택
- 내부수익률법 : 미래현금유입의 현가와 현금유출의 현가를 같게 만드는 할인율인 내부수익률을 기준으로 투자안을 평가하는 방법이다.
  - 상호독립적 투자안 : IRR>자본비용 → 채택
  - 상호배타적 투자안 : IRR이 가장 큰 투자안 채택

18

정답 ③

②·③ 순현가법에서는 내용연수 동안의 모든 현금흐름을 통해 현가를 비교한다.

오답분석

① 순현가는 현금유입의 현가를 현금유출의 현가로 나눈 것이다.
④ 최대한 큰 할인율이 아니라 적절한 할인율로 할인한다.
⑤ 투자의 결과 발생하는 현금유입이 투자안의 내부수익률로 재투자 될 수 있다고 가정하는 것은 내부수익률법이다.

19

정답 ④

물음표(Question Marks)는 높은 시장성장률과 낮은 상대적 시장점유율을 유지하기 때문에 많은 투자가 필요하다.

20

정답 ③

오답분석

ㄴ. 개별주식의 기대 수익률이 증권시장선 위쪽에 위치하면 주가가 과소평가된 상태이다.
ㄷ. 자본시장의 기대수익과 위험간의 선형적인 관계를 나타낸다.

02 경제학

01	02	03	04	05	06	07	08	09	10	11	12	13	14	15	16	17	18	19	20
①	④	②	③	④	④	④	④	⑤	①	①	③	②	⑤	④	②	⑤	①	④	①

01

정답 ①

가치의 역설은 사용가치가 높은 재화가 더 낮은 교환가치를 가지는 역설적인 현상으로, 희소가치가 높은 다이아몬드의 한계효용이 물의 한계효용보다 크기 때문에 다이아몬드의 가격이 물의 가격보다 비싸다고 설명한다.

오답분석

② 물은 필수재이고, 다이아몬드는 사치재이다.
③ 같은 물이라 해도 장소나 상황 등에 따라 가격이 달라질 수 있으므로 항상 다이아몬드보다 가격이 낮다고 할 수 없다.
④·⑤ 상품의 가격은 총효용이 아닌 한계효용에 의해 결정되며, 한계효용이 높아지면 상품의 가격도 비싸진다.

02

정답 ④

수요곡선과 공급곡선의 일반적인 형태란, 우하향하는 수요곡선과 우상향하는 공급곡선을 의미한다. 공급곡선이 상방으로 이동하면, 생산량(Q)이 감소하고 가격(P)이 상승한다.

오답분석

① 수요곡선이 하방으로 이동하면 생산량이 감소하고 가격도 하락한다.
② 공급곡선이 하방으로 이동하면 생산량이 증가하고 가격이 하락한다.
③ 수요곡선이 상방으로 이동하면 생산량이 증가하고 가격도 상승한다.
⑤ 수요곡선과 공급곡선이 모두 하방으로 이동하면 가격은 하락한다. 이때 생산량은 두 곡선의 하방이동폭에 따라서 증가할 수도, 불변일 수도, 감소할 수도 있다.

03

정답 ②

기업 B의 광고 여부에 관계없이 기업 A는 광고를 하는 것이 우월전략이다. 또한 기업 A의 광고 여부에 관계없이 기업 B도 광고를 하는 것이 우월전략이다. 따라서 두 기업 모두 광고를 하는 것이 우월전략이므로 우월전략균형에서 두 기업의 이윤은 (55, 75)이다. 우월전략균형은 내쉬균형에 포함되므로 내쉬균형에서의 기업 A의 이윤은 55이고, 기업 B의 이윤은 75이다.

04

정답 ③

독점적 경쟁시장의 장기균형에서 $P>SMC$가 성립한다.

오답분석

① · ② 독점적 경쟁시장의 장기균형은 수요곡선과 단기평균비용곡선, 장기평균비용곡선이 접하는 점에서 달성된다.
④ 균형생산량은 단기평균비용의 최소점보다 왼쪽에서 달성된다.
⑤ 가격과 평균비용이 같은 지점에서 균형이 결정되므로, 장기 초과이윤은 0이다.

05

정답 ④

일물일가의 법칙을 가정하는 구매력평가설에 따르면 두 나라에서 생산된 재화의 가격이 동일하므로 명목환율은 두 나라의 물가수준의 비율로 나타낼 수 있다. 한편, 구매력평가설이 성립하면 실질환율은 불변한다.

06

정답 ④

오답분석

ㅁ. 환불 불가한 숙박비는 회수 불가능한 매몰비용이므로 선택 시 고려하지 않은 ⓒ의 행위는 합리적 선택 행위의 일면이라고 할 수 있다.

07

정답 ④

오답분석

① 수요의 가격탄력성이 1보다 작은 경우, 가격이 하락하면 총수입은 감소한다.
② 수요의 가격탄력성이 커질수록, 물품세 부과로 인한 경제적 순손실은 커진다.
③ 소비자 전체 지출에서 차지하는 비중이 큰 상품일수록, 수요의 가격탄력성은 커진다.
⑤ 대체재가 많을수록, 수요의 가격탄력성은 커진다.

08

정답 ④

- $(\text{2020년 GDP디플레이터})=\frac{(\text{명목 GDP}_{2020})}{(\text{실질 GDP}_{2020})}\times 100=\frac{100}{(\text{실질 GDP}_{2020})}\times 100=100 \rightarrow \text{2020년 실질 GDP}=100$
- $(\text{2021년 GDP디플레이터})=\frac{(\text{명목 GDP}_{2021})}{(\text{실질 GDP}_{2021})}\times 100=\frac{150}{(\text{실질 GDP}_{2021})}\times 100=120 \rightarrow \text{2021년 실질 GDP}=125$

따라서 2021년의 전년 대비 실질 GDP 증가율은 $\frac{125-100}{100}\times 100=25\%$이다.

09

정답 ⑤

다. 디플레이션이 발생하면 기업의 실질적인 부채부담이 증가한다.
라. 기업의 채무불이행이 증가하면 금융기관 부실화가 초래된다.

오답분석

가. 피셔효과에 따르면 '(명목이자율)=(실질이자율)+(예상인플레이션율)'인 관계식이 성립하므로 예상인플레이션율이 명목이자율을 상회할 경우 실질이자율은 마이너스(−) 값이 될 수 있다. 하지만 명목이자율이 마이너스(−) 값을 가질 수는 없다.
나. 명목임금이 하방경직적일 때 디플레이션으로 인해 물가가 하락하면 실질임금은 상승하게 된다.

10

정답 ①

$$(\text{실업률})=\frac{(\text{실업자 수})}{(\text{경제활동인구})}\times 100=\frac{(\text{실업자 수})}{(\text{취업자 수})+(\text{실업자 수})}\times 100$$

- 실업자는 경제활동인구 중 일할 뜻이 있는데도 일자리를 갖지 못한 사람이다. 따라서 일할 능력이 있어도 의사가 없다면 실업률 계산에서 제외되며, 학생이나 주부는 원칙적으로 실업률 통계에서 빠지지만 수입을 목적으로 취업하면 경제활동인구에 포함된다. 또한, 군인, 수감자 등은 대상에서 제외한다.
- 취업자가 퇴직하여 전업주부가 되는 경우는 취업자가 빠져나가 경제활동인구가 감소, 즉 분모 값이 작아지게 되는 것을 의미하므로 실업률이 높아지게 된다.

11

정답 ①

기업의 조업중단 여부는 평균가변비용과 관련이 있다. 가격이 평균가변비용보다 낮으면 기업은 생산을 중단한다.

12

정답 ③

노동수요에 대한 탄력성은 상품생산에 투입되는 다른 생산요소와의 대체가능성에 의해 영향을 받는다. 임금이 상승할 때 노동 대신 다른 생산요소로의 대체가능성이 높을수록, 즉 요소간 대체가능성이 높을수록 노동수요에 대한 탄력성은 커지게 되므로 임금상승에 대하여 고용감소는 커진다.

13

정답 ②

이자율 상승으로 요구불예금이 증가하면 시장에 있는 현금들이 예금 쪽으로 들어와서 민간 화폐보유성향이 낮아져 통화승수가 증가한다.

14

정답 ⑤

물가지수를 구할 때 상품에 대해 각각의 가중치를 부여한 후 합계를 내어 계산한다.

15

정답 ④

지니계수는 0과 1 사이이며 이 값이 작을수록 소득분배가 평등하다는 것을 의미한다. 지니계수는 로렌츠 곡선에서 도출된 것이므로 로렌츠 곡선이 교차하는 경우에는 단순히 지니계수 수치만으로 소득분배상태를 비교하는 것이 불가능하다. 또한, 동일한 지니계수일지라도 로렌츠 곡선의 형태가 달라질 수 있으며 경우에 따라서는 소득분배상태가 변함에 따라 로렌츠 곡선이 교차하는 경우가 나타날 수 있다.

16

정답 ②

IS곡선 혹은 LM곡선이 우측으로 이동하면 AD곡선도 우측으로 이동한다.

IS곡선	우측 이동요인	소비증가, 투자증가, 정부지출증가, 수출증가
	좌측 이동요인	조세증가, 수입증가, 저축증가
LM곡선	우측 이동요인	통화량증가
	좌측 이동요인	화폐수요증가, 물가상승, 실질통화량감소

ㄱ. 주택담보대출의 이자율 인하 → 투자증가 → IS곡선 우측 이동
ㄷ. 기업에 대한 투자세액공제 확대 → 투자증가 → IS곡선 우측 이동
ㅁ. 해외경기 호조로 순수출 증대 → 수출증가 → IS곡선 우측 이동

오답분석

ㄴ. 종합소득세율 인상 → 조세증가 → IS곡선 좌측 이동
ㄹ. 물가의 변화는 LM곡선의 이동요인이나 AD곡선의 이동요인은 아니다(AD곡선상에서의 이동요인임).

17

정답 ⑤

총수입 TR은 다음과 같이 나타낼 수 있다.

$TR=P\times Q=(100-2Q)\times Q=100Q-2Q^2$

이윤극대화의 조건은 한계수입과 한계비용이 같아야 하기 때문에 $MR=MC$가 된다.

한계 비용은 1단위당 60원이므로 $MC=60$이 된다.

$MR=\dfrac{\Delta TR}{\Delta Q}=100-4Q$이므로

$100-4Q=60$

$4Q=40$

$\therefore\ Q=10$

이 값을 시장 수요 곡선식인 $P=100-2Q$에 대입하면 $P=80$이다.

따라서 이 독점기업의 이윤극대화 가격은 80원이고, 생산량은 10개이다.

18

정답 ①

임금이 일정수준 이상으로 상승으로 실질소득이 증가하여 여가는 늘리고 근로시간을 줄이려는 소득효과가 대체효과보다 커지면 노동공급은 감소한다. 임금이 상승함에 따라 여가의 기회비용이 증가하여 여가는 줄이고 근로시간을 늘리려는 대체효과가 소득효과보다 커지게 되면 노동공급이 증가하여 노동공급곡선은 정(+)의 기울기를 가지게 된다.

19

정답 ④

시장균형점은 수요곡선과 공급곡선이 만나는 지점이므로

$7-0.5Q=2+2Q$

$2.5Q=5$

$\therefore\ Q=2,\ P=6$

공급의 탄력성은 가격이 1% 변할 때, 공급량이 몇 %가 변하는지를 나타낸다.

$$\text{공급탄력성}(\eta)=\frac{\frac{\Delta Q}{Q}}{\frac{\Delta P}{P}}=\frac{\Delta Q}{\Delta P}\times\frac{P}{Q}=\frac{1}{2}\times\frac{6}{2}=\frac{3}{2}=1.5$$

$\left(\because \text{ 공급곡선 } P=2+2Q\text{에서 } Q=\frac{1}{2}P-1 \quad \therefore\ \frac{\Delta Q}{\Delta P}=\frac{1}{2}\right)$

20

정답 ①

물품세가 부과될 경우 상품시장에서 공급곡선이 물품세 부과 크기만큼 상향이동하므로 상품의 가격은 상승하고 공급량은 줄어든다. 또한, 일정액의 물품세가 부과되면 MC곡선이 상방으로 이동하므로 재화의 생산량이 감소하고, 재화의 생산량이 감소하면 파생수요인 노동수요도 감소한다. 따라서 노동수요가 감소하면 임금이 하락하고, 고용량도 감소한다.

03 행정학

01	02	03	04	05	06	07	08	09	10	11	12	13	14	15	16	17	18	19	20
④	②	⑤	③	③	②	①	②	⑤	①	③	②	②	④	①	⑤	③	②	①	②

01

정답 ④

위탁집행형 준정부기관에 해당하는 기관으로는 도로교통공단, 건강보험심사평가원, 국민건강보험공단 등이 있다.

오답분석

① 정부기업은 형태상 일반부처와 동일한 형태를 띠는 공기업이다.
② 지방공기업의 경우 지방공기업법의 적용을 받는다.
③ 총수입 중 자체수입액이 총수입액의 50% 이상인 것은 공기업으로 지정한다.
⑤ 공기업은 정부조직에 비해 인사 및 조직운영에 많은 자율권이 부여된다.

02

정답 ②

행정통제는 행정의 일탈에 대한 감시와 평가를 통해서 행정활동이 올바르게 전개될 수 있도록 계속적인 시정과정을 거치게 하는 행동이다. 별도의 시정노력을 하지 않아도 된다는 것은 행정통제의 개념과 반대되는 설명이다.

03

정답 ⑤

위원회는 위원장 2명을 포함한 20명 이상 25명 이하의 위원으로 구성한다(행정규제기본법 제25조 제1항).

오답분석

① 행정규제기본법 제4조 제1항
② 행정규제기본법 제5조 제1항
③ 행정규제기본법 제8조 제2항
④ 행정규제기본법 제12조 제1항

04

정답 ③

품목별 분류는 지출대상별 분류이기 때문에 사업의 성과와 결과에 대한 측정이 곤란하다.

오답분석

① 기능별 분류는 시민을 위한 분류라고도 하며, 행정수반의 재정정책을 수립하는 데 도움을 준다.
② 조직별 분류는 부처 예산의 전모를 파악할 수 있지만 사업의 우선순위 파악이나 예산의 성과 파악이 어렵다.
④ 경제 성질별 분류는 국민소득, 자본형성 등에 관한 정부활동의 효과를 파악하는 데 유리하다.
⑤ 품목별 분류는 예산집행기관의 신축성을 저해한다.

05

정답 ③

NPM(신공공관리)과 뉴거버넌스 모두 방향잡기(Steering) 역할을 중시하며, NPM에서도 정부를 방향잡기 중심에 둔다.

신공공관리와 뉴거버넌스

구분	신공공관리(NPM)	뉴거버넌스
기초	신공공관리 · 신자유주의	공동체주의 · 참여주의
공급주체	시장	공동체에 의한 공동생산
가치	결과(효율성 · 생산성)	과정(민주성 · 정치성)
관료의 역할	공공기업가	조정자
작동원리	시장매커니즘	참여매커니즘
관리방식	고객 지향	임무 중심

06

정답 ②

보기의 A는 자율적 규제에 관한 내용이다. 정부에 의한 규제를 직접규제라 한다면, 민간기관에 의한 규제(자율적 규제)는 간접규제에 해당한다.

직접규제와 간접규제

- 직접규제(명령지시적 규제) : 법령이나 행정처분, 기준설정(위생기준, 안전기준) 등을 통해 직접적으로 규제하는 것으로 가격승인, 품질규제, 진입규제 등이 해당한다.
- 간접규제(시장유인적 규제) : 인센티브나 불이익을 통해 규제의 목적을 달성하는 것으로, 조세의 중과 또는 감면, 벌과금 또는 부담금의 부과 등이 해당한다.
  예 정부지원, 행정지도, 유인책, 품질 및 성분표시규제 등 정보공개규제

외부효과성 / 규제의 종류		직접규제	간접규제
		명령지시 규제 (행정처분, 행정명령, 행정기준의 설정)	시장유인적 규제 (부담금, 부과금, 예치금), 행정지도, 조세지출, 보조금, 공해배출권
외부 경제	과소공급	공급을 강제화	공급을 유인
외부 불경제	과다공급	공급을 금지	공급억제를 유인

07

정답 ①

오답분석

ㄴ. 성과주의 예산제도(PBS)는 예산배정 과정에서 필요사업량이 제시되므로 사업계획과 예산을 연계할 수 있으며 (세부사업별 예산액)=(사업량)×(단위원가)이다.

ㅁ. 목표관리제도(MBO)는 기획예산제도(PPBS)와 달리 예산결정 과정에 관리자의 참여가 이루어져 분권적 · 상향적인 예산편성이 이루어진다.

08

정답 ②

(가) 1910년대 과학적 관리론 → (다) 1930년대 인간관계론 → (나) 1940년대 행정행태론 → (라) 1990년대 후반 신공공서비스론의 순서이다.

09

정답 ⑤

빈칸에 들어갈 리바이어던(Leviathan) 가설은 구약성서에 나오는 힘이 강하고, 몸집이 큰 수중동물로 정부재정의 과다팽창을 비유한다. 현대의 대의민주체제가 본질적으로 정부부문의 과도한 팽창을 유발하는 속성을 지닌다. 일반대중이 더 큰 정부지출에 적극적으로 반대하지 않는 투표성향(투표거래, 담합)을 보이므로 현대판 리바이어던의 등장을 초래한다.

오답분석

① 로머와 로젠탈(Tomas Romer & Howard Rosenthal)의 회복수준이론 : 투표자와 관료의 상호작용을 다음과 같은 단순한 상황에서 검토하였다. 관료들은 국민투표에서 유권자들 앞에 제시될 각 부처의 재원조달계획을 마련하며, 그것은 다수결투표에 의해 가부가 결정된다. 제안이 부결되면 지출수준은 외생적인 어떤 방법으로 결정된 회귀(Reversion)수준에서 확정된다. 예를 들면, 회귀수준은 지난해의 예산규모일 수도 있고 0일수도 있고(이 경우 부처예산안의 부결은 부처의 폐쇄를 의미한다), 좀 더 복잡한 어떤 방법으로 결정될 수도 있다. 로머와 로젠탈은 관료들의 문제, 즉 유권자 앞에 제시되는 예산안을 편성하는 문제, 또 지출수준이 최종적으로 어떻게 결정되는지를 설명하는 문제를 검토하였다.
② 파킨슨(Parkinson)의 법칙 : 1914년부터 28년간 영국의 행정조직을 관찰한 결과 제시된 법칙으로 공무원 수는 본질적 업무량(행정수요를 충족시키기 위한 업무량)의 증감과 무관하게 일정비율로 증가한다는 것이다.
③ 니스카넨(Niskanen)의 예산극대화 가설 : 1971년에 제기한 가설로 관료들은 자신들의 영향력과 승진기회를 확대하기 위해 예산규모의 극대화를 추구한다는 것을 의미한다. 관료들이 오랜 경험 등을 활용하여 재정선택과정을 독점한다는 점에서 재정선택의 독점모형이라고도 한다.
④ 지대추구이론 : 정부의 규제가 반사적 이득이나 독점적 이익(지대)을 발생시키고 기업은 이를 고착화시키기 위한 로비활동을 한다는 것을 말한다.

10

정답 ①

빈칸에 해당하는 용어는 모호성 모형이다. 밀러(Miller)의 모호성 모형은 대학조직(느슨하게 연결된 조직), 은유와 해석의 강조, 제도와 절차의 영향(강조) 등을 특징으로 한다. 밀러는 목표의 모호성, 이해의 모호성, 역사의 모호성, 조직의 모호성 등을 전제로 하며, 예산결정이란 해결해야 할 문제, 그 문제에 대한 해결책, 결정에 참여해야 할 참여자, 결정의 기회 등 결정의 요소가 우연히 서로 잘 조화되어 합치될 때 이루어지며 그렇지 않은 경우 예산결정이 이루어지지 않는다고 주장한다.

11

정답 ③

ㄱ. 행정통제는 통제시기의 적시성과 통제내용의 효율성이 고려되어야 한다(통제의 비용과 통제의 편익 중 편익이 더 커야 한다).
ㄴ. 옴부즈만 제도는 사법통제의 한계를 보완하기 위해 도입되었다.
ㄷ. 선거에 의한 통제와 이익집단에 의한 통제 등은 외부통제에 해당한다.

오답분석

ㄹ. 합법성을 강조하는 통제는 사법통제이다. 사법통제에서 부당한 행위에 대한 통제는 제한된다.

12

정답 ②

갈등 당사자들에게 공동의 상위목표를 제시하거나 공동의 적을 설정하는 것은 갈등의 해소전략에 해당한다.

갈등의 조성전략

- 공식적·비공식적 의사전달통로의 의도적 변경
- 경쟁의 조성
- 조직 내 계층 수 및 조직단위 수 확대와 의존도 강화
- 계선조직과 막료조직의 활용
- 정보전달의 통제(정보량 조절 : 정보전달억제, 과잉노출)
- 의사결정권의 재분배
- 기존구성원과 상이한 특성을 지닌 새로운 구성원의 투입(구성원의 유동), 직위 간 관계의 재설정

13

정답 ②

규제피라미드는 규제가 규제를 낳은 결과 피규제자의 규제 부담이 점점 증가하는 현상이다.

오답분석

①·③·④·⑤ 모두 규제의 역설에 대한 설명이다.

14

정답 ④

역사학적 신제도주의는 각국에서 채택된 정책의 상이성과 효과를 역사적으로 형성된 제도에서 찾으려는 접근방법을 말한다.

오답분석

① 행태론은 인간을 사물과 같은 존재로 인식하기 때문에 인간의 자유와 존엄을 강조하기 보다는 인간을 수단적 존재로 인식한다.
② 자연현상과 사회현상을 동일시하여 자연과학적인 논리실증주의를 강조한 것은 행태론적 연구의 특성이다.
③ 후기 행태주의의 입장이다.
⑤ 행태주의는 보수성이 강한 이론이며, 제도변화와 개혁을 지향하지 않는다.

15

정답 ①

ㄱ. 인간관계론은 인간을 사회적·심리적 존재로 가정하기 때문에 사회적 규범이 생산성을 좌우한다고 본다.
ㄴ. 과학적 관리론은 과학적 분석을 통해 업무수행에 적용할 유일 최선의 방법을 발견할 수 있다고 전제한다.

오답분석

ㄷ. 체제론은 하위의 단순 체제는 복잡한 상위의 체제에 속한다고 이해함으로 계서적 관점을 지지한다.
ㄹ. 발전행정론은 정치·사회·경제를 균형적으로 발전시키기보다는 행정체제가 다른 분야의 발전을 이끌어 나가는 불균형적인 접근법을 중시한다.

16

정답 ⑤

합리모형에서 말하는 합리성은 경제적 합리성을 말한다. 정치적 합리성은 점증모형에서 중시하는 합리성이다.

합리모형과 점증모형

구분	합리모형	점증모형
합리성 최적화 정도	• 경제적 합리성(자원배분의 효율성) • 전체적·포괄적 분석	• 정치적 합리성(타협·조정과 합의) • 부분적 최적화
목표와 수단	• 목표 – 수단 분석을 함 • 목표는 고정됨(목표와 수단은 별개) • 수단은 목표에 합치	• 목표 – 수단 분석을 하지 않음 • 목표는 고정되지 않음 • 목표는 수단에 합치
정책결정	• 근본적·기본적 결정 • 비분할적·포괄적 결정 • 하향적 결정 • 단발적 결정(문제의 재정의가 없음)	• 지엽적·세부적 결정 • 분할적·한정적 결정 • 상향적 결정 • 연속적 결정(문제의 재정의 빈번)
정책특성	비가분적 정책에 적합	가분적 정책에 적합
접근방식과 정책 변화	• 연역적 접근 • 쇄신적·근본적 변화 • 매몰비용은 미고려	• 귀납적 접근 • 점진적·한계적 변화 • 매몰비용 고려
적용국가	상대적으로 개도국에 적용 용이	다원화된 선진국에 주로 적용
배경이론 및 참여	• 엘리트론 • 참여 불인정(소수에 의한 결정)	• 다원주의 • 참여 인정(다양한 이해관계자 참여)

17

정답 ③

신제도주의는 행위 주체의 의도적이고 전략적인 행동이 제도에 영향을 미칠 수 있다는 점을 인정하고, 제도의 안정성보다는 제도설계와 변화 차원에 관심을 보이고 있다.

오답분석

① 행태론적 접근방법은 이론의 과학성 추구를 위해 가치의 문제를 배제하려는 가치중립성을 특징으로 한다.
④ 논변적 접근방법은 행정현상과 같은 가치측면의 규범성을 연구할 때는 결정에 대한 주장의 정당성을 갖추는 것이 중요하다고 보고 행정에서 진정한 가치는 자신들의 주장에 대한 논리성을 점검하고 상호 타협과 합의를 도출하는 민주적 절차에 있다고 본다.

18

정답 ②

정책문제 자체를 잘못 인지한 상태에서 계속 해결책을 모색하여 정책문제가 해결되지 못하고 남아있는 상태는 3종 오류라고 한다. 1종 오류는 옳은 가설을 틀리다고 판단하고 기각하는 오류이고, 2종 오류는 틀린 가설을 옳다고 판단하여 채택하는 오류를 말한다.

19

정답 ①

정책의 수혜집단이 강하게 조직되어 있는 집단이라면 정책집행은 용이해진다.

오답분석

② 집행의 명확성과 일관성이 보장되어야 한다.
③ 규제정책의 집행과정에서 실제로 불이익을 받는 자가 생겨나게 되는데 이때 정책을 시행하는 과정에서 격렬한 갈등이 발생할 수 있다.
④ '정책집행 유형은 집행자와 결정자와의 관계에 따라 달라진다.'는 나카무라(Nakamura)와 스몰우드(Smallwood)의 주장이다.
⑤ 정책의 집행에는 대중의 지지, 매스컴의 반응, 정책결정기관의 입장, 정치·경제·사회·문화적 흐름 등 많은 환경적 요인들이 영향을 끼친다.

20

정답 ②

다면평가제는 경직된 분위기의 계층제적 사회에서는 부하의 평정, 동료의 평정을 받는 것이 조직원들의 강한 불쾌감을 불러올 수 있고, 이로 인해 조직 내 갈등상황이 불거질 수 있다.

04 법학

01	02	03	04	05	06	07	08	09	10	11	12	13	14	15	16	17	18	19	20
⑤	③	④	⑤	④	①	④	②	⑤	②	④	②	②	①	②	③	①	④	③	③

01

정답 ⑤

영미법계 국가에서는 선례구속의 원칙에 따라 판례의 법원성이 인정된다.

02

정답 ③

민사·형사소송법은 절차법으로서 공법에 해당한다.

03

정답 ④

상사에 관하여는 상법에 규정이 없으면 상관습법에 의하고 상관습법이 없으면 민법의 규정에 의한다(상법 제1조)는 점을 주의하여야 한다. 따라서 상법의 적용순서는 '상법 → 상관습법 → 민사특별법 → 민법 → 민사관습법 → 조리'의 순이다.

04

정답 ⑤

오답분석

① 강행법과 임의법은 당사자 의사의 상관성 여부에 따른 구분이다.
② 고유법과 계수법은 연혁에 따른 구분이다.
③ 실체법과 절차법은 법의 규정 내용에 따른 구분이다.
④ 공법과 사법은 법이 규율하는 생활관계에 따라 분류하는 것으로 대륙법계의 특징에 해당한다.

05

정답 ④

법규의 명칭에 따른 구별기준에 관한 학설은 존재하지 않는다.

공법과 사법의 구별기준에 관한 학설

이익설 (목적설)	관계되는 법익에 따른 분류로 공익보호를 목적으로 하는 법을 공법, 사익보호를 목적으로 하는 법을 사법으로 본다.
주체설	법률관계의 주체에 따른 분류로 국가 또는 공공단체 상호 간, 국가·공공단체와 개인 간의 관계를 규율하는 것을 공법, 개인 상호 간의 관계를 규율하는 것을 사법으로 본다.
성질설 (법률관계설)	법이 규율하는 법률관계에 대한 불평등 여부에 따른 분류기준으로 불평등관계(권력·수직관계)를 규율하는 것을 공법, 평등관계(비권력·대등·수평관계)를 규율하는 것을 사법으로 본다.
생활관계설	사람의 생활관계를 표준으로 삼아 국민으로서의 생활관계를 규율하는 것을 공법, 국가와 직접적 관계가 없는 인류로서의 생활관계를 규율하는 것을 사법으로 본다.
통치관계설	법이 통치권의 발동에 관한 것이냐 아니냐에 따라 국가통치권의 발동에 관한 법이 공법이고, 그렇지 않은 법이 사법이라 본다.
귀속설 (신주체설)	행정주체에 대해서만 권리·권한·의무를 부여하는 경우를 공법, 모든 권리주체에 권리·의무를 부여하는 것을 사법으로 본다.

06

정답 ①

사회법은 자본주의의 문제점(사회적 약자 보호)을 합리적으로 해결하기 위해 근래에 등장한 법으로, 점차 사법과 공법의 성격을 모두 가진 제3의 법영역으로 형성되었으며 법의 사회화·사법의 공법화 경향을 띤다.

07

정답 ④

법은 권리에 대응하는 의무가 있는 반면(양면적), 도덕은 의무에 대응하는 권리가 없다(일면적).

08

정답 ②

루소는 개인의 이익이 국가적 이익보다 우선하며, 법의 목적은 개인의 자유와 평등의 확보 및 발전이라고 보았다.

09

정답 ⑤

헌법의 개정은 헌법의 동일성을 유지하면서 의식적으로 헌법전의 내용을 수정·삭제·추가하는 것을 말한다.

10

정답 ②

긴급재정경제처분·명령권(헌법 제76조 제1항)은 중대한 재정·경제상의 위기에 있어서 국가안전보장 또는 공공의 안녕질서를 유지하기 위해 대통령이 행하는 재정·경제상의 처분이다.

11

정답 ④

청원권은 청구권적 기본권에 해당한다. 자유권적 기본권에는 인신의 자유권(생명권, 신체의 자유), 사생활의 자유권(거주·이전의 자유, 주거의 자유, 사생활의 비밀과 자유, 통신의 자유), 정신적 자유권(양심의 자유, 종교의 자유, 언론·출판의 자유, 집회·결사의 자유, 학문의 자유, 예술의 자유), 사회·경제적 자유권(직업선택의 자유, 재산권의 보장)이 있다.

12

정답 ②

비례대표제는 각 정당에게 그 득표수에 비례하여 의석을 배분하는 대표제로 군소정당의 난립을 가져와 정국의 불안을 가져온다는 것이 일반적 견해이다.

13

정답 ②

중·대선거구제와 비례대표제는 군소정당이 난립하여 정국이 불안정을 가져온다는 단점이 있다. 그에 비해 소선거구제는 양대정당이 육성되어 정국이 안정된다는 장점이 있다.

14

정답 ①

간주(의제)는 추정과 달리 반증만으로 번복이 불가능하고 '취소절차'를 거쳐야만 그 효과를 전복시킬 수 있다. 따라서 사실의 확정에 있어서 간주는 그 효력이 추정보다 강하다고 할 수 있다.

오답분석

② "~한 것으로 본다."라고 규정하고 있으면 이는 간주규정이다.
③ 실종선고를 받은 자는 전조의 기간이 만료한 때에 사망한 것으로 본다(민법 제28조).
④ 추정에 관한 설명이다.
⑤ 간주에 관한 설명이다.

15

정답 ②

제한능력자가 법정대리인의 동의 없이 한 법률행위는 무효가 아니라 취소할 수 있는 행위이다.

16

정답 ③

법 규범은 자유의지가 작용하는 자유법칙으로서, 당위의 법칙이다.

17

정답 ①

근대 입헌주의 헌법은 국법과 왕법을 구별하는 근본법(국법) 사상에 근거를 두고, 국가권력의 조직과 작용에 대한 사항을 정하고 동시에 국가권력의 행사를 제한하여 국민의 자유와 권리 보장을 이념으로 하고 있다.

18

정답 ④

사원총회는 정관으로 이사 또는 기타 임원에게 위임한 사항 외의 법인사무 전반에 관하여 결의한다. 사단법인의 이사는 매년 1회 이상 통상총회를 소집하여야 하며, 임시총회는 총사원의 5분의 1 이상의 청구로 이사가 소집한다.

19

정답 ③

재단법인의 기부행위나 사단법인의 정관은 반드시 서면으로 작성하여야 한다.

사단법인과 재단법인의 비교

구분	사단법인	재단법인
구성	2인 이상의 사원	일정한 목적에 바쳐진 재산
의사결정	사원총회	정관으로 정한 목적(설립자의 의도)
정관변경	총사원 3분의 2 이상의 동의 요(要)	원칙적으로 금지

20

정답 ③

모든 제도를 정당화시키는 최고의 헌법원리는 국민주권의 원리이다.

CHAPTER 02 기술직 직무수행능력평가

01 토목일반

01	02	03	04	05	06	07	08	09	10	11	12	13	14	15	16	17	18	19	20
③	④	③	④	②	③	②	①	①	④	④	④	④	③	②	③	④	④	②	③

01

정답 ③

프리스트레스의 감소 원인

- 콘크리트의 탄성 변형
- PS 강재와 쉬스 사이의 마찰
- 정착 장치에서의 긴장재의 활동
- 콘크리트의 크리프
- 콘크리트의 건조 수축
- PS 강재의 릴렉세이션

02

정답 ④

원형단면 핵의 지름 $e=\frac{d}{4}=\frac{40}{4}=10\text{cm}$이다.

03

정답 ③

면적 계산법

경계선이 직선	경계선이 곡선
• 삼사법 • 이변법 • 삼변법 • 좌표법 • 배횡거법	• 방안지법 • 띠선법 • 지거법 • 구적기(플래니미터) • 분할법

04

정답 ④

뒷부벽을 T형보로, 앞부벽을 직사각형보로 보고, 전면벽과 저판을 연속 슬래브로 보아 설계한다.

05

정답 ②

전단력이 0인 곳에 최대 휨모멘트가 일어난다. 제시된 그림에 의하면 $R_A=4.5\text{t}$, $R_B=13.5\text{t}$이다. B점에서 x인 곳이 전단력 0이라면 $\sum V=0$이다.

$4.5-3(6-x)=0$

$\therefore\ x=4.5\text{m}$

06

정답 ③

단주가 되느냐, 장주가 되느냐는 세장비에 의해 판단한다.

세장비

$\lambda = \frac{kl}{r}$

07

정답 ②

합력 $3P - P = 2P$

$2Px - PL = 0$

$\therefore\ x = \frac{1}{2}L$

08

정답 ①

표준 갈고리를 갖는 인장 이형철근의 정착길이

$l_{hb} = \frac{0.24\beta d_b f_y}{\lambda\sqrt{f_{ck}}}$

- 도막되지 않은 철근 $\beta = 1.0$
- 보통 중량 콘크리트 $\lambda = 1.0$

$\therefore\ l_{hb} = \frac{0.24 \times 1 \times 34.9 \times 400}{1 \times \sqrt{28}} = 633.17\text{mm}$

09

정답 ①

$f_{ck} > 28\text{MPa}$의 경우 1MPa씩 증가할 때마다 β_1은 0.007 감소한다.

$\beta_1 = 0.85 - (f_{ck} - 28) \times 0.007 \geq 0.65 = 0.85 - (38 - 28) \times 0.007 = 0.78 > 0.65$

10

정답 ④

$P = 100\cos 45° + 100\cos 45° \fallingdotseq 141.4\text{kg}$

11

정답 ④

한계고 $H_c = \frac{2q_u}{\gamma_t} = \frac{2 \times 4.8\text{t/m}^2}{1.7\text{t/m}^3} = 5.65\text{m}$

12

정답 ④

휨응력이란 휨모멘트에 의해서 부재의 한 단면 위에 일어나는 법선 응력을 가리킨다.

13

정답 ④

현행 구조기준에서는 벽체 및 슬래브에서의 휨 주철근의 간격은 중심간격을 규정하며, 두께의 3배 이하, 450mm 이하로 규정하고 있다.

14

정답 ③

표면장력 $T=\frac{p \cdot d}{4}$ 에서 $p=\frac{4T}{d}=\frac{4\times 75}{0.3}=1{,}000\text{dyne/cm}^2$ 이다.

15

정답 ②

계수모멘트 $M_u=\frac{w_u l^2}{8}$ 이다. 이때, $w_u=1.2w_D+1.6w_L=1.2\times 50+1.6\times 100=220\text{kN/m}$이다.

따라서 $M_u=\frac{220\times 8^2}{8}=1{,}760\text{kN}\cdot\text{m}$이다.

16

정답 ③

$\frac{l_n}{h}\leq 4$

17

정답 ④

구심오차 $e=\frac{qM}{2}$ 에서 $M=\frac{2e}{q}=\frac{2\times 60}{0.2}=600$이다.

따라서 $\frac{1}{M}=\frac{1}{600}$ 이다.

18

정답 ④

- A : $1\times 1=1$
- B : $0.5\times 1+0.5\times 1=1$
- C : $1\times 1=1$
- D : $1\times 2-1\times 1=1$

따라서 A, B, C, D 모든 점의 모멘트는 같다.

19

정답 ②

인장 이음철근에서 겹침이음의 분류

- A급 이음 : 배근된 철근량이 이음부 전체 구간에서 해석결과 요구되는 소요 철근량의 2배 이상이고, 소요 겹침이음 길이 내 겹침이음된 철근량이 전체 철근량의 $\frac{1}{2}$ 이하인 경우 : $1.0l_d$ 이상
- B급 이음 : A급 이음에 해당되지 않은 경우 : $1.3l_d$ 이상

따라서 $\left(\frac{\text{배근 } A_s}{\text{소요 } A_s}\right)<2.0$ 이하이면 B급 이음이다.

20

정답 ③

온도가 높을수록 크리프가 증가한다.

02 기계일반

01	02	03	04	05	06	07	08	09	10	11	12	13	14	15	16	17	18	19	20
④	③	④	③	④	②	②	①	②	④	②	③	②	④	④	④	③	①	⑤	①

01

정답 ④

디젤기관은 공기를 실린더에 넣고 단열압축하여 고온의 압축공기를 만든 뒤 연료분사펌프로 연료를 분사하여 자연 발화시켜 피스톤운동을 하는 기관이다. 이 기관은 가솔린기관에 비해 열효율이 높고 연료비가 저렴하지만, 소음과 진동이 커서 조용한 운전이 어렵다.

02

정답 ③

먼저 그림을 보면 병렬로 겹쳐진 2개의 스프링이 다시 직렬로 4개 연결되어 있다.
우선 2개씩 겹친 부분은 병렬 겹침이므로
병렬 겹침 2개의 스프링상수(k병렬)$=k$병렬1$+k$병렬2$=200+200=400$이다.
이 병렬 겹침스프링 4개를 직렬로 연결한 직렬 스프링상수(k직렬)를 구하면

$$k_{직렬}=\frac{1}{\frac{1}{k_{직렬1}}+\frac{1}{k_{직렬2}}+\frac{1}{k_{직렬3}}+\frac{1}{k_{직렬4}}}$$

$$=\frac{1}{\frac{1}{400}+\frac{1}{400}+\frac{1}{400}+\frac{1}{400}}=\frac{400}{4}=100\text{이다.}$$

스프링상수(k) 구하는 식을 응용해서 압축량 δ를 구하면

$$k=\frac{P}{\delta}[\text{N/mm}]$$

$$\delta=\frac{200}{100}=2\text{mm}$$

스프링상수(k) 구하기

직렬 연결 시	병렬 연결 시
$k=\frac{1}{\frac{1}{k_1}+\frac{1}{k_2}}$	$k=k_1+k_2$
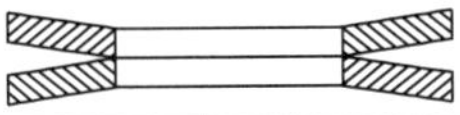	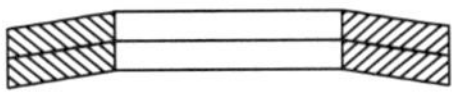
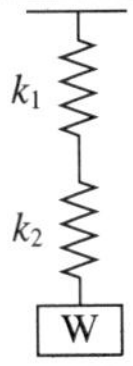	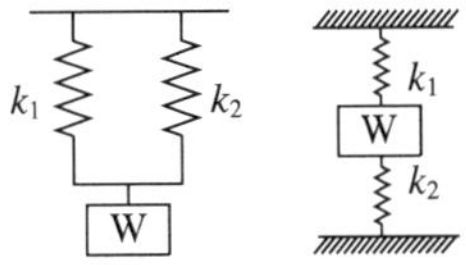

※ 접시스프링 : 안쪽에 구멍이 뚫려 있는 접시모양의 원판스프링

03

정답 ④

키홈의 깊이가 깊어질수록 축의 직경은 작아지므로[직경이 작아지면 받는 힘(압력)은 커진다], 응력집중이 더 잘 일어나서 파손의 위험이 커진다.

04

정답 ③

응력집중이란 단면이 급격히 변화하는 부분에서 힘의 흐름이 심하게 변화할 때 발생하는 현상을 말하며, 이를 완화하려면 단이 진 부분의 곡률반지름을 크게 하거나 단면을 완만하게 변화시킨다.

응력집중계수(k)는 단면부의 평균응력에 대한 최대응력 비율로 구할 수 있으며, 계수값은 재질을 고려하지 않고 노치부의 존재여부나 급격한 단면변화와 같이 재료의 형상변화에 큰 영향을 받는다.

05

정답 ④

볼나사(Ball Screw)는 미끄럼나사보다 전달효율이 높고, 윤활은 소량으로도 가능하며, 축방향의 백래시(뒤틈)를 작게 할 수 있다. 또한 시동토크의 변동이 적고, 미끄럼나사에 비해 내충격성이 떨어진다.

06

정답 ②

클러치 설계 시 유의사항은 균형상태가 양호해야 하고, 관성력이 작고 과열되지 않아야 하며, 마찰열에 대한 내열성도 좋아야 한다. 그리고 단속을 원활히 할 수 있도록 한다.

07

정답 ②

불림처리는 결정립을 조대화시키지 않는다.

불림(Normalizing : 노멀라이징)

주조나 소성가공에 의해 거칠고 불균일한 조직을 표준화 조직으로 만드는 열처리법으로, A_3 변태점보다 30 ~ 50℃ 높게 가열한 후 공랭시킴으로써 만들 수 있다.

08

정답 ①

용접봉의 심선을 둘러싸고 있는 피복제의 역할이 다양하기는 하나 원래 수소의 침입을 방지하거나 그로 인해 발생되는 불량을 예방할 수는 없다.

피복제(Flux)의 역할

- 아크를 안정시킨다.
- 전기절연작용을 한다.
- 보호가스를 발생시킨다.
- 스패터의 발생을 줄인다.
- 아크의 집중성을 좋게 한다.
- 용착금속의 급랭을 방지한다.
- 용착금속의 탈산정련작용을 한다.
- 용융금속과 슬래그의 유동성을 좋게 한다.
- 용적(쇳물)을 미세화하여 용착효율을 높인다.
- 용융점이 낮고 적당한 점성의 슬래그를 생성한다.
- 슬래그 제거를 쉽게 하여 비드의 외관을 좋게 한다.
- 적당량의 합금원소를 첨가하여 금속에 특수성을 부여한다.
- 중성 또는 환원성 분위기를 만들어 질화나 산화를 방지하고 용융금속을 보호한다.
- 쇳물이 쉽게 달라 붙도록 힘을 주어 수직자세, 위보기자세 등 어려운 자세를 쉽게 한다.

09

정답 ②

연삭가공은 정밀한 입자가공이며, 치수정밀도는 정확한 편이다. 연삭입자는 불규칙한 형상, 평균적으로 큰 음의 경사각을 가졌으며, 경도가 크고 취성이 있는 공작물 가공에 적합하다.

10

정답 ④

미끄럼베어링의 유체윤활의 경우 회전속도나 점도가 증가하면 마찰계수도 증가하고, 베어링면의 평균압력이 증가하면 마찰계수는 감소한다.

11

정답 ②

$\varepsilon=\dfrac{\Delta l}{l}\times 100\%$

$0.2=\dfrac{l'-l}{l}$

$0.2=\dfrac{24-x}{x}$

$0.2x=24-x$

$1.2x=24$

$x=20$

따라서 처음 길이는 20cm이다.

12

정답 ③

$$\frac{\tau_2}{\tau_1}=\frac{\dfrac{8PD}{\pi\left(\dfrac{d}{2}\right)^3}}{\dfrac{8PD}{\pi d^3}}=\frac{8PD\pi d^3}{8PD\pi\left(\dfrac{d}{2}\right)^3}=\frac{d^3}{\left(\dfrac{d}{2}\right)^3}=\frac{d^3}{\dfrac{d^3}{8}}=\frac{8d^3}{d^3}=8$$

- 스프링의 최대 전단응력(τ)

$T=P\times\dfrac{D}{2}$, $T=\tau\times Z_p$를 대입하면

$\tau\times Z_p=\dfrac{PD}{2}$, $Z_p=\dfrac{\pi d^3}{16}$을 대입하면

$\tau\times\dfrac{\pi d^3}{16}=\dfrac{PD}{2}$

$\tau=\dfrac{PD}{2}\times\dfrac{16}{\pi d^3}$ (여기서, D : 평균직경, d : 소선의 직경)

$\tau=\dfrac{8PD}{\pi d^3}$

13

정답 ②

절삭속도(v)를 구하는 식은 $v=\dfrac{\pi dn}{1,000}$이다(v[m/min] : 절삭속도, d[mm] : 공작물의 지름, n[rpm] : 주축 회전수).

$v=\dfrac{\pi dn}{1,000}\rightarrow n=\dfrac{1,000v}{\pi d}=\dfrac{1,000\times 196}{3.14\times 50}\rightarrow n\fallingdotseq 1,250\text{rpm}$

따라서 회전수는 1,250rpm이다.

14

정답 ④

구성인선(Built Up Edge)은 재질이 연하고 공구재료와 친화력이 큰 재료를 절삭가공할 때, 칩과 공구의 윗면 사이의 경사면에 발생되는 높은 압력과 마찰열로 인해 칩의 일부가 공구의 날 끝에 달라붙어 마치 절삭날과 같이 공작물을 절삭하는 현상이다.
구성인선을 방지하기 위해서 절삭깊이를 작게 하고, 절삭속도는 빠르게 하며, 윤활성이 높은 절삭유를 사용하고 마찰계수가 작고 피가공물과 친화력도 작은 절삭공구를 사용한다.

15

정답 ④

펠턴 수차는 낙차가 크고 유량(수량)이 적은 곳에 사용한다.

16

정답 ④

재료의 내부나 표면에 어떤 잔류응력이 남았다면 그 재료의 피로수명은 감소한다.

잔류응력(Residual Stress)

잔류응력은 변형 후 외력을 제거한 상태에서 소재에 남아있는 응력을 뜻한다. 물체 내의 온도구배에 의해 발생가능하고, 추가적인 소성변형에 의해 감소될 수도 있다.

17

정답 ③

응력 – 변형률선도에서 재료에 작용한 응력이 항복점에 이르게 되면 하중을 제거해도 재료는 변형된다.
강(Steel)재료를 인장시험하면 다음과 같은 응력 – 변형률선도를 얻을 수 있다. 응력 – 변형률 곡선은 작용 힘에 대한 단면적의 적용방식에 따라 공칭응력과 진응력으로 나뉘는데 일반적으로는 시험편의 최초 단면적을 적용하는 것을 공칭응력 혹은 응력이라고 하며 다음 선도로 표현한다.

- 공칭응력(Nominal Stress) : 시험편의 최초단면적에 대한 하중의 비
- 진응력(True Stress) : 시험 중 변화된 단면적에 대한 하중의 비

응력 – 변형률 곡선($\sigma - \varepsilon$ 경선도)

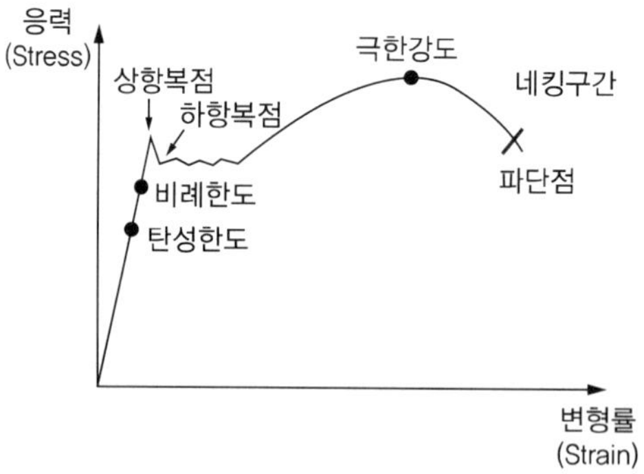

- 탄성한도(Elastic Limit) : 하중을 제거하면 시험편의 원래 치수로 돌아가는 구간으로 후크의 법칙이 적용된다.
- 비례한도(Proportional Limit) : 응력과 변형률 사이에 정비례관계가 성립하는 구간 중 응력이 최대인 점이다.
- 항복점(Yield Point; σ_y) : 인장시험에서 하중이 증가하여 어느 한도에 도달하면 하중을 제거해도 원위치로 돌아가지 않고 변형이 남게 되는 그 순간의 하중이다.
- 극한강도(Ultimate Strength; σ_u) : 재료가 파단되기 전에 외력에 버틸 수 있는 최대의 응력이다.
- 네킹구간(Necking) : 극한 강도를 지나면서 재료의 단면이 줄어들면서 길게 늘어나는 구간이다.
- 파단점 : 재료가 파괴되는 점이다.

18

정답 ①

- 수차의 이론출력, $L_{th}=\frac{\gamma Qv}{75}$[PS]

$L_{th}=\frac{1,000\times(6/60)\times15}{75}=20\text{PS}$

19

정답 ⑤

- δ(변형량)=1일 때 스프링상수 $k=\frac{P}{\delta}$(P : 응력)
- $\delta=\frac{1}{3}$일 때 스프링상수 $k=\frac{P}{\frac{1}{3}\delta}=\frac{3P}{\delta}=3k$

20

정답 ①

$P_{abs}=P_{a(=atm)}+P_g=100\text{kPa}+30\text{kPa}=130\text{kPa}$

- 절대압력(P_{abs}) : 완전 진공상태를 기점인 0으로 하여 측정한 압력

  $P_{abs}=P_a(_{=atm}$, 대기압력$)+Pg$(게이지 압력)

03 전기일반

01	02	03	04	05	06	07	08	09	10	11	12	13	14	15	16	17	18	19	20
②	②	①	②	④	③	⑤	①	③	②	③	③	③	①	③	③	②	③	①	③

01

정답 ②

합성 저항 $\frac{1}{R_{ab}}=\frac{1}{\frac{1}{2r}+\frac{1}{2r}}$, $R_{ab}=\frac{2r}{2}=r[\Omega]$

단자 c, d간은 $2r$의 저항이 3개 병렬 연결되어 있으므로

합성 저항 $\frac{1}{R_{cd}}=\frac{1}{\frac{1}{2r}+\frac{1}{2r}+\frac{1}{2r}}=\frac{1}{\frac{3}{2r}}$, $R_{cd}=\frac{2r}{3}[\Omega]$

$\therefore \frac{R_{cd}}{R_{ab}}=\frac{\frac{2}{3}r}{r}=\frac{2}{3}$배

02

정답 ②

저항에 흐르는 전류

$I=\frac{V}{R_1+R_2}=\frac{6}{1+2}=2\text{A}$

$\therefore V_{\text{AB}}=IR_1=2\times1=2\text{V}$

03

정답 ①

$f_s = sf_1$ 이고, $s = \frac{n_0 - n_2}{n_0} = \frac{100-95}{100} = 0.05$

$\therefore\ f_2 = 0.05 \times 100 = 5\text{Hz}$

04

정답 ②

일정한 운동 에너지를 가지고 등속 원운동을 한다.

05

정답 ④

유도 전동기의 고정자 권선은 2중으로 권선하여 중권을 주로 사용한다.

06

정답 ③

합성 저항 $R_T = 3 + \frac{3 \times 6}{3+6} = 5\Omega$

$\therefore\ I = \frac{V}{R_T} = \frac{20}{5} = 4\text{A}$

07

정답 ⑤

보상권선은 자극편에 슬롯을 만들어 여기에 전기자 권선과 같은 권선을 하고 전기자 전류와 반대 방향으로 전류를 통하여 전기자의 기자력을 없애도록 한 것이다.

08

정답 ①

전류가 전압보다 위상이 $-60°$ 차이가 나므로 전류는 전압보다 $60°$ 뒤진다.

09

정답 ③

비례 제어는 검출값 편차의 크기에 비례하여 조작부를 제어하는 동작으로, 정상 오차를 수반하고 사이클링은 없으나 잔류 편차(Offset)가 발생한다.

10

정답 ②

$I = \frac{V}{R} = \frac{100}{20} = 5\text{A}$

11

정답 ③

$l = \frac{A}{\rho} R = \frac{\pi (0.6 \times 10^{-3})^2}{1.78 \times 10^{-8}} \times 20 \fallingdotseq 1,271\text{m}$

12

정답 ③

- $R_1 = 1 + \frac{2 \times 2}{2+2} = 2\Omega$
- $R_2 = 1 + \frac{2 \times 2}{2+2} = 2\Omega$
- $R_3 = \frac{2 \times 2}{2+2} = 1\Omega$

13

정답 ③

발전기의 기전력보다 $90°$ 뒤진 전기자 전류가 흐르면 감자 작용 또는 직축 반작용을 한다.

14

정답 ①

동기 발전기의 매극 매상당 슬롯수는 $q = \frac{(\text{전체 슬롯수})}{(\text{상수}) \times (\text{극수})} = \frac{s}{m \times p} = \frac{36}{3 \times 6} = 2$슬롯이 된다.

15

정답 ③

$V_1(s) = (Ls + \frac{1}{Cs})I(s)$, $V_2(s) = \frac{1}{Cs}I(s)$

$$\therefore G(s) = \frac{V_2(s)}{V_1(s)} = \frac{\frac{1}{Cs}}{Ls + \frac{1}{Cs}} = \frac{1}{LCs^2 + 1} = \frac{\frac{1}{LC}}{s^2 + \frac{1}{LC}}$$

16

정답 ③

$L\frac{d}{dt}i(t) + Ri(t) = E$, 초기값을 0으로 하고 라플라스 변환하면

$$LsI(s) + RI(s) = \frac{E}{s}$$

$$I(s) = \frac{E}{s(R+Ls)} = \frac{\frac{E}{L}}{s(s+\frac{R}{L})} = \frac{\frac{E}{R}}{s} - \frac{\frac{E}{R}}{s+\frac{R}{L}} = \frac{E}{R}(\frac{1}{s} - \frac{1}{s+\frac{R}{L}})$$

$$\therefore i(t) = \mathcal{L}^{-1}[I(s)] = \frac{E}{R}(1 - e^{-\frac{R}{L}t})$$

17

정답 ②

$f(t)=\frac{1}{A}\sin\omega t$에 대한 라플라스 변환은

$\mathcal{L}[f(t)]=\mathcal{L}[\sin\omega t]=\frac{1}{A}\int_0^{\infty}\sin\omega t e^{-st}dt$이고,

$\sin\omega t$의 지수형을 적용하면 간단히 된다.

$\sin\omega t=\frac{1}{2j}(e^{j\omega t}-e^{-j\omega t})$이므로

$$F(s)=\mathcal{L}[\frac{1}{A}\sin\omega t]=\frac{1}{A}\int_0^{\infty}\frac{1}{2j}(e^{j\omega t}-e^{-j\omega t})e^{-st}dt=\frac{1}{A2j}\int_0^{\infty}[e^{-(s-j\omega)t}-e^{-(s+j\omega)t}]dt$$

$$=\frac{1}{A2j}(\frac{1}{s-j\omega}-\frac{1}{s+j\omega})=\frac{\omega}{A(s^2+\omega^2)}$$

18

정답 ③

$P=VI$에서 $I=\frac{P}{V}=50\text{A}$이므로

발전기에서는 $E=V+R_aI_a=207.5\text{V}$,

전동기에서는 $V=E+R_aI_a=215\text{V}$(회전수가 같으므로 E도 같다)이다.

19

정답 ①

전력안정화장치(PSS; Power System Stabilizer)는 속응 여자 시스템으로 인한 미소 변동을 안정화시켜 전력계통의 안정도를 향상시킨다.

20

정답 ③

- 13개 직렬연결 시
  최저 전압 : 25×13=325V
  최고 전압 : 45×13=585V
  ∴ 파워컨디셔너의 동작범위 초과
- 12개 직렬연결 시
  최저 전압 : 25×12=300V
  최고 전압 : 45×12=540V

∴ 파워컨디셔너의 동작범위 이내이므로 12장까지 직렬연결이 가능하다.

PART

3

최종점검 모의고사

제 1 회 모의고사(핵심영역)

01	02	03	04	05	06	07	08	09	10	11	12	13	14	15	16	17	18	19	20
②	②	①	②	③	③	④	③	④	⑤	④	④	④	②	②	③	③	③	④	③
21	22	23	24	25	26	27	28	29	30	31	32	33	34	35	36	37	38	39	40
③	②	①	④	②	③	②	③	①	①	④	③	③	①	①	③	②	③	②	②
41	42	43	44	45	46	47	48	49	50	51	52	53	54	55	56	57	58	59	60
①	②	④	③	④	④	②	①	④	②	④	④	②	③	③	③	⑤	③	④	③

01 의사소통능력

01

정답 ②

제시문은 교과서에서 많은 오류가 발견된 사실을 제시하고 오류의 유형과 예시를 차례로 언급하며 문제 해결에 대한 요구를 제시하고 있는 글이다. 따라서 (다) 교과서에서 많은 오류가 발견 → (가) 교과서에서 나타나는 오류의 유형과 예시 → (라) 편향된 내용을 담은 교과서의 또 다른 예시 → (나) 교과서의 문제 지적과 해결 촉구로 연결되어야 한다.

02

정답 ②

甲은 유권자들의 투표율을 높이기 위해 결선 투표제를 도입하자는 입장이며, 乙은 결선 투표제는 시간과 비용의 측면에서 비효율적이므로 기존의 단순 다수제를 유지해야 한다는 입장이다. 따라서 甲과 乙의 주장을 도출할 수 있는 질문으로 ②가 가장 적절하다.

03

정답 ①

오늘날의 현실에서는 독서가 반갑지 않은 벗으로 여겨지며, 진정한 의미의 독서가 이루어지지 않고 있다는 이야기를 하고 있으므로 이에 대한 해결 방안으로 진정한 독서의 방법을 설명하는 내용이 이어지는 것이 가장 적절하다.

04

정답 ②

별도 요청 시 원자로, 터빈 등 원자력설비 모형 소개를 15분간 더 진행하므로, 1시간 45분이 소요될 수도 있다.

오답분석

① 자유관람의 경우, 별도의 예약신청 없이도 가능하다.
③ 시각장애 안내견 이외의 애완동물 출입은 금지되어 있다.
④ 영어 해설을 위해서는 관람 4일 전까지 인터넷이 아닌 유선으로 신청해야 한다.
⑤ 단체견학을 하지 않더라도 홍보관 1층 데스크에서 선착순 접수하여 해설에 참여할 수 있다.

05

정답 ③

제시문에서는 물질자료와 달리 기록은 상황에 따라 왜곡되거나 윤색될 수도 있고, 후대에 가필되는 경우도 있기 때문에 기준작의 설정을 전적으로 기록에만 의존하는 것은 곤란하다고 하였다.

06

정답 ③

지문에서 설명하고 있는 '상대방의 말을 듣고 받아들이기보다 자신의 생각에 들어맞는 단서를 찾아 자신의 생각을 확인하는 행동'은 '(나) 짐작하기'에 해당하며, '상대방에 대한 부정적인 판단 또는 상대방을 비판하기 위해 상대방의 말을 듣지 않는 행동'은 '(다) 판단하기'에 해당한다.

오답분석

(가) 다른 생각하기 : 상대방에게 관심을 기울이는 것이 점차 더 힘들어지고 상대방이 말을 할 때 자꾸 다른 생각을 하게 된다면, 이는 현실이 불만족스럽지만 이러한 상황을 회피하고 있다는 위험한 신호이다.

(라) 걸러내기 : 상대의 말을 듣기는 하지만 상대방의 메시지를 온전하게 듣는 것이 아닌 경우이다.

07

정답 ④

서희가 말하고 있는 비위 맞추기는 올바른 경청의 자세가 아닌 방해요인이므로, 이를 고치지 않아도 된다고 말하는 선미의 의견은 옳지 않다.

08

정답 ③

'기술 개발도 중요하지만, 인공지능이 인류를 위해 쓰일 수 있도록 규범체계 마련도 반드시 병행해야 한다.'라는 전문가들의 입장을 통해 인간과 인공지능이 공존하기 위해서는 윤리적·법적 문제 등에 대해서 정부의 제한설정이 필요함을 알 수 있다.

오답분석

① 인공지능으로 인한 인명피해의 발생유무는 지문에 제시되지 않았다.

② 법적책임에 대한 분배 지침이 없을 뿐, 법적책임까지 없다고 볼 수 없다.

④ 인공지능을 활용하여 더 나은 미래를 가져오기 위해서는 인공지능의 발전 속도를 늦추는 것이 아닌, 발전하는 인공지능에 대해서 준비하고 견제하여야 한다.

⑤ 인간은 인공지능의 발전 속도를 늦추기 위한 것이 아닌, 인간과 인공지능이 공존하기 위해 인공지능 사용으로 인해 발생할 수 있는 다양한 윤리적 문제에 대한 법적 규제를 마련하여야 한다.

09

정답 ④

제시문은 건설업과 관련하여 클라우드 기술 활용의 이점(주요 이해 관계자들 간의 협업 단순화, 원자재 비용과 관련된 변동하는 예산 처리 등)을 언급하며, 건설업에 클라우드 기술을 활용하는 방안에 대해 설명하고 있다. 따라서 제목으로 ④가 가장 적절하다.

10

정답 ⑤

완화와 억제는 반의 관계이므로, 반의 관계가 아닌 것을 찾아야 하는 문제다.

'별세'와 '서거'는 유의 관계에 해당한다.

- 완화(緩和) : 긴장된 상태나 급박한 것을 느슨하게 함
- 억제(抑制) : 정도나 한도를 넘어서 나아가려는 것을 억눌러 그치게 함
- 별세(別世) : 윗사람이 세상을 떠남
- 서거(逝去) : 사거의 높임말. 죽어서 세상을 떠남

오답분석

①·②·③·④ 모두 반의 관계이다.

- 착륙(着陸) : 비행기 따위가 공중에서 활주로나 판판한 곳에 내림
- 이륙(離陸) : 비행기 따위가 날기 위하여 땅에서 떠오름

• 수취(收聚) : 거두어 모음
• 지급(支給) : 돈이나 물품 따위를 정하여진 몫만큼 내줌
• 개선(改善) : 잘못된 것이나 부족한 것, 나쁜 것 따위를 고쳐 더 좋게 만듦
• 악화(惡化) : 일의 형세가 나쁜 쪽으로 바뀜
• 분리(分離) : 서로 나뉘어 떨어짐. 또는 그렇게 되게 함
• 통합(統合) : 둘 이상의 조직이나 기구 따위를 하나로 합침

11

정답 ④

부동산114(주)라는 기관의 조사 결과는 인용하고 있으나, 전문가의 말을 인용하고 있지는 않다.

오답분석

① 부동산114(주)에서 조사한 서울 아파트 준공 현황에 관한 자료를 제시하고 있다.
② 일본이나 뉴욕 등 다른 나라와 우리나라 간 사례 비교를 통해 내용을 전개하고 있다.
③ 재개발·재건축과 관련한 규제를 완화하고 개발이익은 적절히 환수할 수 있는 균형점을 찾아야 안정적인 주택공급이 가능할 것으로 전망하고 있다.
⑤ 도시 공급 확대라는 정책의 방향성은 긍정적으로 바라보고 있으나, 그 뒤에 바로 한계를 지적하고 있다.

12

정답 ④

제시문에서는 변혁적 리더십과 거래적 리더십의 차이를 비교하여 변혁적 리더십의 특징을 효과적으로 설명하고 있다.

13

정답 ④

패널 토의는 3 ~ 6인의 전문가가 토의 문제에 대한 정보나 지식, 의견이나 견해를 자유롭게 주고받고 토의가 끝난 후 청중의 질문을 받는 순서로 진행된다. 찬반으로 명백하게 나눠 토의를 진행하기보다는 서로 다른 의견을 수렴 및 조정하는 방법이기 때문에 ④는 적절하지 않다.

14

정답 ②

㉠은 동물이 인간과 달리 영혼이 없어 쾌락이나 고통을 경험할 수 없다고 하였지만, ㉢은 동물도 고통을 겪는다는 입장이므로 옳은 내용이다.

오답분석

① ㉡은 인간이 이성능력과 도덕적 실천 능력을 가졌다고 하였으나 이것으로 인해 그가 인간의 이익을 우선시하여 동물실험에 찬성했는지는 알 수 없다. 반대로 ㉠은 동물은 인간과 달리 영혼이 없어 쾌락이나 고통을 경험할 수 없기 때문에 동물실험에 찬성하는 입장이다.
③ ㉡은 인간이 이성 능력과 도덕적 실천 능력을 가지고 있다는 점이 동물과 다르기에 인간과 동물을 다르게 대우해야 한다고 보았다. 하지만 ㉣은 포유류의 예를 들면서 각 동물 개체가 삶의 주체로서 갖는 가치가 있다고 주장하여 인간과 동물을 다르게 대우하는 것이 반대하고 있다.
④ ㉢은 이성이나 언어 능력에서 인간과 동물이 차이가 있다고 하였으므로 옳지 않은 내용이다.
⑤ ㉣은 각 동물 개체가 삶의 주체로서 갖는 가치가 있다고는 하였지만 그것이 동물이 고통을 느끼기 때문인지는 제시문을 통해서는 알 수 없다.

15

정답 ②

마지막 문단에서 '의리의 문제는 사람과 때에 따라 같지 않습니다.'라고 하였으므로 신하들이 임금에 대해 의리를 실천하는 방식은 누구에게나 동일하다는 말은 제시문과 상충된다.

오답분석

ㄱ. 부자관계는 천륜이어서 자식이 어버이를 봉양하는 데 한계가 없고, 이때는 은혜가 항상 의리에 우선하므로 관계를 떠날 수 없다고 하였으므로 적절하다.
ㄴ. 군신관계는 의리로 합쳐진 것이라 한계가 있는데, 이 경우에는 때때로 의리가 은혜보다 앞서기도 한다고 하였으므로 적절하다.

02 수리능력

16

정답 ③

사원수와 임원수를 각각 x명, y명이라고 하자(단, x, y는 자연수).

사원 x명을 발탁할 때 업무 효율과 비용은 각각 $3x$Point, $4x$Point이고, 임원 y명을 발탁할 때 업무 효율과 비용은 각각 $4y$Point, $7y$Point이므로

$3x+4y=60 \rightarrow x=-\frac{4}{3}y+20 \cdots$ ㉠

$4x+7y \leq 100 \cdots$ ㉡

㉠을 ㉡에 대입하면,

$4\left(-\frac{4}{3}y+20\right)+7y \leq 100 \rightarrow 5y \leq 60 \rightarrow y \leq 12$

x와 y는 자연수이므로 사원수와 임원수로 가능한 x, y값을 순서쌍으로 나타내면 (4, 12), (8, 9), (12, 6), (16, 3)이다.

따라서 사원수와 임원수를 합한 최솟값은 $4+12=16$이다.

17

정답 ③

A금속의 무게를 xg, B금속의 무게를 $(200-x)$g이라 하면, A금속과 B금속을 합금한 C금속을 물에 넣은 무게는 다음과 같다.

$\frac{9}{10}x+\frac{7}{8}(200-x)=178 \rightarrow 36x+35(200-x)=178\times 40$

$\rightarrow 36x-35x=7,120-7,000 \rightarrow x=120$

즉, A금속의 무게는 120g이고, B금속의 무게는 80g이다.

따라서 A금속과 B금속의 무게 차이는 $120-80=40$g이다.

18

정답 ③

작년 남자 신입사원 수를 a명이라고 하면, 여자 신입사원 수는 $(325-a)$명이다.

$0.08a+(325-a)\times 0.12=32 \rightarrow 8a+12\times 325-12a=3,200 \rightarrow 3,900-3,200=4a \rightarrow a=175$

즉, 작년 남자 신입사원 수는 175명이다.

따라서 올해 남자 신입사원 수는 작년보다 8% 증가했으므로 $175\times 1.08=189$명이다.

19

정답 ④

500mL 물과 2L 음료수의 개수를 각각 x개, y개라 하면, $x+y=330$이고, 이때 2L 음료수는 5명당 1개가 지급되므로 $y=\frac{1}{5}x$이다.

$\frac{6}{5}x=330 \rightarrow 6x=1,650 \rightarrow x=275$

500mL 물은 1인당 1개 지급하므로 직원의 인원수와 같다.

따라서 야유회에 참가한 직원은 275명이다.

20

정답 ③

A는 월요일부터 시작하여 2일 간격으로 산책하고, B는 그 다음날인 화요일부터 3일마다 산책을 하므로 요일로 정리하면 다음 표와 같다.

월	화	수	목	금	토	일
A		A		A		A
	B			B		

따라서 A와 B가 처음 만나는 날은 같은 주 금요일이다.

21

정답 ③

1) 현찰매입률(은행이 고객으로부터 외화를 살 때 적용하는 환율) 산출

구분	매매기준율(KRW)	스프레드(%)	현찰매입률
EUR	1,305	2	1,305×(1−0.02)=1,278.9
AED	320	4	320×(1−0.04)=307.2
THB	35	6	35×(1−0.06)=32.9

2) 원화로 환전

- EUR : 100×1,278.9=127,890원
- AED : 4,000×307.2=1,228,800원
- THB : 1,500×32.9=49,350원

∴ (총액)=1,406,040원

3) 현찰매도율(은행이 고객으로부터 외화를 팔 때 적용하는 환율) 산출

1,160×(1+0.015)=1,177.4

4) 달러로 환전

1,406,040÷1,177.4≒1,194.19

따라서 USD 1,194.19를 환전할 수 있다.

22

정답 ②

20대 여성의 신규채용일자리 수는 330.5만×0.244=806,420개이고, 50대 남성의 지속일자리 수는 531.6만×0.449=2,386,884개이다. 따라서 두 일자리 수의 차이는 2,386,884−806,420=1,580,464≒158.0만 개이다.

23

정답 ①

40대 남성의 총 일자리 수는 617.8만×(0.456+0.141)=3,688,266개이다. 또한 40대 남성의 지속일자리 수는 617.8만×0.456=2,817,168개이다. 따라서 40대 남성의 총 일자리 수 대비 지속일자리 수의 비율은 $\frac{617.8\text{만}\times0.456}{617.8\text{만}\times0.597}\times100=\frac{0.456}{0.597}\times100≒76.4\%$이다.

24

정답 ④

ㄴ. 2021년 11월 건설업의 상용 근로일수는 20.7일로, 광업의 상용 근로일수의 80%인 21.9×0.8≒17.5일 이상이다.

ㄹ. 월 근로시간이 가장 높은 산업은 2021년 11월(179.1시간)과 12월(178.9시간) 모두 부동산 및 임대업으로 동일하다.

오답분석

ㄱ. 2021년 10월부터 12월까지 전체 월 근로시간은 163.3시간, 164.2시간, 163.9시간으로, 11월에는 전월 대비 증가하였지만, 12월에는 전월 대비 감소하였으므로 옳지 않은 설명이다.

ㄷ. 2021년 10월에 임시 일용근로일수가 가장 높은 산업은 금융 및 보험업으로 19.3일이며, 12월 임시 일용근로일수는 19.2일로 10월 대비 0.1일 감소하였으므로 옳지 않은 설명이다.

25

정답 ②

조사 기간에 단 한 번도 0%를 기록하지 못한 곳은 '강원, 경남, 대전, 부산, 울산, 충남'으로 총 여섯 지역이다.

오답분석

① 광주가 7.37%로 가장 적다.

③ 자료를 통해 쉽게 확인할 수 있다.

④ 조사 기간 동안 가장 높은 유출 예산 비중을 기록한 지역은 2019년 수도권으로, 비중은 23.71%이다.

⑤ 강원은 2021년에 2020년 대비 5.73%p로, 가장 큰 폭으로 증가하였다.

26

정답 ③

2017년부터 2021년까지 유출된 예산 비중의 총합이 가장 큰 지역은 강원지역으로, 총합은 43.33%, 평균은 $\frac{43.33}{5} \fallingdotseq 8.7\%$이다.

27

정답 ②

ㄱ. 자료를 통해 쉽게 확인할 수 있다.

ㄹ. 2017년 강원의 유출된 예산 비중은 21.90%로, 다른 모든 지역의 비중의 합인 18.11% 보다 높다.

오답분석

ㄴ. 지역별로 유출된 예산 비중의 총합이 가장 높은 연도는 2019년이다.

ㄷ. 2019년 유출된 예산 비중이 전년 대비 1%p 이상 오르지 못한 곳은 '경남, 광주, 대전' 총 세 지역이다.

28

정답 ③

- 시행기업 수 증가율 : $\frac{7,686-2,802}{2,802} \times 100 \fallingdotseq 174.3\%$
- 참여직원 수 증가율 : $\frac{21,530-5,517}{5,517} \times 100 \fallingdotseq 290.2\%$

따라서 2019년 대비 2021년 시행기업 수의 증가율이 참여직원 수의 증가율보다 낮다.

오답분석

① 2021년 남성육아휴직제 참여직원 수는 2019년의 $\frac{21,530}{5,517} \fallingdotseq 3.9$배이다.

② • 2018년 : $\frac{3,197}{2,079} \fallingdotseq 1.5$명

• 2019년 : $\frac{5,517}{2,802} \fallingdotseq 2.0$명

• 2020년 : $\frac{10,869}{5,764} \fallingdotseq 1.9$명

• 2021년 : $\frac{21,530}{7,686} \fallingdotseq 2.8$명

따라서 시행기업당 참여직원 수가 가장 많은 해는 2021년이다.

④ 2018년부터 2021년까지 연간 참여직원 수 증가 인원의 평균은 $\frac{21,530-3,197}{3} = 6,111$명이다.

⑤ 참여직원 수 그래프의 기울기와 시행기업 수 그래프의 길이를 참고하면, 참여직원 수는 2021년에 가장 많이 증가했고, 시행기업 수는 2020년에 가장 많이 증가했다.

29

정답 ①

2021년 20세 이상 인구 중 비흡연자는 70.8%이고, 2015년 20세 이상 인구 중 비흡연자는 64.9%이므로 70.8−64.9=5.9%p 증가했다.

30

정답 ①

2021년 동부지역 20세 이상 인구 1,500,000명 중 비흡연자는 70.7%이므로 1,500,000×0.707=1,060,500명이다. 그중 20.6%가 금연자이므로 2021년 동부지역 20세 이상 인구 중 금연자는 1,060,500×0.206=218,463명이다.

03 문제해결능력

31

정답 ④

조건에 따라 각 프로그램의 점수와 선정여부를 나타내면 다음과 같다.

분야	프로그램명	가중치 반영 인기 점수	가중치 반영 필요성 점수	수요도 점수	비고
운동	강변 자전거 타기	12	5	–	탈락
진로	나만의 책 쓰기	10	7+2	19	
여가	자수교실	8	2	–	탈락
운동	필라테스	14	6	20	
교양	독서토론	12	4+2	18	
여가	볼링모임	16	3	19	

수요도 점수는 '나만의 책 쓰기'와 '볼링모임'이 19점으로 동일하지만, 인기점수가 더 높은 '볼링모임'이 선정된다. 따라서 하반기 동안 운영될 프로그램은 '필라테스', '볼링모임'이다.

32

정답 ③

시공업체 선정 기준에 따라 B, C업체는 최근 3년 이내 시공규모에서, A, E업체는 입찰가격에서 자격 미달이다.
점수 산정 기준에 따라 D업체와 F업체의 항목별 점수를 정리하면 다음과 같다.

(단위 : 점)

업체	기술점수	친환경점수	경영점수	합계
D	30	15	30	75
F	15	20	30	65

따라서 선정될 업체는 D이다.

33

정답 ③

변경된 시공업체 선정 기준에 따라 최근 3년 이내 시공규모를 충족하지 못한 B업체를 제외하고, 나머지 업체들의 항목별 점수를 정리하면 다음과 같다.

(단위 : 점)

업체	기술점수	친환경점수	경영점수	가격점수	합계
A	30	25	26	8×2=16	97
C	15	15	22	15×2=30	82
D	30	15	30	12×2=24	99
E	20	25	26	8×2=16	87
F	15	20	30	12×2=24	89

따라서 선정될 업체는 입찰점수가 99점으로 가장 높은 D이다.

34

정답 ①

생산량(개)	0	1	2	3	4	5
총 판매수입(만 원)	0	7	14	21	28	35
총 생산비용(만 원)	5	9	12	17	24	33
이윤(만 원)	−5	−2	+2	+4	+4	+2

오답분석

ㄷ. 생산량을 4개에서 5개로 늘리면 이윤은 2만 원으로 감소한다.

ㄹ. 1개를 생산하면 −2만 원이지만, 생산하지 않을 때는 −5만 원이다.

35

정답 ①

먼저 청소 횟수가 가장 많은 C구역을 살펴 보면, 청소를 한 구역은 바로 다음 영업일에는 청소를 하지 않는다고 하였으므로 일요일 전후인 월요일과 토요일은 청소를 하지 않는다. 따라서 C구역은 휴업일인 수요일을 제외하고 화요일, 목요일, 금요일에 청소가 가능하다. 그러나 목요일과 금요일에 연달아 청소를 할 수 없으므로 반드시 화요일에 청소를 해야 하며, 다음 영업일인 목요일에는 청소를 하지 않는다. 따라서 C구역 청소를 하는 요일은 일요일, 화요일, 금요일이다.

일요일	월요일	화요일	수요일	목요일	금요일	토요일
C		C	휴업		C	

다음으로 B구역을 살펴 보면, B구역은 나머지 월요일, 목요일, 토요일에 청소가 가능하다. 그러나 B구역의 경우 청소를 한 후 이틀간 청소를 하지 않으므로 다음 청소일과의 사이가 이틀이 되지 않는 토요일에는 청소를 할 수 없다. 따라서 B구역 청소를 하는 요일은 월요일, 목요일이다.

일요일	월요일	화요일	수요일	목요일	금요일	토요일
C	B	C	휴업	B	C	

A구역은 남은 토요일에 청소하므로 甲레스토랑의 청소 일정표는 다음과 같다.

일요일	월요일	화요일	수요일	목요일	금요일	토요일
C	B	C	휴업	B	C	A

따라서 B구역 청소를 하는 요일은 월요일과 목요일이다.

36

정답 ③

다음의 논리 순서를 따라 주어진 조건을 정리하면 쉽게 접근할 수 있다.

- 첫 번째 조건 : B부장의 자리는 출입문과 가장 먼 10번 자리에 배치된다.
- 두 번째 조건 : C대리와 D과장은 마주봐야 하므로 2·7번 또는 4·9번 자리에 앉을 수 있다.
- 세 번째 조건 : E차장은 B부장과 마주보거나 옆자리이므로 5번 또는 9번에 배치될 수 있다.
- 네 번째 조건 : C대리는 A사원 옆자리에 앉아야 하므로 9번 자리에 앉으면 E차장은 5번 자리에 배치된다.
- 다섯 번째 조건 : E차장 옆자리는 공석이므로 4번 자리는 아무도 앉을 수가 없어 두 번째 조건을 만족하지 못한다. 따라서 C대리는 7번 자리에 앉고, D과장은 2번 자리에 앉아야 하며, E과장은 옆자리에 공석이어야 하므로 5번 자리에 앉을 수밖에 없다.
- 일곱 번째 조건 : 과장끼리 마주보거나 나란히 앉을 수 없으므로 G과장은 3번 자리에 앉을 수 없고, 6번 또는 9번에 앉을 수 있다.
- 여섯 번째 조건 : F대리는 마주보는 자리에 아무도 앉지 않아야 하므로 9번 자리에 배치되어야 하고 G과장은 6번 자리에 앉아야 한다.

따라서 주어진 조건에 맞게 자리배치를 정리하면 다음과 같다.

출입문				
1 – 신입사원	2 – D과장	×	×	5 – E차장
6 – G과장	7 – C대리	8 – A사원	9 – F대리	10 – B부장

37

정답 ②

세 도시를 방문하는 방법은 ABC=60, BCD=80, CDE=80, CEF=60, ACF=70, ABD=80, BDE=110, DEF=100, AEF=80, BCE=70, ABF=90, CDF=100, ACD=70, ACE=50, BCF=90 총 15가지 방법이다. 이 중 80km를 초과하지 않는 방법은 BDE, DEF, CDF, BCF, ABF를 제외한 10가지 방법이다.

38

정답 ③

첫 번째 조건에 따라 주거복지기획부가 반드시 참석해야 하므로 네 번째 조건의 대우에 의해 산업경제사업부는 참석하지 않는다.
다섯 번째 조건에 따라 노사협력부와 공유재산관리부 중 한 부서만 참석하는 경우를 구분하면 다음과 같다.

- 노사협력부가 참석하는 경우
  세 번째 조건의 대우에 따라 인재관리부는 참석하지 않으며, 다섯 번째 조건에 따라 공유재산관리부도 불참하고, 공유재산개발부는 참석할 수도 있고 참석하지 않을 수도 있다.
  즉, 주거복지기획부, 노사협력부, 공유재산개발부가 주간 회의에 참석할 수 있다.
- 공유재산관리부가 참석하는 경우
  두 번째 조건에 따라 공유재산개발부도 참석하며, 다섯 번째 조건에 따라 노사협력부는 참석하지 않고, 인재관리부는 참석할 수도 있고 참석하지 않을 수도 있다.

즉, 주거복지기획부, 공유재산관리부, 공유재산개발부, 인재관리부가 주간 회의에 참석할 수 있다.
따라서 이번 주 주간 회의에 최대 4개의 부서가 참석한다.

39

정답 ②

상반기 포상수여 기준에 따라 협력사별 포상점수를 산출하면 다음과 같다.

구분	기술개선점수		실용화점수	경영점수	성실점수	합계
	출원점수	등록점수				
A사	10	20	15	15	20	80
B사	5	10	5	20	10	50
C사	15	15	15	15	10	70
D사	5	10	30	10	20	75
E사	10	15	25	20	0	70

따라서 포상을 수여받을 업체는 포상점수가 가장 높은 A사와 D사이다.

40

정답 ②

변경된 포상수여 기준에 따른 협력사별 포상점수를 산출하면 다음과 같다.

구분	기술개선점수		실용화점수	경영점수	성실점수	합계
	출원점수	등록점수				
A사	15	10	15	15	20	75
B사	15	5	5	20	15	60
C사	20	5	15	15	15	70
D사	10	5	30	10	20	75
E사	20	5	25	20	10	80

포상점수가 가장 높은 업체는 E사이며, A사와 D사가 75점으로 동점이다. A사와 D사 중 기술개선점수가 높은 업체는 A사이므로 최종적으로 A사와 E사가 선정된다.

41

정답 ①

ㄱ. 부패금액이 산정되지 않은 6번의 경우에도 고발하였으므로 옳지 않은 설명이다.
ㄴ. 2번의 경우, 해임당하였음에도 고발되지 않았으므로 옳지 않은 설명이다.

오답분석

ㄷ. 직무관련자로부터 금품을 수수한 사건은 2번, 4번, 5번, 7번, 8번으로 총 5건 있었다.
ㄹ. 2번과 4번은 모두 '직무관련자로부터 금품 및 향응수수'로 동일한 부패행위 유형에 해당함에도 2번은 해임, 4번은 감봉 1월의 처분을 받았으므로 옳은 설명이다.

42

정답 ②

3년 이상 근속한 직원에게는 최초 1년을 초과하는 근속연수 매 2년에 가산휴가 1일이 발생하므로 2022년 1월 26일에는 16일의 연차휴가가 발생한다.

• 2018년 1월 1일～2018년 12월 31일 → 2019년 15일 연차휴가 발생
• 2019년 1월 1일～2019년 12월 31일 → 2020년 15일 연차휴가 발생
• 2020년 1월 1일～2020년 12월 31일 → 2021년 15일 연차휴가 발생＋1일 가산휴가
• 2021년 1월 1일～2021년 12월 31일 → 2022년 16일 연차휴가 발생

43

정답 ④

㉠ A＝100, B＝101, C＝102이다. 따라서 Z＝125이다.
㉡ C＝3, D＝4, E＝5, F＝6이다. 따라서 Z＝26이다.
㉢ P가 17임을 볼 때, J＝11, Y＝26, Z＝27이다.
㉣ Q＝25, R＝26, S＝27, T＝28이다. 따라서 Z＝34이다.
따라서 해당하는 Z값을 모두 더하면 125＋26＋27＋34＝212이다.

44

정답 ③

ㄴ. 어떤 기계를 선택해야 비용을 최소화할 수 있는지에 대해 고려하고 있는 문제이므로 옳은 설명이다.
ㄷ. • A기계를 선택하는 경우
  – (비용)＝(임금)＋(임대료)＝(8,000×10)＋10,000＝90,000원
  – 이윤 : 100,000－90,000＝10,000원
  • B기계를 선택하는 경우
  – (비용)＝(임금)＋(임대료)＝(7,000×8)＋20,000＝76,000원
  – 이윤 : 100,000－76,000＝24,000원
  따라서 합리적인 선택을 하는 경우는 B기계를 선택하는 경우로, 24,000원의 이윤이 발생한다.

오답분석

ㄱ. B기계를 선택하는 경우가 A기계를 선택하는 경우보다 14,000원(＝24,000－10,000)의 이윤이 더 발생한다.
ㄹ. A기계를 선택하는 경우 비용은 90,000원이다.

45

정답 ④

WT전략은 외부 환경의 위협 요인을 회피하고 약점을 보완하는 전략을 적용해야 한다. ④는 강점인 'S'를 강화하는 방법에 대해 이야기하고 있다.

오답분석

① SO전략은 기회를 활용하면서 강점을 더욱 강화시키는 전략이므로 옳다.
② WO전략은 외부의 기회를 사용해 약점을 보완하는 전략이므로 옳다.
③ ST전략은 외부 환경의 위협을 회피하며 강점을 적극 활용하는 전략이므로 옳다.
⑤ OT전략은 외부의 기회를 사용해 외부 환경의 위협을 회피하는 전략이므로 옳다.

04 자원관리능력

46

정답 ④

• 직접비용 : ㉠, ㉡, ㉤, ㉥
• 간접비용 : ㉢, ㉣

직접비용은 제품 또는 서비스를 창출하기 위해 직접 소비된 것으로 여겨지는 비용을 말하며, 재료비, 원료와 장비 구입비, 인건비, 출장비 등이 직접비용에 해당한다. 간접비용은 생산에 직접 관련되지 않은 비용을 말하며, 광고비, 보험료, 통신비 등이 간접비용에 해당한다.

47

정답 ②

석유 제품 공급은 어느 한 지점에서 여러 지점으로 분산될 수 있으므로 가장 짧은 거리인 'D－E' 구간부터 출발하여 파이프라인을 건설해야 한다. 이때, 파이프라인의 길이를 최소로 하기 위해 'D－E－B－C－A'의 경로를 따라 파이프라인을 건설하면, 최소 길이는 4+5+6+5=20km이다.

48

정답 ①

화상회의 진행 시각(한국 기준 오후 4시～오후 5시)을 각국 현지 시각으로 변환하면 다음과 같다.
• 파키스탄 지사(－4시간) : 오후 12시～오후 1시, 점심시간이므로 회의에 참석 불가능하다.
• 불가리아 지사 (－6시간) : 오전 10시～오전 11시이므로 회의에 참석 가능하다.
• 호주 지사(+1시간) : 오후 5시～오후 6시이므로 회의에 참석 가능하다.
• 영국 지사(－8시간) : 오전 8시～오전 9시이므로 회의에 참석 가능하다(시차는 －9시간 나지만, 서머타임을 적용한다).
• 싱가포르 지사(－1시간) : 오후 3시～오후 4시이므로 회의에 참석 가능하다.

따라서 파키스탄 지사는 화상회의에 참석할 수 없다.

49

정답 ④

각 제품군별 지급해야 할 보관료는 다음과 같다.
• A제품군 : 300×0.01=3억 원
• B제품군 : 2,000×20,000=4천만 원
• C제품군 : 500×80,000=4천만 원

따라서 K기업이 보관료로 지급해야 할 총 금액은 3억 8천만 원(=3억+4천만+4천만)이다.

50

정답 ②

각국에서 출발한 직원들이 국내(대한민국)에 도착하는 시간을 계산하기 위해서는 먼저 시차를 구해야 한다. 동일 시점에서의 각국의 현지시각을 살펴보면 국내의 시각이 가장 빠르다는 점을 알 수 있다. 즉, 국내의 현지시각을 기준으로 각국의 현지시각을 빼면 시차를 구할 수 있다. 시차는 계산 편의상 24시를 기준으로 한다.

구분	계산식	시차
대한민국～독일	16일 06:20－15일 23:20	7시간
대한민국～인도	16일 06:20－16일 03:50	2시간 30분
대한민국～미국	16일 06:20－15일 17:20	13시간

각국의 직원들이 국내에 도착하는 시간은 출발지 기준 이륙시각에서 비행시간과 시차를 더하여 구할 수 있다. 계산 편의상 24시 기준으로 한다.

구분	계산식	대한민국 도착시각
독일	16일 16:20+11:30+7:00	17일 10:50
인도	16일 22:10+08:30+2:30	17일 09:10
미국	16일 07:40+14:00+13:00	17일 10:40

따라서 인도에서 출발하는 직원이 가장 먼저 도착하고, 미국, 독일 순서로 도착하는 것을 알 수 있다.

51

정답 ④

이번 주 추가근무 일정을 요일별로 정리하면 다음과 같다.

월	화	수	목	금	토	일
김은선(6) 민윤기(2)	김석진(5) 김남준(3) 정호석(4)	박지민(3) 김태형(6)	최유화(1) 박시혁(1)	유진실(3) 정호석(1)	이영희(4) 전정국(6)	박지민(2) 김남준(4)

하루에 2명까지 추가근무를 할 수 있는데 화요일에 3명이 추가근무를 하므로, 화요일 추가근무자 중 한 명이 추가근무 일정을 수정해야 한다. 그 중에 김남준은 일주일 추가근무 시간이 7시간으로 최대 추가근무 시간인 6시간을 초과하였다. 따라서 김남준의 추가근무 일정을 수정하는 것이 적절하다.

52

정답 ④

- C강사 : 셋째 주 화요일 오전, 목요일, 금요일 오전에 스케줄이 비어 있으므로 목요일과 금요일에 이틀간 강의가 가능하다.
- E강사 : 첫째, 셋째 주 화 ~ 목요일 오전에 스케줄이 있으므로 수요일과 목요일 오후에 강의가 가능하다.

오답분석

- A강사 : 매주 수 ~ 목요일에 스케줄이 있으므로 화요일과 금요일 오전에 강의가 가능하지만 강의가 연속 이틀에 걸쳐 진행되어야 한다는 조건에 부합하지 않는다.
- B강사 : 화요일과 목요일에 스케줄이 있으므로 수요일 오후와 금요일 오전에 강의가 가능하지만 강의가 연속 이틀에 걸쳐 진행되어야 한다는 조건에 부합하지 않는다.
- D강사 : 수요일 오후와 금요일 오전에 스케줄이 있으므로 화요일 오전과 목요일에 강의가 가능하지만 강의가 연속 이틀에 걸쳐 진행되어야 한다는 조건에 부합하지 않는다.

53

정답 ②

먼저 공급지 Y에서 수요지 A로 수송비 5만 원에 100톤을 공급한다(500만 원).
다음은 X → D로 5만 원에 20톤을 공급하고(100만 원), X → C로 6만 원에 50톤을 공급한다(300만 원).
마지막으로 공급지 Z에서 수요지 B로 수송비 7만 원에 80톤을 공급한다(560만 원).
따라서 최소 총 수송비는 500+100+300+560=1,460만 원이다.

54

정답 ③

고객 A는 제품을 구입한 지 1년이 지났으므로 수리비 2만 원을 부담해야 하며, A/S 서비스가 출장 서비스로 진행되어 출장비를 지불해야 하는데, 토요일 오후 3시는 A/S 센터 운영시간이 아니므로 3만 원의 출장비를 지불해야 한다. 또한 부품을 교체하였으므로 고객 A는 부품비 5만 원까지 합하여 총 10만 원의 A/S 서비스 비용을 지불해야 한다.

55

정답 ③

각 업무의 최종 점수를 구하기 전에, 항목당 최하위 점수가 부여된 업무는 제외하므로, 중요도에서 최하위 점수가 부여된 B, 긴급도에서 최하위 점수가 부여된 D, 적용도에서 최하위 점수가 부여된 E를 제외한다. 나머지 두 과제에 대하여 주어진 조건에 의해 각 업무의 최종 평가 점수를 구해보면 다음과 같다. 가중치는 별도로 부여되므로 추가 계산한다.

- A : $(84+92+96)+(84\times0.3)+(92\times0.2)+(96\times0.1)=325.2$
- C : $(95+85+91)+(95\times0.3)+(85\times0.2)+(91\times0.1)=325.6$

따라서 C업무를 가장 먼저 수행해야 한다.

56

정답 ③

i) 연봉 3천만 원인 K사원의 월 수령액은

3천만 원÷12=250만 원이고 월평균 근무시간은 200시간이므로 시급은 250만 원÷200=12,500원이다.

ii) K사원이 평일에 야근한 시간은 2+3+3+2=10시간이다. 따라서 야근 수당은 (12,500+5,000)×10=175,000원이다.

iii) K사원이 주말에 특근한 시간은 3+5=8시간이므로 특근 수당은 (12,500+10,000)×8=180,000원이다.

식대는 야근·특근 수당에 포함되지 않으므로 K사원의 한 달간 야근 및 특근 수당의 총액은 175,000+180,000=355,000원이다.

57

정답 ⑤

A～D기관의 내진성능평가 지수와 내진보강공사 지수를 구한 뒤 내진성능평가 점수와 내진보강공사 점수를 부여하면 다음과 같다.

구분	A기관	B기관	C기관	D기관
내진성능평가 지수	$\frac{82}{100}\times 100=82$	$\frac{72}{80}\times 100=90$	$\frac{72}{90}\times 100=80$	$\frac{83}{100}\times 100=83$
내진성능평가 점수	3점	5점	1점	3점
내진보강공사 지수	$\frac{91}{100}\times 100=91$	$\frac{76}{80}\times 100=95$	$\frac{81}{90}\times 100=90$	$\frac{96}{100}\times 100=96$
내진보강공사 점수	3점	3점	1점	5점
합산 점수	3+3=6점	5+3=8점	1+1=2점	3+5=8점

B, D기관의 합산 점수는 8점으로 동점이다. 최종순위 결정조건에 따르면 합산 점수가 동점인 경우에는 내진보강대상 건수가 가장 많은 기관이 높은 순위가 된다. 따라서 최상위기관은 D기관이고, 최하위기관은 C기관이다.

58

정답 ③

오답분석

① A지원자 : 9월에 복학 예정이기 때문에 인턴 기간이 연장될 경우 근무할 수 없으므로 부적합하다.

② B지원자 : 경력 사항이 없으므로 부적합하다.

④ D지원자 : 근무 시간(9시～18시) 이후에 업무가 불가능하므로 부적합하다.

⑤ E지원자 : 포토샵을 활용할 수 없으므로 부적합하다.

59

정답 ④

사원 수를 a명, 사원 1명당 월급을 b만 원이라고 가정하면, 월급 총액은 $(a\times b)$가 된다.

두 번째 정보에서 사원 수는 10명이 늘어났고, 월급은 100만 원 적어졌다. 또한 월급 총액은 기존의 80%로 줄었다고 하였으므로, 이에 따라 방정식을 세우면 $(a+10)\times(b-100)=(a\times b)\times 0.8$ …㉠

세 번째 정보에서 사원은 20명이 줄었으며, 월급은 동일하고 월급 총액은 60%로 줄었다고 했으므로 사원 20명의 월급 총액은 기존 월급 총액의 40%임을 알 수 있다.

$20b=(a\times b)\times 0.4$ …㉡

㉡에서 사원 수 a를 구하면 $20b=(a\times b)\times 0.4 \rightarrow 20=a\times 0.4 \rightarrow a=\frac{20}{0.4}=50$명

㉠에 사원 수 a를 대입하여 월급 b를 구하면 $(a+10)\times(b-100)=(a\times b)\times 0.8 \rightarrow 60\times(b-100)=40b \rightarrow 20b=6{,}000 \rightarrow b=300$만 원

따라서 사원 수는 50명이며, 월급 총액은 $(a\times b)=50\times 300=$1억 5천만 원이다.

60

정답 ③

자기계발 과목에 따라 해당되는 지원 금액과 신청 인원은 다음과 같다.

구분	영어회화	컴퓨터 활용능력	세무회계
지원 금액	70,000×0.5=35,000원	50,000×0.4=20,000원	60,000×0.8=48,000원
신청 인원	3명	3명	3명

각 교육프로그램마다 3명씩 지원했으므로, 총 지원비는 (35,000+20,000+48,000)×3=309,000원이다.

제 2 회 모의고사(전 영역)

01	02	03	04	05	06	07	08	09	10	11	12	13	14	15	16	17	18	19	20
⑤	④	⑤	③	③	③	②	②	②	⑤	②	④	④	①	④	④	③	④	①	⑤
21	22	23	24	25	26	27	28	29	30	31	32	33	34	35	36	37	38	39	40
⑤	④	③	①	①	⑤	④	⑤	③	⑤	④	④	⑤	④	②	②	④	①	①	④
41	42	43	44	45	46	47	48	49	50	51	52	53	54	55	56	57	58	59	60
③	③	②	②	①	③	④	②	①	①	③	④	①	④	①	⑤	①	②	②	②

01

정답 ⑤

여신팀 김선율과 인사팀 김하영은 월·금요일에 회의 및 출장으로 8월 22일 화요일은 출근이 가능하다.

오답분석

① 수신팀 김하나는 7월 25일에 일본 여행에서 돌아왔으므로 8월 22일은 출근이 불가능하다. 같은 팀인 정지수는 8월 24일 목요일만 출근하지 않기 때문에 22일 화요일은 출근이 가능하다.
② 수신팀 이솔비는 7월 24일 인천 출장으로 인해 한 달이 지나지 않은 8월 22일은 출근할 수 없고, 같은 팀인 김예나만 화요일 출근이 가능하다.
③ 수신팀 강여울은 여신팀 및 인사팀의 팀장과 같은 스케줄로 화요일 출근이 가능하지만, 여신팀 이하율은 화요일 출근을 하지 않는다.
④ 여신팀 최바울은 수신팀 김하나의 남편으로 같이 일본 여행을 갔다와 8월 22일 출근이 불가능하고, 인사팀 강지은은 화요일 출근이 가능하다.

02

정답 ④

금요일에 있는 본사교육 및 회의·출장 참여자는 반드시 금요일에 출근해야하므로 이와 관련된 사람은 최수지, 강여울, 김선율, 김하영이다. 정하람은 매주 금요일에 출근하지 않아도 된다.

03

정답 ⑤

보기에서는 4비트 컴퓨터가 처리하는 1워드를 초과한 '10010'을 제시하며, 이를 '오버플로'라 설명한다. 이때 (마)의 바로 앞 문장에서는 0111에 1011을 더했을 때 나타나는 '10010'을 언급하고 있으며, (마)의 바로 뒤 문장에서는 부호화 절댓값에는 이 '오버플로'를 처리하는 규칙이 없다는 점을 설명하고 있다. 따라서 보기의 문장은 (마)에 들어가는 것이 적절하다.

04

정답 ③

표 1에서 모든 메인 메뉴의 단백질 함량은 포화지방 함량의 2배 이상인 것을 확인할 수 있다.

오답분석

① 새우버거의 중량 대비 열량의 비율은 $\frac{395}{197} \fallingdotseq 2$이고, 칠리버거는 $\frac{443}{228} \fallingdotseq 1.9$로, 칠리버거가 더 낮다.
② 표 1의 나트륨 함량의 단위 mg을 당 함량 단위 g과 같게 만들면 0.5g<나트륨<1.2g의 범위가 나온다. 그런데 당 함량은 모두 6g 이상이므로 모든 메뉴에서 나트륨 함량보다 많다.

④ 표 2에서 모든 스낵의 단위당 중량 합은 114+68+47=229g이고, 표 1에서 메인 메뉴 중 베이컨버거의 중량은 242g이므로 모든 스낵의 단위당 중량 합보다 많다.
⑤ 메인 메뉴와 스낵 메뉴 중 열량이 가장 낮은 햄버거와 조각치킨의 열량 합은 248+165=413kcal이고, 500−413=87kcal 이하인 음료 메뉴는 커피 또는 오렌지 주스이므로 커피 외에 오렌지 주스도 주문 가능하다.

05

정답 ③

퍼실리테이션(Facilitation)이란 '촉진'을 의미하며, 어떤 그룹이나 집단이 의사결정을 잘 하도록 도와주는 일을 의미한다. 깊이 있는 커뮤니케이션을 통해 서로의 문제점을 이해하고 공감함으로써, 초기에는 미처 생각하지 못했던 창조적인 문제해결 방법이 도출된다.

06

정답 ③

퍼실리테이션이 이루어지는 조직에서 구성원이 문제해결을 할 때는 자율적으로 실행하는 것이며, 제3자가 합의점이나 줄거리를 준비해 놓고 예정대로 결론이 도출되어 가도록 해서는 안 된다. 따라서 구성원의 역할이 유동적이라고 볼 수 있으며, 반대로 전통적인 조직에서의 구성원의 역할은 고정적이라고 볼 수 있다.

07

정답 ②

퍼실리테이터형 리더십의 핵심은 리더가 스스로 의사결정을 하거나 의견을 독점하지 않고 구성원이 스스로 결정할 수 있도록 권한을 위임하고 결정과정에 중립을 지키는 것을 말한다. 다만 수동적으로 침묵하는 중립이 아니라 구성원 간에 활발한 논의가 이루어지고 상호의 경험과 지식이 잘 융합하여 현명한 결정에 도달할 수 있도록 적극적으로 돕는 것을 말한다.

오답분석

① 퍼실리테이터는 커뮤니케이션을 통해 서로의 문제점을 이해하고 공감함으로써 문제해결을 도모한다.
③ 결정 과정에 수동적인 자세를 유지하기보다는 그룹이 나아갈 방향을 알려주고, 주제에 대한 공감을 이룰 수 있도록 능숙하게 도와주는 역할을 한다.
④ 깊이 있는 커뮤니케이션을 통해 구성원의 동기가 강화되고 자율적인 역할을 통해 창조적인 문제해결을 도모한다.
⑤ 퍼실리테이션에 의한 방법은 초기에 생각하지 못했던 창조적인 해결 방법을 도출한다.

08

정답 ②

먼저 A의 말이 거짓이라면 A, E 두 명이 드라큘라 가면을 쓰게 되고, E의 말이 거짓이라면 드라큘라 가면을 아무도 쓰지 않게 되므로 둘 다 세 번째 조건에 어긋난다. 또한 C의 말이 거짓이라면 식품영양학과에 다니는 학생이 없으므로 두 번째 조건에 어긋나며, D의 말이 거짓이라면 A, B, C, D, E 다섯 명 모두 남학생이 되므로 첫 번째 조건에 어긋난다. 따라서 거짓만을 말하고 있는 사람은 B이며, 이때 B는 경제학과에 다니는 여학생으로 가면파티에서 유령 가면을 쓸 것이다.

09

정답 ②

우리 눈은 원추세포를 통해 밝은 곳에서의 노란색 빛을 인식하고, 어두운 곳에서는 막대세포를 통해 초록색 물체를 더 민감하게 인식한다. 또한 밝은 곳에서 눈에 잘 띄던 노란색 경고 표지판은 날이 어두워지면 무용지물이 될 수도 있으므로, 어두운 터널 내에는 초록색의 경고 표지판을 설치하는 것이 더 효과적일 것이다.

오답분석

① 우리 눈에는 파장이 500나노미터 부근인 노랑 빛에 민감한 원추세포의 수가 많지 않아 어두운 곳보다 밝은 곳에서 인식 기능이 발휘된다. 따라서 밝은 곳에서 눈에 잘 띄는 노란색이나 붉은색으로 경고나 위험 상황을 나타내는 것은 막대세포가 아닌 원추세포의 수와 관련이 있다.
③ 눈조리개의 초점 부근 좁은 영역에 주로 분포되어 있는 세포는 원뿔 모양의 원추세포이다.
④ 막대세포의 로돕신은 빛을 받으면 분해되어 시신경을 자극하고, 이 자극이 대뇌에 전달되어 초록색 빛을 민감하게 인식하지만, 색을 인식하지는 못한다.
⑤ 원추세포는 노란빛에 민감하며, 초록빛에 민감한 세포는 막대세포이다.

10

정답 ⑤

ㄴ. 제시된 그래프에서 에너지소비량은 연도별로 원점부터 좌표까지 칸의 개수로 비교하면 빨리 구할 수 있다. 따라서 기업 A는 매년 칸의 개수가 많아지므로 에너지소비량이 증가하고 있음을 알 수 있다.

ㄷ. 2020년의 에너지소비량은 기업 B가 기업 A보다 칸의 개수가 4칸 더 많으므로 에너지소비량도 더 많다.

오답분석

ㄱ. 기업 A는 2019년에 전년 대비 에너지원단위가 증가하였다.

11

정답 ②

제시문은 첫 문단에서 유행에 따라 변화하는 흥행영화 제목의 글자 수에 대한 이야기를 언급한 뒤 다음 문단에서 2000년대에 유행했던 영화의 제목 글자 수와 그 예시를, 그다음 문단에서는 2010년대에 유행했던 영화의 제목 글자 수와 그 사례, 그리고 흥행에 실패한 사례를 예시로 들고 있다.

12

정답 ④

㉠ 한 개의 사안은 한 장의 용지에 작성하는 것이 원칙이다.

㉡ 첨부자료는 반드시 필요한 내용만 첨부하여 산만하지 않게 하여야 한다.

㉣ 금액, 수량, 일자의 경우 정확하게 기재하여야 한다.

13

정답 ④

ㄱ. 리조트 1박 기준, 성수기 일반요금이 낮은 리조트일수록 성수기 무기명 회원할인율도 낮아 회원요금이 낮다.

ㄴ. 리조트 1박 기준, B리조트의 회원요금 중 가장 비싼 값은 성수기 무기명 회원요금이고, 가장 싼 값은 비수기 기명 회원요금이다. 따라서 두 금액의 차이는 $350\times(1-0.25)-250\times(1-0.45)=262.5-137.5=125$천 원, 125,000원이다.

ㄹ. 리조트 1박 기준, 비수기 기명 회원요금과 비수기 무기명 회원요금 차이가 가장 작은 리조트는 E리조트이며, 성수기 기명 회원요금과 성수기 무기명 회원요금 차이도 가장 작다.

오답분석

ㄷ. 리조트 1박 기준, A리조트와 E리조트의 기명 회원요금은 성수기가 비수기의 2배보다 비싸다.

14

정답 ①

두 번째 문단의 새롭게 즉위한 왕이 실록청을 세워 전왕의 묘호를 붙인 'ㅇㅇ실록'을 만들었다는 내용과 마지막 문단의 인조의 뒤를 이어 효종, 현종, 숙종이 연이어 왕위에 올랐다는 내용을 통해 『효종실록』은 효종의 뒤를 이어 즉위한 현종 때 간행된 것임을 추론할 수 있다.

오답분석

② 세조 때 간행된 『노산군일기』는 세조 이후 숙종 때 노산군이 단종으로 복위됨에 따라 『단종실록』으로 고쳐 부르게 된 것이다. 따라서 숙종이 아닌 세조 때 설치된 일기청에서 간행된 것임을 추론할 수 있다.

15

정답 ④

ㄴ. 범죄 종류 중 사기의 2000년 대비 2010년 범죄건수 증가량과 증가율, 2010년 대비 2020년 범죄건수 증가량과 증가율은 다음 표와 같다.

구분	'사기' 범죄건수 증가량	'사기' 범죄건수 증가율
2000년 대비 2010년	2,324−1,580=744건	$\frac{744}{1,580}\times100≒47.1\%$
2010년 대비 2020년	3,292−2,324=968건	$\frac{968}{2,324}\times100≒41.7\%$

따라서 증가량은 2010년 대비 2020년 범죄건수가 많고, 증가율은 2000년 대비 2010년 범죄건수가 높다.

ㄷ. 2020년 친인척 및 지인관련 성폭행 범죄 건수는 448+418=866건으로, 성폭행 전체 범죄건수인 904건에서 $\frac{866}{904}\times 100 \fallingdotseq 95.8\%$를 차지한다.

오답분석

ㄱ. 2000년부터 2020년까지 10년마다 범죄건수가 지속적으로 감소하고 있는 범죄 종류는 방화, 협박, 살인으로 총 세 가지이다.

ㄹ. 2010년 대비 2020년 전체 범죄건수 증가율은 $\frac{10,011-8,652}{8,652}\times 100 \fallingdotseq 15.7\%$, 2000년 대비 2010년 범죄건수 증가율은 $\frac{8,652-8,060}{8,060}\times 100 \fallingdotseq 7.3\%$이다. 따라서 2010년 대비 2020년 전체 범죄건수 증가율은 2000년 대비 2010년 범죄건수 증가율의 2배인 7.3×2=14.6%보다 높으므로 2배 이상이다.

16

정답 ④

직원별 성과내용에 따른 점수를 환산하면 다음과 같다.

(단위 : 점)

성명	예·적금 상품	보험상품	대출상품	총점
임미리	3×3=9	1×5=5	3×8=24	38
이윤미	5×3=15	4×5=20	–	35
조유라	2×3=6	1×5=5	5×8=40	51
구자랑	–	3×5=15	3×8=24	39
조다운	–	2×5=10	4×8=32	42
김은지	6×3=18	–	2×8=16	34
권지희	5×3=15	1×5=5	1×8=8	28
윤순영	2×3=6	3×5=15	1×8=8	29

점수가 높은 사람부터 정리하면 '조유라>조다운>구자랑>임미리>이윤미>김은지>윤순영>권지희' 순서이다. 또한 등급별 인원과 해당되는 직원은 다음 표와 같다.

등급	A	B	C
인원 수	8×0.25=2명	8×0.5=4명	8×0.25=2명
해당 직원	조유라, 조다운	구자랑, 임미리, 이윤미, 김은지	윤순영, 권지희

따라서 등급별로 한 명씩 바르게 나열된 선택지는 ④이다.

17

정답 ③

기존 등급으로 나눈 직원 명단은 A등급은 '조유라, 조다운', B등급은 '구자랑, 임미리, 이윤미, 김은지', C등급은 '윤순영, 권지희'이다. 변경된 규정에 따라 등급별 인원은 A등급 8×0.125=1명, B등급 8×0.5=4명, C등급 8×0.25=2명, D등급 8×0.125=1명이다. 따라서 인원수에 따라 각 등급에 해당되는 직원을 다시 배치하면 다음과 같다.

등급	A	B	C	D
인원 수	1명	4명	2명	1명
해당 직원	조유라	조다운, 구자랑, 임미리, 이윤미	김은지, 윤순영	권지희

이에 등급이 변경된 사람은 조다운(A → B), 김은지(B → C), 권지희(C → D)로 세 사람의 성과급은 (350×0.3)+(220×0.2)+(320×0.1)=181만 원이다.

18

정답 ④

통역경비 산정기준에 따라 통역경비를 구하면 다음과 같다.

- 통역사 1인당 통역료
  - 영어 : 500,000(기본요금)+100,000(1시간 추가요금)=600,000원
  - 인도네시아어 : 600,000원(기본요금)
- 통역사 1인당 출장비 : 100,000(교통비)+40,000(왕복 4시간의 이동보상비)=140,000원

영어 통역사 2명, 인도네시아 통역사 2명이 통역하였으므로

A사가 B시에서 개최한 설명회에 쓴 총 통역경비는 600,000×2+600,000×2+140,000×4=2,960,000원이다.

19

정답 ①

ㄱ. 34세로 소득 7분위인 갑의 경우 X학자금의 대출 조건인 신청 연령(35세 이하)과 가구소득 기준(1 ~ 8분위)을 만족하고, 직전 학기에 14학점을 이수하여 평균 B학점을 받았으므로 성적 기준(직전 학기 12학점 이상 이수 및 평균 C학점 이상)까지 모두 만족하여 X학자금 대출을 받을 수 있다.

ㄴ. X학자금 대출의 한 학기당 대출한도는 소요되는 등록금 전액과 생활비 150만 원이므로, 을은 한 학기의 등록금 300만 원과 생활비 150만 원을 더한 총 450만 원을 대출받을 수 있다.

오답분석

ㄷ. Y학자금 대출 신청대상의 신용 요건에 따르면 금융채무불이행자나 저신용자는 대출이 불가능하므로, 병의 신용 요건에 관계없이 Y학자금 대출을 받을 수 있다는 것은 옳지 않다.

ㄹ. X학자금 대출의 경우 졸업 후 기준소득을 초과하는 소득이 발생하지 않았다면 상환이 유예되나, Y학자금 대출의 경우는 소득과 관계없이 졸업 직후 매월 대출금을 상환해야 한다. 따라서 졸업 후 소득 발행 전, X학자금 대출과 Y학자금 대출의 매월 상환금액이 같다는 것은 옳지 않다.

20

정답 ⑤

해당 설명회에 참여하는 총인원은 (55+70+40)+(150+30+45)+(10+80+110)+(7+3)=600명이다. 이때, 총인원의 5% 여유인원을 수용할 수 있는 곳으로 선정해야 하므로, 최소 630명의 인원을 수용할 수 있는 곳으로 선정해야 한다. 따라서 E홀이 가능하다.

21

정답 ⑤

- 공동 책자 : 설명회에 참여하는 대학생 인원수의 10% 여유분을 포함하여 제작하여야 하므로, [(55+70+40)+(150+30+45)+(10+80+110)]×1.1 =649권이 필요하다.
- 계열에 따른 책자 : 필요한 권수보다 10권씩을 더 제작해야 한다.
  - 인문계열 : (55+150+10)+10=225권
  - 사회계열 : (70+30+80)+10=190권
  - 공학계열 : (40+45+110)+10=205권

  따라서 인문계열 225권, 사회계열 190권, 공학계열 205권이 필요하다.

22

정답 ④

21번에 따라 주문하려고 하는 계열별 홍보책자는 225+190+205=620권, 인쇄해야 하는 총 페이지는 620×40=24,800페이지이다. 따라서 지불해야 하는 총금액은 24,800×20=496,000원이다.

23

정답 ③

룰렛을 돌렸을 때 상품별로 당첨될 확률을 구한 뒤, 상품별로 당첨고객수를 도출하여 총액을 계산하는 방식으로 접근한다.

• 볼펜
  - 당첨확률 : $\frac{6}{16}$
  - 당첨고객수 : $4{,}000\times\frac{6}{16}=1{,}500$명
  - 총액 : $1{,}500\times500=750{,}000$원

• 핸드로션
  - 당첨확률 : $\frac{4}{16}$
  - 당첨고객수 : $4{,}000\times\frac{4}{16}=1{,}000$명
  - 총액 : $1{,}000\times2{,}000=2{,}000{,}000$원

• 휴대전화 거치대
  - 당첨확률 : $\frac{2}{16}$
  - 당첨고객수 : $4{,}000\times\frac{2}{16}=500$명
  - 총액 : $500\times3{,}000=1{,}500{,}000$원

• 주방세제
  - 당첨확률 : $\frac{2}{16}$
  - 당첨고객수 : $4{,}000\times\frac{2}{16}=500$명
  - 총액 : $500\times5{,}000=2{,}500{,}000$원

• 밀폐용기 세트
  - 당첨확률 : $\frac{1}{16}$
  - 당첨고객수 : $4{,}000\times\frac{1}{16}=250$명
  - 총액 : $250\times10{,}000=2{,}500{,}000$원

• 상품권
  - 당첨확률 : $\frac{1}{16}$
  - 당첨고객수 : $4{,}000\times\frac{1}{16}=250$명
  - 총액 : $250\times10{,}000=2{,}500{,}000$원

따라서 행사의 총 필요 예산은 11,750,000원이다.

24

정답 ①

제시문은 안전띠를 제대로 착용하지 않은 경우, 사고가 났을 때 일어날 수 있는 상해 가능성을 제시하며 안전띠의 중요성을 언급하고 있다. 따라서 제목으로 ①이 가장 적절하다.

25

정답 ①

뉴턴은 시간은 공간과 무관한 독립적이고 절대적이며 모든 우주에서 동일한 빠르기로 흐른다고 보았다. 그러나 아인슈타인은 이러한 뉴턴의 시간관을 근본적으로 거부하고 시간과 공간은 서로 긴밀하게 연관되어 함께 변하는 상대적인 양이라고 보았다. 따라서 아인슈타인의 입장에서는 시간은 상대적으로 흐르므로 시간을 절대적이라고 보는 뉴턴을 비판할 수 있다.

오답분석

② 상대 시간 개념이 물체의 운동을 설명할 수 없다는 내용은 본문에서 설명한 아인슈타인의 생각에 위배된다.
③ 아인슈타인은 시간을 인위적 개념으로 여기지 않았다.
④ 아인슈타인은 시간과 공간을 별개의 물리량이 아니라 서로 긴밀하게 연관되어 함께 변한다고 보았다. 즉, 독립적으로 고려할 수 없다고 본 것이다.
⑤ 마지막 문단을 통해 아인슈타인이 시간의 팽창에 대해서 언급한 것을 알 수 있다. 그러나 시간이 반대로 흐르는 역행 가능성에 대한 언급은 없다.

26

정답 ⑤

주어진 조건을 정리하면 다음과 같다.

- A → (C∨F), B → G
- ~(D∧E)
- A∨C∨F
- ~A
- (B∨G) → D
- ~C

따라서 조건에 의해 2022년 3월 인사 파견에서 선발될 직원은 D, F, G이다.

오답분석

① A는 근무 평정이 70점 이하여서 선발될 수 없으므로 옳지 않다.
② 과학기술과 직원인 C 또는 F 중 최소한 1명은 선발되어야 하므로 옳지 않다.
③ B가 선발될 경우 G도 같이 선발되어야 하므로 옳지 않다.
④ C는 직전 인사 파견 기간이 종료된 후 2년 이상 경과하지 않아 선발될 수 없으므로 옳지 않다.

27

정답 ④

빈칸의 전 문단에서 '보존 입자는 페르미온과 달리 파울리의 배타원리를 따르지 않는다. 따라서 같은 에너지 상태를 지닌 입자라도 서로 겹쳐서 존재할 수 있다. 만져지지 않는 에너지 덩어리인 셈이다.'라고 하였고, 빈칸 다음 문장에서 '빛은 실험을 해보면 입자의 특성을 보이지만, 질량이 없고 물질을 투과하며 만져지지 않는다.'라고 하였다. 또한 마지막 문장에서 '포논은 광자와 마찬가지로 스핀이 0인 보존 입자다.'라고 하였으므로 광자는 스핀이 0인 보존 입자라는 것을 알 수 있다. 따라서 빈칸에 들어갈 내용으로는 ④가 적절하다.

오답분석

① 광자가 파울리의 배타원리를 따른다면, 파울리의 배타원리에 따라 페르미온 입자로 이뤄진 물질은 우리가 손으로 만질 수 있어야 한다. 그러나 광자는 질량이 없고 물질을 투과하며 만져지지 않는다고 하였으므로 옳지 않은 내용이다.
② '포논은 광자와 마찬가지로 스핀이 0인 보존 입자다.'라는 문장에서 광자는 스핀 상태에 따라 분류할 수 있는 입자임을 알 수 있다.
③ 스핀이 1/2의 홀수배인 입자들은 페르미온이라고 하였고, 광자는 스핀이 0인 보존 입자이므로 옳지 않은 내용이다.

28

정답 ⑤

각각의 출장별로 나누어 출장여비를 계산하면 다음과 같다.

구분	출장수당	교통비	차감	출장여비
출장 1	1만 원	2만 원	1만 원 (∵ 관용차량 사용)	2만 원
출장 2	2만 원	3만 원	1만 원 (∵ 13시 이후 시작)	4만 원
출장 3	2만 원	3만 원	1만 원 (∵ 업무추진비 사용)	4만 원

따라서 A대리가 출장여비로 받을 수 있는 총액은 2+4+4=10만 원이다.

29

정답 ③

조건에 의하면 한 번 D등급이 된 고객 신용등급은 5년 동안 D등급을 유지하므로 2023년에 D등급을 받으면 2024년에 B등급이 될 수 없다. 따라서 2024년의 신용등급이 B등급일 경우는 다음과 같다.

- 2023년에 A등급, 2024년에 B등급을 받을 경우
  - 2022년 B등급 → 2023년 A등급 : 0.14
  - 2023년 A등급 → 2024년 B등급 : 0.20

  즉, 2023년에 A등급, 2024년에 B등급을 받을 확률은 $0.14\times0.2=0.028$이다.
- 2023년에 B등급, 2024년에 B등급을 받을 경우
  - 2022년 B등급 → 2023년 B등급 : 0.65
  - 2023년 B등급 → 2024년 B등급 : 0.65

  즉, 2023년에 B등급, 2024년에 B등급을 받을 확률은 $0.65\times0.65=0.4225$이다.
- 2023년에 C등급, 2024년에 B등급을 받을 경우
  - 2022년 B등급 → 2023년 C등급 : 0.16
  - 2023년 C등급 → 2024년 B등급 : 0.15

  즉, 2023년에 C등급, 2024년에 B등급을 받을 확률은 $0.16\times0.15=0.024$이다.

  따라서 2024년의 신용등급이 B등급일 확률은 $0.028+0.4225+0.02=0.4745\fallingdotseq47\%$이다.

30

정답 ⑤

빨리빨리형의 경우 성격이 급하고, 확신이 있는 말이 아니면 잘 믿지 않는 고객을 말한다. 빨리빨리형에게 애매한 화법을 사용하면 고객의 기분은 더욱 나빠질 수 있다. 빨리빨리형은 만사를 시원스럽게 처리하는 모습을 통해 응대하는 것이 적절하다.

불만족 고객 유형별 대처 시 주의사항

- 거만형
  - 정중하게 대하는 것이 좋다.
  - 자신의 과시욕이 채워지도록 뽐내든 말든 내버려 둔다.
- 의심형
  - 분명한 증거나 근거를 제시하여 스스로 확신을 갖도록 유도한다.
  - 때로는 책임자로 하여금 응대하는 것도 좋다.
- 트집형
  - 이야기를 경청하고, 맞장구치고, 추켜 세우고, 설득해 가는 방법이 효과적이다.

    예 '손님의 말씀이 맞습니다. 역시 손님께서 정확하십니다.'하고 고객의 지적이 옳음을 표시한 후 '저도 그렇게 생각하고 있습니다만...'하고 설득한다.
  - 잠자코 고객의 의견을 경청하고 사과를 하는 응대가 바람직하다.
- 빨리빨리형
  - "글쎄요?", "아마...", "저..." 하는 식으로 애매한 화법을 사용하면 고객은 신경이 더욱 날카롭게 곤두서게 된다.
  - 만사를 시원스럽게 처리하는 모습을 보이면 응대하기 쉽다.

31

정답 ④

같은 물질에 대한 각 기관의 실험오차율의 크기 비교는 실험오차의 크기 비교로 할 수 있다.
물질 2에 대한 각 기관의 실험오차를 구하면 다음과 같다.

- A기관 : $|26-11.5|=14.5$
- B기관 : $|7-11.5|=4.5$
- C기관 : $|7-11.5|=4.5$
- D기관 : $|6-11.5|=5.5$

B, C, D기관의 실험오차의 합은 $4.5+4.5+5.5=14.5$
따라서 물질 2에 대한 A기관의 실험오차율은 물질 2에 대한 나머지 기관의 실험오차율 합보다 작지 않다.

오답분석

① • 물질 1에 대한 B기관의 실험오차 : $|7-4.5|=2.5$

• 물질 1에 대한 D기관의 실험오차 : $|2-4.5|=2.5$

즉, 두 기관의 실험오차와 유효농도는 동일하므로 실험오차율도 동일하다.

② 실험오차율이 크려면 실험오차가 커야한다.

물질 3에 대한 각 기관의 실험오차를 구하면

• A기관 : $|109-39.5|=69.5$

• B기관 : $|15-39.5|=24.5$

• C기관 : $|16-39.5|=23.5$

• D기관 : $|18-39.5|=21.5$

따라서 물질 3에 대한 실험오차율은 A기관이 가장 크다.

③ • 물질 1에 대한 B기관의 실험오차 : $|7-4.5|=2.5$

• 물질 1에 대한 B기관의 실험오차율 : $\frac{2.5}{4.5}\times100 \fallingdotseq 55.56\%$

• 물질 2에 대한 A기관의 실험오차 : $|26-11.5|=14.5$

• 물질 2에 대한 A기관의 실험오차율 : $\frac{14.5}{11.5}\times100 \fallingdotseq 126.09\%$

따라서 물질 1에 대한 B기관의 실험오차율은 물질 2에 대한 A기관의 실험오차율보다 작다.

⑤ 제시된 자료를 보면 A기관의 실험 결과는 모든 물질에 대해서 평균보다 높다. 따라서 A기관의 실험 결과를 제외한다면 유효농도 값(평균)은 제외하기 전보다 작아진다.

32

정답 ④

서비스 품질 5가지 항목의 점수와 서비스 쇼핑 체험 점수를 비교해보면, 모든 대형마트에서 서비스 쇼핑 체험 점수가 가장 낮다는 것을 확인할 수 있다. 따라서 서비스 쇼핑 체험 부문의 만족도는 서비스 품질 부문들보다 낮다고 이해할 수 있다. 서비스 쇼핑 체험 점수의 평균은 $\frac{3.48+3.37+3.45+3.33}{4} \fallingdotseq 3.41$이다.

오답분석

① 주어진 자료에서 단위를 살펴보면 5점 만점으로 조사되었음을 알 수 있으며, 종합만족도의 평균은 $\frac{3.72+3.53+3.64+3.56}{4} \fallingdotseq 3.61$이다.

업체별로는 A마트 → C마트 → D마트 → B마트 순서로 종합만족도가 낮아짐을 알 수 있다.

② 대형마트 인터넷 / 모바일쇼핑 소비자 만족도 자료에서 마트별 인터넷 · 모바일쇼핑 만족도의 차를 구해보면 A마트 0.07점, B마트 · C마트 0.03점, D마트 0.05점으로 A마트가 가장 크다.

③ 평균적으로 고객접점직원 서비스보다는 고객관리 서비스가 더 낮게 평가되었다.

⑤ 모바일쇼핑 만족도는 평균 3.845이며, 인터넷쇼핑은 평균 3.80이다. 따라서 모바일쇼핑이 평균 0.045점 높게 평가되었다고 이해하는 것이 올바르다.

33

정답 ⑤

물리치료실에서 대피할 경우 물리치료실 입구 앞에 있는 중앙계단을 이용하여 대피하는 것이 더 빠르다.

34

정답 ④

의사소통에서 듣는 사람을 고려하여 명확하고 이해 가능한 어휘를 주의 깊게 선택해 사용하여야 한다. 또한, 메시지 전달이 효과적으로 이루어지고 있는지, 다른 새로운 표현은 없을지 검토하는 노력이 필요하다.

35

정답 ②

'적절한 커뮤니케이션 수단' 항목에 따르면 언어적인 방법과 비언어적인 방법을 적절히 활용해야 한다고 나와 있다.

오답분석

① '부드럽고 명확한 전달'에 해당한다.
③ '명확한 목표설정'에 해당한다.
④ '공감과 신뢰감 형성'에 대한 설명이다.
⑤ '적절한 커뮤니케이션 수단'에 대한 설명이다.

36

정답 ②

예금 업무를 보려는 사람들의 대기 순번과 공과금 업무를 보려는 사람들의 대기 순번은 별개로 카운트된다. A는 예금 업무이고, A보다 B가 늦게 발권하였으나 대기번호는 A보다 빠른 4번이므로 B는 공과금 업무를 보려고 한다는 사실을 알 수 있다. 그리고 1인당 업무 처리시간은 모두 동일하게 주어지므로 주어진 조건들을 표로 정리하면 다음과 같다.

예금 창구		공과금 창구	
대기번호 2번	업무진행 중	대기번호 3번	업무진행 중
대기번호 3번	–	대기번호 4번	B
대기번호 4번	–	대기번호 5번	C
대기번호 5번	E	대기번호 6번	–
대기번호 6번	A	대기번호 7번	–
대기번호 –번	D	대기번호 8번	–

37

정답 ④

노선별 건설비용과 사회손실비용은 다음과 같이 구할 수 있다.

- (건설비용)=(각 구간 길이)×(1km당 건설비용)
  - A노선 : (1.0km×1,000억 원)+(0.5km×200억 원)+(8.5km×100억 원)=1,950억 원
  - B노선 : 20km×100억 원=2,000억 원
  - C노선 : (0.5km×1,000억 원)+(1km×200억 원)+(13.5km×100억 원)=2,050억 원
- (사회손실비용) $=(\text{노선 길이})\times\frac{1{,}000\text{원}}{10\text{km}}\times(\text{연간 평균 차량 통행량})\times 15\text{년}$
  - A노선 : $10\text{km}\times\frac{1{,}000\text{원}}{10\text{km}}\times 2\text{백만 대}\times 15\text{년}=300\text{억 원}$
  - B노선 : $20\text{km}\times\frac{1{,}000\text{원}}{10\text{km}}\times 2\text{백만 대}\times 15\text{년}=600\text{억 원}$
  - C노선 : $15\text{km}\times\frac{1{,}000\text{원}}{10\text{km}}\times 2\text{백만 대}\times 15\text{년}=450\text{억 원}$
- 건설비용과 사회손실비용을 고려한 노선별 비용 비교
  - A노선 : 1,950억 원+300억 원=2,250억 원
  - B노선 : 2,000억 원+600억 원=2,600억 원
  - C노선 : 2,050억 원+450억 원=2,500억 원

따라서 A노선의 비용이 가장 저렴하므로 C노선이 적합하다는 설명은 적절하지 않다.

38

정답 ①

12/5(토)에 근무하기로 예정된 1팀 차도선이 개인사정으로 근무를 대체하려고 할 경우, 그 주에 근무가 없는 3팀의 한 명과 바꿔야 한다. 대체근무자인 하선오는 3팀에 소속된 인원이긴 하나, 대체근무일이 12/12(토)로 1팀인 차도선이 근무하게 될 경우 12/13(일)에도 1팀이 근무하는 날이기 때문에 주말근무 규정에 어긋나 적절하지 않다.

39

정답 ①

제시문은 문제의 3가지 유형 중 탐색형 문제에 대한 설명으로 현재의 상황을 개선하거나 효율을 높이기 위한 문제를 의미한다. 어제 구입한 알람시계의 고장은 이미 일어난 문제이므로 발생형 문제에 해당한다.

문제의 3가지 유형

- 발생형 문제 : 이미 일어난 문제(교통사고 등)
- 탐색형 문제 : 현재의 상황에서 개선해야 되는 문제, 아직 일어나지 않았으나 방치하면 해결이 어려운 문제(생산 공장 이전 등)
- 설정형 문제 : 미래지향적인 문제로 경험이 없거나, 미래 상황에 대응하여 앞으로 어떻게 할 것인지에 관한 문제(신제품 개발 등)

40

정답 ④

산업 재해의 예방 대책 순서

1. 안전 관리 조직 : 경영자는 안전 목표를 설정하고, 안전 관리 책임자를 선정하며, 안전 계획을 수립하고, 이를 시행・감독
2. 사실의 발견 : 사고 조사, 안전 점검, 현장 분석, 작업자의 제안 및 여론 조사, 관찰 및 보고서 연구 등을 통하여 사실을 발견
3. 원인 분석 : 재해의 발생 장소, 재해 형태, 재해 정도, 관련 인원, 직원 감독의 적절성, 공구 및 장비의 상태 등을 정확히 분석
4. 시정책 선정 : 원인 분석을 토대로 적절한 시정책, 즉 기술적 개선, 인사 조정 및 교체, 교육, 설득, 공학적 조치 등을 선정
5. 시정책 적용 및 뒤처리 : 안전에 대한 교육 및 훈련 실시, 안전시설과 장비의 결함 개선, 안전 감독 실시 등의 선정된 시정책을 적용

41

정답 ③

주어진 내용을 그림으로 정리하면 다음과 같다.

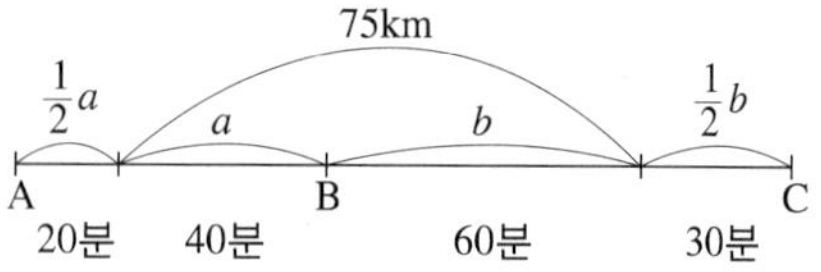

여기서 중요한 것은 첫 번째 대화지점부터 B까지의 소요시간이 40분이고, B부터 두 번째 대화지점까지의 소요시간이 60분이라는 점이다. 이는 이 자동차가 '일정한 속력'으로 달린다는 정보를 이용해 추론 가능하다. 즉, 속력이 일정할 때에는 거리가 2배 늘어나면 소요시간도 2배 늘어나게 되는 것이다. 그림에서 볼 수 있듯이 75km를 이동하는 데 100분이 소요되었으므로 A에서 B까지의 소요시간인 60분간 이동한 경우에는 45km를 이동했음을 알 수 있다.

42

정답 ③

ㄱ. 공정 순서는 A → B・C → D → E → F로 전체 공정이 완료되기 위해서는 15분이 소요된다.

ㄷ. B공정이 1분이 더 지연되어도 C공정이 5분이 걸리기 때문에 전체 공정에는 변화가 없다.

오답분석

ㄴ. 첫 제품 생산 후부터는 2분마다 제품이 생산되기 때문에 1시간 동안에 30개의 제품이 생산된다.

43

정답 ②

스캐너 기능별 가용한 스캐너를 찾으면 다음과 같다.

- 양면 스캔 가능 여부 – Q・T・G스캐너
- 50매 이상 연속 스캔 가능 여부 – Q・G스캐너

- 예산 4,200,000원까지 가능 – Q · T · G스캐너
- 카드 크기부터 계약서 크기 스캔 지원 – G스캐너
- A/S 1년 이상 보장 – Q · T · G스캐너
- 기울기 자동 보정 여부 – Q · T · G스캐너

모두 부합하는 G스캐너가 가장 우선시되고, 그 다음은 Q스캐너, 그리고 T스캐너로 순위가 결정된다.

44

정답 ②

K사원의 워크시트 중 '상사 / 동료의 지원 정도'를 보면 상사와 동료 모두 자기 업무에 바빠 업무 지침에 해당되는 업무를 지원하는 데 한계가 있다고 적혀 있다. 따라서 ②의 경우 팀원들이 조사한 만족도 조사를 받는 것은 한계가 있으므로, 업무수행 성과를 높이기 위한 전략으로 보기 어렵다.

45

정답 ①

오답분석

② 한 번 복사하거나 잘라낸 내용은 다른 것을 복사하거나 잘라내기 전까지 계속 붙이기를 할 수 있다.
③ 복사와 잘라내기한 내용은 클립보드(Clipboard)에 보관된다.
④ 복사는 문서의 분량에 변화를 주지 않지만, 잘라내기는 문서의 분량을 줄인다.
⑤ [Ctrl]+[X]는 잘라내기, [Ctrl]+[C]는 복사하기의 단축키이다.

46

정답 ③

기간별 비용을 구하면 다음과 같다.

(단위 : 원)

구분	A렌탈	B렌탈
1개월	70,000+(10,000×5)=120,000	110,000+(5,000×4)=130,000
3개월	120,000×3=360,000	130,000×3=390,000
5개월	120,000×5=600,000	[110,000+(5,000×4×0.8)]×5=630,000
6개월	120,000×6=720,000	126,000×6=756,000
12개월	120,000×12=1,440,000	126,000×12=1,512,000

5개월 사용 시 A렌탈이 B렌탈보다 30,000원 더 싸다.

오답분석

① 1개월 사용 시 A렌탈이 B렌탈보다 10,000원 더 저렴하다.
② 3개월 사용 시 A렌탈이 B렌탈보다 30,000원 더 저렴하다.
④ 6개월 사용 시 A렌탈이 B렌탈보다 36,000원 더 저렴하다.
⑤ 12개월 사용 시 A렌탈이 B렌탈보다 72,000원 더 저렴하다.

47

정답 ④

K회사는 3개월을 기준으로 B렌탈업체보다 30,000원 더 저렴한 월 120,000원의 비용이 발생하는 A렌탈업체를 이용한다. 3개월 이후에는 커피머신을 구입해 사용하기 때문에 이를 처분할 경우에는 600,000원을 받을 수 있으므로 600,000+13,000×4×(사용개월 수)의 비용이 든다. 사용개월 수를 x개월이라고 하면,

$$120{,}000x \geq 600{,}000+52{,}000x \rightarrow x \geq \frac{600{,}000}{68{,}000} \fallingdotseq 8.8$$

따라서 커피머신을 사용하는 것이 렌탈비보다 이익이 되려면 최소 9개월 이상은 사용해야 한다.

48

정답 ②

조건 중 명확하게 판단이 가능한 것들을 먼저 살펴보면 다음과 같다.

i) C<D

ii) F<G

iii) E<○○○○○<B

iv) A+F<C

iv)에 따르면 C시의 인구는 A시의 인구와 F시의 인구를 합한 것보다 더 크다고 하였으므로 당연히 C시의 인구는 F시보다 커야 한다. 같은 논리로 C시는 A시보다 인구가 많음을 알 수 있다. 여기에 처음에 판단한 i)과 ii)를 결합하면 A, F<C<D, G가 됨을 알 수 있는데 iii)의 조건에서 알 수 있듯이 빈 자리가 다섯 개뿐이므로 E<A<F<C<D, G<B의 배열로 나열할 수 있게 된다. 이때 미확정인 것은 D시와 G시의 대소관계이다. 이를 확정하기 위해서는 추가적인 조건이 필요하게 되는데 ②의 조건이 추가된다면 E－A－F－C－D－G－B의 순서로 D시와 G시의 대소관계가 정해진다.

49

정답 ①

ㄱ. 456은 키보드와 휴대폰 어느 배열을 선택하더라도 동일한 키가 사용된다.

ㄴ. 키보드의 789는 휴대폰의 123이고, 키보드의 123은 휴대폰의 789이다. 이 둘을 더하는 경우 덧셈의 전항과 후항의 순서만 달라질 뿐이므로 둘은 같은 결과를 가져온다.

ㄷ. 키보드의 159는 휴대폰의 753이고, 키보드의 753은 휴대폰의 159이다. 위의 ㄴ과 같은 논리로 이 둘을 합한 것은 같은 결과를 가져온다.

오답분석

ㄹ. 키보드의 753은 휴대폰의 159이고, 키보드의 951은 휴대폰의 357이다. 이 숫자들의 경우는 위와 달리 키보드와 휴대폰 각각의 숫자가 완전히 달라지므로 둘을 합한 결과값은 달라지게 된다.

ㅁ. 키보드의 789는 휴대폰의 123이고, 키보드의 123은 휴대폰의 789이다. ㄴ과 달리 이 둘을 빼는 경우 결과값은 달라지게 되므로 옳지 않은 내용이다.

50

정답 ①

ㄱ. 암이 발생하는 과정은 개시 단계와 촉진 단계로 나누어지는데, A팀의 연구결과는 콩 속에 들어 있는 제니스틴이 촉진 단계에서 억제 효과가 있는 것을 보여주고 있으므로 옳은 내용이다.

오답분석

ㄴ. C팀의 실험은 콩기름에서 추출된 화합물이 원형탈모증을 완치하는 데에 도움을 준다는 것을 뒷받침하고 있는 것이지 원형탈모증이 발생하는 데 영향을 준다는 것을 보여주는 것이 아니다.

ㄷ. B팀의 실험은 흰 콩의 효과를 다룬 것이고, A팀과 C팀의 연구는 검은 콩에 특정된 것이 아닌 콩의 효능을 다룬 것이다.

51

정답 ③

발전소별 수문 자료를 보면 이날 온도가 27℃를 초과한 발전소는 춘천, 섬진강, 보성강, 괴산이다. 춘천을 제외한 나머지 발전소의 출력량의 합은 다음과 같다.

- 섬진강 : $9.8\times6.9\times20\times0.9=1,217.16$
- 보성강 : $9.8\times1.1\times20\times0.9=194.04$
- 괴산 : $9.8\times74.2\times20\times0.9=13,088.88$

∴ (합계)$=1,217.16+194.04+13,088.88=14,500.08$kW

이때, 춘천의 출력량은 총 출력량 15,206.08kW에서 나머지 발전소의 출력량의 합을 뺀 $15,206.08-14,500.08=706$kW이다.

춘천의 초당 유량을 x[m^3/sec]라 하였을 때,

$706=9.8\times x\times20\times0.9 \rightarrow x=706\div(9.8\times20\times0.9) \rightarrow x\fallingdotseq4$

따라서 춘천 발전소의 분당 유량은 $60\times4=240$m^3/min이다.

52

정답 ④

• 김 대리 : 업무를 수행하다 보면, 아무리 계획을 체계적으로 세웠다고 하더라도 여러 가지 방해요인에 의해 좌절감을 경험하기도 한다. 또한 방해요인 중에는 신속히 제거되는 것이 있고, 오래 지속되며 업무효율을 저하시키는 요인도 있다.
• 차 주임 : 방해요인들은 잘 활용하면 오히려 도움이 되는 경우도 있으므로 이를 효과적으로 통제하고 관리할 필요가 있다.
• 정 주임 : 과중한 업무 스트레스는 개인뿐만 아니라 조직에도 부정적인 결과를 가져와 과로나 정신적 불안감을 조성하고 심한 경우 우울증, 심장마비 등의 질병에 이르게 한다. 그러나 적정수준의 스트레스는 사람들을 자극하여 개인의 능력을 개선하고 최적의 성과를 내게 하기도 하므로 완전히 해소하는 것이 바람직한 것만은 아니다.

오답분석

• 박 사원 : 다른 사람들의 방문, 인터넷, 전화, 메신저 등과 같이 업무계획과 관계없이 갑자기 찾아오는 경우는 모두 업무 방해요인에 해당한다. 그러나 무조건적으로 다른 사람들과 대화를 단절하는 것은 비현실적이고 바람직하지도 않으므로, 이를 효과적으로 통제할 수 있도록 응답시간을 정해놓는 등의 방법을 쓰는 것이 좋다.

53

정답 ①

• 갑 : (가)는 도덕성의 기초는 이성이지 동정심이 아니라고 한 반면, (다)는 이성이 아니라 동정심이라고 하여 서로 반대되는 주장을 하고 있으므로 양립할 수 없다.
• 을 : (가)는 동정심이 일관적이지 않으며 변덕스럽고 편협하다고 하였는데, (나)는 가족과 모르는 사람의 사례를 들면서 동정심이 신뢰할 만하지 않다고 하여 (가)의 주장을 지지하고 있다.

오답분석

• 병 : (가)는 도덕성의 기초는 이성이지 동정심이 아니라고 하였으나 (라)는 동정심이 전적으로 신뢰할 만한 것은 아니지만 그렇다고 해서 도덕성의 기반에서 완전히 제거하는 것은 옳지 않다고 하였다. 즉, (라)의 경우는 동정심의 도덕적 역할을 전적으로 부정하지는 않았다.
• 정 : (나)는 동정심이 신뢰할 만하지 않다고 하였으며 (라) 역시 같은 입장이다. 다만 (라)는 그렇다고 해서 동정심의 역할을 완전히 부정하는 것은 아니라는 점에서 차이가 있을 뿐이다.

54

정답 ④

문제 도출은 선정된 문제를 분석하여 해결해야 할 것이 무엇인지를 명확히 하는 단계로, (가) 문제 구조 파악과 (나) 핵심 문제 선정의 절차를 거쳐 수행된다. 이때, 문제 구조 파악을 위해서는 현상에 얽매이지 말고 문제의 본질과 실제를 봐야 하며, 한쪽만 보지 말고 다면적으로 보며, 눈앞의 결과만 보지 말고 넓은 시야로 문제를 바라봐야 한다.

55

정답 ①

각 기업의 점수와 지원액을 정리하면 다음과 같다.

구분		A	B	C	D
평가 지표	경상이익률	4	2	1	3
	영업이익률	4	1	3	2
	부채비율	1	3	2	4
	매출액증가율	1	3	2	4
	총점(순위)	10(2위)	9(3위)	8(4위)	13(1위)
순자산(억 원)		2,100	600	900	3,000
지원한도(억 원)		1,400	400	450	2,000
지원요구금액(억 원)		2,000	500	1,000	1,800
지원금액(억 원)		1,400	400	450	1,800

56

정답 ⑤

GE 맥킨지 매트릭스는 산업의 매력도와 사업의 강점을 이용하여 전략사업단위를 평가하는 방법으로, 여러 요인들을 종합적으로 고려하여 정교한 분석이 가능하므로 BCG 매트릭스보다 발전된 기법으로 평가받고 있다. 그러나 각 사업단위 간의 상호작용을 고려하지 않고, 복잡한 매트릭스로 인해 실제 적용이 어렵다는 단점이 있다.

GE 맥킨지 매트릭스

- 좌상의 청신호 지역 : 투자육성전략. 경쟁력 있는 사업으로 지속적인 투자를 통해 성장시키는 전략이 적절하다.
- 대각선상의 주의신호 지역 : 선택적 개선전략. 경쟁력이 있을 것 같은 사업을 선택하여 수익을 창출하는 전략이 적절하다.
- 우하의 적신호 지역 : 퇴출전략. 경쟁력이 약한 사업으로 철수나 최소한의 투자를 하는 전략이 적절하다.

57

정답 ①

A사업은 매력적인 사업으로, 집중적으로 투자하여야 한다. 그러나 시장 지위를 유지하면서 새로운 진출을 모색해야 하는 사업은 B사업이다.

〈GE 맥킨지 매트릭스 전략〉

산업매력도 \ 사업의 강점	고	중	저
고	성장 / 집중 투자	시장 지위 유지 · 구축 투자	선택적 투자 / 회수 및 철수 시기 파악
중	성장을 위한 투자 / 강점 극대화 투자	현상유지 / 선택적 투자	실패를 막기 위한 최소 투자
저	선택적 투자 / 시장 지위 유지 및 신규 진출 탐색	강점이 가능한 곳 투자 나머지는 철수	철수에 도움이 되는 최소한 투자 / 철수

58

정답 ②

주어진 조건을 정리하면 다음과 같다.

- A(×)
- B → ~G
- ~A → C
- C → ~E
- D → F
- ~E → B

첫 번째 조건에 따라 A업체를 선정하지 않는다. 세 번째 · 네 번째 조건에 따라 A업체를 선정하지 않으면 C업체를 선정하고, E업체는 선정하지 않는다. 두 번째 · 여섯 번째 조건에 따라 E업체를 선정하지 않으면 B업체가 선정되고, G업체는 선정되지 않는다. 이때, D업체와 F업체의 선정 여부를 알 수 없다. 따라서 선정이 확실한 업체는 B업체와 C업체이다.

59

정답 ②

58번에 따르면 선정이 확실한 업체는 B업체와 C업체이다. 추가된 조건에 따르면 최소한 3개의 업체가 선정되어야 하고, 기존 조건에 따라 선정된 업체가 3개 미만인 경우, D업체를 포함시켜야 한다. 다섯 번째 조건에 따라 D업체가 선정되면 F업체도 선정되어야 하므로, 최종 선정된 업체는 B업체, C업체, D업체, F업체이다.

60

정답 ②

최선의 대안에 대해서 합의하고 선택하는 것은 '해결 대안'에 해당하는 내용이다.

NCS 직업기초능력평가 답안카드

성 명

지원 분야

문제지 형별기재란	
(　　　)형	Ⓐ Ⓑ

수 험 번 호						
⓪	⓪	⓪	⓪	⓪	⓪	⓪
①	①	①	①	①	①	①
②	②	②	②	②	②	②
③	③	③	③	③	③	③
④	④	④	④	④	④	④
⑤	⑤	⑤	⑤	⑤	⑤	⑤
⑥	⑥	⑥	⑥	⑥	⑥	⑥
⑦	⑦	⑦	⑦	⑦	⑦	⑦
⑧	⑧	⑧	⑧	⑧	⑧	⑧
⑨	⑨	⑨	⑨	⑨	⑨	⑨

감독위원 확인
㉄ 인

1	①	②	③	④	⑤	21	①	②	③	④	⑤	41	①	②	③	④	⑤
2	①	②	③	④	⑤	22	①	②	③	④	⑤	42	①	②	③	④	⑤
3	①	②	③	④	⑤	23	①	②	③	④	⑤	43	①	②	③	④	⑤
4	①	②	③	④	⑤	24	①	②	③	④	⑤	44	①	②	③	④	⑤
5	①	②	③	④	⑤	25	①	②	③	④	⑤	45	①	②	③	④	⑤
6	①	②	③	④	⑤	26	①	②	③	④	⑤	46	①	②	③	④	⑤
7	①	②	③	④	⑤	27	①	②	③	④	⑤	47	①	②	③	④	⑤
8	①	②	③	④	⑤	28	①	②	③	④	⑤	48	①	②	③	④	⑤
9	①	②	③	④	⑤	29	①	②	③	④	⑤	49	①	②	③	④	⑤
10	①	②	③	④	⑤	30	①	②	③	④	⑤	50	①	②	③	④	⑤
11	①	②	③	④	⑤	31	①	②	③	④	⑤	51	①	②	③	④	⑤
12	①	②	③	④	⑤	32	①	②	③	④	⑤	52	①	②	③	④	⑤
13	①	②	③	④	⑤	33	①	②	③	④	⑤	53	①	②	③	④	⑤
14	①	②	③	④	⑤	34	①	②	③	④	⑤	54	①	②	③	④	⑤
15	①	②	③	④	⑤	35	①	②	③	④	⑤	55	①	②	③	④	⑤
16	①	②	③	④	⑤	36	①	②	③	④	⑤	56	①	②	③	④	⑤
17	①	②	③	④	⑤	37	①	②	③	④	⑤	57	①	②	③	④	⑤
18	①	②	③	④	⑤	38	①	②	③	④	⑤	58	①	②	③	④	⑤
19	①	②	③	④	⑤	39	①	②	③	④	⑤	59	①	②	③	④	⑤
20	①	②	③	④	⑤	40	①	②	③	④	⑤	60	①	②	③	④	⑤

※ 본 답안지는 마킹연습용 모의 답안지입니다.

〈절취선〉

NCS 직업기초능력평가 답안카드

성 명

지원 분야

문제지 형별기재란	
(　　　)형	Ⓐ Ⓑ

수 험 번 호						
⓪	⓪	⓪	⓪	⓪	⓪	⓪
①	①	①	①	①	①	①
②	②	②	②	②	②	②
③	③	③	③	③	③	③
④	④	④	④	④	④	④
⑤	⑤	⑤	⑤	⑤	⑤	⑤
⑥	⑥	⑥	⑥	⑥	⑥	⑥
⑦	⑦	⑦	⑦	⑦	⑦	⑦
⑧	⑧	⑧	⑧	⑧	⑧	⑧
⑨	⑨	⑨	⑨	⑨	⑨	⑨

감독위원 확인
인

1	①	②	③	④	⑤	21	①	②	③	④	⑤	41	①	②	③	④	⑤
2	①	②	③	④	⑤	22	①	②	③	④	⑤	42	①	②	③	④	⑤
3	①	②	③	④	⑤	23	①	②	③	④	⑤	43	①	②	③	④	⑤
4	①	②	③	④	⑤	24	①	②	③	④	⑤	44	①	②	③	④	⑤
5	①	②	③	④	⑤	25	①	②	③	④	⑤	45	①	②	③	④	⑤
6	①	②	③	④	⑤	26	①	②	③	④	⑤	46	①	②	③	④	⑤
7	①	②	③	④	⑤	27	①	②	③	④	⑤	47	①	②	③	④	⑤
8	①	②	③	④	⑤	28	①	②	③	④	⑤	48	①	②	③	④	⑤
9	①	②	③	④	⑤	29	①	②	③	④	⑤	49	①	②	③	④	⑤
10	①	②	③	④	⑤	30	①	②	③	④	⑤	50	①	②	③	④	⑤
11	①	②	③	④	⑤	31	①	②	③	④	⑤	51	①	②	③	④	⑤
12	①	②	③	④	⑤	32	①	②	③	④	⑤	52	①	②	③	④	⑤
13	①	②	③	④	⑤	33	①	②	③	④	⑤	53	①	②	③	④	⑤
14	①	②	③	④	⑤	34	①	②	③	④	⑤	54	①	②	③	④	⑤
15	①	②	③	④	⑤	35	①	②	③	④	⑤	55	①	②	③	④	⑤
16	①	②	③	④	⑤	36	①	②	③	④	⑤	56	①	②	③	④	⑤
17	①	②	③	④	⑤	37	①	②	③	④	⑤	57	①	②	③	④	⑤
18	①	②	③	④	⑤	38	①	②	③	④	⑤	58	①	②	③	④	⑤
19	①	②	③	④	⑤	39	①	②	③	④	⑤	59	①	②	③	④	⑤
20	①	②	③	④	⑤	40	①	②	③	④	⑤	60	①	②	③	④	⑤

※ 본 답안지는 마킹연습용 모의 답안지입니다.

NCS 직업기초능력평가 답안카드

성　명

지원 분야

문제지 형별기재란	
(　　　)형	Ⓐ Ⓑ

수 험 번 호						
⓪	⓪	⓪	⓪	⓪	⓪	⓪
①	①	①	①	①	①	①
②	②	②	②	②	②	②
③	③	③	③	③	③	③
④	④	④	④	④	④	④
⑤	⑤	⑤	⑤	⑤	⑤	⑤
⑥	⑥	⑥	⑥	⑥	⑥	⑥
⑦	⑦	⑦	⑦	⑦	⑦	⑦
⑧	⑧	⑧	⑧	⑧	⑧	⑧
⑨	⑨	⑨	⑨	⑨	⑨	⑨

감독위원 확인
㊞ 인

1	①	②	③	④	⑤	21	①	②	③	④	⑤	41	①	②	③	④	⑤
2	①	②	③	④	⑤	22	①	②	③	④	⑤	42	①	②	③	④	⑤
3	①	②	③	④	⑤	23	①	②	③	④	⑤	43	①	②	③	④	⑤
4	①	②	③	④	⑤	24	①	②	③	④	⑤	44	①	②	③	④	⑤
5	①	②	③	④	⑤	25	①	②	③	④	⑤	45	①	②	③	④	⑤
6	①	②	③	④	⑤	26	①	②	③	④	⑤	46	①	②	③	④	⑤
7	①	②	③	④	⑤	27	①	②	③	④	⑤	47	①	②	③	④	⑤
8	①	②	③	④	⑤	28	①	②	③	④	⑤	48	①	②	③	④	⑤
9	①	②	③	④	⑤	29	①	②	③	④	⑤	49	①	②	③	④	⑤
10	①	②	③	④	⑤	30	①	②	③	④	⑤	50	①	②	③	④	⑤
11	①	②	③	④	⑤	31	①	②	③	④	⑤	51	①	②	③	④	⑤
12	①	②	③	④	⑤	32	①	②	③	④	⑤	52	①	②	③	④	⑤
13	①	②	③	④	⑤	33	①	②	③	④	⑤	53	①	②	③	④	⑤
14	①	②	③	④	⑤	34	①	②	③	④	⑤	54	①	②	③	④	⑤
15	①	②	③	④	⑤	35	①	②	③	④	⑤	55	①	②	③	④	⑤
16	①	②	③	④	⑤	36	①	②	③	④	⑤	56	①	②	③	④	⑤
17	①	②	③	④	⑤	37	①	②	③	④	⑤	57	①	②	③	④	⑤
18	①	②	③	④	⑤	38	①	②	③	④	⑤	58	①	②	③	④	⑤
19	①	②	③	④	⑤	39	①	②	③	④	⑤	59	①	②	③	④	⑤
20	①	②	③	④	⑤	40	①	②	③	④	⑤	60	①	②	③	④	⑤

※ 본 답안지는 마킹연습용 모의 답안지입니다.

〈절취선〉

NCS 직업기초능력평가 답안카드

성 명

지원 분야

문제지 형별기재란	
(　　　)형	Ⓐ Ⓑ

수 험 번 호						
⓪	⓪	⓪	⓪	⓪	⓪	⓪
①	①	①	①	①	①	①
②	②	②	②	②	②	②
③	③	③	③	③	③	③
④	④	④	④	④	④	④
⑤	⑤	⑤	⑤	⑤	⑤	⑤
⑥	⑥	⑥	⑥	⑥	⑥	⑥
⑦	⑦	⑦	⑦	⑦	⑦	⑦
⑧	⑧	⑧	⑧	⑧	⑧	⑧
⑨	⑨	⑨	⑨	⑨	⑨	⑨

감독위원 확인
ⓘ인

1	①	②	③	④	⑤	21	①	②	③	④	⑤	41	①	②	③	④	⑤
2	①	②	③	④	⑤	22	①	②	③	④	⑤	42	①	②	③	④	⑤
3	①	②	③	④	⑤	23	①	②	③	④	⑤	43	①	②	③	④	⑤
4	①	②	③	④	⑤	24	①	②	③	④	⑤	44	①	②	③	④	⑤
5	①	②	③	④	⑤	25	①	②	③	④	⑤	45	①	②	③	④	⑤
6	①	②	③	④	⑤	26	①	②	③	④	⑤	46	①	②	③	④	⑤
7	①	②	③	④	⑤	27	①	②	③	④	⑤	47	①	②	③	④	⑤
8	①	②	③	④	⑤	28	①	②	③	④	⑤	48	①	②	③	④	⑤
9	①	②	③	④	⑤	29	①	②	③	④	⑤	49	①	②	③	④	⑤
10	①	②	③	④	⑤	30	①	②	③	④	⑤	50	①	②	③	④	⑤
11	①	②	③	④	⑤	31	①	②	③	④	⑤	51	①	②	③	④	⑤
12	①	②	③	④	⑤	32	①	②	③	④	⑤	52	①	②	③	④	⑤
13	①	②	③	④	⑤	33	①	②	③	④	⑤	53	①	②	③	④	⑤
14	①	②	③	④	⑤	34	①	②	③	④	⑤	54	①	②	③	④	⑤
15	①	②	③	④	⑤	35	①	②	③	④	⑤	55	①	②	③	④	⑤
16	①	②	③	④	⑤	36	①	②	③	④	⑤	56	①	②	③	④	⑤
17	①	②	③	④	⑤	37	①	②	③	④	⑤	57	①	②	③	④	⑤
18	①	②	③	④	⑤	38	①	②	③	④	⑤	58	①	②	③	④	⑤
19	①	②	③	④	⑤	39	①	②	③	④	⑤	59	①	②	③	④	⑤
20	①	②	③	④	⑤	40	①	②	③	④	⑤	60	①	②	③	④	⑤

※ 본 답안지는 마킹연습용 모의 답안지입니다.

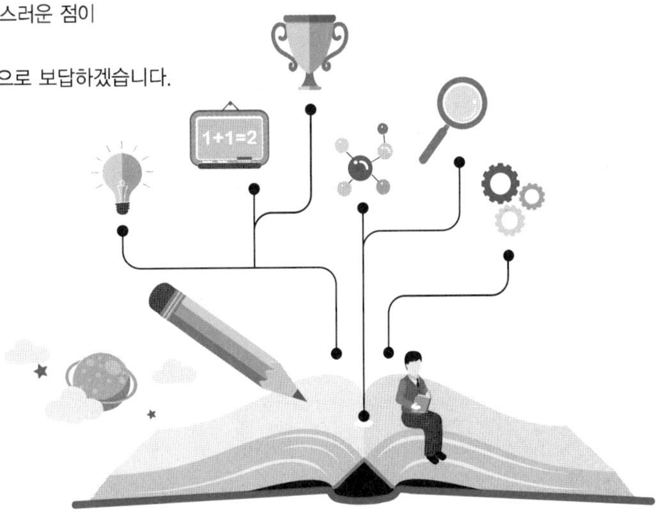

2023 최신판 공기업 NCS 직업기초능력 + 직무수행능력 + 면접 BASIC 통합기본서 + 무료NCS특강

개정9판1쇄 발행	2023년 03월 10일 (인쇄 2022년 11월 08일)
초 판 발 행	2015년 07월 10일 (인쇄 2015년 06월 16일)
발 행 인	박영일
책 임 편 집	이해욱
편 저	NCS직무능력연구소
편 집 진 행	김재희 · 구현정
표지디자인	조혜령
편집디자인	배선화 · 곽은슬
발 행 처	(주)시대고시기획
출 판 등 록	제10-1521호
주 소	서울시 마포구 큰우물로 75 [도화동 538 성지 B/D] 9F
전 화	1600-3600
팩 스	02-701-8823
홈 페 이 지	www.sdedu.co.kr
I S B N	979-11-383-3765-6 (13320)
정 가	23,000원